MOST
SECRET

TO BE KEPT UNDER LOCK AND KEY.

It is requested that special care may be taken
to ensure the secrecy of this document.

NATIONAL GEOGRAPHIC

GEHEIMAKTE 2. WELTKRIEG

SPIONE, CODEKNACKER, KOMMANDOOPERATIONEN

NEIL KAGAN | STEPHEN G. HYSLOP

VORWORT VON KENNETH W. RENDELL

BERATER

HARRIS J. ANDREWS

Der Historiker Harris J. Andrews ist auf amerikanische und weltweite Militärgeschichte spezialisiert. Er ist Historiker und Berater am National Museum of the United States Army Project, das vier Jahrhunderte amerikanisches Militärleben und Militärgeschichte umspannt. Er war Berater und Verfasser von Beiträgen für *National Geographic's Eyewitness to World War II* (2012), *Eyewitness to the Civil War* (2006) und *Atlas of the Civil War* (2009). Er war lange als Autor, Herausgeber und Berater zu Militärkarten, Waffen und Ausrüstung bei Time-Life Books tätig und trug zur bahnbrechenden Buchreihe *World War II* bei.

KENNETH W. RENDELL

Kenneth W. Rendell ist der Gründer und Geschäftsführer des Museum of World War II, Boston, das die weltweit umfassendste Sammlung von Originalzeugnissen und Dokumenten zum Zweiten Weltkrieg beherbergt. Seine Sammlung, die er 1959 begann, war die erste ihrer Art. Im Jahr 2000 eröffnete er ein privates Museum, aus dem 2013 ein gemeinnütziges Museum mit einzigartigen Exponaten hervorging. 2019 wurde das Museum geschlossen. Er ist der Autor von *With Weapons and Wits: Propaganda and Psychological Warfare in World War II* (1990), *World War II: Saving the Reality* (2009), *Politics, War, and Personality: Fifty Iconic World War II Documents That Changed the World* (2013) und *The Power of Anti-Semitism, 1919–1939: The March to the Holocaust* (2016). Außerdem verfasste er zwei Nachschlagewerke über historische Dokumente, *Forging History: The Detection of Fake Letters and Documents* (1994) und *History Comes to Life* (1995).

LEE RICHARDS

Lee Richards ist Militärhistoriker, Forscher und Autor, der sich auf die Geschichte der psychologischen Kriegsführung und Propaganda spezialisiert hat. Er ist Gründer und Direktor der Website psywar.org und war zuvor Herausgeber von *The Falling Leaf*, der vierteljährlich erscheinenden Zeitschrift der PsyWar Society. Sein Buch *The Black Art* (2010) dokumentiert den Einsatz verdeckter Propaganda, die von der britischen Regierung im Zweiten Weltkrieg für politische Kriegsführung produziert wurde. Er ist u. a. Autor von *Whispers of War: Underground Propaganda Rumor-Mongering in the Second World War* (2010) und hat zu mehreren Fernsehsendungen der BBC und des History Channel beigetragen.

ANN TODD

Ann Todd hat an der University of Texas in Geschichte promoviert. Sie war als Historikerin für das National Museum of the Marine Corps tätig und führte ausführliche mündliche Interviews mit Veteranen des Zweiten Weltkriegs. Sie ist die Autorin von *Komsomol Participation in the Soviet First Five-Year Plan* (1987), *OSS Operation Black Mail: One Woman's Covert War Against the Imperial Japanese Army* (2017) sowie mehrerer Artikel über die Aktivitäten, die das Office of Strategic Services (OSS) während des Zweiten Weltkriegs in den amerikanischen Nationalparks durchführte. Außerdem schrieb sie über die Kämpfe bei Falludscha und Al-Najaf im Irakkrieg. Sie diente bei der US Coast Guard und forscht derzeit über Operationen der Marine und der Küstenwache, die mit der OSS in Südostasien durchgeführt wurden.

MP
MP

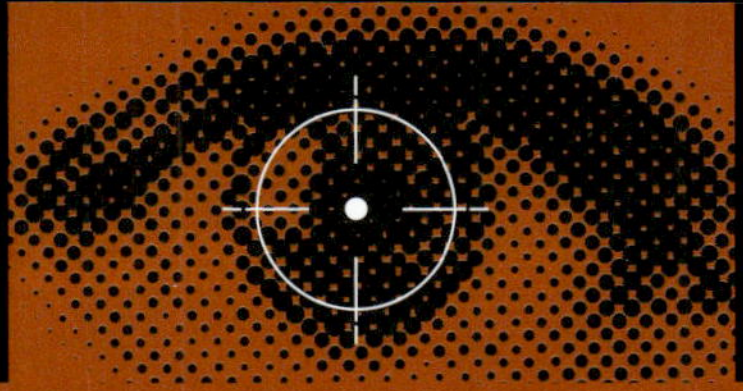

INHALT

SEITE 1 Die Rückseite der Pläne für die Invasion in der Normandie sind mit einem großen roten X und dem Vermerk „Most Secret" markiert. **SEITE 2** Ausgehöhlte Seiten in einem Buch dienen als Versteck für die Waffe eines niederländischen Widerstandskämpfers. **SEITEN 4–5** Vor einem Hotel in Paris gehen die Menschen in Deckung, als deutsche Truppen und Résistance-Kämpfer im August 1944 aufeinanderprallen. **LINKE SEITE** Amerikanische Militärpolizisten fesseln dem deutschen Spion Gunther Billings kurz vor seiner Hinrichtung durch ein Erschießungskommando die Hände auf den Rücken. Billings spionierte 1944 als amerikanischer Soldat getarnt hinter den alliierten Linien.

DER GEHEIME KRIEG

Der Zweite Weltkrieg war auch ein geheimer Krieg. Verdeckte Militäroperationen veränderten den Konflikt immer wieder, trotz der Bemühungen aller Beteiligten, die Gegenseite auszuspionieren. Die Deutschen überraschten Frankreich und Großbritannien, als sie im Mai 1940 durch Belgien vorstießen. Im Juni 1941 überrumpelten sie Stalin durch den Überfall auf Russland, obwohl dem sowjetischen Diktator Geheimdienstberichte über eine bevorstehende Invasion vorlagen (Seite 57–59). Japan überraschte die Vereinigten Staaten in Pearl Harbor, obgleich die US Army japanische Telegramme abgefangen hatte, die darauf hindeuteten, dass bald irgendwo im Pazifik ein Krieg ausbrechen könnte (Seite 68–86). Hitler konnte den D-Day an der normannischen Küste nicht verhindern, und die alliierten Streitkräfte, die glaubten, der Krieg sei so gut wie vorbei, sahen sich eines Besseren belehrt, als Hitler in der Ardennenoffensive zurückschlug.

Militärische Technologie wurde unter strengster Geheimhaltung entwickelt – der Radar der Alliierten, die deutschen Raketen, das Norden-Bombenzielgerät der Amerikaner und die verhängnisvollste Waffe von allen, die Atombombe (Seite 329–337). Militärische Kommunikation war in der Regel streng geheim. Der Bruch der deutschen Enigma entschied die Atlantikschlacht und verkürzte den Krieg in Europa. Die US-Marine siegte bei Midway und wendete das Blatt im Pazifikkrieg, weil es ihr gelungen war, den japanischen Code zu knacken. Selbst an der Heimatfront war Geheimhaltung groß angeschrieben, Plakate warnten: „Der Feind hört mit“ oder „Leichtsinnige Worte kosten Menschenleben“.

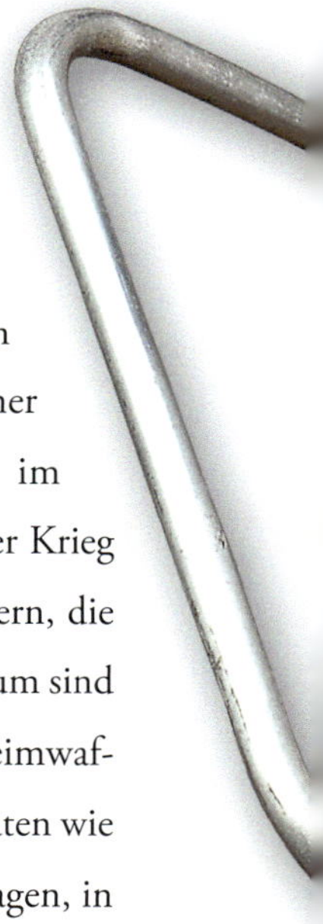

GEFÄHRLICHE FRACHT In diesem Kinderwagen wurden Waffen und Ausrüstung für den bewaffneten Widerstand im besetzten Frankreich versteckt.

Die Enthüllung der geheimen Geschichte des Zweiten Weltkriegs war lange ein wichtiger Teil meiner Arbeit als Gründer und Geschäftsführer des Museum of World War II in Boston, das über die weltweit umfassendste Sammlung von Zeugnissen des Zweiten Weltkriegs verfügte, 7500 waren in seiner Ausstellung zu sehen, mehr als 500 000 lagerten im Archiv. Das Museum wollte aufzeigen, wie tief dieser Krieg in das Leben aller Menschen eingriff, in allen Ländern, die in ihn verwickelt waren. Viele Stücke aus dem Museum sind in diesem Buch zu sehen – Geheimwaffen, Dokumente und Kuriositäten wie der hier gezeigte Kinderwagen, in dem ein Funkgerät und Sabotagematerial versteckt waren. Dinge wie diese geben ein beredtes Zeugnis vom Drang zur Geheimhaltung und von der Angst der Menschen, die auf jedes Wort achten und ständig vor Spionen, Geheimpolizisten oder Überraschungsangriffen auf der Hut sein mussten. Vielleicht war ihre schlimmste Angst von allen die, nicht

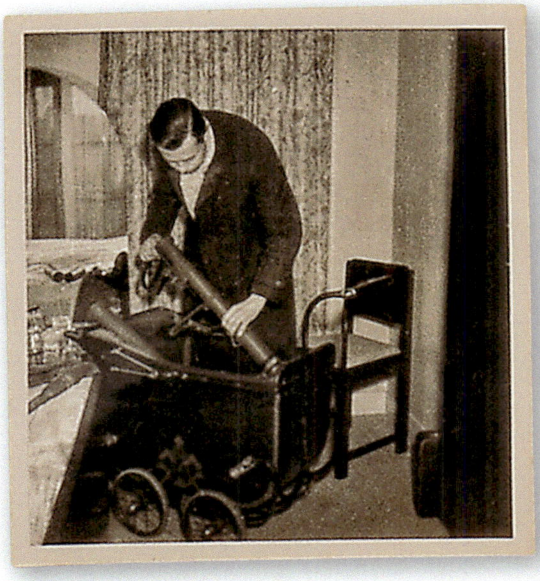

VERSTECKTE WAFFE Ein niederländischer Widerständler (ganz links) versteckt einen Raketenwerfer in einem Kinderwagen, der dem unten abgebildeten ähnelt. Eine Frau legt dann ein Baby in den Wagen (links), bevor sie die versteckte Waffe zu ihrem Bestimmungsort bringt.

DOPPELTER BODEN Aus dieser Perspektive ist das Geheimfach das Kinderwagens gut zu erkennen, in dem Sabotageausrüstung und ein Funkgrät versteckt wurden.

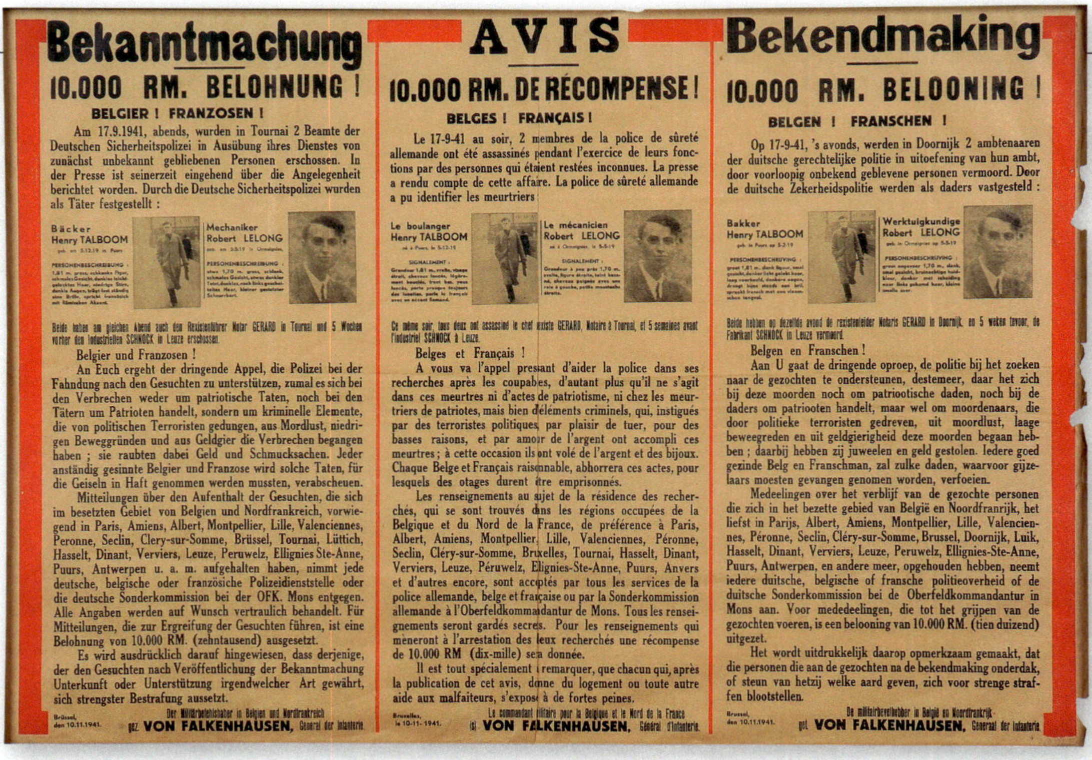

Bekanntmachung

10.000 RM. BELOHNUNG !

BELGIER ! FRANZOSEN !

Am 17.9.1941, abends, wurden in Tournai 2 Beamte der Deutschen Sicherheitspolizei in Ausübung ihres Dienstes von zunächst unbekannt gebliebenen Personen erschossen. In der Presse ist seinerzeit eingehend über die Angelegenheit berichtet worden. Durch die Deutsche Sicherheitspolizei wurden als Täter festgestellt :

Bäcker Henry TALBOOM

PERSONENBESCHREIBUNG :

Mechaniker Robert LELONG

PERSONENBESCHREIBUNG :

Beide haben am gleichen Abend auch den Rexistenführer Notar GERARD in Tournai und 5 Wochen vorher den Industriellen SCHNOCK in Leuze erschossen.

Belgier und Franzosen !

An Euch ergeht der dringende Appel, die Polizei bei der Fahndung nach den Gesuchten zu unterstützen, zumal es sich bei den Verbrechen weder um patriotische Taten, noch bei den Tätern um Patrioten handelt, sondern um kriminelle Elemente, die von politischen Terroristen gedungen, aus Mordlust, niedrigen Beweggründen und aus Geldgier die Verbrechen begangen haben ; sie raubten dabei Geld und Schmucksachen. Jeder anständig gesinnte Belgier und Franzose wird solche Taten, für die Geiseln in Haft genommen werden mussten, verabscheuen.

Mitteilungen über den Aufenthalt der Gesuchten, die sich im besetzten Gebiet von Belgien und Nordfrankreich, vorwiegend in Paris, Amiens, Albert, Montpellier, Lille, Valenciennes, Peronne, Seclin, Clery-sur-Somme, Brüssel, Tournai, Lüttich, Hasselt, Dinant, Verviers, Leuze, Peruwelz, Ellignies Ste-Anne, Puurs, Antwerpen u. a. m. aufgehalten haben, nimmt jede deutsche, belgische oder französiche Polizeidienststelle oder die deutsche Sonderkommission bei der OFK. Mons entgegen. Alle Angaben werden auf Wunsch vertraulich behandelt. Für Mitteilungen, die zur Ergreifung der Gesuchten führen, ist eine Belohnung von 10.000 RM. (zehntausend) ausgesetzt.

Es wird ausdrücklich darauf hingewiesen, dass derjenige, der den Gesuchten nach Veröffentlichung der Bekanntmachung Unterkunft oder Unterstützung irgendwelcher Art gewährt, sich strengster Bestrafung aussetzt.

Brüssel, den 10.11.1941.

Der Militärbefehlshaber in Belgien und Nordfrankreich
gez. **VON FALKENHAUSEN,** General der Infanterie

AVIS

10.000 RM. DE RÉCOMPENSE !

BELGES ! FRANÇAIS !

Le 17-9-41 au soir, 2 membres de la police de sûreté allemande ont été assassinés pendant l'exercice de leurs fonctions par des personnes qui étaient restées inconnues. La presse a rendu compte de cette affaire. La police de sûreté allemande a pu identifier les meurtriers :

Le boulanger Henry TALBOOM

SIGNALEMENT :

Le mécanicien Robert LELONG

SIGNALEMENT :

Ce même soir, tous deux ont assassiné le chef rexiste GERARD, Notaire à Tournai, et 5 semaines avant l'industriel SCHNOCK à Leuze.

Belges et Français !

A vous va l'appel pressant d'aider la police dans ses recherches après les coupables, d'autant plus qu'il ne s'agit dans ces meurtres ni d'actes de patriotisme, ni chez les meurtriers de patriotes, mais bien d'éléments criminels, qui, instigués par des terroristes politiques, par plaisir de tuer, pour des basses raisons, et par amour de l'argent ont accompli ces meurtres ; à cette occasion ils ont volé de l'argent et des bijoux. Chaque Belge et Français raisonnable, abhorrera ces actes, pour lesquels des otages durent être emprisonnés.

Les renseignements au sujet de la résidence des recherchés, qui se sont trouvés dans les régions occupées de la Belgique et du Nord de la France, de préférence à Paris, Albert, Amiens, Montpellier, Lille, Valenciennes, Péronne, Seclin, Cléry-sur-Somme, Bruxelles, Tournai, Hasselt, Dinant, Verviers, Leuze, Péruwelz, Ellignies-Ste-Anne, Puurs, Anvers et d'autres encore, sont acceptés par tous les services de la police allemande, belge et française ou par la Sonderkommission allemande à l'Oberfeldkommandantur de Mons. Tous les renseignements seront gardés secrets. Pour les renseignements qui mèneront à l'arrestation des deux recherchés une récompense de 10.000 RM (dix-mille) sera donnée.

Il est tout spécialement à remarquer, que chacun qui, après la publication de cet avis, donne du logement ou toute autre aide aux malfaiteurs, s'expose à de fortes peines.

Bruxelles, le 10-11-1941.

Le commandant militaire pour la Belgique et le Nord de la France
(s) **VON FALKENHAUSEN,** Général d'Infanterie

Bekendmaking

10.000 RM. BELOONING !

BELGEN ! FRANSCHEN !

Op 17-9-41, 's avonds, werden in Doornijk 2 ambtenaaren der duitsche gerechtelijke politie in uitoefening van hun ambt, door voorloopig onbekend geblevene personen vermoord. Door de duitsche Zekerheidspolitie werden als daders vastgesteld :

Bakker Henry TALBOOM

PERSONENBESCHRIJVING :

Werktuigkundige Robert LELONG

PERSONENBESCHRIJVING :

Beide hebben op dezelfde avond de rexistenleider Notaris GERARD in Doornijk en 5 weken tevoor, de Fabrikant SCHNOCK in Leuze vermoord.

Belgen en Franschen !

Aan U gaat de dringende oproep, de politie bij het zoeken naar de gezochten te ondersteunen, destemeer, daar het zich bij deze moorden noch om patriootische daden, noch bij de daders om patriooten handelt, maar wel om moordenaars, die door politieke terroristen gedreven, uit moordlust, laage beweegreden en uit geldgierigheid deze moorden begaan hebben ; daarbij hebben zij juweelen en geld gestolen. Iedere goed gezinde Belg en Franschman, zal zulke daden, waarvoor gijzelaars moesten gevangen genomen worden, verfoeien.

Medeelingen over het verblijf van de gezochte personen die zich in het bezette gebied van België en Noordfranrijk, het liefst in Parijs, Albert, Amiens, Montpellier, Lille, Valenciennes, Péronne, Seclin, Cléry-sur-Somme, Brussel, Doornijk, Luik, Hasselt, Dinant, Verviers, Leuze, Peruwelz, Ellignies-Ste-Anne, Puurs, Antwerpen, en andere meer, opgehouden hebben, neemt iedere duitsche, belgische of fransche politieoverheid of de duitsche Sonderkommission bei de Oberfeldkommandantur in Mons aan. Voor mededeelingen, die tot het grijpen van de gezochten voeren, is een belooning van 10.000 RM. (tien duizend) uitgezet.

Het wordt uitdrukkelijk daarop opmerkzaam gemaakt, dat die personen die aan de gezochten na de bekendmaking onderdak, of steun van hetzij welke aard geven, zich voor strenge straffen blootstellen.

Brussel, den 10.11.1941.

De militairbevelhebber in België en Noordfrankrijk
gez. **VON FALKENHAUSEN,** Generaal der Infanterie

FLÜCHTLINGE Ein Fahndungsplakat, 1941 von den deutschen Behörden im besetzten Belgien herausgegeben, lobt eine Belohnung von 10 000 Reichsmark für Informationen aus, die zur Ergreifung der beiden belgischen Widerstandskämpfer Henri Talboom und Robert Lelong führten, die in Attentatsversuche verwickelt waren. Talboom gelang die Flucht in die Schweiz, Lelong entzog sich seiner Verhaftung durch Selbstmord.

zu wissen, was sie nicht wussten. Pearl Harbor flößte den Amerikanern Angst vor weiteren Überraschungsangriffen ein. Banknoten in Hawaii wurden mit „Hawaii" bedruckt, damit sie im Fall einer japanischen Invasion entwertet werden konnten. Furcht erfasste das Land – die Furcht, die Geheimnisse des Feindes nicht zu kennen.

Die Sammlung des Museums wurde im Lauf von 57 Jahren zusammengetragen. Immer wieder wurde ich gefragt, warum ich das alles sammelte. Als Kind wurde ich Zeuge des Sieges Amerikas und des Stolzes, der das Land erfasste. Die Menschen wollten den Krieg einfach hinter sich lassen. In den 1950er-Jahren sammelte niemand systematisch Objekte aus dem Zweiten Weltkrieg. In den USA gab es keine Museen zum Zweiten Weltkrieg, und die europäischen Museen waren vor allem daran interessiert, Stücke aus ihren eigenen Ländern zu sammeln. Es gab kaum amerikanische Forschungsbibliotheken, die aktiv in Archiven nach Material suchten, das den Konflikt dokumentierte. Der Zweite Weltkrieg ist das historisch bedeutsamste Ereignis der Neuzeit, und ein großer Teil seiner Geschichte drohte verloren zu gehen.

Vor einiger Zeit änderte sich die Frage nach dem „Warum?" in „Wie?" Niemand hatte je versucht, alles, was es gab, zu einem derart komplexen Ereignis zu sammeln. Als ich mit dem Sammeln begann, gab es keine spezialisierten Händler oder Auktionen, und es dauerte noch Jahrzehnte, bis das Internet erfunden werden sollte. Auf Nachlass-Auktionen wurden meistens Souvenirs von Soldaten verkauft, manchmal aber auch sehr wichtiges Material: MacArthurs Stabschef für Öffentlichkeitsarbeit – ein wichtiger Posten unter diesem öffentlichkeitsbewussten General – hatte alle seine Akten aus dem Zweiten Weltkrieg aufbewahrt. Sie wurden kistenweise auf einer Auktion in Cape Cod verkauft.

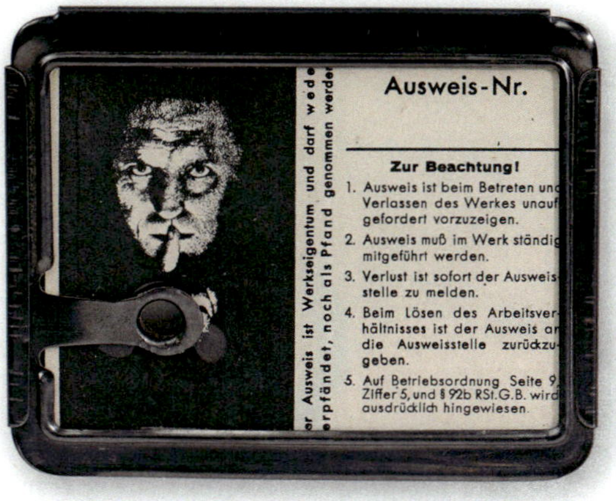

SCHALLDÄMPFER Eine ominöse Gestalt auf der Rückseite dieses Ausweises warnt die Arbeiter einer deutschen Fabrik, den Mund zu halten. Der Ausweis war „ständig mitzuführen".

Oft wurde ich bei Veteranentreffen fündig. Die Veteranen dachten gar nicht daran, ihre wertvollen Erinnerungsstücke zu verkaufen, geschweige denn, sie zu spenden. Ich musste ihnen also etwas dafür bieten, was sie nicht erwarteten, etwas, was ihr Leben verändern würde. Oft ging es um Autos, vom Porsche bis zum Subaru-Kombi. Einer der wichtigsten Uniformen des Museums wurde ich habhaft, indem ich die Hypothek eines Veteranen übernahm. Flohmärkte in Großbritannien und Frankreich erwiesen sich in der Nachkriegszeit ebenfalls als gute Quellen – aber auch als Herausforderung. Alles musste bar bezahlt werden, und ich wurde ein Meister darin, unfassbar große Gegenstände zu transportieren und zu verschicken. FedEx gab es damals noch nicht.

CODEKNACKER UND SPIONE

Die Enthüllung, dass die Briten die deutsche Enigma gebrochen hatten – und dass sie während des ganzen Krieges Stillschweigen darüber bewahrten, dass sie geheime deutsche Militärnachrichten lasen –, war eine weltweite Sensation. Die Enthüllung dieses Geheimnisses in den 1970er-Jahren führte zu Neubewertungen von Schlachten und Kommandeuren wie dem britischen General Bernard Montgomery, dessen großer Sieg bei El Alamein 1942 zum Teil durch Ultra ermöglicht wurde, dem Codenamen für entschlüsselte Enigma-Nachrichten und die Geheimdienstberichte, die sich darauf stützten (Seiten 220–229).

Es dauerte nicht lange, und manche Menschen in Deutschland erkannten, dass die eigenartige schreibmaschinenähnliche Maschine, die auf dem Dachboden stand, eine Enigma war. Einige Enigmas wurden auf Auktionen versteigert, sieben unterschiedliche Modelle konnte ich für das Museum erwerben. Die unten abgebildete wurde von einer Handgranate schwer beschädigt. Es handelt sich um ein Zeugnis des Krieges, das seine ganz eigene Geschichte erzählt. Deutschland hatte zu extremen Maßnahmen gegriffen, damit die Enigma nicht in Feindeshand geriet. U-Boote wurden absichtlich versenkt, um zu verhindern, dass diese Maschinen von den Alliierten beschlagnahmt wurden, aber es gelang ihnen trotzdem, eine zu erbeuten (Seiten 217–221). Am Ende des Krieges bot Großbritannien viel Geld für jede Enigma, die abgegeben wurde, und fast alle Maschinen wurden aus Sicherheitsgründen zerstört.

Die meisten Menschen denken bei geheimer Kriegsführung an Spionage und Sabotage. Versteckte Kameras und getarnte Waffen erinnern an die tollkühnen Abenteuer von James

ENIGMA
Bei dieser geretteten Enigma der deutschen Wehrmacht ist sogar die Gebrauchsanweisung erhalten.

Bond, machen aber auch deutlich, dass Spionage oft tödliche Folgen hatte. Geheimwaffen und anderes Spionagespielzeug aus dem Zweiten Weltkrieg sind selten. Am Anfang gab es nicht viele Geheimagenten. Nur wenige bewahrten ihre Miniaturkameras über das Kriegsende hinaus auf, und an alten Waffen oder gefährlichen Sprengkörpern hatten sie keinen Bedarf mehr. Die sehr umfangreiche Sammlung an Spionage- und Sabotagegeräten des Museums, von denen viele in diesem Buch auftauchen (Seiten 174–191), stammt von einem britischen Agenten, der erst spät im Krieg tätig wurde. Er rettete nicht nur alles, womit er persönlich in Kontakt kam, sondern sammelte auch Stücke anderer Agenten.

ABLENKUNGSMANÖVER UND TÄUSCHUNGEN

Die alliierten Invasionspläne in Europa gehörten zu den bestgehüteten Geheimnissen des Krieges. Nach der Eroberung Nordafrikas 1943 lag es fast auf der Hand, dass die Alliierten über das Mittelmeer nach Norden vorrücken würden. Es gab

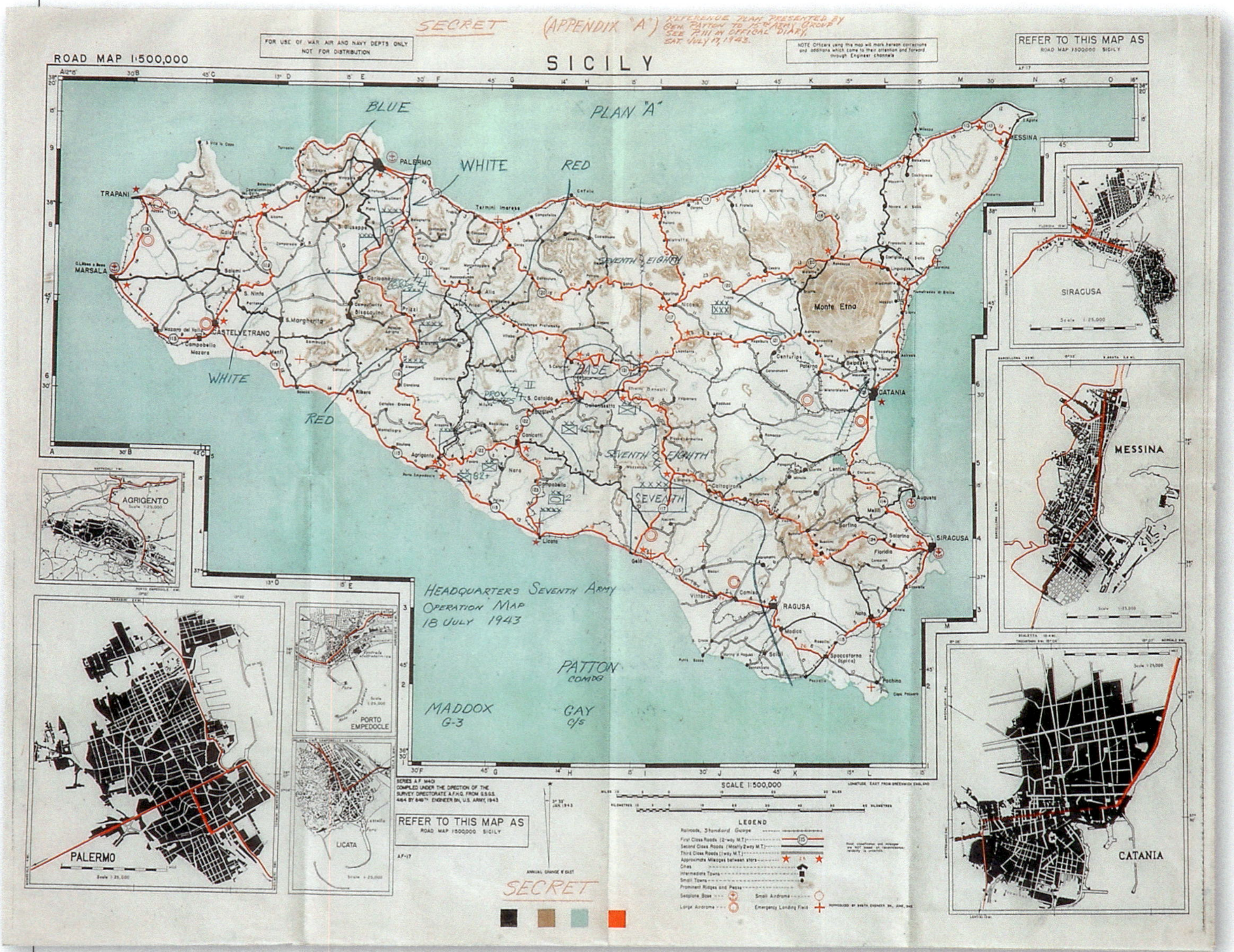

INVASION AUF SIZILIEN General Pattons geheime Karte zur Vorbereitung der Invasion auf Sizilien im Juli 1943. Nach der Landung an der Südküste rückten seine Truppen nordwestlich nach Palermo vor, eilten dann aber ostwärts nach Messina, das sie vor den Briten in einem, wie Patton es nannte, „Pferderennen“ erreichten.

mehrere mögliche Ziele, aber Sizilien war bei Weitem das wahrscheinlichste. Die Deutschen mussten im Ungewissen gelassen werden, ansonsten hätten sie die italienischen Divisionen auf Sizilien mit mehreren ihrer Divisionen verstärkt und die Invasionstruppen zurückgeschlagen. Um die Deutschen glauben zu machen, dass die Alliierten in Griechenland oder auf Sardinien einmarschieren könnten, wurde die Operation Mincemeat (Seiten 253–259) ausgearbeitet. Nur das militärische Spitzenpersonal erhielt Zugang zu Karten oder Dokumenten über die Invasion Siziliens. George Patton, der Kommandeur der amerikanischen Streitkräfte, die für Sizilien bestimmt waren, hatte eine Karte der Insel (linke Seite) an der Wand seines Hauptquartiers hängen, auf der der Vermerk „SECRET" und Pattons handschriftliche Randnotizen in roten Buchstaben gut zu erkennen sind.

Bei der Invasion in der Normandie waren die Sicherheitsmaßnahmen noch schärfer. Die unten zu sehenden ersten Pläne für den D-Day wurden lang im Voraus in England ausgearbeitet und mit dem Vermerk „Most Secret" an einige wenige Auserwählte verteilt. Churchills berühmte Bemerkung, die Wahrheit sei so kostbar, dass sie von einem Bodyguard der Lüge geschützt werden müsse, gab den Anstoß zur Operation Bodyguard. Ihr Kern bestand darin, den Deutschen vorzugaukeln, dass die Invasion in der Normandie lediglich ein Ablenkungsmanöver sei und dass eine mächtige Invasionsarmada, die gar nicht existierte, unter der Führung von George Patton, nach dem D-Day den Ärmelkanal überqueren und in der Nähe von Calais an Land stürmen würde (Seiten 268–279).

In den frühen Morgenstunden des 6. Juni 1944 führten die Alliierten eine weitere Täu-

STRENG GEHEIM Eine frühe Version des D-Day-Plans vom Juli 1943. Unten auf dem Deckblatt dieses „höchst geheimen" Dokuments steht der Dienstvermerk „Muss hinter Schloss und Riegel gehalten werden" zu lesen.

schung durch. Kurz bevor amerikanische und britische Fallschirmjäger am D-Day in der Normandie landeten, wurden Fallschirmjäger-Attrappen abgeworfen (Seite 282). Aus Sackleinen und Stroh gefertigt und mit Feuerwerkskörpern „bewaffnet“, die Gewehrfeuer simulierten, lieferten sie im Dunkeln eine überzeugende Show und lenkten die Deutschen ab. Wie diese falschen Fallschirmjäger wirklich aussahen, konnte man nur erahnen, bis ich auf einem Flohmarkt in Frankreich auf einen Engländer stieß, der mehrere dieser „Ruperts“ auf einer Plane ausbreitete. Er erzählte mir, er habe eine Kiste mit zwölf Stück auf einem Flugplatz in Südengland gefunden. Ich kaufte sie alle, behielt zwei und verschenkte zehn an andere Museen.

WAS UNS OBJEKTE LEHREN

Otto Skorzeny war Adolf Hitlers bevorzugter Kommandosoldat, Saboteur und Spion. Das unten abgebildete Zigarettenetui und der massiv-goldene Totenkopf-SS-Ring waren Geschenke von Hitler an Skorzeny anlässlich der Befreiung des italienischen Diktators Benito Mussolini, der in einem italienischen Bergort festgehalten wurde. Skorzeny und sein Kommandotrupp landeten dort mit Lastenseglern, und er brachte Mussolini in einem winzigen Flugzeug nach Berlin.

Während der Ardennenoffensive, die Hitler im Dezember 1944 einleitete, um die Alliierten zurückzuschlagen, beauftragte Hitler Skorzeny, Kommandoeinheiten in amerikanischen Uniformen hinter die feindlichen Linien zu führen. Obwohl die verdeckte Operation nur geringe Auswirkungen auf die Schlacht hatte – die mit einer Niederlage der Deutschen endete –, machte sie Skorzeny zu einer Bedrohung. Alliierte Geheimdienstoffiziere, die die deutsche Offensive nicht vorausgesehen hatten, kamen fälschlicherweise zu dem Schluss, er sei irgendwo hinter den amerikanischen Linien geblieben, um General Eisenhower zu ermorden. Das hier gezeigte Fahndungsplakat wurde in aller Eile produziert und überall verbreitet. Wahrscheinlich wurden Tausende Exemplare gedruckt, aber dies ist das einzige, das ich gefunden habe. Skorzeny überlebte den Krieg und tauchte unter ungeklärten Umständen unter. Nach seinem Tod 1975 erwarb ich aus seinem Nachlass jene Zeichen der Wertschätzung Hitlers für seinen Lieblings-Kommandokämpfer.

WANTED

SKORZENY

SPY

SABOTEUR ASSASSIN

Name :	OTTO SKORZENY	Complexion:	Dark
Rank :	SS Obersturmbannfuehrer (Lieut. Colonel)	Hair :	Dark and wavy
		Ears :	Large, close to head
		Chin :	Protruding
Age :	37	Moustache :	Hitler-type, may be clean-shaven
Height:	About 6' 4"	Scars :	Sabre scar from left cheekbone to corner of mouth
Weight:	About 220 lbs		

This man is extremely clever and very dangerous. He may be in American or British uniform or civilian clothes. He usually wears a signet ring on third finger of left hand.

Any information concerning this man should be furnished to the nearest G-2 office without delay.

Reproduced by Engr. Repro. Det. 12 A Gp.

BESCHENKT UND GESUCHT **Geschenke Hitlers an Otto Skorzeny für die Befreiung Mussolinis – ein SS-Totenkopfring und ein Zigarettenetui, das in einem Konzentrationslager hergestellt wurde – auf Hitlers persönlichem Briefpapier. Nachdem er Ende 1944 eine verdeckte Operation hinter den alliierten Linien geleitet hatte, wurde nach Skorzeny gefahndet (oben).**

SEINEM LAND TREU ERGEBEN Tom und Ruth Kasai sind hier in einem Familienalbum zusammen mit seiner US-Army-Erkennungsmarke und den Medaillen gezeigt, die Tom erhielt, darunter das Purple Heart, das ihm nach seiner Verwundung im Kampf in Frankreich verliehen wurde. Das Telegramm (oben links), in dem steht, dass er verwundet wurde, erreichte Ruth in einem Internierungslager in Arizona, wo sie und andere Amerikaner japanischer Abstammung eingesperrt waren, während er seinem Land diente.

An der amerikanischen Westküste wuchs die Angst vor japanischen Spionen und Saboteuren, als Anfang 1942 ein japanisches U-Boot vor Kalifornien auftauchte und ein Treibstofflager beschoss. Diese Angst führte zur Verhaftung und Internierung von Tausenden Amerikanern japanischer Abstammung, darunter Ruth Kasai aus Los Angeles, die oben mit ihrem Ehemann Tom abgebildet ist. Obwohl Tom in der Army diente, wurde Ruth in ein Internierungslager in Arizona gesteckt. Auf seiner Erkennungsmarke steht ihre Adresse, ebenso auf dem Telegramm, in dem man ihr mitteilte, dass er im Kampf in Frankreich verwundet worden war. An der Ostküste existierten sehr reale Ängste vor deutschen U-Booten, die Frachtschiffe versenkten und deutsche Spione absetzten, von denen mehr als 30 vom FBI geschnappt wurden (Seiten 51–55). Man fürchtete sogar, Deutschland könnte von Flugzeugträgern aus Bombenangriffe starten, aber die Amerikaner blieben von den Bombenteppichen verschont, die Deutschland verwüsteten und Japan verheerten.

Viele Jahrzehnte lang bin ich keinem Gegenstand begegnet, der im Zusammenhang mit Hiroshima stand. Mein französischer Agent brachte mir das erste Stück – die Teetasse unten, auf der die Wirkung der Bombe gut zu erkennen ist. Ein französischer Wissenschaftler hatte sie bei Kriegsende in Hiroshima gefunden, und sie erreichte mich mit einem französischen Zertifikat, das besagte, dass sie nicht mehr radioaktiv war. Das war für mich ebenso wichtig wie die Tasse selbst. Ich wollte nicht das letzte Opfer des Krieges sein.

RELIKT AUS HIROSHIMA Diese Porzellantasse wurde aus den Trümmern geborgen, nachdem eine Atombombe am 6. August 1945 die Stadt Hiroshima ausgelöscht hatte.

KENNETH W. RENDELL
Gründer und ehemaliger Direktor
The Museum of World War II, Boston

KAPITEL 1

EUROPA IN FLAMMEN

FEUERGEFECHT Eine deutsche Panzereinheit greift im Juli 1941 bei Smolensk russische Scharfschützen an. Der Einmarsch Adolf Hitlers in die Sowjetunion überraschte Joseph Stalin trotz der Warnungen, die er von Spionen erhielt.

EIN NERVENKRIEG

Als sich Ende der 1930er-Jahre der Krieg abzeichnete, hatte kein Auslandsreporter in Tokio bessere Verbindungen als der deutsche Journalist Richard Sorge. Zu seinen Informanten gehörten Hotsumi Ozaki, ein Berater des japanischen Premierministers, und Oberst Eugen Ott, ein Militärattaché, der im April 1938 deutscher Botschafter in Japan wurde. Ott unterrichtete Sorge über deutsche Geheimdiensttätigkeiten, Sorge half Ott, die Naziführer über die japanischen Kriegspläne auf dem Laufenden zu halten. Hitler hatte im März 1938 Österreich annektiert und würde bald die Tschechoslowakei und Polen ins Visier nehmen. Seine aggressive Rhetorik legte nahe, dass er es über kurz oder lang mit den Großmächten zu tun bekommen würde, die sich Deutschland im Ersten Weltkrieg widersetzt hatten, darunter Frankreich, Großbritannien, Russland (jetzt Sowjetunion) und die USA. Hitler und sein Außenminister Joachim von Ribbentrop betrachteten das kaiserliche Japan – das 1937 in China eingefallen war und eine potenzielle Bedrohung für französische, britische, russische und amerikanische Interessen in Asien und im Pazifikraum darstellte – als einen vielversprechenden Verbündeten, falls man in einen globalen Konflikt verwickelt würde.

SOWJETAGENT Richard Sorge (sein Porträt rechte Seite, unten sein japanischer Presseausweis) schrieb für die *Frankfurter Zeitung* und diente als sowjetischer Spion. Seine verschlüsselten Berichte warnten Moskau vor den deutschen Bemühungen, Japan in das Achsenmächtebündnis einzubinden, und vor Hitlers Absicht, seinen Nichtangriffspakt mit Stalin zu brechen und in Russland einzufallen.

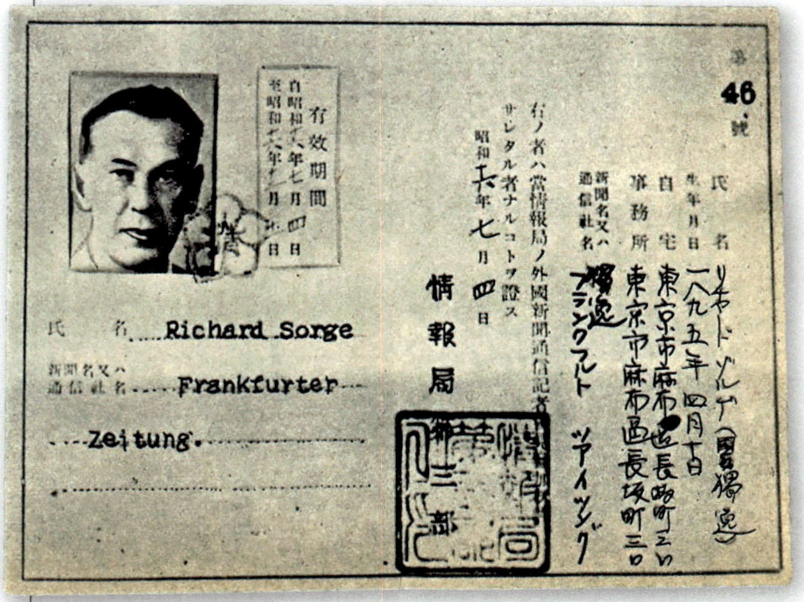

NAME: RICHARD SORGE
BERUF: RUSSISCHER SPION
ZIELGEBIET: JAPAN UND DEUTSCHLAND

CHRONOLOGIE

AUGUST 1939 Das Geheimprotokoll zum Nichtangriffspakt zwischen Hitler und Stalin schafft die Voraussetzungen für die Zerstückelung Osteuropas und die Teilung Polens.

1. SEPTEMBER 1939 Mit dem deutschen Überfall auf Polen beginnt der Zweite Weltkrieg.

APRIL 1940 Sowjetische Sicherheitskräfte des NKWD exekutieren Tausende polnische Offiziere in Katyn, während die SS polnische Juden in Ghettos sperrt.

MAI 1940 Die Wehrmacht beginnt den Blitzkrieg im Westen und besetzt Frankreich.

SEPTEMBER 1940 Die britische Spionageabwehr beginnt, Spione, die von der Abwehr nach England geschickt wurden, in einer Operation namens Double Cross gegen das Reich einzusetzen.

27. SEPTEMBER 1940 Japan, Deutschland und Italien schließen den Dreimächtepakt.

MAI 1941 Stalin ignoriert die Warnung Richard Sorges, dass Hitler Russland in der „zweiten Junihälfte" angreifen wird.

22. JUNI 1941 Einmarsch der Deutschen in der Sowjetunion.

29. JUNI 1941 Das FBI zerschlägt einen Spionagering aus 33 deutschen Agenten in den USA.

5. DEZEMBER 1941 Die Russen stoppen die Deutschen vor Moskau, während sich Japan darauf vorbereitet, amerikanische und alliierte Stützpunkte im Pazifik anzugreifen.

Als Botschafter in Tokio wurde Ott zu einem der wichtigsten ausländischen Gesandten des Reichs. Seine Beförderung verdankte er unter anderem Sorge. Zum Dank für seine Informationen über japanische Kriegsvorbereitungen erhielt Sorge von Ribbentrop persönlich einen Brief zu seinem 43. Geburtstag im Oktober 1938, in dem er ihm für seinen „hervorragenden Beitrag" dankte. Seine größten Beiträge leistete Sorge jedoch nicht in Berlin, sondern in Moskau, wo er zehn Jahre zuvor vom sowjetischen militärischen Nachrichtendienst, später bekannt als GRU, rekrutiert worden war. Während er für deutsche Zeitungen aus Japan berichtete, leitete Sorge heimlich einen sowjetischen Spionagering, der per Funk und Kurier an Moskau berichtete. Ott hegte keinerlei Verdacht gegen Sorge, einen hochdekorierten deutschen Kriegsveteranen und NSDAP-Mitglied, der aber die Parteiführung oft kritisierte, sich gerne an Saufgelagen beteiligte und als Weiberheld bekannt war. Über eine Affäre mit seiner Frau sah der künftige Botschafter im Interesse der lohnenden Partnerschaft mit Sorge hinweg. Ein Bekannter kam später zu dem Schluss, dass das lockere Wesen und die Zechgelage von Sorge „ein wohlkalulierter Teil seiner Maskerade" gewesen seien: „Er erweckte den Eindruck, ein Playboy und ein Verschwender zu sein, das genaue Gegenteil eines gefährlichen Spions."

Tatsächlich war Sorge einer der gefährlichsten Agenten, die je verdeckt gegen Hitler gearbeitet haben. Seine russische Mutter hatte ihn in der russischen Provinz Aserbaidschan zur Welt gebracht, wo sein deutscher Vater als Ingenieur auf den Ölfeldern von Baku arbeitete. Die Familie zog nach Berlin, als Sorge zwei Jahre alt war, und er wurde zum loyalen Deutschen erzogen, der 1914 bereitwillig in den Kampf zog, aber verwundet und desillusioniert heimkehrte. Sorge schlug sich auf die Seite der aufständischen Kommunisten, denen Hitler später die Schuld für die Niederlage Deutschlands zuschrieb. Nachdem er Spion Moskaus geworden war, brach er die Verbindung zur Kommunistischen Partei

VERMITTLERIN **Die amerikanische Journalistin Agnes Smedley machte Sorge in den 1930er-Jahren mit Hotsumi Ozaki bekannt.**

MITVERSCHWÖRER **Der japanische Spitzenbeamte Hotsumi Ozaki wurde ein wichtiges Mitglied von Sorges Spionagering.**

AHNUNGSLOSER HELFER **Die Geheimnisse, die Oberst Eugen Ott in der deutschen Botschaft ausplauderte, gab Sorge an Moskau weiter.**

Deutschlands ab. 1934, ein Jahr nach Hitlers Machtergreifung, schloss er sich den Nazis an, deren Reihen so schnell wuchsen, dass neue Parteimitglieder oft nur oberflächlich überprüft wurden. Seine Verbindungen zu Moskau blieben unentdeckt.

Sorge besetzte in Tokio eine strategisch wichtige Position für die Russen. Der sowjetische Diktator Joseph Stalin hatte mit zwei potenziellen Feinden zu rechnen – mit Nazideutschland im Westen und dem kaiserlichen Japan im Osten. Sorge war durch seine engen Kontakte mit Ott und dem japanischen Berater Ozaki in einer guten Position, um vertrauliche Informationen über beide Nationen an Moskau weiterzugeben. Er rekrutierte zudem einen einfallsreichen Spion namens Odai Yoshinobu, der bei den japanischen Besatzungstruppen in der Mandschurei diente, die an die Sowjetunion grenzte. Mitte 1939 brachen Kämpfe entlang dieser Grenze aus, und Odai lieferte detaillierte Berichte, die den Sowjets halfen, sich dort durchzusetzen.

Im Westen schenkte man diesem kurzen asiatischen Grenzkrieg kaum Beachtung, aber er hatte weitreichende Folgen. Obwohl Hitler Japan bald in ein Verteidigungsbündnis mit Deutschland und Italien hineinziehen würde, zögerten die Japaner, sich ihren Achsenpartnern bei einem Großangriff auf die Sowjetunion anzuschließen. Noch bevor sich das Kriegsglück in der Mandschurei im Sommer 1939 zugunsten der Russen verschob, kam Hitler zu dem Schluss, dass er noch andere Messer zu schleifen hatte, bevor er es mit Stalin und der Roten Armee aufnehmen würde. Großbritannien und Frankreich hatten ihm 1938 in München die Tschechoslowakei in die Hände fallen lassen, aber nun gelobten sie zu kämpfen, falls er in Polen einmarschieren sollte. Einen Krieg mit diesen Westmächten konnte Hitler nicht riskieren, solange er nicht sicher war, dass die Sowjets passiv bleiben würden. Zu diesem Zweck traf Ribbentrop in Moskau mit Stalin und seinem Außenminister Wjatscheslaw Molotow zusammen und schloss am 23. August 1939 einen geheimen Nichtangriffspakt zwischen Deutschland und der Sowjetunion. Viele glühende Kommunisten waren schockiert, aber erfahrene Agenten wie Sorge erkannten das Abkommen als das, was es war – ein Trick, der es zwei antagonistischen Regimen erlaubte, ihre Aggression auf Dritte zu richten, bevor sie miteinander abrechneten. Sorges Mutterland Russland und sein deutsches Vaterland hatten ihre Differenzen scheinbar beigelegt, aber für ihn war das kein Grund, die Bespitzelung des Reichs einzustellen. Er würde Moskau schnell alarmieren, wenn Hitler des Abkommens überdrüssig würde. In diesem verdeckten Krieg, der von Spionen, Saboteuren und Geheimpolizisten geführt wurde, gehörten Menschen wie Sorge zu den Meistern ihres Fachs. Sie standen Freunden und Feinden gleichermaßen misstrauisch gegenüber und erkannten, dass kein Eid zu heilig war, um gebrochen zu werden.

EIN TEUFLISCHER PAKT Der deutsche Außenminister Joachim von Ribbentrop küsst Stalin in einer polnischen Karikatur die Hand, während der russische Außenminister Wjatscheslaw Molotow den Nichtangriffspakt von 1939 süffisant belächelt (ganz oben). Der Pakt überließ Ostpolen, die baltischen Staaten, Finnland und Bessarabien der Gnade Stalins (siehe Karte oben). Im Gegenzug konnte Hitler den Rest Polens erobern und Rumänien und die Slowakei sowie Ungarn, das nicht unter den Pakt fiel, zu gehorsamen Verbündeten machen.

EIN UNHEILIGES BÜNDNIS

Der deutsch-sowjetische Nichtangriffspakt war eine schlechte Nachricht für Polen, aber nur wenige Menschen erkannten, wie bedrohlich und unheilvoll das Abkommen wirklich war. Oberflächlich betrachtet legte es fest, dass Hitler bei seinem Angriff auf Polen nicht auf russischen Widerstand stoßen würde. Nur neun Tage nach Abschluss des Abkommens begann am 1. September 1933 die Invasion. Aber ein geheimes Zusatzprotokoll setzte Polen und andere Länder auch der sowjetischen Aggression aus, indem es Osteuropa zwischen Hitler und Stalin aufteilte. Die zwischen der deutschen und der russischen „Einflusssphäre" gezogene Grenze überließ Ostpolen, die baltischen Staaten Litauen, Lettland und Estland der Gnade Stalins. Er und Hitler setzten dieses Geheimprotokoll nicht nur mit regulären Truppen durch, sondern auch mit Kräften, die Krieg gegen Zivilisten führten, indem sie vermeintliche Staatsfeinde aufspürten, sie hinrichteten oder einsperrten. In Polen und seinen Nachbarländern sollten Hitlers SS und Stalins NKWD weit mehr Menschen zum Opfer fallen, als bei konventionellen Kämpfen ums Leben kamen.

TOP-NAZIS Bei einem Auftritt in Wien, Österreich, das 1936 von Hitler annektiert wurde, bleibt SS-Chef Heinrich Himmler (links) dem ehrgeizigen Reinhard Heydrich, den er zum Leiter des SD (Sicherheitsdienst), des SS-Nachrichtendienstes, bestimmte, einen Schritt voraus.

Die SS entwickelte sich bald zu weit mehr als nur der Leibwache des Führers. Unter der Leitung von Heinrich Himmler, der Hitlers wahnhaften Rassismus teilte, verpflichteten sich die SS-Rekruten zu „Gehorsam bis zum Tod" und rühmten sich, furchtbare Befehle auszuführen, ohne mit der Wimper zu zucken. Einige kämpften als Soldaten in den Fronteinheiten der Waffen-SS. Andere dienten als Geheimpolizisten, Verhörspezialisten und Folterer oder leiteten Konzentrations- und Vernichtungslager, in denen Millionen Menschen zu Tode gequält wurden.

Bei der Erweiterung der Befugnisse der SS, die alle deutschen Polizeikräfte überwachte, wurde Himmler von Reinhard Heydrich unterstützt, der den Geheimdienstarm der SS, den Sicherheitsdienst (SD), einrichtete. Im Gegensatz zu Himmler, der Hitler anbetete, betrachtete sich der kalte, berechnende Heydrich als gleichwertig, wenn nicht sogar jenen als überlegen, die in der Nazihierarchie über ihm standen, und beugte sich ihnen nur, wenn es seinen Interessen diente. Als 1933 sein erstes Kind geboren wurde, wählte er zwei mächtige Nazis als Paten für den Jungen – Heinrich Himmler und Ernst Röhm, den Chef der Sturmabteilung (SA), deren braunhemdige Sturmtruppen Kommunisten und andere politische Gegner auf der Straße bekämpften. Ein Jahr später trug Heydrich jedoch dazu bei, ein Verfahren gegen Röhm zu erwirken, indem er ihn beschuldigte, ein Komplott gegen Hitler geschmiedet zu haben. In der später so genannten „Nacht der langen Messer" ermordete die SS Röhm und Dutzende seiner SA-Offiziere. Von diesem Schlag erholte sich die SA nie. SS-Männer in Schwarz ersetzten die widerspenstigen Braunhemden als Hitlers Vollstrecker und führten im In- und Ausland Morde mit größerer Diskretion und Effizienz aus, als es die SA je vermochte. Himmler war stolz auf den düsteren Ruf seiner Truppe. „Ich weiß, dass es manche Menschen in Deutschland gibt, denen es schlecht wird, wenn sie diesen schwarzen Rock sehen", schrieb er. „Wir haben Verständnis dafür und erwarten nicht, von allzu vielen geliebt zu werden."

Als der Einmarsch in Polen 1939 näher rückte, übernahm Heydrich die Leitung einer Geheimoperation mit dem Codenamen Tannenberg in Form einer Täuschung, die am Abend des 31. August inszeniert wurde, um den falschen Eindruck zu erwecken, dass polnische Kommandos den Krieg mit Angriffen auf der deutschen Seite der Grenze begonnen hätten. Entlang dieser Grenze herrschten große Spannungen, was die Behauptung, dass polnische Übergriffe den Konflikt entzündet hätten, nicht völlig haltlos erscheinen ließ. Um die fingierten Angriffe überzeugender zu machen, wurden mehrere KZ-Häftlinge und ein polnischer Sympathisant in Deutschland getötet, in polnische Uniformen gesteckt und an drei Orten in der Nähe der Grenze abgelegt, darunter eine Radiostation in Gleiwitz, wo SS-Agenten einbrachen und versuchten, eine wütende Botschaft auf Polnisch zu senden. Dieser Plan ging schief, aber die Leichen der Opfer – die von ihren SS-Henkern als „Dosenware" bezeichnet wurden – dienten als Be-

„Ich weiß, dass es manche Menschen in Deutschland gibt, denen es schlecht wird, wenn sie diesen schwarzen Rock sehen. Wir haben Verständnis dafür und erwarten nicht, von allzu vielen geliebt zu werden."

HEINRICH HIMMLER

GÜRTELSCHNALLEN-PISTOLE **Himmler soll mehrere dieser seltsamen Waffen bestellt haben, die vier kleine Pistolenläufe (links) unter einer mit dem Naziemblem verzierten Gürtelschnalle (oben) verbargen. Die Pistolen wurden von NS-Führern wahrscheinlich eher zur Vorführung als im tatsächlichen Kampf eingesetzt.**

DIE NACHT DER LANGEN MESSER

Die Sturmabteilung der NSDAP, die Hitler zur Macht verholfen hatte, indem sie politische Gegner auf der Straße zusammenschlug, wurde für ihn zur Belastung, als er 1934 die feste Kontrolle über Deutschland übernahm. Sie zählte fast drei Millionen Mann, und ihr kämpferischer Führer Ernst Röhm (rechts) stellte sie sich als eine revolutionäre NS-Armee vor, die die regulären Streitkräfte ersetzen sollte, die durch den Versailler Vertrag von 1919 auf 100 000 Mann begrenzt waren. Röhm wurde von den Armeekommandeuren gefürchtet und verabscheut, aber Hitler brauchte deren Unterstützung für seine Kriegspläne. Widerspenstige Straßenkämpfer ohne militärische Ausbildung würden ihm dabei keine Hilfe sein. Er hatte Röhm jedoch viel zu verdanken und zögerte, ihn auszuschalten, bis Röhms SS-Rivalen Himmler und Heydrich Beweise für einen Putschplan Röhms vorlegten. Auch Hermann Göring, der vor der Übernahme durch die SS die Gestapo leitete, verschwor sich gegen Röhm. Hitler mag geahnt haben, dass das Verfahren gegen den SA-Chef fadenscheinig war, aber es lieferte ihm Gründe, die Führung der lästigen Sturmabteilung auszuschalten.

Hitler setzte die Säuberungsaktion in Gang, indem er Röhm und seine „Braunhemden" am 30. Juni 1934 zu einem Treffen in ein Hotel am Tegernsee einberief. Die meisten wurden innerhalb weniger Stunden erschossen. Röhm hoffte auf Gnade vonseiten Hitlers, aber auch er wurde am folgenden Tag von Theodor Eicke ermordet, der dafür zum Inspekteur der Konzentrationslagers Dachau befördert wurde. Währenddessen richteten sich die SS-Henker gegen Persönlichkeiten des öffentlichen Lebens, die keine Verbindung zur SA hatten, aber sich in der Vergangenheit gegen Hitler gestellt hatten. Unter den Getöteten befanden sich Kurt von Schleicher, Hitlers Vorgänger als Reichskanzler, und seine Frau. Mehr als 80 Menschen wurden als Opfer der blutigen Aktion identifiziert, aber die tatsächliche Zahl dürfte weitaus höher gewesen sein.

ALTER KÄMPFER **Ernst Röhm vor Mitgliedern der von ihm geführten Sturmabteilung. Er war eine der Gründungsfiguren der NSDAP, die als „Alte Kämpfer" bezeichnet wurden.**

Die Führung der Wehrmacht war im Voraus über die Säuberung informiert worden und mit dem Ergebnis zufrieden, das die Verbindungen zwischen ihr und Hitler stärkte. Er benutzte die erfundenen Anschuldigungen gegen Röhm, um das, was er die „Nacht der langen Messer" (ein einem Nazilied entlehnter Satz) nannte, als eine gerechte Aktion zur Verteidigung des Reichs darzustellen. „Wenn mir jemand den Vorwurf entgegenhält, weshalb wir nicht die ordentlichen Gerichte zur Aburteilung herangezogen hätten", erklärte er, „dann kann ich ihm nur sagen: In dieser Stunde war ich verantwortlich für das Schicksal der deutschen Nation und damit des deutschen Volkes oberster Gerichtsherr! (...) Und es soll jeder für alle Zukunft wissen, dass, wenn er die Hand zum Schlag gegen den Staat erhebt, der sichere Tod sein Los ist."

Tatsächlich waren nur wenige mutmaßliche Feinde der Nazis jemals vor „ordentlichen Gerichten" gestanden. Viele waren von der SA überfallen und auf der Straße oder in Hinterhöfen dem Tod überlassen worden. Diese Art des Straßenterrors sollte in Nazideutschland sporadisch weitergehen, aber von nun an war die SS am Ruder, die ihre Opfer im Schutz der Dunkelheit verschleppte und für immer verschwinden ließ. Die „Nacht der langen Messer" bewies, dass die SS vor nichts zurückschrecken würde, um Hitlers Pläne zu unterstützen, aber sie agierte diskreter als die ungestümen Braunhemden. Jahre später erinnerte sich Heinrich Himmler an diese Nacht als den Anlass, an dem die SS-Männer ihren Ruf für absolute Rücksichtslosigkeit und bedingungslose Loyalität erwarben. „Jeder von uns schauderte", erinnerte er sich an diese Morde, „dennoch verstand jeder von uns klar, dass er es das nächste Mal wieder tun würde, wenn es ihm befohlen würde und wenn es notwendig wäre." Himmler fügte hinzu, dass die Ermordung ihrer Parteigenossen sie in den kommenden Jahren für eine viel größere und wichtigere Aufgabe abhärtete – die „Vernichtung des jüdischen Volkes". ✪

weise für Hitlers Behauptung, Polen habe die Invasion am 1. September provoziert. Kaum jemand im Ausland ließ sich täuschen, aber in Deutschland, wo Hitler und Goebbels die Medien kontrollierten, erzielte die Aktion die gewünschte Wirkung.

Die inszenierten Angriffe am 31. August waren nur der Auftakt zum Hauptakt der Operation Tannenberg – einer mörderischen Kampagne der SS zur Ausschaltung der polnischen Elite. Hitlers Ziel war es, Polen als Staat zu zerstören und seine nichtarischen Bewohner – einschließlich der Slawen und Juden – auszurotten, zu versklaven oder zu vertreiben, um Lebensraum für deutsche Siedler zu verschaffen. Der erste Schritt dieses Angriffs auf die Zivilbevölkerung bestand darin, einflussreiche polnische Bürger, die den Widerstand fördern könnten, zu eliminieren. Die Liquidierung dieser Zivilisten übernahm die SS, die sogenannte Einsatzgruppen aufstellte, bestehend aus mehreren hundert bewaffneten Männern, die ihre Opfer zusammentrieben und erschossen, oft an Orten, an denen das Gemetzel schwer zu beobachten war. Zu diesen Einsatzgruppen gehörten auch einige deutsche Polizisten unter der Leitung der SS, die befugt waren, bei Bedarf deutsche Soldaten zu Hilfe zu rufen. Die Befehlshaber des Heeres weigerten sich später, reguläre Truppen für solche Gräueltaten abzustellen, aber einige Offiziere und Militärpolizisten kooperierten mit der SS und beteiligten sich an den Massenmorden, die folgen sollten. Heydrichs Plan sah die Hinrichtung von 61 000 prominenten Polen vor, darunter Priester, Professoren, Aristokraten und Beamte. „Von der polnischen Oberschicht in den besetzten Gebieten", prahlte er Ende September 1939, „sind nur noch maximal drei Prozent vorhanden."

BERLINER 10 PFENNIG

Wöchentlich 50 Pfennig Einzeln 10 Pf. Sonntags 15 Pf.

MORGENPOST

DEUTSCHER VERLAG

41. Jahr / Freitag, 1. September 1939 / Nr. 209

Polen ließ den Führer 2 Tage warten

Deutschlands großzügiges Friedensangebot

Frecher Ueberfall auf den Sender Gleiwitz

Polnische Aufständische haben die deutsche Grenze überschritten — Blutige Kämpfe mit deutscher Polizei

Angriffe polnischer Freischärler auf reichsdeutsche Ortschaften

Die Operation verlief indes nicht so gründlich und systematisch, wie er behauptete. Einige seiner Männer hatten zwar früher schon getötet, aber Massenmord war auch für sie etwas Neues. Sie nahmen es nicht immer so genau, wen sie abschlachteten oder wie sie es taten. Einmal erschossen sie um die 900 Menschen auf einmal in einer wenig verdeckten Maßnahme, und die Opfer gehörten nicht alle der Oberschicht an. Heydrich selbst war unpräzise bei der Definition dieser Operation, der viele Juden zum Opfer fielen, die nicht der polnischen Elite angehörten. „Wir wollen das kleine Volk retten", sagte er, „aber die Aristokratie, die Priester und die Juden müssen getötet werden." Die Endlösung – der geheime Plan zur Ermordung aller Juden im deutschen Machtbereich – war damals noch nicht beschlossen, und die meisten polnischen Juden wurden zunächst in Ghettos gesperrt.

Im Laufe des Krieges sollte die SS ihre Expertise, Menschen still und heimlich zu eliminieren, erheblich verbessern. Aber die wahren Meister des versteckten Terrors zu Beginn des Krieges waren sowjetische Agenten des NKWD, derer sich Stalin seit 1934 bediente, um Millionen Sowjetbürger hinzurichten oder in Arbeitslager, Gulags, zu verschleppen. Viele Russen verschwanden in der Nacht und wurden von ihren Nachbarn nie wieder gesehen. Während der Zeit des Großen Terrors, den Stalin 1937/38 in dem Bemühen orchestrierte, jeglichen Widerstand gegen sein Regime auszulöschen, exekutierte ein Team

FALSCHER VORWAND Der Angriff auf den deutschen Radiosender in Gleiwitz (ganz oben), den die SS am 31. August 1939 inszenierte, wurde in der *Berliner Morgenpost* (oben) den polnischen irregulären Truppen zugeschrieben. Es war ein Vorwand für den deutschen Überfall auf Polen am 1. September.

GRÄUELTATEN IN POLEN SS-Offiziere (rechts, im polnischen Bydgoszcz) befehligten den Volksdeutschen Selbstschutz, eine paramilitärische Einheit zur Selbstverteidigung der Volksdeutschen in Polen. Sie nahm an der Operation Tannenberg teil, der SS-Mordkampagne zur Auslöschung der polnischen Elite nach dem deutschen Einmarsch. Zu den Zielpersonen gehörten der Priester (unten, vor einer auf ihn gerichteten Waffe inmitten der Leichen anderer Opfer) und die Lehrer (ganz unten), die kurz vor ihrer Hinrichtung stehen.

aus zwölf Henkern 20761 Menschen in einem Gefängnis außerhalb Moskaus – eine von Dutzenden NKWD-Mordfabriken. Viele Opfer wurden geschlagen, bevor man sie tötete, und so dazu gebracht, politische Vergehen zu gestehen, die sie nicht begangen hatten, um andere unschuldige Menschen wegen Verbrechen gegen den Staat anzuklagen. Alle ethnischen Polen stellte man unter Generalverdacht, mehr als 80000 kamen bis zum Ende des Großen Terrors zu Tode. Und Stalin machte reinen Tisch, indem er viele der Offiziere, die das Blutbad beaufsichtigten, zum Tode verurteilte, darunter den NKWD-Chef Nikolai Jeschow, der durch Lawrenti Beria ersetzt wurde. Als von Ribbentrop im September 1939 nach Moskau zurückkehrte, um Grenzfragen zu klären, die durch den Nichtangriffspakt im August ungeklärt geblieben waren, stellte Stalin ihn Ribbentrop als „unseren Himmler" vor.

„Wir wollen das kleine Volk retten, aber die Aristokratie, die Priester und die Juden müssen getötet werden."

REINHARD HEYDRICH,
CHEF DES SICHERHEITSDIENSTES

Am 17. September drangen sowjetische Truppen in Ostpolen ein. Zu diesem Zeitpunkt bröckelte die polnische Verteidigung unter der Wucht des deutschen Angriffs. Die Russen stießen auf wenig Widerstand und machten mehr als 100000 polnische Kriegsgefangene. Die meisten wurden wieder freigelassen, aber etwa 15000 Offiziere wurden in vom NKWD geführte Lagern gesperrt. Zivilisten mit engen Verbindungen zur polnischen Regierung, darunter Polizisten, Beamte und Militärveteranen deportierte man zusammen mit ihren Familien in Gulags. In einer einzigen Nacht im Februar 1940 holten NKWD-Agenten fast 140000 Menschen aus ihren Häusern und Wohnungen und steckten sie in Güterwagen. Ein Mädchen, dessen Familie deportiert wurde, weil ihr Vater Polen 1920 gegen eine sowjetische Invasion verteidigt hatte, erinnerte sich an das Geräusch der Tür ihres Viehwagens, die zugeschlagen und verriegelt wurde. „Wir wussten nun, dass wir eingesperrt worden waren", erinnerte sie sich, „und uns in Sklaverei befinden." Rund 5000 der Deportierten starben auf dem Transport durch Erschöpfung, Hunger oder Krankheit, viele weitere kamen anschließend in sibirischen Gulags um.

Im März 1940 schlug Beria vor, alle polnischen Offiziere zu töten, die in NKWD-Lagern festgehalten wurden. Diese Gefangenen, schrieb er, „warteten nur auf ihre Freilassung, um aktiv in den Kampf gegen die Sowjetmacht einzutreten". Stalin gefiel der Plan, und rund 6000 Polen, die sich im Gewahrsam des NKWD befanden, wurden zum Tode verurteilt und an verschiedenen Orten hingerichtet, unter anderem in einem Gefängnis in Kalinin nicht weit von Moskau. Dmitri Tokarew, der verantwortliche NKWD-Offizier, äußerte sich besorgt, als er aufgefordert wurde, 300 Offiziere pro Tag zu töten. Das war „zu viel", sagte er. „Die Nacht war zu kurz, aber wir durften nur nachts arbeiten." Nachteinsätze erregten weniger Aufmerksamkeit, und Tokarew sorgte für Ruhe, indem er die Hinrichtungskammern in Kalinin mit Samt auskleidete, um die Schüsse zu dämpfen. Er konstatierte, dass seine Agenten 250 Hinrichtungen pro Nacht schaffen konnten, wobei sie das Standardverfahren des NKWD anwandten, bei dem zwei Männer das Opfer an den Armen festhielten, während ein dritter ihm in den Hinterkopf schoss. Ein erfahrener Killer in Kalinin trug eine Ledermütze, eine Schürze und Handschuhe, um zu verhindern, dass er bei seiner Arbeit mit Blut bekleckert wurde.

(weiter auf Seite 30)

AUFGEDECKT Die exhumierten Überreste von in Polen ermordeten Menschen zeugen von der Grausamkeit der Operation Tannenberg, die fast 50000 Menschenleben forderte.

DIE VERTUSCHUNG DES MASSAKERS VON KATYN

Im April 1940 wurden mehr als 4000 polnische Offiziere erschossen und in einem Massengrab im Wald von Katyn in der Nähe von Smolensk begraben. Es war eines von mehreren Massakern, die in jenem Monat heimlich von Sicherheitskräften des NKWD durchgeführt und von Stalin unterzeichnet wurden. Wie Hitler wollte auch Stalin polnische Führer beseitigen, die den Widerstand gegen die bewaffnete Besetzung ihres Landes anheizen könnten. Mehr als 15 000 polnische Offiziere und 6000 Zivilisten wurden vom NKWD in Aktionen hingerichtet, die allgemein als Massaker von Katyn bekannt sind, weil die Morde dort als Erste aufgedeckt wurden. Im April 1943, fast zwei Jahre nachdem Hitler sich gegen Stalin gewandt und Russland überfallen hatte, exhumierten die Deutschen die Leichen der Opfer und fanden Beweise, die die Russen belasteten. Goebbels behauptete, 10 000 Polen seien dort hingerichtet worden, und die sowjetischen Behörden reagierten darauf, indem sie das Massaker den Deutschen anlasteten.

INNERER KREIS **Stalins Tochter Swetlana sitzt auf dem Schoß von NKWD-Chef Lawrenti Beria, der die Massaker von Katyn in Gang setzte, während der Papa Akten studiert.**

Britische Regierungsbeamte und die polnische Exilregierung in London stuften die russischen Bemühungen, die Verantwortung für das Massaker zu leugnen, als unglaubwürdig ein. Owen O'Malley, britischer Abgesandter bei der polnischen Regierung, schrieb einen vertraulichen Bericht, in dem er die Russen verurteilte, aber zu dem Schluss kam, dass „die dringende Notwendigkeit herzlicher Beziehungen" zu den Sowjets ihren britischen und amerikanischen Verbündeten keine andere Wahl ließ, als „ein Massaker zu vertuschen". Churchill sandte eine Kopie des Berichts an Roosevelt mit einer Notiz, in der er ihn als „grimmige, gut, aber vielleicht ein wenig zu gut geschriebene Geschichte" bezeichnete. Und er bat Roosevelt, den Bericht zurückzugeben, „wenn Sie mit ihm fertig sind, da wir ihn in keiner Weise offiziell in Umlauf bringen".

Roosevelt war wie Churchill wenig geneigt, die Sowjets zu beschuldigen, und erwähnte den Bericht nie. Russische Behauptungen, die Nazis seien für die Morde verantwortlich, erschienen damals plausibel. Erst als sich die Sowjetunion 1990 auflöste, enthüllte Präsident Michail Gorbatschow, dass die Massaker von Katyn von höchster Ebene angeordnet worden waren. ✪

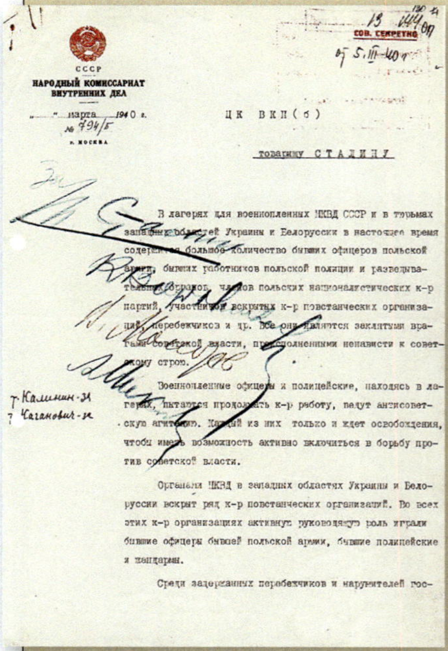

СОВ. СЕКРЕТНО

СССР
НАРОДНЫЙ КОМИССАРИАТ
ВНУТРЕННИХ ДЕЛ

„ “ марта 1940 г.
№ 794/Б
г. Москва

ЦК ВКП(б)

товарищу СТАЛИНУ

В лагерях для военнопленных НКВД СССР и в тюрьмах западных областей Украины и Белоруссии в настоящее время содержится большое количество бывших офицеров польской армии, бывших работников польской полиции и разведывательных органов, членов польских националистических к-р партий, участников вскрытых к-р повстанческих организаций, перебежчиков и др. Все они являются заклятыми врагами советской власти, преисполненными ненависти к советскому строю.

Военнопленные офицеры и полицейские, находясь в лагерях, пытаются продолжать к-р работу, ведут антисоветскую агитацию. Каждый из них только и ждет освобождения, чтобы иметь возможность активно включиться в борьбу против советской власти.

Органами НКВД в западных областях Украины и Белоруссии вскрыт ряд к-р повстанческих организаций. Во всех этих к-р организациях активную руководящую роль играли бывшие офицеры бывшей польской армии, бывшие полицейские и жандармы.

Среди задержанных перебежчиков и нарушителей гос-

TODESURTEIL **Dieser von Stalin und anderen Sowjetführern unterzeichnete Befehl vom 5. März 1940 führte zur Ermordung von über 20 000 polnischen Kriegsgefangenen. Die Akten der Gefangenen wurden von drei Richtern oberflächlich geprüft und fast alle Inhaftierten zum Tode verurteilt.**

VERNICHTENDE BEWEISE **Mit Fotos wie diesen (links und oben) legten die Deutschen Russland die Gräueltaten zur Last und verbreiteten dies in Rundfunksendungen und auf Plakaten (ganz oben).**

VERSCHOLLEN IN RUSSLAND Einige wenige der Tausenden polnischen Offiziere, die im April 1940 vom NKWD hingerichtet wurden. Viele von ihnen waren Reservisten, die kurz vor der Gefangennahme durch die einfallenden Sowjets ihre Arbeit und ihre Familien verlassen hatten, um ihr Land zu verteidigen.

Weniger diskret verliefen die Hinrichtungen in Katyn, einem anderen sowjetischen Tötungszentrum, wo polnische Offiziere mit Lastwagen in den Wald gebracht und erschossen wurden. „Ich konnte die Schüsse und Schreie hören", erinnerte sich ein Bauer, der in der Nähe wohnte. „In meiner Gegend war es kein Geheimnis, dass die Polen vom NKWD erschossen wurden." Als die Deutschen später gen Moskau zogen, stießen sie in Katyn auf Tausende Leichen und machten die Gräueltat publik, um die mit Stalin verbündeten westlichen Demokratien in die Enge zu treiben. Bevor die Deutschen und Sowjets jedoch zu Feinden wurden, begingen sie schreckliche Verbrechen an der polnischen Zivilbevölkerung. Zwischen September 1939 und Juni 1941, als ihr Nichtangriffspakt zusammenbrach, töteten sie zusammen mehr als 100 000 polnische Zivilisten – eine höhere Zahl an Toten, als die militärischen Kämpfe auf allen Seiten kosteten –, und mehr als eine Million Polen verschwand in Gulags, Gefängnissen oder Konzentrationslagern. Ein Großteil der Taten wurde verdeckt durchgeführt und blieb von der Außenwelt weitgehend unbemerkt.

TERRORTAKTIKEN Nazideutschland führte den Krieg offen – mit Attacken der gefürchteten Sturzkampfflugzeuge (oben) – und verdeckt, mit geheimen Operationen der Abwehr, des militärischen Geheimdienstes, und rivalisierender SS-Organisationen wie SD und Gestapo.

DIE GEHEIMDIENSTE IM KRIEG

Wie die SS betrieb auch der NKWD Spionage im In- und Ausland und führte Operationen durch, die sich manchmal mit den Tätigkeiten des militärischen Geheimdiensts GRU überschnitten. Der Rivalität zwischen NKWD und GRU entsprach auf deutscher Seite die Konkurrenz zwischen Reinhard Heydrichs SD und der Abwehr, dem deutschen militärischen Nachrichtendienst unter der Leitung von Admiral Wilhelm Canaris. Der erzkonservative Canaris, der Heydrich nahestand und Hitler vor dem Krieg unterstützte, war angesichts der Gräueltaten der Nazis zunehmend beunruhigt und befürchtete, dass sie dem deutschen Militär und der Nation als Ganzes schaden würden. Von 1938 bis 1940 schloss er sich einem kleinen Kreis gleichgesinnter Offiziere und Beamter an, die sich gegen Hitler verschworen, am Attentat vom 20. Juli 1944 war er aber nicht direkt beteiligt. In der Zwischenzeit geriet Canaris immer wieder öffentlich mit Heydrich und Himmler aneinander, die die Abwehr, wann immer möglich, unterminierten und ihr nachrichtendienstliche Versäumnisse vorwarfen. Canaris' Aufgaben waren ungleich schwieriger als Heydrichs, dessen SD-Operationen sich weitgehend auf das Reich und die besetzten Gebiete beschränkten. Die Abwehr hingegen agierte in Feindesland. Spionage in Großbritannien, das Deutschland kurz nach dem deutschen Einmarsch in Polen den Krieg erklärte, und den Vereinigten Staaten, die den Briten militärisch halfen, bevor sie im Dezember 1941 in den Krieg eintraten, war in höchstem Maße lebensgefährlich.

Bald nach Kriegsbeginn, während Spione der Abwehr unter großem Risiko England infiltrierten, nahm der SD zwei britische Agenten ins Visier, die für den MI6 im neutralen Holland operierten. Der MI6, der britische Auslandsgeheimdienst, wurde Anfang des 20. Jahrhunderts als Secret Intelligence Service (SIS) gegründet, ein Titel, der der Agentur noch lange anhaftete, nachdem sie als einer von mehreren MI-Zweigen des britischen Di-

IAN FLEMING ALS SPION

Ian Fleming war 30 und arbeitete in London als Börsenmakler und Gelegenheitsjournalist, als er sich auf eine Mission begab, die seine Karriere als britischer Agent und künftiger Romanautor einleitete. Anfang 1939 begleitete Fleming als Korrespondent für die *Times of London* eine Handelsdelegation nach Moskau. In einem vertraulichen Bericht an das britische Außenministerium (unten rechts) beurteilte er die russische Militärstärke. Er habe keine russischen „Geheimnisse" zu teilen, stellte er dem Bericht voran, seine Schlussfolgerungen würden auf veröffentlichten Quellen beruhen, ergänzt durch seine Beobachtungen als Reporter. Fleming bot eine ausgewogene Einschätzung des russischen Kriegspotenzials und bemerkte, dass Stalins mörderische Säuberungen die Rote Armee „Zehntausender kompetenter Offiziere" beraubt hätten. Er sah den bevorstehenden Hitler-Stalin-Pakt nicht voraus, aber er kam scharfsinnig zu dem Schluss, dass Russland auf lange Sicht mehr zu gewinnen hätte, wenn es sich auf die Seite Großbritanniens gegen Nazideutschland stellte. „Russland wäre ein überaus wackeliger Verbündeter", warnte er. „Sie würden nicht zögern, uns in dem Moment in den Rücken zu fallen, in dem es ihnen passte. (...) Die russische Zusammenarbeit mit den Alliierten wäre von großem strategischem Wert, aber eine solche Zusammenarbeit sollte nur als letztes Mittel und mit großen Bedenken akzeptiert werden."

DECKNAME: 17F
SPION FÜR: GROSSBRITANNIEN
SPION GEGEN: UDSSR, SPANIEN

Nicht lange nach seiner Mission in Moskau wurde Fleming persönlicher Assistent von Admiral John Godfrey, Direktor des Marinegeheimdienstes. Bis 1941 leitete Lieutenant Commander Fleming (links) die Operation Goldeneye, die beginnen sollte, wenn Deutschland Spanien in die Achse ziehen oder in dieses Land eindringen und Gibraltar einnehmen würde, wodurch der Zugang der Royal Navy zum Mittelmeer bedroht wäre. Fleming reiste mit einem Kurierpass (unten links) nach Spanien und arrangierte die Aufrechterhaltung des Funkkontakts mit dortigen Spionen und die Sabotage von Radaranlagen und anderen Zielen, falls Gibraltar fiel. Spanien blieb neutral, und seine Pläne wurden verworfen, aber er war stolz auf seine erste Geheimoperation und nannte später das jamaikanische Anwesen, auf dem er seine James-Bond-Romane zu schreiben begann, Goldeneye. ✪

Courier's Passp

THIS PASSPORT IS ONLY GOOD FOR THE JOURNEY SPECIFIED AND MUST BE GIVEN UP WITH THE DESPATCHES.

Valid for a journey to Gibraltar and return to Madrid
16 February 1941.

Renewed and valid for a journey to London via Lisbon
26 February 1941.

By His Britannic Majesty's Minister at Madrid.

Le Soussigné Ministre de S.M. Britannique à Madrid

These are to request and require, in the Name of His Majesty, all those whom it may concern to allow

prie et requiert au nom de Sa Majesté tous ceux à qui il appartiendra de laisser passer librement

Mr. Ian Lancaster Fleming

charged with Despatches to pass freely without let or hindrance and to afford him every assistance and protection of which he may stand in need.

chargé de Dépêches, et de lui accorder en toute occasion l'aide et la protection dont il pourra avoir besoin.

Given at Madrid the sixteenth day of February 1941.

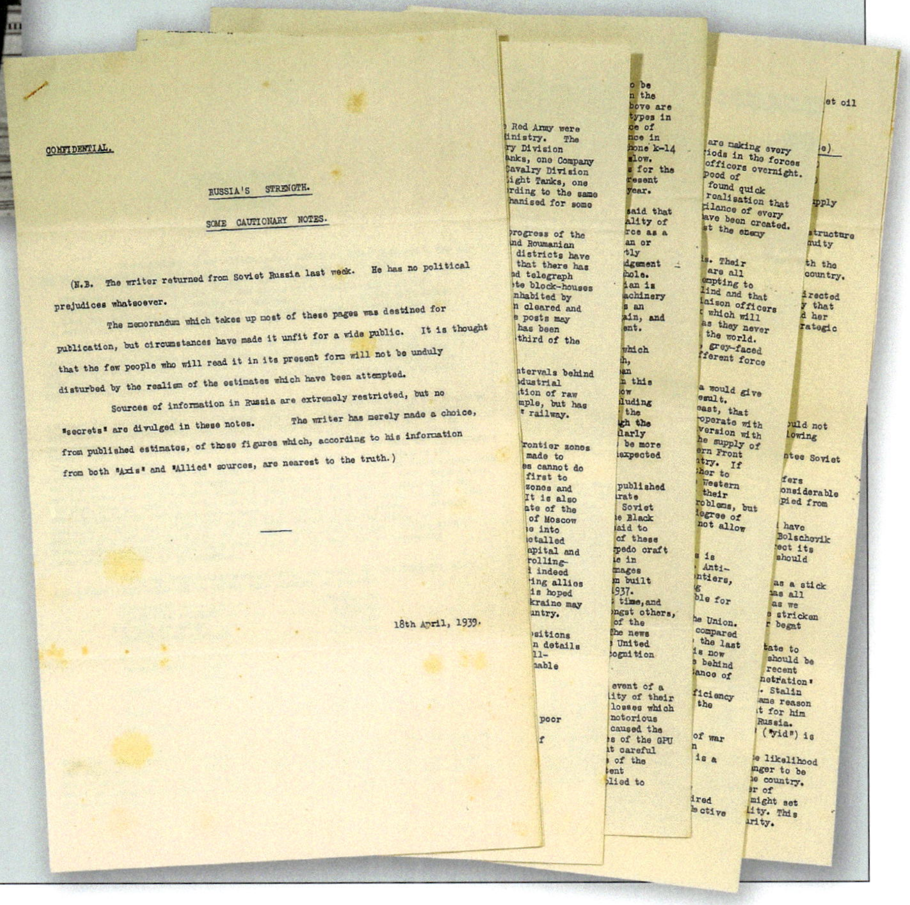

CONFIDENTIAL.

RUSSIA'S STRENGTH.

SOME CAUTIONARY NOTES.

(N.B. The writer returned from Soviet Russia last week. He has no political prejudices whatsoever.

The memorandum which takes up most of these pages was destined for publication, but circumstances have made it unfit for a wide public. It is thought that the few people who will read it in its present form will not be unduly disturbed by the realism of the estimates which have been attempted.

Sources of information in Russia are extremely restricted, but no "secrets" are divulged in these notes. The writer has merely made a choice, from published estimates, of those figures which, according to his information from both "Axis" and "Allied" sources, are nearest to the truth.)

18th April, 1939.

„Die schwarz-weiße Schranke schloss sich hinter uns. Wir waren in Nazideutschland."

CAPTAIN SIGISMUND PAYNE BEST, GEFANGENER BRITISCHER AGENT

rectorate of Military Intelligence umbenannt worden war. Auch die Royal Navy und andere Armeeabteilungen verfügten über Geheimdienste, aber der MI6 war Großbritanniens wichtigster. Sein Ansehen stieg ins Mythische, als Ian Fleming, während des Zweiten Weltkriegs britischer Marineoffizier, später seine Figur James Bond zum „Agenten im Geheimdienst Ihrer Majestät" ernannte – ein schicker Titel für einen MI6-Spion. Wie die Abwehr stand der MI6 jedoch vor einer gewaltigen Aufgabe, als Großbritannien und Deutschland im September 1939 zu Feinden wurden und ihre Spionageabwehr verstärkten.

Spionage in feindlichem Territorium war hochgradig gefährlich. Major Richard Henry Stevens arbeitete für den MI6 undercover als britischer Passkontrolloffizier in Den Haag, sein MI6-Kollege Captain Sigismund Payne Best gab sich dort als britischer Geschäftsmann aus. Im Oktober 1939 wurden sie von einem deutschen Flüchtling kontaktiert, der ihnen anbot, sie mit hochrangigen Gegnern Hitlers in der Wehrmacht bekannt zu machen. Best und Stevens trafen sich dann heimlich mit einem deutschen Offizier, der sich als Hauptmann Schämmel vorstellte. Dieser lud sie zu einem Gespräch mit General Gustav von Wietersheim ein, von dem bekannt war, dass er sich mit Hitler über dessen Plan, in die Tschechoslowakei einzumarschieren, gestritten hatte. Das Treffen sollte in Venlo an der Grenze zu Deutschland stattfinden. Wietersheim und seine Verbündeten wären bereit, energische Schritte gegen Hitler zu unternehmen, versprach Schämmel, wenn Großbritannien und Frankreich Deutschland einen „gerechten und ehrenhaften" Frieden gewährten. Für derartige Gespräche in Kriegszeiten benötigten Stevens und Best eine Genehmigung von höchster Ebene. Stewart Menzies, Chef des MI6, ersuchte Premierminister Neville Chamberlain um Zustimmung, der hoffte, dass sich hochrangige Deutsche gegen ihren Führer wenden und Frieden schließen würden, bevor Bomben auf London fielen. Chamberlain befürwortete Gespräche mit Wietersheim, ebenso sein Kriegskabinett, trotz der Einwände von Winston Churchill, einem glühenden Feind der Beschwichtigung, der damals Erster Lord der Admiralität war.

MISSGLÜCKTER ANSCHLAG **Hitler am 8. November 1939 im Münchner Bürgerbräukeller. Kurz nachdem er die Halle verlassen hatte, explodierte eine für ihn bestimmte Bombe und tötete neun Menschen.**

Nachdem Wietersheim zweimal nicht zu einem Treffen in Venlo erschienen war, kehrten Best und Stevens am 9. November 1939 in Begleitung eines niederländischen Geheimdienstoffiziers, Leutnant Dirk Klop, der bewaffnet zu diesem Anlass ging, dorthin zurück. Als sie ihr Ziel erreichten, bemerkte Best, dass deutsche Grenzsoldaten die Schranke an ihrer Grenze hochgezogen hatten. Schämmel stand auf der Veranda eines Cafés in Venlo und winkte, als wolle er signalisieren, dass der General sie auf der anderen Seite erwartete. Als sie aus ihrem Fahrzeug stiegen, überquerte ein großes Auto aus Deutschland die Grenze und fuhr auf sie zu. „Es schien vor wilden Gestalten überzuquellen", erinnerte sich Best. „Zwei saßen auf der Motorhaube und schossen aus Maschinenpistolen über unsere Köpfe; andere standen im Auto und auf dem Trittbrett, alle schrien und winkten mit Pistolen.

SCHULDZUWEISUNG Der SS-Offizier Walter Schellenberg (rechts) leitete die verdeckte Operation, bei der zwei britische Agenten in Holland gefangen genommen und für die Planung des Münchner Bürgerbräu-Attentats verantwortlich gemacht wurden: Payne Best (im Bild ganz rechts auf der Titelseite einer deutschen Zeitung) und Richard Henry Stevens (im Bild neben Best). Georg Elser (links auf der Zeitung), dessen Bombe den Bierkeller (unten) zerstörte, hatte jedoch allein gehandelt.

Deutsche Allgemeine Zeitung

Berlin, 22. November 1939 (Mittwoch-Morgen) — Berliner Ausgabe — 78. Jahrgang — Nr. 557 — 10 Pfennig

Der Münchner Attentäter verhaftet

Georg Elser der Mörder, Intelligence Service der Auftraggeber, Otto Straffer der Organisator

Chef des Intelligence Service für Westeuropa von deutscher Polizei verhaftet

Der Reichsführer SS über die Aufklärung des Verbrechens

Der Attentäter Georg Elser

Der Chef des britischen Intelligence Service für Westeuropa und seine Komplicen von Beamten der Staatspolizei verhaftet
Links Kapitän Stevens und rechts Mr. Best

Die britischen Agenten gingen in die Falle

Wie die Untersuchung durchgeführt wurde

„Und jetzt stecken wir Europa in Brand!“

WINSTON CHURCHILLS ANWEISUNG AN DIE NEU GEGRÜNDETE SOE (SPECIAL OPERATIONS EXECUTIVE)

Klop schoss zurück und wurde tödlich verwundet, sodass die britischen Agenten gestrandet waren. „Das war's mit uns, Best“, sagte Stevens. Ihre Angreifer zwangen sie in das Auto und rasten zurück über die Grenze. „Die schwarz-weiße Schranke schloss sich hinter uns“, bemerkte Best. „Wir waren in Nazideutschland.“

Er und Stevens befanden sich in den Händen von SD-Agenten unter der Leitung von Alfred Naujocks, der die verdeckte Razzia im Radiosender Gleiwitz am 31. August durchgeführt hatte und für Walter Schellenberg arbeitete, den Chef der Spionageabwehr des SD, der sich als Hauptmann Schämmel ausgegeben hatte. Schellenberg wollte das angebliche Treffen mit Wietersheim – der nichts gegen Hitler plante und nicht an dieser SD-Operation beteiligt war – als Köder nutzen, um die beiden Spione zu schnappen und sie dazu zu bewegen, Einzelheiten über ihre Kontakte zu deutschen Dissidenten preiszugeben. Nur wenige Stunden nach dem fehlgeschlagenen Attentat auf Hitler in München am 8. November durch Johann Georg Elser, einen kommunistischen Sympathisanten, erhielt Schellenberg von Himmler den Befehl, Best und Stevens zu entführen. Elser war Einzeltäter, aber Hitler gab den Briten die Schuld. Fotos der Gefangenen Best und Stevens – beide überlebten den Krieg in deutscher Haft – erschienen neben denen von Elser in der deutschen Presse.

DER FÜHRER IN PARIS Hitler vor dem Eiffelturm, nachdem seine Truppen Ende Juni 1940 Frankreich erobert hatten. SOE-Agenten versuchten daraufhin, Sabotage und Subversion durch den französischen Widerstand zu unterstützen.

Der Zwischenfall von Venlo war ein herber Rückschlag für den MI6 und seine Bemühungen, die deutsche Opposition gegen Hitler zu unterstützen. Das Fiasko machte den MI6 bei Churchill, der im Mai 1940 die Nachfolge Chamberlains als Premierminister antrat, nicht gerade beliebt. Zwei Monate später gründete Churchill in der Überzeugung, dass Spionage und Nachrichtenbeschaffung nicht ausreichten, um das Deutsche Reich zu untergraben, die Special Operations Executive (SOE), um den Widerstand zu unterstützen und die deutsche Autorität in den besetzten Ländern zu untergraben. Es war ein riskantes Geschäft, und viele SOE-Agenten fielen dem Feind in die Hände. Doch bereits 1941 begann die Behörde mit Operationen, die den Deutschen Schwierigkeiten bereiteten, insbesondere mit dem Shetland Bus, einer Operation wagemutiger Fischer in der Nordsee, die Agenten, Waffen und Sprengstoff in das besetzte Norwegen brachten, um dort den Widerstand zu fördern.

Churchills Plan, Europa durch verdeckte Aktionen der SOE „in Brand zu stecken“, beunruhigte die britischen Militärkommandeure, die ihre eigenen Dienste für besser qualifiziert hielten, und entsetzte Menzies und seine Offiziere, die befürchteten, dass SOE-„Amateure“ im Ausland Verheerungen anrichten könnten, die MI6-Agenten und ihre Informanten in Gefahr brächten. Während Menzies' altehrwürdiger SIS sich mit der neu gegründeten SOE herumschlug, führte eine dritte Behörde, der MI5, still und leise eine der ausgeklügeltsten und erfolgreichsten Spionageabwehr-Operationen durch, die je konzipiert wurde. Man trommelte fast alle Agenten der deutschen Abwehr zusammen, die während des Krieges auf britischem Boden gelandet waren, und spielte sie gegen ihre deutschen Spionagemeister aus.

DOUBLE CROSS

Im September 1940 startete die Abwehr die Operation Lena, einen eiligen Versuch, Spione und Saboteure im Vorfeld einer erwarteten deutschen Invasion in England nach Großbritannien einzuschleusen. Anders als Hitler erwartet hatte, waren die Briten standhaft geblieben, nachdem Frankreich im Juni eingenommen worden war. Admiral Canaris erhielt den Befehl, die verdeckten Operationen in Großbritannien wieder aufzunehmen – ein Befehl, der zu Beginn des Krieges erteilt wurde, als feindliche Ausländer sich registrieren lassen mussten und Hunderte interniert oder unter Beobachtung gestellt wurden. Die Luftwaffenkommandeure wollten Spione vor Ort haben, um die Wirksamkeit ihres Luftkrieges zu überprüfen und Informationen über britische Verteidigungsmaßnahmen zu erhalten. Viele der neuen Rekruten der Abwehr kamen aus besetzten Ländern. Würden sie von den Briten befragt, könnten sie behaupten, sie seien Flüchtlinge aus Ländern unter deutscher Herrschaft, aber dieses Alibi dürfte einer genauen Prüfung kaum standhalten. Schlecht ausgebildet und noch schlechter Englisch sprechend, sollten sie im Herzen des Feindes agieren – auf einer Insel, deren Bewohner in dieser Zeit ein waches Auge auf Ausländer hatten.

Noch vor Sonnenaufgang am 3. September setzte ein deutscher Trawler in der Straße von Dover zwei Beiboote vor der englischen Küste aus. Karl Meier, geboren in Deutschland und in Holland aufgewachsen, paddelte mit einem zweiten deutschen Agenten, José Rudolf Waldberg, an Land. Waldberg, der kaum Englisch sprach, blieb zurück, während der besser Englisch sprechende Meier in das Dorf Lydd wanderte und vor 10 Uhr morgens in einem Pub einen Drink bestellte, ohne zu wissen, dass britische Barkeeper zu dieser frühen Stunde keinen Alkohol ausschenken durften. Er landete prompt bei der Polizei, die seiner Behauptung, er sei ein niederländischer Flüchtling, keinen Glauben schenkte. Ohne große Umschweife gab er zu, ein Spion zu sein, und verpfiff Waldberg, der mit einem Funksender erwischt wurde. Die beiden anderen Agenten, die an jenem Morgen an Land gegangen waren – Niederländer, die den Job übernommen hatten, um Gefängnisstrafen zu entgehen –, wurden binnen kurzer Zeit zusammen mit ihrem Funkgerät gefasst.

Alle vier wurden ins Camp 020, ein von Lieutenant Colonel Robin Stephens befehligtes Verhörzentrum des MI5 in London, verbracht, der Folter verachtete und lieber psycholo-

(weiter auf Seite 38)

GEFANGENER SPION **Der deutsche Agent Karel Richter zeigt britischen Offiziellen, wo er den Fallschirm versteckt hat, mit dem er über England abgesprungen ist (oben). Dieser wird aus einer Hecke geborgen (Mitte) und als Beweismittel sichergestellt (unten). Richter weigerte sich, als Doppelagent zu dienen, und wurde zum Tode verurteilt.**

DIE SOE: MEISTER DER TÄUSCHUNG

Die SOE richtete in England streng geheime Werkstätten und Laboratorien ein, in denen Wissenschaftler und Techniker Waffen, Verkleidungen und andere Spezialgerätschaften für Geheimagenten entwickelten. In einer SOE-Station in der Nähe von Welwyn, Hertfordshire, entwarfen sie die Welrod-Pistole (unten) und andere lautlose Waffen, während Waffenschmiede im nahen Aston House ein tödliches Arsenal für Sabotage und Attentate sowie konventionelle Waffen für Kommandooperationen erfanden. Die Tarnungsabteilung der SOE, die in einem ehemaligen Gasthaus namens Thatched Barn untergebracht war, entwickelte Möglichkeiten zum Verbergen von Ausrüstung für Agenten, darunter Waffen, Sprengstoff und Funkgeräte. In einer anderen Einrichtung der Executive fälschten Spezialisten deutsche Dokumente, um Spionen und Saboteuren zu helfen, in besetzte Gebiete einzudringen. Das Ausbildungshandbuch der SOE unter dem Namen *Beschreibender Katalog für Spezialgeräte und -zubehör* enthielt Hunderte von Waffen und Techniken, die für den geheimen Krieg der Alliierten gegen das Dritte Reich entwickelt worden waren. ✪

SECTION H. **MAKE-UP**

The Make-Up Department affords facilities for disguise and personal camouflage of the Student. It is a process that cannot be hurried and sometimes involves weeks of specialized treatment including plastic surgery and dental operations.

Make-up can be considered in three distinct classes:

(i) **Temporary**—as a measure of emergency camouflage.
(ii) **Semi-permanent**—to cover the period of a short operation in the Field.
(iii) **Permanent**—to obtain a complete change of personality which will last him indefinitely.

TEMPORARY MAKE-UP.

This can be applied quite effectively by the Student himself and has proved most useful in the Field to persons who require a quick change for a short period. Illustrations 1 and 2 show what can be done with a little shading, a theatrical moustache and a pair of glasses.

No. 1. No. 2.

SEMI-PERMANENT MAKE-UP.

This requires more time and can be accomplished only by someone who has received instructions in make-up. Illustrations 3 and 4 show one type of semi-permanent make-up where the most obvious feature of the man is his bald head. This has been obviated by the use of a toupee. Illustrations 5, 6 and 7 show the method of measuring a man for a wig or toupee. Illustrations 8, 9 and 10 show how to take correct measurements for spectacles.

The illustrations 11, 12, 13, 14, 15 and 16 show the use of gum pads and nose plugs, and the following instructions describe how impressions cap be made. These instructions are given for the benefit of Students who cannot avail themselves of local wig makers, opticians and dentists and who would have to rely on the Make-Up Department supplying them with their needs. If the instructions are carried out with care all the Students' requirements can be met with first class results despite the distance between themselves and the Make-Up Department.

Impression Trays (illustration 17).

A fair range of impression trays should be available, ten uppper and ten lower are suggested. With this range any size jaw may be dealt with. The size of trays can only be determined by experience and good judgment. Rehearse on a friend. Judge the size and shape, insert the tray and see how it fits. Make sure the tray is

GUT GETARNT Auf dieser Seite aus dem SOE-Handbuch werden verschiedene Möglichkeiten der Tarnung von Agenten beschrieben, von einfachen, aber effektiven Make-up-Techniken bis hin zu Prothesen und plastischer Chirurgie.

LEISER TOD Die Welrod diente nur einem Zweck – einem lautlosen Attentat aus kurzer Entfernung. Sie hatte einen Schalldämpfer und nur einen Schuss im Magazin.

HITLER-TÄUSCHUNG Fälscher der SOE, die aus britischen Gefängnissen rekrutiert wurden, stellten ihr Können mit diesem gefälschten deutschen Reisepass für Adolf Hitler unter Beweis. Das rote „J" weist den Führer als Juden aus. Der Pass enthält zudem einen Einreisestempel für Palästina.

EXPLOSIVER KADAVER Eine Ratte mit Sprengfalle aus dem *Beschreibenden Katalog* der SOE. Sie sollte in der Nähe von Kohlehalden deponiert werden, sodass ein Heizer, der den Kadaver in einen Ofen schaufelte, eine Explosion auslöste.

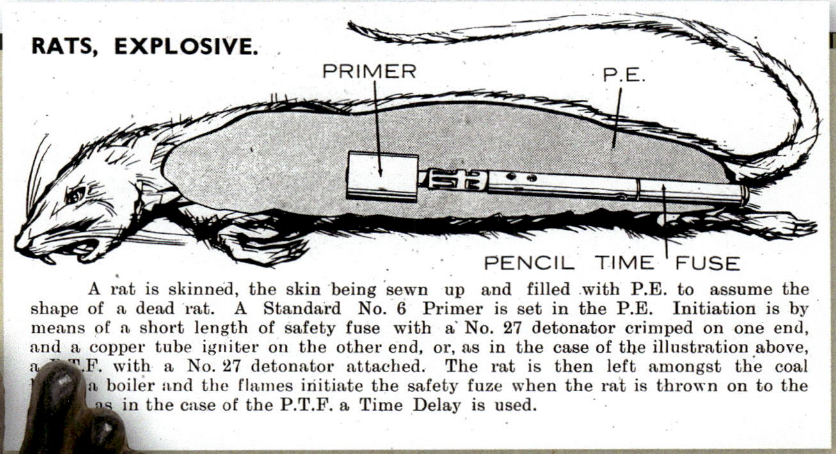

RATS, EXPLOSIVE.

A rat is skinned, the skin being sewn up and filled with P.E. to assume the shape of a dead rat. A Standard No. 6 Primer is set in the P.E. Initiation is by means of a short length of safety fuse with a No. 27 detonator crimped on one end, and a copper tube igniter on the other end, or, as in the case of the illustration above, a [illegible].T.F. with a No. 27 detonator attached. The rat is then left amongst the coal [illegible] a boiler and the flames initiate the safety fuze when the rat is thrown on to the [illegible] as in the case of the P.T.F. a Time Delay is used.

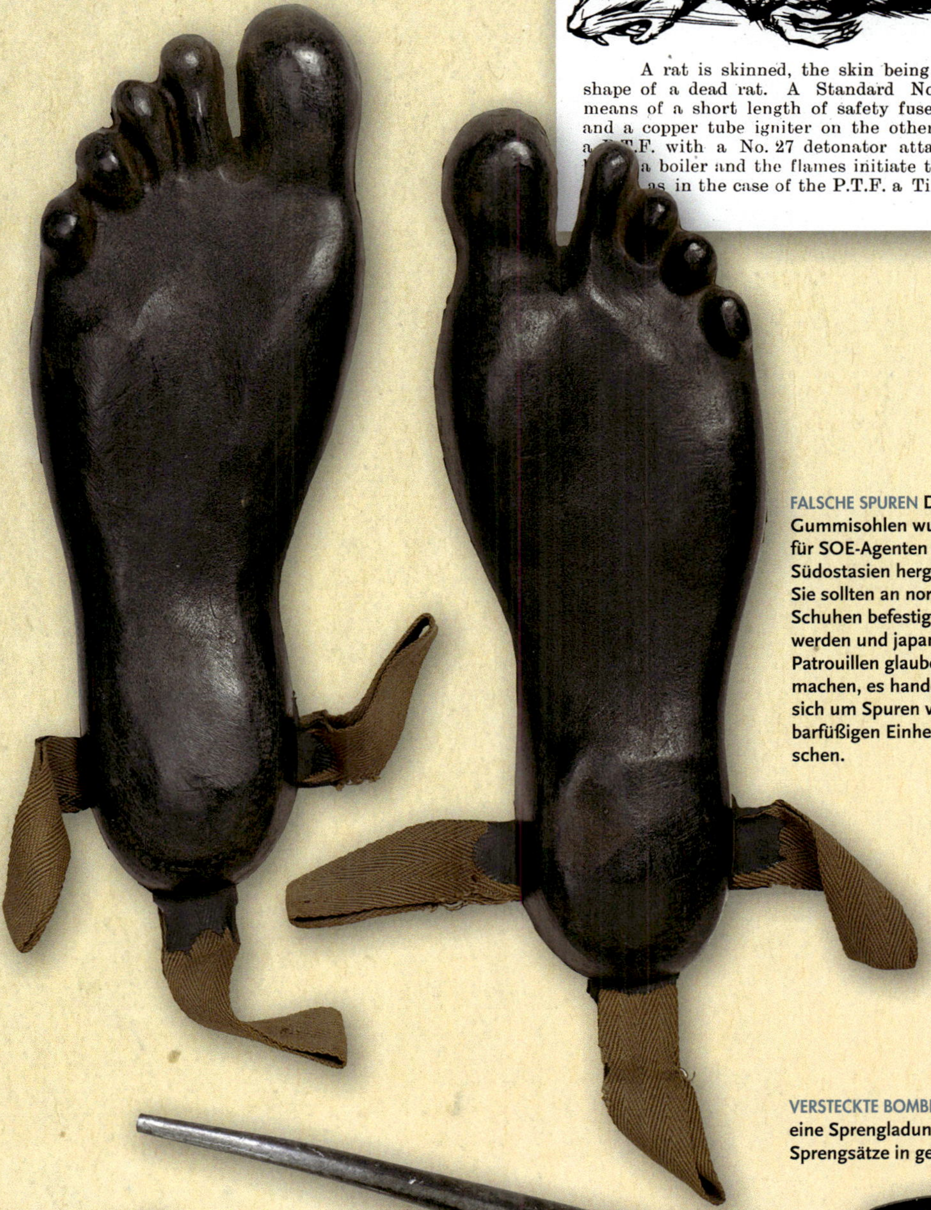

FALSCHE SPUREN Diese Gummisohlen wurden für SOE-Agenten in Südostasien hergestellt. Sie sollten an normalen Schuhen befestigt werden und japanische Patrouillen glauben machen, es handele sich um Spuren von barfüßigen Einheimischen.

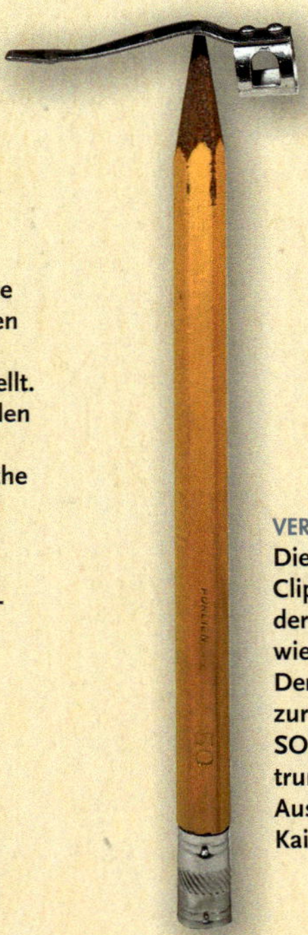

VERSTECKTER KOMPASS Dieser magnetisierte Clip funktionierte auf der Spitze des Bleistifts wie eine Kompassnadel. Der Bleistift gehörte zur Ausrüstung des SOE-Ausbildungszentrums für Flucht- und Ausweichmanöver in Kairo.

VERSTECKTE BOMBE Das Innere dieses Ölkännchens birgt eine Sprengladung. Die SOE versteckte immer wieder Sprengsätze in gewöhnlichen Gegenständen.

FALSCH VERPACKT Streichholzetiketten wie diese aus dem besetzten Frankreich wurden auf Schachteln angebracht, die Miniaturkameras und Sprengkapseln enthielten.

gischen Druck ausübte, um Agenten zum Reden zu bringen. Die Gefangenen standen wie vor Gericht vor ihm und seinen Mitinquisitoren und wurden daran erinnert, dass die Strafe für Spionage der Tod sei. Denjenigen, die reinen Tisch machten und gestanden, konnte ein Stuhl und eine Zigarette angeboten werden – der erste Schritt in dem heiklen Prozess, einen Agenten „umzudrehen". Für die vier Männer, die nun vor ihm standen, kam das jedoch nicht infrage, da Waldberg Deutschland bereits über Funk mitgeteilt hatte, dass die Polizei ihnen auf der Spur sei. Unter dem Druck von Churchill, der die Öffentlichkeit wissen lassen wollte, dass deutsche Spione festgenommen und bestraft wurden, übergab der MI5 sie zur Verhandlung. Waldberg, Meier und einer der Holländer wurden verurteilt und hingerichtet. Der andere kam ins Gefängnis, nachdem er ausgesagt hatte, dass er zur Spionage gezwungen worden war.

Dem MI5 bot sich bald erneut eine Gelegenheit, sein Double-Cross-Programm anzuwenden, da weiterhin deutsche Agenten per Boot oder Fallschirm in Großbritannien ankamen. Am frühen Morgen des 6. September sprang der in Schweden geborene Spion Gösta Caroli aus einem umgebauten deutschen Bomber. Er war zusammen mit Wulf Schmidt, einem Dänen, mit dem er befreundet war, bei der Abwehr ausgebildet worden. Die schwere Funkausrüstung, die er mitführte, ließ Caroli hart landen, und er verlor das Bewusstsein. Freiwillige der örtlichen Verteidigung fanden ihn, und bald wurde er in Camp 020 verhört. Caroli gab schließlich zu erkennen, dass er nicht allein handelte und dass sich ihm ein Spionagekollege anschließen würde. Die Vernehmungsbeamten nutzten die Verbindung zwischen den beiden Agenten aus, indem sie anboten, beide zu verschonen, wenn Caroli kooperierte und eine Beschreibung seines Freundes lieferte. Schmidt sprang am 20. September mit dem Fallschirm nördlich von London ab, verdrehte sich bei der Landung den Knöchel und wurde innerhalb weniger Stunden geschnappt. Er hielt an seiner Geschichte fest, dass er ein Flüchtling aus Dänemark sei, bis er erfuhr, dass Caroli ihn verraten hatte, um sein Leben zu retten. Schließlich gestand er umfassend und ließ sich wie Caroli (Deckname Summer) als Doppelagent Tate anheuern, um vom MI5 verfasste Berichte an die Abwehr zu übermitteln.

DURCHLEUCHTET **Röntgenaufnahme einer in einer Dose Talkumpuder versteckten Zeitbombe, die der Waliser Arthur Owens (rechte Seite) als deutscher Agent mitführte. Owens sollte in Großbritannien Spionage und Sabotage betreiben, fiel aber in die Hände von Spionageabwehrbeamten des MI5, die ihn gegen die Deutschen ausspielten.**

Summer und Tate waren nicht die ersten Spione, die gegen Deutschland ausgespielt wurden. Die Double-Cross-Taktik des MI5 begann 1939, als der Dienst einen schmierigen Spion aus Wales namens Arthur Owens übernahm. Dieser hatte Mitte der 1930er-Jahre auf Geschäftsreisen in Deutschland Informationen für den MI6 gesammelt, bevor er seine Dienste dem Hamburger Abwehroffizier Nikolaus Ritter anbot. Owens behauptete, ein engagierter walisischer Nationalist zu sein, war sich aber nicht zu schade, Bargeld und andere Gefälligkeiten von Ritter anzunehmen, der seine Nachtclubrechnungen bezahlte und den unglücklich verheirateten Spion mit weiblicher Gesellschaft versorgte. Zurück in London schöpfte sein MI6-Offizier Verdacht und ließ Owens beschatten. Aus Angst gestand er, mit der Abwehr zu tun zu haben, er tue dies aber nur, um Informationen über die Deutschen zu sammeln. Als Beweis seiner Loyalität verriet er, dass Ritter ihm einen

SPRUNGHAFTER AGENT Arthur Owens (oben) wurde vor dem Zweiten Weltkrieg von der Abwehr als deutscher Spion angeworben, die ihn mit einem Funkgerät wie dem links abgebildeten ausstattete, das aus einer Batterie, einem Empfänger und einem Sender bestand und in einem Aktenkoffer verborgen war. 1939 von den Briten verhaftet und im Wandsworth-Gefängnis (großes Bild) eingesperrt, wurde Owens zum Doppelagenten des MI5, der ihm den Decknamen Snow gab und ihn dazu brachte, seinem Abwehroffizier Nikolaus Ritter per Funk Falschinformationen zu übermitteln. Der MI5 kam später zu dem Schluss, dass man ihm nicht trauen könne, und brachte ihn zurück ins Gefängnis.

Funksender schickte, der in einem Koffer versteckt in der Londoner Victoria Station auf ihn wartete. Trotz seiner offensichtlichen Kooperation blieb er verdächtig und wurde kurz vor Kriegsbeginn inhaftiert, nachdem seine Frau ihn beschuldigt hatte, er habe versucht, ihren Sohn als deutschen Agenten anzuwerben. Er wäre im Gefängnis verschmachtet, wenn sich nicht der MI5 seiner angenommen und ihn als Schachfigur in seinem ersten Schachzug gegen die Abwehr eingesetzt hätte.

Bald nach dem Kriegseintritt Großbritanniens begann Owens, mit dem erwähnten Sender verschlüsselte Nachrichten nach Hamburg zu schicken. Die Funksprüche enthielten wahre Informationen, deren Offenlegung den Briten nicht schadete, kombiniert mit falschen Hinweisen, die den Feind gezielt täuschen sollten. Unter dem Decknamen Snow traf sich Owens weiterhin mit Ritter, der nach wie vor glaubte, dass Owens sein Mann sei. Aber Snow war käuflich und sprunghaft und bot Ritter bei diesen Treffen möglicherweise mehr echte Informationen an, als den Briten lieb sein konnte. Sie vertrauten ihm nie ganz, aber seine Dienste für die Krone – er lieferte mehrere deutsche Agenten ans Messer und half, Codes zu dechiffrieren – waren zu wertvoll, um auf ihn zu verzichten. Erst als Owens 1941 die Nerven verlor, wurde er wieder ins Gefängnis gesteckt.

Zu dieser Zeit verfügte der MI5 über mehr als ein Dutzend Doppelagenten, jeder mit seinem eigenen Betreuer. Als Gruppe standen sie unter der Aufsicht von Major Thomas Argyll „Tar“ Robertson, der auch schon für Snow zuständig gewesen war. Wulf Schmidt, Deckname Tate, prügelte sich mit einem Offizier, der die Regel gegen physische Einschüchterung in Camp 020 verletzte, aber Robertson freundete sich mit Tate an, beherbergte ihn bei sich zu Hause und machte aus ihm einen der zuverlässigsten Agenten des MI5.

Anders als Tate ergaben sich einige deutsche Spione und Saboteure freiwillig, sobald sie Großbritannien erreichten, darunter zwei Norweger, die wenige Stunden nach ihrer Landung 1941 die Aufmerksamkeit der Polizei auf sich zogen und sich bereitwillig als deutsche Agenten zu erkennen gaben. Sie erhielten die Decknamen Mutt und Jeff, weil ihre Staturen an die gleichnamigen Figuren aus einem damals beliebten englischen Comicstrip erinnerten. Mutt war Engländer mütterlicherseits, begierig darauf, die Deutschen zu verraten, und höchst kooperativ. Jeff war launisch und insofern verdächtig, als er den Nazis in Norwegen als Zensor gedient hatte. Die Zweifel an seiner Zuverlässigkeit nahmen zu, als er sich davonstahl und die Nacht mit einer Frau verbrachte, die nicht vom MI5 überprüft oder angeworben worden war. Es dauerte nicht lange, und er wurde entlassen und interniert. Lediglich in den Köpfen ihrer deutschen Auftraggeber blieben Mutt und Jeff existent, und als der MI5 am Guy Fawkes Day – einem Tag, an dem überall in Großbritannien Freudenfeuer abgebrannt werden – eine Explosion in einem Nahrungsmittellager inszenierte und sie den beiden norwegischen Agenten zuschrieb, war man in Berlin zufrieden.

1941 verwarf Hitler seinen Plan einer Invasion Großbritanniens – er erkannte, dass eine Invasionsflotte nie die nötige Unterstützung durch die Luftwaffe erhalten würde – und versuchte fortan, Nachschubwege zu unterbrechen. Permanente U-Boot-Angriffe sollten die transatlantischen Lebensmittel- und Munitionstransporte lahmlegen und die Briten in die Knie zwingen. Dies schloss der MI5 aus den Fragen, die seine Doppelagenten aus Deutschland erreichten, und man musste auf diesen Strategiewechsel reagieren, um keinen Verdacht zu erregen.

HERREN DER SPIONE **Schlüsselfiguren des überaus erfolgreichen Double-Cross-Programms des MI5 waren John Masterman (oben), der entschied, welche Informationen an die Deutschen weitergeleitet wurden, und Major Thomas „Tar“ Robertson (ganz oben), der die Doppelagenten und ihre Kontaktmänner beaufsichtigte. „Wir hatten immer im Hinterkopf“, schrieb Masterman, „dass irgendwann in ferner Zukunft der Tag kommen würde, an dem unsere Agenten für eine wirklich große und endgültige Täuschung des Feindes eingesetzt werden würden.“**

Registration Certificate No.
Issued at Piccadilly Place. W.1
On 5th February 1941
Name (Surname first in Roman Capitals) POPOV Douchan
Alias Dusan
Left Thumb Print (if unable to sign name in English Characters).
Aliens Registration Office Metropolitan Police 7.2.41 Piccadilly Place W
Signature of Holder.
Nationality Jugo Slavian
Born on 10/7/12 in Titel Serbia
Previous Nationality (if any) Serbian
Profession or Occupation Representative
Single or Married Single
Address of Residence Cumberland Hotel W.1.
Arrival in United Kingdom on
Address of last Residence outside U.K. 98 Boulevard Sevastopol
Government Service
Passport or other papers as to Nationality and Identity.
Issued Belgrade 16/11/40.

MEISTERSPION **Der Jugoslawe Dusko Popov (links auf seinem Ausländerpass) war einer der versiertesten Doppelagenten des MI5. Seine Briefe an Maria Elera (unten), eine junge Brasilianerin, die in Lissabon lebte und eine seiner vielen Liebschaften wurde, enthielten irreführende Berichte, die sie an Popovs Kontaktmann bei der Abwehr weitergab.**

Das sogenannte Twenty Committee, benannt nach den römischen Ziffern XX für Double Cross, sollte darüber entscheiden, wer weiterhin als Doppelagent fungierte und welche wahren Informationen die Deutschen erhalten sollten. In diesem Komitee waren der MI5 und der MI6 vertreten, das Kriegsministerium, die Streitkräfte und die Heimatschutztruppen. John Masterman vom MI5, der in Oxford Geschichte lehrte und nebenbei Krimis schrieb, leitete die wöchentlichen Sitzungen. Als ehemaliger Cricket-Champion verglich er später das Führen von Doppelagenten mit dem Führen eines Cricket-Teams: „Ältere Spieler verlieren ihre Form und werden nach und nach durch Neulinge ersetzt." Einige vielversprechende Neuanwerbungen und die ihnen zugeteilten Betreuer benötigten viel Training, „bevor sie wirklich fit für ein Spiel waren", fügte er hinzu. „Die Hauptschwierigkeit bestand darin, dass wir nie wussten, wann die entscheidende Partie stattfinden würde. Unsere besten Spieler und die, die wir am sorgfältigsten trainiert hatten, könnten ihre besten Tage hinter sich haben oder sogar tot sein, bevor das Finale stattfand."

Die ersten Bemühungen des MI5, die Abwehr zu täuschen, waren Aufwärmübungen für das, was Masterman als „entscheidendes Spiel" bezeichnete. Ende 1940 waren die Briten in der Defensive und lediglich in Nordafrika in der Lage, den Achsenmächten militärisch etwas entgegenzusetzen. Wollte man auch im besetzten Europa reüssieren, waren Täuschungsmanöver kriegsentscheidend, um eine alliierte Invasion vorzubereiten. Wie der Chef der Spionageabwehr des MI5, Guy Liddell, hervorhob, bestand der eigentliche Zweck der kleinen Tricks, die Doppelagenten den Deutschen in den ersten Jahren des Krieges vorführten, darin, „den Feind zum geeigneten Zeitpunkt in großem Maßstab in die Irre zu führen".

Vor allem zwei Doppelagenten sollten eine wichtige Rolle spielen, wenn dieser entscheidende Moment käme. Im Gegensatz zu Spionen, die in Großbritannien enttarnt und umgedreht wurden, offenbarten sich Dusko Popov aus Jugoslawien und Juan Pujol García aus Spanien (bekannt unter dem Familiennamen seines Vaters Pujol) aus freien Stücken als Abwehragenten, um zu den Briten überzulaufen. Pujol bot seine Dienste zunächst einem Offizier des MI6 in der britischen Botschaft in Madrid an, wurde aber vor die Tür gesetzt.

DIE DOPPELAGENTIN MATHILDE CARRÉ

Nachdem sie ihren Mann verlassen und eine Fehlgeburt erlitten hatte, sprang die 32-jährige Französin Mathilde Carré beinahe von einer Brücke in den Tod, bevor sie beschloss, sich stattdessen „in den Krieg zu stürzen". Ende 1940 traf sie auf Roman Garby-Czerniawski, einen polnischen Offizier, der nach Paris geflohen war und plante, einen Spionagering einzurichten, der die deutschen Besatzer in Frankreich ausspionieren und London über exilierte polnische Beamte Bericht erstatten sollte. Er sprach stockend Französisch und warb über Carré, der er den Decknamen „La Chatte" (Die Katze) gab, weil sie sich so ruhig und verstohlen bewegte, Agenten an. Binnen weniger Monate versorgten sie London mit Informationen, zunächst durch Kuriere, später per Funk. Ihr Interallié-Netzwerk hielt die Briten über deutsche Truppenstärken in Frankreich auf dem Laufenden, zu einer Zeit, als sie dort nur wenige eigene Spione hatten.

Ende 1941 wurden Carré und Garby-Czerniawski verraten und von Feldwebel Hugo Bleicher, einem gerissenen Spionageabwehroffizier der Abwehr, verhaftet. Er brachte Carré nicht nur zum Reden, sondern verführte sie auch und machte aus ihr eine Doppelagentin. „Ich verachtete mich für meine Schwäche", schrieb sie, „und als Folge meiner Erniedrigung hasste ich die Deutschen noch mehr." Nach eigenen Angaben entkam sie Bleicher, indem sie ihn überredete, sie zusammen mit Pierre de Vomécourt, einem in Frankreich geborenen SOE-Agenten, nach England zu schicken. Bleicher erwartete, dass sie dort die SOE ausspionieren würde, aber sie stellte sich den Briten und sagte, sie wolle wieder zu den Alliierten zurückkehren. Unglücklicherweise hatte Bleicher kurz zuvor Garby-Czerniawski unter der Bedingung freigelassen, dass auch er für die Abwehr in England spionierte. Dieser überzeugte die Briten davon, dass er niemals den Deutschen dienen würde, und beschuldigte Carré, sie habe Agenten verraten und Bleichers Befehle befolgt. Garby-Czerniawski wurde ein Doppelagent des MI5, während Carré den Rest des Krieges in einem britischen Gefängnis verbrachte und später in Frankreich als Verräterin inhaftiert wurde. Nach ihrer Freilassung war sie geächtet und erzählte in ihrem Buch *J'ai été „La Chatte"* von ihrem Leben. ✪

DECKNAME: LA CHATTE
SPIONIN FÜR: UK, DEUTSCHLAND
SPIONIN GEGEN: DEUTSCHLAND, UK

DIE KATZE UND IHRE GEFÄHRTEN
Mathilde Carré, hier auf einem Foto von 1940, wurde von Roman Garby-Czerniawski (oben links) – einem Katzenliebhaber, der sie La Chatte nannte – als Spionin angeworben. Ihr Netzwerk spionierte die deutschen Streitkräfte in Frankreich aus, bis es von Hugo Bleicher (Mitte) zerschlagen wurde. Ihre Tätigkeit als Bleichers Liebschaft und Doppelagentin endete, nachdem sie Pierre de Vomécourt (rechts) von der SOE traf und mit ihm nach England ging, wo sie ins Gefängnis kam.

Er kam zu dem Schluss, dass er für die Alliierten von größerem Interesse sein würde, wenn er zunächst Zugang zur Abwehr erhielt, die ihn Anfang 1941 unter dem Decknamen Arabel als Agent einschrieb, nachdem er versichert hatte, dass er Großbritannien über Portugal erreichen könne. Aber er blieb in Portugal und verfasste fiktive Berichte, die angeblich von England ausgingen. Sie wurden schriftlich mit unsichtbarer Tinte eingereicht und dann von seinem Kontrolleur in Spanien an die Abwehr in Deutschland weitergeleitet, und zwar per Funk, der von den Briten abgefangen und entschlüsselt wurde. Diese befürchteten, dass sich ein schwer fassbarer Spion namens Arabel tatsächlich in England aufhalten könnte, wo er behauptete, drei Unteragenten rekrutiert zu haben.

GEHEIMSCHRIFT **Auch im Zweiten Weltkrieg kommunizierten einige Spione noch mit der altehrwürdigen unsichtbaren Tinte, die vom Empfänger mit verschiedenen Methoden sichtbar gemacht werden konnte, zum Beispiel mit ultraviolettem Licht. Auf dem hier gezeigten Brief enthüllt eine Taschenlampe, die sowohl ultraviolettes als auch sichtbares Licht ausstrahlt, die Botschaft, die zwischen mit gewöhnlicher Tinte geschriebenen Zeilen verborgen ist. Die SOE riet ihren Agenten davon ab, unsichtbare Tinte zu verwenden, die zum Teil noch aus dem Ersten Weltkrieg oder früher stammte, und zog es vor, mittels verschlüsselter Funksprüche zu kommunizieren.**

Als Pujol erneut versuchte, sich der alliierten Sache anzuschließen – diesmal über die amerikanische Botschaft in Lissabon, die britische Beamte darüber in Kenntnis setzte –, erkannte der MI5, dass er die Abwehr mit seinen erfundenen Berichten als Arabel täuschte, und versuchte, sein großes Potenzial als Doppelagent zu nutzen. In einem Fall informierte er die Deutschen, dass einer seiner fiktiven Unteragenten in Liverpool die Abfahrt eines mächtigen britischen Konvois aus diesem Hafen beobachtet habe, der nach Malta, einem belagerten britischen Stützpunkt im Mittelmeer, unterwegs war. Die Deutschen schickten U-Boote und Torpedoflugzeuge auf die Verfolgung dieses imaginären Konvois – es war genau die Art der Umleitung feindlicher Ressourcen, die der MI5 im Laufe des Krieges im großen Stil zu erreichen hoffte. Pujol wurde bald als Doppelagent engagiert, unter dem Decknamen Garbo (wie in Greta), was seiner Fähigkeit geschuldet war, in verschiedene Rollen zu schlüpfen. Unter der Anleitung seines Betreuers Tomás „Tommy" Harris, der halb Spanier war, aber in England aufwuchs, vermied Pujol die Fehler, die der MI5 in einigen seiner früheren Berichte an die Abwehr entdeckte – zum Beispiel der Hinweis auf Hafenarbeiter in Glasgow, die literweise Wein tranken, obwohl sie natürlich literweise Bier tranken. Er fügte der Liste seiner fiktiven Unteragenten neue Namen hinzu und strich alte weg. Zu Letzteren zählte sein angeblicher Agent in Liverpool, auf den die Deutschen nicht mehr hereinfallen würden. Garbo informierte die Abwehr, dass der Mann krank geworden sei, und schickte später einen Nachruf auf den imaginären Unteragenten, den der MI5 in einer Liverpooler Zeitung platziert hatte.

Im Gegensatz zu Pujol, der hinter den Kulissen agierte, führte der extravagante Dusko Popov die Spionage persönlich durch und gab sich als internationaler Playboy aus. Diese Rolle war für ihn selbstverständlich. Er stammte aus wohlhabendem Hause in Dubrovnik, wurde in Frankreich, England und Deutschland erzogen und war mit Casinos, schnellen Autos und schönen Frauen vertraut. Seine unbekümmerte Art trug dazu bei, seine tiefsitzende Verachtung für das Naziregime zu verschleiern. Ein Jahr zuvor war Popov von Johann Jebsen angesprochen worden, einem Freund und ehemaligen Kommilitonen an der Universität Freiburg, der sich der Abwehr angeschlossen hatte, um sich vor dem Militärdienst zu drücken. Auch Jebsen sollte sich schließlich gegen die Nazis wenden und könnte gewusst haben, wo Popovs wahre Loyalität lag, als er ihn für den Dienst als Agent der Abwehr in Großbritannien rekrutierte. Popov akzeptierte, aber erst nachdem er einen

OPERATION NORDPOL

Auch die Briten wurden von einem gewieften deutschen Abwehroffizier in den Niederlanden, Major Hermann Giskes (oben rechts), aufs Kreuz gelegt. Auf der Suche nach Spionen und Saboteuren, die sich in Holland einschleusen wollten, schnappte er im März 1942 Hubert Lauwers (unten rechts), der 1940 aus den Niederlanden geflohen war, dem SOE in England beitrat und als verdeckter Funker in seine Heimat zurückkehrte. Giskes unterzog Lauwers nicht den sonst üblichen „grausamen Methoden", sondern versuchte ihn umzudrehen. Lauwers willigte ein, von Giskes verfasste Nachrichten nach Großbritannien zu schicken, benutzte jedoch bewusst eine falsche Sicherheitsüberprüfung – ein kleiner Fehler, der in jede Nachricht eingefügt wurde, um die Identität des Absenders zu bestätigen und anzuzeigen, dass alles in Ordnung war –, um London zu alarmieren, dass er unter Zwang handelte. Sein Warnsignal wurde aber übersehen, und die SOE informierte Lauwers über Pläne zur Entsendung weiterer Agenten, die von Giskes verhaftet wurden. Unter dem Codenamen Operation Nordpol wurde die Finte fortgeführt und umfasste verschlüsselte Nachrichten anderer gefasster Funker, die Beschlagnahme britischer Waffen und Sprengstoffe, die über Holland abgeworfen wurden, sowie kleinere Sabotageakte, die Giskes inszenierte, um den Eindruck zu erwecken, das niederländische Netzwerk des SOE sei noch intakt. Insgesamt fing er 52 SOE-Agenten, von denen viele hingerichtet wurden, und über 300 niederländische Widerstandskämpfer.

BESCHLAGNAHMT Ein dunkel gekleideter Informant sieht zu, wie die Deutschen britische Waffen beschlagnahmen, die für den niederländischen Widerstand bestimmt waren. Am 1. April 1944 teilte Giskes der SOE mit, dass er und seine Leute sehr gerne „als ihre einzigen Repräsentanten in diesem Land" gearbeitet hätten.

MI6-Offizier bei der britischen Passkontrolle in Belgrad kontaktiert hatte. Mit Wissen und Unterstützung des MI6 reiste er nach London, der ihn auch noch beobachtete, als er sich in den kommenden Jahren ins Ausland begab, dann jedoch als Doppelagent des MI5.

Um Popovs Glaubwürdigkeit bei den Offizieren der Abwehr, mit denen er sich regelmäßig traf, zu erhöhen, wurden ihm zwei Unteragenten zugeteilt. Eine davon war Friedl Gartner, eine österreichische Gesellschaftsdame in London, die eine romantische Verbindung zu Popov und Freunde in hohen Positionen hatte. Sie schrieb ihm Notizen mit unsichtbarer Tinte, die vom MI5 verfasst worden waren und Leckerbissen an Fehlinformationen über britische Pläne enthielten, die er an die Deutschen weitergab. Popov erhielt den Decknamen Tricycle (Dreirad) – ein großes Rad, das von zwei kleinen Rädern unterstützt wurde.

Später holte Popov Johann Jebsen zum MI5. Jebsen gehörte zum Kreis der Abwehroffiziere, die heimlich am Sturz Hitlers abeiteten, darunter Admiral Canaris und sein Stabschef und Mitverschwörer Generalmajor Hans Oster. Unter diesen regimekritischen Spionagemeistern – von britischen Geheimdienstanalysten später als „gute Deutsche, aber schlechte Nazis" charakterisiert – war auch Herbert Wichmann, Leiter des Hamburger Büros der Abwehr, das im Rahmen der Operation Lena viele schlecht vorbereitete Agenten rekrutiert hatte, die in die Hände des MI5 fielen. Hatten Wichmann und andere diese Operation absichtlich scheitern lassen, weil sie Hitlers Krieg gegen Großbritannien als katastrophalen Fehler betrachteten? Weder dem Führungsoffizier der Abwehr, Nikolaus Ritter, der Arthur Owens und andere Agenten aus dem Hamburger Büro leitete, noch den MI5-Offizieren, die sie gegen das Reich einsetzten, war eine solche Verschwörung bekannt. Jeder, der Agenten in Feindesgebiet einschleuste, lief Gefahr, hintergangen zu werden, auch die Briten, die wiederholt Rückschläge verkraften mussten, als ihre Agenten in besetzten Ländern gefangen genommen und dazu gebracht wurden, von den Deutschen verfasste Falschinformationen zu verbreiten. Wenn Offiziere der Abwehr zum Erfolg des Double-Cross-Programms des MI5 beitrugen, dann höchstwahrscheinlich durch reine Nachlässigkeit oder ihre hartnäckige Weigerung, sich einzugestehen, dass sie vom Feind getäuscht wurden.

Verschwörungen standen oft im Raum, waren aber nur selten im Spiel, wenn es zu drastischem Versagen der Geheimdienste in Kriegszeiten kam, wie zum Beispiel beim japanischen Angriff auf Pearl Harbor. Popov selbst reiste im Sommer 1941 in die USA und hatte Hinweise im Gepäck, dass ein solcher Angriff unmittelbar bevorstehen könnte. Aber die US-Spionageabwehr konzentrierte sich voll und ganz auf feindliche Agenten auf amerikanischem Boden. Auf eine Bedrohung durch feindliche Kräfte in Schlagdistanz zum amerikanischen Territorium war sie nicht vorbereitet.

SPIONE IN AMERIKA

Die USA traten im Dezember 1941 offiziell in den Krieg ein, nachdem sie von Japan angegriffen worden waren. Zu dieser Zeit unterstützte die US-Marine bereits Großbritannien gegen Deutschland, indem sie Handelsschiffe auf dem Weg nach Großbritannien vor U-Boot-Angriffen schützte. Das angloamerikanische Militärbündnis wurde auf höchster Ebene zwischen Premierminister Churchill und Präsident Franklin D. Roosevelt geschlossen. Bevor diese beiden im August 1941 an Bord des Kreuzers USS *Augusta* vor Neufundland ihre Verhandlungen begannen, legten zwei Meister der Spionage – William

„Ohne verlässliche Informationen ist strategische Aufklärung nutzlos. Ebenso nutzlos sind Informationen, die nicht auf den strategischen Zweck ausgerichtet sind."

WILLIAM DONOVAN 1941 IN EINEM BERICHT AN ROOSEVELT ÜBER STRATEGISCHE AUFKLÄRUNG

Stephenson vom MI6, britischer Sicherheitschef in Amerika, und William Donovan, der spätere Gründer des Office of Strategic Services (OSS) – den Grundstein für diese transatlantische strategische Partnerschaft.

Aufgewachsen in einem düsteren irisch-katholischen Bezirk in Buffalo, New York, wurde Donovan ein Klassenkamerad Roosevelts an der Columbia Law School. Er erhielt die Ehrenmedaille für Tapferkeit bei der Führung von Truppen im Ersten Weltkrieg, die ihn „Wild Bill" nannten, und diente als stellvertretender Generalstaatsanwalt in Washington, bevor FDR ihn aufforderte, Geheimoperationen zu leiten. Sein beeindruckender Lebenslauf wurde von dem des gebürtigen Kanadiers Stephenson noch übertroffen. Als ehemaliger Box-Champion trat er 1917 in die Royal Air Force (RAF) ein, floh aus einem deutschen Kriegsgefangenenlager, erfand ein Verfahren zur Übertragung von Fotos, machte ein Vermögen als Industrieller und spionierte bei Geschäftsreisen nach Deutschland in den 1930er-Jahren Hitlers Wiederaufrüstungsprogramm aus. Als Stephenson im Juni 1940 in New York City eintraf, um das britische Sicherheitskoordinationsbüro zu leiten, gehörte es zu seinen Aufgaben, deutsche Spione und ihre bezahlten Informanten in Amerika zu fassen. Laut Ian Fleming, einem seiner großen Bewunderer, der seine Heldentaten vielleicht übertrieben hat, spürte Stephenson einmal in New York einen britischen Matrosen auf, der den Deutschen Informationen verkaufte, und tötete den Verräter mit einem Karateschlag in den Nacken. „Es gab eindeutige Beweise gegen den Seemann", bemerkte Fleming. „Ihn schnell zu töten rettete vielleicht Hunderten von Matrosen das Leben." Wie dem auch sei, Fleming nutzte Stephenson als Vorlage für seinen James Bond, ausgestattet mit einer Lizenz zum Töten.

DIE BEIDEN BILLS **William Donovan (ganz oben) in London im Dezember 1940 im Gespräch mit einem Luftschutzwart. Er traf sich dort mit Winston Churchill und anderen hochrangigen Persönlichkeiten – auf Empfehlung seines Freundes und Verbündeten, des gebürtigen Kanadiers William Stephenson (oben), dem britischen Sicherheitschef in den USA. Ian Fleming beschrieb Stephenson als „sehr zäh, sehr reich, zielstrebig, patriotisch und als Mann von wenig Worten".**

Stephenson erhielt einen weiteren verdeckten Auftrag von höchster strategischer Bedeutung. Churchill schickte ihn nach Amerika, um dem politischen Einfluss der Isolationisten in der America-First-Bewegung entgegenzuwirken und dabei zu helfen, die USA in den Krieg hineinzuziehen. Stephenson wandte sich an Donovan als Partner bei diesen Bemühungen und half diesem, zum Geheimdienstchef des Präsidenten aufzusteigen. Im Juli 1940 schickte Roosevelt Donovan nach England, um zu beurteilen, ob die Briten den Deutschen die Stirn bieten könnten. Roosevelt war geneigt, Churchill militärische Hilfe anzubieten, aber viele Amerikaner befürchteten eine Verwicklung in den europäischen Krieg und dachten, die Briten wären verloren, wenn sie sich nicht mit Deutschland arrangieren würden. Joseph Kennedy, US-Botschafter in Großbritannien und Vater des späteren Präsidenten John F. Kennedy, war dafür, Hitler zu besänftigen. Doch Stephenson versicherte London, Donovan sei Roosevelts „vertrauenswürdigster" Berater im Krieg. Das half. Geheimdienstchefs übergaben ihm streng geheime Briefings, die auf Durchbrüchen britischer Kryptoanalytiker basierten, die deutsche Codes knackten. Beeindruckt von der britischen Standhaftigkeit versicherte Donovan dem Präsidenten, dass mittels amerikanische Hilfe das Blatt in Europa gewendet werden könne. Der Kolumnist Walter Lippmann schrieb, er habe „den ungebremsten Defätismus, der Washington lähmte, fast im Alleingang überwunden".

Donovan arbeitete jedoch nicht allein. Die Kampagne, Amerika in den Krieg zu ziehen, wurde von Churchill persönlich geleitet, aber er versuchte Roosevelt auch über Stephenson und Donovan zu beeinflussen. Die beiden wurden schnell zu Freunden und Brüdern im Geiste, von Bekannten wurden sie Big Bill (für den größeren, kräftigeren Donovan) und Little Bill genannt. Im Dezember 1940, nachdem Roosevelt der Royal Navy 50 alte amerikanische Zerstörer im Tausch gegen langfristige Pachtverträge von britischen Stützpunkten im Atlantik übergeben hatte, reisten die beiden Bills nach England. Auf dem Weg hielten sie in Bermuda, wo Stephenson Donovan zeigte, wie britische Agenten vermeintlich streng gesicherte Diplomatenbeutel öffneten, inspizierten und wieder verschlossen, die zwischen Deutschland, Italien und ihren jeweiligen Botschaften jenseits des Atlantiks auf Flugbooten, die zum Auftanken in Bermuda anlegten, hin und her geschickt wurden. Dann fuhren die beiden nach London weiter, wo Churchill sich mit Donovan traf und ausführlich Pläne für Geheimoperationen im Mittelmeerraum unter Führung der SOE erörterte, die als Modell für Donovans OSS dienen sollte. Nach dem Gespräch teilte Churchill den britischen Militärs und Geheimdienstoffizieren mit, dass Donovan „großen Einfluss auf den Präsidenten" habe und „voll und ganz in unser Vertrauen gezogen werden sollte".

Mitte 1941 wurde Donovan von Roosevelt beauftragt, einen Plan für einen zentralisierten strategischen Nachrichtendienst auszuarbeiten. Auf Anregung von Ian Fleming und dessen Chef, dem britischen Admiral John Godfrey, schlug Donovan einen Dienst vor, der Geheiminformationen von der US-Armee, der Marine und dem FBI erhalten und diese mit eigenen Erkenntnissen kombinieren würde. „Ohne verlässliche Informationen ist strategische Aufklärung nutzlos", begann Donovans Bericht. „Ebenso nutzlos sind Informationen, die nicht auf den strategischen Zweck ausgerichtet sind." Teile seines ehrgeizigen Plans sollten später in den 1942 gegründeten OSS aufgenommen werden, aber mächtige Männer wie FBI-Direktor J. Edgar Hoover und Armeestabschef George Marshall lehnten es entschieden ab, dass sich Donovan in ihre Angelegenheiten einmischte. Roosevelt schloss einen Kompromiss, indem er Donovan zum Informationskoordinator (COI) ernannte, mit dem andere Behörden Informationen austauschen sollten, im Gegenzug würde er sich nicht in deren Operationen einmischen. Seine Verantwortlichkeiten waren vage, aber Stephenson drückte im Namen der Briten seine Zufriedenheit darüber aus, dass „unser Mann sich in einer so wichtigen Position für unsere Bemühungen befindet".

Donovan war nicht wirklich Stephensons Mann, ebenso wenig wie Roosevelt Churchills Mann war. Der Präsident und sein neuer COI befürworteten ein angloamerikanisches Militärbündnis, das Ende 1941 im Nordatlantik bereits in vollem Gange war, weil sie den

(weiter auf Seite 50)

DER **SCHATTENKRIEG**

DAS NORDEN-BOMBENZIELGERÄT

Das Bombenzielgerät Norden war ein technisches Wunderwerk, das es Höhenbombern ermöglichen sollte, feindliche Ziele mit beispielloser Präzision anzugreifen. Geheimhaltung war oberstes Gebot. Berichten zufolge trug der Bombenschütze das Gerät vor dem Start unter Bewachung zu seinem Flugzeug und schwor einen Eid, es im Falle einer Bruchlandung mit seinem Leben zu verteidigen. Die von dem Ingenieur Carl Norden konstruierte Zielvorrichtung enthielt einen mechanischen Computer, der Faktoren wie Geschwindigkeit und Höhe des Flugzeugs kombinierte, um zu bestimmen, wann die Bomben abgeworfen werden mussten. Bei Tests in der Wüste von Nevada landete unter Idealbedingungen die Hälfte der aus 6000 Metern Höhe abgeworfenen Bomben nicht weiter als 20 Meter vom Ziel entfernt, was ausreichte, um große strategische Ziele zu zerstören.

Trotz aller Sicherheitsvorkehrungen gelangten die Pläne für das Norden in die Hände deutscher Agenten. 1938 übergab Hermann Lang, ein in Deutschland geborener Schlosser, der bei Nordens Firma angestellt und Mitglied des Duquesne-Spionagerings in Amerika war, Zeichnungen einzelner Bauteile dem Abwehroffizier Nikolaus Ritter. Ritter brachte Lang später nach Berlin, um Zeichnungen fehlender Bauteile zu rekonstruieren, die die Firma Carl Zeiss dann zur Verbesserung des Bombenzielgeräts Lotfernrohr 7C der Luftwaffe verwendete. Im tatsächlichen Gefecht beeinträchtigten jedoch das oft wolkige Wetter über Nordeuropa und unvorhersehbare Höhenwinde die Genauigkeit des Nordens und des Bombenzielgeräts der Luftwaffe erheblich. ✪

PRÄZISIONSINSTRUMENT
Das Norden-Bombenzielgerät enthielt einen gyroskopischen Stabilisator, der das Flugzeug über den Autopiloten auf Kurs hielt, um Bomben zielgenau abzuwerfen.

ROOSEVELTS GEHEIMER KRIEG

Franklin Delano Roosevelt (FDR) war ein verschlossener Mann, der seine wahren Gefühle selten preisgab und seine Absichten oft verschleierte. Kurz nachdem die USA in den Krieg eingetreten waren, sagte er: „Ich bin durchaus bereit, Unwahrheiten zu verbreiten, wenn es hilft, den Krieg zu gewinnen." Dies war auch schon sein Credo, bevor sich Amerika dem Konflikt anschloss. „Ich konnte mich nicht hinstellen und verkünden, dass ein Krieg kommen wird", sagte er zu seinem Sohn James, „weil die Menschen in Panik geraten wären und sich von mir abgewandt hätten."

FDR war fest davon überzeugt, dass das Schicksal Amerikas fest mit dem Großbritanniens verbunden war, und unterhielt eine enge, vertrauliche Beziehung zu Churchill. Ihm war früh klar, dass die USA gegen Deutschland in den Krieg ziehen würden, auch wenn er dies öffentlich leugnete. Monate bevor Churchill im Mai 1940 vom Marineadmiral zum Premierminister aufstieg, korrespondierten die beiden heimlich. „Sie können jederzeit versiegelte Briefe über Ihren oder meinen Beutel versenden", schrieb er. Als sich die beiden Führer im August 1941 auf See trafen (unten), waren sie sich einig, Hitler militärisch zu besiegen. FDR begann, das Land für den Konflikt zu mobilisieren, nicht nur durch den Befehl an die Marine, die Atlantik-Seewege gegen deutsche U-Boote zu verteidigen, sondern auch durch Hinweise auf Bedrohungen durch Deutschland. Als Hitlers Stellvertreter Rudolf Hess im Mai 1941 nach Großbritannien flog, schrieb FDR einen Brief (rechte Seite) an ein „ehemaliges Marinemitglied" (sein Kosename für Churchill) und forderte ihn auf, die Geschichte so lange wie möglich in der Presse „lebendig" zu halten und alles, was Hess über Amerika sagen könnte, hochzuspielen. Im Oktober thematisierte Roosevelt dies in einer Rede: „Ich habe eine geheime Karte in meinem Besitz", erklärte er, „die in Deutschland von Hitlers Regierung hergestellt wurde. (...) Es ist eine Karte von Südamerika und einem Teil Mittelamerikas, wie Hitler sie neu zu ordnen vorschlägt. (...) Die Geografieexperten in Berlin haben rücksichtslos alle bestehenden Grenzen ausgelöscht und Südamerika in fünf Vasallenstaaten aufgeteilt." Die Karte (unten rechts) hatte William Stephenson beigesteuert und war möglicherweise gefälscht. Wenn FDR einen solchen Verdacht hegte, war er bereit, „Unwahrheiten zu verbreiten", um das, was er wirklich fürchtete, zu verhindern: Dass die die Briten besiegt, die USA passiv bleiben und Hitler erlauben würden, Terror über den Atlantik zu verbreiten. ✪

BRIEFFREUNDE Roosevelt und Churchill, hier bei einem Treffen 1941, tauschten Briefe, wie diesen über Rudolf Hess (rechte Seite), aus, die über die amerikanische Botschaft in London weitergeleitet wurden. Der britische Meisterspion Stephenson lieferte Roosevelt die Karte (rechts), auf der NS-Entwürfe für Südamerika und Flugrouten abgebildet sind.

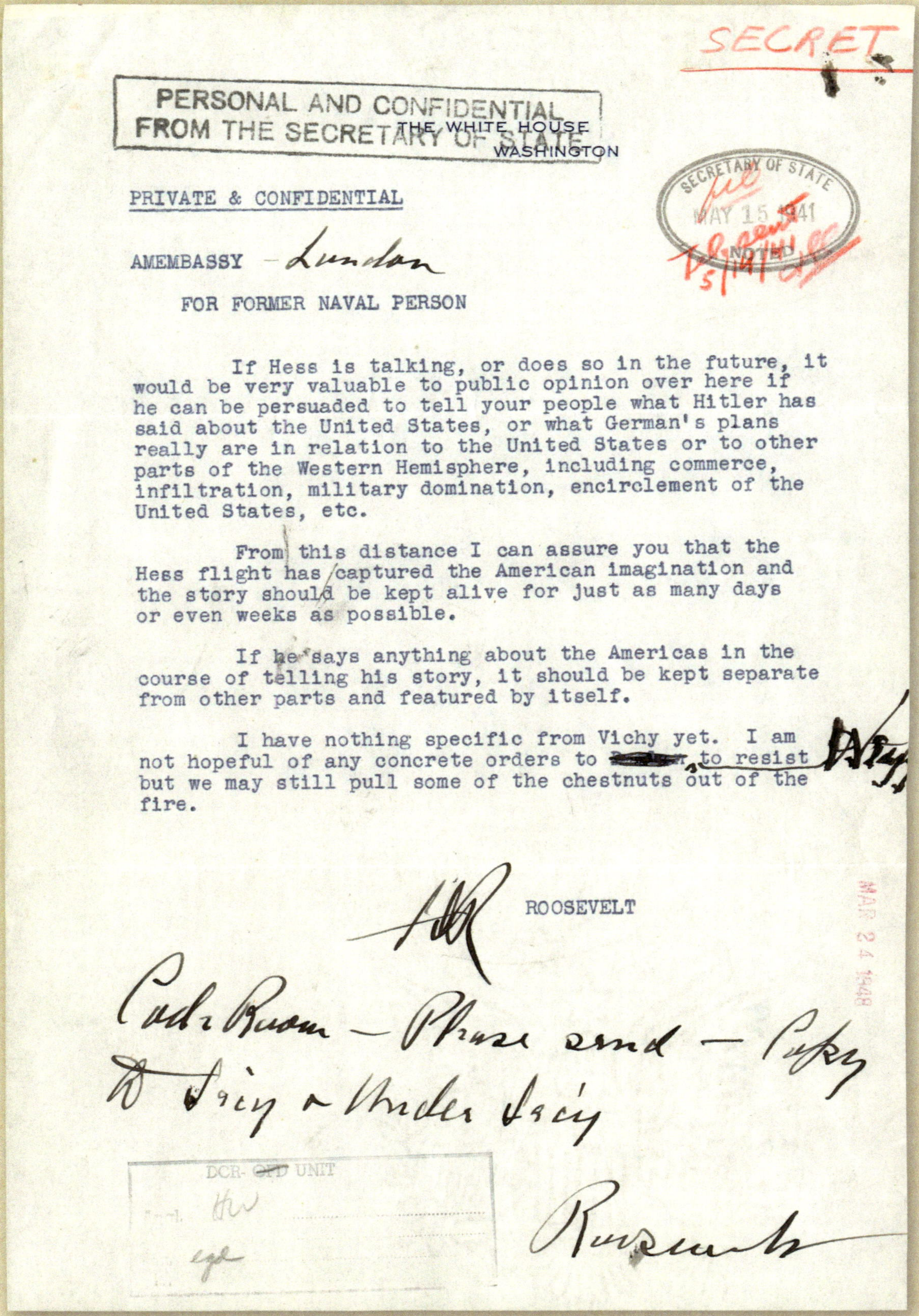

SECRET

PERSONAL AND CONFIDENTIAL
FROM THE SECRETARY OF STATE

THE WHITE HOUSE
WASHINGTON

SECRETARY OF STATE
MAY 15 1941
NOTED

PRIVATE & CONFIDENTIAL

AMEMBASSY – London

FOR FORMER NAVAL PERSON

If Hess is talking, or does so in the future, it would be very valuable to public opinion over here if he can be persuaded to tell your people what Hitler has said about the United States, or what German's plans really are in relation to the United States or to other parts of the Western Hemisphere, including commerce, infiltration, military domination, encirclement of the United States, etc.

From this distance I can assure you that the Hess flight has captured the American imagination and the story should be kept alive for just as many days or even weeks as possible.

If he says anything about the Americas in the course of telling his story, it should be kept separate from other parts and featured by itself.

I have nothing specific from Vichy yet. I am not hopeful of any concrete orders to [redacted], to resist but we may still pull some of the chestnuts out of the fire.

FDR ROOSEVELT

MAR 24 1948

Code Room – Please send – Copy to Secy or Under Secy

DCR-OPD UNIT

Roosevelt

Sieg über Deutschland als unabdingbar für die amerikanische Sicherheit betrachteten. Aber ihnen war auch bewusst, dass sich amerikanische und britische Interessen nicht immer deckten und dass ihre transatlantischen Partner noch nicht bereit waren, alle Erkenntnisse mit ihnen zu teilen. „Werden wir all unsere Geheimnisse den Amerikanern in den Schoß legen?", fragte Churchill einen Helfer, bevor die USA offiziell dem Krieg beitraten. „Es wäre sehr viel besser, es langsam anzugehen, da wir mehr zu geben haben als sie." Dennoch teilten Stephenson und der MI6 Geheimnisse mit Donovan freier als das FBI und andere amerikanische Dienste. Und der MI5 schickte Dusko Popov mit einem Dokument in die USA, das den amerikanischen Kommandeuren hätte helfen können, das Land vor einer schrecklichen Gefahr zu warnen, wenn sie über einen übergreifenden Geheimdienst jener Art verfügt hätten, wie Donovan ihn sich vorstellte.

Popov kam im August 1941 im Auftrag der deutschen Abwehr in die USA, um einen Spionagering zu organisieren und militärische Informationen zu sammeln. Die Reise war mit dem MI5 und dem Twenty Committee abgestimmt, die hofften, Popovs Auftrag für sich nutzen zu können. Popov führte eine lange Liste von Fragen mit sich, die von der Abwehr geliefert und in Mikropunkten verborgen waren. Deutsche Spezialisten stellten diese Fragen her, indem sie Dokumente mit einer Kamera fotografierten, die umgekehrt wie ein Mikroskop funktionierte und eine ganze Textseite so verkleinern konnte, dass sie in einen Punkt passte, der nicht größer als ein Satzzeichen war. Die Mikropunkte konnten durch ein konventionelles Mikroskop gelesen werden und waren ein bedeutender Fortschritt gegenüber unsichtbarer Tinte. Die deutsche Mikropunkt-Technologie war für britische Geheimdienstmitarbeiter von Interesse, aber noch aufschlussreicher fanden sie den Inhalt von Popovs Fragenkatalog. Etwa ein Drittel der Fragen bezog sich auf Pearl Harbor, wo die US-Pazifikflotte stationiert war. Dieses Ziel lag außerhalb der Reichweite der deutschen Flotte, ob über oder unter Wasser. Die einzige Nation der Achsenmächte, die in der Lage war, Pearl Harbor anzugreifen, war Japan.

Popov konnte in den USA nicht als Spion operieren, auch nicht als Doppelagent gegen die Deutschen, ohne die Zustimmung des Spionageabwehrchefs Hoover und seines FBI, die Popov unter Beobachtung hatten. Er hoffte, Hoovers Vertrauen zu gewinnen, indem er ihm die Mikropunkte und ihren Inhalt enthüllte, aber ihr Treffen verlief nicht gut. Laut seinem blumigen Bericht über seine Kriegsabenteuer, den Popov in späteren Jahren veröffentlichte, begrüßte ihn Hoover mit einem Gesichtsausdruck, der wie ein „Schmiedehammer auf der Suche nach einem Amboss" wirkte. Sehr gut im Bilde über Popovs andauernde Romanze mit der Schauspielerin Simone Simon, mit der er kürzlich in Miami gewesen war, beschuldigte Hoover ihn, ein Bundesgesetz namens Mann Act verletzt zu haben, weil er mit einer Frau zu illegalen Zwecken Staatsgrenzen überquerte. Popovs Erklärung, dass er sich als Playboy ausgab, um sich als Spion zu tarnen, ließ Hoover nicht gelten. „Es wirkt zu

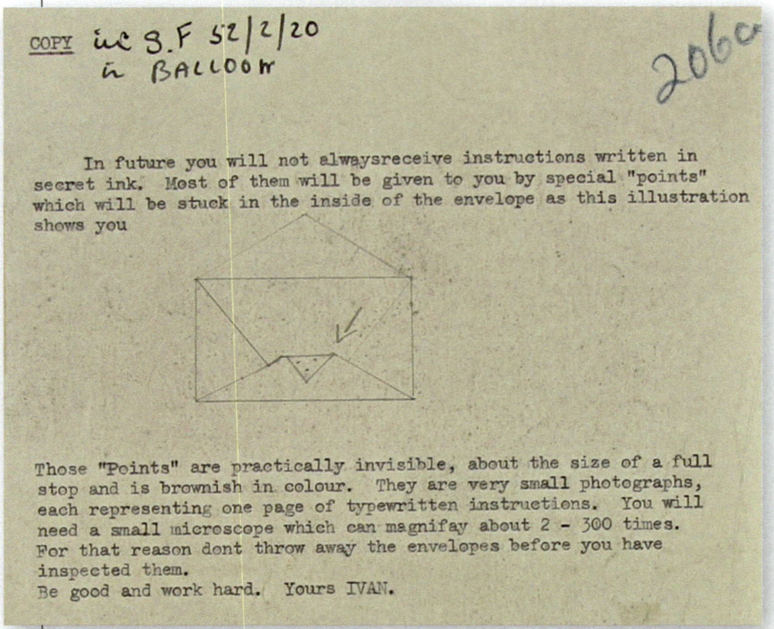
COPY uc S.F 52/2/20
in BALLOON
2060

In future you will not alwaysreceive instructions written in secret ink. Most of them will be given to you by special "points" which will be stuck in the inside of the envelope as this illustration shows you

Those "Points" are practically invisible, about the size of a full stop and is brownish in colour. They are very small photographs, each representing one page of typewritten instructions. You will need a small microscope which can magnifay about 2 - 300 times. For that reason dont throw away the envelopes before you have inspected them.
Be good and work hard. Yours IVAN.

MIKRO-BOTSCHAFTEN Der Kopf dieses Schlüssels konnte abgeschraubt werden. Dahinter war ein Mikropunkt versteckt, der – auf einen Objektträger (Mitte) gelegt – unter dem Mikroskop eine ganze Seite mit Text sichtbar werden ließ. Der MI5-Doppelagent Dusko Popov erhielt von der Abwehr wiederholt Nachrichten in Form von Mikropunkten. Hier teilt er einem Unteragenten mit Decknamen Balloon mit, dass auch er Mikropunkte erhalten würde, die in einen Briefumschlag geklebt sein würden, wie hier in einer Notiz mit seinem deutschen Decknamen Ivan skizziert (oben). Wie Popov arbeitete auch Balloon in Wahrheit für die Briten, aber Popov kommuniziert hier mit ihm von Abwehrspion zu Abwehrspion.

einleuchtend, zu vollständig, um wahr zu sein“, bemerkte Hoover zu Popovs Darstellung. Hoover interessierte sich sehr für die Mikropunkt-Technologie der Deutschen und gab dies an den Präsidenten weiter, über den Inhalt des Fragenkatalogs verlor er kein Wort. Später behauptete Hoover in einem irreführenden Artikel im *Reader's Digest*, er und seine Agenten hätten die Mikropunkte durch die Durchsuchung eines deutschen Spions entdeckt, den sie als „Playboy-Sohn eines Millionärs“ identifiziert hatten.

„Es wirkt zu einleuchtend, zu vollständig, um wahr zu sein.“

FBI-DIREKTOR J. EDGAR HOOVER ÜBER POPOVS FRAGENKATALOG

Popov konstatierte in seinem Bericht, Hoover habe den Achsenmächten „einen ungeheuren Sieg“ geschenkt, indem er den Fragenkatalog ignoriert hat. Jahre später kam John Masterman, der Vorsitzende des Twenty Committee, zu einer ähnlichen Einschätzung und stellte fest, dass „der Fragenkatalog sehr deutlich zeigte, dass im Falle eines Krieges Pearl Harbor das erste Ziel sein würde und dass die Pläne für diesen Angriff bis August 1941 weit fortgeschrittenen waren“. Doch Hinweise auf feindliche Absichten erschienen den Analysten nach einem Angriff oft klarer als vorher. Hoover gab den Fragenkatalog an den Nachrichtendienst der US-Armee und der Marine weiter, und diese schlossen daraus nicht, dass ein Angriff auf Pearl Harbor unmittelbar bevorstehe. Im Vorfeld eines Krieges suchten Kommandeure oft nach Informationen über feindliche Anlagen und Ziele, die sie am Ende gar nicht angriffen. Popovs Fragenkatalog war ein kleines Teil in einem Puzzle, das eine Behörde alleine nicht lösen konnte. Theoretisch war es Donovans Aufgabe, Informationen zur nationalen Sicherheit zu koordinieren und zu bewerten, aber das FBI und die Streitkräfte kooperierten in den Monaten vor Pearl Harbor so spärlich mit ihm, dass er auf verlorenem Posten stand.

Popov machte sich über Hoover lustig, weil er ihm nachspioniert hatte, aber der FBI-Direktor hatte Gründe, einem Doppelagenten gegenüber misstrauisch zu sein, der nicht sein Mann war. Hoover vertraute nur Spionen, über die er Kontrolle hatte und die er an der kurzen Leine hielt. Einer dieser Agenten war William Sebold. Er hatte als junger Mann Deutschland verlassen, um in den USA zu arbeiten und die amerikanische Staatsbürgerschaft zu erlangen. Sebold geriet in Hoovers Netz, nachdem er 1939 nach Hamburg gereist war, wo ihn der Abwehroffizier Nikolaus Ritter unter Androhung von Gefängnis dazu drängte, die USA auszuspionieren. Sebold willigte ein, informierte aber die Beamten des US-Konsulats über Ritters Pläne und wurde bei seiner Rückkehr nach Amerika von FBI-Agenten empfangen. Hoover hatte ein Druckmittel gegen Sebold – er riskierte, wegen Hochverrats verurteilt und hingerichtet zu werden, wenn er nicht kooperierte –, beauftragte aber dennoch einen Mann, der ihm auf Schritt und Tritt folgte. Das Büro in Manhattan, in dem sich Sebold mit anderen Abwehragenten traf, war vom FBI verwanzt. Unter den

(weiter auf Seite 54)

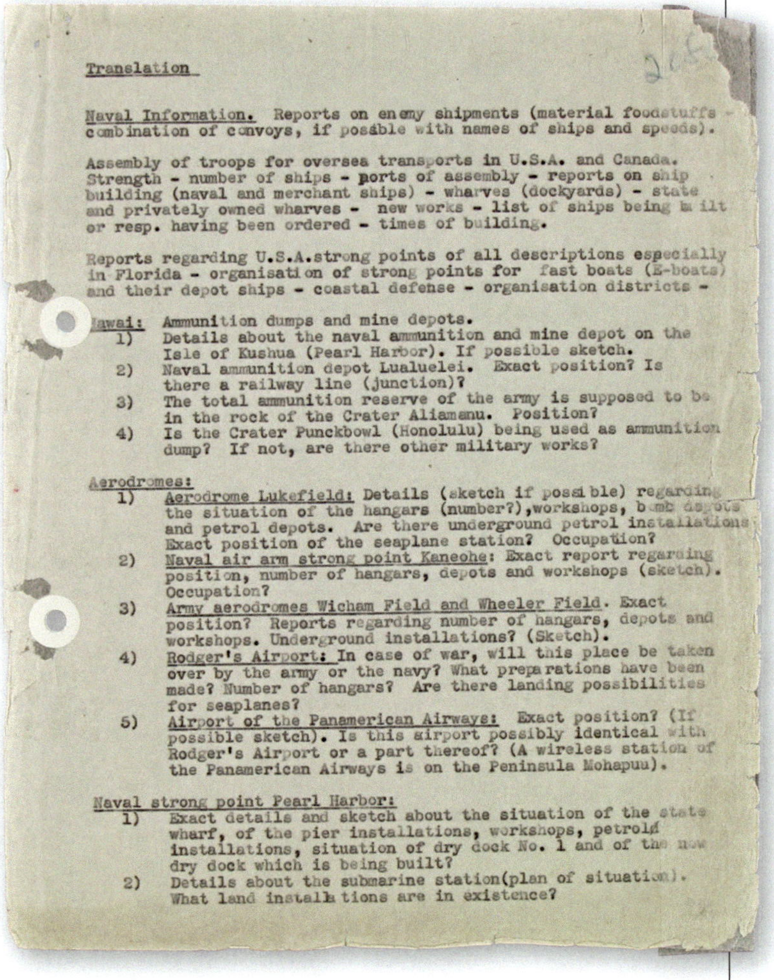

Translation

Naval Information. Reports on enemy shipments (material foodstuffs - combination of convoys, if possible with names of ships and speeds).

Assembly of troops for oversea transports in U.S.A. and Canada. Strength - number of ships - ports of assembly - reports on ship building (naval and merchant ships) - wharves (dockyards) - state and privately owned wharves - new works - list of ships being built or resp. having been ordered - times of building.

Reports regarding U.S.A.strong points of all descriptions especially in Florida - organisation of strong points for fast boats (E-boats) and their depot ships - coastal defense - organisation districts -

Hawai: Ammunition dumps and mine depots.
1) Details about the naval ammunition and mine depot on the Isle of Kushua (Pearl Harbor). If possible sketch.
2) Naval ammunition depot Lualuelei. Exact position? Is there a railway line (junction)?
3) The total ammunition reserve of the army is supposed to be in the rock of the Crater Aliamanu. Position?
4) Is the Crater Punckbowl (Honolulu) being used as ammunition dump? If not, are there other military works?

Aerodromes:
1) Aerodrome Lukefield: Details (sketch if possible) regarding the situation of the hangars (number?),workshops, bomb depots and petrol depots. Are there underground petrol installations? Exact position of the seaplane station? Occupation?
2) Naval air arm strong point Kaneohe: Exact report regarding position, number of hangars, depots and workshops (sketch). Occupation?
3) Army aerodromes Wicham Field and Wheeler Field. Exact position? Reports regarding number of hangars, depots and workshops. Underground installations? (Sketch).
4) Rodger's Airport: In case of war, will this place be taken over by the army or the navy? What preparations have been made? Number of hangars? Are there landing possibilities for seaplanes?
5) Airport of the Panamerican Airways: Exact position? (If possible sketch). Is this airport possibly identical with Rodger's Airport or a part thereof? (A wireless station of the Panamerican Airways is on the Peninsula Mohapuu).

Naval strong point Pearl Harbor:
1) Exact details and sketch about the situation of the state wharf, of the pier installations, workshops, petrol installations, situation of dry dock No. 1 and of the new dry dock which is being built?
2) Details about the submarine station(plan of situation). What land installations are in existence?

KRIEGSWARNUNGEN Popov kam im August 1941 mit einem in Mikropunkten versteckten Fragenkatalog der Abwehr in den USA an. Die Briten fertigten davon diese streng geheime, mehrere Seiten umfassende Übersetzung an. Die Fragen zu Luftwaffenstützpunkten in Pearl Harbor und Torpedoschutznetzen amerikanischer Kriegsschiffe erregten bei den amerikanischen Beamten wenig Besorgnis. Am 7. Dezember 1941 wurde Pearl Harbor von Deutschlands Verbündetem Japan angegriffen.

DIE KARIKATUREN DES DR. SEUSS

Bevor Theodor Geisel, besser bekannt als Dr. Seuss, als Autor und Illustrator von Kinderbüchern berühmt wurde, war er politischer Karikaturist. Viele seiner Karikaturen erschienen ab Anfang 1941 in der Zeitschrift *PM* (rechts), als der Widerstand gegen den Kriegseintritt unter den Amerikanern groß war und sich einige offen oder heimlich pro-Nazi äußerten. Als überzeugter Antifaschist hatte Geisel prominente Isolationisten wie den Flieger Charles Lindbergh im Visier, der Nazideutschland besuchte und dessen „organisierte Vitalität" unter „diktatorischer Führung" lobte.

Geisels Sympathie für die von den Nazis verfolgten Juden und die im eigenen Land diskriminierten Afroamerikaner erstreckte sich nicht auf japanische Amerikaner, die er Anfang 1942 als „Fünfte Kolonne" bezeichnete, die nur auf ein „Signal aus der Heimat" wartete, um Sabotageakte zu begehen. Doch viele von Geisels anderen Karikaturenfiguren zeugen von seinem schrägen Sinn für Humor, darunter der isolationistische Vogel Strauß und der amerikanische Adler, der vor Stolz platzt, nachdem er den Mut gefunden hat, „Hitler in die Fresse zu hauen". Die späteren Illustrationen von Dr. Seuss erfreuten die Kinder derer, die in den Krieg gezogen waren, den er unterstützte, und die die Faschisten besiegt hatten, die er zeichnerisch aufs Korn nahm. ✪

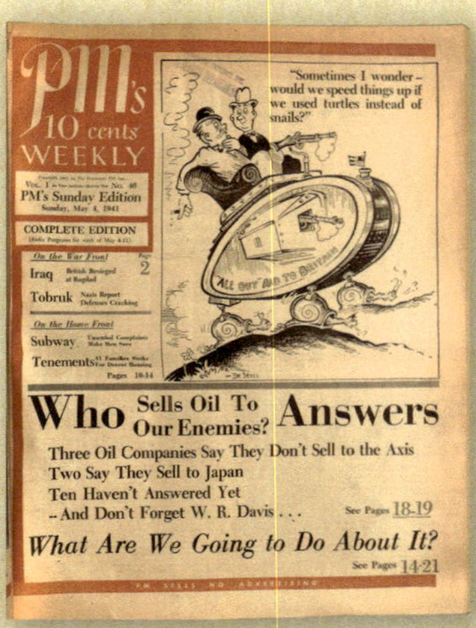
PM's
10 cents
WEEKLY

PM's Sunday Edition
Sunday, May 4, 1941

COMPLETE EDITION

On the War Front
Iraq British Besieged at Bagdad — Page 2
Tobruk Nazis Report Defenses Cracking

On the Home Front
Subway
Tenements
Pages 10-14

Who Sells Oil To Our Enemies? **Answers**

Three Oil Companies Say They Don't Sell to the Axis
Two Say They Sell to Japan
Ten Haven't Answered Yet
– And Don't Forget W. R. Davis . . . See Pages 18-19

What Are We Going to Do About It? See Pages 14-21

DR. SEUSS Seine Karikaturen erfreuten sich unter Interventionisten großer Beliebtheit. In einer reist ein Nazi in einem Mini-U-Boot in den Central Park, um sich mit dem französischen Kollaborateur Jean Darlan zu treffen.

RETALIATION
'To my secret meeting with Admiral Darlan in the duck pond in Central Park!'
By Dr. Seuss

Mein Early Kampf
by Adolf Hitler
June 5, 1889
I reject milk from Holstein cows as Non-Aryan
ADOLF IKINS
Dr. Seuss

Waiting for the Signal From Home . . .
WASHINGTON
OREGON
CALIFORNIA
Honorable 5th Column
TNT
TNT
TNT
TNT
TNT
Copyright, 1942, Marshall Field (The Newspaper PM)
Dr. Seuss

I WAS WEAK AND RUN-DOWN
I had circles under my eyes. My tail drooped. I had a foul case of Appeasement . . . .
. . . THEN I LEARNED ABOUT
"GUTS"
that amazing remedy For all Mankind's Woes
NOW
I AM TAKING IT DAILY and today
I FEEL STRONG ENOUGH TO
PUNCH MISTER HITLER RIGHT IN THE SNOOT!
BEFORE
AFTER
Dr. Seuss

JEW
JEW
JEW
JEW
JEW
JEW
JEW
JEW
JEW
JEW
"Only God can make a tree
To furnish sport for you and me!"
LAVAL
Dr. Seuss

The Old Run-Around
U.S. WAR INDUSTRIES
NEGRO JOB-HUNTERS ENTER HERE
Dr. Seuss

Agenten befand sich auch Frederick „Fritz" Duquesne, der seit den frühen 1900er-Jahren unter zahlreichen Decknamen und mit immer wieder anderen Verkleidungen für Deutschland spionierte. Sein größter Coup als Spionjäger gelang Hoover Ende Juni 1941, als er 33 deutsche Agenten auffliegen ließ, die mit Sebold in Verbindung standen, darunter Duquesne und Hermann Lang, der die Pläne für das Norden-Bombenzielgerät nach Deutschland geschmuggelt hatte.

Für die deutschen Spionagebemühungen in Amerika bedeutete dies einen herben Rückschlag. Aber die USA standen auch im Fokus von Agenten einer anderen Macht, die dafür berüchtigt war, Verbündete und Feinde gleichermaßen auszuspionieren – der Sowjetunion. Anders als Spione der Abwehr in den USA, die meist deutscher Abstammung waren, hatten Amerikaner, die für die Sowjets spionierten, in der Regel keine familiären Verbindungen nach Russland und waren entsprechend schwer zu enttarnen. Einige von ihnen glaubten wohl, sie könnten durch die Enthüllung amerikanischer Geheimnisse die Zusammenarbeit zwischen den USA und Väterchen Russland fördern. Diese Rechtfertigung wurde umso glaubwürdiger, als Hitler seinen Nichtangriffspakt mit Stalin aufkündigte und im Juni 1941 in die Sowjetunion einmarschierte, wo es zu Gräueltaten durch die SS kam, die die Grausamkeiten gegen polnische Zivilisten 1939 noch um Längen übertrafen. Bald waren die USA und die UdSSR gegen die Achsenmächte verbündet, und Amerikaner, die den Sowjets dienten, konnten so tun, als würden sie nur ihren Freunden helfen. Aber wer einmal in das Netz des GRU oder des NKWD geraten war, die beide in den USA spionierten, kam kaum mehr heraus, und viele wurden zu überzeugten Sowjetagenten.

Eine dieser Bekehrten war Martha Dodd, deren Vater, William Dodd, Mitte der 1930er-Jahre als US-Botschafter in Deutschland diente, als sie in ihren 20ern war. Sie verkehrte mit mehreren prominenten Nazis in Berlin, wandte sich aber von ihnen ab und verliebte sich leidenschaftlich in Boris Winogradow, einen NKWD-Agenten der sowjetischen Botschaft, der den Auftrag hatte, sie anzuwerben. Sie hoffte, ihn zu heiraten, aber Winogradow wurde nach Moskau zurückbeordert und während des Großen Terrors hingerichtet. Sie erfuhr nie, dass er ein Opfer des Sowjetregimes geworden war, und nachdem sie sich unter seinem Einfluss dem NKWD angeboten hatte, blieb sie der KPdSU ihr Leben lang treu. „Es versteht sich von selbst, dass ich meine Dienste jeglicher Art und zu jeder Zeit der Partei zur Nutzung nach ihrem Ermessen anbiete", schrieb sie ihrem NKWD-Offizier, als das US State Department ihren Vater als Botschafter entließ, weil er Hitler verurteilt hatte. „Ich habe Zugang zu der persönlichen, vertraulichen

FEINDLICHER AGENT **Josef Klein, hier mit seinem Schäferhund und dem Kurzwellenfunkgerät, das er selbst gebaut hatte, war einer von 33 Abwehragenten, die 1941 mithilfe des Doppelagenten William Sebold vom FBI geschnappt wurden. Das Fahndungsfoto von Klein (dritte Reihe von oben, Zweiter von links) findet sich auf der Fotogalerie des Spionagerings (rechte Seite), der nach seinem berüchtigtsten Mitglied, Fritz Duquesne, benannt ist.**

FAHNDUNGSFOTOS Zu den deutschen Spionen, die vom FBI gefasst wurden, gehörten Fritz Duquesne (oben rechts) und Hermann Lang (dritte Reihe, Vierter von links), der Pläne des Norden-Bombenzielgeräts außer Landes schmuggelte.

GEHEIME VORBEREITUNGEN

Hitlers Weisung Nr. 21 vom 18. Dezember 1940 für das Unternehmen Barbarossa, den Einmarsch in der Sowjetunion, setzte eine der größten Militärbewegungen der Geschichte in Gang. Der Plan sah vor, dass 190 deutsche Divisionen – etwa 3,3 Millionen deutsche Soldaten – und eine weitere Million alliierter Truppen, hauptsächlich aus Italien und Rumänien, an einer fast 1600 Kilometer langen Front von der Ostsee bis zum Schwarzen Meer vorrücken. Um diese gewaltige Offensive vorzubereiten, wurden deutsche Geheimdienste damit beauftragt, Informationen über Joseph Stalins Sowjetstaat zu sammeln.

Während die Abwehr und der SD Spionage betrieben, sammelten die Geheimdienststäbe der Streitkräfte aus offenen Quellen wie Zeitungen, Zeitschriften, Radiosendungen sowie Berichten und Reden der Regierung alles, was sie konnten. Stalins zwanghafte Geheimniskrämerei machte es schwierig, den Wahrheitsgehalt dieser Quellen zu beurteilen. Alle russischen Nachrichtenorgane und Publikationen wurden streng zensiert. Berichte über sowjetische Infrastruktur – Häfen, Städte, Straßen und Bahnlinien – erwiesen sich oft als nicht vertrauenswürdig. Um die Lücken in dem Bild zu füllen, das sich für den deutschen Geheimdienst von Russland ergab, flog eine verdeckte Beobachtungsstaffel der Luftwaffe weiträumige Aufklärungsmissionen in großer Höhe über sowjetischem Territorium und fotografierte Flugplätze und Bahnhöfe.

Als die Invasion kurz bevorstand, fertigten die deutschen Nachrichtendienste Karten und Berichte über die sowjetischen Grenzregionen und die Gebiete dahinter an und stellten sie der Wehrmacht zur Verfügung. In der festen Überzeugung, die Rote Armee und das kommunistische Regime mit ihrer hochgepriesenen Kriegsmaschinerie zu überrennen, begannen die Deutschen im Juni 1941 ihren Feldzug in der Erwartung, innerhalb weniger Monate den Sieg zu erringen. Diese Zuversicht zerbröckelte, als ihr Vormarsch am Stadtrand von Moskau zum Stillstand kam, als der Winter nahte und es Stalin gelang, unter den Russen einen Widerstand zu mobilisieren, den seine Feinde nicht für möglich gehalten hatten. ✪

FRÜCHTE DER AUFKLÄRUNG Fotos von Moskau (oben) und eine Karte der Industriestadt Krementschuk in der Ukraine (rechts), die im September 1941 an die Deutschen fiel. Dokumente wie diese verteilte der Generalstab der Wehrmacht an die Kommandeure des Russlandfeldzuges. Ein Militäratlas der Ukraine und der Krim (oben rechts), angefertigt von der Abteilung für Kriegskarten und Vermessungswesen, war aus Sicherheitsgründen mit der Aufschrift „Nur für den Dienstgebrauch" versehen.

Korrespondenz meines Vaters mit dem US-Außenministerium und dem US-Präsidenten", fügte sie hinzu. Sollte es einen bestimmten amerikanischen Diplomaten geben, den Moskau als Nachfolger von William Dodd in Berlin favorisierte, versprach sie: „Ich werde auf meinen Vater einwirken, seine Kandidatur zu fördern."

Nachdem sie mit ihrem Vater nach Amerika zurückgekehrt war, heiratete Martha Dodd Alfred Stern, einen New Yorker Millionär, und rekrutierte ihn schließlich als sowjetischen Agenten, ebenso wie ihren Bruder William Dodd, Jr., der mit einer geheimen Zuwendung vom NKWD in Höhe von 1000 Dollar erfolglos für den Kongress kandidierte. Eine Quelle im Justizministerium lieferte ihm später einen Bericht über J. Edgar Hoover, den Dodds NKWD-Kontakt nach Moskau weiterleitete: „Hoover führt Akten über fast alle wichtigen politischen Persönlichkeiten: Kongressabgeordnete, Senatoren und Geschäftsleute. Er sammelt kompromittierendes Material über jeden und benutzt es für Erpressung." Abgeordnete, die Gelder an das FBI blockierten, liefen Gefahr, mit Schmutzkampanien überzogen zu werden. Dass der FBI-Direktor Akten über einflussreiche Amerikaner führte und sie bisweilen mit kompromittierenden Informationen unter Druck setzte, wurde später öffentlich bekannt. Aber während der Roosevelt-Regierung wurde über das, was William Dodd, Jr. dem NKWD auftischte, in Washington nur geflüstert.

„Tokio erwartet, dass Hitler Russland angreift."

SCHLAGZEILE DER *NEW YORK HERALD TRIBUNE*, 31. MAI 1941

Hoover wusste vielleicht nichts von diesen speziellen Enthüllungen des Möchtegern-Kongressabgeordneten Dodd, aber er behielt ihn genau im Auge. Das FBI untersuchte seine kommunistischen Aktivitäten im Jahr 1943, woraufhin ihn der NKWD fallen ließ. Martha Dodd blieb sowjetische Agentin, bis sie und ihr Mann in den 1950er-Jahren enttarnt wurden. Wie die meisten Spione waren sie nützlich, aber nicht unentbehrlich gewesen. Agenten wurden immer in großer Zahl in der Hoffnung angeworben, dass ein oder zwei Asse darunter waren, die wirklich Entscheidendes lieferten. Spione wie Richard Sorge, die ihr betrügerisches Handwerk beherrschten und es bis zum Äußersten trieben, konnten für ihre Herren in Kriegszeiten mehr wert sein als eine ganze Division Soldaten.

INTRIGE IN TOKIO

Am 31. Mai 1941 erschien in der *New York Herald Tribune* ein Artikel mit der Überschrift „Tokio erwartet, dass Hitler Russland angreift". Verfasser war Joseph Newman, der Korrespondent der *Tribune* in Tokio, aber die nicht genannte Quelle, die Newman mit seinem Knüller versorgte, war Richard

„Der Mann namens Richard Sorge ist uns nicht bekannt."

DIE SOWJETISCHE ANTWORT AUF DEN VORSCHLAG, SORGE GEGEN EINEN JAPANISCHEN SPION AUSZUTAUSCHEN

HINTERLASSENSCHAFTEN DER INVASOREN
Zu den Relikten des deutschen Überfalls auf die Sowjetunion gehören diese auf russischem Boden geborgenen Gürtelschnallen mit einem Hakenkreuz, einem Reichsadler und der Siegrune der Hitlerjugend.

Sorge, der von seinen japanischen Informanten und vom deutschen Botschafter Eugen Ott wusste, dass die Wehrmacht bald in die Sowjetunion einmarschieren würde. In seiner offiziellen Rolle als Journalist konnte Sorge Informationen wie diese nicht verbreiten, da die deutsche Zeitung, für die er arbeitete, streng kontrolliert wurde. Und seine verdeckten Versuche, Moskau in seiner Eigenschaft als GRU-Spion vor der deutschen Bedrohung zu warnen, wurden von Stalin abgewiesen, der im Frühjahr 1941 viele solcher Warnungen erhielt und sie alle ignorierte. Krankhaft misstrauisch, wie er war, dachte Stalin, rivalisierende Mächte wie Großbritannien, Amerika und Japan planten, ihn gegen Hitler aufzubringen und ihn in einen Krieg mit Deutschland zu drängen, auf den seine Rote Armee schlecht vorbereitet war. Seine Paranoia war so groß, dass er auch jenen Bericht ignorierte, der ihn aus dem Herzen des Reichs über Botschafter Ott in Tokio und seinen Vertrauten Sorge am 30. Mai erreichte und lautete: „Berlin informierte Ott, dass der deutsche Angriff in der zweiten Junihälfte beginnen wird. Ott ist zu 95 Prozent sicher, dass ein Krieg beginnen wird."

Als der deutsche Einmarsch wie vorhergesagt am 22. Juni 1941 begann, war Stalin geschockt und revidierte seine Meinung über Sorge, den er zuvor verflucht hatte, weil er mit ausländischen Lügen und Propaganda hausieren ging. Sorge war nun in der einzigartigen Lage, eine Frage von enormer Tragweite nicht nur für Stalin, sondern auch für seine Feinde in Berlin und seine neu gefundenen Freunde in London und Washington zu beantworten: Welchen Weg würde Japan einschlagen? Der Dreimächtepakt, den Japan 1940 mit Deutschland und Italien schloss, verlangte von den Japanern nicht, sich einer von den Deutschen lancierten Offensive anzuschließen, aber Ott drängte Tokio, die Russen in Sibirien anzugreifen und sich einen Teil der Beute zu sichern, wenn die Sowjetunion zusammenbrach. Sorge nutzte seine Kontakte als Journalist, um das japanische Außenministerium zu warnen, dass die Deutschen die sowjetische Militärmacht kleinredeten, um Japan in den Krieg zu locken. Währenddessen erfuhr sein japanischer Vertrauter Hotsumi Ozaki, inzwischen ein vollwertiges Mitglied von Sorges Spionagering, dass sich unter den Militärchefs, die die Regierung dominierten, ein Konsens abzeichnete, die Sowjets nicht herauszufordern, es sei denn, sie stünden kurz vor einer Niederlage. „Wenn die Rote Armee die Deutschen vor Moskau aufhält", berichtete Sorge Ende Juli, „wird Japan keinen Zug machen."

Sorge trug seinen Teil dazu bei, die Deutschen aufzuhalten, indem er Stalin zuredete, sowjetische Divisionen, Panzer und Flugzeuge aus Sibirien, wo sie auf einen japanischen Angriff warteten, in die russische Hauptstadt zu verlegen. Diese Verlegung begann, nachdem Sorge erfahren hatte, dass Japan anstelle einer Invasion Russlands bald eine Großoffensive in Südostasien und im Pazifik starten würde, die auch Angriffe auf britische und amerikanische Stützpunkte vorsah. Japans „Krieg mit den Vereinigten Staaten", teilte er Moskau Anfang Oktober mit, „wird in naher Zukunft beginnen, in diesem oder im nächsten Monat".

Als dieser explosive Konflikt am 7. Dezember in Pearl Harbor ausbrach, schlugen sowjetische Streitkräfte, unterstützt durch Truppen aus Sibirien, die Wehrmacht vor den Toren Moskaus zurück. Sorge hatte nicht die Möglichkeit, seinen bemerkenswerten Beitrag zur Wende des Krieges zu feiern. Am 18. Oktober war er von Agenten der Tokko, einer Art japanischer Gedankenpolizei, verhaftet worden. Hotsumi Ozaki und andere Mitglieder des Spionagerings wurden etwa zur gleichen Zeit festgenommen. Nachdem er unter Zwang die Spionage gestand, wurde Sorge von Botschafter Ott im Gefängnis besucht. Mitsusada

Yoshikawa, der Offizier, der Sorge verhörte, bemerkte, dass er Ott nur widerwillig gegenübertrat. Ihre „politischen Meinungen gingen auseinander", bemerkte Sorge, aber sie seien „persönlich gute Freunde". Wie ein großer Schauspieler hatte Sorge sich vollständig in seine Rolle gestürzt und sich wirklich mit dem Botschafter angefreundet, der seine antinazistischen Ausbrüche tolerierte und seinerseits Zweifel an Hitler hegte. „Mir gefällt dieser Krieg genauso wenig wie Ihnen", sagte er zu Sorge, als der deutsche Vormarsch in Russland zum erliegen kam, „aber was bleibt mir übrig?"

Nach diesem letzten Treffen mit Ott schien Sorge so verzweifelt zu sein, dass Yoshikawa befürchtete, er könnte Selbstmord begehen. Sein Schicksal als Kind eines Deutschen und einer Russin machte ihn zu einem außergewöhnlichen Spion und einer verlorenen Seele, die keine Heimat mehr hatte. Es liegt eine bittere Ironie darin, dass ein deutscher Diplomat, den er verraten hatte, sich die Mühe machte, ihn zu besuchen, während die Sowjets, denen er auf Kosten seines Lebens diente, jegliche Verantwortung für ihn ablehnten. Die Japaner zögerten die Vollstreckung von Sorges Todesurteil lange hinaus, in der Hoffnung, ihn gegen einen ihrer Agenten in russischem Gewahrsam einzutauschen. „Dreimal schlugen wir der sowjetischen Botschaft in Tokio einen Gefangenenaustausch vor", sagte Generalmajor Kyoji Tominaga nach der Hinrichtung von Sorge im November 1944. „Dreimal erhielten wir die gleiche Antwort: ‚Der Mann namens Richard Sorge ist uns nicht bekannt.'"

DAS ELEND DER SOLDATEN Gefangene Rotarmisten in den Trümmern von Sewastopol, einer Hafenstadt am Schwarzen Meer, die 1942 von der Wehrmacht eingenommen wurde. Trotz Sorges geheimer Informationen, die dazu beitrugen, im Dezember 1941 Moskau erfolgreich zu verteidigen, erlitten die sowjetischen Truppen im folgenden Jahr anderswo im Land verheerende Niederlagen. Erst Ende 1942 konnte die Rote Armee die deutschen Truppen in Stalingrad einkesseln und schließlich Sewastopol und andere verlorene Gebiete zurückerobern.

ALLE MÜSSEN SCHWEIGEN

Geheimnisse für sich zu behalten wurde in vielen Ländern erste Bürgerpflicht, als der Zweite Weltkrieg Europa entflammte und sich wie ein Lauffeuer um den Globus verbreitete. Regierungsbehörden, vom Office of War Information in Washington bis zum Reichsministerium für Volksaufklärung und Propaganda in Berlin, beauftragten Künstler mit der Gestaltung von Plakaten, die hier und auf den folgenden Seiten gezeigt werden, die davor warnten, leichtfertig in der Öffentlichkeit zu sprechen. Sorglosigkeit könnte aus patriotischen Bürgern unwissentlich Verräter machen, Schiffe versenken und Soldaten ins Verderben stürzen.

Manche Künstler erdachten attraktive Motive, die die Betrachter davon abhalten sollten, zu viel zu sagen, ohne sie einzuschüchtern, aber die meisten Plakate verkündeten Unheil und offenbaren die Sicherheitsversessenheit der Kriegszeit. Jeder musste auf der Hut sein und wurde beobachtet, nicht nur von Spionen, sondern auch von Agenten des eigenen Landes, die für den Schutz von Geheimnissen verantwortlich waren. Diese Überwachung war in totalitären Staaten wie Deutschland besonders streng, wo die Blockaufseher Personen, die unvorsichtige oder unpatriotische Bemerkungen machten, der Gestapo meldeten. Zivilisten wurden auch in Italien, Japan und der Sowjetunion häufig von Nachbarn, der Polizei oder Sicherheitskräften in ähnlicher Weise observiert. Selbst in demokratischen Nationen, in denen die Redefreiheit per Gesetz geschützt war, zeigten Kriegsplakate mit anklagenden Fingern auf alle, die zu frei gesprochen hatten. Jeder sollte wissen, dass alle, die gegen den Schweigekodex des Krieges verstießen und Geheimnisse preisgaben, Gefahr liefen, von ihren Mitbürgern oder den Überwachungsbehörden entlarvt und zur Rechenschaft gezogen werden. ✪

SCHWEIG! Die Warnung ist unmissverständlich, egal ob auf Englisch, Russisch oder Deutsch, aber die Art der Darstellung unterscheidet sich durchaus. In Nazideutschland und der Sowjetunion hatte jeder, der sich nicht an die Verschwiegenheitspflicht hielt, mit harten Strafen zu rechnen.

Schweig!
G.VOGLER

DER FEIND HÖRT MIT

FEINDLICHE LAUSCHER Deutsche Plakate (oben rechts und unten ganz links) warnen davor, dass alles, was in der Öffentlichkeit gesagt wird, von einem Feind oder Spionen belauscht werden könnte. Eine ähnliche Botschaft aus Frankreich (links) warnt davor, dass ein scheinbar unschuldiger Zuschauer, ein feindlicher Agent sein könnte. Ein in den Vereinigten Staaten hergestelltes Plakat (oben links) zeigt einen behelmten Deutschen, der die Amerikaner ausspioniert, und ein weiteres Plakat aus Großbritannien (rechte Seite) zeigt einen deutschen Offizier, der die Gestalt eines Zivilisten annimmt, um die Menschen dazu zu bringen, Geheimnisse mit ihm zu teilen.

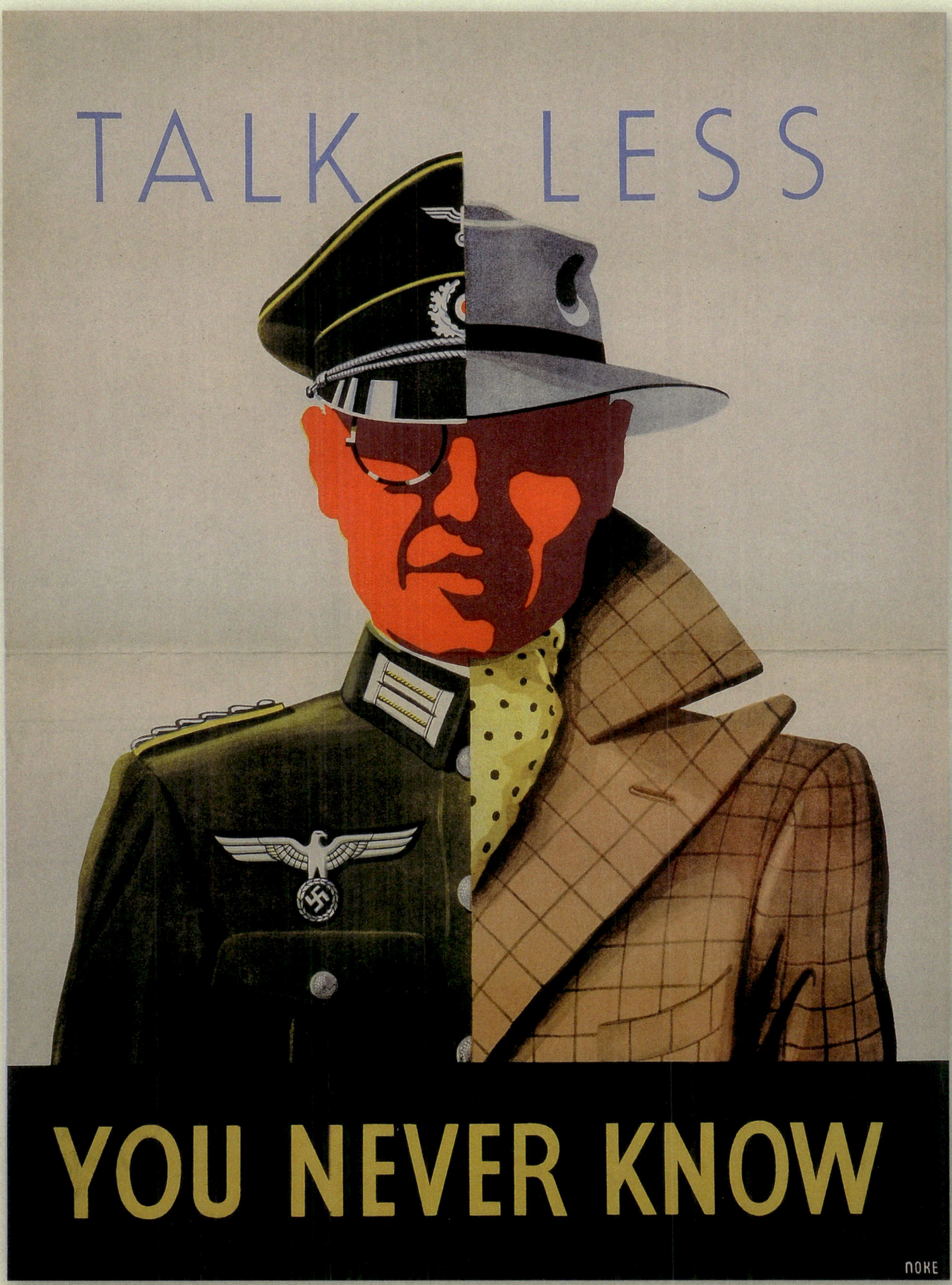
TALK LESS
YOU NEVER KNOW
NOKE

KREATIVER MAULKORB

RISKANTE OFFENHEIT Künstler gingen verschiedene kreative Wege, um der ungewollten Verbreitung kriegswichtiger Informationen Einhalt zu gebieten. Parolen wie „Loose Lips Might Sink Ships" (oben links) fanden sogar Eingang in den allgemeinen Sprachgebrauch. Die lustige Darstellung eines Klatschmauls (oben rechts), dem der lange Arm von Uncle Sam einen Maulkorb verpasst, und die sentimentale Darstellung eines trauernden Hundes (unten rechts) gehören ebenfalls dazu. Andere Plakate (rechte Seite) variieren das Thema in unterschiedlicher Weise.

WANTED!
FOR MURDER
Her careless talk costs lives

AWARD
FOR CARELESS TALK
DON'T DISCUSS TROOP MOVEMENTS · SHIP SAILINGS · WAR EQUIPMENT

TELLING
a friend may
mean telling
THE ENEMY

BITS OF CARELESS TALK
ARE PIECED TOGETHER BY THE ENEMY
Convoy sails for
England
tonight

HARTE KONSEQUENZEN

TOD DURCH ZU VIEL REDEN
Zwei drastische Plakate mit einem gefallenen Soldaten (links) und einem ertrinkenden Matrosen (rechte Seite), die Opfer der Sorglosigkeit ihrer Mitmenschen wurden. Alarmierende Bilder wie diese spielten mit den Schuldgefühlen der Zivilbevölkerung, die sicher zu Hause saß, während die Soldaten in der Schlacht ihr Leben riskierten.

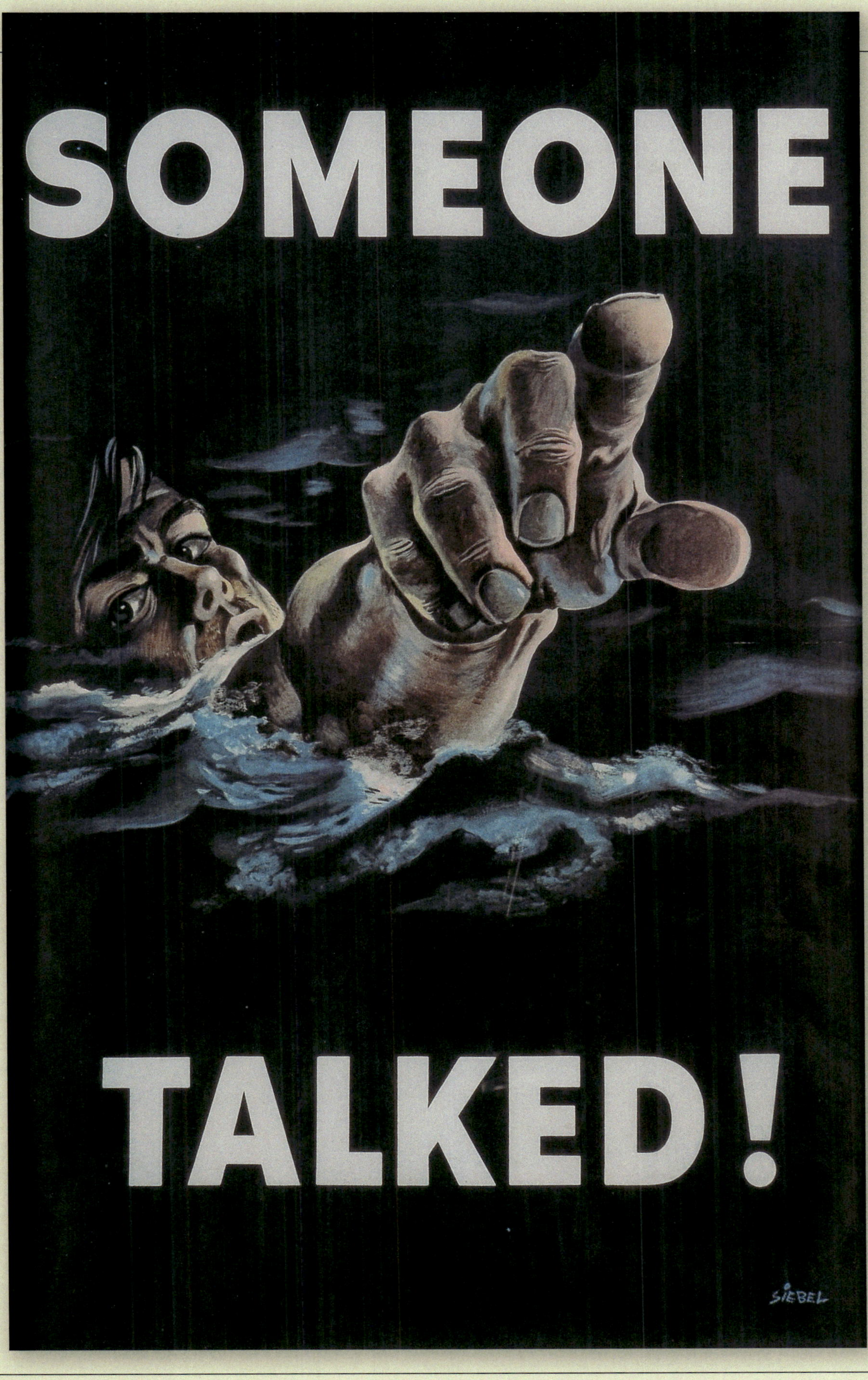
SOMEONE
TALKED!
SIEBEL

KAPITEL 2

GEHEIMER KRIEG GEGEN JAPAN

TAG DER SCHANDE Angriff auf Pearl Harbor am 7. Dezember 1941. Obwohl der Geheimdienst vor japanischen Feindseligkeiten gewarnt hatte, sind die US-Streitkräfte völlig unvorbereitet.

ÜBERRASCHUNGS-ANGRIFF IM PAZIFIK

Die Geheimdienstarbeit erfuhr im 20. Jahrhundert eine rasante technische Entwicklung, aber ihr Ziel blieb dasselbe, auf den Punkt gebracht durch die altehrwürdige Maxime: „Kenne deinen Feind." Kaum ein japanischer Kommandeur kannte 1941 Amerika besser als der 57-jährige Admiral Isoroku Yamamoto. Er war zweimal in den Vereinigten Staaten gewesen, zunächst als Stabsoffizier, um Englisch zu lernen, und später als Marineattaché an der japanischen Botschaft in Washington, wo er die Entwicklungen der US-Marine und der amerikanischen Industrie beobachtete. Einige Militärattachés betrieben Spionage auf die Gefahr hin, erwischt und ausgewiesen zu werden, Yamamotos Mission war hingegen transparent und wurde von den amerikanischen Behörden toleriert, weil sie keine Einschränkungen für ihre eigenen Attachés im Ausland wollten. Ein eifriger Beobachter konnte durch autorisierte Kanäle mehr über sein Gastland erfahren – sich mit anderen Offizieren treffen, Flugshows und Militärschauen besuchen, Fabriken besichtigen oder Zeitungen und Fachzeitschriften lesen –, als es viele Spione durch ihre verdeckte Arbeit vermochten.

Insgesamt verbrachte Yamamoto zwischen den beiden Weltkriegen fast vier Jahre in den USA und erarbeitete sich eine gesunde Portion Respekt vor deren militärischen und industriellen Kapazitäten. Im Gegensatz zu vielen Japanern, die die Amerikaner für weich und unentschlossen hielten, wusste er es

VORDENKER Admiral Isoroku Yamamoto, ehemaliger Marineattaché in Washington (rechte Seite), kommandierte Japans Kombinierte Flotte und machte mit seinem Angriff auf Pearl Harbor Schlagzeilen.

Honolulu Star-Bulletin 1st EXTRA

8 PAGES—HONOLULU, TERRITORY OF HAWAII, U. S. A., SUNDAY, DECEMBER 7, 1941—8 PAGES PRICE FIVE CENTS

WAR!

(Associated Press by Transpacific Telephone)

SAN FRANCISCO, Dec. 7.—President Roosevelt announced this morning that Japanese planes had attacked Manila and Pearl Harbor.

OAHU BOMBED BY JAPANESE PLANES

SIX KNOWN DEAD, 21 INJURED, AT EMERGENCY HOSPITAL

Attack Made On Island's Defense Areas

By UNITED PRESS

WASHINGTON, Dec. 7.—Text of a White House announcement detailing the attack on the Hawaiian islands is:

"The Japanese attacked Pearl Harbor from the air and all naval and military activities on the island of Oahu, principal American base in the Hawaiian islands."

Oahu was attacked at 7:55 this morning by Japanese planes.

The Rising Sun, emblem of Japan, was seen on plane wing tips.

Wave after wave of bombers streamed through the clouded morning sky from the southwest and flung their missiles on a city resting in peaceful Sabbath calm.

According to an unconfirmed report received at the governor's office, the Japanese force that attacked Oahu reached island waters aboard two small airplane carriers.

It was also reported that at the governor's office either an attempt had been made to bomb the USS Lexington, or that it had been bombed.

CITY IN UPROAR

Within 10 minutes the city was in an uproar. As bombs fell in many parts of the city, and in defense areas the defenders of the islands went into quick action.

Army intelligence officers at Ft. Shafter announced officially shortly after 9 a. m. the fact of the bombardment by an enemy but long previous army and navy had taken immediate measures in defense.

"Oahu is under a sporadic air raid," the announcement said.

"Civilians are ordered to stay off the streets until further notice."

CIVILIANS ORDERED OFF STREETS

The army has ordered that all civilians stay off the streets and highways and not use telephones.

Evidence that the Japanese attack has registered some hits was shown by three billowing pillars of smoke in the Pearl Harbor and Hickam field area.

All navy personnel and civilian defense workers, with the exception of women, have been ordered to duty at Pearl Harbor.

The Pearl Harbor highway was immediately a mass of racing cars.

A trickling stream of injured people began pouring into the city emergency hospital a few minutes after the bombardment started.

Thousands of telephone calls almost swamped the Mutual Telephone Co., which put extra operators on duty.

At The Star-Bulletin office the phone calls deluged the single operator and it was impossible for this newspaper, for sometime, to handle the flood of calls. Here also an emergency operator was called.

HOUR OF ATTACK—7:55 A. M.

An official army report from department headquarters, made public shortly before 11, is that the first attack was at 7:55 a. m.

Witnesses said they saw at least 50 airplanes over Pearl Harbor.

The attack centered in the Pearl Harbor, Army authorities said:

"The rising sun was seen on the wing tips of the airplanes."

Although martial law has not been declared officially, the city of Honolulu was operating under M-Day conditions.

It is reliably reported that enemy objectives under attack were Wheeler field, Hickam field, Kaneohe bay and naval air station and Pearl Harbor.

Some enemy planes were reported shot down.

The body of the pilot was seen in a plane burning at Wahiawa.

Oahu appeared to be taking calmly after the first uproar of queries.

ANTIAIRCRAFT GUNS IN ACTION

First indication of the raid came shortly before 8 this morning when antiaircraft guns around Pearl Harbor began sending up a thunderous barrage.

At the same time a vast cloud of black smoke arose from the naval base and also from Hickam field where flames could be seen.

BOMB NEAR GOVERNOR'S MANSION

Shortly before 9:30 a bomb fell near Washington Place, the residence of the governor. Governor Poindexter and Secretary Charles M. Hite were there.

It was reported that the bomb killed an unidentified Chinese man across the street in front of the Schuman Carriage Co. where windows were broken.

C. E. Daniels, a welder, found a fragment of shell or bomb at South and Queen Sts. which he brought into the City Hall. This fragment weighed about a pound.

At 10:05 a. m. today Governor Poindexter telephoned to The Star-Bulletin announcing he has declared a state of emergency for the entire territory.

He announced that Edouard L. Doty, executive secretary of the major disaster council, has been appointed director under the M-Day law's provisions.

Governor Poindexter urged all residents of Honolulu to remain off the street, and the people of the territory to remain calm.

Mr. Doty reported that all major disaster council wardens and medical units were on duty within a half hour of the time the alarm was given.

Workers employed at Pearl Harbor were ordered at 10:10 a. m. not to report at Pearl Harbor.

The mayor's major disaster council was to meet at the city hall at about 10:30 this morning.

At least two Japanese planes were reported at Hawaiian department headquarters to have been shot down.

One of the planes was shot down at Ft. Kamehameha and the other back of the Wa-

Turn to Page 2, Column 1

Hundreds See City Bombed

Hundreds of Honolulans who hurried to the top of Punchbowl soon after bombs began to fall, saw spread out before them the whole panorama of surprise attack and defense.

Far off over Pearl Harbor the white sky was polka-dotted with anti-aircraft smoke.

Turn to Page 2, Column 2

Names of Dead and Injured

Schools Closed

Editorial

HAWAII MEETS THE CRISIS

BULLETIN

Additional Star-Bulletin extras today will cover the latest developments in this war move.

NAME: ISOROKU YAMAMOTO
BERUF: JAPANISCHER MARINEKOMMANDEUR
AUFGABE: VERNICHTUNG DER US-PAZIFIKFLOTTE

CHRONOLOGIE

NOVEMBER 1941 Amerikanische Beamte erfahren aus entzifferten diplomatischen Botschaften, dass Japan Maßnahmen ergreifen wird, wenn die Gespräche mit den USA bis zum Monatsende zu keiner Einigung führen.

DEZEMBER 1941 Japanische Streitkräfte greifen Pearl Harbor, die Philippinen und andere amerikanische und alliierte Ziele in Asien und im Pazifik an.

MAI 1941 Codeknacker der US-Marine warnen Admiral Nimitz vor einer bevorstehenden japanischen Offensive auf das Midway-Atoll.

JUNI 1941 Die US-Marine gewinnt die Schlacht von Midway und versenkt vier japanische Flugzeugträger.

JUNI 1942 Alliierte Küstenbeobachter auf der Solomoneninsel Guadalcanal berichten, dass die japanischen Streitkräfte dort einen Flugplatz bauen, um Schiffe anzugreifen, die Australien versorgen.

AUGUST 1942 US-Truppen landen auf Guadalcanal und besetzen die Landepiste.

APRIL 1943 Nimitz erfährt von Codeknackern, dass Yamamoto plant, die japanischen Truppen auf Bougainville zu besuchen, und erteilt den geheimen Befehl, dessen Flugzeug abzuschießen.

besser. „Es ist ein Fehler, Amerikaner als luxusliebend und schwach zu betrachten", belehrte er ehemalige Klassenkameraden bei einem Treffen in seiner Heimatstadt Nagaoka im September 1941. „Sie stecken voller Geist, Abenteuerlust und Motivation. Ihr Denken ist wissenschaftlich und weit fortgeschritten (...). Die amerikanische Industrie ist viel weiter entwickelt als unsere und verfügt – im Gegensatz zu unserer – über Öl in Hülle und Fülle. Japan kann die USA nicht besiegen. Deshalb sollten wir die USA nicht bekämpfen."

Was Yamamoto nicht sagte, war, dass Japan sich auf einen Krieg mit den USA vorbereitete und unter seinem Kommando einen Überraschungsangriff auf Pearl Harbor plante. Dennoch war er ehrlich, als er davor warnte, Amerika herauszufordern. Eine ähnliche Warnung hatte er gegenüber dem Premierminister seines Landes, Prinz Fumimaro Konoe, ausgesprochen, nachdem Japan Ende 1940 den Dreimächtepakt mit Deutschland und Italien eingegangen war. Sollte Japan in einen Krieg mit den USA und ihren Verbündeten geraten, so Yamamoto, würde seine Flotte „in den ersten sechs oder zwölf Monaten Erfolge feiern, aber ich habe wenig Hoffnung für das zweite oder dritte Jahr".

Kaiser Hirohito teilte diese Bedenken, und die Verhandlungen zur Abwendung eines Krieges mit den USA dauerten bis Ende 1941 an. Doch die Hoffnungen auf eine Einigung schwanden, nachdem japanische Truppen, die bereits in einen brutalen Krieg in China verwickelt waren, im Juli ganz Französisch-Indochina besetzten. Roosevelt reagierte mit einem Ölembargo, aber auch dies hielt Japan nicht davon ab, zur Sicherung seiner Öl- und anderer strategischer Ressourcen seine Finger nach den britischen und niederländischen Kolonien in Südostasien und im Pazifik auszustrecken, darunter die Philippinen, ein amerikanisches Protektorat, das Japan seinem Machtbereich einverleiben wollte. Wenn ein Konflikt mit den USA unvermeidbar war, hoffte Yamamoto die US-Pazifikflotte zu zerschlagen, bevor sie zu einer Bedrohung für die geplante Offensive oder Japan selbst werden konnte.

Yamamoto stellte eine gewaltige Eingreiftruppe zusammen, Schlachtschiffe, Kreuzer, Zerstörer, Öltanker und sechs große Flugzeugträger, die Pearl Harbor mit mehr als 400 Kampfflugzeugen angreifen sollte. Das Risiko, bei den Vorbereitungen entdeckt zu werden, war erheblich, denn die USA verfügten über beträchtliche nachrichtendienstliche Mittel rund um den Pazifik. Seit Anfang der 1920er-Jahre waren talentierte amerikanische Offiziere nach Japan geschickt worden, um dort die Sprache zu studieren. Einige davon wurden Kryptoanalytiker, die japanische Militärsignale entschlüsselten, die von amerikanischen Abhörstationen auf Hawaii, den Philippinen und anderswo abgefangen wurden. Andere dienten als Attachés in der US-Botschaft in Tokio, wo sie angesichts der zunehmenden Spannungen zwischen Japan und Amerika unter Beobachtung standen.

GEMETZEL IN CHINA Das Foto dieses blutüberströmten Kleinkindes in einem Bahnhof in Schanghai, der 1937 von den Japanern bombardiert wurde, führte dazu, dass die Stimmung in Amerika noch stärker gegen Japan umschwang.

Irgendwann parkte ein großes Fahrzeug mit zugezogenen Vorhängen gegenüber der Botschaft in Tokio und blieb dort stehen. Ein Pressefotograf näherte sich diesem mutmaßlichen „Spionagewagen“ und wurde von japanischen Agenten verscheucht, die in Unterwäsche aus dem Wagen kamen, weil es drinnen so heiß war.

Obwohl sie beobachtet wurden, erfuhren amerikanische Attachés in Japan viel Nützliches, auch weil sie mit den Attachés anderer Nationen in Austausch standen. Eine Reihe von Marineattachés aus der Vorkriegszeit bildete einen Club, dessen Mitglieder aus Ländern kamen, die bald mit Japan verbündet sein würden, wie Deutschland und Italien, aber auch aus rivalisierenden Nationen wie den USA, Großbritannien und Russland. Sie trafen sich regelmäßig in Tokio zum Mittagessen, um Informationen über die japanische Marine auszutauschen. Dabei war der Bau von Superschlachtschiffen, die 35 000 Bruttoregistertonnen überschritten – eine Grenze, die ein internationaler Vertrag regelte, dem Japan nicht beigetreten war –, ein heißes Thema. In den späten 1930er-Jahren informierte ein amerikanischer Marineattaché in Tokio Washington, dass Japan zwei solcher Superschlachtschiffe baue und „plane, ein drittes und möglicherweise ein viertes nachzulegen“.

Die amerikanische Botschaft erhielt auch Tipps von ausländischen Diplomaten, darunter der peruanische Botschafter in Tokio, der Anfang 1941 Informationen über einen geplanten

„Japan kann die USA nicht besiegen. Deshalb sollten wir die USA nicht bekämpfen.“

ADMIRAL ISOROKU YAMAMOTO, SEPTEMBER 1941

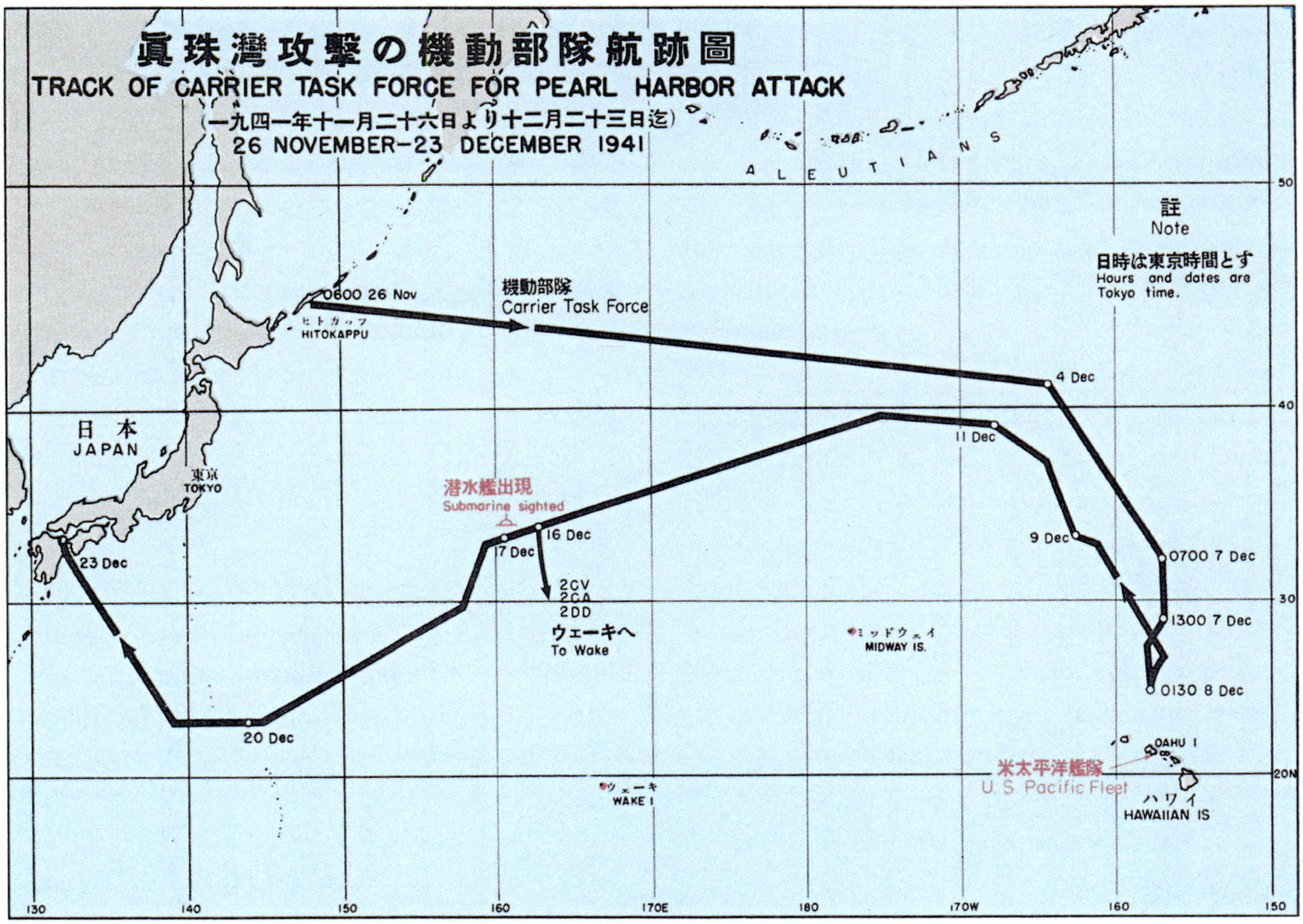

ANGRIFFSLINIE Diese nach dem Krieg angefertigte amerikanische Karte verwendet Tokioter Zeit, um den Verlauf des japanischen Angriffs nachzuzeichnen. Als Erste Luftflotte bezeichnet, brach sie am 26. November (25. November in den USA) auf – bevor die Gespräche in Washington zur Konfliktvermeidung abgeschlossen waren – und bombardierte am 7. Dezember (8. Dezember in Japan) Pearl Harbor.

Angriff auf Pearl Harbor durchsteckte. US-Botschafter Joseph Grew und sein Marineattaché, Commander Henri Smith-Hutton, hatten schon früher solche Berichte erhalten und gaben auch auf diesen nicht viel. Im Laufe des Jahres kam Smith-Hutton jedoch zu der Überzeugung, dass Japan eine Großoffensive vorbereitete. Er prophezeite, dass Japan gegen das von den Briten regierte Singapur, die niederländischen Kolonien des heutigen Indonesiens und möglicherweise die Philippinen vorrücken würde. Smith-Hutton sah jedoch keinerlei Anzeichen dafür, dass das weit entfernte Pearl Harbor im Visier der Japaner liegen könnte. Yamamoto war es also gelungen, seine bedeutsame Operation unter Verschluss zu halten.

JAPANS GESANDTER **Botschafter Kichisaburo Nomura (oben) überbrachte US-Außenminister Cordell Hull und Präsident Roosevelt Japans endgültigen Friedensvorschlag. Die Amerikaner wussten aus Geheimdienstquellen, dass die Führung in Tokio den 30. November als Frist für eine Einigung festgelegt hatte.**

Die US-Marine stellte ein Dossier über Yamamoto zusammen, aus dem hervorging, dass er das Glücksspiel liebte und Risiken einging, die andere Kommandeure scheuen würden. Mit dieser Haltung setzte er sich auch gegen Widerstand in den eigenen Reihen durch, denn es stand zu befürchten, dass sein Angriff scheitern könnte. Und wie stünde es im Falle des Erfolgs um das amerikanische Potenzial zum Gegenschlag? Yamamotos Vorgesetzter, Admiral Osami Nagano, Chef der kaiserlichen japanischen Marine, hatte ebenfalls mehrere Jahre in den USA verbracht und bezweifelte, dass die Zerschlagung der Pazifikflotte Amerika davon abhalten würde zurückzuschlagen. „Selbst wenn unser Reich einen entscheidenden Seesieg erringen sollte", warnte er im September 1941, „werden wir dadurch nicht in der Lage sein, den Krieg zu einem Ende zu bringen. Wir können davon ausgehen, dass Amerika versuchen wird, den Krieg in die Länge zu ziehen, indem es seine uneinnehmbare Position, seine überlegene industrielle Macht und seine reichlich vorhandenen Ressourcen nutzt." Japan, so schloss er, habe nicht die Mittel, um die Amerikaner dazu zu bringen, „ihren Kampfeswillen aufzugeben".

Trotz dieser düsteren Prognose stimmte Nagano Yamamotos kühnem Plan zu und hielt es für besser, Amerika eher früher als später anzugreifen. Da Yamamoto nicht in der Lage war, Japans Führung davon abzubringen, sich den USA zu widersetzen, gedachte er die Amerikaner durch die Zerstörung der Pazifikflotte so zu demoralisieren, dass sie sich mit Japan arrangieren müssten. Aber indem er seine verhängnisvolle Offensive von den Philippinen – wo zwar US-Truppen stationiert waren, denen aber die Unabhängigkeit versprochen worden war – auf Hawaii ausdehnte, ein Territorium der Vereinigten Staaten, erhöhte er den Einsatz erheblich.

„Die Frist kann nicht verlängert werden. Danach nehmen die Dinge ihren Lauf."

TOKIOS WEISUNG AN BOTSCHAFTER NOMURA IN WASHINGTON

Trotz aller nachrichtendienstlichen Erkenntnisse, die beide Seiten vor dem Krieg voneinander erworben hatten, hatten sie kaum eine Vorstellung davon, wie der Gegner im Falle eines Angriffs reagieren würde. Die Amerikaner hatten den japanischen Stolz und die Entschlossenheit unterschätzt, als sie Hirohito und seine Regierung über wirtschaftlichen Druck dazu bewegen wollten, ihre imperialen Ambitionen aufzugeben. Und von wenigen Ausnahmen abgesehen trauten es die US-Militärs den Japanern nicht zu, eine Offensive von derart epischen Ausmaßen durchzuführen, über 10 000 Kilometer von Südostasien bis nach Hawaii. Dieses Versagen der US-Dienste war verhängnisvoll, denn amerikanische Kryptoanalytiker waren in die diplomatische Kommunikation Japans eingedrungen und hatten Hinweise, die auf einen Angriff auf Pearl Harbor hindeuteten. Doch der Rückschlag war

nur vorübergehend, denn sie entschlüsselten nach und nach auch die japanischen Marinecodes, was es möglich machte, Yamamotos Pläne zu durchkreuzen und den wagemutigen Admiral schließlich zu Fall zu bringen.

DER COUNTDOWN ZUM KONFLIKT

Als Kichisaburo Nomura Anfang 1941 in Washington eintraf, um dort als japanischer Botschafter zu dienen, hoffte er, einen Krieg mit Amerika abzuwenden und eine Lösung auszuhandeln. Der Admiral im Ruhestand, der Yamamoto als Marineattaché in Washington vorausgegangen war, wurde zu einer Art Berühmtheit, als im September 1941 sein Porträt auf der Titelseite des *Time Magazine* prangte, mit der Überschrift: „Japans Nomura: Zwischen einer zähen Armee zu Hause und einem zähen Präsidenten in Washington". Die Überschrift war treffend gewählt, denn die Armeechefs in Tokio waren auf Krieg aus, als Nomura dem skeptischen Roosevelt und seinem harten Außenminister Cordell Hull im November 1941 Friedensvorschläge unterbreitete. Als Nomura sie zu einer schnellen Reaktion drängte, lehnten sie ab. Nicht weil Roosevelt Krieg wollte (wie er Churchill mitteilte, wäre ein Konflikt mit Japan im Pazifik „der falsche Krieg im falschen Ozean zur falschen Zeit"), aber seine Skepsis gegenüber Verhandlungen wuchs, als er von entschlüsselten Nachrichten Kenntnis bekam, die darauf hindeuteten, dass Japan sich auf einen Angriff vorbereitete, obwohl sein Botschafter Washington einen Ölzweig hinhielt.

DREIMÄCHTEPAKT Die japanisch-amerikanischen Beziehungen verschlechterten sich, als Diplomaten in Tokio am 27. September 1940 den Dreimächtepakt mit Deutschland und Italien billigten und die Vereinbarung mit einem Toast auf ihre Achsenpartner besiegelten (oben). General Hideki Tojo, Japans zukünftiger Premierminister und Kriegsführer, steht in der Mitte. Ganz rechts im Bild Eugen Ott, Deutschlands Botschafter in Japan, der Moskau durch seine Enthüllungen gegenüber dem Spion Richard Sorge über die Kriegspläne der Achsenmächte unwillentlich auf dem Laufenden hielt.

WASHINGTONS ZAUBERER **Codeknacker der US Army unter der Leitung von William Friedman (im Bild in der Mitte). Sie kamen hinter den Code der unter dem Namen Purple bekannten japanische Chiffriermaschine, die sie nachbauten (unten), um ihre Nachrichten zu entschlüsseln.**

Roosevelt und Hull kannten den japanischen Vorschlag – den Verzicht auf weitere militärische Vorstöße und einen Teilabzug seiner Truppen, falls das Ölembargo aufgehoben würde –, bevor Nomura in Washington eintraf. Und bald erfuhren sie aus Geheimdienstquellen, dass Japan für eine Verhandlungslösung eine Frist bis zum 30. November gesetzt hatte. „Die Frist kann nicht verlängert werden", wurde Nomura von Tokio instruiert, „danach nehmen die Dinge ihren Lauf." Roosevelt befürchtete, Japan würde angreifen, sobald diese Frist verstrichen war. Ferner war er durch einen Geheimdienstbericht alarmiert, der möglicherweise von den Briten kam und besagte, dass Japans Streitkräfte bereits in Bewegung waren. Er kam zu dem Schluss, dass Zugeständnisse an Japan in dieser Situation einer Beschwichtigung gleichkämen und einer weiteren Aggression Vorschub leisten würden. Am 26. November lehnte Hull Nomuras Bedingungen ab, ließ aber die Tür für eine Einigung unter der Bedingung offen, dass Japan seine Streitkräfte an einem noch auszuhandelnden Termin aus China und Indochina abzog. Hideki Tojo – ein Armeekommandeur, der kurz zuvor japanischer Premierminister geworden war, wies die amerikanische Antwort zurück und bat um die Erlaubnis zur Aufnahme von Feindseligkeiten, die ihm Hirohito am 1. Dezember gewährte. Bis dahin hätte die von Yamamoto entsandte Marineeinheit unter dem Kommando von Vizeadmiral Chuichi Nagumo noch zurückgerufen werden können, aber nun konnte man sie nicht mehr aufhalten.

Roosevelt wusste von Japans unheilvollem Termin, weil amerikanische Kryptoanalytiker die Chiffriermaschine, die die Japaner weltweit für ihre diplomatische Kommunikation einsetzten, exakt nachgebaut hatten. Hinter diesem Durchbruch steckte ein Team des Signal Intelligence Service (SIS) der US-Armee unter der Leitung von William Friedman, das von der Codeknackereinheit der Marine, der OP-20-G, unterstützt wurde. Friedman, der sich während des Ersten Weltkriegs mit der Kryptografie beschäftigt hatte, oblag es, das Knacken von Codes von einer Kunst zu einer Wissenschaft zu machen, die auf mathematischen Prinzipien beruhte. Die zu Kriegsbeginn für militärische Zwecke entwickelten Maschinen galten gemeinhin als unüberwindbar, aber auch sie ersetzten einen Buchstaben oder ein Zeichen durch ein anderes in einer Weise, die einer mathematischen Analyse zugänglich war. Eingehende verschlüsselte Nachrichten konnten entschlüsselt werden, wenn man dasselbe Gerät benutzte. Was lag also näher, als eine Maschine zu konstruieren, die exakt wie die japanische funktionierte?

Das erste japanische Verschlüsselungsgerät für Diplomaten, das Mitte der 1930er-Jahre eingeführt wurde und als „Rote Maschine" bekannt war, entsprach dem damals üblichen Typus und enthielt ein oder mehrere Räder, die sich wie ein Uhrwerk drehten, um aufeinanderfolgende Buchstaben oder Zeichen in einer Nachricht zu verschlüsseln. Amerikanische Kryptoanalytiker waren mit solchen Rotoren vertraut und wurden zusätzlich durch die Tatsache unterstützt, dass die Rote Maschine immer einen Vokal durch einen Vokal und einen Konsonanten durch einen Konsonanten ersetzte. Nicht lange nachdem sie dieses Rätsel gelöst hatten, führte das japanische Außenministerium jedoch eine neue Chiffriermaschine ein, die die Amerikaner Purple (Lila) nannten. Eine Zeit lang, beginnend 1939, wurden japanische Diplomatennachrichten parallel auf beiden Maschinen verschickt, weil noch nicht alle Botschaften das neue Gerät erhalten hatten. Diese Überschneidung half Friedmans Team bei der Entschlüsselung der Purple, aber ihre Funktionsprinzipien blieben geheimnisvoll, bis sie feststellten, dass sie ein Zeichen durch ein anderes durch Schrittschalter ersetzte, wie sie für die Weiterleitung von Telefongesprächen verwendet wurden. Die Purple zu knacken und eine Kopie zu konstruieren kostete Friedmans ganze Kraft, der daraufhin einen Zusammenbruch erlitt. Aber 1940 war das „Operation Magic" genannte Projekt vollendet. Er und seine Zauberer hatten die Japaner überlistet.

Bis 1941 wurden japanische diplomatische Nachrichten, die auf Purples verschlüsselt und per Funk übertragen wurden, an weit voneinander entfernten amerikanischen Abhörposten abgefangen und nach Washington weitergeleitet, um dort entziffert und übersetzt zu werden. Die Arbeitsbelastung war so hoch, dass die OP-20-G sich die Aufgabe mit dem SIS teilte. Tokio weihte seine Diplomaten im Ausland zwar nicht in konkrete militärische Pläne ein, aber manche Nachrichten an Botschaften oder Konsulate enthielten Anfragen, die auf mögliche japanische Ziele schließen ließen. Ende September 1941 erhielt Nagao Kita, der japanische Generalkonsul in Honolulu, eine Nachricht aus Tokio, in der er um Informationen über Schiffe der US-Marine in Pearl Harbor gebeten

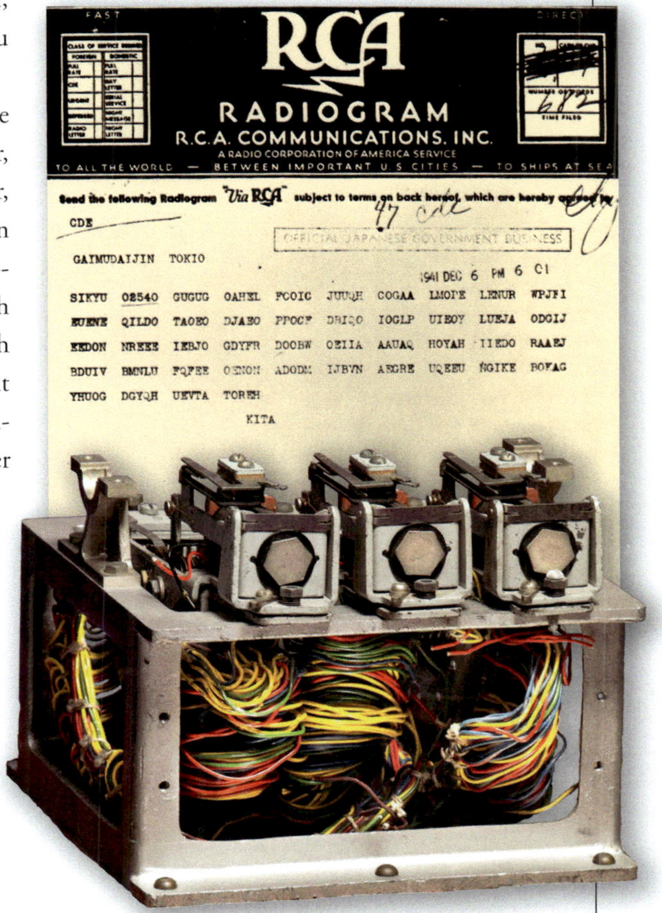

HALLO TOKIO Diese Nachricht von Nagao Kita, dem japanischen Generalkonsul in Honolulu, wurde auf einer Purple – deren Schaltkreise hier sichtbar sind – verschlüsselt und am 6. Dezember 1941 als normales Radiogramm verschickt. Es informierte Tokio, dass ein Großteil der amerikanischen Pazifikflotte in Pearl Harbor vor Anker lag. Die Nachricht wurde abgefangen und entschlüsselt, aber von Washington erst nach dem Angriff übersetzt.

„An welchem Wochentag halten sich normalerweise die meisten Schiffe in Pearl Harbor auf?“

EINE AUS EINER LISTE VON FRAGEN AUS TOKIO AN DAS JAPANISCHE KONSULAT IN HONOLULU

„Sonntag.“

FÄHNRICH TAKEO YOSHIKAWA, DEM KONSULAT ZUGETEILT, UM PEARL HARBOR AUSZUSPIONIEREN

wurde. „In Bezug auf Kriegsschiffe und Flugzeugträger“, so hieß es darin, „möchten wir, dass Sie über diejenigen berichten, die vor Anker liegen (…) an Kaien, Bojen und in Docks festgemacht sind. (Bezeichnen Sie kurz Typen und Klassen (…) erwähnen Sie, wenn zwei oder mehr Schiffe am selben Kai liegen).“

Diese und andere Nachrichten von militärischer Bedeutung erreichten auch Admiral Harold Stark, Chief of Naval Operations, und General George Marshall, Stabschef der Armee. Sie sprachen daraufhin allgemeine Warnungen vor möglichen japanischen Angriffen an die Kommandeure in Pearl Harbor und anderswo im Pazifik aus, aber hüteten sich davor, Einzelheiten zu erwähnen, die japanischen Codeknackern die Existenz von Magic verraten könnten. Wie sich herausstellte, waren die Japaner nicht in der Lage, US-Militärnachrichten zu lesen, die mit der SIGABA verschlüsselt waren, einer Walzenmaschine, die vom SIS und der OP-20-G gemeinsam entwickelt worden war. Davon konnten die Amerikaner aber nicht ausgehen. Aufgrund dieser Sicherheitsbedenken hatten weder Admiral Husband Kimmel, Kommandeur der Pazifikflotte in Pearl Harbor, noch Lieutenant General Walter Short, Befehlshaber der US-Armee auf Hawaii, Zugang zu Magic. Erst nach dem Angriff im Dezember erfuhren sie von der beunruhigenden Botschaft an das japanische Konsulat im September, die Short später als „Bombenangriffsplan für Pearl Harbor“ bezeichnete.

DIPLOMATISCHE TARNUNG **Der Marinesoldat Takeo Yoshikawa traf im April 1941 unter falschem Namen in Honolulu ein, um dort als Vizekonsul zu dienen und in Pearl Harbor heimlich über die Pazifikflotte zu berichten. Nach dem Angriff am 7. Dezember wurde er zusammen mit anderen im japanischen Konsulat von FBI-Agenten verhaftet, aber später im Rahmen eines diplomatischen Gefangenenaustauschs wieder freigelassen.**

Short und Kimmel wären noch beunruhigter gewesen, wenn sie gewusst hätten, wie weit japanische Agenten gingen, um Tokios Bitte um Informationen über Pearl Harbor zu erfüllen. Einer dieser Spione war Takeo Yoshikawa, ein Fähnrich der kaiserlichen japanischen Marine, der im April 1941 unter dem falschen Namen Tadashi Morimura im Konsulat in Honolulu eintraf. Er wusste, dass das Konsulat in Honolulu vom FBI abgehört wurde, und spionierte viel von einem japanischen Teehaus mit Blick auf Pearl Harbor aus. Yoshikawa holte sich Tipps von Geishas, die US-Marineoffizieren gefällig waren, rekrutierte aber keine japanischstämmigen Amerikaner in Hawaii, die er als „im Wesentlichen loyal zu den Vereinigten Staaten“ einschätzte. Eine ähnliche Einschätzung über an der Westküste lebende japanische Amerikaner findet sich in einem vertraulichen Bericht, den Roosevelt im November 1941 erhielt. „Es gibt kein japanisches ‚Problem‘ an der Küste“, schloss dieser, „es wird keinen bewaffneten Aufstand der Japaner geben.“ Das hielt Roosevelt nicht davon ab, die Internierung von mehr als 100 000 Amerikanern japanischer Abstammung zu genehmigen, nachdem der Krieg erklärt worden war.

Yoshikawa bekam gut zu tun, als Anfang November das japanische Linienschiff *Taiyo Maru* in Honolulu eintraf. Es hatte die lange Strecke über den Nordpazifik zurückgelegt, um heimlich den Weg zu erkunden, den Yamamotos Flottenverband einen Monat später einschlagen sollte. An Bord war Oberstleutnant Suguru Suzuki, ein Luftfahrtexperte der Marine, der hoffte, Pearl Harbor persönlich zu begutachten, aber von Generalkonsul Kita gedrängt wurde, diese heikle Aufgabe Yoshikawa zu überlassen. Dieser erhielt eine Liste mit 97 Fragen, die vor der Rückfahrt des Schiffes nach Japan zu bearbeiten waren. Einige waren einfach zu beantworten. Auf die Frage „An welchem Wochentag halten sich normalerweise die meisten Schiffe in Pearl Harbor auf?“ antwortete er kurz „Sonntag“. Andere Fragen waren schwieriger zu lösen. Er vermochte nicht zu sagen, ob ein U-Boot-Ab-

(weiter auf Seite 82)

DIE FAMILIE KÜHN, DEUTSCHE AGENTEN IN HONOLULU

Takeo Yoshikawa war nicht der Einzige, der die Pazifikflotte in Pearl Harbor ausspionierte. Auch Otto Kühn lieferte den Japanern Informationen über die Flotte und wurde dabei von seiner Frau Friedel und ihrer erwachsenen Tochter Ruth unterstützt. Kühn wurde 1895 in Deutschland geboren und trat 1930 der NSDAP bei. Seine Tochter ließ sich später mit Joseph Goebbels ein, der zahlreiche außereheliche Affären hatte. Goebbels schlug vor, dass die Kühns dem Reich dienen sollten, indem sie für Japan, einen potenziellen Verbündeten, spionieren sollten. Nachdem sie in Japan indoktriniert worden war, ließ sich die Familie 1935 in Honolulu nieder. Friedel Kühn reiste in den kommenden Jahren mehrmals nach Japan und erhielt große Mengen Bargeld zur Unterstützung ihrer Geheimdienstarbeit, zu der auch üppige Partys gehörten, an denen amerikanische Soldaten teilnahmen, denen die attraktive Ruth schöne Augen machte. Zusätzlich sammelte sie Informationen über das Kommen und Gehen der Flotte, indem sie die Ehefrauen der Offiziere belauschte, die einen von ihr betriebenen Schönheitssalon besuchten. Und wenn Otto Kühn das Hafengebiet besuchte, nahm er seinen kleinen Sohn Hans mit, der in einen Matrosenanzug gekleidet war, was das Ganze wie einen Familienausflug wirken ließ.

Otto gab seine Erkenntnisse an das japanische Konsulat in Honolulu weiter. Dies erwies sich als gefährlich, weil die Kühns bereits die Aufmerksamkeit von FBI-Agenten auf sich gezogen hatten. Als er Anfang Dezember ein letztes Mal das Konsulat besuchte, waren sie ihm schon auf den Fersen. Er legte eine Liste der Schiffe vor, die in Pearl Harbor vor Anker lagen, und schlug vor, japanische U-Boote vor Oahu mit Lichtsignalen aus zwei Häusern, die er an der Küste besaß, auf Flottenbewegungen aufmerksam zu machen. Kurz nach dem Angriff am 7. Dezember gestand er und wurde in eine Zelle neben der seiner Frau gesperrt. Ihr Gespräch, in dem sie ihn wegen seines Geständnisses beleidigte und sich dabei selbst beschuldigte, wurde aufgezeichnet.

Otto Kühn wurde zum Tode durch Erschießen verurteilt, das Urteil aber später zu 50 Jahren Zwangsarbeit umgewandelt. Seine Frau und seine Tochter erhielten mildere Strafen. Alle drei Mitglieder des familiären Spionagerings wurden schließlich auf Bewährung entlassen und nach dem Krieg nach Deutschland abgeschoben. ✪

NAME:	OTTO KÜHN
SPION FÜR:	JAPAN, DEUTSCHLAND
SPION GEGEN:	USA

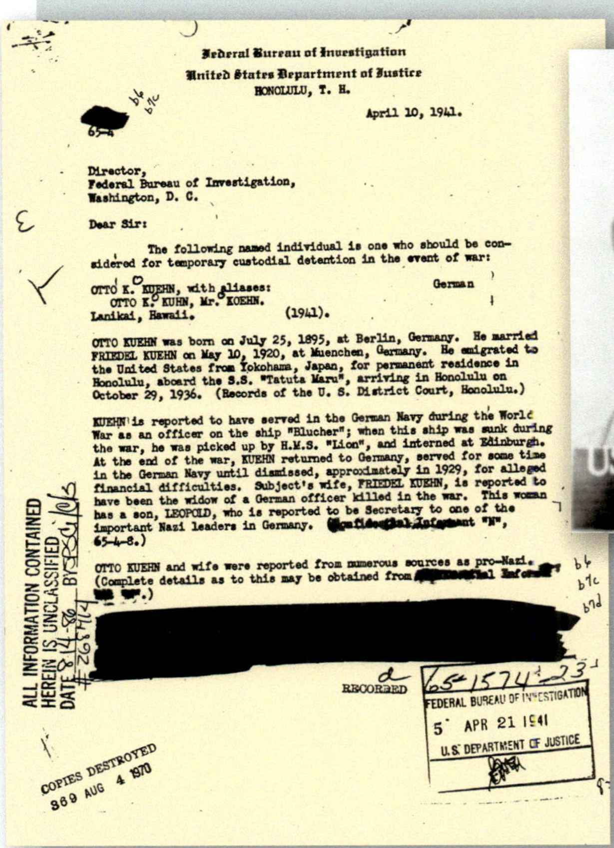

Federal Bureau of Investigation
United States Department of Justice
HONOLULU, T. H.

April 10, 1941.

[redacted]
65-4

Director,
Federal Bureau of Investigation,
Washington, D. C.

Dear Sir:

The following named individual is one who should be considered for temporary custodial detention in the event of war:

OTTO K. KUEHN, with aliases: German
OTTO K. KUHN, Mr. KOEHN.
Lanikai, Hawaii. (1941).

OTTO KUEHN was born on July 25, 1895, at Berlin, Germany. He married FRIEDEL KUEHN on May 10, 1920, at Muenchen, Germany. He emigrated to the United States from Yokohama, Japan, for permanent residence in Honolulu, aboard the S.S. "Tatuta Maru", arriving in Honolulu on October 29, 1936. (Records of the U. S. District Court, Honolulu.)

KUEHN is reported to have served in the German Navy during the World War as an officer on the ship "Blucher"; when this ship was sunk during the war, he was picked up by H.M.S. "Lion", and interned at Edinburgh. At the end of the war, KUEHN returned to Germany, served for some time in the German Navy until dismissed, approximately in 1929, for alleged financial difficulties. Subject's wife, FRIEDEL KUEHN, is reported to have been the widow of a German officer killed in the war. This woman has a son, LEOPOLD, who is reported to be Secretary to one of the important Nazi leaders in Germany. ([redacted] "N", 65-4-8.)

OTTO KUEHN and wife were reported from numerous sources as pro-Nazi. (Complete details as to this may be obtained from [redacted].) b6 b7c b7d

[redacted]

RECORDED 65-1574-23

FEDERAL BUREAU OF INVESTIGATION
5 APR 21 1941
U.S. DEPARTMENT OF JUSTICE

ALL INFORMATION CONTAINED HEREIN IS UNCLASSIFIED DATE 8-14-86 BY

COPIES DESTROYED
369 AUG 4 1970

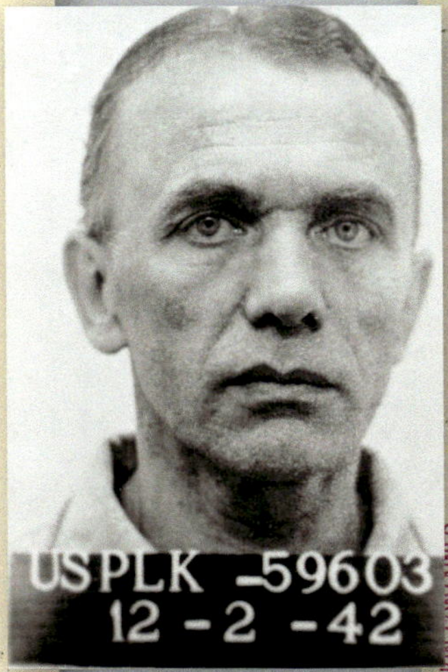

AUFGESPÜRT Otto Kühn (oben) und seine Frau wurden am 8. Dezember 1941 verhaftet, wie rechts in einem FBI-Memo dokumentiert ist. Acht Monate zuvor war FBI-Direktor Hoover schriftlich mitgeteilt worden, dass die Kühns „pro-Nazi" seien (links).

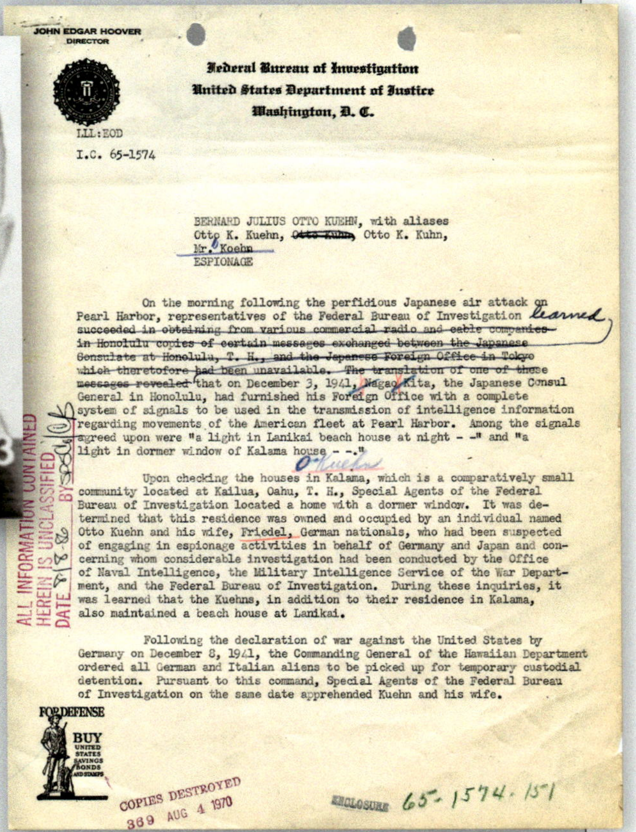

JOHN EDGAR HOOVER
DIRECTOR

Federal Bureau of Investigation
United States Department of Justice
Washington, D. C.

LLL:EOD
I.C. 65-1574

BERNARD JULIUS OTTO KUEHN, with aliases
Otto K. Kuehn, ~~Otto Kuhn~~, Otto K. Kuhn,
Mr. Koehn
ESPIONAGE

On the morning following the perfidious Japanese air attack on Pearl Harbor, representatives of the Federal Bureau of Investigation learned ~~succeeded in obtaining from various commercial radio and cable companies in Honolulu copies of certain messages exchanged between the Japanese Consulate at Honolulu, T. H., and the Japanese Foreign Office in Tokyo which theretofore had been unavailable. The translation of one of these messages revealed~~ that on December 3, 1941, Nagao Kita, the Japanese Consul General in Honolulu, had furnished his Foreign Office with a complete system of signals to be used in the transmission of intelligence information regarding movements of the American fleet at Pearl Harbor. Among the signals agreed upon were "a light in Lanikai beach house at night - -" and "a light in dormer window of Kalama house - -." O. Kuehn

Upon checking the houses in Kalama, which is a comparatively small community located at Kailua, Oahu, T. H., Special Agents of the Federal Bureau of Investigation located a home with a dormer window. It was determined that this residence was owned and occupied by an individual named Otto Kuehn and his wife, Friedel, German nationals, who had been suspected of engaging in espionage activities in behalf of Germany and Japan and concerning whom considerable investigation had been conducted by the Office of Naval Intelligence, the Military Intelligence Service of the War Department, and the Federal Bureau of Investigation. During these inquiries, it was learned that the Kuehns, in addition to their residence in Kalama, also maintained a beach house at Lanikai.

Following the declaration of war against the United States by Germany on December 8, 1941, the Commanding General of the Hawaiian Department ordered all German and Italian aliens to be picked up for temporary custodial detention. Pursuant to this command, Special Agents of the Federal Bureau of Investigation on the same date apprehended Kuehn and his wife.

ALL INFORMATION CONTAINED HEREIN IS UNCLASSIFIED DATE 8-18-86 BY

FOR DEFENSE BUY UNITED STATES SAVINGS BONDS AND STAMPS

COPIES DESTROYED
369 AUG 4 1970

ENCLOSURE 65-1574-151

DER ANGRIFF AUF KARTEN

Am 1. Dezember 1941 erteilte Kaiser Hirohito dem Generalstab in Tokio die endgültige Genehmigung zum Krieg gegen die Vereinigten Staaten. Admiral Yamamoto signalisierte seiner Ersten Luftflotte, die bereits auf See war, mit den Codewörtern „Mount Niitaka besteigen", den Überraschungsangriff auf Pearl Harbor fortzusetzen. Sorgfältige Vorbereitungen waren seit April im Gange, als seine Mitarbeiter begannen, Einzelheiten der Operation auszuarbeiten, zu denen auch kleine U-Boote gehörten, die in den Hafen einlaufen und Torpedos abschießen sollten. Damit der kühne Plan Erfolg hatte, benötigten Piloten und Besatzungsmitglieder Karten, auf denen die Standorte der US-Kriegsschiffe eingezeichnet waren. Solche geheimen Informationen wurden nicht auf herkömmlichen Seekarten angegeben, wie sie die japanischen Marineattachés in Washington erhielten. Aber auch die Botschaftsbediensteten dort halfen mit, indem sie die Pressemitteilungen der US-Marine verfolgten und Zeitungen nach Meldungen über ankommende und abfahrende Schiffe durchkämmten.

Genauere Informationen über die Situation in Pearl Harbor kamen von japanischen Spionen in Honolulu, insbesondere von Takeo Yoshikawa, und von Abhörposten der Marine nahe Tokio und auf verschiedenen Inseln unter japanischer Kontrolle. Diese Stationen empfingen Funksprüche aus Pearl Harbor und nutzten Funkpeilung und Signalanalyse, um Schiffe zu lokalisieren, die sich der Basis näherten oder sie verließen. Als sich die Erste Luftflotte Hawaii näherte, hielt sie strikte Funkstille, überwachte aber sorgfältig die eingehenden Signale. Ein Radioaufklärungsteam auf der *Akagi*, dem Flaggschiff von Vizeadmiral Chuichi Nagumo, das den Angriff leitete, empfing aus Tokio kodierte Berichte über die von den Abhörstationen aufgefangenen Signale und hörte auch die amerikanische Marinekommunikation und kommerzielle Sendungen aus Honolulu ab.

Als die sechs Flugzeugträger von Nagumos Flotte in den Wind drehten, um ihre Kampfflugzeuge zu starten, waren die Piloten über die Ziele, die sie bald ins Visier nehmen würden, bestens instruiert. ✪

U-BOOT-KARTE **Diese Karte von Pearl Harbor mit den Ankerplätzen amerikanischer Kriegsschiffe stammt aus dem japanischen Kleinst-U-Boot *Ha-19*, das nicht wie geplant in den Hafen einlief und auf Oahu gestrandet aufgefunden wurde.**

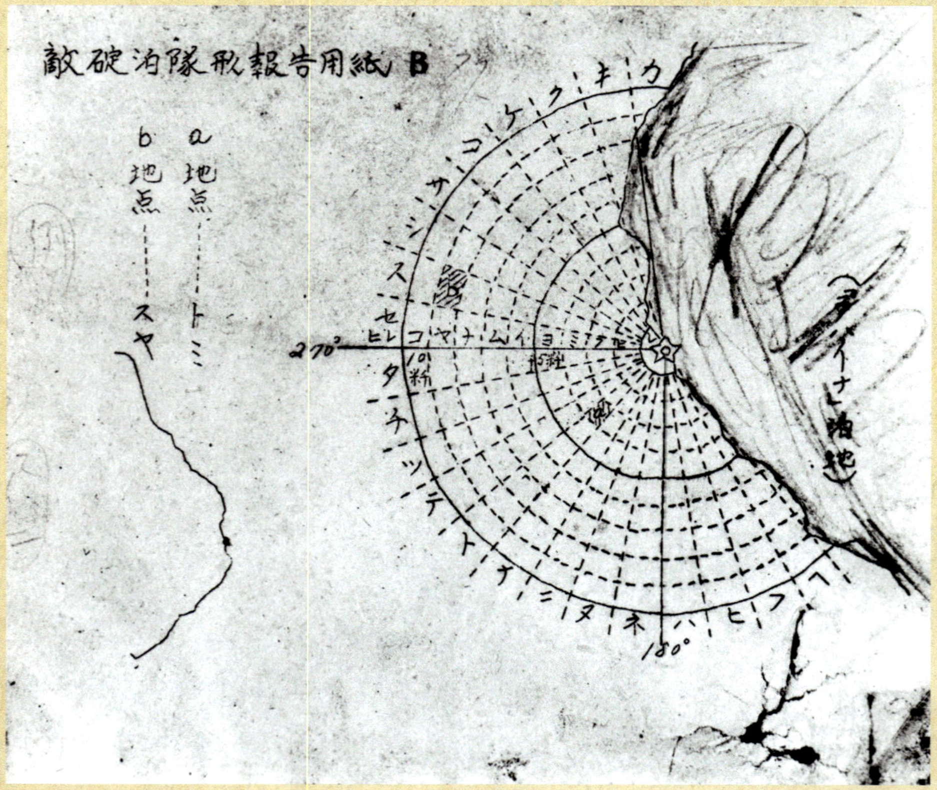

ALTERNATIVER ANKERPLATZ **Diese Karte der Ankerplätze von Lahaina Roads vor Maui, die aus einem abgeschossenen japanischen Flugzeug geborgen wurde, zeigt die Ankerplätze anhand eines radialen Rasters mit Sektoren und Entfernungen von der Küste an. Die Japaner kartierten diesen Ort für den Fall, dass einige Schiffe der Pazifikflotte am 7. Dezember dort vor Anker liegen würden.**

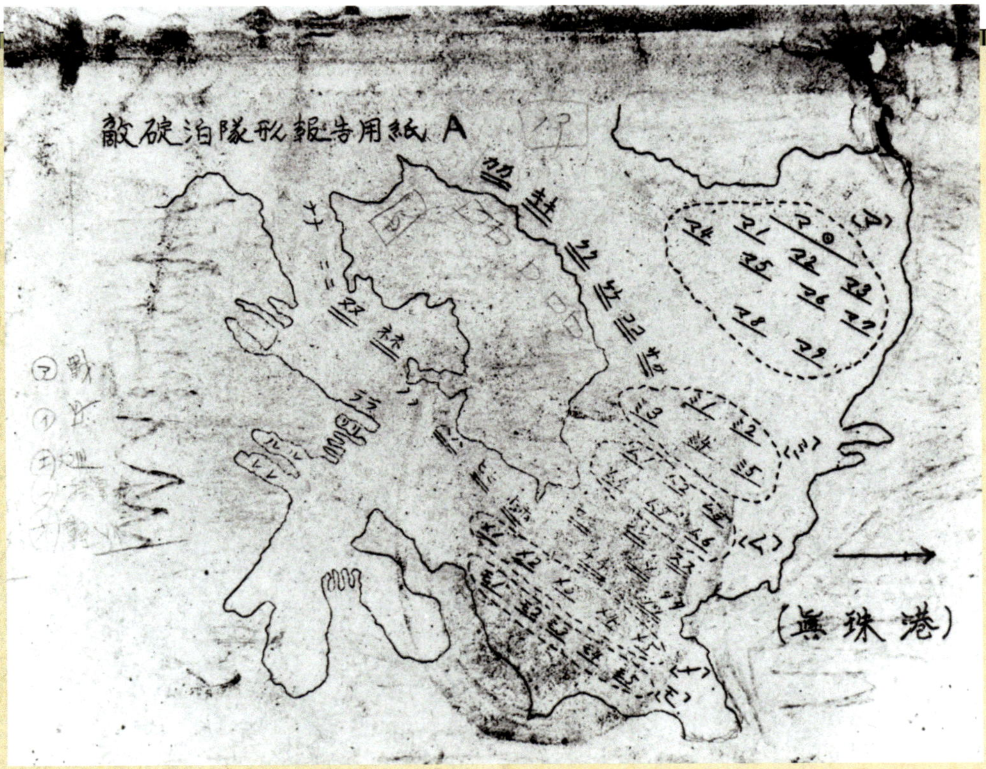

INS VISIER GENOMMEN Die eilig vorbereitete japanische Karte von Pearl Harbor (links) zeigt die Positionen amerikanischer Schlachtschiffe in der sogenannten Battleship Row vor Ford Island. Wie auf der Nachkriegskarte (unten) detailliert dargestellt, die auf japanischen Militärquellen basiert, wurden am Morgen des 7. Dezember (8. Dezember japanischer Zeit) zwei Wellen von Kampfflugzeugen von Flugzeugträgern der Ersten Luftflotte nördlich von Hawaii gestartet, um die Pazifikflotte in Pearl Harbor sowie die US-Flugplätze auf Oahu zu bombardieren.

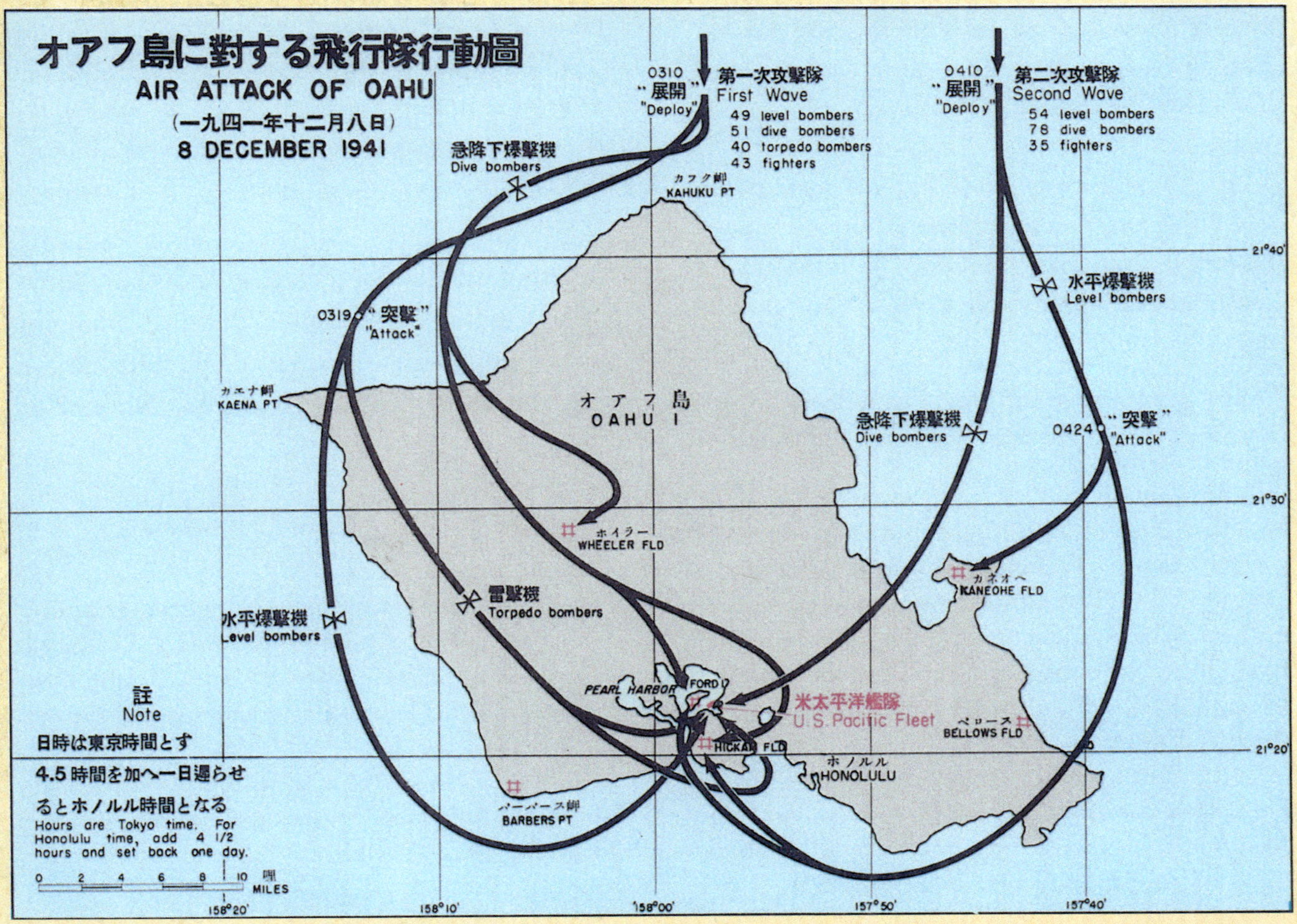

wehrnetz die Hafeneinfahrt schützte, aber seine Marinevorgesetzten kamen zu Recht zu dem Schluss, dass eine solche Barriere existierte, und planten fünf Kleinst-U-Boote mit zwei Mann Besatzung ein, die unbemerkt hinter amerikanischen Schiffen in den Hafen schlüpfen sollten, wenn das Netz hochgezogen wurde, und zwei Torpedos abfeuern konnten. Suzuki begab sich schließlich mit Karten und Luftaufnahmen von Pearl Harbor, die Yoshikawa aus einem Touristenflugzeug aufgenommen hatte, auf der *Taiyo Maru* auf den Heimweg.

Nachdem Kaiser Hirohito die japanische Offensive am 1. Dezember genehmigt hatte, deuteten verschlüsselte Nachrichten, die zwischen Tokio und Yoshikawa ausgetauscht wurden, darauf hin, dass ein Angriff auf Pearl Harbor wahrscheinlich war. Yoshikawa berichtete über die Abreise der Flugzeugträger USS *Enterprise* und USS *Lexington* – schlechte Nachrichten für Yamamoto, denn diese Schiffe waren zusammen mit einem dritten Träger, der USS *Saratoga*, die sich nach einer Überholung in San Diego befand, das wichtigste Kapital der Pazifikflotte. Yoshikawa informierte Tokio auch darüber, dass Schlachtschiffe, die in Pearl Harbor auf Dock lagen, nicht durch Torpedonetze abgeschirmt seien, und fügte hinzu, es gebe „beträchtliche Gelegenheiten für einen Überraschungsangriff". Diese aufschlussreichen Nachrichten wurden abgefangen und entschlüsselt, aber sie wurden erst nach dem Angriff auf Pearl Harbor am Sonntag, dem 7. Dezember, übersetzt.

(weiter auf Seite 86)

DER ANGRIFF IM MODELL Dieses großformatige Modell von Pearl Harbor wurde nach dem Angriff für einen japanischen Propagandafilm gebaut. Amerikanische Geheimdienstoffiziere, die das Modell fanden, dachten zunächst, es sei für die Planung von Lufttorpedo-Angriffen in den flachen Gewässern von Pearl Harbor verwendet worden. Aber dieses Problem wurde durch Tests im Hafen von Kagoshima, einem japanischen Marinestützpunkt, gelöst.

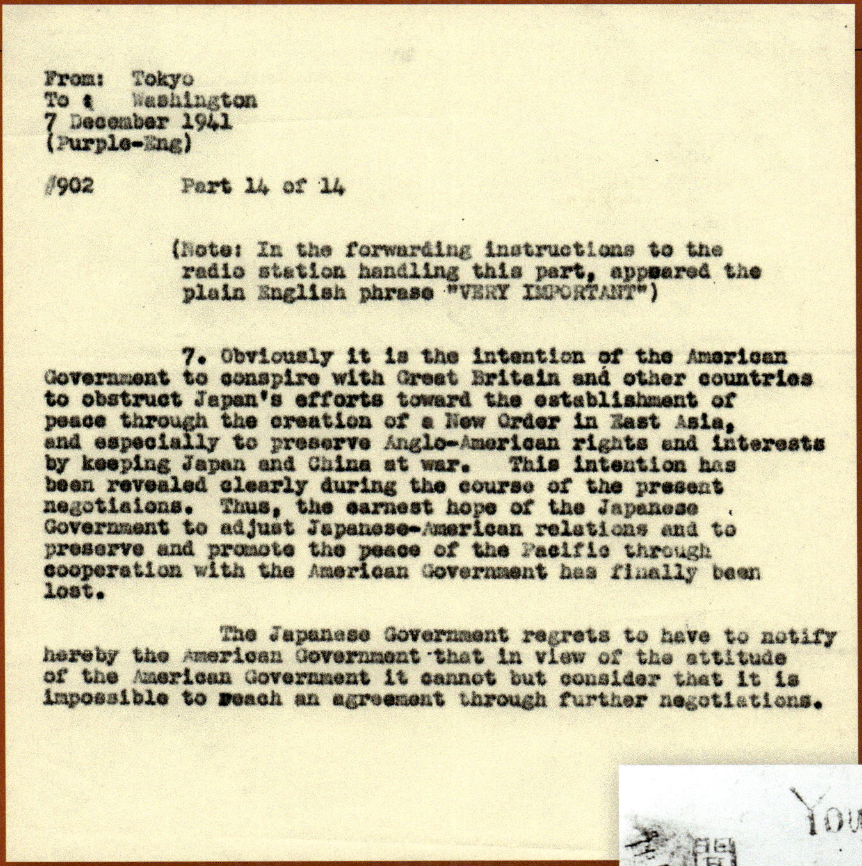

From: Tokyo
To : Washington
7 December 1941
(Purple-Eng)

#902 Part 14 of 14

(Note: In the forwarding instructions to the radio station handling this part, appeared the plain English phrase "VERY IMPORTANT")

7. Obviously it is the intention of the American Government to conspire with Great Britain and other countries to obstruct Japan's efforts toward the establishment of peace through the creation of a New Order in East Asia, and especially to preserve Anglo-American rights and interests by keeping Japan and China at war. This intention has been revealed clearly during the course of the present negotiaions. Thus, the earnest hope of the Japanese Government to adjust Japanese-American relations and to preserve and promote the peace of the Pacific through cooperation with the American Government has finally been lost.

The Japanese Government regrets to have to notify hereby the American Government that in view of the attitude of the American Government it cannot but consider that it is impossible to reach an agreement through further negotiations.

KRIEGSSIGNALE Zu den Botschaften, die den Ausbruch des Krieges im Pazifik signalisieren sollten, gehörte Teil 14 einer langen, etwas rätselhaften Erklärung Tokios an Washington (links). Entziffert und übersetzt nur wenige Stunden vor dem Angriff auf Pearl Harbor hieß es darin, dass Japan die Gespräche mit den USA abbrechen und die Bemühungen um eine „Anpassung der japanisch-amerikanischen Beziehungen" beenden werde. Ein Pilot, der an dem Angriff beteiligt war, trug das unten abgebildete Flugblatt bei sich, das explodierende Schiffe zeigt und Drohungen auf Japanisch und Englisch enthält: „Ihr Verdammten! Geht zum Teufel!" Als an diesem Morgen anfliegende japanische Kampfflugzeuge gesichtet wurden, gab der Kommandant der amerikanischen Luftaufklärung die Warnung (unten links) heraus: „Luftangriff auf Pearl Harbor. Dies ist keine Übung."

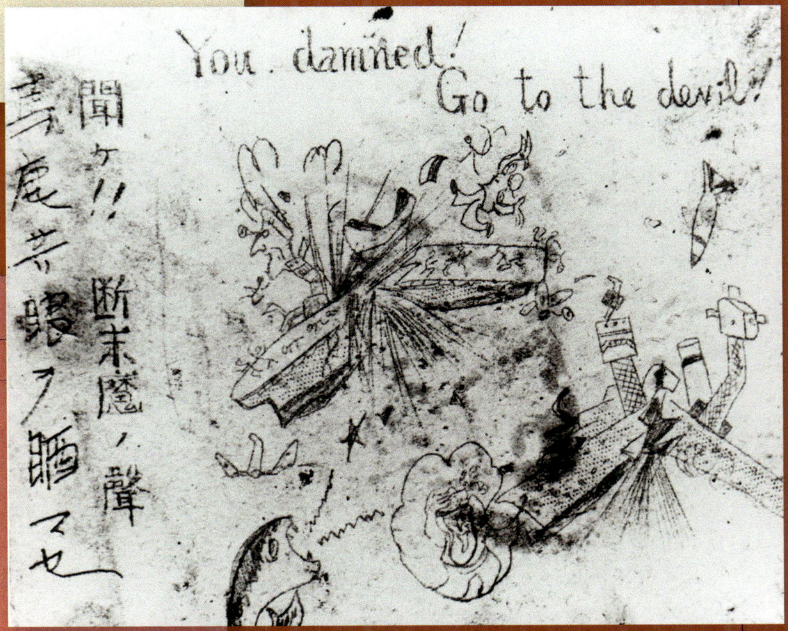

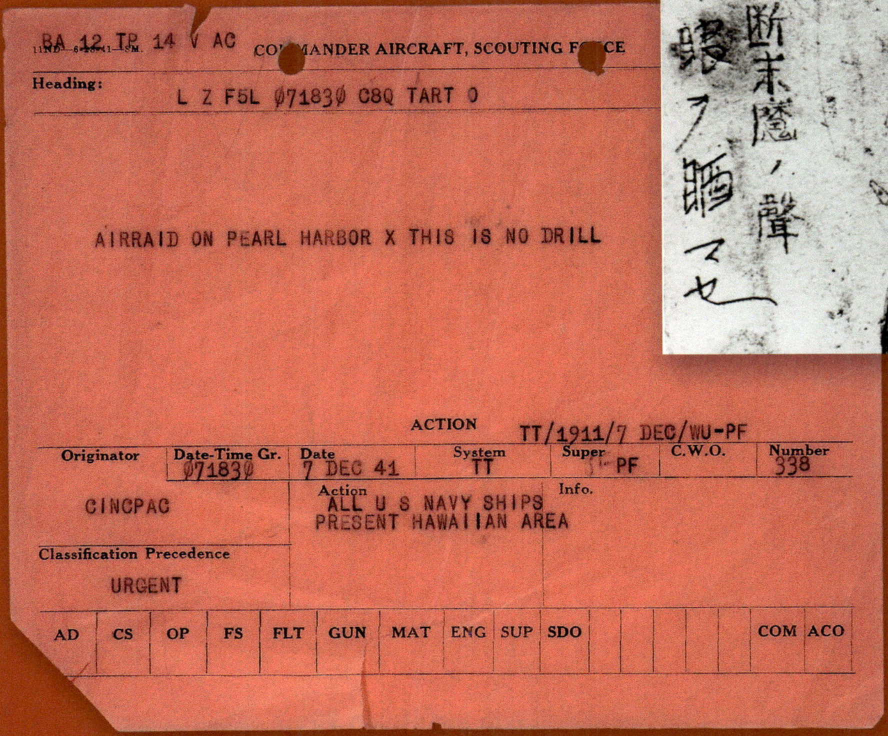

BA 12 TR 14 V AC COMMANDER AIRCRAFT, SCOUTING FORCE

Heading: L Z F5L Ø71830 C8Q TART 0

AIRRAID ON PEARL HARBOR X THIS IS NO DRILL

ACTION TT/1911/7 DEC/WU-PF

Originator	Date-Time Gr.	Date	System	Super	C.W.O.	Number
CINCPAC	Ø71830	7 DEC 41	TT	PF		338

Action: ALL U S NAVY SHIPS PRESENT HAWAIIAN AREA

Info.

Classification Precedence: URGENT

AD	CS	OP	FS	FLT	GUN	MAT	ENG	SUP	SDO					COM	ACO

„Hört auf die Stimme des Unheils. Öffnet eure Augen, ihr Narren."

JAPANISCHER TEXT AUF DEM OBIGEN FLUGBLATT

GEHEIME BILDER EINES ÜBERRASCHUNGSANGRIFFS

Viele Fotos des japanischen Angriffs auf Pearl Harbor wurden erst Jahre nach dem Ereignis veröffentlicht. Einige Aufnahmen von Pressefotografen, auf denen die Verwüstungen unter den Schlachtschiffen zu sehen waren, blieben zunächst unveröffentlicht, weil amerikanische Beamte sie für zu demoralisierend hielten. Andere Fotos wie das des gestrandeten japanischen Kleinst-U-Boots (rechte Seite), wurden aus Sicherheitsgründen zurückgehalten. Die Japaner dokumentierten ihren Angrifff sorgfältig auf Film, nicht für Propagandazwecke, sondern für eine spätere offizielle Überprüfung und Analyse. Mehrere der hier gezeigten Bilder wurden in japanischen Militärarchiven entdeckt, als die US-Streitkräfte besetzte Gebiete zurückeroberten und schließlich in Japan selbst einmarschierten. Sie liefern ein vollständigeres Bild des Überfalls, der den Krieg im Pazifik entfachte. ✪

FILMAUSSCHNITT Auf diesem Einzelbild aus einem Film, den ein japanischer Kameramann gedreht hat, um den Angriff zu dokumentieren, erhalten Piloten an Bord eines Flugzeugträgers letzte Anweisungen, bevor sie nach Pearl Harbor abfliegen.

KLAR ZUM START Auf diesen Aufnahmen eines japanischen Militärfotografen vom 7. Dezember sieht man Sturzkampfbomber, die auf einem Flugzeugträger warmlaufen (großes Bild) und ein Mitsubishi-Zero-Jagdfluzeug, das von der *Akagi* abhebt (oben).

GEHEIMWAFFE Die *Ha-19*, die kurz nach dem Angriff auf Grund lief, war eines von fünf Kleinst-U-Booten mit je zwei Männern und zwei Torpedos, die in Pearl Harbor eindringen und Kriegsschiffe angreifen sollten.

GETROFFEN Ein Marinefotograf, der an Land stand, als die Pazifikflotte unter Beschuss geriet, machte dieses düstere Bild vom Untergang des Schlachtschiffs USS *Arizona* (Mitte).

BATTLESHIP ROW Bomben fallen auf amerikanische Schlachtschiffe, aufgenommen von einem japanischen Luftbeobachter während des Angriffs. Die Schiffe lagen nebeneinander vertäut, um die landwärts liegenden vor Torpedos abzuschirmen; gegen Bomben aus der Luft war das natürlich wirkungslos.

Washington war also gewarnt, dass eine Offensive unmittelbar bevorstand, aber man wusste nicht, wo. Eine Depesche vom 30. November aus Tokio an Japans Botschafter in Berlin, Generalleutnant Hiroshi Oshima, sprach davon, dass „plötzlich ein Krieg zwischen den angelsächsischen Nationen und Japan ausbrechen könnte (…) und dass dieser Krieg schneller kommen könnte, als man sich vorstelle". Darauf folgte eine ausführliche Botschaft aus Tokio an Botschafter Nomura in Washington, die dieser am 7. Dezember um 13 Uhr Außenminister Hull übergeben sollte, also kurz vor dem Angriff auf Pearl Harbor. Der letzte Teil dieser Nachricht wurde am frühen Sonntagmorgen an die japanische Botschaft in Washington übermittelt, entschlüsselt und in englischer Sprache an amerikanische Beamte verteilt, bevor Nomura, dessen Botschaft notorisch unterbesetzt war, sie übersetzen lassen und Hull übergeben konnte. Nomura überbrachte die Nachricht um 14.20 Uhr, fast eine Stunde, nachdem die ersten Bomben gefallen waren. Hull kannte also das Wesentliche der Botschaft bereits, als Nomura sie ihm präsentierte, und erklärte, er habe noch nie „ein Dokument gesehen, das mehr Unwahrheiten und Verzerrungen enthalten hätte". Seine Entrüstung war ehrlich, aber auch er gab Nomura gegenüber nicht zu, dass er bereits über Japans Absichten Bescheid wusste. Als Nomura Tokios Botschaft überbrachte, hatte der Krieg im Pazifik bereits begonnen.

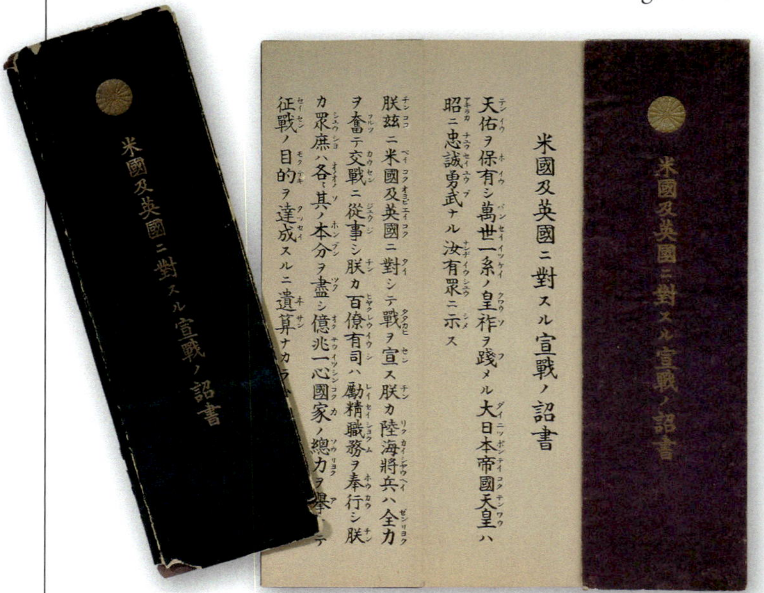

RUF ZU DEN WAFFEN **Bald nach dem Angriff auf Pearl Harbor überbrachte Japan diese offizielle Kriegserklärung „an die Vereinigten Staaten von Amerika und das Britische Empire". In der Erklärung werden die Amerikaner und Briten als Aggressoren bezichtigt, die darauf abzielten, dem kaiserlichen Japan seinen Platz an der Sonne zu verweigern: „Unser Reich hat für seine Existenz und Selbstverteidigung keine andere Wahl, als zu den Waffen zu greifen und jedes Hindernis auf seinem Weg zu zerschlagen."**

ANGRIFF AUF DIE CODES

Wenn irgendein Amerikaner in Pearl Harbor die Ausbildung und das Fachwissen hatte, um den Angriff dort vorauszusehen, dann Edwin Layton, ein Nachrichtenoffizier der Pazifikflotte. Er und Joseph Rochefort – der die Station Hypo leitete, die kryptografische Geheimdiensteinheit der Marine – hatten gemeinsam in Japan studiert. Rochefort wandte seine Japanischkenntnisse anschließend als Codeknacker bei der OP-20-G in Washington an und erlernte sein Handwerk unter der Anleitung von Agnes Meyer Driscoll. Die ehemalige Mathematiklehrerin, die im Ersten Weltkrieg zum Marinegeheimdienst gekommen war, wollte beweisen, dass „jeder von Menschenhand geschaffene Code von einer Frau geknackt werden kann". Layton wurde unterdessen Attaché in Tokio, wo er mit Yamamoto und anderen Kommandeuren zusammentraf und wertvolle Einblicke in japanische Geheimoperationen gewann, darunter Versuche von Agenten der Kempeitai, der japanischen Militärpolizei, in die US-Botschaft einzudringen und Zugang zu amerikanischen Codes zu erhalten.

Als Layton und Rochefort Anfang 1941 in Pearl Harbor wieder zusammenkamen, bildeten sie ein formidables Tandem, standen aber vor einer gewaltigen Herausforderung. Im Gegensatz zu japanischen Diplomaten, die sich auf ihre Chiffriermaschine verließen, verwendeten japanische Marineoffiziere Codebücher, um ihre Botschaften zu verschlüsseln. Jedes Wort oder jeder Name wurde in diesen Büchern durch eine fünfstellige Zahl dargestellt, der eine weitere fünfstellige Zahl aus einer Chiffriertabelle hinzugefügt wurde, wodurch die Botschaft im Grunde nicht zu knacken war. Darüber hinaus änderte die japanische Marine ihre Codes und Chiffren, bevor sie Ende 1941 ihre Offensive startete, und das

DIE KEMPEITAI: JAPANS GESTAPO

Ende des 19. Jahrhunderts als Elitekorps der Militärpolizei gegründet, entwickelte sich die Kempeitai zu einer gefürchteten kaiserlichen Sicherheitstruppe, deren Aufgaben weit über militärische Polizeiarbeit hinausgingen. Dazu gehörte die Durchsetzung der Wehrpflicht, die be ihrer Einführung in Japan auf einigen Widerstand stieß, vor allem in ländlichen Gebieten, wo die Einberufung junger Männer für die Bauersfamilien eine Härte darstellte. Die Kempeitai führte auch Militärsp onage und Spionageabwehr durch und verfolgte so manchmal dieselben Spione wie die Tokko, die sogenannte Gedankenpolizei, der der sowjetische Agent Richard Sorge ins Netz ging. In anderen Fällen hatte die Kempeitai oft Vorrang vor der Tokko und der regulären Polizei, weil Japan zu Beginn des Zweiten Weltkriegs so militarisiert war, dass viele Verstöße in die Zuständigkeit der Militärpolizei fielen. Während des Krieges beschäftigte die Kempeitai mehr als 10 000 Offiziere und Soldaten, die Zivilisten und Soldaten gleichermaßen bespitzelten.

Mit Menschen in den von Japan besetzten Ländern – Korea, Mandschurei, China, Indochina und andere, die im Rahmen der Großoffensive im Dezember 1941 überrannt wurden – verfuhr die Kempeitai noch rücksichtsloser. Leiter dieser Offensive war General Hideki Tojo, der die Kempeitai in der Mandschurei befehligte, bevor er 1941 japanischer Premierminister wurde. In den besetzten Gebieten hatten die Offiziere der Kempeitai weitreichende Befugnisse, darunter das Recht, verdächtige Zivilisten – von denen viele als feindliche Ausländer interniert wurden – zu verhaften, zu verurteilen und hinzurichten. Kriegsgefangenen, die sich den Befehlen der Kommandanten widersetzten oder zu fliehen versuchten, drohte das gleiche Schicksal.

Das Kempeitai-Handbuch erlaubte die Anwendung von Folter, einschließlich „Treten, Schlagen und alles, was mit körperlichem Leid verbunden ist". Folter sollte angewendet werden, „wenn alles andere versagt hat", aber damit nahm es die Kempeitai meist nicht so genau.

MILITÄRPOLIZEI Die Kempeitai trug reguläre Uniformen und unterschied sich nur durch Armbinden und andere Insignien von der japanischen Armee.

Eine niederländische Zivilistin in einem japanischen Internierungslager auf Sumatra wurde beschuldigt, einen Fluchtversuch organisiert zu haben, und zusammen mit mehreren anderen Frauen in eine schmutzige Zelle gesperrt. Am nächsten Morgen brachte man sie in einen Raum im hinteren Teil des Gefängnisses. „Zwei Mitglieder der Kempeitai waren dort", sagte sie später aus. „Ich sah auf einem Tisch Waffen, Knüppel, Gürtel und Peitschen liegen und in der Mitte des Raums ein Kohlebecken, in dem Eisen glühten. Ich wusste, ich war in der Folterkammer (...) Unter Hinweis auf die Instrumente drohte mir einer der Kempeitai Folter an, wenn ich mich nicht schuldig bekannte." Als sie sich weigerte, wurden ihre Hände auf den Rücken gefesselt und mit einem Flaschenzug angehoben, bis ihre Arme fast aus den Schultern rissen. Als auch das nichts nutzte, wurde sie vor ein Erschießungskommando gestellt. Aber sie blieb von der Hinrichtung verschont und kehrte ins Gefängnis zurück.

Mit vielen anderen machte man kurzen Prozess. Einige wurden von schwertschwingenden Kempeitai-Offizieren geköpft, die dem Bushido anhingen, einem Kodex, der seinen Ursprung unter Samurai hat und verlangt, nicht nur für den Kaiser zu sterben, sondern auch alle zu töten, die sein kaiserliches Regime unterwandern. Auch reguläre japanische Offiziere nahmen diesen Kodex an und gingen extrem hart mit „ehrlosen" alliierten Soldaten um, die sich ergaben, anstatt bis zum Tod zu kämpfen. Aber die Kempeitai sah sich als den obersten Vollstrecker des Kaisers. Sie zwang Frauen zur Prostitution und missbrauchte Zivilisten und Kriegsgefangene als Versuchskaninchen für medizinische Experimente. Die Kempeitai wird oft mit der Gestapo verglichen, verfügte jedoch über noch mehr Befugnisse. Ihre Angehörigen konnten auch Offiziere festnehmen, die im Rang über ihnen standen, und sie setzte ihre ganze Macht ein, um sicherzustellen, dass die regulären Streitkräfte gegen Kriegsgefangene und Zivilisten in den besetzten Ländern hart durchgriffen.

„Man muss nicht verrückt sein, um hier zu arbeiten – aber es hilft."

SCHILD AUF DEM SCHREIBTISCH VON CAPTAIN THOMAS DYER IN DER STATION HYPO

Team von Rochefort musste bei null anfangen. Der US-Marine gelang es, die Bewegungen japanischer Kriegsschiffe durch Verkehrsanalysen zu verfolgen, bei denen mehrere Abhörposten den ungefähren Standort eines Schiffes ermittelten, der dann durch Luftaufklärung verifiziert und durch sein charakteristisches Rufsignal lokalisiert werden konnte. Doch der Flottenverband, den Yamamoto Ende November losschickte, hielt Funkstille und entzog sich so der Aufklärung. Alles, was Layton Admiral Kimmel in Pearl Harbor sagen konnte, war, dass der Verbleib der sechs großen Flugzeugträger Japans unbekannt war.

„Sie meinen, sie könnten um Diamond Head herumkommen, und Sie würden es nicht einmal merken?", fragte Kimmel.

„Ja, Sir", antwortete Layton, „aber ich hoffe, sie wären schon vorher gesichtet worden."

Geheimdienstler in Washington, die Zugang zu abgefangenen und entschlüsselten Meldungen hatten, die Kimmel und Layton vorenthalten wurden, hielten Pearl Harbor für ein weitaus unwahrscheinlicheres Ziel als amerikanische Stützpunkte, die näher an Japan lagen: die Philippinen, die Wake- und Midway-Inseln. Die Flugzeugträger *Enterprise* und *Lexington* entgingen dem Gemetzel in Pearl Harbor nur deshalb, weil sie unterwegs waren, um Kampfflugzeuge nach Wake und Midway zu bringen. Layton seinerseits wusste, dass Pearl Harbor einer gewissen Gefahr ausgesetzt war, hatte aber keinen Grund, die nachrichtendienstliche Einschätzung seiner Vorgesetzten infrage zu stellen. Als er am Morgen des 7. Dezember einen Anruf erhielt und ihm mitgeteilt wurde, dass die Pazifikflotte angegriffen würde, war er genauso schockiert wie alle anderen. Es war, wie er später schrieb, „die schlimmste Nachricht meines Lebens".

Auf den Angriff auf Pearl Harbor folgten innerhalb weniger Stunden Luftangriffe auf amerikanische Stützpunkte auf Guam (das am 10. Dezember an Japan fiel), Wake Island (am 23. Dezember eingenommen) und den Philippinen, wo sich amerikanische und philippinische Truppen auf die Bataan-Halbinsel zurückzogen. Die massive Offensive dauerte bis 1942 und zwang die Briten, Hongkong, Singapur und einen Großteil Burmas den Japanern zu überlassen, die auch in Niederländisch-Ostindien und Neuguinea einfielen und Australien bedrohten. Die Hoffnung der Alliierten, den japanischen Angriff zu überstehen, beruhte darauf, Australien und die verbliebenen US-Basen in Midway und Pearl Harbor zu sichern, um die Fähigkeit zum Gegenschlag zu erhalten.

Als Admiral Chester Nimitz einige Wochen nach dem Angriff in Pearl Harbor eintraf, um Kimmel als Kommandeur der Pazifikflotte abzulösen, so erinnerte sich Layton, „tauchten immer noch aufgeblähte Leichen aus den Wracks auf", vor allem aus der USS *Arizona*, deren Opfer fast die Hälfte der insgesamt 2400 Toten ausmachte. Es war ein „entsetzlicher Anblick", bemerkte Nimitz, aber er wusste, dass der Schaden an der Flotte noch verheerender gewesen wäre, wenn Flugzeugträger und Treibstoffdepots zerstört worden wären. Er war zuversichtlich, sich gegen weitere Angriffe verteidigen und zum Gegenschlag ausholen zu können, solange er über trägergestützte Luftstreitkräfte verfügte – und über rechtzeitige Informationen über feindliche Bewegungen von Layton, Rochefort und der Station Hypo.

Um nicht bemerkt zu werden, war Hypo in einem fensterlosen Keller im Hauptquartier des 14. Marinedistrikts untergebracht, den seine Bewohner „Kerker" nannten. Rochefort arbeitete dort pausenlos, schlief zeitweise auf einer Pritsche und kam nur selten ans Tageslicht. Er war immer „fast vollständig bekleidet", schrieb sein Adjutant W. Jasper Holmes,

DER JAPANISCHE JN-25-CODE

Die japanischen Codebücher waren mit fünfstelligen Zahlen gefüllt, die Wörter wie die folgenden darstellten. Die hier gezeigten Zahlenfolgen wurden dann mithilfe einer Chiffriertabelle so verändert, dass ein Wort, das ein zweites Mal vorkam, durch eine andere fünfstellige Zahl dargestellt wurde.

Angriff (angreifen)	73428
Schlachtschiff (e)	29781
Kreuzer	58797
Zerstörer	36549
Feind	38754

CODEKNACKER Lieutenant Commander Joseph Rochefort (oben) war der führende Kopf hinter der Entschlüsselung des japanischen JN-25-Codes, der, wie oben rechts erläutert, in Verbindung mit Chiffriertabellen von der japanischen Marine verwendet wurde. Unterstützt wurde Rochefort von Captain Thomas Dyer (rechts) und seinem Codeknacker-Team. Weitere Mitarbeiter übertrugen die abgefangenen japanischen Nachrichten als Zahlenfolgen auf Lochkarten und ließen sie durch Tabelliermaschinen laufen (unten).

SPURENSUCHE Durch Tabellieren numerischer japanischer Nachrichten konnten die zugrunde liegenden Codenummern erkannt und interpretiert werden.

„Rochefort und Dyer glaubten, dass ihre musikalischen Fähigkeiten beim Erkennen der Akkorde und Synkopen von Codes und Chiffren hilfreich sein könnten.“

EDWIN LAYTON, GEHEIMDIENST-OFFIZIER DER PAZIFIKFLOTTE, ÜBER DIE MUSIKER DER GESUNKENEN USS *CALIFORNIA*, DIE AN DIE STATION HYPO ABGESTELLT WURDEN

und „jederzeit bereit, in seine Pantoffeln und eine alte rote Smokingjacke zu springen“. Ein Schild auf dem Schreibtisch von Captain Thomas Dyer, der als leitender Kryptoanalytiker unter Rochefort diente und oft mehr als 24 Stunden am Stück arbeitete, brachte den Geist der Station auf den Punkt: „Man muss nicht verrückt sein, um hier zu arbeiten – aber es hilft.“ Nur hochrangige Offiziere wussten, was dort vor sich ging. Sie beäugten die geheimnisvollen Berechnungen der Codeknacker oft argwöhnisch, bis sich deren Bemühungen bezahlt machten. Wie Holmes es ausdrückte, hielten viele die Hypo-Insassen „für einen Haufen Verrückter in einem Keller, die halluzinierten“.

Ähnlich klaustrophobische Zustände herrschten auf dem ausgelagerten Abhörposten der Station, wo Funker, die mit dem Morsecode der Japaner vertraut waren – deren Schrift ungleich mehr Zeichen umfasst als das lateinische Alphabet mit seinen 26 Buchstaben –, Signale abfingen. Die Abhörspezialisten auf solchen Posten transkribierten bisweilen Sprachnachrichten von japanischen Piloten oder Signale, die in Klartext (unverschlüsselten Morsezeichen) von anderen Soldaten gesendet wurden. Häufiger jedoch hatten sie es mit Zahlenfolgen zu tun, die unter Verwendung des japanischen Marinecodebuchs und der Chiffriertabelle erstellt wurden. Diese rätselhaften Zahlen wurden dann an Rochefort und sein Team weitergeleitet, die sie entschlüsseln sollten. Unter ihnen gab es Analysten, die mit der „Handschrift“ mancher japanischer Telegrafisten so vertraut wurden, dass sie ohne Kenntnis des Inhalts der Nachricht erkennen konnten, von welchem Schiff sie kam.

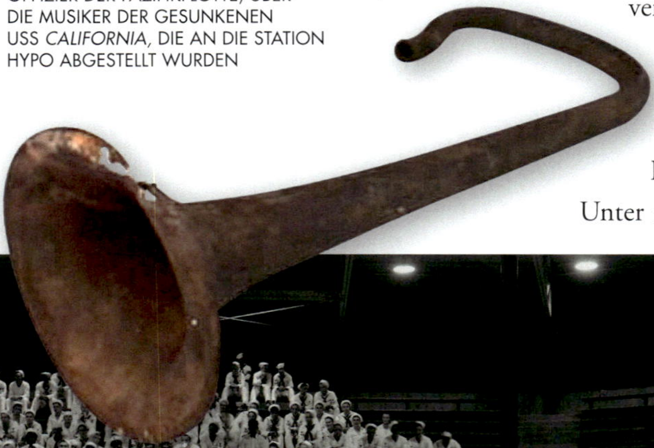

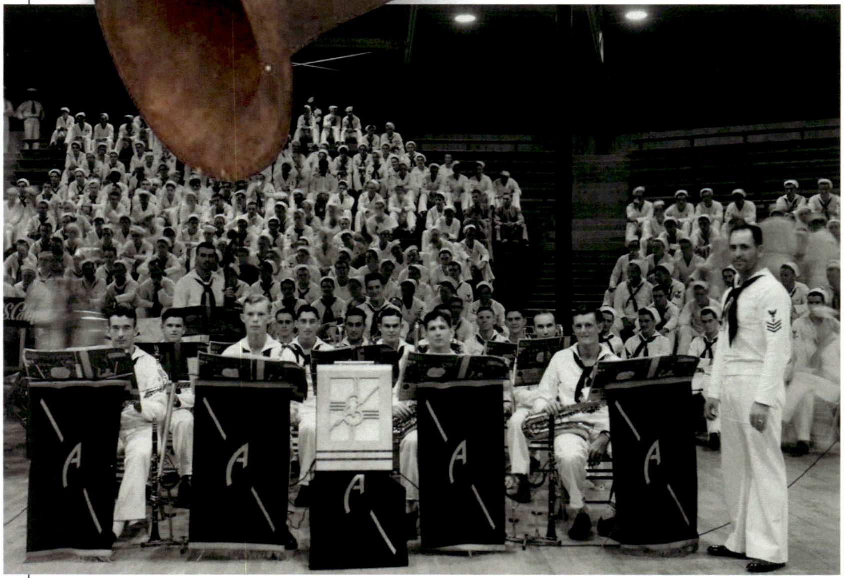

GEFALLEN Alle 21 Mitglieder der Band der USS *Arizona* (oben) starben, als ihr Schiff in Pearl Harbor sank. Ein ehemaliges Bandmitglied, William Harten, Jr., überlebte, weil er kurz vor dem Angriff auf die USS *West Virginia* versetzt wurde, die ebenfalls sank. Aber der größte Teil der Besatzung wurde gerettet. Ein Taucher barg später Hartens beschädigtes Kornett (ganz oben).

Als die Arbeitsbelastung noch mehr zunahm, bat Rochefort darum, dass ihm Musiker der am 7. Dezember außer Gefecht gesetzten USS *California* zugeteilt würden. „Rochefort und Dyer glaubten, dass ihre musikalischen Fähigkeiten beim Erkennen der Akkorde und Synkopen von Codes und Chiffren hilfreich sein könnten“, erinnerte sich Layton. Einige wurden später auch Kryptoanalytiker, aber ihre Hauptaufgabe bestand darin, die IBM-Tabelliermaschinen mit Lochkarten zu füttern. „Ihre Arbeit war hart“, bemerkte Layton, „da für jede japanische Nachricht zwischen 75 und 100 IBM-Karten benötigt wurden.“ Mit Lochkarten und Tabelliermaschinen ließen sich mühsame Suchen beschleunigen, zum Beispiel nach verräterischen Fehlern japanischer Chiffrierer, die manchmal Tag für Tag die gleichen Zahlenfolgen aus der Tabelle verwendeten, um die gleichen Basisinformationen zu verschlüsseln, und dabei die zugrunde liegenden Codenummern für wichtige Details wie den Bestimmungsort eines Schiffes preisgaben.

Diese Tabelliermaschinen von IBM waren Vorläufer elektronischer Computer, aber ihnen fehlte die wesentliche Komponente, die es Computern ermöglicht, Informationen zu speichern und programmiert zu werden – ein interner Speicher. Aber die Station Hypo

hatte ja Rochefort. Ohne sich auf Notizen zu beziehen oder Dateien durchzusehen, konnte er Lücken in einer teilweise entzifferten Nachricht füllen, indem er sich an eine Nachricht aus derselben Quelle erinnerte, über der er mehrere Monate zuvor gesessen hatte. Abgesehen von einem lebhaften Gedächtnis besaß Rochefort das, was Layton als „sechsten Sinn", beschrieb, „wenn es darum ging, scheinbar zusammenhanglose Informationen zusammenzufügen und das Puzzle in ein genaues Bild der feindlichen Pläne zu verwandeln". Layton kombinierte die teilweise entschlüsselten Nachrichten der Station Hypo mit seinen eigenen Kenntnissen über Yamamotos Neigungen. Auf diese Weise versorgten sie Nimitz mit immer verlässlicheren Vorhersagen über die nächsten Schritte des Gegners.

Im Januar 1942 konnten Rochefort und sein Team weniger als 15 Prozent einer abgefangenen Nachricht lesen. Ende Mai waren es schon 30 Prozent, da die Japaner weiterhin dasselbe Codebuch und dieselbe Chiffriertabelle verwendeten. Ihre Kriegsschiffe lagen nun weit verstreut, und die Einführung neuer Bücher und Tabellen brauchte entsprechend Zeit. Diese Verzögerung und die Verfolgung japanischer Schiffe durch Funkpeilung, Verkehrsanalyse sowie Luft- und U-Boot-Aufklärung ermöglichten es Rochefort und Layton, Nimitz mit verwertbaren Informationen auszustatten – die gut genug waren, um seine dezimierte Flotte gegen eine viel größere antreten zu lassen.

In der Annahme, dass kein weiterer Angriff auf Pearl Harbor unmittelbar bevorstehe, und mit der Gewissheit, dass der größte Teil von Yamamotos Flotte im Südwestpazifik

KRIEGSSCHAUPLATZ PAZIFIK Die Karte (ganz oben) zeigt Schlachten und Gefechte im Pazifik vom Angriff auf Pearl Harbor bis zu Yamamotos Tod im April 1943. Zu Nimitz' Pazifikflotte zählten unerschrockene Kommandeure wie Vizeadmiral William „Bull" Halsey, der auf dem Kriegsplakat (oben) dargestellt ist. Halsey unterstützte den Doolittle Raid gegen die japanischen Heimatlinseln im April 1942 und nahm im Mai desselben Jahres an der hart umkämpften Schlacht am Korallenmeer teil.

BELAGERT General Douglas MacArthur, hier mit seiner berühmten Maiskolbenpfeife, wurde von den japanischen Invasionstruppen eingekesselt und im März 1942 von den Philippinen nach Australien evakuiert. Amerikanische und verbündete philippinische Truppen, die auf der Bataan-Halbinsel zurückblieben, ergaben sich im April den Japanern und wurden auf dem berüchtigten Todesmarsch von Bataan in ein weit entferntes Gefangenenlager (unten) getrieben.

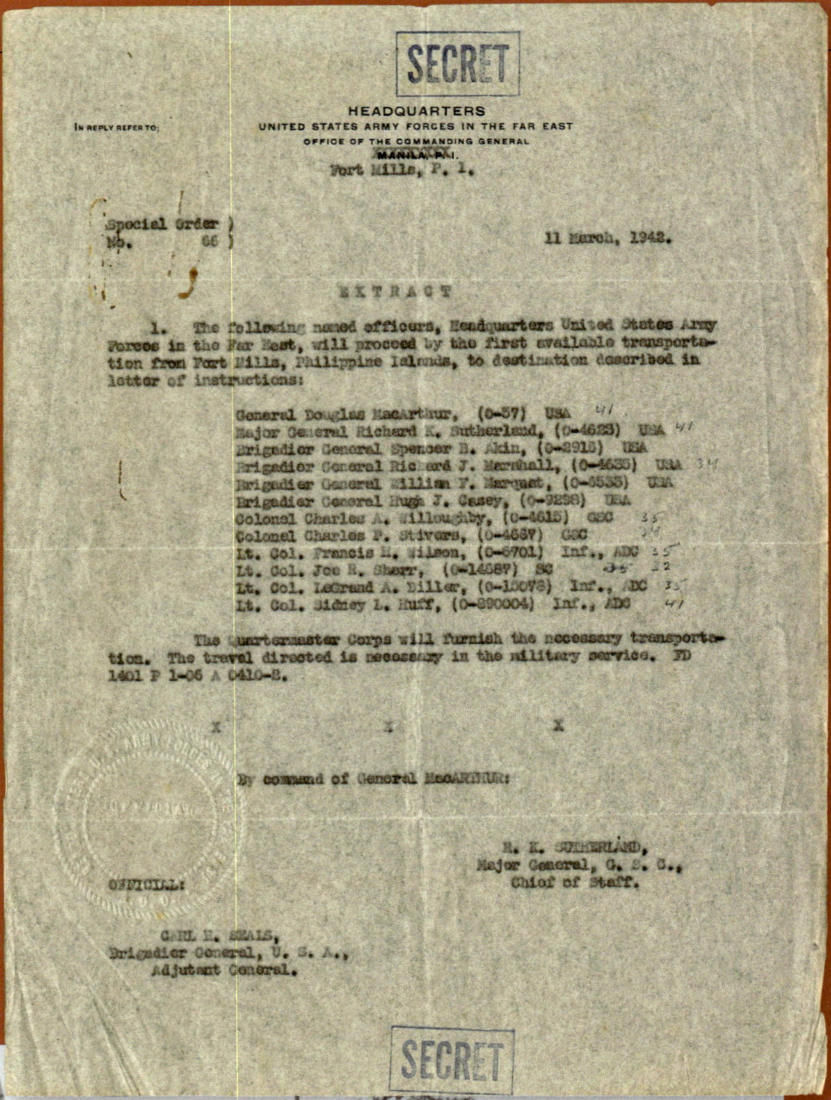

SECRET

HEADQUARTERS
UNITED STATES ARMY FORCES IN THE FAR EAST
OFFICE OF THE COMMANDING GENERAL
MANILA, P. I.
Fort Mills, P. I.

IN REPLY REFER TO:

Special Order)
No. 66)

11 March, 1942.

E X T R A C T

1. The following named officers, Headquarters United States Army Forces in the Far East, will proceed by the first available transportation from Fort Mills, Philippine Islands, to destination described in letter of instructions:

General Douglas MacArthur, (O-57) USA
Major General Richard K. Sutherland, (O-4623) USA
Brigadier General Spencer B. Akin, (O-2915) USA
Brigadier General Richard J. Marshall, (O-4635) USA
Brigadier General William F. Marquat, (O-6533) USA
Brigadier General Hugh J. Casey, (O-9298) USA
Colonel Charles A. Willoughby, (O-4615) GSC
Colonel Charles P. Stivers, (O-4667) GSC
Lt. Col. Francis H. Wilson, (O-6701) Inf., ADC
Lt. Col. Joe R. Sherr, (O-14587) SC
Lt. Col. LeGrand A. Diller, (O-15078) Inf., ADC
Lt. Col. Sidney L. Huff, (O-890004) Inf., ADC

The Quartermaster Corps will furnish the necessary transportation. The travel directed is necessary in the military service. FD 1401 P 1-06 A 0410-2.

X X X

By command of General MacARTHUR:

R. K. SUTHERLAND,
Major General, G. S. C.,
Chief of Staff.

OFFICIAL:

CARL H. SEALS,
Brigadier General, U. S. A.,
Adjutant General.

SECRET

TODESMARSCH VON BATAAN Amerikanische Kriegsgefangene tragen im Mai 1942 ihre nicht mehr marschfähigen Kameraden nach Camp O'Donnell.

und im Indischen Ozean operiere, entsandte Nimitz Ende Januar die Flugzeugträger *Enterprise* und *Yorktown* gegen die von Japan besetzten Marshallinseln im Zentralpazifik. Die Station Hypo stellte dem Kommandeur der *Enterprise*, Vizeadmiral William „Bull" Halsey, eine mobile Aufklärungseinheit, bestehend aus drei Funkern und einem Sprachoffizier, zur Verfügung. Als sich ihr Schiff der Insel Kwajalein näherte, fingen sie die Nachricht eines japanischen Aufklärers ab und übersetzten sie. Sie lautete: „Nichts zu berichten." Beruhigt rückte Halsey näher, bombardierte das feindliche Hauptquartier auf Kwajalein, tötete dabei den befehlshabenden japanischen Admiral und ließ Flugblätter auf Japanisch abwerfen: „Danke, dass Sie uns nicht entdeckt haben". Die *Enterprise* geriet schließlich unter Beschuss, entkam aber ohne größere Schäden, was Zeitungen in den USA dazu veranlasste zu verkünden, dass der Angriff auf Pearl Harbor gerächt worden sei.

In Wahrheit waren die ersten Raubzüge von Nimitz kaum mehr als Nadelstiche in die Haut des Feindes. Aber sie beunruhigten die japanischen Kommandeure, die im April noch nervöser wurden, als die USS *Hornet*, ein neuer Träger der Pazifikflotte, mit der *Enterprise* bis fast 1000 Kilometer vor Tokio vorrückte und ein Geschwader aus 16 B-25-Bombern unter dem Kommando von Lieutenant Colonel James Doolittle die japanische Hauptstadt bombardierte. Der Schaden war gering, aber der später Doolittle Raid genannte Angriff steigerte die Moral in den USA in der bitteren Zeit nach der japanischen Eroberung der Philippinen, als amerikanische und philippinische Gefangene auf den berüchtigten Todesmarsch von Bataan getrieben wurden. Ihr Kommandeur, General MacArthur, hatte den Befehl erhalten, sein Hauptquartier auf der Insel Corregidor zu verlassen und an Bord eines Schnellbootes nach Australien zu fliehen. Diese Flucht, die die Japaner nicht bemerkten, wurde nach der sicheren Ankunft MacArthurs publizistisch ausgeschlachtet. Geheim gehalten wurde indes die weit größere Evakuierung von Corregidor, vor allem die der Mitarbeiter der Station Cast, wo wie in der Station Hypo Abhörexperten, Verkehrsanalytiker, Kryptoanalytiker und Übersetzer arbeiteten. Wären sie gefangen genommen und zum Reden gezwungen worden, hätte Yamamoto erfahren, dass sein Code geknackt war, und Nimitz hätte seinen Vorsprung im Krieg der Geheimdienste verloren. Am 8. April bestieg der letzte der etwa 50 Offiziere und Soldaten der Station ein U-Boot nach Australien.

Nach dem Doolittle Raid musste Yamamoto dafür sorgen, dass sich so etwas nicht wiederholte. So nah durfte Amerika dem japanischen Kernland nicht noch einmal kommen. Sein Plan sah Ablenkungsangriffe auf US-Basen auf den Aleuten vor, denen rasch ein Angriff auf Midway folgte. Er erwartete, dass Nimitz sich dann beeilen würde, Midway zu verteidigen, wodurch sich Yamamoto – der mit dem Rest seiner Streitkräfte auf der Lauer lag – eine weitere Chance bieten würde, die Pazifikflotte einschließlich ihrer lebenswichtigen Flugzeugträger zu zerschlagen. Sollte er dieses Ziel erreichen, wäre Hawaii anfällig für eine Invasion. Der Verlust der Flotte und ihrer Basis auf Hawaii könnte die US-Marine zwingen, sich an die Westküste zurückzuziehen und sich auf die Bekämpfung der deutschen Bedrohung im Atlantik zu konzentrieren, was Präsident Roosevelts Priorität war.

(weiter auf Seite 96)

DER DOOLITTLE RAID Lieutenant Colonel James Doolittle steht links neben Marc Mitscher (ganz oben), dem kommandierenden Offizier des Flugzeugträgers USS *Hornet*. Von der *Hornet* startete Doolittles Geschwader am 18. April 1942 zu einem Überraschungsangriff auf Tokio. Die schweren Flugzeuge konnten zwar auf der *Hornet* starten (Mitte), waren aber zu schwer, um wieder auf ihr zu landen. Nach der Bombardierung Tokios flogen die Piloten weiter nach China, wo die meisten gerettet, einige jedoch von japanischen Truppen gefangen genommen wurden (oben).

ANGST UND MISSTRAUEN AN AMERIKAS WESTKÜSTE

Früh am Morgen des 23. Februar 1942 tauchte vor Santa Barbara, Kalifornien, ein japanisches U-Boot auf und beschoss kurzzeitig Treibstofftanks. Der Schaden war gering, aber der Vorfall verunsicherte die Kalifornier. In der Nacht vom 24. Februar heulten in Los Angeles die Sirenen, und Flakbatterien feuerten, nachdem Berichte über nicht identifizierte Flugzeuge, die sich der Stadt näherten, laut wurden. Es befanden sich keine japanischen Flugzeugträger in Reichweite der Westküste, und der mutmaßliche Angriff, der in Los Angeles für Schlagzeilen sorgte (rechts), war möglicherweise nichts weiter als ein verirrter Wetterballon. Doch die Angst vor einem Angriff fegte wie eine Flutwelle über die Küste und gefährdete dort lebende Amerikaner japanischer Abstammung, die oft im Verdacht standen, Spione oder Saboteure zu sein. Tatsächlich handelte es sich bei den meisten japanischen Agenten, die in den USA spionierten, nicht um eingebürgerte Japaner, sondern um direkt von Tokio eingeschleuste japanische Staatsbürger.

Japanische Amerikaner sahen sich in den USA, wo seit 1924 keine Einwanderer aus Japan mehr geduldet wurden, schon lange Zeit mit Ressentiments konfrontiert. Nachdem 1941 der Krieg im Pazifik ausbrach, forderte Earl Warren, der Generalstaatsanwalt von Kalifornien und spätere Oberste Richter des US Supreme Court, die Internierung aller an der Westküste lebenden Menschen mit japanischen Vorfahren – ein drastischer Schritt, den Roosevelt im Februar 1942 genehmigte. Warren sprach sich dafür aus, diese Gefangenen in Lagern zu behalten, auch nachdem die Angst vor einem japanischen Angriff nachgelassen hatte. „Wenn die Japsen freigelassen werden", sagte er 1943, „wird niemand in der Lage sein, einen Saboteur von einem anderen Japsen zu unterscheiden. Wir wollen kein zweites Pearl Harbor in Kalifornien." Am Ende seines Lebens gab sich Warren reumütig. Er schrieb, dass er „den Internierungsbefehl (...) zutiefst bedauert, weil er nicht im Einklang mit unserer amerikanischen Auffassung von Freiheit und Bürgerrechten stand".

EXTRA!
9 A.M. FINAL — Los Angeles Times — 9 A.M. FINAL
L.A. AREA RAIDED!
Enemy Girds for Knockout Burma Blow | Today's Latest War Bulletins | Reds Smash Hitler Army of 45,000
Jap Planes Peril Santa Monica, Seal Beach, El Segundo, Redondo Long Beach, Hermosa, Signal Hill
In Colorado: 56 Below Zero

PHANTOM-ÜBERFALL „Los Angeles wird angegriffen!", verkündet dieses Extra-Blatt. Allerdings seien „keine Bomben abgeworfen worden".

ZIVILSCHUTZ Aus Furcht vor japanischen Angriffen wurden an der amerikanischen Westküste drastische Maßnahmen ergriffen. Mit Flakscheinwerfern (oben) versuchte man feindliche Flugzeuge zu orten, und Gebäude wurden mit Sandsäcken gesichert, wie hier der Sitz einer Telefongesellschaft in San Francisco (links).

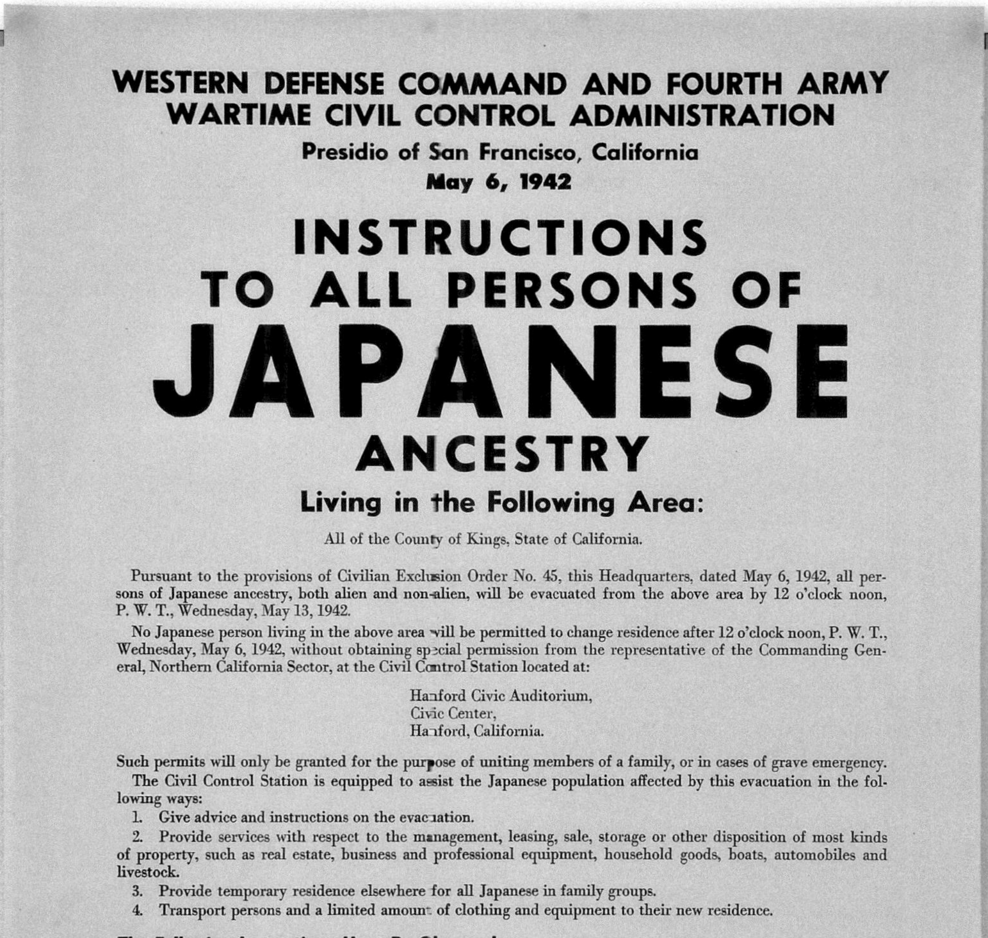
WESTERN DEFENSE COMMAND AND FOURTH ARMY
WARTIME CIVIL CONTROL ADMINISTRATION
Presidio of San Francisco, California
May 6, 1942

INSTRUCTIONS
TO ALL PERSONS OF
JAPANESE
ANCESTRY
Living in the Following Area:

All of the County of Kings, State of California.

Pursuant to the provisions of Civilian Exclusion Order No. 45, this Headquarters, dated May 6, 1942, all persons of Japanese ancestry, both alien and non-alien, will be evacuated from the above area by 12 o'clock noon, P. W. T., Wednesday, May 13, 1942.

No Japanese person living in the above area will be permitted to change residence after 12 o'clock noon, P. W. T., Wednesday, May 6, 1942, without obtaining special permission from the representative of the Commanding General, Northern California Sector, at the Civil Control Station located at:

Hanford Civic Auditorium,
Civic Center,
Hanford, California.

Such permits will only be granted for the purpose of uniting members of a family, or in cases of grave emergency.

The Civil Control Station is equipped to assist the Japanese population affected by this evacuation in the following ways:

1. Give advice and instructions on the evacuation.
2. Provide services with respect to the management, leasing, sale, storage or other disposition of most kinds of property, such as real estate, business and professional equipment, household goods, boats, automobiles and livestock.
3. Provide temporary residence elsewhere for all Japanese in family groups.
4. Transport persons and a limited amount of clothing and equipment to their new residence.

The Following Instructions Must Be Observed:

1. A responsible member of each family, preferably the head of the family, or the person in whose name most of the property is held, and each individual living alone, will report to the Civil Control Station to receive further instructions. This must be done between 8:00 A. M. and 5:00 P. M. on Thursday, May 7, 1942, or between 8:00 A. M. and 5:00 P. M. on Friday, May 8, 1942.
2. Evacuees must carry with them on departure for the Assembly Center, the following property:
(a) Bedding and linens (no mattress) for each member of the family;
(b) Toilet articles for each member of the family;
(c) Extra clothing for each member of the family;
(d) Sufficient knives, forks, spoons, plates, bowls and cups for each member of the family;
(e) Essential personal effects for each member of the family.

All items carried will be securely packaged, tied and plainly marked with the na… in accordance with instructions obtained at the Civil Control Station. The size … ited to that which can be carried by the individual or family group.

3. No pets of any kind will be permitted.
4. No personal items and no household goods will be shipped to the Assembly …
5. The United States Government through its agencies will provide for the stor… of the more substantial household items, such as iceboxes, washing machines, pia… Cooking utensils and other small items will be accepted for storage if crated, pack… name and address of the owner. Only one name and address will be used by a gi…
6. Each family, and individual living alone, will be furnished transportation t… authorized to travel by private automobile in a supervised group. All instructions … be obtained at the Civil Control Station.

Go to the Civil Control Station between the hours of 8:… Thursday, May 7, 1942, or between the hours of 8:… Friday, May 8, 1942, to receive further instructions.

J. L…
Lieutenant …
Co…

SEE CIVILIAN EXCLUSION ORDER NO. 45

AUSGESCHLOSSEN **Mit diesem Internierungsbescheid (links) aus San Francisco wurden alle dort lebenden Amerikaner japanischer Abstammung aufgefordert, sich mit ihren persönlichen Habseligkeiten, ausgenommen Haustiere, zur Verbringung in Lager zu melden. Die Anordnung galt sowohl für Ausländer als auch für „Nicht-Ausländer“, das heißt amerikanische Staatsbürger japanischer Abstammung. Der Internierung entging auch der japanisch-amerikanische Lebensmittelhändler nicht, auch wenn er an seinem Laden (unten) der Nation, der er die Treue gelobt hatte, seine Loyalität versicherte.**

„Ich habe hier etwas, das ist so heiß, dass es meinen Schreibtisch verbrennt."

ROCHEFORT ZU LAYTON, ALS ER HERAUSFAND, DASS MIDWAY YAMAMOTOS NÄCHSTES ZIEL SEIN WÜRDE

Yamamotos neuer Plan war noch kühner als seine Überraschungsattacke auf Pearl Harbor – und noch schwieriger zu koordinieren und zu tarnen. Auch wenn Yamamoto nichts von den jüngsten Erfolgen amerikanischer Codeknacker ahnte, die Ende April erste Hinweise auf seine Absichten entdeckten, war ihm klar, dass Flottenbewegungen durch Verkehrsanalysen erkannt werden konnten, schließlich setzte er selbst ähnliche Techniken ein. Allein durch eine erhöhte Funkaktivität des Gegners konnte man darauf schließen, dass etwas bevorstand. Die einzige Möglichkeit, dem zu entgehen, bestand darin, strikte Funkstille einzuhalten, wie es Japan im Vorfeld von Pearl Harbor erfolgreich praktiziert hatte. Wollte man, wie Yamamoto jetzt, eine weit verstreute Flotte zu einer Großoffensive zusammenziehen, ging das nicht ohne Funk. Funkstille war erst möglich, wenn Yamamotos Schiffe ihren Stützpunkt vor der Insel Saipan verlassen und ihre Angriffsposition erreicht hätten. Yamamoto unterschätzte seinen Gegner nicht, aber mit seiner Zusicherung, den Feind bei Midway zu besiegen, hatte er sich weit aus dem Fenster gelehnt. Sie war symptomatisch für das, was die Japaner als „Siegeskrankheit" bezeichneten: ein übersteigertes Vertrauen in die eigene Stärke, das nach den Erfolgen der ersten Kriegsmonate alle Ränge der kaiserlichen Armee beherrschte.

SCHLACHTFELD Das winzige Midway-Atoll wurde im Juni 1942 zu einem Hotspot des Pazifikkriegs. Grund war der strategisch immens wichtige Flugplatz, den die US-Streitkräfte dort betrieben. Rochefort und sein Team fanden heraus, dass es sich bei dem Ziel, das in kodierten japanischen Nachrichten als „AF" bezeichnet wurde, um Midway handelte. Diese Erkenntnis versetzte Admiral Nimitz in die Lage, sich dort auf die japanische Offensive vorzubereiten und zurückzuschlagen.

Bevor Nimitz die Ziele oder den Zeitpunkt von Yamamotos Offensive kannte, musste er sich mit Port Moresby auf Neuguinea und anderen alliierten Stützpunkten im Korallenmeer beschäftigen. Fielen diese in japanische Hände, wären amerikanische Versorgungslinien akut bedroht und auch Australien selbst in Gefahr. Ende April 1942 entsandte Yamamoto eine Task Force, bestehend aus zwei großen Flugzeugträgern, der *Shokaku* und der *Zuikaku*, und dem kleineren Träger *Shoho*, um Truppen zu unterstützen, die auf Neuguinea und Tulagi, einer kleinen Insel vor Guadalcanal auf den Salomonen, landen sollten. Aus Rocheforts abgefangenen Nachrichten schloss Layton, dass Yamamotos Task Force mit dem Versuch, „sowohl die Einnahme Port Moresbys als auch die Besetzung der Salomonen zu flankieren", überfordert sein würde. Diese nachrichtendienstliche Einschätzung veranlasste Nimitz dazu, die *Yorktown* und *Lexington* ins Korallenmeer zu entsenden.

Der erbitterte Kampf, der dort Anfang Mai über mehrere Tage tobte, war die erste Schlacht zwischen Flugzeugträgern, die weit voneinander entfernt blieben und sich aus der Luft angriffen. Beide amerikanischen Flugzeugträger wurden schwer beschädigt, und die *Lexington* sank sogar, nachdem der größte Teil ihrer Besatzung gerettet worden war. Aber ihre Kampfflugzeuge und Bomber, deren Luftschläge von den Nachrichteneinheiten dirigiert wurden, die feindliche Funksprüche abfingen, versenkten die *Shoho* und setzten die *Shokaku* und *Zuikaku* außer Gefecht. Japanische Streitkräfte eroberten Tulagi, nahmen von dort aus Guadalcanal ein und drangen nach Neuguinea vor, schafften es aber nicht, die australischen Truppen aus Port Moresby zu vertreiben. Und keiner der großen japanischen

Flugzeugträger, die an der Schlacht im Korallenmeer beteiligt waren, würde Yamamoto zur Verfügung stehen, wenn er die US-Pazifikflotte das nächste Mal angriff.

DIE MIDWAY-FRÜHWARNUNG

Die Schlacht im Korallenmeer war für Rocheforts Team auf der Station Hypo eine Art Goldgrube. Verschlüsselte japanische Funksprüche zu Angriffsplänen, Truppenbewegungen und beteiligten Schiffen konnten nun mit den tatsächlichen Ereignissen der Schlacht abgeglichen werden. Die Interpretation einer Funknachricht, in der nur eines von vier Wörtern entzifferbar war, war fast unmöglich, aber es war möglich, die Lücken zu füllen, wenn man das Ereignis, das sie auslösten, und die Identität ihres Absenders und Empfängers kannte. Die Codes der japanischen Ziele zu knacken war von größter Wichtigkeit, da Nimitz der bevorstehenden Offensive der größeren Yamamoto-Flotte – die nun noch aus acht einsatzbereiten Flugzeugträgern bestand – wenig entgegenzusetzen hatte, es sei denn, er wusste, wo der Angriff stattfinden würde. Rochefort entdeckte ein Muster, in dem den entschlüsselten japanischen Wörtern *koryaku butai* (was „Besatzungstruppe" oder „Invasionstruppe" bedeutet) immer zwei Buchstaben folgten, von denen der erste eine Zone im Pazifik und der zweite einen Ort innerhalb dieser Zone bezeichnete. MM stand zum Beispiel für die philippinische Zone und die Hauptstadt Manila. Alle Zwei-Buchstaben-Codes, die mit A begannen, befanden sich in der amerikanisch kontrollierten Zone.

Kurz nach der Schlacht am Korallenmeer knackte Rochefort den Jackpot. „Ich habe hier etwas, das ist so heiß, dass es meinen Schreibtisch verbrennt", sagte er zu Layton. Rochefort zeigte ihm eine teilweise entschlüsselte Nachricht, die *„koryaku butai AF"* enthielt. Yamamoto wollte also in die Zone A eindringen, und Rochefort schloss aus einer anderen Nachricht, die sich auf japanische Bodentruppen bezog, die für AF bestimmt waren, dass es sich bei F nur um Midway handeln konnte, dessen Luftwaffenstützpunkt die Japaner zum Angriff auf die Pazifikflotte nutzen wollten. Layton und Nimitz waren sich sicher, dass er recht hatte, aber bei der OP-20-G in Washington glaubte man eher an Johnston Island, das näher an Pearl Harbor liegt. Die Station Hypo griff zu einer klassischen, von Jasper Holmes erdachten List, um das Rätsel zu lösen. Holmes fiel ein, dass der Stützpunkt in Midway von einer Entsalzungsanlage für Frischwasser abhing. Rochefort verschickte daraufhin eine Notfallmeldung in Klartext, dass die Anlage auf Midway zusammengebrochen sei. Kurz darauf empfingen amerikanische Horchposten kodierte japanische Nachrichten, in denen um Wasservorräte für die Besatzungstruppen gebeten wurde, die für AF bestimmt waren. Es konnte also nur Midway sein.

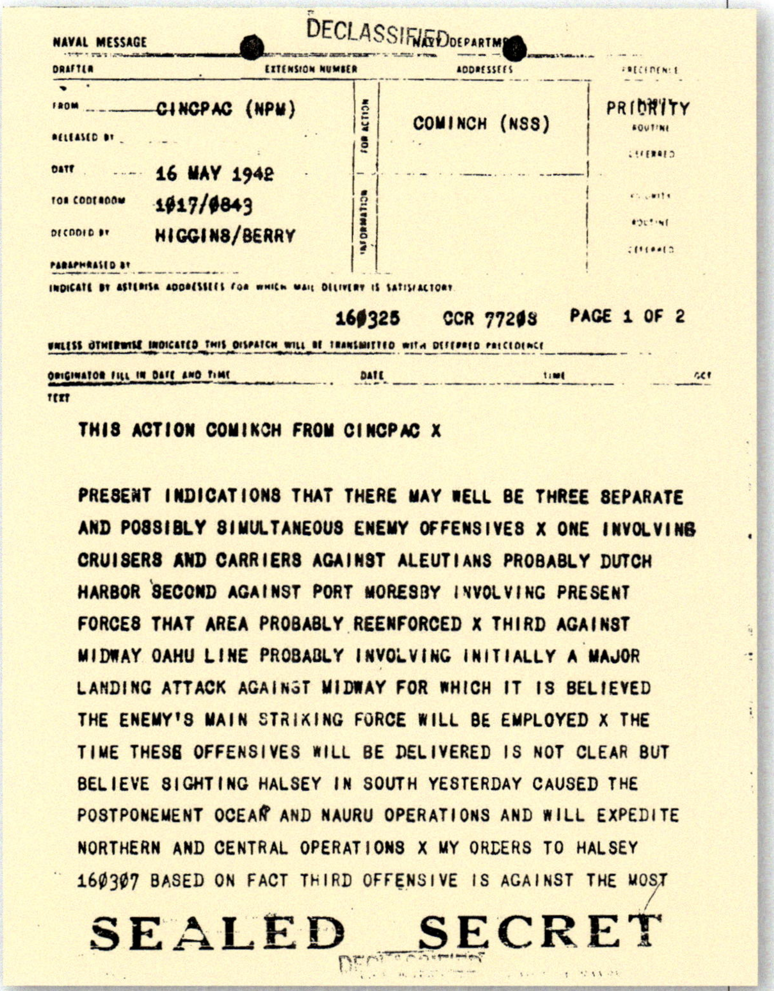

DECLASSIFIED

NAVAL MESSAGE — NAVY DEPARTMENT

FROM CINCPAC (NPM) — COMINCH (NSS) — PRIORITY

DATE 16 MAY 1942

TOR CODEROOM 1017/0843

DECODED BY HIGGINS/BERRY

160325 CCR 77208 PAGE 1 OF 2

THIS ACTION COMINCH FROM CINCPAC X

PRESENT INDICATIONS THAT THERE MAY WELL BE THREE SEPARATE AND POSSIBLY SIMULTANEOUS ENEMY OFFENSIVES X ONE INVOLVING CRUISERS AND CARRIERS AGAINST ALEUTIANS PROBABLY DUTCH HARBOR SECOND AGAINST PORT MORESBY INVOLVING PRESENT FORCES THAT AREA PROBABLY REENFORCED X THIRD AGAINST MIDWAY OAHU LINE PROBABLY INVOLVING INITIALLY A MAJOR LANDING ATTACK AGAINST MIDWAY FOR WHICH IT IS BELIEVED THE ENEMY'S MAIN STRIKING FORCE WILL BE EMPLOYED X THE TIME THESE OFFENSIVES WILL BE DELIVERED IS NOT CLEAR BUT BELIEVE SIGHTING HALSEY IN SOUTH YESTERDAY CAUSED THE POSTPONEMENT OCEAN AND NAURU OPERATIONS AND WILL EXPEDITE NORTHERN AND CENTRAL OPERATIONS X MY ORDERS TO HALSEY 160307 BASED ON FACT THIRD OFFENSIVE IS AGAINST THE MOST

SEALED SECRET

RECHTZEITIGE WARNUNG Diese Geheimbotschaft von Nimitz an Washington vom 16. Mai 1942 fußte auf Geheimdienstinformationen von Rochefort und Layton, die den japanischen Vorstoß auf die Aleuten und den Großangriff auf Midway Anfang Juni exakt vorhersagten. Noch wussten sie nicht, wann dieser Angriff stattfinden würde, aber Nimitz befahl Halsey, aus dem südwestlichen Pazifik nach Pearl Harbor zurückzukehren, um unter Führung der *Enterprise* eine Flotte zusammenzustellen, die sich Yamamoto bei Midway entgegenstellen würde.

SIEG BEI MIDWAY SBD-Dauntless-Sturzbomber (links) des Flugzeugträgers *Hornet* stürzen auf den bereits brennenden japanischen Kreuzer *Mikuma* hinab, der schwer beschädigt wird und schließlich sinkt (unten). Bei der Schlacht um Midway im Juni 1942 erleiden die japanischen Streitkräfte eine verheerende Niederlage und verlieren vier Flugzeugträger.

Ende Mai, als die Japaner neue Marinecodes und Chiffren zur Sicherung ihrer Kommunikation einführten, hatten Rochefort und Layton Yamamotos Plan bereits weitgehend aufgedeckt. Das Datum für den Angriff auf Midway war eines der letzten Rätsel, das noch gelöst werden musste, da die Japaner dieses mithilfe eines Rasters, das aus zwölf Zeilen für die Monate des Jahres und 31 Spalten für die Tage des Monats bestand, doppelt verschlüsselten. Lieutenant Joseph Finnegan, einen Kryptoanalytiker der Station Hypo, der hinter dieses Raster gekommen war, lieferte die entscheidende Information, nämlich dass die Invasionstruppen AF „am 6. Juni 1900" erreichen würden. Layton rechnete damit, dass der Angriff auf Midway ein oder zwei Tage vorher beginnen würde, weil die japanischen Truppentransporter sich der Insel erst nähern würden, wenn der dortige amerikanische Luftwaffenstützpunkt durch Flugzeuge von Yamamotos Flugzeugträgern neutralisiert worden war. Darüber hinaus konnte er Nimitz durch Entschlüsselungen und Verkehrsanalysen mitteilen, dass der Angriff von einem Stoßtrupp mit vier großen Flugzeugträgern geführt werden würde: der *Akagi*, *Kaga*, *Hiryu* und der *Soryu*. Wenn er die Reparatur der beschädigten *Yorktown* vorantreiben und sie zusammen mit der *Enterprise* und der *Hornet* nach Midway schicken würde, hätte Nimitz eine gute Chance zum Kampf, während andere Teile der Yamamoto-Flotte noch weiter weg wären oder die Aleuten angreifen würden. Als Nimitz ihn drängte, genauer zu sein, teilte ihm Layton mit, dass die vier japanischen Flugzeugträger sich Midway am 4. Juni „von Nordwesten auf 325 Grad" nähern würden. „Sie können etwa 175 Meilen vor Midway um etwa 7 Uhr Ortszeit gesichtet werden."

„Sie lagen nur fünf Minuten, fünf Grad und fünf Meilen daneben."

ADMIRAL CHESTER NIMITZ AN LIEUTENANT COMMANDER EDWIN LAYTON, DER VORHERGESAGT HATTE, WANN UND WO DIE JAPANISCHEN FLUGZEUGTRÄGER VOR MIDWAY AUFTAUCHEN WÜRDEN

Diese präzise Vorhersage, die durch die unermüdlichen Bemühungen von Rochefort und Marineanalysten anderer Stationen möglich wurde, bestätigte sich, als ein Aufklärungsflugzeug die Eingreiftruppe fast genau zu der Zeit und an dem Ort entdeckte, die Layton vorhergesagt hatte. Wie Nimitz es ausdrückte, lag Rochefort „nur fünf Minuten, fünf Grad und fünf Meilen daneben". Dieses Vorwissen machte aus der Schlacht, die katastrophal hätte enden können, einen Kampf unter Gleichen, denn ihre Gegner wurden sich der Bedrohung, der sie an diesem Morgen ausgesetzt waren, erst spät bewusst. Als Vizeadmiral Chuichi Nagumo erfuhr, dass sich feindliche Träger näherten, saß er in der Klemme. Er hatte seine Trägerdecks geräumt, damit die Flugzeuge, die Midway im Morgengrauen bombardiert hatten, landen konnten. Jetzt ließ er eine zweite Welle von Bombern, die für Midway bestimmt waren, mit Torpedos bestücken, um die amerikanischen Schiffe anzugreifen. Aber bevor diese Bomber starten konnten, wurden Nagumos Träger von amerikanischen Torpedoflugzeugen angegriffen, gefolgt von Sturzbombern, die ihre Lasten auf die Flugdecks abwarfen, die mit hochexplosiven japanischen Flugzeugen voll standen. Nagumos Flaggschiff *Akagi* ging in Flammen auf, ebenso die *Soryu* und die *Kaga*. Alle drei sanken, übrig blieb nur die *Hiryu*, die einen Angriff auf die *Yorktown* startete, bevor auch sie von oben beschossen wurde und sank.

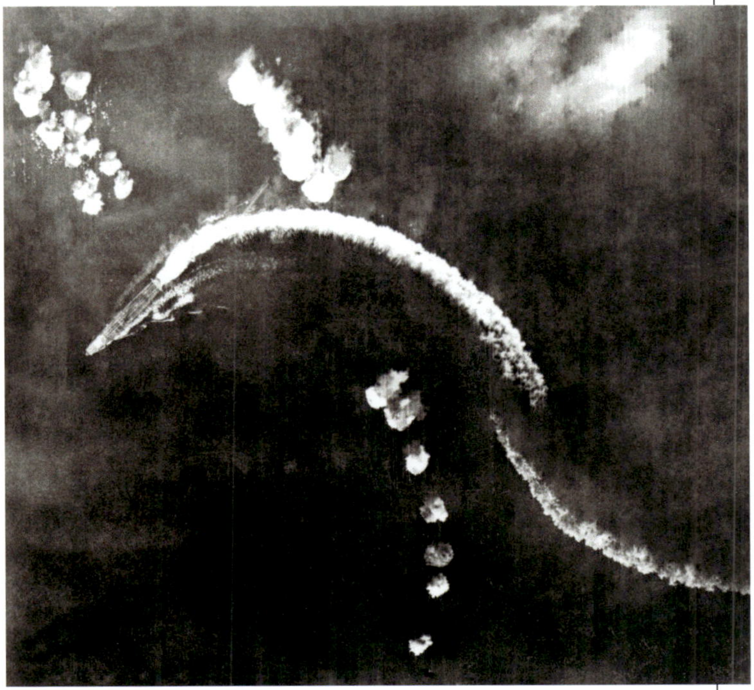

AUSWEICHMANÖVER Der japanische Flugzeugträger *Hiryu* wendet, um am 4. Juni 1942, dem ersten Tag der Schlacht um Midway, den Bomben der B-17-Bomber aus Midway auszuweichen. Bei einem zweiten Angriff später am selben Tag getroffen und in Brand gesteckt, sank die *Hiryu* am 5. Juni und teilte das Schicksal der japanischen Flugzeugträger *Akagi*, *Kaga* und *Soryu*, die am vierten Tag zerstört wurden.

Die niederschmetternde Nachricht erreichte Yamamoto in seinem mobilen Hauptquartier an Bord des Superschlachtschiffes *Yamato*, einem 72 000 Tonnen schweren Ungetüm, das manche für unbesiegbar hielten. Yamamoto war klar, dass die Besetzung einiger Aleuten-Inseln, die den Japanern gelang, während die Schlacht um Midway tobte, den Verlust von vier Flugzeugträgern nicht aufwog, und er entschloss sich zum Rückzug. Japan würde nun dem langen Krieg entgegensehen, den er fürchtete. Später erfuhr Yamamoto, dass die *Akagi,* als sie sich Midway am 2. Juni näherte, die Funkstille gebrochen hatte, um Öl für Schiffe zu ordern, die aufgetankt werden mussten. Dies diente ihm als naheliegende Erklärung dafür, dass die Träger der Pazifikflotte am 4. Juni zur rechten Zeit am rechten Ort gewesen waren. Was Yamamoto nicht wusste, war, dass seine Gegner ihre Signalaufklärung und Kryptoanalyse enorm verfeinert hatten und so schon Wochen im Voraus von seinen Plänen wussten. „Ohne dieses Frühwarnsystem“, so Nimitz zu seinen Offizieren bei der Siegesfeier, „wäre die Schlacht um Midway anders ausgegangen.“

„Da beschloss ich, mit einer Pistole unter dem Kissen zu schlafen.“

F. ASHTON „SNOWY“ RHOADES, ALLIIERTER KÜSTENBEOBACHTER AUF GUADALCANAL

KÜSTENBEOBACHTER AUF DEN SALOMONEN

Der Sieg bei Midway war ein Wendepunkt des Krieges im Pazifik und ermöglichte es US-Truppen – mit Rückendeckung der Pazifikflotte –, die Japaner auf den strategisch wichtigen Inseln im Korallenmeer anzugreifen. Während sich General MacArthur anschickte, amerikanische Soldaten nach Port Moresby zu entsenden, um Australien bei der Rückeroberung Neuguineas zu helfen, entsandte Nimitz Flugzeugträger, Schlachtschiffe, Kreuzer und Zerstörer zur Unterstützung von US-Marines, die im August 1942 die von Japan besetzten Inseln Guadalcanal und Tulagi zurückeroberten und in den folgenden Monaten mit heftigen Gegenangriffen konfrontiert waren. Es war dies der Beginn eines langen und blutigen Kampfes um die Salomonen, bei dem die Soldaten maßgeblich von Spionen, den sogenannten Küstenbeobachtern, unterstützt wurden. Zu ihnen zählten britische Beamte auf den Inseln sowie Pflanzer und Missionare aus Australien und Neuseeland, die Lieutenant Commander Eric Feldt von der australischen Marine heimlich per Funk über japanische Bewegungen informierten. Im Vorgriff auf die Feindseligkeiten hatte Feldt die Zahl der Küstenwachstationen auf den Salomonen bis zum Kriegsbeginn auf über 60 erweitert. Viele seiner Agenten tauchten unter, um einer Verhaftung und möglichen Hinrichtung durch die Japaner zu entgehen, und beschäftigten Einheimische als Kundschafter, die den Feind aufspürten.

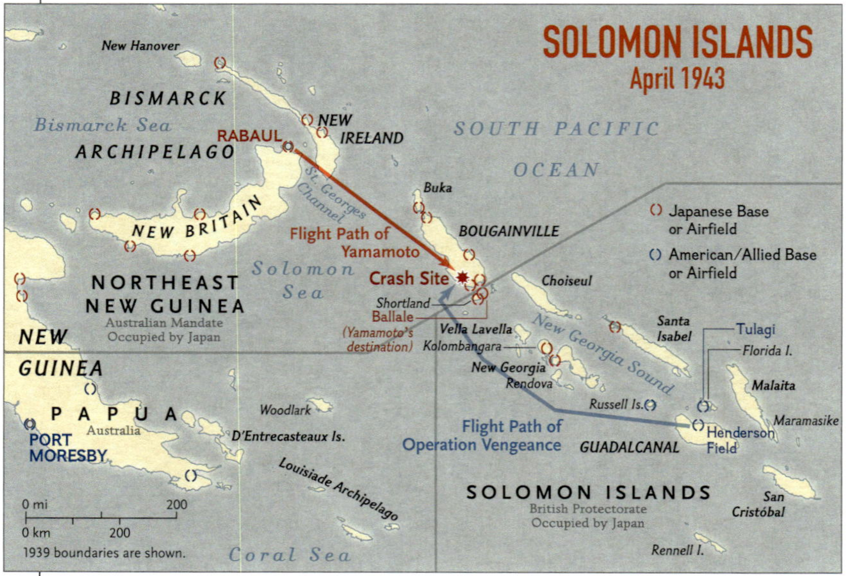

UMKÄMPFTE INSELN Im August 1942 begannen US-Truppen eine Offensive, um die Japaner von den Salomonen, Neuguinea und Neubritannien zu vertreiben. Yamamotos Flugzeug, mit dem er im April 1943 von Rabaul nach Bougainville unterwegs war, wurde von Kampffliegern abgeschossen, die auf Guadalcanal gestartet waren.

Bevor amerikanische Truppen auf Guadalcanal landeten, mussten sich die Küstenbeobachter auf dieser Insel alleine mit japanischen Truppen auseinandersetzen, die durch einen Informanten von ihnen enrfahren hatten. F. Ashton „Snowy“ Rhoades, der australische Manager einer Kokosplantage, verbarg sich mit seinem Funkgerät am Fluss Hylavo an der Westküste Guadalcanals, als ein Späher ihm mitteilte, dass die Japaner seinen Aufenthaltsort kannten und planten, ihm Hände und Füße abzuschneiden, wenn sie ihn erwischten. „Da beschloss ich, mit einer Pistole unter dem Kissen zu schlafen", erinnerte sich Rhoades, der tief in den Dschungel in ein neues Versteck zog. Martin Clemens, der britische Bezirkskommissar auf Guadalcanal, hatte sich mit seinen Spähern auf dem Gold Ridge versteckt, von wo er Lunga Point überblicken konnte, wo die Japaner im Juni mit dem Bau einer Flugpiste begannen. Sein Bericht darüber trug dazu bei, dass die Amerikaner ihre Invasionsvorbereitungen intensivierten, die Clemens herbeisehnte, da er ständig Gefahr lief, von den Japanern entdeckt zu werden. Kurz nach der Landung der Marines am 7. August schloss er sich ihnen an und stellte sein Team in ihren Dienst. Jacob Vouza, ein tapferer Einheimischer und Polizist im Dienst der Briten, spionierte unter großem Risiko für die amerikanischen Kommandeure weiter. Er wurde von den Japanern geschnappt und mit Bajonetten durchbohrt zum Sterben zurückgelassen – aber überlebte.

Nachdem die Marines die japanische Piste bei Lunga Point erobert und in „Henderson Field" umbenannt hatten, starteten ihre Gegner wütende Versuche zu Land, zur See und aus der Luft, um sie wieder zu vertreiben. Wichtige Hinweise kamen von Küstenbeobachtern auf Inseln im Nordwesten, darunter Bougainville, das ungefähr in der Mitte zwischen Guadalcanal und Rabaul auf Neubritannien liegt, von wo aus die Japaner viele Luftangriffe und Marineeinsätze starteten.

(weiter auf Seite 104)

ALLIIERTE AGENTEN Martin Clemens, der britische Bezirkskommissar auf Guadalcanal, der nach der japanischen Invasion als Küstenbeobachter dort ausharrte, inmitten von Einheimischen, die als Kundschafter dienten und dabei halfen, Informationen zu sammeln (links). Nach der Landung amerikanischer Truppen auf Guadalcanal im August 1942 schloss sich Clemens ihnen an und versorgte sie mit Erkenntnissen über japanische Stellungen und Bewegungen (oben).

DAS GEFÄHRLICHE LEBEN DER DSCHUNGELSPIONE

Nur wenige Küstenbeobachter, die für die Alliierten im Südpazifik tätig waren, benötigten für ihren gefährlichen Einsatz eine Ausbildung. Die meisten waren an Gefahren und Härten gewöhnt, bevor sie zu spionieren begannen. Dies war auch der Hintergrund von Leigh Vial (rechts), der vor dem Krieg als australischer Patrouillenoffizier auf Neuguinea diente und Kriminelle durch den Dschungel verfolgte. Als Neuguinea überfallen wurde, schloss er sich der Royal Australian Air Force an und richtete einen Beobachtungsposten ein, von dem aus er per Funk über japanische Kampfflugzeuge, Schiffe und Bodentruppen berichtete. Immer wieder verlegte er seinen Posten, um einer Gefangennahme zu entgehen. Er lieferte den Alliierten Informationen von solchem Wert, dass die Amerikaner ihm das Distinguished Service Cross verliehen. Ende 1942 erhielt er ein paar Monate Urlaub und schrieb ein Handbuch über das Überleben im Dschungel. 1943 kam er bei einem Flugzeugabsturz ums Leben.

INSELWÄCHTER Wachsam und mutig, war Leigh Vial ein Küstenbeobachter par excellence.

Bei anderen Küstenbeobachtern handelte es sich um Regierungsbeamte oder Plantagenverwalter, die die gefährliche Aufgabe übernahmen, weil sie ihrer Insel und ihren Bewohnern ebenso verbunden waren wie die Kapitäne ihrem Schiff und ihrer Besatzung. Wie Kapitäne verließen sie ihr „Schiff" auch dann nicht, wenn der Feind nahte, sondern hielten durch, solange sie konnten. Weil sie extrem vorsichtig agierten und ihre Inseln wie ihre Westentasche kannten, gerieten die wenigsten in Gefangenschaft, aber alle entgingen öfter als ein Mal nur knapp dem Tode. Snowy Rhoades, der als Küstenbeobachter auf Guadalcanal die Pistole, die er bei sich trug, mehrfach benutzte, dachte oft darüber nach, warum er bei Kriegsausbruch sein Leben riskierte, indem er auf der von ihm geleiteten Plantage blieb und die Japaner ausspionierte. Die Antwort, zu der er kam, war einfach: „Hier war ich an diesem Ort und für ihn verantwortlich, und es gab niemand, der sich um ihn oder die Leute kümmerte, wenn ich ging. Also blieb ich." ✪

SCHIFFE AUSSPIONIEREN Karten wie diese (unten) halfen den Küstenbeobachtern, japanische Kriegsschiffe zu identifizieren und alliierte Kommandeure per Funk zu warnen. Einige Beobachtungsposten waren auch befestigt, wie dieser auf Neubritannien (ganz unten).

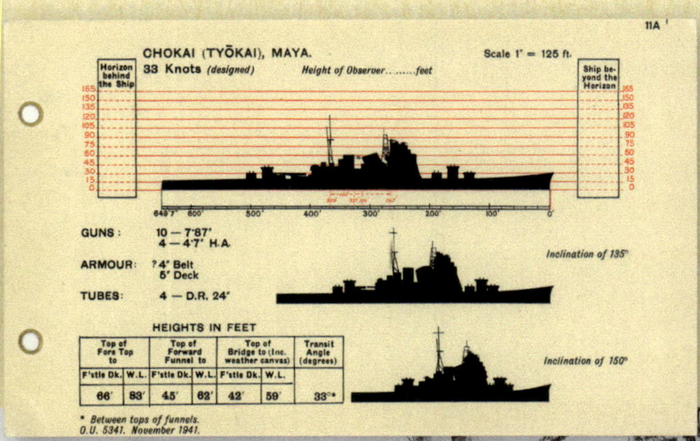

DEN HIMMEL SCANNEN Ein Küstenbeobachter (links) sucht den Himmel mit einem Fernglas nach japanischen Kampfflugzeugen ab (oben). Auf diese Weise konnten viele japanische Bomberverbände gesichtet und den alliierten Verteidigern gemeldet werden, bevor die Flugzeuge ihre Ziele erreichten.

MELDUNG MACHEN Küstenbeobachter (ober) kommunizierten mit Funkern an Stützpunkten wie Henderson Field auf Guadalcanal (oben rechts), indem sie codierte telegrafische Nachrichten über Funkgeräte übermittelten, die aussahen wie das Gerät rechts.

NAVIGATOREN Ein australischer Küstenbeobachter mit Matrosenmütze sitzt neben seinem Kameraden in einem kleinen Boot (rechts). Die Agenten nutzten kleine Segel-, Ruder- oder Paddelboote, um von einer Insel zur anderen zu gelangen. Wenn kein Land in Sicht war, navigierten sie mithilfe eines Kompasses (oben).

Am nördlichen Ende von Bougainville beobachtete W. J. „Jack" Read, der stellvertretende Distriktkommissar der Insel, die japanischen Kampfflugzeuge, die auf Guadalcanal zusteuerten. Mit knappen Funksprüchen wie diesem vom 31. August – „18 zweimotorige Bomber, 23 Jäger sind jetzt auf dem Weg zu Ihnen" – warnte er die Piloten in Henderson, die rechtzeitig vor dem Angriff starteten und anschließend aus großer Höhe wie Falken auf ihre Beute herabstießen.

In der Zwischenzeit schickte Paul Mason – wie Snowy Rhoades ein altgedienter Plantagenmanager aus Australien, der seine Insel kannte wie seine Westentasche – immer präzisere Berichte über die Bewegungen der japanischen Marine vom Südende von Bougainville. Eine solche visuelle Überwachung durch Küstenbeobachter und Aufklärungsflugzeuge war unerlässlich, da Verkehrsanalysen unmöglich waren, die Japaner Funkstille hielten und die Kryptoanalytiker noch nicht in der Lage waren, die neuesten Codes und Chiffren der japanischen Marine schnell zu entziffern. Anfang November meldete Mason 33 Zerstörer und mehr als zwei Dutzend andere japanische Schiffe, die sich vor Bougainville zu einem konzertierten Angriff auf Guadalcanal versammelten. Admiral Halsey, mittlerweile Kommandeur im Südpazifik, setzte alles auf eine Karte und griff an. Seine Verluste in der Seeschlacht von Guadalcanal Mitte November 1942 waren hoch, aber er vereitelte den letzten großen japanischen Vorstoß zur Rückeroberung der Insel, indem er zehn Truppentransporter und mehrere Kriegsschiffe versenkte. „Die Küstenbeobachter retteten Guadalcanal, und Guadalcanal rettete den Pazifik", sagte er später.

„Die Küstenbeobachter retteten Guadalcanal, und Guadalcanal rettete den Pazifik."

ADMIRAL WILLIAM HALSEY, US-MARINEKOMMANDEUR, SÜDPAZIFIK

SPIONAGE MIT STIL Donald Kennedy (links) speist entspannt mit einem amerikanischen Geheimdienstoffizier auf seinem entlegenen Beobachtungsposten auf der von Japan besetzten Insel New Georgia.

Die Küstenbeobachter auf den Salomonen retteten auch abgestürzte amerikanische Piloten und schiffbrüchige Seeleute. Dutzende Seeleute des Kreuzers USS *Helena*, der 1943 vor der Insel Vella Lavella torpediert wurde, wurden von Reverend A. W. E. Silvester in der methodistischen Missionsstation versteckt, bis sie sicher evakuiert werden konnten. Silvester hatte keinen Funksender, beobachtete aber japanische Bewegungen und sandte Berichte per Kanu an seinen neuseeländischen Landsmann und Küstenbeobachter Donald Kennedy, einen Distriktverwalter auf New Georgia im Rang eines Captains. Er rekrutierte und bewaffnete über 70 Inselbewohner auf seiner Station in Segi an der Südspitze New Georgias und griff japanische Soldaten an, die in seine, wie er es nannte, „verbotene Zone" eindrangen.

Als ehemaliger Schuldirektor bestand Kennedy auf eiserne Disziplin und bestrafte Kundschafter für Ungehorsam und andere Vergehen mit Peitschenhieben. Doch ein Inselbewohner, der seinen Zorn spürte, nannte ihn „den richtigen Mann zur richtigen Zeit". Die Ureinwohner der Salomonen und anderer Kriegsgebiete im Pazifik mussten sich oft zwischen vertrauten Kolonialaufsehern wie Kennedy und japanischen Invasoren entscheiden, die sie nicht kannten und von denen noch mehr Unheil zu erwarten war. Trotz seines strengen Regimes behielt Kennedy die Unterstützung der Insulaner, weil er sie und ihre Inselwelt weit besser kannte als die Japaner. „Ich war in der Lage zu kämpfen und sie zu führen", bemerkte er später über seine Kundschafter, und der Erfolg im Kampf überzeugte sie davon, dass „sie auf der richtigen Seite standen". Kennedy und seine Männer versorgten die alliierten Kommandeure nicht

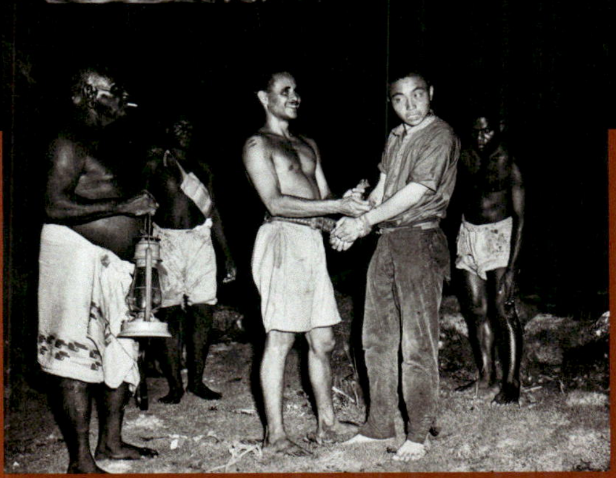

GEFANGEN Ein abgestürzter japanischer Pilot wird von Donald Kennedy und seiner Truppe auf New Georgia aufgegriffen und mit verbundenen Augen zu Kennedys Beobachtungsposten transportiert.

STILL GESTANDEN! Die von Kennedy rekrutierten Insulaner dienten nicht nur als Kundschafter oder Beobachter, sondern auch als Soldaten, wie diese mit britischen Gewehren bewaffneten Männer.

DIE LETZTEN TAGE DES KOLONIALISMUS

Auch wenn man es bisweilen propagandistisch anders verpackte, verteidigten die Alliierten in Asien und Ozeanien in erster Linie ihre Kolonialinteressen. Die Amerikaner nannten die Philippinen „Protektorat", aber es handelte sich im Grunde um eine Kolonie, die 1898 Spanien gewaltsam abgenommen worden war und dann blutig gegen philippinische Freiheitskämpfer verteidigt wurde. Viele Amerikaner fragten sich, warum ihre Nation, die in einer Rebellion gegen ein Kolonialimperium gegründet worden war, sich nun genau wie ein solches verhielt. Der Kongress versprach schließlich Mitte der 1930er-Jahre, den Philippinen innerhalb eines Jahrzehnts die Unabhängigkeit zu gewähren – unter Beibehaltung der dortigen Militärstützpunkte. Bekennende Imperialisten wie Churchill boten britischen Kolonien in Asien nichts dergleichen an und argumentierten, ihre Herrschaft trage dazu bei, Menschen zu zivilisieren, die sich selbst nicht regieren könnten.

Zu den Hauptnutznießern des Imperialismus gehörten Kolonisten, die von den billigen Arbeitskräften profitierten. Pflanzer und Offiziere, die in ihrer Heimat allenfalls dem Mittelstand angehörten, konnten sich hier Diener leisten, die ihnen das Leben erleichterten, und „Kulis", die ihre Lasten trugen. Einige Kolonisatoren waren anständig und verdienten sich den Respekt der einheimischen Bevölkerung, die ihnen während des Krieges gegen die japanischen Invasoren zur Seite stand. Aber das Haupthindernis, dem sich Japan gegenübersah, als es das Konzept der sogenannten „Großostasiatischen Wohlstandssphäre" erdachte, war nicht die Loyalität der Kolonisierten gegenüber ihren Kolonialherren, sondern ihre Abscheu vor den japanischen Imperialisten, deren düsteres Ansehen in Korea, der Mandschurei und China ihnen in alle Länder folgte, die sie ab 1941 eroberten und ausbeuteten. Alle Japaner, die während des Krieges versuchten, kolonialen Ruhm zu erlangen oder weiterzuführen, standen auf verlorenem Posten. Die Kämpfer auf beiden Seiten sollten ihre Kolonien in der Nachkriegszeit verlieren, nicht an andere Imperialmächte, sondern an die Einwohner selbst, die nicht warten wollten, bis ihre Kolonialherren sie für unabhängig hielten.

SPEZIALBEHANDLUNG In einem Hotel in Niederländisch-Ostindien, das im Zweiten Weltkrieg von Japan besetzt wurde, lassen sich in den 1920er-Jahren einige privilegierte weiße Gäste von einem Dutzend oder mehr Kellnern bedienen. Nach dem Konflikt entstand hier die unabhängige Nation Indonesien.

AMERIKANISCHER BESATZER Major General Henry Lawton, ein Veteran des Bürgerkriegs und der Apachenkriege, wurde Ende 1898 zur Befriedung auf die Philippinen geschickt, wo dieses Bild entstand. Im Dezember 1899 wurde er im Kampf gegen philippinische Guerillas getötet.

SCHWERE LAST Ein französischer Beamter lässt sich im kolonialen Indochina über einen Fluss tragen. Frankreich forderte Indochina nach dem Krieg von Japan zurück, aber 1954 entstanden offiziell Vietnam, Kambodscha und Laos.

nur rechtzeitig mit Funksprüchen über feindliche Einsätze, sondern töteten auch fast 120 japanische Soldaten, nahmen 20 weitere gefangen und retteten fast zwei Dutzend amerikanische Soldaten.

Im März 1943 entsandte Halsey ein Team, um New Georgia zu erkunden und die japanischen Truppen aus Rabaul auf Neubritannien zu vertreiben. Donald Kennedy empfing diese Amerikaner stilvoll in Segi. Hausburschen in Jacken servierten ihnen das Essen, und zu ihnen gesellte sich eine attraktive junge Einheimische, die zu Kennedys Gefolge gehörte. Er war Herr seiner Tropenidylle – aber nicht mehr lange. Binnen weniger Monate folgte ein massiver Angriff von US-Truppen, und seine Station wurde mit Bulldozern plattgemacht, um eine Landebahn für amerikanische Flugzeuge zu schaffen. Die Verschärfung des Konflikts im Pazifik fegte nicht nur die imperialen Ambitionen Japans hinweg, sondern auch die kolonialen Traditionen von Offizieren wie Kennedy, deren Vorfahren in die ganze Welt gezogen waren und ein Reich geschmiedet hatten, in dem nun die Sonne wieder unterging.

YAMAMOTOS ENDE

Der 4. April 1943 war der 59. Geburtstag von Admiral Yamamoto. Und es war der Tag, an dem die Operation I-Go beginnen sollte, in deren Verlauf Kampfflugzeuge von fünf japanischen Flugzeugträgern sowie Flugzeuge und Bomber von Rabaul aufsteigen sollten, um amerikanische Stützpunkte auf Neuguinea und den Salomonen zu zerstören. Stürmisches Wetter erzwang eine Verschiebung der Offensive, was zu Yamamotos düsteren Vorahnungen beitrug und noch weniger Geburtstagsstimmung aufkommen ließ. Die Offensive, die auf den 7. April verschoben wurde, stand unter keinem guten Stern. Er und andere Marinekommandeure hatten dafür plädiert, die Angriffe auf die Salomonen zu konzentrieren, aber die Armeechefs bestanden darauf, sie auf Neuguinea auszudehnen, wo ihre Streitkräfte unter zunehmendem Druck von MacArthurs Truppen und George Kenneys Fünfter US-Luftflotte standen. Die Ausweitung der Operation erhöhte das Risiko für Yamamotos Marineflieger, die bei Midway und in anderen Schlachten erhebliche Verluste erlitten hatten. Die Ausbildungszeit für japanische Marineflieger, die vor dem Krieg 18 Monate gedauert hatte, war bereits erheblich verkürzt worden, und einige, die an der Operation I-Go teilnehmen sollten, besaßen mehr Enthusiasmus als Fachwissen. Yamamotos Miene hätte sich noch mehr verdüstert, wenn er das gesamte Spektrum an Geheimdienstmitteln gekannt hätte, über die seine Feinde inzwischen ver-

> **„Für mich stand fest, dass der Abschuss von Yamamoto einen schwerer Schlag für die Japaner bedeuten würde.“**
>
> LIEUTENANT COMMANDER EDWIN LAYTON

VON CODEKNACKERN AUFGESPÜRT

Der japanische Frachter *Nittsu Maru* versinkt. Das Foto wurde durch das Periskop des U-Bootes USS *Wahoo* aufgenommen, das das Schiff im März 1943 torpedierte. Kryptoanalytiker der Marine hatten den Code geknackt, mit dem zivile Schiffe wie dieses, darunter auch kriegswichtige Öltanker, dirigiert wurden. Lieutenant Commander Jasper Holmes von der Station Hypo schrieb, dass es „Nächte gab, in denen fast jedes amerikanische U-Boot, das sich im Zentralpazifik auf Patrouille befand, auf der Grundlage von Informationen arbeitete, die aus der Kryptoanalyse stammten".

fügten. Über die Vorwarnungen durch Küstenbeobachter, Aufklärungsflugzeuge, U-Boote und neue Radaranlagen hinaus erhielten die amerikanischen Kommandeure im Südwestpazifik nun auch wieder Geheiminformationen von Codeknackern der Marine und von Kryptoanalytikern der Armee. Hinzu kamen Erkenntnisse von der alliierten Nachrichtenstation im indischen Neu-Delhi, wo kodierte Funksprüche der japanischen Streitkräfte in Burma abgefangen und analysiert wurden.

Als die Operation I-Go begann, wussten die amerikanischen Piloten also, was auf sie zukam, und sie holten ungewöhnlich viele japanische Flugzeuge vom Himmel – was Yamamoto nicht wirklich realisierte, weil seine Piloten ihre Erfolge übertrieben darstellten. Doch ihm war klar, dass auch eine erfolgreiche Serie von Luftschlägen die Alliierten nicht aus Neuguinea und Guadalcanal vertreiben oder die Bedrohung für Rabaul, von wo er die Angriffe leitete, beenden würde. Am 13. April beschloss er, zu seinen Stützpunkten auf Bougainville zu fliegen, und seine dort stationierten Soldaten zu ermutigen, den Kampf fortzusetzen. Yamamotos Adjutanten waren um seine Sicherheit besorgt, aber er fühlte sich verpflichtet, einen persönlichen Appell an die Offiziere zu richten, Kranke und Verwundete zu besuchen und den Männern die Hand zu schütteln, die so teuer dafür bezahlen mussten, um weiteren amerikanischen Vorstößen zu widerstehen.

Ein Stabsoffizier entwarf eine Reiseroute für Yamamotos Kurzreise. Sie sah vor, dass er am 18. April um 6 Uhr morgens in Rabaul startete, drei Basen besuchte und am Nachmittag zurückkehrte. Die Einzelheiten wurden mithilfe des neuesten Marine-Codebuchs und der Chiffriertabelle verschlüsselt und am Abend des 13. April an die japanischen Kommandeure auf diesen Basen übermittelt. Amerikanische Lauschposten „überwachten den Funkverkehr aus Rabaul besonders aufmerksam", schrieb Edwin Layton, der als Nimitz' leitender

YAMAMOTOS VISION: UNTERWASSER-FLUGZEUGTRÄGER

Anfang 1942 fasste Admiral Yamamoto den Plan, den Krieg mit einer Flotte neuartiger Super-U-Boote auf das amerikanische Festland zu tragen. Er befahl den Bau von 18 U-Booten der *I-400*-Klasse *Sen Toku* (Spezialangriff), die in der Lage waren, je drei Wasserflugzeugbomber abzusetzen, die in einem wasserdichten Hangar untergebracht wurden, wenn die Schiffe tauchten. Sie sollten sich unentdeckt einer amerikanischen Küstenstadt nähern, auftauchen und Dutzende Bomber absetzen. Anschließend sollten die Flugzeuge neben den U-Booten landen und mit Kränen wieder an Bord gehievt werden. Das erste U-Boot der Spezialangriffsklasse, *I-400*, war 123 Meter lang – und damit fast doppelt so lang wie ältere amerikanische U-Boote, die damals in Dienst standen. Es konnte rund 100 Meter tief tauchen und verfügte über die phänomenale Reichweite von 37500 nautischen Meilen, rund 70000 Kilometer.

Yamamoto überlebte seinen Plan nicht, der seine Relevanz verlor, als Japan im Laufe des Krieges zunehmend in die Defensive gedrängt wurde. Bis Januar 1945 wurden nur zwei dieser Riesen-U-Boote – *I-400* und *I-401* – fertiggestellt. Verzweifelt zogen japanische Marineplaner in Erwägung, die beiden *I-400* zur Bombardierung des Panamakanals oder zur biologischen Kriegsführung an der Westküste einzusetzen. Im August 1945 wurden sie zu einem Kamikazeangriff gegen einen amerikanischen Verband entsandt, der im Ulithi-Atoll auf den Karolinen vor Anker lag. Der Krieg endete, bevor sie dort ankamen, und die gewaltigen Unterwasser-Flugzeugträger wurden schließlich der US-Marine übergeben, die sie versenkte.

GEFANGENER RIESE Als der japanische U-Boot-Flugzeugträger *I-400* kurz nach Kriegsende im japanischen Sasebo einläuft (großes Bild), steht er bereits unter amerikanischem Kommando. Das riesige Schiff verfügte neben seinem Kommandoturm über einen 35 Meter langen und vier Meter breiten Hangar, der drei Wasserflugzeugbomber des Typs Aichi M6A1 Seiran (unten) mit faltbaren Flügeln aufnehmen konnte. Die Flugzeuge, die mit einem pneumatischen Katapult abgeschossen wurden, konnten je einen Torpedo oder 900 Kilogramm Bomben tragen und hatten eine Reichweite von 1200 Kilometer.

Geheimdienstoffizier in Pearl Harbor blieb und von der Station Hypo innerhalb von 36 Stunden eine Teilentschlüsselung von Yamamotos Reiseroute erhielt. Hypo wurde nicht mehr von Joseph Rochefort geleitet, der versetzt worden war. Aber die Kryptoanalytiker, die er instruiert und inspiriert hatte, waren noch da und versorgten Layton mit allem, was er brauchte, um festzustellen, dass Yamamotos bevorstehender Flug von RR – dem Buchstabencode für Rabaul – in Reichweite der amerikanischen Kampfflugzeuge liegen würde, die auf Guadalcanal stationiert waren.

„Für mich stand fest, dass der Abschuss von Yamamoto einen schwerer Schlag für die Japaner bedeuten würde", erinnerte sich Layton. „Es gab niemanden von seinem Format, der ihn ersetzen könnte." Nimitz war einverstanden und vergewisserte sich für den Angriff auf Yamamoto auch der Zustimmung von Marineminister Frank Knox (der möglicherweise auch Roosevelt unterrichtete, ohne eine Aufzeichnung des Gesprächs zu hinterlassen, die den Präsidenten belasten könnte). Layton war bewusst, dass die Japaner durch den Angriff spitzbekommen könnten, dass ihre Codes geknackt wurden. Er entwarf eine Anweisung unter Nimitz' Namen, „allen betroffenen Mitarbeitern, insbesondere den Piloten" mitzuteilen, dass die Informationen über Yamamotos Flug von australischen Küstenbeobachtern stammten. Nimitz sandte den Befehl an Halsey mit den besten Empfehlungen: „Viel Glück und gute Jagd."

„Viel Glück und gute Jagd."

ADMIRAL NIMITZ AN ADMIRAL HALSEY ZUM ANGRIFFS-BEFEHL AUF YAMAMOTO

„Halali. Schnappen wir uns das Schwein."

HALSEYS ANTWORT

Die Anweisung, Yamamoto ins Visier zu nehmen, ging von Halseys Hauptquartier auf Neukaledonien an Konteradmiral Marc Mitscher, der das Kommando auf Guadalcanal innehatte. Er übertrug die Aufgabe Major John Mitchell, einem Piloten der Air Force, dessen 339. Fliegerstaffel P-38 Lightnings flog, die schnellsten Kampfflugzeuge der Amerikaner. Am 18. April um 7.10 Uhr morgens starteten 17 P-38 von Henderson Field, von denen kurze Zeit später eine wegen eines Motorschadens umkehren musste. Abwerfbare Tanks mit zusätzlichem Treibstoff vergrößerten die Reichweite des Geschwaders. Mitchell führte die Piloten in einem Bogen nach Bougainville, im Tiefflug über dem Korallenmeer, damit ihre Flugzeuge schwerer zu sichten und für das japanische Radar unsichtbar waren. Mitchell hatte vor, Yamamoto und seine Entourage kurz vor 10 Uhr an der Westküste von Bougainville abzufangen. Die meisten P-38 sollten dann in große Höhe steigen, um mit den japanischen Jägern fertigzuwerden, während die vier Piloten, die Mitchell für den „Killerflug" eingeteilt hatte, direkt auf den Bomber mit Yamamoto und seinem Stab zusteuern würden. Wie sich herausstellte, hatte Yamamoto seinen Stab auf zwei Bomber aufgeteilt, um das Risiko zu verringern, dass sie alle bei einem Unfall oder Angriff verloren gingen.

Gegen 9.45 Uhr begegnete Mitchell diesen beiden Bombern in Küstennähe, sie wurden von sechs Mitsubishi Zeros eskortiert. Drei Zeros und eine P-38 stürzten im anschließenden Luftkampf ab, während Yamamotos Flugzeug schwer getroffen in den Dschungel und der andere Bomber ins Meer stürzte. Vizeadmiral Matome Ugaki überlebte diesen Absturz, schwamm an Land und wurde von einem japanischen Suchtrupp gerettet. Yamamoto wurde tot inmitten der Trümmer seines Flugzeugs gefunden. Alles, was Major Mitchell sicher wusste, als er zur Basis zurückkehrte, war, dass sein Geschwader die Bomber abgeschossen und seine Mission erfüllt hatte. Am Abend erhielt Halsey eine Nachricht aus Guadalcanal: „Pop goes the weasel ... Der 18. April scheint unser Tag zu sein." Die Offiziere in seinem Hauptquartier bejubelten Yamamotos vermeintlichen Tod, aber Halsey, dessen Hass auf

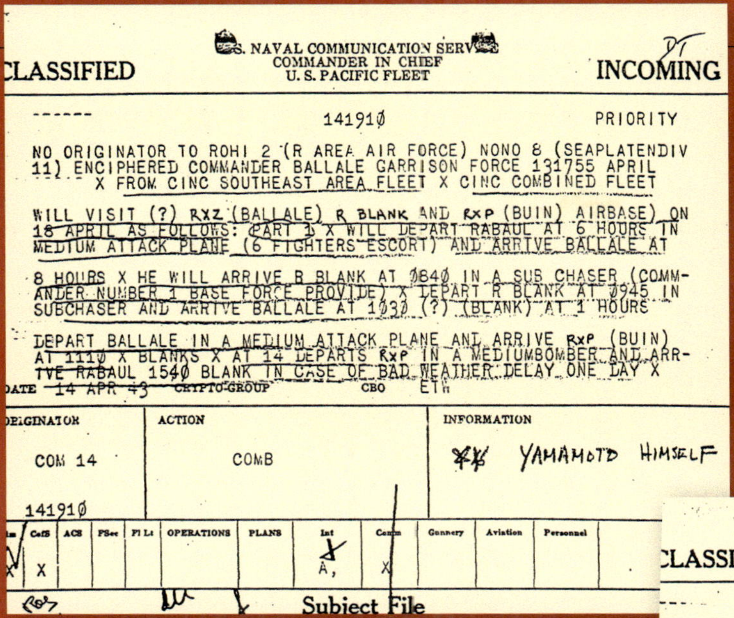

CLASSIFIED U.S. NAVAL COMMUNICATION SERVICE COMMANDER IN CHIEF U.S. PACIFIC FLEET INCOMING

141910 PRIORITY

NO ORIGINATOR TO ROHI 2 (R AREA AIR FORCE) NONO 8 (SEAPLATENDIV 11) ENCIPHERED COMMANDER BALLALE GARRISON FORCE 131755 APRIL X FROM CINC SOUTHEAST AREA FLEET X CINC COMBINED FLEET

WILL VISIT (?) RXZ (BALLALE) R BLANK AND RXP (BUIN) AIRBASE) ON 18 APRIL AS FOLLOWS: PART 1 X WILL DEPART RABAUL AT 6 HOURS IN MEDIUM ATTACK PLANE (6 FIGHTERS ESCORT) AND ARRIVE BALLALE AT

8 HOURS X HE WILL ARRIVE R BLANK AT 0840 IN A SUB CHASER (COMMANDER NUMBER 1 BASE FORCE PROVIDE) X DEPART R BLANK AT 0945 IN SUBCHASER AND ARRIVE BALLALE AT 1030 (?) (BLANK) AT 1 HOURS

DEPART BALLALE IN A MEDIUM ATTACK PLANE AND ARRIVE RXP (BUIN) AT 1110 X BLANKS X AT 14 DEPARTS RXP IN A MEDIUMBOMBER AND ARRIVE RABAUL 1540 BLANK IN CASE OF BAD WEATHER DELAY ONE DAY X

DATE 14 APR 43 CRYPTO-GROUP CBO ETH

ORIGINATOR: COM 14 | ACTION: COMB | INFORMATION: YAMAMOTO HIMSELF

141910

Subject File

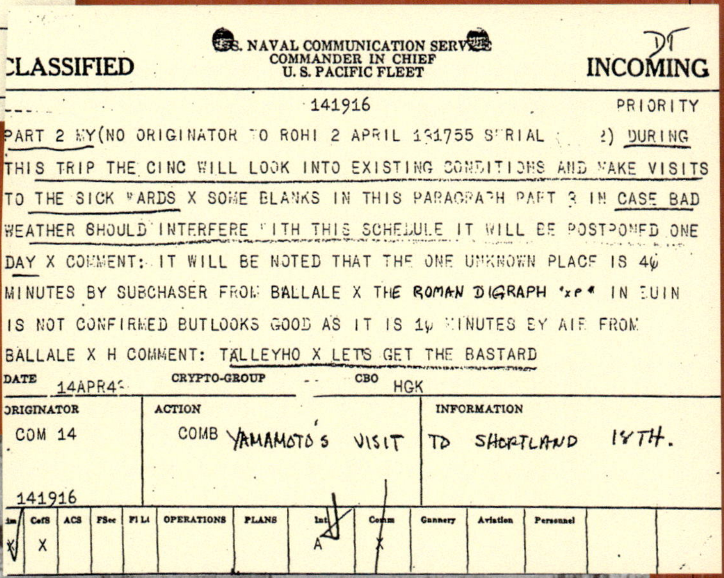

CLASSIFIED U.S. NAVAL COMMUNICATION SERVICE COMMANDER IN CHIEF U.S. PACIFIC FLEET INCOMING

141916 PRIORITY

PART 2 MY(NO ORIGINATOR TO ROHI 2 APRIL 131755 SERIAL 2) DURING THIS TRIP THE CINC WILL LOOK INTO EXISTING CONDITIONS AND MAKE VISITS TO THE SICK WARDS X SOME BLANKS IN THIS PARAGRAPH PART 3 IN CASE BAD WEATHER SHOULD INTERFERE WITH THIS SCHEDULE IT WILL BE POSTPONED ONE DAY X COMMENT: IT WILL BE NOTED THAT THE ONE UNKNOWN PLACE IS 40 MINUTES BY SUBCHASER FROM BALLALE X THE ROMAN DIGRAPH "XP" IN BUIN IS NOT CONFIRMED BUTLOOKS GOOD AS IT IS 10 MINUTES BY AIR FROM BALLALE X H COMMENT: TALLEYHO X LETS GET THE BASTARD

DATE 14APR43 CRYPTO-GROUP CBO HGK

ORIGINATOR: COM 14 | ACTION: COMB YAMAMOTO'S VISIT | INFORMATION: TO SHORTLAND 18TH.

141916

FEIND NR. 1 Yamamoto, hier bei einem Appell Anfang 1943 in Rabaul auf Neubritannien (unten, links im Bild), wurde ins Visier genommen, nachdem Codeknacker Nimitz diese Entschlüsselung seines Flugplans am 18. April schickten. Nimitz gab die Entschlüsselung an Halsey weiter, der sie mit dem Kommentar nach Guadalcanal weiterleitete: „Halali. Schnappen wir uns das Schwein." Im Plan stand, dass Yamamoto um 6 Uhr in Rabaul starten und wann er wo landen würde. Kampfflugzeuge stiegen in Guadalcanal auf, um ihn abzuschießen.

DIE MISSION ZUR TÖTUNG YAMAMOTOS

Am 17. April 1943 erfuhr Captain Thomas Lanphier, Jr., dass das Ziel der geheimen Mission, zu der er und andere Air-Force-Flieger am folgenden Tag aufbrechen würden, Admiral Yamamoto war. Lanphier wusste, er würde Geschichte schreiben, und begann, ein Tagebuch zu führen (unten). Er sollte den „Killerflug" der vier P-38 anführen und Yamamoto zur Strecke bringen, während sich die anderen Piloten um die Eskorte kümmerten. Der Erfolg, schrieb Lanphier, hing davon ab, dass Yamamoto „pünktlich war, da wir über dem Zielgebiet nur 15 Minuten hatten". Yamamoto war pünktlich, und Lanphier konnte nicht widerstehen, den gefallenen Admiral hinterher zu beschimpfen und per Funk zu verkünden, der „Hurensohn" würde Amerika nie wieder bedrohen.

Wären Lanphiers markige Sprüche von japanischen Horchposten abgefangen worden, hätten sie diese darauf aufmerksam machen können, dass der Angriff kein Glückstreffer von Piloten war, die nicht wussten, wessen Flugzeug sie abschossen, sondern ein geplanter Angriff auf Yamamoto, der auf Entschlüsselungen beruhte. Die Enthüllung, dass die japanischen Marinecodes entschlüsselt waren, könnten den amerikanischen Kriegsanstrengungen mehr schaden, als wenn Yamamoto am Leben geblieben wäre. Nimitz war sich dieses Risikos bewusst und hoffte, das Ziel geheim halten zu können, obwohl die Piloten vorher eingeweiht wurden. Als ihm die Geschichte eines Reporters in die Hände fiel – die er prompt zurückhielt –, der Lanphier nach dem Einsatz interviewte und schrieb, die USA hätten Yamamoto aufgespürt, läuteten bei ihm alle Alarmglocken. Und Halsey beschimpfte seine Piloten. „Er warf uns alles Mögliche an den Kopf, von Landesverräter bis Dummkopf, und dass wir kein Recht hätten, die amerikanische Uniform zu tragen", erinnerte sich Lieutenant Rex Barber, der die Ehre mit Lanphier teilte, Yamamoto abgeschossen zu haben. Doch Halsey und andere Kommandeure hatten in verschlüsselten Funknachrichten ebenfalls dünn getarnte Hinweise auf die Tötung Yamamotos weitergegeben, ohne sicher zu wissen, dass die Japaner sie nicht lesen konnten. Wäre davon etwas an den Feind durchgesickert, hätte sich das, was später als großer Coup des Geheimdienstes gepriesen wurde, als sein großes Versagen herausstellen können. ✪

KILLERFLUG **Auf der rechten Seite dieses Eintrags in seinem Tagebuch skizzierte Tom Lanphier den Weg, den er und andere Piloten am 18. April 1943 nahmen. Nach dem Start in Guadalcanal flogen sie einen Bogen westlich der Salomonen, um nicht entdeckt zu werden. An der Küste von Bougainville trafen sie auf Yamamotos Flugzeug, schossen es ab und flogen auf geradem Weg nach Guadalcanal zurück.**

die Japaner keine Grenzen kannte, beklagte sich, er hätte die Chance verloren, ihn lebend zu fassen: „Ich hatte gehofft, diesen Verbrecher in Ketten über die Pennsylvania Avenue führen zu können, und alle hätten ihm dorthin treten sollen, wo es am meisten wehtut!"

Die Reaktion in den USA war ähnlich. Seit Pearl Harbor war Yamamoto in Amerika als Kriegshetzer dämonisiert worden. Angeblich hatte er einmal verkündet, Japan werde die USA besiegen, das Weiße Haus erobern und den Präsidenten zur Kapitulation zwingen. Captain Thomas Lanphier, einer der Piloten, dem der Absturz von Yamamoto zugeschrieben wird, funkte nach dem Angriff nach Guadalcanal: „Dieser Mistkerl wird dem Weißen Haus keine Friedensbedingungen diktieren." Tatsächlich hatte Yamamoto vor dem Krieg öffentlich die Meinung vertreten, dass die Eroberung der USA und des Weißen Hauses nichts als ein Hirngespinst sei, das die Möglichkeiten Japans sprenge. Das Beste, was sich Japan erhoffen könnte, wäre, Amerikas Marine so weit zurückzudrängen, dass sie der japanischen Expansion in Südostasien und im Pazifikraum nichts entgegensetzen könnte. Yamamoto hatte sich selbst ein Jahr Zeit gegeben, um dies zu erreichen. Wären seine Codes nicht entschlüsselt worden, hätte er vielleicht Erfolg gehabt. Als er starb, sah es eher danach aus, als ob bald Admiral Nimitz oder General MacArthur Kaiser Hirohito in Tokio die Bedingungen diktieren würde.

AM PRANGER Anders, als auf diesem Plakat behauptet wird, hatte Yamamoto nie zum Ziel, in die USA einzumarschieren und Washington einzunehmen. Aber er war ein gefürchteter Feind der Amerikaner im Pazifik, und sein Abschuss verschaffte Lieutenant Rex Barber und Captain Tom Lanphier (unten) hohes Ansehen.

DAS OFFICE OF STRATEGIC SERVICES

Als William Donovan Roosevelt ersuchte, das zivile Geheimdienstbüro, das er als COI leitete, dem Vereinigten Generalstab (Joint Chiefs of Staff) zu unterstellen, war FDR skeptisch. „Die werden Sie abschaffen“, warnte er Donovan, der entschieden antwortete: „Überlassen Sie das mir, Herr Präsident.“ Donovan war sich bewusst, dass er einigen Kommandeuren ein Dorn im Auge war. Aber andere Offiziere erkannten, dass Donovans eifrige Mitarbeiter, darunter Zivilisten und Freiwillige mit militärischer Erfahrung, Aufgaben übernehmen konnten, für die reguläre Soldaten nicht infrage kamen, zum Beispiel Partisanen bei Sabotageakten und Attentaten zu unterstützen und andere ungewöhnliche Kriegseinsätze. Donovan war hocherfreut, als er im Juni 1942 einen Brief von Roosevelt (unten links) erhielt, in dem der Präsident verkündete, dass die Agentur unter den Joint Chiefs operieren und fortan als Office of Strategic Services (OSS) bekannt sein würde.

EHRENNADEL
Während des Krieges zur Geheimhaltung verpflichtet, erhielt jeder OSS-Mitarbeiter diese Anstecknadel bei der Auflösung der Abteilung Ende 1945.

Enge Verbindungen zum Militär verliehen dem OSS eine aktive Rolle in den Kriegsanstrengungen. Viele Mitarbeiter der Abteilung blieben Zivilisten, darunter Wissenschaft er in Forschung und Analyse, die vertrauliche Beurteilungen der Achsenmächte und ihrer Fähigkeiten lieferten. Andere wurden als Offiziere eingesetzt und beteiligten sich an verdeckten Kampfeinsätzen. Donovan beendete den Krieg als Major General und konferierte oft in Uniform mit OSS-Untergebenen, wie jenen auf diesem Bild, die in China einen Guerillakrieg gegen die Japaner organisierten (rechte Seite). Alle, die in OSS-Einsatzgruppen dienten, trugen Uniformen, was beileibe nicht alle, die in Gefangenschaft gerieten, davor bewahrte, erschossen zu werden. Agentinnen wie Virginia Hall (unten rechts), die für das OSS in Zivil hinter den feindlichen Linien operierten, setzten sich noch größerer Gefahr aus, wenn sie in feindliche Hände fielen. Sie riskierten Folter und Hinrichtung. ✪

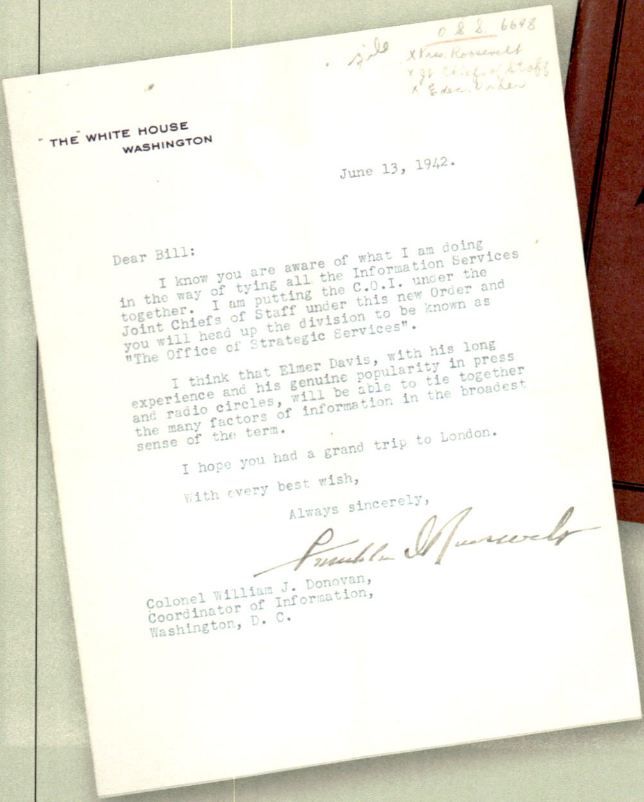

THE WHITE HOUSE
WASHINGTON

June 13, 1942.

Dear Bill:

I know you are aware of what I am doing in the way of tying all the Information Services together. I am putting the C.O.I. under the Joint Chiefs of Staff under this new Order and you will head up the division to be known as "The Office of Strategic Services".

I think that Elmer Davis, with his long experience and his genuine popularity in press and radio circles, will be able to tie together the many factors of information in the broadest sense of the term.

I hope you had a grand trip to London.

With every best wish,

Always sincerely,

Franklin D Roosevelt

Colonel William J. Donovan,
Coordinator of Information,
Washington, D. C.

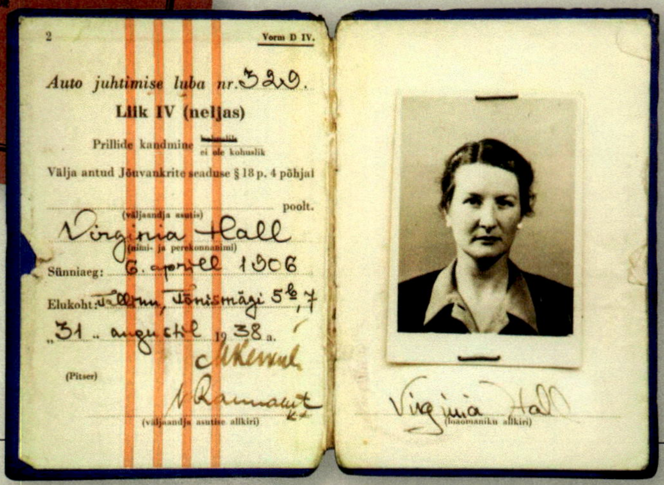

VORGEWARNT **Wer von Donovan (rechte Seite, Mitte) rekrutiert wurde, wusste aus Erfahrung, dass Geheimdienstarbeit „kein Picknick“ ist, wie es auf dem Ausbildungshandbuch der Abteilung (links) deutlich zu lesen steht. Virginia Hall, unten auf einem 1938 in Estland ausgestellten Führerschein zu sehen, unterstützte unter Lebensgefahr französische Widerstandskämpfer, die für das SOE und später für das OSS tätig waren.**

KAMPFTRAINING

Eine Unterabteilung des britischen MI6 hatte schon 1941 begonnen in Camp X, am Ontariosee in Kanada, Geheimdienstrekruten auf den Einsatz hinter den feindlichen Linien vorzubereiten. Als enger Vertrauter von William Stephenson, dem britischen Sicherheitschef in Amerika, schickte Donovan angehende OSS-Ausbilder dorthin, um von den Briten zu lernen.

Als das OSS expandierte, richtete es Trainingslager in der Umgebung von Washington, D.C., ein, zum Beispiel im Congressional Country Club in Bethesda, Maryland, dessen gepflegte Golfcourses nun von angehenden Spionen mit Übungsgranaten traktiert wurden. Kein OSS-Rekrut dürfte jemals den Ausbilder William Fairbairn vergessen haben, einen britischen Experten für den Nah- und Straßenkampf, der nach eigenem Bekunden „keine Regeln kannte außer einer: töten oder getötet werden". Er und Eric Sykes – der wie Fairbairn seine Lektionen als Polizist in Schanghai gelernt hatte – machten die Novizen mit den „dunklen Künsten" eines Geheimagenten vertraut: wie man mit versteckt getragenen Waffen umgeht, Feinde schnell und lautlos eliminiert, Sprengsätze anbringt oder nachts unentdeckt mit dem Fallschirm abspringt. All dies entsprach Donovans Masterplan für verdeckte Operationen, die von Agenten durchgeführt werden sollten, die mit „diszipliniertem Wagemut" vorgingen und „für aggressive Aktionen ausgebildet" waren.

SCHIESSTRAINING **Ein Ausbilder zeigt OSS-Rekruten im Ausbildungslager, wie man mit ruhiger Hand zielt und schießt.**

SOLIDE AUSBILDUNG OSS-Auszubildende üben sich im Klettern (oben), um sich auf die Sabotage von Hochspannungsleitungen und anderen luftigen Zielen vorzubereiten. Sie erhielten Waffen, die leicht zu tragen und zu verbergen waren, wie dieser Dolch (unten). Er steckte in einer als Pfannenwender getarnten Scheide und konnte dank der Schlitze an jedem Gürtel befestigt werden. Der Dolch wurde von Eric Sykes und William Fairbairn entwickelt, der hier zeigt, wie man ihn gekonnt handhabt (rechts).

SPIONE MIT DIPLOM

Viele Männer und Frauen, die beim OSS arbeiteten, wurden nicht in Lagern ausgebildet, sondern kamen von Hochschulen und Universitäten. Der Historiker William Langer (rechts), Leiter der OSS-Abteilung für Forschung und Analyse (R&A), rekrutierte Hunderte von Wissenschaftlern. Er stellte umfassendes Kartenmaterial und Informationen über die Länder, Kulturen, Freunde und Feinde zusammen, mit denen es die Spione zu tun bekommen würden. Unter den Akademikern beim OSS befand sich auch sein Bruder, der Psychologe Walter Langer, dessen Team eine psychoanalytische Studie über Hitler (rechts) erstellte, die sich auf Enthüllungen von Informanten wie Ernst „Putzi" Hanfstaengl stützte, der in die USA floh, nachdem er als Auslands-Pressechef der NSDAP gedient hatte. In dem Bericht wurde vorausgesagt, dass Hitler sich niemals ergeben und „bis zum letzten Moment" warten würde, um Selbstmord zu begehen.

Als sich der Kreis der Alliierten um Deutschland schloss, wurden viele OSS-Akademiker nah an die Front beordert. Sherman Kent, der die Europa- und Afrika-Analyse leitete, befehligte im September 1944 31 Personen, die kurz nach der Befreiung der Stadt aus Paris berichteten. Die Spionage wurde von einer separaten OSS-Abteilung mit der Bezeichnung Secret Intelligence (SI) durchgeführt. Die meisten OSS-Agenten in Europa lebten in den besetzten Ländern oder waren Emigranten, die nun in ihre Heimat zurückkehrten. Nach Deutschland selbst wurden OSS-Agenten erst gegen Ende des Krieges eingeschleust, aber einige deutsche Widerständler berichteten schon vorher aus der neutralen Schweiz. Sie versorgten Allen Dulles (unten), den Chefspion der SI, mit wichtigen Informationen. Niemand außerhalb Deutschlands war über die geheimen Bemühungen, Hitler zu stürzen, besser informiert als er. Dulles' wichtigster Informant war der deutsche Abwehroffizier Hans Gisevius, der sich schon vor dem Attentat auf Hitler 1944 heimlich mit ihm traf. Nach dem gescheiterten Anschlag half Dulles Gisevius, sich in die Schweiz in Sicherheit zu bringen und seiner Verhaftung und Hinrichtung zu entgehen. ✪

SPITZENGELEHRTE William Langer aus Harvard (oben) und Sherman Kent aus Yale (unten) leiteten die Analyse des OSS.

DECLASSIFIED

~~SECRET~~

PREFACE

This study is not propagandistic in any sense of the term. It represents an attempt to screen the wealth of contradictory, conflicting and unreliable material concerning Hitler into strata which will be helpful to the policy-makers and those who wish to frame a counter-propaganda. For this reason the first three parts are purely descriptive and deal with the man (1) as he appears to himself, (2) as he has been pictured to the German people, and (3) as he is known to his associates. These sections contain the basic material for the psychological anaylses in sections IV and V in which an attempt is made to understand Hitler as a person and the motivations underlying his actions.

The material available for such an analysis is extremely scant and spotty. Fortunately, we have had at our disposal a number of informants who knew Hitler well and who have been willing to cooperate to the best of their abilities. The study would have been entirely impossible were it not for the fact that there is a relatively high degree of agreement in the descriptions of Hitler's behavior, sentiments and attitudes given by these several informants. With this as a basis it seemed worthwhile to proceed with the study filling in the lacunae with knowledge gained from clinical experience in dealing with individuals of a similar type. This is not an entirely satisfactory procedure, from a scientific point of view, but it is the only feasible method at the present time. Throughout the study we have tried to be as objective as possible in evaluating his strengths as well as his weaknesses.

All plain numbers in parentheses refer to the page of The Hitler Source-Book, a companion volume in which the original material is to be found together with the complete reference. Numbers in parentheses preceded by M. K. or M. N. O. refer to pages in Mein Kampf and My New Order, respectively. A detailed Index to the original material is to be found at the beginning of the Source-Book. A complete Bibliography is appended to this study.

It is hoped that the study may be helpful in gaining a deeper insight into Adolph Hitler and the German people and that it may serve as a guide for our propaganda activities as well as our future dealings with them.

Walter C. Langer
CONSULTANT, M. O. BRANCH, OSS

HITLER ANALYSIEREN William Donovan gab dieses psychologische Gutachten über Hitler in Auftrag. Er „wollte wissen, was Hitler dachte, bevor er es dachte".

STEILE KARRIERE Allen Dulles, hier auf seinem OSS-Ausweis, wurde später Direktor der Central Intelligence Agency (CIA).

WEGWEISEND Diese Karte der Salomonen war eine von Tausenden, die von der vielbeschäftigten OSS-Kartenabteilung (oben) für die Regierung und die Streitkräfte angefertigt wurden. Allein 1944 erhielt die Abteilung eine Million Anfragen nach Karten von Offizieren oder Beamten.

SPEZIALAUSRÜSTUNG

Als sich OSS-Chef William Donovan um den Chemiker und Erfinder Stanley Lovell (rechts) zur Leitung der Abteilung Forschung und Entwicklung bemühte, meinte er, er wolle jemanden, der so gerissen sei wie Professor Moriarty, der finstere Widersacher von Sherlock Holmes. „Ich würde den Auftrag gerne annehmen", entgegnete Lovell, „aber schmutzige Tricks stehen nicht im amerikanischen Ethikkodex." Wenn er so naiv sei zu glauben, erwiderte Donovan, dass den Amerikanern nicht jeder Trick recht wäre, um ihre Todfeinde zu besiegen, dann „sind Sie nicht mein Mann". Lovell nahm an und entwickelte zum Beispiel die baseballförmige BEANO-Handgranate (unten rechts), getarnte Schusswaffen, Wahrheitsträn-ke und Giftpillen. Lovells Botschaft an seine Mitarbeiter war genau das, was Donovan bestellt hatte: „Lassen Sie Ihre Gesetzestreue zu Hause. Hier erhalten Sie die Chance, die Hölle heraufzubeschwören."

ENTWICKLUNGSCHEF **Der Chemiker und Erfinder Stanley Lovell war Leiter der Forschungs- und Entwicklungsabteilung des OSS.**

Ideen für außergewöhnliche neue Waffen kamen nicht nur von ihm, sondern auch von Präsident Roosevelt, der einen Brief eines Zahnarztes aus Pennsylvania an Donovan weiterleitete, in dem er vorschlug, Fledermäuse mit kleinen Brandsätzen zu bestücken und über Japan freizulassen, wo sie in Holzgebäuden nisten und sie in Brand stecken sollten. Diese sogenannten Fledermausbomben wurden mit gemischten Ergebnissen getestet, bevor das Projekt 1944 aufgegeben wurde. Andere Geistesblitze kamen nie über das Labor hinaus, darunter Lovells Vorschlag, weibliche Hormone in Gemüse zu injizieren, das Hitler verzehrte, damit er seinen Schnurrbart verlor. Mehrere Waffen, die von der Abteilung entwickelt oder in Auftrag gegeben worden waren, erwiesen sich jedoch als besser geeignet, zum Beispiel die High-Standard-Pistole vom Kaliber .22 (rechte Seite) mit eingebautem Schalldämpfer. Lovell zufolge demonstrierte sein Chef diese Pistole im Oval Office, indem er sie in einen Sandsack abfeuerte, während FDR ihm den Rücken zuwandte. Echt beeindruckt sagte Roosevelt zu Donovan, der der gegnerischen Partei angehörte: „Du bist der einzige Republikaner, den ich hier mit einer Waffe reinlassen würde."

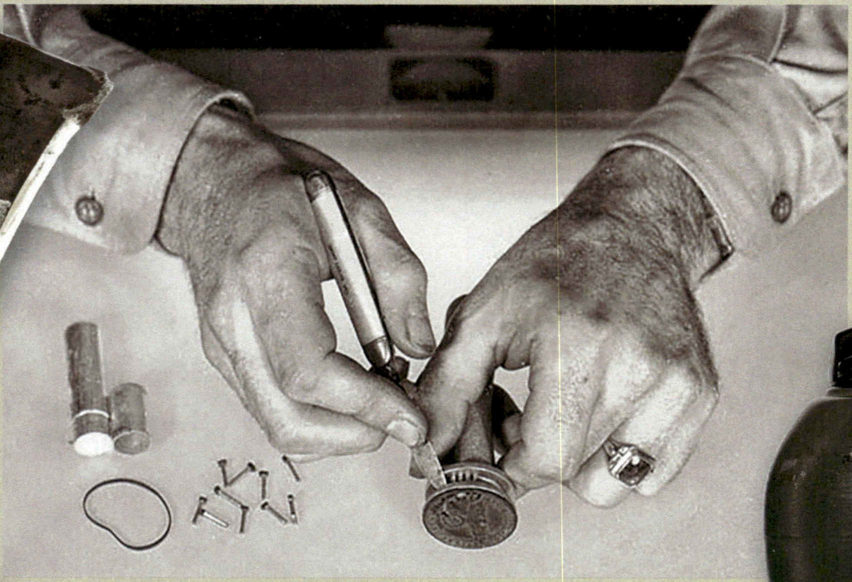

HANDWERKSKUNST **In präziser Handarbeit (links) entstanden neuartige Waffen wie die BEANO-Handgranate (unten), die wie ein Baseball geworfen wurde und beim Aufprall explodierte.**

BAHN FREI **Mit dieser Spezialmachete (links) sollten sich OSS-Agenten in Asien einen Weg durch den Dschungel bahnen.**

STARS AND STRIPES Dieses „Blood Chit" wurde an OSS-Agenten in China, Indien und Burma ausgegeben. Es handelte sich um ein Stück Stoff, auf dem in verschiedenen Sprachen darum gebeten wurde, im Falle von Verwundungen Hilfe zu leisten.

GEFAHR IM STRASSENVERKEHR Eine der vier Stahlspitzen dieses Krähenfußes zeigte immer nach oben, wenn er auf eine Straße geworfen wurde, um die Reifen feindlicher Fahrzeuge zu durchlöchern.

STILLE BEDROHUNG Diese Pistole vom Kaliber .22 wurde von High Standard Firearms für die OSS angefertigt. Sie verband hohe Durchschlagskraft mit maximaler Schalldämpfung.

VERSTECKTER KOMPASS Lovells Team entwarf auch diesen Uniformknopf (oben), in dem ein Miniaturkompass verborgen war. Er war für Ausbrecher oder Agenten gedacht, die im Feindesland gestrandet waren.

FROSCHMÄNNER OSS-Taucher führen neuartige Atemgeräte vor. Sie wurden vom Maritime Unit, einer separaten Abteilung innerhalb der OSS, entwickelt, die auch Wasserfahrzeuge zur Sabotage feindlicher Schiffe konstruierte.

SCHWARZE PROPAGANDA

Im Gegensatz zum Office of War Information, das sich mit öffentlicher Propaganda befasste und amerikanische Nachrichten und Ansichten in besetzten Gebieten verbreitete, betrieb das OSS sogenannte schwarze Propaganda, die so manipuliert war, als stamme sie aus dem feindlichen Gebiet. Eine ganze Abteilung, Morale Operations (MO), untergrub die Moral gegnerischer Soldaten und Zivilisten, indem sie subversive Nachrichten in der Sprache des Feindes in die Welt setzte. Deutsche Soldaten wurden durch den „Soldatensender West", einen ursprünglich britischen Sender, manipuliert. Zu hören war dort unter anderem Marlene Dietrich (unten), deren Interpretation des Liedes „Lili Marleen" über einen Soldaten, der von seiner Liebsten getrennt wurde, bei den kriegsmüden Männern den Nerv der Zeit traf. In Deutschland wurde das Lied zwischenzeitlich verboten, gehört wurde es trotzdem.

Kaum eine MO-Aktion war ausgeklügelter als die Operation Cornflakes, die spät im Krieg durchgeführt wurde, als Hitlers Autorität bereits zu bröckeln begann. Nach einem Bombenangriff, bei dem ein deutscher Postzug zerstört wurde, warfen alliierte Flugzeuge entlang der Gleise Postsäcke mit der Zeitschrift *Das Neue Deutschland* ab, einer Anti-NS-Zeitung, die scheinbar deutschen Ursprungs war, aber vom OSS produziert wurde. Die Zeitschriften steckten in Umschlägen, die mit gefälschten, aber echt wirkenden deutschen Briefmarken frankiert waren, in der subversiven Absicht, dass sie eingesammelt und von der Reichspost zugestellt würden. Im Innern fand der Adressat dann eine weitere Briefmarke, ausgegeben von „Futsches Reich", die Hitler als Totenkopf darstellte (rechte Seite). Man geht jedoch davon aus, dass nur die allerwenigsten Umschläge die Kontrollen der Reichspost überwunden haben. ✪

DIE MACHT EINES STARS Marlene Dietrich, hier bei Kriegsende im besetzten Deutschland, wurde 1939 US-Bürgerin und ein Star unter US-Soldaten. Das OSS versah einige ihrer bekanntesten deutschen Lieder mit subversivem Text und sendete sie im Radio, um die Moral der Wehrmacht zu untergraben.

KRIEG DER WORTE Auf dieser Maschine im Büro des OSS in Rom, das im Juni 1944 eingerichtet wurde, druckte die Abteilung Morale Operations das Material für die Operation Cornflakes. Hier entstanden auch Antikriegs-Flugblätter, die von eigens dafür freigelassenen, kooperierenden deutschen Kriegsgefangenen hinter den feindlichen Linien verbreitet wurden.

POSTALISCHER ANSCHLAG Fälscher der Operation Cornflakes stellten Tausende von 12-Pfennig-Briefmarken wie die links abgebildete her, die der echten Briefmarke der Reichspost täuschend ähnlich sahen. Mit diesen Briefmarken wurden Umschläge mit Anti-NS-Propaganda frankiert. Die Briefmarken mit Hitler als Totenkopf und der Aufschrift „Futsches Reich“ (oben) wurden nur im Inneren mancher Umschläge versteckt, um die Aktion nicht zu gefährden.

IM HERZ DES FEINDES

Die Abteilung Special Operations (SO) des OSS sollte das ausführen, was William Donovan unter „aggressiven Maßnahmen" verstand. Wie die Agenten der britischen SOE operierten SO-Agenten hinter den feindlichen Linien und unterstützten oder organisierten Angriffe von Partisanen. In Jugoslawien standen OSS-Spezialagenten Widerstandskämpfern bei der Bekämpfung der deutschen Streitkräfte zur Seite oder evakuierten abgeschossene alliierte Piloten. In Burma bewaffneten und schulten Offiziere der OSS-Abteilung 101 die Kachin-Guerillas (unten), die für jeden ihrer eigenen Verluste zwei Dutzend japanische Besatzer getötet haben sollen. In Norwegen sprangen OSS-Kommandos unter der Führung von William Colby mit dem Fallschirm ab (rechte Seite) und stießen auf Skiern vor, um Bahnlinien zu sabotieren und deutsche Divisionen in Norwegen zu beschäftigen, während die Alliierten gen Deutschland marschierten. Dwight Eisenhower, der Alliierte Oberbefehlshaber, erklärte am Ende des Krieges, der Wert solcher Operationen des OSS sei „so groß gewesen, dass man nicht an seine Auflösung denken sollte". Dennoch wurde das OSS Ende 1945 aufgelöst, aber sein Geist – und sein Personal – lebten in der CIA weiter.

TSCHETNIKS OSS-Offiziere und serbische Partisanen (unten) 1944 auf dem Weg ins Lager des Tschetnik-Führers Draza Mihailovic, dessen Männer dem OSS bei der Rettung abgestürzter alliierter Piloten in Jugoslawien halfen.

DSCHUNGELPATROUILLE Angehörige des Volkes der Kachin, 1944 auf Patrouille im Dschungel (links), wurden von der OSS-Abteilung 101 in Burma rekrutiert und bewaffnet, um gegen die japanischen Besatzer zu kämpfen. Sie wateten in Bächen und seichten Flussläufen, um keine Spuren zu hinterlassen.

FALLSCHIRMJÄGER Major William Colby (stehend hinten rechts) und sein OSS-Kommando bereiten sich Anfang 1945 darauf vor, über Norwegen abzuspringen, das von der Wehrmacht besetzt ist (rechte Seite). Die meisten der Männer in Colbys Truppe waren Norweger.

SIGNAL CORPS
U.S. ARMY

KAPITEL 3

EUROPA IM WIDERSTAND

IN DER SCHUSSLINIE Deutsche Soldaten inszenieren eine Scheinexekution, um den französischen Widerständler Georges Blind zum Reden zu bringen. Wie viele andere aus dem Widerstand verlor er schließlich sein Leben.

GEHEIME KRIEGER

Noor Inayat Khan war keine geborene Agentin. Ihr Vater Hazrat Inayat Khan gründete die Internationale Sufi-Bewegung, eine mystische Form des Islam, die Gewaltlosigkeit predigte. Sie war Musikerin und Kinderbuchautorin in Paris, bevor sie 1940 vor den Deutschen floh und sich mit ihrer verwitweten Mutter, einer Amerikanerin, in London niederließ. Nach einer Ausbildung zur Funkerin bei der Women's Auxiliary Air Force (WAAF) wurde Vera Atkins auf sie aufmerksam, die bei der französischen Sektion (Sektion F) der Special Operations Executive (SOE) die weiblichen Agenten führte. Ab 1942 setzten Atkins und Maurice Buckmaster, der Chef der Sektion F, Frauen als Kuriere für den französischen Widerstand ein. Weibliche Kuriere wurden nicht so oft angehalten und durchsucht wie Männer, aber sie begaben sich ebenso in Lebensgefahr. Nun plante die Sektion F, Frauen als Funkerinnen für die Résistance einzusetzen. Noor Inayat Khan sollte die erste Frau sein, die der SOE in dieser Funktion in Frankreich diente, aber bevor sie Mitte 1943 zu diesem gefährlichen Auftrag aufbrach, musste Atkins ganz sicher sein, dass sie der Aufgabe gewachsen war.

GUT VERSTECKT Die SOE-Agentin Noor Inayat Khan (rechte Seite), die 1943 nach Frankreich eingeschleust wurde, um als Funkerin für den Widerstand zu arbeiten, verbarg ihre Ausrüstung in einem Koffer wie dem hier abgebildeten. Er enthielt ein britisches Funkgerät vom Typ A Mark III mit rund 800 Kilometer Reichweite.

NAME: NOOR INAYAT KHAN
BERUF: BRITISCHE AGENTIN
EINSATZGEBIET: BESETZTES FRANKREICH

CHRONOLOGIE

DEZEMBER 1941 Deutsche Truppen werden vor Moskau gestoppt und zurückgedrängt. Es folgt ein erbitterter, langwieriger Stellungskrieg, der das Reich ausbluten lässt. Gleichzeitig steigt der Bedarf nach Arbeitskräften und Ressourcen aus den von Deutschland besetzten Ländern.

JANUAR 1942 Reinhard Heydrich, der Leiter des Reichssicherheitshauptamts, schlägt auf der Wannseekonferenz die „Endlösung" vor, den geheimen Plan der Nazis zur Ausrottung der europäischen Juden.

APRIL 1942 Die SOE wird ermächtigt, Frauen als britische Agentinnen in das besetzte Frankreich einzuschleusen, um Widerstandsgruppen zu unterstützen und zu bewaffnen.

JUNI 1942 Heydrich wird in einer verdeckten Operation der tschechischen Exilregierung in London und der SOE in Prag von tschechischen Kommandos ermordet.

AUGUST 1942 Offiziere der deutschen Spionageabwehr zerschlagen in Berlin einen Spionagering, der wegen seiner Verbindungen nach Moskau als „Rote Kapelle" bekannt ist.

NOVEMBER 1942 Die alliierten Truppen dringen in das französische Nordafrika ein. Dies veranlasst Hitler, die Vichy-Zone in Südfrankreich zu besetzen und die volle Kontrolle über Frankreich zu übernehmen.

JUNI 1943 Der französische Résistance-Führer Jean Moulin wird vom Gestapo-Chef von Lyon, Klaus Barbie, ergriffen und zu Tode gefoltert.

Die Berichte, die Atkins von ihren SOE-Ausbildern über die 29-jährige Rekrutin erhielt, weckten durchaus Zweifel, ob jemand, der so ehrlich und gewissenhaft war wie Khan, verdeckt arbeiten könnte. „Sie gibt zu, dass sie nur ungern etwas ‚Verlogenes' machen würde", bemerkte ein Ausbilder. „Sie hat ziemlich viel Angst vor Waffen, arbeitet aber ernsthaft daran, darüber hinwegzukommen", schrieb ein anderer. Atkins maß dem keine große Bedeutung zu. Sie brauchte eine Agentin, die Codes lernte und schnell und präzise Nachrichten absetzte – Aufgaben, bei denen Khans musikalische Fähigkeiten als Harfenistin von Vorteil waren. Für Atkins kam es darauf an, dass sich Khan voll und ganz auf einen Auftrag einließ, der tödlich enden könnte, wenn sie erwischt würde. Fast jede vierte weibliche SOE-Agentin, die im besetzten Europa agierte, kam ums Leben, und das Risiko, verhaftet, gefoltert und hingerichtet zu werden, war an Orten wie Paris, die vor Gestapo-Leuten wimmelten, noch größer. Nicht ohne Grund wurden SOE-Agenten Zyanidkapseln angeboten, bevor sie ihre Mission antraten.

Khan hatte sich freiwillig bei der SOE gemeldet, weil sie „etwas Aktiveres zum Krieg beitragen wollte, etwas, das mehr Opfer erforderte". Als ihre Ausbildung zu Ende ging und sich ihr Weggang abzeichnete, wurde sie jedoch nervös. Zwei Agenten, die ihr nahestanden, wandten sich schriftlich mit der Bitte an Atkins, Khan nicht mit Aufgaben zu betrauen, die sie schwer zu belasten schienen. Atkins traf sich privat mit Khan und teilte ihr mit, dass es noch nicht zu spät sei, den Auftrag abzusagen, ohne jeden Makel in ihrer Akte. Doch Noor wollte keinen Rückzieher machen. Sie beunruhige nicht das Risiko, ihr Leben zu verlieren, erklärte sie, sondern wie sich dieser Verlust auf ihre Familie auswirken könnte. Seit dem Tod ihres Vaters habe sie sich für ihre jüngeren Geschwister und ihre Mutter verantwortlich gefühlt. Der Mutter war nur gesagt worden, dass sie bald im Ausland dienen würde, angeblich in Afrika. Noor bat darum, dass ihre Mutter im Falle ihres Verschwindens nicht informiert würde, es sei denn, ihr Tod würde bestätigt.

Atkins entsprach dieser Bitte und kam zu dem Schluss, dass Noor zum Dienst und zu allen erforderlichen Opfern bereit sei. Es half in diesem Fall, dass die Agentin und ihre Führungsoffizierin einen ähnlichen Hintergrund hatten. Beide waren als Flüchtlinge nach England gekommen. Kaum jemand, der die 34-jährige Atkins kannte, die perfekt Englisch sprach und durch und durch britisch wirkte, wusste, dass sie als Vera Rosenberg in Rumänien geboren worden war, das während des Zweiten Weltkriegs auf der Seite Deutschlands stand. Als Tochter eines deutschen Geschäftsmannes und seiner britisch-südafrikanischen Frau, die beide Juden waren, lebte sie ein privilegiertes Leben in Bukarest, wo britische Diplomaten und Spione sowie der deutsche Botschafter zu ihren Freunden und Bewunderern gehörten – bis in den 1930er-Jahren antisemitische Faschisten der Eisernen Garde Rumäniens dort an Stärke gewannen. 1937 floh sie nach London und passte den Mädchennamen ihrer Mutter, Etkins, an, um Vera Atkins zu werden. Aufgrund ihrer rumänischen Herkunft konnte sie keine Arbeit im Krieg finden, bis Maurice Buckmaster ihre Sprachkenntnisse – darunter fließendes Französisch, das sie sich an der Sorbonne aneignete – bemerkte und sie 1941 erst als Sekretärin,

AGENTENWAFFE Diese Webley M1907 6,35-mm-Pistole ließ sich leicht in einer Tasche oder Handtasche mitführen. Sie wurde von der SOE an Noor Inayat Khan ausgegeben, die eine Abneigung gegen Waffen hegte, aber wie alle anderen Mitarbeiter der Abteilung zum Schießtraining antrat.

dann als persönliche Assistentin einstellte. Nach dem Tod eines britischen Fliegers, dem sie nahestand, blieb sie mit ihrer Arbeit verheiratet und lebte bei ihrer verwitweten Mutter, die wie Noor Inayat Khans Mutter nichts vom geheimen Leben ihrer Tochter wusste.

Atkins kümmerte sich um all ihre „Mädchen" und legte Wert darauf, sie bei ihren gefährlichen Aufgaben persönlich zu verabschieden. Aber sie hatte Grund zu besonderer Sorge, als sie Noor am 16. Juni 1943 nach Tangmere begleitete, einem Flugplatz nahe der Südküste Englands. Eine einmotorige Lysander, die auf kurzen Pisten im ländlichen Frankreich landen konnte, sollte sie und drei weitere Agenten an ihr Ziel bringen. Das Agentennetz, in das sie eingeschleust werden sollte, war das größte der SOE in Frankreich. Sein Anführer, Francis Suttill, Deckname Prosper, war in Sorge, da er kurz zuvor Verluste erlitten hatte, die seiner Meinung nach nur durch Unachtsamkeit oder einen Verräter verursacht worden sein konnten. Suttill, geboren in Frankreich, Mutter Französin, Vater Engländer, war in England aufgewachsen und sprach kein fehlerfreies Französisch mehr, als er 1942 als SOE-Agent in sein Heimatland zurückkehrte, um den Widerstand gegen die deutschen Besatzer zu organisieren. Seine wichtigste Verbündete war Andrée Borrel, eine

TÖDLICHE DOSIS Zyanidkapseln wie diese (rechts) wurden routinemäßig an Agenten ausgegeben. Aber viele, die dem Feind in die Hände fielen, wurden daran gehindert, Selbstmord zu begehen, oder entschieden sich dagegen.

SPEZIALAUFTRAG Die Westland Lysander war für die SOE das Flugzeug der Wahl, um Agenten ins besetzte Europa zu fliegen. Sie konnte auch auf abgelegenen und unebenen Pisten sicher landen. Ihr hinteres Cockpit war für einen Passagier ausgelegt, aber manchmal zwängten sich auch zwei oder drei Agenten hinein.

„ATKINS' MÄDCHEN"

Die Sektion F der SOE schickte insgesamt 39 Agentinnen nach Frankreich. Die erste war die Amerikanerin Virginia Hall, die auf eigene Initiative dort tätig wurde, noch bevor die SOE 1942 die Genehmigung erhielt, Frauen als Agentinnen zu rekrutieren. Alle, die ihr folgten, darunter die sechs Frauen auf diesen Seiten, wurden als „Atkins's Girls" bekannt. Vera Atkins (rechts) war eine starke Persönlichkeit, um alle der etwa 400 in Frankreich eingesetzten SOE-Agenten besorgt, aber für ihre „Mädchen" fühlte sie sich persönlich verantwortlich. Die Wahrscheinlichkeit, dass diese Frauen den Krieg überlebten, war in der Tat deutlich geringer als die der Männer, die in den regulären britischen Truppen dienten.

VERA ATKINS
Maurice Buckmasters „rechte Hand" in der Sektion F war ein Vorbild für weibliche Agenten.

Atkins und ihr Vorgesetzter Maurice Buckmaster suchten Frauen, die akzentfrei Französisch sprachen. Viele, die sich qualifizierten, waren in Frankreich aufgewachsen oder hatten dort studiert, bevor sie im Angesicht des Krieges nach Großbritannien gingen. Einige schlossen sich dort der First Aid Nursing Yeomanry (FANY) an, wo sie Krankenwagen fuhren, aber auch – in einer geheimen Abteilung – den Funkverkehr mit SOE-Agenten im Ausland abwickelten. Eileen Nearne zum Beispiel hatte in Frankreich studiert und kehrte 1940 nach England zurück, wo sie sich dieser Geheimabteilung der FANY anschloss, bevor sie zur Sektion F kam. Ihre ältere Schwester Jacqueline war zu diesem Zeitpunkt bereits SOE-Kurierin in Frankreich und wollte nicht, dass ihre jüngere Schwester dort in Gefahr geriet. Eileen bestand jedoch darauf, wurde gefasst, gefoltert und landete im KZ. Sie überlebte, war aber so traumatisiert, dass sich Jacqueline jahrelang um sie kümmern musste.

Die meisten SOE-Funker waren nur ein oder zwei Monate in Frankreich tätig, bevor sie gefasst oder abgelöst wurden. Yvonne Cormeau hingegen hielt über ein Jahr lang durch. Sie hatte ihre kleine Tochter kurzerhand der Hausmeisterfamilie anvertraut und war 1943 mit dem Fallschirm über Frankreich abgesprungen. Ihrer Gefangennahme entging sie, indem sie ihre Nachrichten kurz hielt und sich mit ihrem Koffer-Funkgerät ständig bewegte.

Andere Frauen waren bereits versierte Agentinnen, als sie zur SOE kamen. Christine Granville hatte als Kontakt zwischen dem Widerstand in ihrem Heimatland Polen und dem britischen Geheimdienst fungiert. Nancy Wake, in Neuseeland geboren und in Australien aufgewachsen, lebte mit ihrem Mann in Marseille, als der Krieg ausbrach. Sie half alliierten Piloten bei der Flucht ins neutrale Spanien, bevor sie sich selbst dorthin absetzte. Sie wurde nach Frankreich zurückgeschickt, um die Widerstandsgruppe Maquis mit Waffen zu vesorgen, und gewann den Respekt dieser harten Kämpfer, indem sie selbst zur Waffe griff. Sie kämpfte, sagte einer von ihnen, „wie fünf Männer".

Die Kurierin Odette Sansom wurde 1943 zusammen mit dem SOE-Offizier Peter Churchill verhaftet. Sie log, Peter sei ihr Ehemann und ein Neffe von Winston Churchill. Beide kamen mit dem Leben davon. Violette Szabo hatte weniger Glück. Sie wurde 1944 geschnappt, nachdem sie einem Maquis-Führer geholfen hatte, zu entkommen. Sie wurde im Januar 1945 hingerichtet und war eine von 13 Frauen der SOE, die nach Frankreich geschickt wurden und nie zurückkehrten. Nach dem Krieg untersuchte Vera Atkins ihr Schicksal und auch jenes der über hundert Männer der Sektion F, die im Kampf starben, und sammelte Beweise gegen deutsche Offiziere, die wegen Kriegsverbrechen vor Gericht gestellt wurden.

CHRISTINE GRANVILLE
Nahm Rache für die Ermordung ihrer jüdischen Mutter in Warschau.

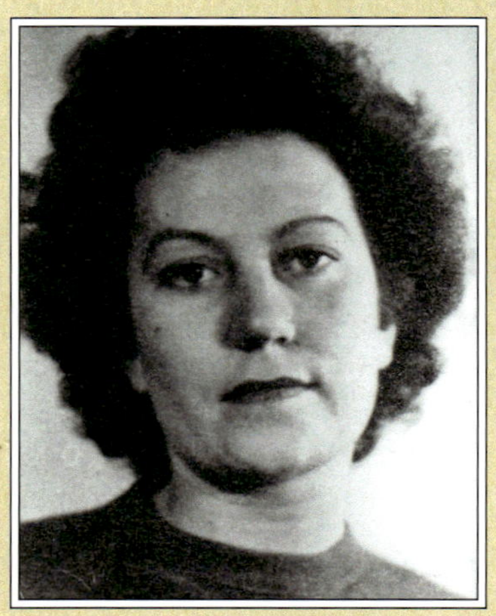

EILEEN NEARNE
Kam mit gerade mal 22 Jahren zur SOE. Die KZ-Haft zeichnete sie ihr Leben lang.

NANCY WAKE
Die eisenharten Maquis-Kämpfer nannten sie „eine von uns".

ODETTE SANSOM
Ihre Undercover-Arbeit mit Peter Churchill war die Vorlage für den Film *Odette*.

VIOLETTE SZABO
Starb für die Freiheit Frankreichs. Laut Sansom „die Tapferste von uns allen".

YVONNE CORMEAU
Eine der besten „Pianistinnen", die je für die SOE als Funkerin tätig war.

Französin, die sich als eine der ersten weiblichen Agenten der Sektion F anschloss. Sie gab sich als seine Schwester aus, begleitete ihn und übernahm einen Großteil der Gespräche bei der Suche nach französischen Rekruten. Kurz vor Kahns Abreise wurden zwei französische Schwestern verhaftet, die einen sicheren Unterschlupf für Suttill betrieben, und in London wuchsen die Sorgen. Die junge Agentin Noor Inayat Kahn machte sich auf den Weg, mit einem Geschenk von Atkins in der Tasche – einer silbernen Brosche in Form eines Vogels.

DIE WURZELN DES WIDERSTANDES

Die SOE und andere alliierte Organisationen, die im besetzten Europa operierten, hätten ohne die Hilfe der dortigen Widerstandsbewegungen wenig erreichen können. Für die Franzosen und Belgier hatte der deutsche Einmarsch 1940 bittere Erinnerungen an den Angriff 1914 geweckt. Doch Hitlers Offensive war weitaus verheerender als der Angriff der Deutschen im Ersten Weltkrieg. Binnen kurzer Zeit stand ein großer Teil Westeuropas, von Norwegen bis hinunter nach Zentralfrankreich, unter deutscher Besatzung. Südfrankreich überließ Hitler der gefügigen Vichy-Regierung unter der Führung von Marschall Philippe Pétain, der „zur Wahrung der französischen Einheit den Weg der Kollaboration" beschritt. Doch von Einheit konnte keine Rede sein. Die Vichy-Regierung spaltete das Land in zwei unversöhnliche Lager, indem sie die Kollaboration legitimierte und jene, die mit den Deutschen Geschäfte machten, gegen all die anderen aufbrachte, die die Besatzer verachteten und sich ihnen widersetzten.

Der französische Widerstand begann mit kleinen, symbolischen Handlungen. In Paris machte ein Händler das Vichy-Regime lächerlich, indem er im Schaufenster seines Geschäfts ein hübsches Porträt von Pétain mit der Aufschrift „Verkauft" ausstellte. Keine Einschüchterungs- oder Überwachungmaßnahme hinderte die Widerstandskämpfer daran, über Nacht deutsche Plakate zu verunstalten oder Wände mit patriotischen Slogans wie „Vive de Gaulle" zu Ehren von General Charles de Gaulle zu bepinseln, dem Führer der freien französischen Exilregierung in London. De Gaulles Anhänger kämpften unter dem Lothringerkreuz als Zeichen des Widerstands gegen Deutschland, in Erinnerung an die Rückeroberung Elsass-Lothringens am Ende des Ersten Weltkriegs und um dem Hakenkreuz etwas Adäquates entgegenzusetzen. Die Bewohner von Paris wurden mit Flugblättern davor gewarnt, sich mit den Deutschen zusammenzutun. „Sie sind keine Touristen, sie sind Eroberer", stand dort zu lesen. „Wenn einer Sie auf Deutsch anspricht, zucken Sie ratlos mit den Achseln und gehen Sie Ihrer Wege."

„Sie sind keine Touristen, sie sind Eroberer ... Wenn einer Sie auf Deutsch anspricht, zucken Sie ratlos mit den Achseln und gehen Sie Ihrer Wege."

FLUGBLATT DER RÉSISTANCE, VERTEILT IM BESETZTEN PARIS

Gewaltsamer Widerstand in Form von Sabotage oder Angriffen auf deutsche Einrichtungen nahm in Frankreich zu, als der Druck auf die Menschen stärker wurde, für das Regime zu arbeiten und seine Kriegsanstrengungen zu unterstützen. Als Gegenleistung für die Freilassung französischer Kriegsgefangener wurden fast 600 000 Franzosen als Zwangsarbeiter nach Deutschland deportiert. Viele andere wurden gezwungen, beim Bau des Atlantikwalls mitzuhelfen, der die Landung alliierter Streitkräfte verhindern sollte. Tausende Franzosen schlossen sich zusammen und führten einen Guerillakrieg gegen deutsche und Vichy-Kräfte. Bekannt als »Maquisards« oder »Maquis«, erhielten sie von der SOE Waffen und Agenten, die in Sabotage ausgebildet waren. Über Radiosendungen der BBC, die scheinbar triviale Nachrichten enthielten, wurden verschlüsselte Informationen gesendet, wann und wo ein Agent oder eine Waffenlieferung eintreffen würde. Die Deutschen durchsuchten Wohnungen und beschlagnahmten Radios, aber die Widerständler waren geschickt darin, Radios, Waffen und anderes Material in gewöhnlichen Haushaltsgegenständen zu verstecken.

Belgien wurde den gleichen Verbechen und Demütigungen ausgesetzt wie Frankreich, darunter Zwangsarbeit und das Abschöpfen von Treibstoff, Nahrungsmitteln und anderen Ressourcen zur Versorgung von Hitlers Armee. Abgeschossene alliierte Bomberpiloten, die Belgien bei ihren Einsätzen auf Deutschland überflogen, wurden vom belgischen Widerstand über Frankreich nach Spanien geschmuggelt, wo Diktator Franco Hitler gefügig war,

EIN KONTINENT IN KETTEN Ende 1941 war ein großer Teil Europas von Deutschland besetzt. Viele andere Länder waren mit dem Deutschen Reich verbündet oder ihm untergeordnet, und selbst neutrale Nationen wie Schweden und Spanien konnten es sich kaum leisten, Hitler offen die Stirn zu bieten.

aber offiziell neutral blieb. Britische Diplomaten übenahmen die Männer und schleusten sie über Gibraltar nach Hause. Eine einzige belgische Familie, darunter Andrée „Dédée" de Jongh, ihr Vater Fréderic de Jongh und andere Verwandte, sorgte über einen ausgeklügelten Fluchtweg namens Kometenlinie dafür, dass Hunderte Flieger nach Spanien gelangten. Dédée organisierte zunächst sichere Unterkünfte in Belgien, wo die abgeschossenen Piloten Zivilkleidung und gefälschte Ausweispapiere erhielten. Um das Risiko zu minimieren, dass eine Verhaftung entlang des Fluchtwegs zur nächsten führte, bestand die Kometenlinie aus zahlreichen Übergabepunkten, deren Verantwortliche einander nicht bekannt waren. Einer gab sein „Paket" (den Flüchtigen) an einem bestimmten Ort ab, wo es nach einer bestimmten Zeit vom nächsten Fluchthelfer abgeholt wurde.

Dédée geleitete die Männer oft selbst über die Pyrenäen nach Spanien, unterstützt von einem zähen Basken namens Florentino. Ein Pilot, den sie eskortierten, erinnerte sich, Florentino habe „ein mörderisches Tempo vorgelegt, und wir blieben immer weiter zurück. Am Ende trugen Dédée und Florentino alle unsere Rucksäcke. Sie war stinksauer, dass wir nicht hinterherkamen; sie war eine zierliche Frau, aber ihre Kraft und ihr Mut waren unbeschreiblich." Michael Creswell vom MI9 – einer britischen Geheimdienstsektion, die abgeschossenen Piloten und Kriegsgefangenen bei der Flucht half – stellte Gelder für die

PATRIOTEN Widerstandskämpfer versammeln sich um ein Schild mit dem Lothringerkreuz und der Aufschrift „Franzosen sind wir, Franzosen werden wir bleiben". Als Symbol des französischen Stolzes und Trotzes während der deutschen Besatzung wurde das Lothringerkreuz auch Teil der Tricolore (oben links).

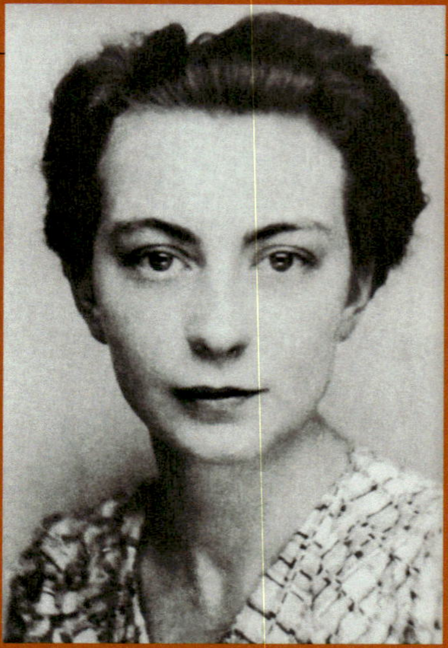

FLUCHT-KÜNSTLERIN Dédée de Jongh war Anfang 20, als sie mithilfe ihres Vaters und anderer Familienmitglieder die Kometenlinie organisierte und damit begann, abgeschossenen alliierten Piloten in Belgien bei der Flucht zu helfen. Sie begleitete mehr als hundert dieser Piloten persönlich über die Pyrenäen ins neutrale Spanien.

RETTUNGSWEGE Wie auf dieser Karte zu sehen ist, die die Routen der Kometenlinie (gestrichelt) und der O'Leary-Linie (durchgezogen) zeigt, nahmen beide Fluchtlinien ihren Anfang in Belgien oder Nordfrankreich, wo viele alliierte Flugzeuge auf dem Weg nach Deutschland abgeschossen wurden. Ihr Ziel war Spanien, wo britische Konsularbeamte sich in aller Stille um die Flüchtlinge kümmerten und sie über Gibraltar nach Hause brachten.

INKOGNITO Der Belgier Albert-Marie Guérisse, hier 1941 in Marseille, als er sich schon als Patrick O'Leary ausgab, war der Kopf einer Fluchtlinie nach Spanien. 1942 weitete er sein Netzwerk aus und sorgte dafür, dass britische Hochseetrawler Flüchtlinge nachts an der französischen Mittelmeerküste aufnahmen und sicher nach Gibraltar brachten.

Kometenlinie bereit und übernahm oft die „Pakete“, die Dédée und andere nach Spanien gebracht hatten. Die spanische Polizei verhaftete manchmal Flüchtlinge und ihre Helfer, aber Creswells Akkreditierung in der britischen Botschaft in Madrid bot ihm diplomatischen Schutz, wenn er Soldaten via Gibraltar und in die Freiheit eskortierte.

Eine noch wichtigere Rolle spielte der MI9 bei der sogenannten O'Leary-Linie. Ihr führender Kopf war Albert-Marie Guérisse, ein belgischer Sanitätsoffizier, der 1940 aus Dünkirchen nach England evakuiert worden war, wo er den Namen Patrick O'Leary annahm. Nachdem er sich freiwillig zum Dienst in der Royal Navy gemeldet hatte, wurde er während einer geheimen Mission an der Südküste Frankreichs von den Vichy-Streitkräften gefangen genommen. Dank Captain Ian Garrow, einem Schotten, gelang ihm die Flucht. Dessen Fluchthilfenetz in Marseille führte O'Leary weiter, nachdem Garrow im Oktober 1941 verhaftet wurde. Der MI9 schickte O'Leary einen Funker und half dabei, neue Fluchtstrategien zu entwickeln. Die Flüchtlinge wurden zunächst in einem sicheren Haus bei Perpignan an der Mittelmeerküste versteckt und dann nachts per Schiff nach Spanien gebracht. Die O'Leary-Linie, wie sie bald genannt wurde, war verwundbarer als die Kometenlinie, da viele ihrer Akteure einander kannten und ein einziger Überläufer Dutzende ans Messer liefern konnte. Schließlich wurden beide Organisationen an die Deutschen verraten, und viele Mitglieder fanden den Tod. Aber zusammen retteten sie fast 1500 Menschen, darunter viele Piloten, die sich erneut zum Einsatz meldeten und halfen, Europa zu befreien.

In ganz Westeuropa schlug den deutschen Besatzern Widerstand gegen ihre militärische Präsenz, die wirtschaftliche Ausbeutung und ihre hasserfüllte Rassenpolitik entgegen. In den Niederlanden wurden rund 35 000 der 140 000 Juden des Landes bei der Flucht unterstützt oder von Widerständlern versteckt, die, wurden sie geschnappt, oft dasselbe grausame Schicksal ereilte wie diejenigen, denen sie Unterschlupf gewährten. Johannes Bogaard, der auf seinem Bauernhof in der Nähe von Amsterdam Juden versteckte, berichtete, dass, wenn es keine Verstecke mehr für ganze Familien gab, Eltern ihre Kinder zurückließen, ohne zu wissen, ob sie sie jemals wiedersehen würden. „Können Sie sich vorstellen, was das für die Eltern bedeutete?“, sagte Bogaard später. „Ihre Trauer war schlimmer, viel schlimmer, als all die Gefahr, in die ich mich begeben habe.“

In Dänemark, das binnen eines Tages in deutsche Hände fiel, stieß der Versuch, Juden zu verhaften und zu deportieren, im Oktober 1943 auf konzertierten Widerstand. 7500 der rund 8000 Juden des Landes wurden versteckt und nach Schweden in Sicherheit gebracht. Diese erfolgreiche Rettungsaktion fachte den dänischen Widerstand an. Es kam zu Sabotageakten und einem Generalstreik in Kopenhagen, der zu offenen Straßenkämpfen führte und so weit ging, dass die Deutschen fast eine Woche Wasser und Strom in der Hauptstadt abstellten. Bis Kriegsende wurden etwa 2000 dänische Polizisten, die sich weigerten zu kooperieren, in Konzentrationslager geschickt.

Der Widerstand gegen das Deutsche Reich war nie ohne Risiko, aber besonders gefährlich war er in Osteuropa, und in Polen im Besonderen. Nachdem sich Hitler im Juni 1941 gegen Stalin gewandt hatte, ging die SS gnadenlos gegen alle echten oder mutmaßlichen Feinde des Reichs vor, die zwischen Deutschland und der Sowjetunion operierten. Hitlers Entschlossenheit, seine Ostflanke zu schützen und die dortige Opposition auszulöschen,

(weiter auf Seite 141)

„Am Ende trugen Dédée und Florentino alle unsere Rucksäcke. Sie war eine zierliche Frau, aber ihre Kraft und ihr Mut waren unbeschreiblich.“

EIN BRITISCHER PILOT, DEM DIE FLUCHT ÜBER DIE KOMETENLINIE GELANG

GENIALE VERSTECKE

Wer unter deutscher Besatzung lebte, sah sich starken Einschränkungen seiner persönlichen Freiheiten und einer ständigen Überwachung seines Alltagslebens ausgesetzt. Widerstandsgruppen im gesamten besetzten Europa wurden von Agenten des Reichssicherheitsdienstes und oft auch von ihrer eigenen Polizei verfolgt. Um nicht entdeckt zu werden, wurden ausgeklügelte Methoden entwickelt, um Waffen, Kameras und anderes in Alltagsgegenständen wie Büchern, Dosen oder Streichholzschachteln zu verstecken.

Neben dem Verstecken von Waffen und Ausrüstung für Sabotage und Spionage erdachten die Widerstandsgruppen vielfältige Möglichkeiten, um Informationen – und die Mittel zu ihrer Erlangung – geheim zu halten, darunter Anti-Nazi-Zeitungen oder Pamphlete und Funkgeräte, mit denen man geheime Botschaften versenden und empfangen oder Radiosendungen empfangen konnte. Da sämtliche Radiosender von den deutschen Behörden geschlossen oder zensiert wurden, waren alliierte Radiosender wie der Fremdsprachendienst der BBC und Washingtons Kurzwellensender Voice of America die letzte Hoffnung für Menschen, die nach Informationen hungerten, die über das hinausgingen, was die Nazipropaganda verbreitete. Wenn die Deutschen das Radio beschlagnahmten, dachten sich Widerstandskämpfer schlaue Wege aus, um aus zusammengeschnorrten Teilen Funkgeräte zu bauen und sie ebenso schlau zu verstecken. ✪

HOHLER ABSATZ Im sorgfältig gearbeiteten Fach im Absatz dieses Schuhs, der einer norwegischen Kurierin gehörte, konnte ein Dokument oder ein Mikrofilm verborgen werden.

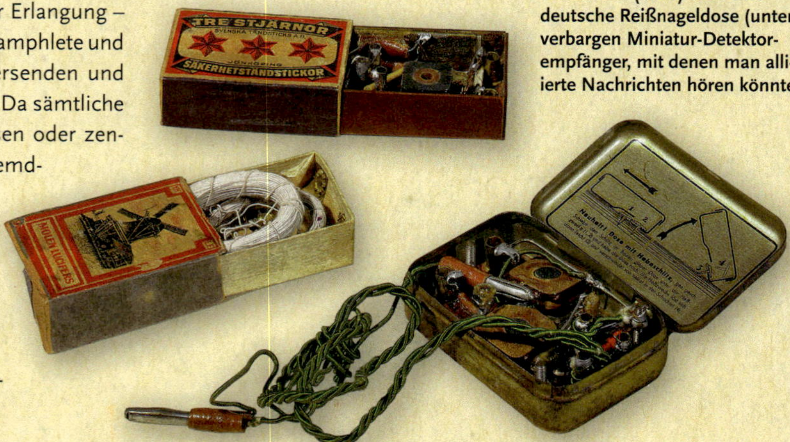

MINIEMPFÄNGER Streichholzschachteln (links) oder eine deutsche Reißnageldose (unten) verbargen Miniatur-Detektorempfänger, mit denen man alliierte Nachrichten hören könnte.

BRANDHEISSE NACHRICHTEN Untergrundzeitungen des norwegischen Widerstands wurden in ausgehöhlten Holzscheiten versteckt.

DOSENWARE Norwegische Widerstandskämpfer verschickten Mikrofilme in dieser Fischrogendose mit Geheimfach über das neutrale Schweden nach Großbritannien. Wurde die Dose geöffnet, kamen nur Fischeier zum Vorschein.

VERSTECKTE WAFFE Ein niederländischer Widerständler bediente sich dieses altehrwürdigen Verstecks, ausgehöhlte Seiten in einem Buch, um einen kleinen Taschenrevolver mitzuführen, ohne Aufmerksamkeit zu erregen.

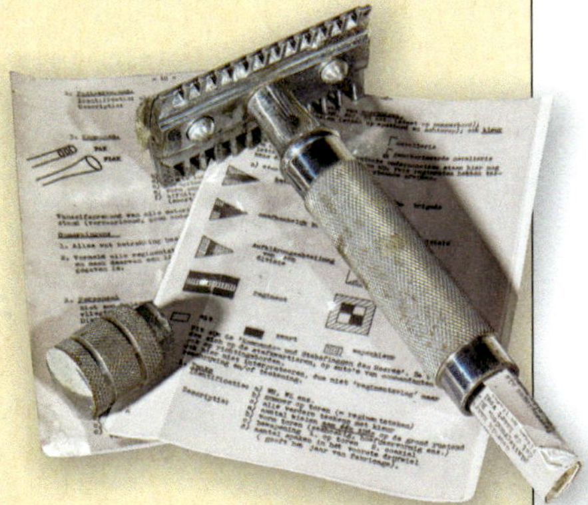

SPIONRASIERER Der hohle Griff dieses gewöhnlichen Rasierers enthält ein Dokument mit den deutschen Militärsymbolen.

VERSTECKTES RADIO Aus Norwegen stammt dieser in einem Firniskanister (rechts) versteckte Radiosender und -empfänger. Nahm man das Äußere ab, konnte das Radio (unten) an eine Stromquelle angeschlossen und mit einem Kopfhörer versehen werden.

GIFTIGER FÜLLER Dänische Techniker verbargen eine Giftampulle in diesem Füllfederhalter, dem „letzten Freund" eines gefangenen Spions oder Widerstandskämpfers. Das Giftetikett wurde wahrscheinlich nach dem Krieg hinzugefügt.

JOSEPHINE BAKER

Die in Frankreich zum Star aufgestiegene Josephine Baker revanchierte sich für den Ruhm, indem sie ihrer Wahlheimat im Zweiten Weltkrieg als Spionin und Kurierin diente. 1906 in St. Louis, Missouri, geboren, wurde Baker als 19-jährige Varietétänzerin in Harlem von einem französischen Talentscout entdeckt und nach Paris gebracht. Dort erhob sie den exotischen Tanz zu einer Kunstform, trat in Filmen auf wurde und in einer Weise vom Publikum hofiert, wie es in den rassisch gespaltenen Vereinigten Staaten nur wenige Afroamerikaner geschafft hatten. 1937 wurde sie französische Staatsbürgerin. Als sich der Krieg abzeichnete, wurde sie von Capitaine Jacques Abtey vom französischen Geheimdienst angesprochen. Er bat sie, ihre Kontakte zu Offizieren und Diplomaten aus verschiedenen Ländern zu nutzen und potenzielle Agenten der Achsenmächte oder französische Verräter auszuspionieren. Sie nahm bereitwillig an. „Frankreich hat mich zu dem gemacht, was ich bin“, sagte sie zu Abtey. „Das Volk von Paris hat mir alles gegeben. Es hat mir sein Herz gegeben, und ich habe ihm meins gegeben. Ich bin bereit, Capitaine, ihm mein Leben zu schenken.“

„Das Volk von Paris hat mir alles gegeben … Ich bin bereit, Capitaine, ihm mein Leben zu schenken.“

JOSEPHINE BAKER

DECKNAME:	KEINER
SPIONIN FÜR:	FRANKREICH
SPIONIN GEGEN:	DEUTSCHLAND

Baker und Abtey kamen sich näher, und er bat sie, nicht ihr Leben aufs Spiel zu setzen und als Agentin in Paris zu bleiben, als deutsche Truppen im Juni 1940 die Stadt besetzten. Die Rassenpolitik der Nazis hätte ihre Karriere dort ohnehin beendet, und sie floh in die Vichy-Zone, wo sie weiterhin gelegentlich öffentlich auftrat, während sie heimlich mit Abtey für Charles de Gaulles Forces françaises libres arbeitete. Anfang 1941 machten sie sich über Spanien auf den Weg nach Französisch-Nordafrika. Abtey reiste unter falschem Namen und gab sich als Bakers Presseagent aus, sie schmuggelte Dokumente über die Grenze zu Agenten der Befreiungsfront in Lissabon, darunter Fotos, die sie unter ihrer Kleidung versteckte, und Nachrichten, die mit Geheimtinte auf Notenblätter geschrieben waren. Sie fungierte weiterhin gelegentlich als Kurierin für den Widerstand in Nordafrika, und als Ende 1942 amerikanische Truppen dort landeten, unterhielt sie die Soldaten, bis ihr geliebtes Paris 1944 befreit wurde.

Nach dem Krieg wurde Josephine Baker zu Unrecht verdächtigt, eine Agentin der anderen Art zu sein. 1948 kehrte sie mit ihrem weißen Ehemann für einige Jahre in die USA zurück. Sie sprach sich dort wiederholt gegen die Rassentrennung aus und weigerte sich, in Nachtclubs mit Rassentrennung aufzutreten. Als ihr in Washington, D.C., verboten wurde, einen Trinkbrunnen zu benutzen, geriet sie in die Schlagzeilen. „Washington ist die Hauptstadt der Welt und sollte ein Beispiel für gelebte Demokratie sein. Schwarze Soldaten sterben in Korea für eine Demokratie, die diesen Namen nicht wert ist.“ Der Kolumnist Walter Winchell beschuldigte sie, eine antiamerikanische „Unruhestifterin“ zu sein, und drängte FBI-Direktor Hoover, Gerüchten nachzugehen, denen zufolge sie Kommunistin sei. Während eines Besuchs in Kuba 1953 wurde sie von der Militärpolizei verhaftet und verhört, vermutlich auf Geheiß des FBI. Schließlich kam das FBI zu dem Schluss, sie sei nicht „prokommunistisch“, sondern „pro-Negro“. Sie blieb eine stolze Bürgerin Frankreichs, das sie 1961 in die Ehrenlegion aufnahm und ihr für ihre Verdienste im Krieg das Croix de Guerre verlieh. ✪

machte er einige Monate nach dem Überfall auf die Sowjetunion deutlich, als er seinen obersten Vollstrecker schickte, um den Widerstand in der Tschechslowakei auszulöschen. Er schuf damit die Voraussetzung für den gewagtesten Angriff auf die Naziführung, der je in einem besetzten Land unternommen wurde.

DAS ATTENTAT AUF DEN HENKER VON PRAG

Im September 1941 traf Reinhard Heydrich, stellvertretender Reichsprotektor von Böhmen und Mähren, in Prag ein. Bereits 1938 hatte Hitler begonnen, die fragile und ethnisch vielfältige Tschechoslowakei zu zerschlagen, indem er das Sudetenland annektierte, die Slowakei zur Abspaltung und Unterwerfung veranlasste und die tschechischen Provinzen Böhmen und Mähren besetzte, um sie seinem Reich einzuverleiben. Deutsche Truppen marschierten im März 1939, ohne auf Widerstand zu stoßen, in Prag ein, nachdem Hitler Präsident Emil Hácha zum Rücktritt gezwungen hatte und verkündete, dass er „das Schicksal des tschechischen Volkes und des tschechischen Landes vertrauensvoll in die Hände des Führers gelegt" habe. Hacha blieb als Marionette in Prag, aber die wirkliche Macht lag bei dem 37-jährigen Heydrich, der den Reichsprotektor Konstantin von Neurath kommisarisch ablöste, einen älteren Diplomaten, den Hitler als zu schwach betrachtete, um die widerspenstigen Tschechen auf Linie zu bringen.

Heydrich hatte gegen Neurath intrigiert, um an diesen Posten zu kommen, weil er eine sichtbarere und mit mehr Macht ausgestattete Rolle spielen wollte. Als Chef des Reichssicherheitshauptamtes (RSHA) – zu dem die Gestapo, die Kripo und der für Operationen des Auslands- und Inlandsgeheimdienstes zuständige Sicherheitsdienst (SD) gehörten – war er nicht nur Staatsfeinden auf der Spur, sondern auch seinen Feinden in den eigenen Reihen. Manche vermuteten, dass sein eigentliches Ziel darin bestand, seinen Chef Heinrich Himmler und andere Spitzennationalsozialisten zu stürzen und schließlich Hitler als Führer abzulösen. Heydrich, der hinter den Kulissen bereits einer der gefährlichsten und gefürchtetsten Männer des Reichs war, hoffte, seine Macht und sein Ansehen zu stärken, indem er die öffentliche Arena betrat und unter den Tschechen aufräumte.

Er machte sich daran, „sein" Protektorat in einen willfährigen und produktiven Staat unter Führung der SS zu verwandeln, und regierte, wie er es nannte, „mit Zuckerbrot und Peitsche". Einerseits erhöhte er beispielsweise die Rationen, Löhne und Vergünstigungen für Arbeiter der florierenden Skoda-Munitionsfabrik, weil sie dazu beitrugen, die deutsche Offensive in Russland zu stärken. Die Industriesabotage ging unter Heydrich zurück, und die Produktion stieg, zum Teil, weil diese Anreize die Arbeiter gefügig machten, aber auch, weil sie die Peitsche fürchteten, die er schwang. Nach seiner Inthronisation als stellvertretender Reichsprotektor verhängte er das Kriegsrecht und ließ in den folgenden Monaten Tausende verhaften. Darunter befanden sich aktive Widerstandskämpfer, die der tschechischen Exilregierung in London treu ergeben waren, aber viele standen auch aus dem schlichten Grund auf Heydrichs Liste, weil sie einflussreiche Persönlichkeiten waren, die potenziell Ärger verursachten. Hier wie in Polen eliminierte die SS systematisch alle, die in der Lage sein könnten, eigenständige Führungspositionen einzunehmen, sodass nur Kollaborateure im Amt blieben. Mehr als 400 Tschechen wurden unter Heydrichs Regiment hingerichtet, mehrere tausend andere landeten in Konzentrationslagern.

TODESDROHUNG Miniatur-Holzsärge wie dieser wurden von der Résistance hergestellt, um Franzosen, die mit den Deutschen kollaborierten, daran zu erinnern, dass sie ihr Land verraten, ein Vergehen, auf das die Todesstrafe steht.

„Wir werden versuchen, dieses tschechische Ungeziefer zu germanisieren."

REINHARD HEYDRICH, SS-OBERGRUPPENFÜHRER UND REICHSPROTEKTOR VON BÖHMEN UND MÄHREN

Heydrich verbarg Säuberungsaktionen wie diese bewusst nicht vor der Öffentlichkeit; er wollte, dass die Tschechen zu dem Schluss kämen, dass Widerstand zwecklos sei. Andere Teile der mörderischen Naziagenda hielt er jedoch geheim, zuvorderst die „Endlösung der Judenfrage". Heydrich wurde damit beauftragt, die Vernichtung der Juden in den besetzten Gebieten zu organisieren, dieses Menschheitsverbrechen aber unter Verschluss zu halten. Das Narrativ, das verbreitet wurde, um den Holocaust zu verschleiern, bestand darin, dass die Juden „in den Osten umgesiedelt" würden – was die Wahrscheinlichkeit verringerte, dass sie sich widersetzten, und verhinderte, dass andere Nichtarier, darunter Millionen slawischer Tschechen, Slowaken und Polen, erkannten, dass auch sie als Untermenschen betrachtet wurden und sich in Todesgefahr befanden. Nachdem mehr als 100 000 tschechische Juden im „Ghetto Theresienstadt" – das nichts anderes war als ein Konzentrationslager – eingesperrt worden waren, begannen Heydrich und seine Männer, die rassische Zusammensetzung der übrigen Bevölkerung zu untersuchen. Haushaltsvorstände mussten Formulare mit ihren Vorfahren ausfüllen, und deutsche Ärzte untersuchten junge Tschechen auf arische Rassemerkmale, um zu entscheiden, wer erfolgreich ins Reich integriert werden könnte. „Wir werden versuchen, dieses tschechische Ungeziefer zu germanisieren", bemerkte Heydrich. Wer rassisch zu unrein war, um germanisiert zu werden, sollte bis zum Ende des Krieges für das Reich weiterarbeiten und dann entfernt werden. Hitler schlug vor, ihnen eine „Sonderbehandlung" zukommen zu lassen. „Sonderbehandlung" war gleichbedeutend mit Vernichtung.

TODFEIND Reinhard Heydrich, in Fechterkleidung mit den SS-Insignien auf dem Ärmel, ging gnadenlos gegen tschechische Dissidenten vor. Hitler bezeichnete ihn Ende 1941 als „einen der größten Gegner aller Feinde des Dritten Reichs".

All dies machte Heydrich zum Hauptziel von Edvard Beneš, dem ehemaligen tschechischen Präsidenten, der nun die Exilregierung führte. Beneš war 1938 nach London geflohen und hatte seitdem um die Anerkennung durch die Alliierten gekämpft, von denen die Wiederherstellung seines Landes nach Kriegsende abhing. Er verfügte über zwei Trümpfe, die ihm bei den alliierten Führern ein gewissen Respekt verschafften – eine kleine Exilarmee, bestehend aus etwa 3000 Soldaten, die nur darauf warteten, den Deutschen einen Schlag zu versetzen, und einen gut platzierten deutschen Spion namens Paul Thümmel. Thümmel, Abwehroffizier in Prag mit dem Ruf, ein glühender Nazi zu sein, verriet für kleine Zahlungen deutsche Kriegspläne und warf in London Fragen über sein wahres Motiv auf. Einige vermuteten, er sei ein Doppelagent, der die Tschechen mit falschen Hinweisen fütterte. Aber seine Berichte – darunter einer vom Mai 1941, in dem er die deutschen Vorbereitungen für den Überfall auf Russland im Detail beschrieb – erwiesen sich als so genau und wertvoll, dass die Alliierten zu dem Schluss kamen, er sei ein echter Fang, und Beneš das Verdienst zuschrieben, ihn an der Angel zu haben.

Wenige Tage nachdem Heydrich Reichsprotektor geworden war, versiegten die verschlüsselten Funksprüche, mit denen Thümmel seine Berichte nach London weiterleitete. Durch eine Operation in Zusammenarbeit mit der SOE, bei der tschechische Soldaten als Fallschirmspringer ausgebildet wurden, um mit Funkgeräten und Waffen zur Sabotage heimlich in ihr Land zurückzukehren, hoffte Beneš den Kontakt zu ihm wiederherzustellen.

Doch Beneš brauchte etwas Gewichtigeres als Sabotage- oder Spionageakte, um bei den Alliierten hinsichtlich seiner Glaubwürdigkeit zu punkten. Er schlug „eine spektakuläre Aktion gegen die Nazis vor – ein von unseren Fallschirmjägerkommandos in völliger Geheimhaltung ausgeführtes Attentat". Das Ziel war Heydrich, und Geheimhaltung war essenziell, nicht nur, um den Feind nicht zu alarmieren, sondern auch, um die Beteiligung der SOE und der Exilregierung zu verbergen. Weder Beneš noch die Briten wollten, dass dies als ein in London ausgeheckte Komplott betrachtet wurde, auch wenn es erfolgreich war. Die Deutschen hatten kurz zuvor die Ermordung eines örtlichen Kommandanten in Frankreich durch die Hinrichtung von 50 Geiseln gerächt, ein Attentat auf Heydrich würde einen weitaus höheren Blutzoll kosten. Jegliche Verantwortung für die Operation würde von den Organisatoren in London tschechischen Patrioten zugeschrieben werden, die spontan zur Verteidigung ihres Landes handelten.

Auf Jozef Gabčík und Jan Kubiš, die für den „Job" ausgewählt wurden, traf diese Beschreibung exakt zu. Beide waren aus ihrer Heimat geflohen, als Hitler die Tschechoslowakei zerschlug, hatten 1940 in Frankreich gegen die Deutschen gekämpft und waren dann nach England evakuiert wurden. Als das Attentat, Codename Operation Anthropoid, im Oktober 1941 geplant wurde, hatten Gabčík und Kubiš bereits ein SOE-Trainingslager in Schottland hinter sich, inklusive Fallschirmspringerausbildung und Unterweisung in Techniken des stillen Tötens durch Eric Anthony „Bill" Sykes, einen ehemaligen Polizisten aus Schanghai. Beide hatten sich freiwillig für die riskante Operation gemeldet. Kurz vor dem Abflug trafen sie mit Beneš und seinem Geheimdienstchef František Moravec zusammen. Moravec erinnerte sich später, dass Beneš „die historische Bedeutung" dessen, was die beiden Soldaten unternahmen, betonte: „Er wusste, dass dies eine Mission auf Leben und Tod war, und ich konnte sehen, dass er – wie ich – von der bewegenden Einfachheit, mit der sie ihr Los akzeptierten, gerührt war. Als er sich von ihnen verabschiedete, standen ihm Tränen in den Augen."

In der Nacht vom 28. Dezember 1941 flog ein Langstrecken-Halifax-Bomber, der so modifiziert war, dass er Fallschirmspringer absetzen

(weiter auf Seite 146)

DIE OPERATION BERNHARD

Die Idee, Großbritannien mit Falschgeld zu überschwemmen, um seine Wirtschaft zu zerstören, wurde Heydrich 1940 von Alfred Naujocks vorgeschlagen, der 1939 den Angriff auf den Radiosender Gleiwitz angeführt hatte. Nachdem Naujocks demonstriert hatte, dass es möglich war, überzeugende gefälschte Pfundnoten herzustellen, wurde 1942 die Operation Bernhard von SS-Major Bernhard Krüger eingeleitet. Krüger engagierte Fälscher aus verschiedenen Konzentrationslagern, unter anderem in Sachsenhausen, wo er eigens eine Werkstatt mit Druckmaschine einrichtete. Im Bewusstsein, dass ein Misserfolg ihren Tod bedeutete, stellten die Fälscher erstklassige britische Banknoten im Wert von 5, 10, 20 und 50 Pfund (unten) her. Direkt nach Großbritannien konnten die Banknoten nicht eingeführt werden, also wurden sie in den besetzten Ländern in Umlauf gebracht und zur Bezahlung deutscher Agenten verwendet. Einige fanden den Weg zur Bank of England, die sie als „die gefährlichsten aller Zeiten" bezeichnete. Aber ihre wirtschaftlichen Auswirkungen waren vernachlässigbar. Im Mai 1945 – nachdem sie Banknoten im Wert von fast 135 Millionen Pfund hergestellt hatten und kurz davor standen, hingerichtet zu werden – wurden die Sachsenhausener Fälscher von den Alliierten befreit. Sie überlebten nur, weil sie durch ihr Falschgeld Zeit gewonnen hatten. ✪

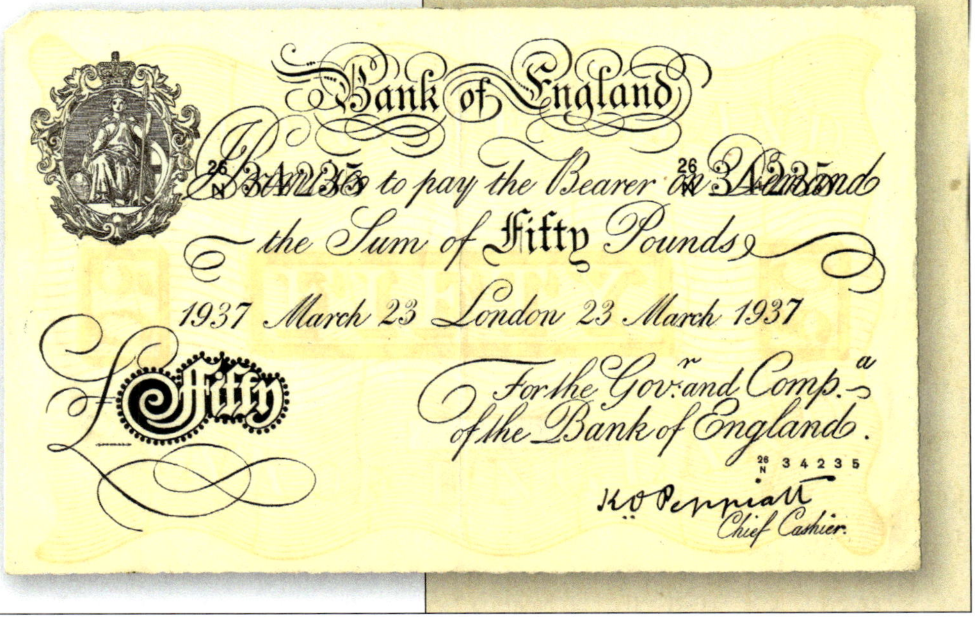

RAFFINIERTE FÄLSCHUNG **Trotz der Expertise, mit der gefälschte 50-Pfund-Noten wie diese hergestellt wurden, scheiterte die Operation Bernhard, weil Deutschland es nicht schaffte, Großbritannien damit zu überschwemmen.**

GEHEIME PLÄNE FÜR DIE „ENDLÖSUNG“

Im Januar 1942 legte Reinhard Heydrich kurzzeitig seine Aufgaben als Reichsprotektor in Prag nieder und reiste zum Wannsee nach Berlin, um hochrangige deutsche Beamte und SS-Offiziere über eine von Hitler eingeleitete Maßnahme, die sogenannte „Endlösung der Judenfrage“, zu informieren. Die Jagd auf Juden in Deutschland war seit Langem in Gang, und Hitlers fanatischer Antisemitismus kulminierte, als er sich aufmachte, Europa zu beherrschen. „Der Weltkrieg ist da“, sprach er 1939 vor NS-Führern. „Die Vernichtung der Juden muss die notwendige Konsequenz sein.“

Die ersten Bemühungen der SS, Hitlers mörderische Agenda in die Tat umzusetzen, verliefen gleichermaßen abscheulich wie chaotisch. Bis Ende 1941 war fast eine Million Juden in Russland ermordet worden, die meisten wurden erschossen und in Massengräbern verscharrt (linke Seite). Dies konnte weder vor der russischen Bevölkerung noch vor deutschen Offizieren verheimlicht werden, von denen viele die Massaker nicht billigten. Die „Endlösung“, die Heydrich in Wannsee vorstellte, setzte auf eine ruhigere Art des Massenmords – Gaskammern in Vernichtungslagern, in denen die Juden aus den polnischen Ghettos den Tod finden sollten. Dieser geräuschlose Völkermord im Verborgenen sollte sowohl den Widerstand der zukünftigen Opfer minimieren als auch die Nationalsozialisten davor schützen, vor aller Welt angeprangert zu werden, wenn ihre Gräueltaten ans Licht kämen. Die offizielle Lesart zur Verschleierung der Endlösung lautete, dass die in Güterwagen (unten) zusammengepferchten und für die Lager bestimmten Personen in den Osten „umgesiedelt“ wurden. Auf der Wannseekonferenz erwähnte Heydrich weder die Gaskammern noch die Vernichtung. Aber als er ankündigte, dass elf Millionen Juden in Gebieten unter deutscher Besatzung oder Kontrolle der „Endlösung“ unterworfen und gen Osten deportiert werden würden, wussten die Anwesenden, was das bedeutete: Hitlers pauschales Todesurteil für die europäischen Juden würde systematisch vollstreckt.

HOLOCAUST Juden aus dem Warschauer Ghetto werden 1942 in Güterwagen getrieben. Die meisten landeten in Vernichtungslagern, die im Gegensatz zu Konzentrationslagern, in denen arbeitsfähige Juden und andere Gefangene jahrelang schufteten, nur den Zweck hatten, Menschen effizient zu töten. So sollten offene Massaker wie auf dem Foto links, das einen SS-Unteroffizier in Russland zeigt, der einen jüdischen Mann in den Kopf schießt, vermieden werden.

„Die Tötung ist notwendig, und ich für meinen Teil werde den mir erteilten Befehlen gehorchen."
JOZEF GABČÍK, HEYDRICH-ATTENTÄTER

konnte, die Attentäter zusammen mit zwei anderen Kommandoteams, die den Funkverkehr mit tschechischen Widerständlern wiederherstellen sollten, zu getrennten Absetzzonen. Gabčík verletzte sich bei der Landung am Fuß, aber beide fanden in einem Steinbruch Unterschlupf. Tschechische Widerstandskämpfer erfuhren, wo sie waren, und eskortierten sie zu einem sicheren Haus in Prag. Sie hatten den Befehl, ihre Mission niemandem zu verraten, aber ihnen blieb keine andere Wahl, als sich Ladislav Vaněk anzuvertrauen, dem Leiter des Netzwerks, das sie beherbergte. Nur mit seiner Hilfe und der anderer Widerstandskämpfer in Prag konnten sie der Entdeckung entgehen und genug über Heydrich erfahren, um ihn ins Visier zu nehmen.

In der Zwischenzeit hatte eines der beiden Funkerteams Kontakt mit London aufgenommen und den Auftrag erhalten, das Anthropoid-Kommando ausfindig zu machen. Gabčík hatte immer noch Schwierigkeiten beim Gehen, als diese Funker sie Ende Februar 1942 trafen. Von tschechischen Informanten – darunter Arbeiter aus dem Schloss, das Heydrich als Hauptquartier diente – wussten sie, dass der SS-Mann seine eigene Sicherheit lax handhabte. Zum Flughafen fuhr er beispielsweise oft im offenen Auto, nur begleitet von seinem Fahrer. Das war typisch für Heydrich. Als Kampfpilot hatte er hochriskante Einsätze geflogen, und in der Gewissheit, dass er die tschechische Opposition zerschlagen hatte, wollte er nicht dabei gesehen werden, wie er unter bewaffneter Bewachung reiste.

FREIHEITSKÄMPFER **Jan Kubiš (links) und Jozef Gabčík (rechts) wurden von der SOE in Großbritannien ausgebildet, unterstanden aber Edvard Beneš, dem im Exil lebenden Präsidenten der Tschechoslowakei. Beneš machte den Vorschlag, Heydrich zu ermorden, um den Alliierten zu zeigen, dass die Tschechen entschlossen waren, sich den Nazis zu widersetzen und ihr Land zu befreien. Die Unterstützung der Alliierten bot seine einzige Chance, sein Land nach dem Krieg wiederaufzubauen.**

Im Mai waren Gabčík und Kubiš zum Angriff bereit, aber einige ihrer Mitverschwörer sowie Widerstandsführer Vaněk befürchteten, dass ihr Attentat die Situation nur noch schlimmer machen würde. Mittlerweile war Paul Thümmel verhaftet worden, und der letzte tschechische Agent, der Kontakt zu ihm gehabt hatte, war bei einer Schießerei ums Leben gekommen. Weitere Fallschirmspringer waren mit Funkgeräten oder Waffen gelandet, aber die meisten waren tot, in Haft oder untergetaucht. Der tschechische Widerstand drohte zusammenzubrechen, wenn das Attentat auf Heydrich massive Vergeltungsmaßnahmen nach sich ziehen würde. Vaněk sandte Anfang Mai eine verschlüsselte Nachricht mit der Forderung, die Operation Anthropoid abzubrechen oder ein weniger prominentes Ziel zu wählen. Tausende Leben wären in Gefahr, wenn der Angriff wie geplant durchgeführt würde, und die Nazis würden „die letzten Reste jeder Organisation auslöschen. Der Widerstand wäre den Alliierten dann nicht mehr von Nutzen."

Vaněks Appell konnte die Organisatoren in London nicht umstimmen, Gabčík und Kubiš ebenso wenig. „Die Tötung ist notwendig", betonte Gabčík, „und ich für meinen Teil werde den mir erteilten Befehlen gehorchen." Als er und Kubiš erfuhren, dass Heydrich am Morgen des 27. Mai mit dem Flugzeug abfliegen sollte, um sich mit Hitler zu beraten – und dass er vielleicht schon bald nach Frankreich versetzt würde –, sahen sie dies als ihre letzte Chance. Sie kannten Heydrichs Weg zum Flughafen genau und erwarteten ihn an jenem Morgen in einem Prager Randbezirk. Gabčík baute unter dem Regenmantel, den er trug, eine kompakte Maschinenpistole zusammen. Kubiš stand mit zwei Bomben, die wie überdimensionale Handgranaten aussahen, auf der anderen Straßenseite.

Als Heydrichs Auto um halb elf um die Kurve fuhr, drückte Gabčík den Abzug seiner Waffe. Er klemmte. Heydrich zog daraufhin seine Pistole und befahl dem Fahrer anzuhalten.

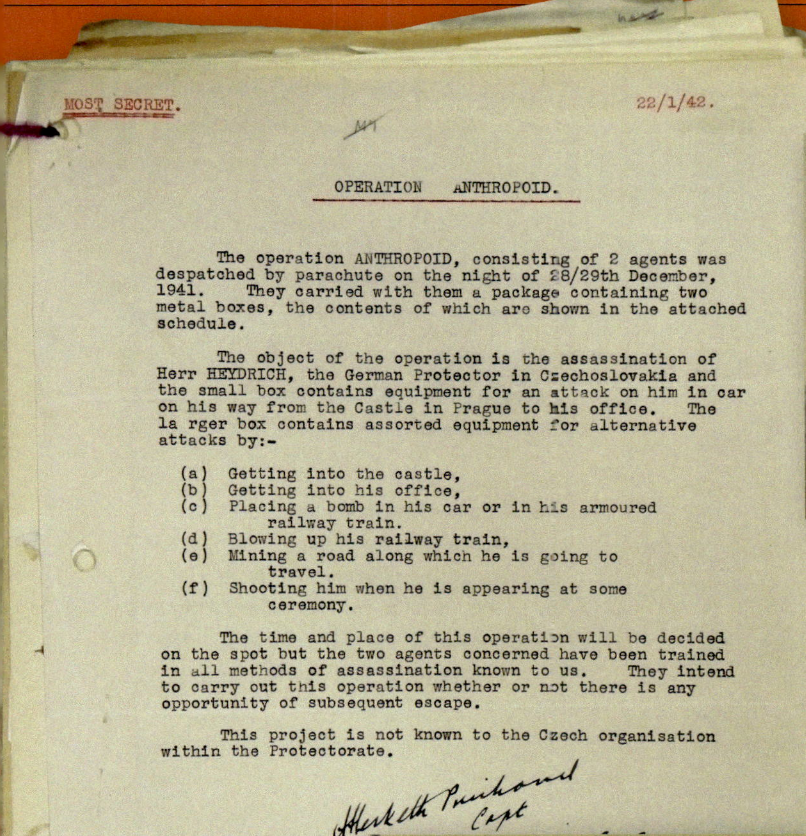

MOST SECRET. 22/1/42.

OPERATION ANTHROPOID.

The operation ANTHROPOID, consisting of 2 agents was despatched by parachute on the night of 28/29th December, 1941. They carried with them a package containing two metal boxes, the contents of which are shown in the attached schedule.

The object of the operation is the assassination of Herr HEYDRICH, the German Protector in Czechoslovakia and the small box contains equipment for an attack on him in car on his way from the Castle in Prague to his office. The la rger box contains assorted equipment for alternative attacks by:-

(a) Getting into the castle,
(b) Getting into his office,
(c) Placing a bomb in his car or in his armoured railway train.
(d) Blowing up his railway train,
(e) Mining a road along which he is going to travel.
(f) Shooting him when he is appearing at some ceremony.

The time and place of this operation will be decided on the spot but the two agents concerned have been trained in all methods of assassination known to us. They intend to carry out this operation whether or not there is any opportunity of subsequent escape.

This project is not known to the Czech organisation within the Protectorate.

Capt

ENCL.

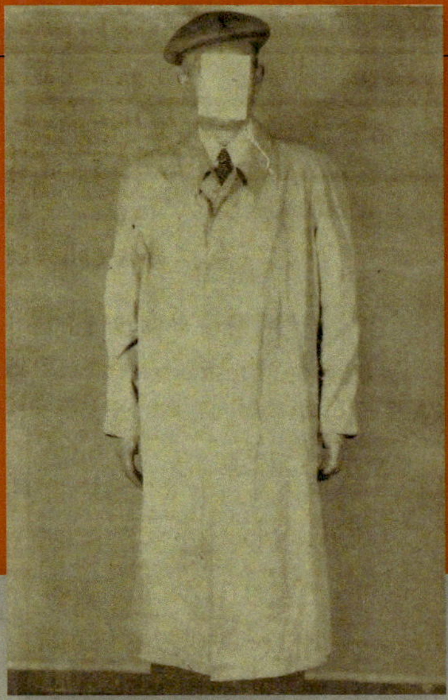

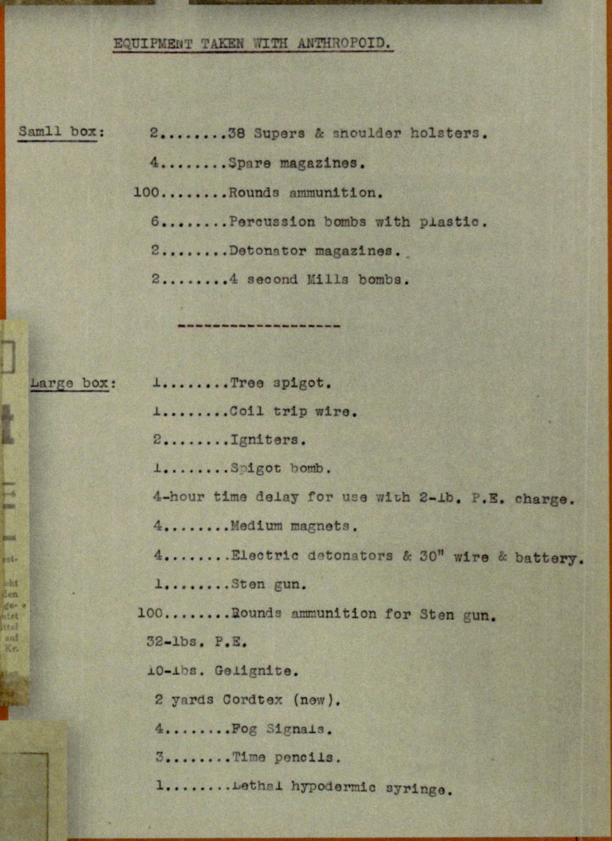

EQUIPMENT TAKEN WITH ANTHROPOID.

Samll box: 2........38 Supers & shoulder holsters.
4........Spare magazines.
100........Rounds ammunition.
6........Percussion bombs with plastic.
2........Detonator magazines.
2........4 second Mills bombs.

Large box: 1........Tree spigot.
1........Coil trip wire.
2........Igniters.
1........Spigot bomb.
4-hour time delay for use with 2-lb. P.E. charge.
4........Medium magnets.
4........Electric detonators & 30" wire & battery.
1........Sten gun.
100........Rounds ammunition for Sten gun.
32-lbs. P.E.
10-lbs. Gelignite.
2 yards Cordtex (new).
4........Fog Signals.
3........Time pencils.
1........Lethal hypodermic syringe.

V. Sprengkörper. VI. Fahrrad.

DOKUMENTATION DES ATTENTATS Die Operation Anthropoid wurde in britischen wie deutschen Akten gut dokumentiert. Ein britischer Bericht, verfasst, nachdem Gabčík und Kubiš ihre Mission begonnen hatten, beschrieb verschiedene Möglichkeiten zur Tötung Heydrichs (oben links) und listete die an sie ausgegebenen Waffen auf (oben). Nach dem Angriff wurde ein Plakat mit Foto des Aufpassers Josef Valčík (oben Mitte) in Umlauf gebracht, auf dem eine Belohnung für seine Ergreifung ausgesetzt war. Unter den Beweisen der deutschen Ermittler befanden sich ein Hut und ein Mantel, die von einem der Attentäter getragen wurden (oben rechts), eine Pistole, eine überdimensionale Handgranate (ganz links) und ein Fahrrad, das zur Flucht vom Tatort benutzt wurde.

Sekunden später traf eine von Kubiš geschleuderte Bombe das Fahrzeug und verletzte Heydrich an der Milz. Er taumelte aus dem Auto und brach zusammen, nachdem er mehrere Fehlschüsse auf Gabčík abgegeben hatte, der zu Fuß floh, während Kubiš auf einem Fahrrad entkam. Heydrich wurde operiert, aber seine Wunde eiterte, und er starb am 4. Juni 1942.

Gabčík, Kubiš und fünf Männer aus anderen Teams – darunter Josef Valčík, der am 27. Mai Schmiere gestanden hatte – hatten sich in die Katakomben einer orthodoxen Kirche in Prag geflüchtet. Hitler wollte 10 000 Tschechen verhaften und als Geiseln halten, und jeder, der im Verdacht stand, den Attentätern geholfen zu haben, sollte zusammen mit seiner Familie hingerichtet wurde. Am 9. Juni drangen Gestapo und SS in den Ort Lidice ein, der unter Verdacht stand, weil ein tschechischer Fallschirmspringer aufgegriffen worden war, der die Adressen zweier dort ansässiger Familien mit sich trug, deren Söhne in der tschechischen Exilarmee dienten. Es wurden keine Beweise für eine Tatbeteiligung gefunden, aber die SS erschoss alle erwachsenen Männer in der Stadt, insgesamt etwa 200, auf der Stelle oder nach Festnahme und Befragung. Mehrere Frauen wurden ebenfalls getötet, die übrigen deportierte man in das Frauenkonzentrationslager Ravensbrück, nachdem sie von ihren Kindern getrennt worden waren. Eine kleine Zahl dieser Kinder wurde verschont, um germanisiert zu werden, aber mehr als 80 wurden nach Chełmno (Kulmhof), ein Todeslager in Polen, geschickt.

MISSION ERFÜLLT **Mit einer Sten-Maschinenpistole (oben) zielte Jozef Gabčík auf Heydrich, als der am Morgen des 27. Mai 1942 in einem offenen Mercedes (unten) zum Prager Flughafen gefahren wurde. Weil Gabčíks Waffe klemmte, warf Jan Kubiš eine mächtige Handgranate, die die rechte Seite des Fahrzeugs traf und Heydrich tödlich verletzte.**

Die von den Nazis kontrollierte Presse machte das Massaker von Lidice publik und forderte die Tschechen auf, Verdächtige zu denunzieren, bevor „die Reichsjustiz die ganze Nation bestraft". Außer sich darüber, dass die Täter immer noch auf freiem Fuß waren, drohte Hitler nun, 30 000 Tschechen hinrichten zu lassen. Doch bevor es so weit kam, boten die Behörden in Prag am 13. Juni jedem, der die Attentäter verriet, Amnestie an. Am 16. Juni betrat Karel Čurda, der im März mit dem Fallschirm gelandet war und sich im April mit Gabčík und Kubiš getroffen hatte, das Prager Gestapo-Hauptquartier und verriet seine Kameraden. Als Gegenleistung verlangte er Amnestie für sich und seine Familie und eine saftige Belohnung. Čurda lotste die Gestapo in das Haus einer Frau, die in Vaněks Netzwerk aktiv war. Als die Gestapo am 17. Juni dort eintraf, beging sie Selbstmord mit einer Zyanidkapsel. Ihr Sohn, der als Kurier gedient hatte, wurde gefoltert und brach zusammen, als man ihm den abgetrennten Kopf seiner Mutter zeigte, der in einem Fischbecken schwamm. Er verriet den Deutschen das Versteck. Innerhalb weniger Stunden hatten Hunderte Polizisten und Mitglieder der Waffen-SS die Kirche umstellt.

Als Himmler erfuhr, dass sie in der Falle saßen, telegrafierte er nach Prag und drängte darauf, sie lebendig zu fangen. Er wollte beweisen, dass die Briten hinter dem Attentatsplan steckten. Die Nachricht traf zu spät ein, aber die tschechischen Soldaten in der Kirche waren ohnehin entschlossen, bis zum Tod zu kämpfen. Kubiš und zwei andere hatten die Katakomben verlassen und befanden sich auf dem Dachboden des Chors, als der Angriff am 18. Juni im Morgengrauen begann. Sie waren die Ersten, die an diesem Tag starben. Gabčík und drei andere hielten mehrere Stunden lang in den Katakomben aus und töteten mehr als ein Dutzend Deutsche, bevor sie sich mit ihren letzten Kugeln das Leben nahmen.

Die Repressalien für die Ermordung Heydrichs gingen danach weiter. Am 24. Juni wurden alle 52 erwachsenen Einwohner des Ortes Lekazy, in dem ein

„Wenn zukünftige Generationen uns fragen, wofür wir in diesem Krieg gekämpft haben, werden wir ihnen die Geschichte von Lidice erzählen."

US-MARINEMINISTER FRANK KNOX

VERNICHTUNG **Als Vergeltung für die Ermordung Heydrichs löschten deutsche Truppen die Stadt Lidice aus, töteten alle Männer und eine Anzahl von Frauen (ganz unten) und schickten die meisten Kinder in Todeslager. Von Lidice blieb wenig mehr als das Ortsschild (unten) übrig.**

Funksender gefunden worden war, erschossen. Zwei Kinder dort wurden verschont, um germanisiert zu werden, elf weitere starben in Chełmno. Insgesamt verloren mehr als 5000 Tschechen als Vergeltung für das Attentat auf Heydrich ihr Leben, darunter 3000 Juden, die als Sündenböcke aus Theresienstadt in Todeslager deportiert wurden. Die Organisatoren in London waren davor gewarnt worden, dass durch die Operation Tausende Menschen leiden und der Widerstand gelähmt werden würde, und das war auch der Fall. Die Tschechen hatten Grund zu der Frage, ob die Eliminierung Heydrichs diesen schrecklichen Preis wert war. Nur wenige Nazis waren so skrupellos effizient wie der „Henker von Prag", aber sein Tod hinderte die SS nicht daran, den Völkermord in Europa fortzusetzen. Das Reich bezahlte jedoch auch einen beträchtlichen Preis. Heydrichs Ermordung beraubte die nationalsozialistischen Führer ihrer Aura der Unbesiegbarkeit. Und durch die Bekanntmachung des Massakers von Lidice lüftete sich der Schleier der Geheimhaltung über dem SS-Terror, was die Alliierten bewog, die tschechische Exilregierung stärker zu unterstützen, Deutschlands bedingungslose Kapitulation zu verfolgen und die Nazis vor Gericht zu stellen. „Wenn zukünftige Generationen uns fragen, wofür wir in diesem Krieg gekämpft haben", sagte US-Marineminister Frank Knox, „werden wir ihnen die Geschichte von Lidice erzählen."

SPIONAGEPAAR **Harro und Libertas Schulze-Boysen trafen sich mit anderen Gegnern des Naziregimes in ihrer Berliner Wohnung. Einige schlossen sich ihrem Spionagering an, der die Sowjets mit Informationen versorgte, darunter geheime Militärpläne, an die Harro als Nachrichtenoffizier der Luftwaffe gelangte. Der Berliner Spionagering war eine von mehreren solchen Gruppen in Europa, die per Funk mit Moskau kommunizierten und unter dem Namen „Rote Kapelle" bekannt waren.**

Propagandaminister Joseph Goebbels legte Beweise vor, das Attentat sei „made in England". Doch Goebbels war für seine Lügen so berüchtigt, dass alliierte Propagandisten seine Anschuldigungen leicht widerlegen konnten. „Kein Befehl für Heydrichs Ermordung wurde jemals von London aus erteilt", behauptete das britische Außenministerium. „Tatsächlich ist die gesamte NS-Theorie über einen von London aus geführten und angeordneten Freiheitskampf falsch, alle Widerstandshandlungen [in der Tschechoslowakei] werden von dort geleitet […]." Die Wahrheit war also ein notwendiges Opfer der alliierten Kriegsanstrengungen. Hätten Beneš und die Briten die Verantwortung für die Operation Anthropoid eingeräumt, wären die heroischen Taten von Gabčík, Kubiš und anderen tschechischen Patrioten, die für ihr Land gestorben waren, geschmälert worden. 252 Familienangehörige der tschechischen Kommandos wurden im September verhaftet und zum Tode verurteilt. Laut Prags Gestapo-Chef sollen viele von ihnen gesagt haben: „Wir sind stolz, für unser Land zu sterben."

DIE ROTE KAPELLE

Ende Oktober 1941, als das Komplott gegen Heydrich in London Gestalt annahm, bekam der Luftwaffenleutnant Harro Schulze-Boysen, ein Nachrichtenoffizier im Reichsluftfahrtministerium, zu Hause in Berlin Besuch von einem Agenten, der unter dem Decknamen Kent operierte, aber einen Pass bei sich trug, der ihn als Vincent Sierra aus Uruguay auswies. In Wirklichkeit handelte es sich um Anatoli Gurevitsch vom GRU, dem sowjetischen Militärgeheimdienst. Für einen russischen Spion war es höchst ungewöhnlich und gefährlich, einen Hausbesuch in der streng überwachten deutschen Hauptstadt zu machen, aber die

Sowjets versuchten verzweifelt, Schulze-Boysen zu erreichen, da sie seit Monaten nichts von ihm gehört hatten. Der Leutnant war seinerseits so eifrig bemüht, die Geheimnisse des Reichs zu verraten und Hitler zu stürzen, dass er Gurevitsch bereitwillig einließ und ihn stundenlang über die deutschen Pläne an der Ostfront unterrichtete. Schulze-Boysen bemühte sich auch nicht, dieses indiskrete Rendezvous vor seiner Frau Libertas geheim zu halten, denn sie war in seine Spionagetätigkeit eingeweiht.

Der persönliche Rachefeldzug Harro Schulze-Boysens gegen die Nationalsozialisten hatte mit der Machtübernahme Hitlers 1933 begonnen. Als damals Mitte-20-Jähriger brachte Schulze-Boysen eine Zeitschrift namens *Der Gegner* heraus, die den brutalen neuen Machthabern in Berlin viel zu kritisch gegenüberstand, um toleriert zu werden. SA-Brigaden brachen in ihr Büro ein, führten Schulze-Boysen und seinen Freund und Mitherausgeber Henry Erlanger ab und schlugen sie so heftig, dass Erlanger starb und Schulze-Boysen ins Krankenhaus kam. Dieses Erlebnis machte aus dem Kritiker der Nazis, dessen kleine Zeitschrift für die Nazis kaum eine Bedrohung darstellte, etwas weitaus Gefährlicheres – einen Maulwurf, der sich in den deutschen Militärapparat einschlich und das Reich von innen heraus unterwanderte. „Ich habe meine Rache nur auf Eis gelegt", vertraute er vor seinem Eintritt in die Luftwaffe einem Bekannten an, wo Zweifel an seiner Loyalität durch seine Abstammung als Sohn eines Marineoffiziers und Großneffe des berühmten Admirals Alfred von Tirpitz zerstreut wurden.

Wie ihr Mann stammte auch Libertas Schulze-Boysen aus einer prominenten Familie und hatte das blonde Haar und das nordische Aussehen, um das sie viele Deutsche beneideten. Sie arbeitete in der Filmindustrie, zunächst als Pressereferentin für das Berliner Büro von Metro-Goldwyn-Mayer und später für Kulturfilm, eine Regierungsagentur, die unter der Leitung von Joseph Goebbels Dokumentarfilme produzierte. Zu dem gesellschaftlichen Kreis, der sich um die Schulze-Boysens bildete, gehörten Schauspieler, Schriftsteller und Regisseure. Viele hatten jüdische Freunde, Schwiegereltern oder Vorfahren und waren über den bösartigen Antisemitismus der Nazis entsetzt. Freunde der Schulze-Boysens wie der Autor und Regisseur Adam Kuckhoff hatten Mühe, Arbeit zu finden, weil sie in den 1920er-Jahren Teil einer lebendigen deutschen Gegenkultur gewesen waren, die auch Juden und Kommunisten umfasste und die die Nazis nun als entartet denunzierten. Es war Kuckhoff, der Harro Schulze-Boysen mit dem Mann bekannt machte, der diesen lockeren Kreis von Anti-Nazis in einen Spionagering verwandelte – Arvid Harnack, der im Berliner Wirtschaftsministerium über die deutsche Industrieproduktion wachte.

Im Gegensatz zu Schulze-Boysen, dessen Umfeld außerhalb des Reichsluftfahrtministeriums sehr wohl von seinem Hass auf die Nazis wusste, war Harnack umsichtig und agierte im Verborgenen. In den 1930er-Jahren gab er geheime Informationen über die Wirtschaft des Deutschen Reichs und seine Kriegsvorbereitungen an die amerikanische und sowjetische Botschaft weiter. Er selbst beschrieb sich einmal als „Brücke zwischen den Vereinigten Staaten und der Sowjetunion hier in Deutschland", und er mochte gehofft haben, dass diese beiden Mächte ein Bündnis gegen Hitler bilden würden. Der Hitler-Stalin-Pakt von 1939 machte derartige Hoffnungen anscheinend zunichte, und Harnack hatte bis Ende 1940 keinen weiteren Kontakt zu den Sowjets, als er erfuhr, dass Hitler plante, den Pakt zu brechen und in Russland einzumarschieren. Harnack teilte dieses Staatsgeheimnis nicht

ANSTIFTER Arvid Harnack stellte den Kontakt zwischen dem Berliner Freundeskreis und sowjetischen Agenten her.

HELFERIN Die Hingabe an ihren Mann und ihre Verachtung für die Nazis zogen Mildred Harnack in den Spionagering.

VERMITTLER Der Autor Adam Kuckhoff machte Schulze-Boysen mit Arvid Harnack bekannt und spionierte mit ihnen.

nur mit dem sowjetischen Agenten Alexander Korotkow, sondern zog auch Kuckhoff und Schulze-Boysen als Mitverschwörer hinzu, die Einzelheiten über die deutsche Luftüberwachung sowjetischen Territoriums und die Kriegspläne der Luftwaffe beisteuerten.

Wie ähnliche Berichte von Richard Sorge und anderen sowjetischen Agenten blieben auch diese Warnungen aus Berlin von Stalin unbeachtet. Aber Geheimdienstoffiziere in Moskau schickten den Berliner Verschwörern Funkgeräte, die sie nach dem Beginn der Invasion brauchen würden, wenn Korotkow und alle anderen sowjetischen Beamten aus Deutschland ausgewiesen würden. Korotkow drängte die drei Rädelsführer, ihre Verbindungen zu anderen deutschen Dissidenten aus Sicherheitsgründen abzubrechen, aber sie lehnten dies ab und unterstützten weiterhin Juden bei der Flucht und druckten und verbreiteten Kampfschriften gegen die Nazis. Dutzende Menschen wussten, dass sie Feinde des Regimes waren. Eine kleinere Zahl wusste auch von ihren Spionageaktivitäten und beteiligte sich daran, einschließlich ihrer Ehefrauen. Anders als Libertas Schulze-Boysen und Harnacks amerikanische Ehefrau Mildred – eine Englischlehrerin, die manchmal als Kurierin eingesetzt wurde – war Greta Kuckhoff Mutter. Obwohl ihr Mann grundsätzlich gegen ihre Beteiligung war, willigte er ein, als sie von Korotkow gebeten wurde, einen Koffer mit Funkausrüstung abzuholen. Aufträge dieser Art waren für Frauen ungefährlicher als für Männer, aber Greta war sich der Gefahr bewusst und verglich den Job mit „den Kopf in die Schlinge stecken“. Zu allem Überfluss ließ Korotkow den Koffer fallen, als er ihn ihr aushändigte, und er musste die empfindliche Ausrüstung zurückholen und reparieren, bevor er sie ihr ein zweites Mal übergab.

„Ich habe meine Rache nur auf Eis gelegt.“

HARRO SCHULZE-BOYSEN, NACHDEM ER VON DEN NAZIS ZUSAMMENGESCHLAGEN WORDEN WAR

Nach dem deutschen Überfall auf Russland im Juni 1941 schlossen die Sowjets ihre Botschaft in Berlin. Funknachrichten waren für die Verschwörer nun das einzige Mittel, um mit Moskau zu kommunizieren. Hans Coppi, ein junger Kommunist, der als ihr Funker diente, war in dieser Funktion völlig unerfahren und seine Funkausrüstung möglicherweise defekt. Seine kodierten Nachrichten an Moskau waren knapp und sporadisch und versiegten bald gänzlich. Zum Glück für die Verschwörer, könnte man sagen. Deutsche Funktechniker überwachten die Funksignale im gesamten besetzten Europa und achteten besonders auf Übertragungen auf nicht genehmigten Frequenzen, die von Berlin ausgingen. Sie schnappten Coppis Botschaften auf, hatten aber keine Zeit, deren Ursprungsort zu bestimmen. Hierzu wurden mehrere mit Funkpeilern ausgerüstete Lieferwagen eingesetzt, deren Antennen sich drehten, bis sie sich auf das Signal fixierten. Drei solcher Wagen mussten dasselbe Signal anpeilen, bevor der ungefähre Standort des Senders trianguliert und das Gebiet durchsucht werden konnte. Coppi sendete schlicht nicht lange genug, um geortet werden zu können. Aber die Spionageabwehr vermutete, dass dieser verstohlene Agent Signale nach Moskau sandte und einer von mehreren „Pianisten“ sein könnte, die für ein weitverzweigtes sowjetisches Spionagenetz spielten, das sie die „Rote Kapelle“ nannten.

Tatsächlich hatten die Berliner Rädelsführer keine Ahnung, dass sie Teil einer solchen Organisation waren. Sie hatten noch nie von Leopold Trepper gehört, der einige Jahre zuvor vom GRU rekrutiert worden war, um ein Spionagenetz in Westeuropa aufzubauen, und Stützpunkte in Frankreich und Belgien unterhielt. Trepper wurde später von deutschen Spitzeln verraten, die ihn als Dirigenten der Roten Kapelle entlarvten. Eine Agentenzelle in der Schweiz, die von Rudolf Rößler geleitet wurde, verweigerte sich jedoch seinem Taktstock.

ÜBERWACHUNG VERDÄCHTIGER FUNKÜBERTRAGUNGEN

Nacht für Nacht konnte jeder im besetzten Europa, der ein Kurzwellenradio besaß, geheimnisvolle Nachrichten hören, die im Morsecode gesendet wurden und aus scheinbar bedeutungslosen Buchstaben- oder Zahlenfolgen bestanden. Kein geheimes Kommunikationsmedium war schneller und effektiver – aber auch anfälliger, abgefangen zu werden. Deutsche Behörden wie die Abwehr und die Gestapo setzten spezielle Funkpeilgeräte ein, um die Quellen dieser verschlüsselten Botschaften zu finden und Spionageringe oder Widerstandszellen zu enttarnen.

Die beste Verteidigung gegen die Funkpeilung bestand darin, dem Feind wenig Zeit zu geben. SOE-Agenten waren angewiesen, Übertragungen auf höchstens fünf Minuten zu beschränken, aber nur wenige waren in der Lage, eine Nachricht so schnell zu senden. Jede zusätzliche Minute spielte den Deutschen in die Hände, die mit Richtantennen nach der Quelle des Signals suchten. Feste Funkpeilstationen ermittelten via Triangulation zunächst den ungefähren Standort des Senders, anschließend versuchte man mittels mobiler Geräte in Lieferwagen, die Suche einzugrenzen. Mitarbeiter der Abwehr spazierten auch mit empfindlichen Peilgeräten unter dem Mantel durch die Straßen, um festzustellen, von welchem Block das Signal ausging, und die Polizei ging dann von Tür zur Tür. Eine andere Technik zur Eingrenzung der Suche bestand auch darin, Block für Block den Strom abzuschalten, bis die verdächtigen Signale ausgingen. Alliierte Funker ergriffen diverse Vorsichtsmaßnahmen gegen die Funkpeilung – schwer aufzuspürende Niederfrequenz-Funkgeräte, häufige Ortswechsel und kurze Sendezeiten –, aber die Lebenserwartung eines aktiven geheimen Funkers im besetzten Europa betrug kaum mehr als einen Monat. ✪

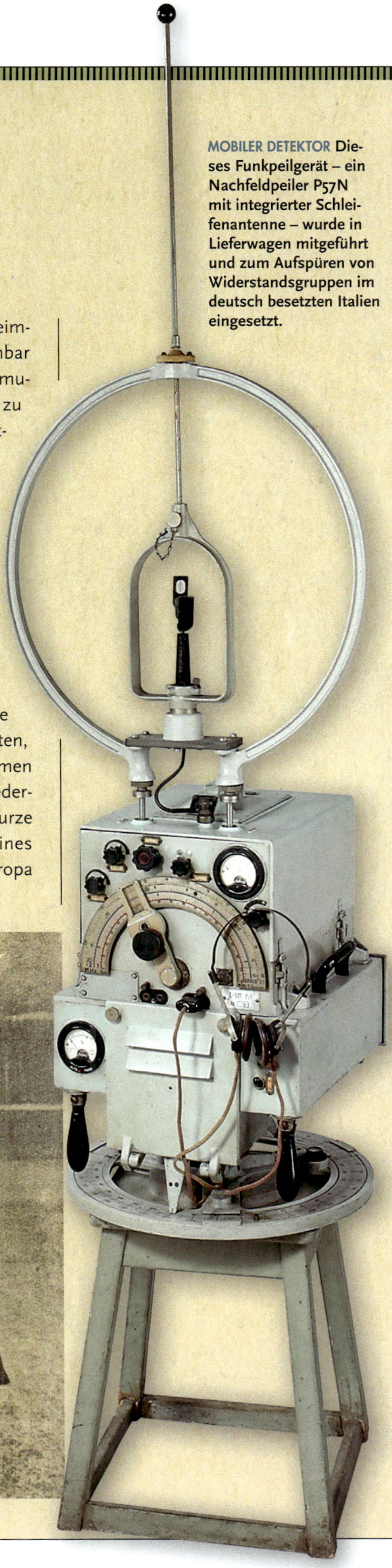

MOBILER DETEKTOR **Dieses Funkpeilgerät – ein Nachfeldpeiler P57N mit integrierter Schleifenantenne – wurde in Lieferwagen mitgeführt und zum Aufspüren von Widerstandsgruppen im deutsch besetzten Italien eingesetzt.**

NAH AM KÖRPER **Solche tragbaren Peilsender wurden von Gestapo-Agenten und anderen deutschen Behörden zur Nahortung von geheimen Sendern verwendet. Das Gerät wurde unter der Kleidung getragen und mit einem Hüftgurt fixiert (rechts). Der Nackenriemen diente gleichzeitig als Schleifenantenne.**

DIE WEISSE ROSE

In München, der „Hauptstadt der Bewegung", feierte die NSDAP alljährlich den Jahrestag des (gescheiterten) Hitlerputsches von 1923. Am 8. November 1941 sprach Hitler dort vor „Alten Kämpfern". „Noch nie zuvor", versicherte er, „wurde ein Riesenreich wie die Sowjetunion in kürzerer Zeit zerschlagen." Doch noch während er den Sieg für sich beanspruchte, geriet der deutsche Vormarsch in Russland ins Stocken, und an der Universität München keimte Widerstand auf. Einige Studenten der kleinen, aber engagierten Bewegung Weiße Rose dienten als Sanitäter in Russland, wo sie Zeugen abscheulicher Gräueltaten wurden. Bis 1942 verteilten die Führer der Gruppe – darunter der Medizinstudent Hans Scholl und seine Schwester Sophie (unten) – in München und anderen Städten Anti-Nazi-Flugblätter. In einem Flugblatt wurde davor gewarnt, dass Hitlers Krieg deutsche Städte in Schutt und Asche legen würde, in einem anderen hieß es, dass 300 000 Juden im deutsch besetzten Polen „auf bestialischste Weise" ermordet worden seien. Gestapo-Agenten untersuchten diese anonymen Flugblätter, aber die Mitglieder der Weißen Rose setzten ihren Widerstand gegen die Nazis und ihre „abscheulichen Verbrechen" unbeirrt fort. Im Februar 1943 wurden Hans und Sophie Scholl in München mit Flugblättern in der Hand verhaftet, des Hochverrats angeklagt und zum Tode verurteilt. Ihr Freund Christoph Probst und andere maßgeblich an der Bewegung Beteiligte wurden ebenfalls hingerichtet, aber ihre Botschaft wurde nicht ausgelöscht. Eines der letzten Flugblätter der Weißen Rose fand den Weg nach Großbritannien, wurde dort reproduziert und vervielfältigt und von der Royal Air Force Mitte 1943 in Millionen Exemplaren über Deutschland abgeworfen. ✪

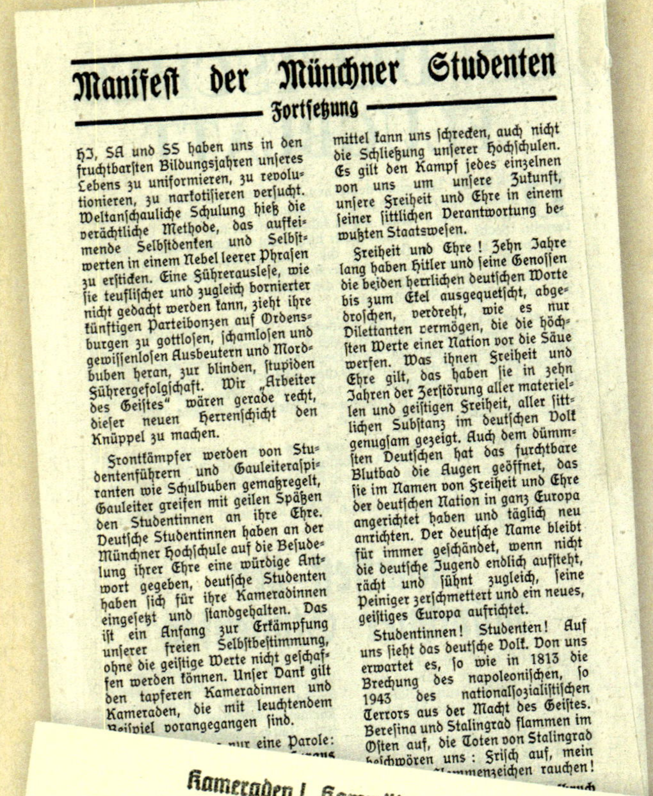

Manifest der Münchner Studenten

Fortsetzung

HJ, SA und SS haben uns in den fruchtbarsten Bildungsjahren unseres Lebens zu uniformieren, zu revolutionieren, zu narkotisieren versucht. Weltanschauliche Schulung hieß die verächtliche Methode, das aufkeimende Selbstdenken und Selbstwerten in einem Nebel leerer Phrasen zu ersticken. Eine Führerauslese, wie sie teuflischer und zugleich bornierter nicht gedacht werden kann, zieht ihre künftigen Parteibonzen auf Ordensburgen zu gottlosen, schamlosen und gewissenlosen Ausbeutern und Mordbuben heran, zur blinden, stupiden Führergefolgschaft. Wir „Arbeiter des Geistes" wären gerade recht, dieser neuen Herrenschicht den Knüppel zu machen.

Frontkämpfer werden von Studentenführern und Gauleiteraspiranten wie Schulbuben gemaßregelt, Gauleiter greifen mit geilen Späßen den Studentinnen an ihre Ehre. Deutsche Studentinnen haben an der Münchner Hochschule auf die Besudelung ihrer Ehre eine würdige Antwort gegeben, deutsche Studenten haben sich für ihre Kameradinnen eingesetzt und standgehalten. Das ist ein Anfang zur Erkämpfung unserer freien Selbstbestimmung, ohne die geistige Werte nicht geschaffen werden können. Unser Dank gilt den tapferen Kameradinnen und Kameraden, die mit leuchtendem Beispiel vorangegangen sind.

... nur eine Parole:

... mittel kann uns schrecken, auch nicht die Schließung unserer Hochschulen. Es gilt den Kampf jedes einzelnen von uns um unsere Zukunft, unsere Freiheit und Ehre in einem seiner sittlichen Verantwortung bewußten Staatswesen.

Freiheit und Ehre! Zehn Jahre lang haben Hitler und seine Genossen die beiden herrlichen deutschen Worte bis zum Ekel ausgequetscht, abgedroschen, verdreht, wie es nur Dilettanten vermögen, die die höchsten Werte einer Nation vor die Säue werfen. Was ihnen Freiheit und Ehre gilt, das haben sie in zehn Jahren der Zerstörung aller materiellen und geistigen Freiheit, aller sittlichen Substanz im deutschen Volk genugsam gezeigt. Auch dem dümmsten Deutschen hat das furchtbare Blutbad die Augen geöffnet, das sie im Namen von Freiheit und Ehre der deutschen Nation in ganz Europa angerichtet haben und täglich neu anrichten. Der deutsche Name bleibt für immer geschändet, wenn nicht die deutsche Jugend endlich aufsteht, rächt und sühnt zugleich, seine Peiniger zerschmettert und ein neues, geistiges Europa aufrichtet.

Studentinnen! Studenten! Auf uns sieht das deutsche Volk. Von uns erwartet es, so wie in 1813 die Brechung des napoleonischen, so 1943 des nationalsozialistischen Terrors aus der Macht des Geistes. Beresina und Stalingrad flammen im Osten auf, die Toten von Stalingrad beschwören uns: Frisch auf, mein ...flammenzeichen rauchen!

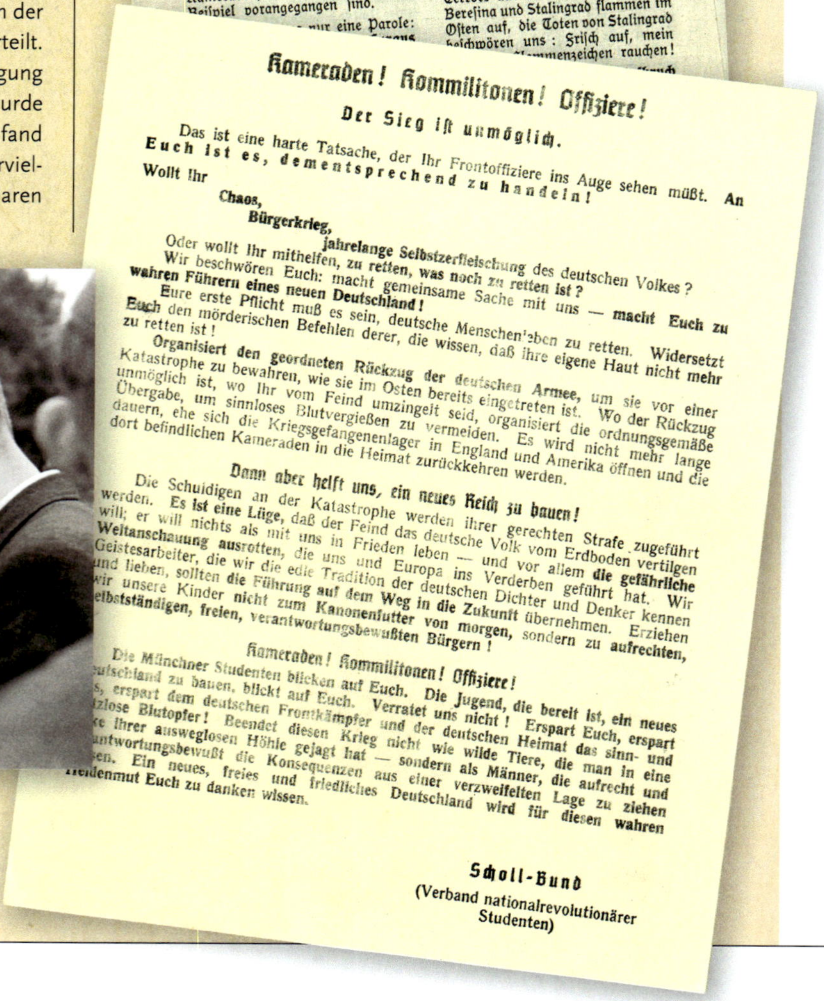

Kameraden! Kommilitonen! Offiziere!

Der Sieg ist unmöglich.

Das ist eine harte Tatsache, der Ihr Frontoffiziere ins Auge sehen müßt. An Euch ist es, dementsprechend zu handeln!

Wollt Ihr

Chaos,

Bürgerkrieg,

jahrelange Selbstzerfleischung des deutschen Volkes?

Oder wollt Ihr mithelfen, zu retten, was noch zu retten ist?

Wir beschwören Euch: macht gemeinsame Sache mit uns — macht Euch zu wahren Führern eines neuen Deutschland!

Eure erste Pflicht muß es sein, deutsche Menschenleben zu retten. Widersetzt Euch den mörderischen Befehlen derer, die wissen, daß ihre eigene Haut nicht mehr zu retten ist!

Organisiert den geordneten Rückzug der deutschen Armee, um sie vor einer Katastrophe zu bewahren, wie sie im Osten bereits eingetreten ist. Wo der Rückzug unmöglich ist, wo Ihr vom Feind umzingelt seid, organisiert die ordnungsgemäße Übergabe, um sinnloses Blutvergießen zu vermeiden. Es wird nicht mehr lange dauern, ehe sich die Kriegsgefangenenlager in England und Amerika öffnen und die dort befindlichen Kameraden in die Heimat zurückkehren werden.

Dann aber helft uns, ein neues Reich zu bauen!

Die Schuldigen an der Katastrophe werden ihrer gerechten Strafe zugeführt werden. Es ist eine Lüge, daß der Feind das deutsche Volk vom Erdboden vertilgen will; er will nichts als mit uns in Frieden leben — und vor allem die gefährliche Weltanschauung ausrotten, die uns und Europa ins Verderben geführt hat. Wir Geistesarbeiter, die wir die edle Tradition der deutschen Dichter und Denker kennen und lieben, sollten die Führung auf dem Weg in die Zukunft übernehmen. Erziehen wir unsere Kinder nicht zum Kanonenfutter von morgen, sondern zu aufrechten, selbstständigen, freien, verantwortungsbewußten Bürgern!

Kameraden! Kommilitonen! Offiziere!

Die Münchner Studenten blicken auf Euch. Die Jugend, die bereit ist, ein neues ...utschland zu bauen, blickt auf Euch. Verratet uns nicht! Erspart Euch, erspart ...s, erspart dem deutschen Frontkämpfer und der deutschen Heimat das sinn- und ...zlose Blutopfer! Beendet diesen Krieg nicht wie wilde Tiere, die man in eine ...e ihrer ausweglosen Höhle gejagt hat — sondern als Männer, die aufrecht und ...ntwortungsbewußt die Konsequenzen aus einer verzweifelten Lage zu ziehen ...en. Ein neues, freies und friedliches Deutschland wird für diesen wahren Heldenmut Euch zu danken wissen.

Scholl-Bund
(Verband nationalrevolutionärer Studenten)

WIDERSTANDS-TRIO Hans Scholl (links), Sophie Scholl und Christoph Probst in München. Nach ihrer Hinrichtung fertigten alliierte Propagandaeinheiten Flugblätter nach ihrem Vorbild in deutscher Sprache an, darunter ein „Manifest der Münchner Studenten" (oben) und ein Flugblatt des „Scholl-Bundes" (unten).

Rößler, Deckname Lucy, war ein versierter Agent, der Geheiminformationen deutscher Offiziere, die Schulze-Boysens Verachtung für das Hitlerregime teilten, nach Moskau übermittelte. Trepper war nicht in den Berliner Ring involviert, bis Moskau Anatoli Gurevitsch in Brüssel über Funk anwies, Kontakt mit den Berlinern aufzunehmen. Trepper, der in Paris operierte, war entsetzt, als er erfuhr, dass seine Vorgesetzten in Moskau die tatsächlichen Namen und Adressen der Berliner Spione in der Nachricht an Brüssel verwendet hatten. „Das kann nicht sein", rief er aus. „Die sind verrückt geworden!"

Seine Befürchtungen waren begründet. Die deutschen Abhörspezialisten hatten Gurevitschs Standort in Brüssel noch nicht lokalisiert, aber sie empfingen Funksignale, die von und zu diesem Stützpunkt gesendet wurden, und zeichneten sie auf. Wenn sie den Sender lokalisieren und den Code knackten, wären die Berliner Rädelsführer enttarnt. Die Nennung ihrer Namen und Adressen war ein furchtbarer Fauxpas, aber die sowjetische Spionageabwehr brauchte dringend Informationen aus Berlin, als die Wehrmacht auf Moskau vorrückte. Viele erfahrene sowjetische Geheimdienstler und Tausende Offiziere der Roten Armee waren in den Jahren zuvor von dem krankhaft misstrauischen Stalin eliminiert worden. Ihre Nachfolger mussten alles tun, um nicht dasselbe Schicksal zu erleiden, und gingen oft rücksichtslos mit dem Leben anderer um.

Als Gurevitsch im Oktober 1941 mit Schulze-Boysen zusammentraf und die Berliner ihre Spionage für die Sowjets weiterbetrieben, nahm die Lebensgefahr, in der sie sich durch ihre Widerstandsaktionen ohnehin schon befanden, weiter zu. Sie erfuhren von Gräueltaten der SS und regulärer deutscher Truppen in Polen und im besetzten Russland und suchten nach Wegen, diese publik zu machen. Adam Kuckhoff nahm Berichte, die Libertas Schulze-Boysen von Soldaten auf Heimaturlaub erhielt, und verfasste daraus einen Brief, in dem ein deutscher Polizist geschildert wurde, der an einer Massenexekution teilgenommen hatte: „Die Opfer mussten niederknien. Dann ging er hinter ihnen entlang und schoss jedem der Reihe nach in den Hinterkopf." Kopien dieses Briefes wurden an Soldaten verteilt, die sich auf dem Weg nach Russland befanden. Aktionen dieser Art hatten wenig Einfluss auf die öffentliche Meinung oder die Kriegsanstrengungen insgesamt, aber das Wissen um die Nazigräuel trieb den inneren Kreis der Spione dazu, immer mehr zu riskieren. Wie Harro Schulze-Boysen zu einer Frau sagte, deren jüdischer Verlobter in ein Konzentrationslager geschickt worden war: „Diese Barbarei muss aufhören. Wir müssen alle zusammenarbeiten, um diesen Teufel aufzuhalten."

Für Schulze-Boysen und seine Mitverschwörer bedeutete das, so viele deutsche Militärpläne wie möglich an die Sowjets zu verraten. Gurevitsch kehrte mit so viel geheimem Material nach Brüssel zurück, dass seine Funker Sonderschichten einlegen mussten. So konnte Hauptmann Harry Piepe von

SPION

RUDOLF RÖSSLER

Rudolf Rößler, der von der Schweiz aus unter dem Decknamen Lucy operierte, funkte hochpräzise Berichte über deutsche Militärpläne nach Moskau. Er war einer der fähigsten und unauffälligsten Geheimagenten des Krieges – so unauffällig, dass sich Fragen nach dem Geheimnis seines Erfolgs aufwarfen. Als Teilnehmer des Ersten Weltkriegs kannte Rößler Offiziere, die seine Verachtung für die Nazis teilten. 1934 zog er in die neutrale Schweiz, die im Zweiten Weltkrieg zu einer Brutstätte für Intrigen und Spionage wurde. Dort hatte er mit sowjetischen Spionen zu tun, verriet aber weder ihnen noch dem GRU, für den er arbeitete, jemals seine Quellen. Sein Funker war Alexander Foote, ein Brite, der im spanischen Bürgerkrieg an der Seite der Kommunisten gekämpft hatte. 1943 trugen Rößlers Berichte über die deutschen Vorbereitungen auf die Schlacht bei Kursk dazu bei, dass die Rote Armee dort einen entscheidenden Sieg errang.

DECKNAME: LUCY
SPION FÜR: SOWJETUNION
SPION GEGEN: DEUTSCHLAND

Bei der Beantwortung der Frage, warum Rößler die Schachzüge der Deutschen so gut vorhersehen konnte, kommt Foote eine Schlüsselrolle zu. Womöglich war er ein Doppelagent des MI6 und hatte Zugang zu Informationen der Enigma-Codeknacker. Diese Theorie erscheint plausibel, weil die Briten Russland über Deutschland siegen sehen wollten, ohne ihren Enigma-Durchbruch zu verraten. F. H. Hinsley, Kryptoanalytiker beim Enigma-Programm und offizieller Historiker der britischen Kriegsgeheimdienste, bestritt hingegen, dass sie Lucy dazu benutzten, Informationen nach Moskau weiterzuleiten. Eine wahrscheinlichere Erklärung für Rößlers Erfolg ist, dass er deutsche Informanten hatte, die Zugang zu wertvollen Militärgeheimnissen hatten, darunter den Abwehroffizier Hans Gisevius und andere, die sich gegen Hitler verschworen. ✪

IN GEWAHRSAM Diese in ein Gestapo-Notizbuch eingeklebten Fahndungsfotos zeigen sechs der mehr als hundert Verdächtigen, die in und um Berlin verhaftet wurden, nachdem die Abwehr eine Nachricht aus Moskau entschlüsseln konnte, die die Identität der dortigen Rädelsführer der Roten Kapelle offenlegte. Viele der Festgenommenen waren Anti-Nazis, die mit den Spionen in Verbindung standen, sich ihrer Spionagetätigkeit aber gar nicht bewusst waren.

der Abwehr einen der drei Brüsseler Sender ausfindig machen. Hätte Piepe sich mehr Zeit genommen, wäre es ihm womöglich gelungen, alle drei gleichzeitig auszuschalten und Gurevitsch und vielleicht sogar seinen „Großen Chef" Trepper zu verhaften, der Brüssel häufig besuchte. Doch wie die sowjetischen Geheimdienstoffiziere standen auch die deutschen Spionageabwehrkräfte unter Ergebnisdruck. Am 14. Dezember 1941 stürmten Piepes Männer das einzige Versteck der Roten Kapelle, das sie geortet hatten, in der Rue des Atrébates 101 in Brüssel und ergriffen mehrere Verdächtige, die der Gestapo zur „verschärften Vernehmung" übergeben wurden. Der Funker Michail Makarow wurde gefoltert, verriet aber nichts von Bedeutung. Die Chiffrierspezialistin Sophie Poznanska kannte Codes, mit denen die zwischen Brüssel und Moskau gesendeten Nachrichten zu entschlüsseln gewesen wären, aber sie beging vor der Befragung Selbstmord.

> **„Dieser Tod steht mir gut."**
>
> HARRO SCHULZE-BOYSEN, VERURTEILTER SPION

> **„Und ich habe Deutschland so sehr geliebt!"**
>
> MILDRED HARNACKS LETZTE WORTE

Die einzige Inhaftierte, die kooperierte, war Rita Arnaud, die Geliebte eines sowjetischen Kuriers, die aber augenscheinlich wenig von Belang wusste. Weitere Ermittlungen ergaben jedoch, dass Poznanska ihre Nachrichten mithilfe eines Buches verschlüsselt hatte, das sie und ihr Gegenüber in Moskau besaßen und aus dem Schlüsselwörter gezogen wurden, die durch Seitenzahl, Zeilennummer und Wortreihenfolge innerhalb dieser Zeile definiert waren. Solche Codes waren teuflisch schwer zu knacken, wenn man nicht wusste, welches der Millionen gedruckter Bücher dafür verwendet wurde. Arnaud erinnerte sich an die Titel mehrerer Romane, die sie in der Nähe des Senders in Brüssel gesehen hatte, von denen einer die entscheidenden Schlüsselwörter enthielt. Im Juli 1942 war das Rätsel gelöst.

Die Berliner Gestapo zog den Kreis um die Rote Kapelle immer weiter zu, zapfte ihre Telefone an und erweiterte die Liste der Verdächtigen. Harro Schulze-Boysen wurde Ende August als Erster verhaftet, und in den kommenden Wochen folgten Dutzende weitere. Am

KAMMER DES TODES Mildred Harnack und andere Frauen, die wegen ihrer Beteiligung am Berliner Spionagering verurteilt worden waren, wurden in Berlin-Plötzensee mit der Guillotine (rechte Seite) geköpft. Es war eine schnellere Hinrichtung, als sie den Männern vorbehalten war, die langsam zu Tode gehängt wurden.

AMY THORPE PACK

Eine schillernde Persönlichkeit, die William Donovan durch seine Freundschaft mit dem britischen Spionagemeister William Stephenson für das OSS gewinnen konnte, war die verführerische Amy Thorpe Pack. 1930 heiratete die glamouröse 19-Jährige aus Minneapolis (hier im Brautkleid) den britischen Gesandten Arthur Pack. Sie zerstritt sich bald mit ihrem Mann, aber durch ihre doppelte Staatsbürgerschaft und den Zugang zu diplomatischen Kreisen in Europa gelang es ihr, hohe Beamte auszuspionieren, die von ihr hingerissen waren. Über einen ihrer Bewunderer sagte sie später: „Ich ließ ihn so oft mit mir schlafen, wie er wollte, denn das garantierte den reibungslosen Fluss an Informationen, die ich brauchte."

Nach Kriegsbeginn verließ Amy Pack ihren Mann und kehrte nach Amerika zurück, wo sie von Stephenson unter dem Decknamen Cynthia als Geheimagentin engagiert wurde. Beeindruckt von ihrer Arbeit wieß er sie 1941 an, in die französische Botschaft einzudringen, die das formal neutrale, aber Nazideutschland hörige Vichy-Regime repräsentierte. Sofort verführte sie den Presseattaché der Botschaft, Charles Brousse, der bald erkannte, dass sie eine Spionin war, aber tat, was sie verlangte, weil er sie verehrte und die Nazis verachtete. Stephenson hatte es vor allem auf die Codebücher abgesehen, die im Büro des Marineattachés verwahrt wurden, aber einen Einbruch in eine Botschaft in Washington konnte er nicht riskieren, ohne die Amerikaner einzubeziehen. 1942 wandte er sich diesbezüglich an Donovan, und dieser willigte ein, den Einbruch gemeinsam durchzuführen, der, sollte er schiefgehen, einen diplomatischen Aufruhr auslösen würde.

Brousse und Agentin Cynthia betraten also spät in der Nacht die Botschaft, nachdem sie der Wache erzählt hatten, sie wollten Brousse' Büro für ein geheimes Tête-à-Tête nutzen. Nach einigem Hin und Her betraten sie das Büro des Marineattachés und ließen durch das Fenster einen gerissenen Ex-Knacki und Geldschrankknacker ein, der die Codebücher mitnahm und abfotografieren ließ. Cynthia und Brousse warteten nervös auf seine Rückkehr, als sie den herannahenden Wachmann hörten, der gerade seine Runde machte und sicher reden würde, wenn er das Paar nicht bei der Liebe, sondern beim Unfug im Marinebüro antraf. Sie zog sich hastig aus und warf sich Brousse in die Arme – ein Anblick, der den verlegenen Wächter dazu veranlasste, eine Entschuldigung zu murmeln und sich schnell davonzumachen. Im Morgengrauen waren die Codebücher wieder da, wo sie hingehörten, und die Täter außer Gefahr.

Die französischen Behörden bekamen von dem Einbruch nichts mit, wohl aber FBI-Direktor Hoover, dessen Agenten die Botschaften beschatteten. Nachdem ein anderes OSS-Team beim Einbruch in die spanische Botschaft in Washington gesichtet wurde, beschwerte sich Hoover bei Roosevelt, dass die Durchführung verdeckter Operationen gegen ausländische Gesandte in den USA Sache des FBI sei. Roosevelt stimmte dem zu, solange Hoover seine Erkenntnisse aus künftigen Einbrüchen mit dem OSS teilte. Aber Hoover und Donovan waren so erbitterte Rivalen, dass sie sich eher gegenseitig ausspionierten als Informationen auszutauschen.

Der Einbruch in die französische Botschaft war für Amy Pack und Charles Brousse schwer zu toppen. Donovan erwog, sie zur Spionage nach Vichy-Frankreich zu schicken, aber er verwarf den Plan, als Brousse' Frau von der Affäre erfuhr. Als Agentin war Cynthia immer stolz auf ihre Unabhängigkeit gewesen. „Das Leben ist eine Bühne", schrieb sie. „Meine Rolle ist es, so zu tun, als ob, und meine wahren Gefühle zu verbergen." Aber bei Brousse hatte sie es offensichtlich richtig erwischt. Als sie nicht mehr zusammen spionieren konnten, wurden sie Mann und Frau und blieben es bis zu Amys Tod 1963. ✪

„Das Leben ist eine Bühne. Meine Rolle ist es, so zu tun, als ob, und meine wahren Gefühle zu verbergen."

AMY THORPE PACK

DECKNAME: CYNTHIA

SPIONIN FÜR: GROSSBRITANNIEN, USA

SPIONIN GEGEN: VICHY-FRANKREICH

Ende waren es 117 Personen, viele von ihnen Widerständler ohne Wissen über Spionage, die festgenommen wurden, nachdem sie unter Folter ihre Namen genannt hatten. Hitler war entsetzt, dass prominente Deutsche sich gegen sein Regime verschworen und ordnete Geheimprozesse an, die zu Todesurteilen für 46 Männer und Frauen führten, darunter die Schulze-Boysens, Harnacks und Kuckhoffs, wobei Greta Kuckhoff später begnadigt wurde und den Rest des Krieges im Gefängnis verbrachte. Libertas Schulze-Boysen flehte vergeblich um ihr Leben, aber ihr Mann blieb trotzig und bereute nichts. „Dieser Tod steht mir gut", sagte er. Mildred Harnacks letzte Worte galten ihrer Wahlheimat, die einst so kultiviert war und nun von den Nazis entehrt wurde: „Und ich habe Deutschland so sehr geliebt!"

DAS OSS IN NORDAFRIKA

Als William Donovan Mitte Juni 1942 die Leitung des neu gegründeten Office of Strategic Services (OSS) übernahm, bestand seine Hauptaufgabe darin, Informationen zu sammeln und verdeckte Operationen zur Unterstützung der im Dezember bevorstehenden amerikanischen Invasion in Französisch-Nordafrika durchzuführen, welches der Vichy-Regierung unterstand. Amerikanische Agenten hatten begonnen, Nordafrika zu infiltrieren und Informanten und Sympathisanten zu rekrutieren, noch bevor Präsident Roosevelt Mitte 1941 Donovan zum Geheimdienstkoordinator ernannte. (Sowohl das Büro als auch Donovan wurden als COI bezeichnet.) Sein wichtigstes Kapital bei der Übernahme dieses Amtes waren die „zwölf Apostel", die dafür zu sorgen hatten, dass Öl, Lebensmittel und andere amerikanische Waren, die von Vichy-Beamten gekauft wurden, nicht in die Hände deutscher oder italienischer Truppen gelangten. Aber diese zwölf Beamten spionierten die Vichy-Streitkräfte auch aus, „bewaffnet" mit diplomatischer Immunität als US-Vizekonsuln. Deutsche Agenten in Französisch-Marokko, Algerien und Tunesien wussten, was die zwölf Apostel vorhatten, und betrachteten sie als Amateure. „Alle ihre Gedanken kreisen um ihre sozialen, sexuellen oder kulinarischen Interessen", berichtete ein deutscher Nachrichtenoffizier.

Donovan gönnte seinen Spionen in ihrer Freizeit ein wenig Amüsement, solange sie die Einrichtungen und Absichten von Vichy im Auge behielten. Die zwölf Apostel hielten ihn auf dem Laufenden, während ihr Chef Robert Murphy, der US-Generalkonsul in Algier, heimlich französische Kommandeure in Nordafrika ansprach, die eine Kooperation mit den Alliierten der Zusammenarbeit mit Faschisten vorziehen könnten. Donovan bereitete sich auf verdeckte Operationen im Zuge der amerikanischen Invasion vor, indem er den Marinecolonel William Eddy, der fließend Französisch und Arabisch sprach, beauftragte, Kontakte zu nordafrikanischen Stammesführern herzustellen und Partisanen und Saboteure anzuwerben, die hinter den feindlichen Linien für Verwüstungen sorgen könnten.

Donovan rekrutierte auch Amerikaner, die in Nordafrika gelebt oder studiert hatten und über die erforderlichen Orts- und Sprachkenntnisse verfügten. Einer von ihnen war der 38-jährige Carleton Coon, ein Anthropologe in Harvard, der in Marokko Feldforschung be-

SCHLIMME KONSEQUENZEN Dieses von der Vichy-Regierung herausgegebene Plakat verurteilt Sabotageakte mit dem Sprichwort „Les conseilleurs ne sont pas les payeurs" („Die Berater sind nicht die, die zahlen"), was so viel heißen sollte wie, dass diejenigen, die zum Widerstand in Form von Sabotage aufriefen, unbeteiligte Menschen den deutschen Repressalien aussetzten.

> **„Alle ihre Gedanken kreisen um ihre sozialen, sexuellen oder kulinarischen Interessen."**
>
> EIN DEUTSCHER NACHRICHTENOFFIZIER ÜBER DIE IN NORDAFRIKA STATIONIERTEN AMERIKANISCHEN AGENTEN

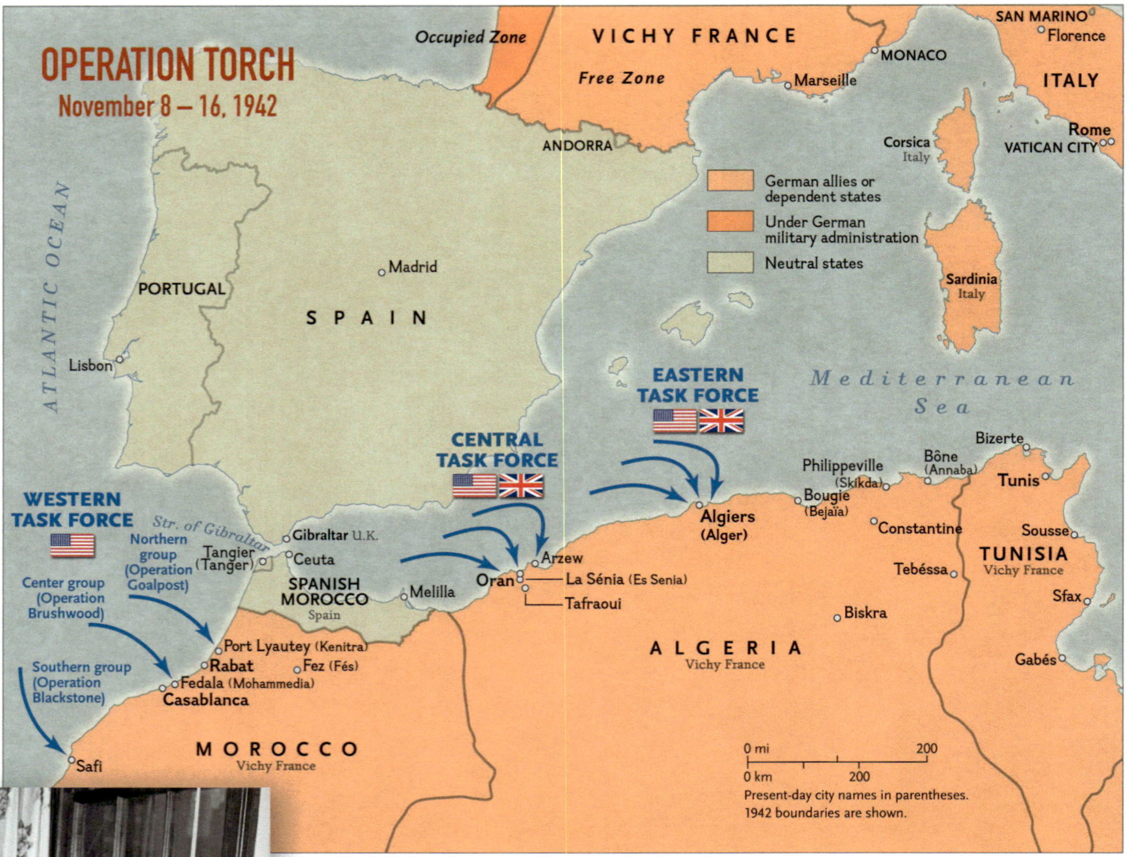

TORCH **Der Anthropologe Carleton Coon (oben) begann seinen Dienst als OSS-Offizier in Nordafrika, bevor die Alliierten im November 1942 im Rahmen der Operation Torch (Karte oben) dort landeten. Sie übernahmen rasch die Kontrolle über Französisch-Marokko und Algerien, mussten sich jedoch erst gegen Rommels Panzerarmee Afrika durchsetzen, bevor sie die Deutschen Mitte 1943 endgültig vertrieben.**

trieb und von der Marine abgelehnt wurde, weil er übergewichtig war und hohen Blutdruck hatte. „Ich habe nie einen Eid für den COI oder das OSS abgelegt", erinnert sich Coon. „Wir waren alle Gentlemen, die sich freiwillig verpflichteten. Wir standen nie unter Befehl. Wir wurden immer gefragt: ‚Möchten Sie ... (z. B., sich umbringen lassen)?' Wozu wir immer ‚ja' sagten." Bevor er sich Eddy in Nordafrika anschloss, unterzog sich Coon einer Ausbildung in verdeckter Funkkommunikation und Sabotage. Er schätzte sich glücklich, sich einen Jugendtraum erfüllen zu können, „in fremden Bergen zu reisen, Stämme aufzurütteln und den Feind mit geheimen und unorthodoxen Mitteln zu vernichten".

Coon begann seinen Undercover-Dienst in Tanger, der Hauptstadt von Spanisch-Marokko an der Straße von Gibraltar. Seine Hauptaufgabe bestand darin, Stammesführer dazu zu bewegen, sich gegen die Deutschen zu stellen, wenn diese mit Francos Zustimmung Spanisch-Marokko besetzen sollten, um die Straße von Gibraltar für alliierte Schiffe zu sperren. Coon gewann die Unterstützung eines einflussreichen marokkanischen Mullahs mit dem Decknamen Strings, indem er 50 000 Francs für den Bau einer Moschee spendete. „Von da an", erinnerte sich Coon, „war Mr. Strings unser Mann" und bot uns an, „uns zu verstecken, falls die Deutschen uns in Tanger überraschen sollten". Coon reiste häufig nach Gibraltar, wo britische SOE-Offiziere ihn im Umgang mit Sprengstoff schulten. Im Gegenzug sollten er und sein Kollege Gordon Browne Steine von marokkanischen Straßen sammeln, die als Modelle für reifendurchschlagende Bomben dienen sollten, die man gegen deutsche Fahrzeuge einsetzen wollte. „Wir stellten fest, dass es kaum Steine entlang der Straßen gab“, berichtete Coon, „aber dass Maultierhaufen im Überfluss vorhanden waren. Also fügten wir zu unserer Steinsammlung ein paar Proben des örtlichen Maultiermistes hinzu, verpackten ihn sorgfältig und schickten ihn nach London.“ Techniker der SOE „stellten aus diesen Proben explosive Scheißhaufen her, die wir später in Tunesien erfolgreich einsetzten“.

Als die amerikanische Invasion im Herbst 1942 näherrückte, sandten Coon und andere OSS-Agenten unablässig militärische Informationen an das Hauptquartier von Lieutenant General Dwight D. „Ike“ Eisenhower, dem Kommandeur der Operation Torch, der seine Basis von London nach Gibraltar verlegte. Im Oktober erfuhr Eisenhower von Robert Murphy in Algerien, dass Generalmajor Charles Mast vom Oberkommando in Vichy sich dort heimlich mit einem hochrangigen amerikanischen Offizier treffen wolle. Ike schickte seinen obersten Stellvertreter, General Major Mark Clark, der in Gibraltar das britische U-Boot HMS *Seraph* bestieg und mit anderen Offizieren in der Nacht des 21. Oktober per Kajak in der ruhigen algerischen Hafenstadt Cherchell an Land ging, Sie wurden von Murphy begrüßt und trafen sich mit Mast in einem sicheren Haus. Mast verlangte, dass die Amerikaner nicht nur Französisch-Nordafrika, sondern auch die Vichy-Zone in Südfrankreich besetzten, um eine deutsche Übernahme dort zu verhindern. Clark erklärte, die Alliierten seien noch nicht bereit, in Frankreich einzumarschieren. Er trennte sich von Mast mit dessen Zusicherung, dass sich die französischen Truppen der Operation Torch nicht widersetzen

Merry Christmas

The Boston Post

Christmas Morning 1942

Christmas

BY HENRY GILLEN

WAR SHADOWS DAY OF PEACE

But Darkened City Greets Christmas With Carols, Church Services and Parties in Homes

SOME YULE MAIL NOT DELIVERED

DARLAN KILLED BY FRENCH ASSASSIN

Youth of 20 Fires Shots Into Mouth and Lungs of French Leader in North Africa —Also Wounds Darlan Aide But Is Captured by Chauffeur—Axis Plot Seen as Slayer Refuses to Divulge Name—Order Maintained Throughout Algiers

"The Adoration of the Shepherds"

Slaying Denounced by Roosevelt as 'First Degree Murder'

REDS OPEN NEW DRIVE DEEP IN THE CAUCASUS

Yanks Overwhelm Japs—Allies Score

SEITENWECHSEL **Admiral Jean Darlan (Mitte, Eisenhower rechts), Kommandeur der französischen Vichy-Truppen, kapitulierte bald nach der Landung von Eisenhowers Truppen in Nordafrika. Er war wegen seiner Kollaboration mit den Deutschen verhasst und fiel Ende Dezember 1942 einem Anschlag zum Opfer, was für Schlagzeilen sorgte (oben). Die hoch umstrittene Vereinbarung, in der Eisenhower Darlan die Verwaltung Marokkos und Algeriens überließ, hatte damit ein Ende.**

würden, allenfalls die Marine würde wahrscheinlich den Kampf aufnehmen. Die französische Marineführung hatte einen britischen Angriff auf die Vichy-Flotte im Juli 1940, der verhindern sollte, dass französische Kriegsschiffe in deutsche Hände gelangten, weder vergessen noch verziehen. Unter denen, die den Alliierten gegenüber besonders misstrauisch blieben, war Admiral Jean Darlan, der oberste Vichy-Kommandeur.

Dank der sorgfältigen verdeckten Arbeit von Murphy, Eddy und des OSS wusste Eisenhower, was ihn erwartete, als seine Truppen am 8. November in zwei Wellen an der Atlantikküste Französisch-Marokkos und an der Mittelmeerküste Algeriens an Land gingen. Nur die französische Marine und verstreute französische Armeeeinheiten leisteten nennenswerten Widerstand. Dieser kam völlig zum Erliegen, als Darlan einem Waffenstillstand zustimmte. Er arrangierte sich mit Eisenhower, der ihn mit der Verwaltung von Marokko und Algerien beauftragte, während Ikes Truppen nach Osten vorrückten, um die Achsenmächte aus Tunesien zu vertreiben.

HERR DER SPIONE Der OSS-Geheimdienstoffizier Allen Dulles saß beinahe in der Falle, als Deutschland auf die alliierte Invasion in Nordafrika mit der Besetzung der Vichy-Zone in Südfrankreich reagierte. Dulles schaffte es gerade noch über die Grenze in die neutrale Schweiz, wo er mit Fritz Kolbe und anderen deutschen Spionen zusammenkam, die sich dem Naziregime widersetzten, indem sie dessen Geheimnisse an die Alliierten verrieten.

Am 24. Dezember wurde Darlan in Algier erschossen. Sein Attentäter gehörte zu einer Gruppe französischer Freiwilliger, die von Carleton Coon ausgebildet wurden. Die Ausbildung wurde von der SOE mit Unterstützung des OSS durchgeführt. Keine der beiden Agenturen stand mit dem Attentat in Verbindung, aber die Ausbilder gerieten unter Verdacht und mussten verschwinden. Coon verzog sich nach Cap Serrat in Tunesien und beaufsichtigte dort eine bunt zusammengewürfelte Truppe aus Arabern und ehemaligen französischen Legionären, die durch die feindlichen Linien schlüpften, Truppenbewegungen überwachten, Brücken sprengten und Maultierdungbomben in den Weg feindlicher Fahrzeuge legten.

Wenige Tage nach der Landung amerikanischer Truppen in Nordafrika besetzten die Deutschen Vichy-Frankreich, um es gegen eine alliierte Invasion zu sichern. Zu dieser Zeit reiste einer von Donovans Topspionen, Allen Dulles, von Spanien durch Südfrankreich in die Schweiz, wo er unter diplomatischer Tarnung als Meisterspion fungieren sollte. Sein Zug erreichte die Grenze am Vorabend der deutschen Übernahme, und er entkam nur knapp einer Festnahme durch die Gestapo.

Dulles hatte ein Akkreditiv im Wert von einer Million Dollar dabei, das er bei einer Schweizer Bank deponierte. Das war viel Geld, aber es zahlte sich aus. Diplomatische Spionage bestand darin, sich stilvoll einzurichten, Kontakte zu anderen Diplomaten und Würdenträgern zu knüpfen und von ihnen Informationen zu sammeln. Darüber hinaus mussten Informanten und Kuriere versorgt und hin und wieder Bestechungsgelder gezahlt werden. Dulles' wertvollste Quelle war jedoch kostenlos. Eines Nachts im Jahr 1943 klopfte Fritz Kolbe, der im Auswärtigen Amt in Berlin arbeitete und die täglichen Depeschen von deutschen Botschaften und Militärkommandos rund um den Globus durchsah, an Dulles' Tür in Bern. Er hatte einen Mittelsmann dabei, der für ihn bürgte, und offerierte Dulles Zugang zu dieser Schatzkammer. Kolbe verlangte nichts weiter als die Genugtuung, das

FRITZ KOLBE

Allen Dulles bezeichnete Fritz Kolbe als den „Traum eines Nachrichtenoffiziers“. Es ist dies die treffende Beschreibung eines Mannes, der die Nazis verachtete und sich weigerte, ihrer Partei beizutreten, aber Zugang zu Geheimdokumenten erhielt und diese mit dem OSS teilte. Kolbe, Jahrgang 1900, diente kurz als Soldat im Ersten Weltkrieg. Im Gegensatz zu Hitler und anderen Veteranen, die gelobten, Deutschlands Niederlage zu rächen, betrachtete Kolbe den Konflikt als eine Verschwendung von Menschenleben und stellte sich gegen diejenigen, die sein Land wieder auf diesen blutigen Weg führen wollten. 1925 ging er zum Auswärtigen Amt und blieb dort, weil die Nazis erfahrene Beamte wie ihn brauchten, auch wenn sie keine Parteimitglieder waren, um Abteilungen zu leiten, die mit der Expansion von Hitlers Reich rasch wuchsen.

Ende 1941 begann Kolbe mit der Überprüfung sensibler diplomatischer und militärischer Depeschen für Karl Ritter, den Verbindungsmann zwischen dem Auswärtigen Amt und dem Oberkommando der Wehrmacht. „Vom ersten Tag an kam ich mit NS-Geheimnissen in Berührung“, sagte Kolbe später, „ich musste einen Weg finden, sie irgendwie herauszubekommen.“ Er sammelte also Informationen, schrieb Berichte nach Dienstschluss von Hand ab, entwendete Papiere, um sie zu fotografieren, und unterschlug Durchschläge von maschinengeschriebenen Dokumenten. 1943 half ein Freund im Auswärtigen Amt Kolbe bei der Einreise in die Schweiz, wo er Dulles die ersten gestohlenen Dokumente übergab.

Insgesamt verhalf Kolbe dem OSS bis Kriegsende zu mehr als 1600 geheimen deutschen Kommuniqués. Darunter befanden sich die drei (übersetzten) Botschaften unten: eine Zusammenfassung der Verluste der Luftwaffe bei einem Bombenangriff auf London (rechts), eine Einschätzung von Mussolinis trauriger Gemütsverfassung (links) und ein Bericht des deutschen Botschafters im Vatikan von Ende 1943 (Mitte). Darin vertrat dieser die Ansicht, dass Papst Pius XII., indem er die Westmächte aufforderte, „das Ziel der bedingungslosen Kapitulation“ aufzugeben, eine Einigung zwischen den USA, Großbritannien und Deutschland anstrebte, die die sowjetische Expansion vereiteln und den Kommunismus eindämmen würde. ✪

DECKNAME: GEORGE WOOD
SPION FÜR: USA
SPION GEGEN: DEUTSCHLAND

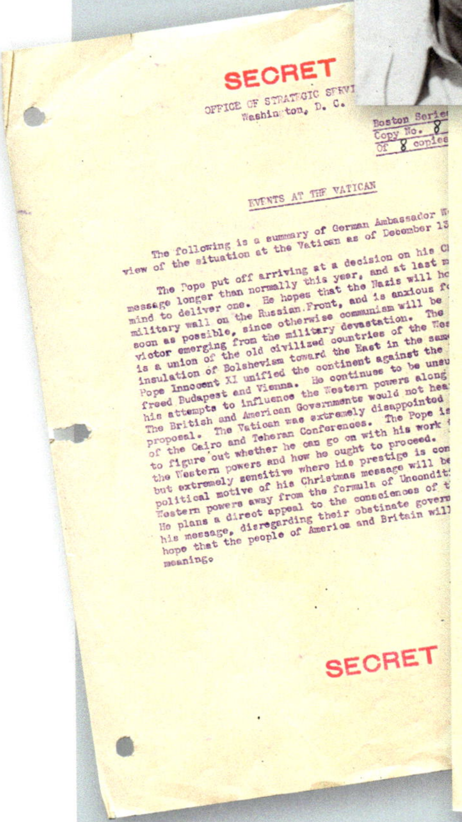
SECRET
OFFICE OF STRATEGIC SERVI
Washington, D. C.

Boston Serie
Copy No. 8
Of 8 copies

EVENTS AT THE VATICAN

The following is a summary of German Ambassador W
view of the situation at the Vatican as of December 13

The Pope put off arriving at a decision on his C
message longer than normally this year, and at last m
mind to deliver one. He hopes that the Nazis will ho
military wall on the Russian Front, and is anxious f
soon as possible, since otherwise communism will be
victor emerging from the military devastation. The
is a union of the old civilized countries of the Wes
insulation of Bolshevism toward the East in the sam
Pope Innocent XI unified the continent against the
freed Budapest and Vienna. He continues to be unsu
his attempts to influence the Western powers along
The British and American Governments would not hea
proposal. The Vatican was extremely disappointed
of the Cairo and Teheran Conferences. The Pope is
to figure out whether he can go on with his work
the Western powers and how he ought to proceed.
but extremely sensitive where his prestige is con
political motive of his Christmas message will be
Western powers away from the formula of Uncondit
He plans a direct appeal to the consciences of t
his message, disregarding their obstinate govern
hope that the people of America and Britain will
meaning.

SECRET

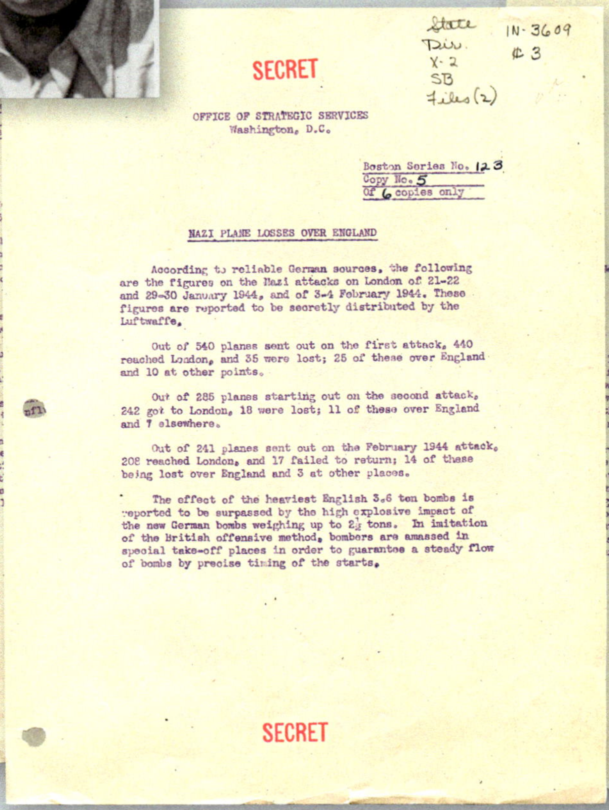
SECRET
State
Div.
X-2
SB
Files (2)
IN-3609
3

OFFICE OF STRATEGIC SERVICES
Washington, D.C.

Boston Series No. 123
Copy No. 5
Of 6 copies only

NAZI PLANE LOSSES OVER ENGLAND

According to reliable German sources, the following are the figures on the Nazi attacks on London of 21-22 and 29-30 January 1944, and of 3-4 February 1944. These figures are reported to be secretly distributed by the Luftwaffe.

Out of 540 planes sent out on the first attack, 440 reached London, and 35 were lost; 25 of these over England and 10 at other points.

Out of 285 planes starting out on the second attack, 242 got to London, 18 were lost; 11 of these over England and 7 elsewhere.

Out of 241 planes sent out on the February 1944 attack, 208 reached London, and 17 failed to return; 14 of these being lost over England and 3 at other places.

The effect of the heaviest English 3.6 ton bombs is reported to be surpassed by the high explosive impact of the new German bombs weighing up to 2½ tons. In imitation of the British offensive method, bombers are amassed in special take-off places in order to guarantee a steady flow of bombs by precise timing of the starts.

SECRET

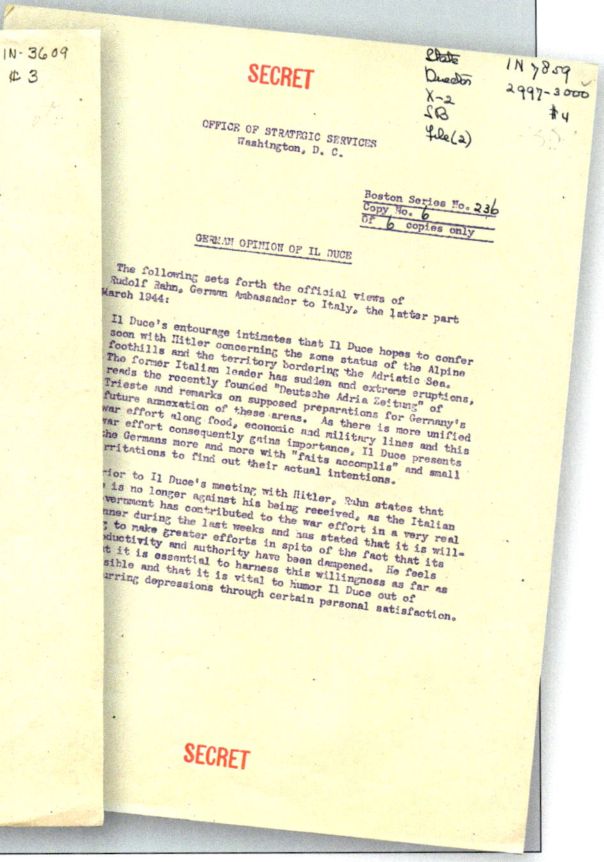
SECRET
State
Director
X-2
SB
File (2)
IN 7859
2997-3000
4

OFFICE OF STRATEGIC SERVICES
Washington, D. C.

Boston Series No. 236
Copy No. 6
Of 6 copies only

GERMAN OPINION OF IL DUCE

The following sets forth the official views of
Rudolf Rahn, German Ambassador to Italy, the latter part
March 1944:

Il Duce's entourage intimates that Il Duce hopes to confer
soon with Hitler concerning the zone status of the Alpine
foothills and the territory bordering the Adriatic Sea.
The former Italian leader has sudden and extreme eruptions,
reads the recently founded "Deutsche Adria Zeitung" of
Trieste and remarks on supposed preparations for Germany's
future annexation of these areas. As there is more unified
war effort along food, economic and military lines and this
war effort consequently gains importance, Il Duce presents
the Germans more and more with "faits accomplis" and small
rritations to find out their actual intentions.

rior to Il Duce's meeting with Hitler, Rahn states that
is no longer against his being received, as the Italian
vernment has contributed to the war effort in a very real
nner during the last weeks and has stated that it is will-
to make greater efforts in spite of the fact that its
ductivity and authority have been dampened. He feels
t it is essential to harness this willingness as far as
sible and that it is vital to humor Il Duce out of
rring depressions through certain personal satisfaction.

SECRET

NS-Regime zu untergraben, das Deutschland entehrte und zerstörte. Kolbe war ein Geschenk des Himmels und würde bald in Washington als Superspion anerkannt werden. Seine Enthüllungen trugen dazu bei, dass Dulles an die Spitze seines Berufsstands aufstieg, als künftiger Direktor der Central Intelligence Agency.

„Von denen, die weggebracht werden, hört man nie wieder etwas."

INTERALLIIERTE ERKLÄRUNG ZUR VERNICHTUNG DER JUDEN, 17. DEZEMBER 1942

RAZZIA IN FRANKREICH

Als die Deutschen Vichy-Frankreich besetzten, zog sich die Schlinge um Feinde des Reichs noch enger. Das Vichy-Regime hatte landesweit Autorität über französische Beamte und Polizisten und unterstützte die Deutschen dabei, Juden zu registrieren und zusammenzutreiben und Widerständler zu schnappen. Im besetzten Norden war das Risiko, von der Gestapo verhaftet zu werden, größer gewesen als im Süden, bis die Deutschen nun auch dort selbst eingriffen und gegen Spione und Dissidenten vorgingen.

Der Mittelmeerhafen von Marseille war eine Brutstätte des Widerstands. Dort versteckten sich Tausende Menschen, die von den Deutschen gesucht wurden, darunter Juden, die sich im August einer Razzia der Vichy-Polizei entzogen hatten, sowie Flüchtlinge aus dem gesamten besetzten Europa. Marseille war auch Stützpunkt des Fluchthelfers Patrick O'Leary, der dort von der in Australien aufgewachsenen Nancy Wake unterstützt wurde, die als Kurierin diente und Flüchtlinge begleitete. Ihr wohlhabender französischer Ehemann Henri Fiocca finanzierte die Operationen und richtete sichere Unterkünfte ein. Bald nach der deutschen Machtübernahme erfuhr O'Leary von Informanten, dass Ian Garrow – der die Fluchtlinie ins Leben gerufen und ihn 1941 aus einem Kriegsgefangenenlager befreit hatte – kurz davor stand, aus der Haft in Südfrankreich nach Dachau deportiert zu werden. Nancy Wake besuchte Garrow im Gefängnis und gab sich als seine Cousine aus, während O'Leary sich als ihr Ehemann ausgab und eine Wache bestach, um dem Häftling eine Uniform zuzustecken. Anfang Dezember spazierte Garrow als Wachmann verkleidet aus dem Gefängnis und wurde von O'Learys Leuten nach Spanien gebracht, wo britische Diplomaten seine Rückkehr nach England arrangierten.

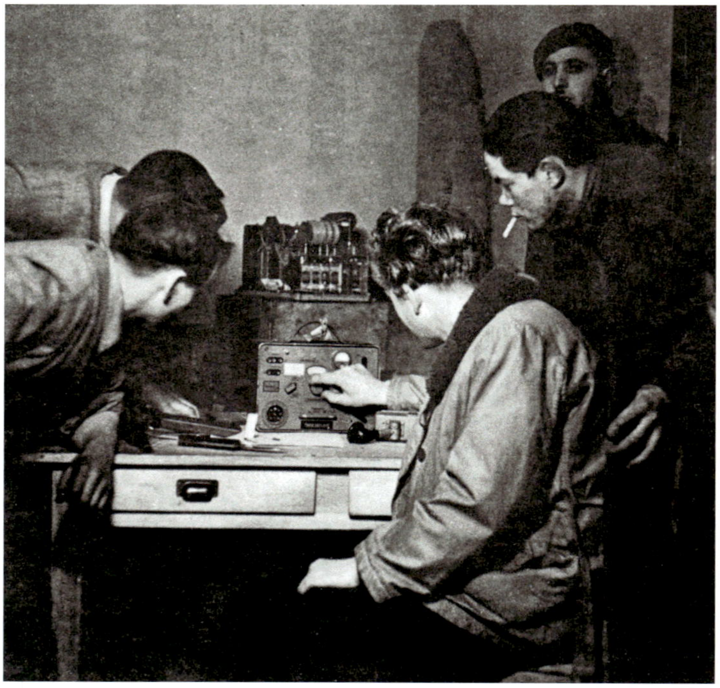

VERRÄTERISCHES HANDWERK Ein französischer Widerstandskämpfer zeigt seinen Mitstreitern, wie man ein Funkgerät bedient. Von den Deutschen geschnappte Agenten wurden vielfach gefoltert, um sie zum Reden zu bringen, und hingerichtet, wenn sie sich weigerten zu kooperieren. Einen Gefangenen über längere Zeit kopfüber aufzuhängen, was dem Résistance-Kämpfer auf der rechten Seite widerfuhr, endete oft tödlich.

Im Januar 1943 wies Heinrich Himmler Carl Oberg, seinen obersten SS- und Polizeiführer in Frankreich, an, das alte Hafenviertel in Marseille ins Visier zu nehmen, wo sich in den verwinkelten Gassen viele Flüchtlinge und Widerstandskämpfer versteckten. Der Polizeichef von Vichy, René Bousquet, der eng mit Oberg zusammenarbeitete, erklärte sich bereit, diese Razzia durchzuführen. 6000 Menschen wurden verhaftet, etwa 30 000 vertrieben, und das Viertel wurde mit Sprengstoff dem Erdboden gleichgemacht. Die Vichy-Behörden gaben bekannt, dass sie „aus Gründen der inneren Sicherheit beschlossen haben, eine groß angelegte Polizeiaktion durchzuführen, um Marseille von Elementen zu befreien", deren subversive Aktivitäten die gesamte Bevölkerung in Gefahr brächten. Aber

viele Menschen wurden dort nicht wegen irgendwelcher Vergehen verhaftet, sondern nur ihrer Herkunft und Religion wegen, wie die 2000 Juden, die in französische Konzentrationslager getrieben und schließlich in SS-Vernichtungslager überstellt wurden.

Manche Franzosen, die an Razzien dieser Art teilnahmen, behaupteten später, sie hätten nicht gewusst, dass die Juden ins Gas geschickt wurden. Als die Razzia in Marseille stattfand, hatte dies schon keinen Bestand mehr. Die BBC, die auf Französisch und in anderen Sprachen sendete, gab bekannt, dass zwölf alliierte Regierungen am 17. Dezember 1942 eine gemeinsame Erklärung herausgegeben haben, in der es hieß, dass die deutschen Behörden „nun Hitlers oft wiederholte Absicht, das jüdische Volk in Europa auszurotten, in die Tat umsetzten (…) In Polen, das zum Hauptschlachthof der Nazis gemacht wurde, werden die von den Deutschen eingerichteten Ghettos systematisch von Juden geräumt, ausgenommen einige hoch qualifizierte Arbeiter, die in der Rüstungsindustrie benötigt werden. Von denen, die weggebracht werden, hört man nie wieder etwas."

Diese Erklärung basierte teilweise auf einem Bericht der polnischen Exilregierung mit dem Titel „Die Massenvernichtung der Juden im deutsch besetzten Polen". Einer jener, die dabei halfen, die Gräueltaten zu dokumentieren, war Jan Karski, ein polnischer Offizier, der nach der deutschen Besetzung Warschaus in den Untergrund ging. 1942 schlich sich Karski in das Warschauer Ghetto, wohin Juden von der SS deportiert wurden, und traf sich mit Widerstandsführern, die Beweise dafür hatten, dass die Deportierten nicht „in den Osten umgesiedelt" wurden, wie die Deutschen behaupteten, sondern in Gaskammern zusammen mit Sinti und Roma ermordet wurden, die ebenfalls zum Ziel der Vernichtung wurden. Tausende Ghetto-Insassen, die vor der Deportation standen, inszenierten im April 1943 einen bewaffneten Aufstand und starben im Kampf gegen die Deutschen. Zu diesem Zeitpunkt wusste so gut wie jeder, der der SS half, in Frankreich Juden zusammenzutreiben – oder verdeckte Anstrengungen zu ihrer Rettung unternahm –, vom Holocaust. „Wir waren Zeugen eines Völkermords", erinnerte sich ein Résistance-Kämpfer in Südfrankreich. „Jeder, der von den Deutschen verschleppt wurde, war so gut wie tot."

O'Leary verließ Marseille vor der dortigen Razzia, aber er und andere, die Fluchtlinien betrieben, waren nun der ständigen Bedrohung durch die Gestapo ausgesetzt. Die Drahtzieherin der Kometenlinie, Dédée de Jongh, wurde im Januar 1943 festgenommen und ins KZ Ravensbrück gebracht. Sie überlebte den Krieg, weil die Deutschen sie irrtümlicherweise für eine weniger bedeutende Figur hielten als ihren Vater, der im selben Jahr verhaftet und exekutiert wurde. O'Leary wurde von einem Verräter in den eigenen Reihen im März zu einem Treffen gelockt und von der Gestapo festgenommen. Er landete in Dachau, entging aber der Hinrichtung, weil das Lager befreit wurde, bevor sein Urteil vollstreckt werden konnte.

Trotz der unbestrittenen Erfolge der Deutschen bei der Zerschlagung der Fluchtlinien nahm die Zahl der abgeschossenen Piloten und Flüchtlinge, die außer Landes geschmuggelt wurden, im Laufe des Jahres 1943 zu. Die Kometenlinie lebte unter neuer Führung wieder auf, und es entstanden kleinere Netzwerke, an denen sich die Gestapo die Zähne ausbiss. Die Deutschen wurden sogar unwissentlich zu Helfershelfern des französischen Widerstands. Durch die Besetzung der Vichy-Zone beraubten sie den 87-jährigen Marschall Pétain, der

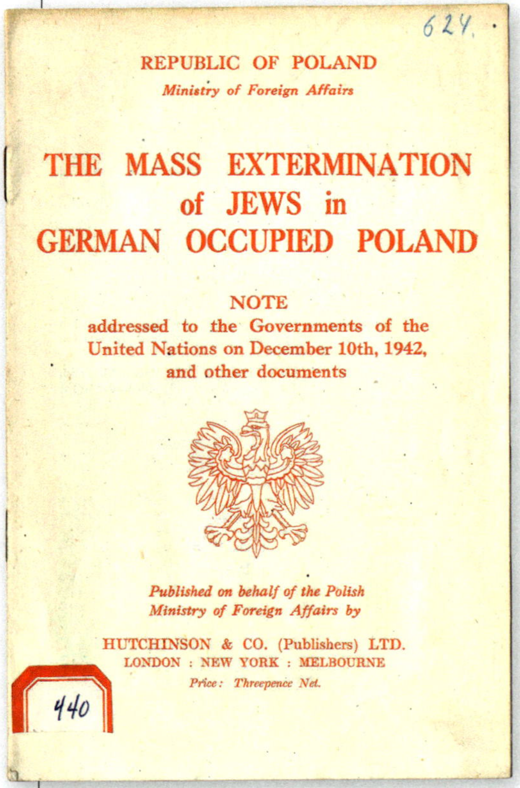

DIE WAHRHEIT AUFDECKEN Jan Karski (ganz oben) und andere polnische Untergrundkämpfer sammelten 1942 Beweise dafür, dass polnische Juden in Todeslager geschickt wurden. Ein auf ihren Erkenntnissen basierender Bericht der polnischen Exilregierung (oben) veranlasste die Regierungen von zwölf alliierten Ländern im Dezember 1942 zu einer gemeinsamen Erklärung gegen das nationalsozialistische Programm zur Vernichtung der Juden.

WARSCHAU 1943 **Juden werden aus dem brennenden Ghetto getrieben. Die meisten wurden in Vernichtungslagern getötet, andere zur Arbeit in Konzentrationslager geschickt, wo sie unter erbärmlichen Bedingungen starben. Avraham Neyer, vorne im dunklen Mantel, überlebte als Einziger in seiner Familie.**

DER AUFSTAND IM WARSCHAUER GHETTO

Mehr als 400 000 Juden lebten im nur drei Quadratkilometer großen und von einer Mauer umgebenen Warschauer Ghetto. Ganze Familien waren in einem einzigen Raum zusammengepfercht, Krankheiten grassierten, und Tausende verhungerten langsam. Nur wenige leisteten Widerstand, als die SS und die deutsche Polizei im Juli 1942 mit der Deportation begannen, die sie als „Umsiedelung" deklarierten. Einige im Ghetto standen jedoch heimlich mit Außenstehenden in Kontakt und erfuhren die Wahrheit über die SS-Operation, die wegen des kurz zuvor ermordeten Heydrich „Reinhard" genannt wurde. Die Nachricht, dass die meisten Deportierten nach Treblinka, einem Vernichtungslager östlich von Warschau, transportiert wurden, veranlasste die Widerständler, einen Aufstand zu organisieren. Bis zum Jahresende hatten sie genügend Waffen organisiert, um mehr als 700 Kämpfer auszurüsten.

Am 18. Januar 1943 nahmen die Deutschen nach einer mehrmonatigen Pause die Deportation der etwa 60 000 verbliebenen Juden wieder auf. Am Tag darauf begann der Aufstand. Nach drei Tagen mussten sich die Deutschen zurückziehen, nachdem sie 5000 Menschen verschleppt hatten. Die Führer des Widerstands übernahmen die Kontrolle über das Ghetto und exekutierten NS-Agenten, die eingeschleust worden waren, sowie Juden, die mit ihnen kollaborierten. In Erwartung eines erneuten Angriffs gruben die Bewohner Bunker aus, in denen sie sich verstecken konnten. Am 19. April begann SS-Gruppenführer Jürgen Stroop mit der Räumung des Ghettos. Nachdem er am ersten Tag ein Dutzend Männer verloren hatte, ließ er Feuer legen, um die Menschen auszuräuchern. Die Aufständischen leisteten erbitterten Widerstand, 7000 starben im Kampf oder kamen in den Bunkern um. Stroop benötigte fast einen Monat, um das Ghetto dem Erdboden gleichzumachen und 50 000 Überlebende in Lager zu deportieren, aus denen nur wenige lebend herauskamen. Er beendete die Gräueltat, indem er die Große Synagoge von Warschau sprengte, das letzte Denkmal der einst größten jüdischen Gemeinde Europas. ✪

SABOTEURE Dieses Foto aus dem Winter 1943/44, als sich die Alliierten auf die Landung in der Normandie vorbereiteten, zeigt französische Widerstandskämpfer mit Ausrüstung zur Sabotage von Bahnschienen, Brücken und anderen Zielen, die für deutsche Militäroperationen wichtig waren.

kaum mehr war als eine Marionette, und seinen finsteren Nachfolger Pierre Laval jeglicher Legitimität und trieben mehr französische Patrioten in den Widerstand, als die SS und ihre Komplizen fangen oder töten konnten.

KLAUS BARBIE UND JEAN MOULIN

Nichts brachte Résistance-Kämpfer mehr in Rage als französische Landsleute, die SS-Männern wie Klaus Barbie dienten, der Ende 1942 die Leitung der Gestapo in Lyon übernahm. Vormals eine relativ obskure Figur, kommandierte er nun eine Truppe von 200 Männern, die meisten von ihnen Franzosen, die offen mit den Nazis sympathisierten oder sie aus Opportunität unterstützten. „Ich war nur ein Leutnant", prahlte Barbie später, „aber ich hatte mehr Macht als ein General." Zu Barbies Vollstreckern zählte der Franzose Francis André, der als „Bademeister" bekannt war, weil er Verdächtigen Geständnisse abrang, indem er sie wiederholt in eine Badewanne tauchte und sie dabei manchmal ertränkte. Auch Barbie betätigte sich oft selbst als Folterer und genoss es. Ein Mann, der ein verschärftes Verhör durch ihn überlebte, erinnerte sich: „Mein Gott, er war brutal! Er brach mir die Zähne aus, riss mir die Haare aus. Er schob mir eine Flasche in den Mund und drückte so lange zu, bis meine Lippen platzten."

„Ich war nur ein Leutnant, aber ich hatte mehr Macht als ein General."

KLAUS BARBIE, GESTAPO-CHEF VON LYON

Barbie hatte viel zu tun in Lyon, das neben Marseille das Zentrum des Widerstands war. Zahlreiche Untergrundzeitungen wurden dort von Résistance-Gruppen gedruckt, die vor der deutschen Übernahme der Vichy-Zone in Lyon Fuß fassten – allen voran Combat, eine schlagkräftige Truppe unter der Führung von Henri Frenay. Er war 1940 aus einem Kriegsgefangenenlager geflohen und dem französischen Geheimdienst Deuxième Bureau beigetreten, der auch unter dem Vichy-Regime weiter funktionierte. Dies bot Frenay De-

ckung, als er sich heimlich an andere französische Offiziere wandte, die von Pétain und Laval enttäuscht waren, und seine Organisation ausbaute. Combat war die größte Widerstandsbewegung im Süden, aber es existierten dort – und im Norden – noch mehrere andere. Und es gab eine militante Organisation mit nationaler Reichweite: die Kommunistische Partei Frankreichs, die deutsche Soldaten und Kommandanten ermordete und die Bevölkerung infolgedessen tödlichen Repressalien aussetzte.

Charles de Gaulle, Führer des freien Frankreichs mit Sitz in London, hoffte, die Kommunisten unter seine Kontrolle zu bringen und ihre Strategie mit der anderer Gruppen, die sich der Befreiung Frankreichs verschrieben, zu koordinieren. Viele Résistance-Gruppen wurden von Männern wie Frenay angeführt, die den Kommunisten misstrauten und nur

FREIE PRESSE Einige der vielen französischen Untergrundzeitungen, die während des Krieges heimlich gedruckt und verdeckt verteilt wurden. Viele hatten Titel, die die Missachtung des Naziregimes signalisieren sollten, darunter *La France Libre* (Freies Frankreich), *La Résistance Ouvrière* (Arbeiterwiderstand) und *Juifs de France* (Juden Frankreichs). Hunderte derartige Publikationen wurden in Frankreich und anderen besetzten Ländern unter großem Risiko produziert, von Einblattbroschüren bis hin zu mehrseitigen Zeitungen.

„Mein Gott, er war brutal! Er brach mir die Zähne aus, riss mir die Haare aus. Er schob mir eine Flasche in den Mund und drückte so lange zu, bis meine Lippen platzten."

EIN FOLTEROPFER VON KLAUS BARBIE

widerwillig Befehle von einem General entgegennahmen, der sich im sicheren Ausland aufhielt, während sie es mit Bestien wie Klaus Barbie zu tun hatten. De Gaulle übertrug Jean Moulin die schwierige und gefährliche Aufgabe, den in zahlreiche Lager zersplitterten französischen Widerstand zu einen, und dieser trug eine Narbe, die sein Engagement für die Sache bezeugte. Im Juni 1940 war Moulin Präfekt in Chartres, als die Stadt von den Deutschen eingenommen wurde. Sie hatten am Stadtrand gegen schwarze Soldaten aus Französisch-Senegal gekämpft und viele von ihnen massakriert. Moulin wurde verhaftet und aufgefordert, eine Erklärung zu unterzeichnen, die besagte, die Senegalesen hätten französische Zivilisten vergewaltigt und ermordet. Er weigerte sich und wurde über mehrere Stunden geschlagen. Dann führte man ihn zu den Leichen von Menschen, die angeblich von den Senegalesen getötet worden, aber offensichtlich Opfer eines Luftangriffs waren. Nach weiteren Misshandlungen wurde er über Nacht eingesperrt. „Ich war am Ende meiner Kräfte", schrieb er später, „und wusste, ich würde unterschreiben, wenn es wieder anfänge." Um die Senegalesen, die für sein Land gekämpft hatten, nicht zu verraten, nahm er eine Glasscherbe und schnitt sich die Kehle durch.

SCHLÄCHTER VON LYON **Klaus Barbie war berüchtigt dafür, französische Widerstandskämpfer und jüdische Flüchtlinge, die ihm in die Hände fielen, auf grausamste Art zu foltern. „Er hatte einen unerschöpflichen Fundus an Gewalttaten", sagte ein Opfer.**

Die Wachen fanden Moulin lebendig, aber stark blutend, und brachten ihn zu einem deutschen Arzt, der ihn zusammenflickte. Der Selbstmordversuch hinterließ eine sichtbare Narbe, die er mit einem Tuch versteckte, als er später Führer der Résistance wurde. Moulin hatte auch viele Kritiker in den eigenen Reihen, weil er sie hinter de Gaulle auf einen Kurs zwingen wollte. Der konservative Frenay, der Moulin verdächtigte, Kommunist zu sein, weigerte sich, de Gaulles Nationalem Widerstandsrat beizutreten, in dem das gesamte politische Spektrum vertreten sein sollte. Moulin drehte Frenay daraufhin den Geldhahn zu, woraufhin dieser sich an Allen Dulles in der Schweiz wandte. Dulles soll Frenay eine Million Francs zugesagt haben. Er konnte sich dies erlauben, ohne Roosevelt zu verärgern, der kein großer Bewunderer von de Gaulle war.

Moulin hielt am koordinierten französischen Widerstand fest und setzte sich schließlich durch. Obwohl die Kommunisten mit de Gaulles Forderung, es dürfe keinen weiteren bewaffneten Widerstand geben, es sei denn zur direkten Unterstützung einer alliierten Invasion Frankreichs, nicht einverstanden waren, nahmen sie unter Moulins Druck an der ersten Sitzung des Nationalen Widerstandsrats teil, die am 27. Mai 1943 in Paris stattfand. Frenay nahm nicht teil, aber Combat war vertreten, wie auch alle anderen großen französischen Résistance-Gruppen. Die Debatte war lebhaft, und Moulin musste die Delegierten ermahnen, ihre Stimmen zu senken, um nicht gehört zu werden.

Bei dem Treffen wurde wenig geregelt, aber es war ein Triumph für Moulin. „Er war sehr, sehr glücklich", erinnerte sich ein Freund, der danach mit ihm zu Abend aß. „An diesem Abend war er entspannt, was äußerst selten vorkam." Aber seine Feinde kamen Moulin immer näher. Mehrere Widerständler, die Moulin nahestanden, wurden vor und nach dem Treffen verhaftet und zermürbenden Verhören ausgesetzt. Moulin wies seine Schwester an, ihn nicht zu kontaktieren, auch wenn ihre Mutter sterben sollte. „Sie würden mich bei ihrer Beerdigung verhaften", sagte er. „Ich werde dir hin und wieder eine Nachricht per Kurier schicken. Aber du darfst mir nicht schreiben."

Am 9. Juni wurde General Charles Delestraint, de Gaulles Kandidat für die Leitung der Geheimen bewaffneten Organisation zur Unterstützung der alliierten Invasion, vor einer Pariser Metrostation verhaftet. Er hatte dort auf René Hardy gewartet, der unter Frenay gedient und Pläne zur Sabotage des französischen Eisenbahnnetzes ausgearbeitet hatte. Auch Hardy wurde auf dem Weg zu dem Treffen verhaftet und von der Gestapo verhört, aber am nächsten Tag freigelassen. Als möglicher Informant und Kollaborateur hätte er von jeder weiteren Beteiligung am Widerstand ausgeschlossen werden müssen, aber Hardy verheimlichte seine Festnahme. Moulin arrangierte kurz darauf ein Treffen in Lyon, um einen Ersatz für Delestraint auszuwählen. Es fand am 21. Juni im Haus eines Arztes statt, sodass Moulin und andere Résistance-Führer, die tagsüber dort eintrafen, keinen übermäßigen Verdacht erregten. Frenay schickte einen Stellvertreter, Henri Aubry, der wiederum René Hardy mitbrachte. Moulin und zwei weitere kamen verspätet dort an. Einige Minuten später brach die Gestapo unter der Führung von Klaus Barbie die Tür ein und legte allen Anwesenden Handschellen an, mit Ausnahme von Hardy, der floh, als die anderen in einen Lieferwagen gesteckt wurden, und von einer Kugel gestreift wurde.

GEZEICHNETER MANN Jean Moulin bedeckte stets seinen Hals, um nicht an seiner Narbe am Hals erkannt zu werden. Im Juni 1943 wurde er von Klaus Barbie ergriffen und gefoltert. Moulin weigerte sich, andere zu verraten, und bezahlte das mit seinem Leben.

Barbie wusste nicht, wie Jean Moulin aussah. Aber er wusste von einem Informanten, dass ein Rädelsführer mit dem Decknamen Max an diesem Treffen teilnehmen würde. Er stellte die Verdächtigen in eine Reihe und fragte jeden Einzelnen ins Gesicht, ob er Max sei. Als dies zu keinem Ergebnis führte, griff er zur Folter. Einer der letzten Zeugen, der Moulin lebend sah, war ein Christian Pineau, der Moulin am 24. Juni halb tot auf einer Bank in einem Lyoner Gefängnis liegen sah: „Er hatte das Bewusstsein verloren; seine Augen schienen in seinen Kopf gesunken zu sein. An seiner Schläfe hatte er eine hässliche bläuliche Wunde. Ein leises Krächzen drang aus seinen geschwollenen Lippen. Ohne Zweifel war er von der Gestapo gefoltert worden." Barbie erfuhr wahrscheinlich von anderen, dass dies der Mann war, den er suchte, aber von Max selbst erfuhr er nichts. Hätte Moulin geredet, wäre die gesamte Führungsebene des französischen Widerstands aufgeflogen. Aber dazu kam es nicht. Moulin nahm seine Geheimnisse mit ins Grab.

René Hardy wurde des Verrats an Jean Moulin verdächtigt und nach dem Krieg deswegen angeklagt, aber freigesprochen. Es gab endlose Spekulationen darüber, wer Moulin verraten hat. Sicher war nur, wer ihn ermordete. Er wurde von der Gestapo zu Tode gefoltert, und auch wenn Klaus Barbie die Schläge, die ihn töteten, vielleicht nicht persönlich austeilte, so hatte er mit Sicherheit Moulins Blut an den Händen. Es war eines unter zahllosen Verbrechen, die Barbie den Titel „Schlächter von Lyon" einbrachten.

Moulin, der im Nachkriegsfrankreich als Nationalheld gefeiert wurde, war einer unter vielen Männern und Frauen, die der Brutalität der Nazis bis zum letzten Atemzug widerstanden. Während die Gestapo ihm auf den Fersen war, zerschlugen Spionageabwehroffiziere der SS in Paris das SOE-Prosper-Netzwerk, dem sich Noor Inayat Khan am 17. Juni 1943 als Funkerin angeschlossen hatte. Bis zum Ende diesen Monats wurden Francis Suttill, der Leiter dieses Spionagenetzes, und mehrere Personen, die eng mit ihm zusammenarbeiteten,

„Er hatte das Bewusstsein verloren; seine Augen schienen in seinen Kopf gesunken zu sein ... Ein leises Krächzen drang aus seinen geschwollenen Lippen."

CHRISTIAN PINEAU, EINER DER LETZTEN, DIE JEAN MOULIN LEBEND GESEHEN HABEN

verhaftet, darunter die Kurierin Andrée Borrel und der altgediente Funker Gilbert Norman, der sich kurz mit Noor traf und ihr bei den Vorbereitungen half, bevor er gefangen genommen wurde. Henri Déricourt, ein französischer Pilot, der die Landungen der SOE-Agenten koordinierte, wurde verdächtigt, Suttill und seine Agenten verraten zu haben. Doch wie René Hardy wurde Déricourt später vor Gericht gestellt und freigesprochen, und die Ursache für das katastrophale Ende des Netzwerks wurde nie offiziell geklärt.

Khan konnte sich der Verhaftung mehrere Monate lang entziehen, indem sie sich häufig von einem Versteck zum anderen bewegte. Im September war sie die letzte SOE-Spionin, die in Paris agierte. Andere überlebende Mitglieder des zerschlagenen Prosper-Netzwerks rief man aus Frankreich ab, aber sie galt als unentbehrlich und wurde an Ort und Stelle belassen. Deutsche Agenten hatten von Informanten genug erfahren, um eine Beschreibung von ihr unter dem Decknamen Madeleine zu veröffentlichen und eine hohe Belohnung für ihre Gefangennahme auszuloben. Im Oktober ging sie ihren Verfolgern ins Netz. Sie wurde von Josef Kieffer verhört, dem Chef des SD in Paris. „Sie hat uns nichts verraten", erinnerte sich Kieffer. „Wir konnten uns auf nichts, was sie sagte, verlassen."

AM PRANGER **Verhaftete Widerstandskämpfer werden auf diesem deutschen Plakat als Kriminelle und nicht als Befreier dargestellt.**

Nachdem sie einen Fluchtversuch unternommen hatte, wurde Noor immer härteren Verhörmethoden ausgesetzt. Ihr Martyrium endete in Dachau, wo sie und drei weitere Frauen, die für die SOE in Frankreich tätig gewesen waren – Yolande Beekman, Madeleine Damerment und Elaine Plewman –, im September 1944 hingerichtet wurden. Ein Aufseher in Dachau berichtete, dass Noor zuvor schwer misshandelt worden sei. Ihr letztes Wort, als der Henker ihr eine Pistole an den Hinterkopf drückte, war „liberté". Vielleicht ahnte sie schon, als die Nachrichten vom Vormarsch der Alliierten auch nach Deutschland gelangten, dass die Freiheit, für die sie in Frankreich gekämpft hatte, bald siegen würde.

MILIZIONÄRE **Französische Partisanen im Straßenkampf 1944. Die Résistance-Kämpfer, die von Agenten der SOE und des OSS unterstützt wurden, verstärkten ihre Bemühungen zur Befreiung Frankreichs, nachdem alliierte Truppen in der Normandie gelandet waren.**

AUSRÜSTUNG FÜR EIN RISKANTES GEWERBE

Um Winston Churchills Auftrag, „Europa in Brand zu setzen“, in die Tat umzusetzen, rekrutierte die SOE Spitzenwissenschaftler und Erfinder, die an geheimen Orten in Großbritannien innovative Waffen und Sabotagegerätschaften entwarfen. Station IX in einem ehemaligen Hotel in Welwyn, Hertfordshire, versorgte Agenten mit Waffen und anderer Ausrüstung, denen man die Vorsilbe „Wel-“ voranstellte, wie bei dem tragbaren Welbike und der schallgedämpften Welrod-Pistole. Station XII in Aston House, East Hertfordshire, entwickelte ausgeklügelte Geräte für Kommandos und Saboteure, wie Plastiksprengstoffe, Haftminen, Druckschalter, Zeitzünder und Brandsätze. Laut Colonel Leslie Wood, dem Kommandeur der Station, fertigte Aston House auch „spezielle Sprengladungen, die auf die jeweilige Aufgabe zugeschnitten waren“, wie zum Beispiel für die Sprengung einer Schwerwasseranlage in Norwegen 1943, um Deutschland an der Entwicklung von Atomwaffen zu hindern. Ausgeklügelte Methoden zu entwickeln, um Menschen zu ermorden, „mag ein wenig makaber klingen“, bemerkte Colonel Wood, „aber ich kann versichern, dass wir das Ganze völlig unpersönlich angingen und unheimlich lustig fanden, je abscheulicher die Erfindungen ausfielen, desto mehr Spaß hatten wir“.

Ein ähnlicher Geist herrschte in der von Stanley Lovell geleiteten Forschungs- und Entwicklungsabteilung des OSS. William Donovans Anweisungen entsprechend, das OSS mit „jeder erdenklichen Geheimausrüstung auszustatten, um die Deutschen und Japaner hinters Licht zu führen“, entwarfen Lovell und sein Team Miniaturkameras, als Uniformknöpfe getarnte Kompasse und einen Füllfederhalter, der eine Einzelladerpistole enthielt. Während des Krieges belieferten die SOE und das OSS Widerstandsgruppen in Europa und Asien mit großen Mengen an konventionellen und Spezialwaffen. Vor dem D-Day wurden mehr als 3300 Tonnen Ausrüstung, darunter 35 000 Granaten und 75 000 Kleinwaffen für verschiedene Widerstandsgruppen, über Frankreich, Belgien, den Niederlanden, Dänemark, Polen und Norwegen abgeworfen. ✪

GARROTTE **Diese Garrotte der SOE in ihrem leicht zu verbergenden Beutel war ein leises Mittel, Wachposten auszuschalten. Sie besteht aus zwei Metallgriffen, die an einem flexiblen Draht befestigt sind, der über den Kopf eines Feindes geschlungen und gespannt wurde, um das Opfer mit einer schnellen Bewegung zu erwürgen.**

BAUSATZ FÜR SABOTEURE **Marcel Vandenberghe vom belgischen Widerstand benutzte diesen Geigenkoffer, um Sabotageausrüstung darin zu verstecken. Er enthielt Stolperdraht, Sprengkapseln und die neben dem Koffer abgebildeten Gegenstände: ein Messer und ein Brett zum Schneiden von Zündern und eine Zange, mit der röhrenförmige Säurezünder aktiviert wurden, die, wenn man sie zerdrückte, Säure freisetzten, die sich langsam durch einen Draht fraß, der schließlich riss und eine Bombe zündete.**

BEFREIER Die Liberator war eine Einzelschusswaffe für Attentate und zur Verteidigung, die ein durchschlagstarkes .45 ACP-Geschoss abfeuerte und mit Ersatzmunition und einem Holzstift zum Auswerfen verbrauchter Patronen versehen war. Die meisten „Befreier“ kamen in China und auf den Philippinen zum Einsatz.

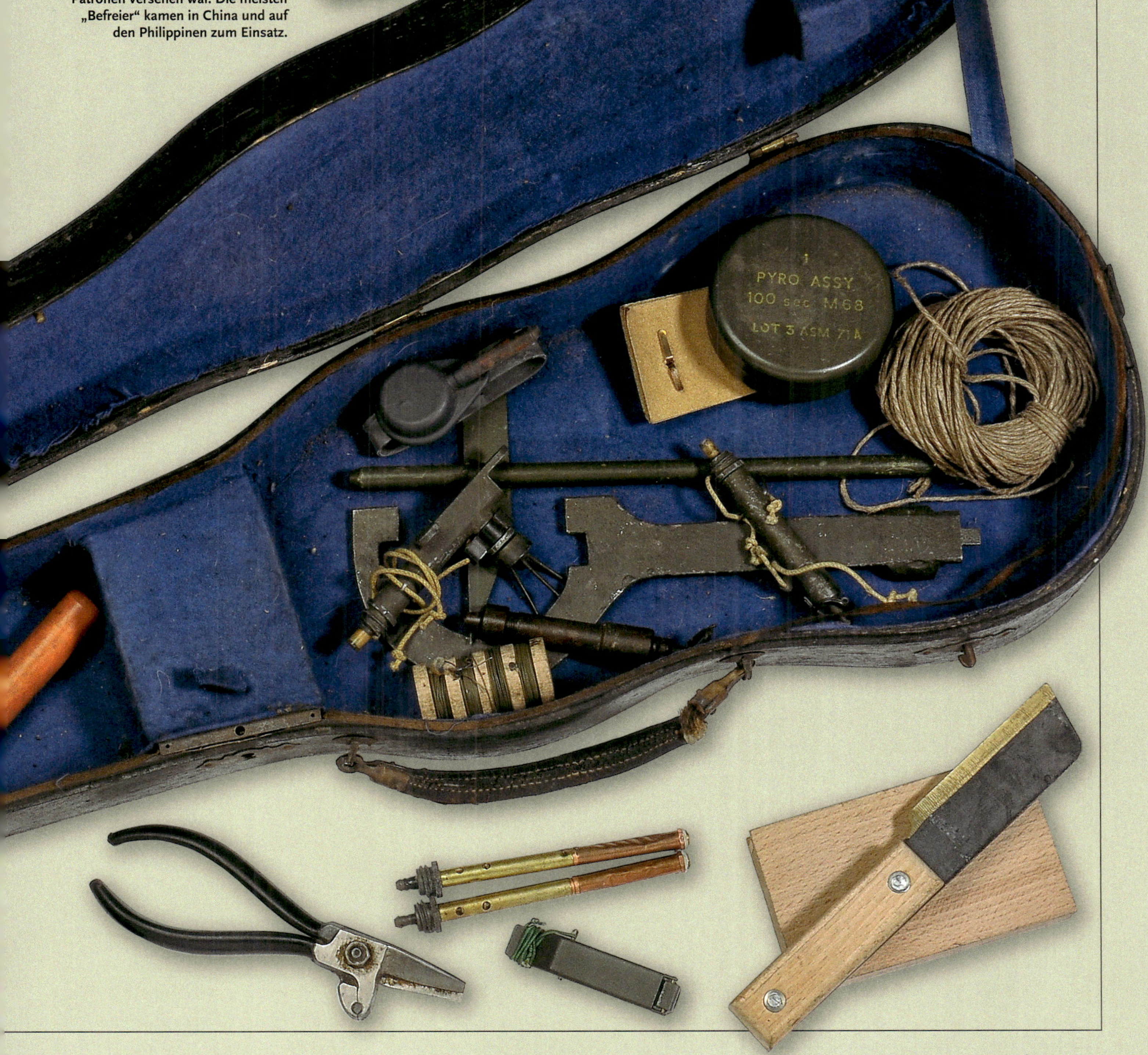

HILFE FÜR DEN WIDERSTAND

Hoch motivierte, aber schlecht ausgerüstete und oft unerfahrene Widerstandskämpfer wurden nicht nur mit Waffen und Material versorgt, SOE und OSS übernahmen auch die Ausbildung von Agenten. Viele wurden als Fallschirmspringer ausgebildet, wie diese Rekruten der SOE (oben), die in umgebauten Bombern wie der britischen Handley Page Halifax oder der amerikanischen Consolidated B-24 Liberator, über feindlichem Gebiet absprangen. Zur Ausrüstung dieser Springer gehörten Lichter zur Markierung von Landezonen, ein Klapp-Motorrad, das in einem aufprallsicheren Behälter verpackt war, und Tarn-Sprunganzüge, die es dem Feind erschwerten, die Fallschirmagenten zu entdecken. Die Anzüge konnten einfach und schnell ausgezogen werden, und der Agent mischte sich in Zivilkleidung unter die Bevölkerung.

Im Lauf der Zeit wurden die Ausrüstung und die Ausbildung der Agenten, die den Widerstand im besetzten Europa unterstützten, immer besser. Höhepunkt der konzertierten Aktion von SOE und OSS war die Operation Jedburgh, bei der kleine Teams aus Agenten und Funkern hinter den feindlichen Linien mit Fallschirmen absprangen, um die Aktionen der örtlichen Widerstandsgruppen zu koordinierten, als die alliierten Truppen 1944 in Frankreich landeten und nach Belgien und Holland vorrückten.

SPRUNGANZUG SOE-Agenten, oben bei einer Übung, und die Mitglieder der Jedburgh-Teams trugen Camouflage-Sprunganzüge wie diesen (rechts), wenn sie über feindlichem Gebiet absprangen. Sie wurden auch „Striptease"-Anzüge genannt und wurden nach der Landung sofort abgelegt.

AGENTENWERKZEUG Dieses britische Armeemesser trugen amerikanische und britische Agenten beim Einsatz in Frankreich. Das Mehrzweckwerkzeug konnte bei Bedarf als Waffe eingesetzt werden.

DEN SPRUNG WAGEN SOE-Agenten begannen ihre Ausbildung zum Fallschirmspringer mit Sprüngen an automatischen Aufziehleinen aus Handley-Page-Halifax-Bombern (oben). „Pfadfinder"-Teams der SOE positionierten batteriebetriebene Landelichter (rechts), um nächtliche Landezonen für Agenten oder Materialabwürfe zu markieren.

KLAPP-SCOOTER Das SOE-Welbike passte zusammengeklappt in einen Fallschirm-Abwurfbehälter. Sein Einzylindermotor schaffte rund 50 km/h bei 140 Kilometern Reichweite. Um das Motorrad zu entfalten, brachte der Agent den Lenker in Position, zog den Sitz hoch und klappte die Fußstützen aus.

WAFFEN FÜR DEN NAHKAMPF

Im Rahmen ihrer Ausbildung wurden die Agenten der SOE und des OSS auch im Nahkampf und in Techniken des lautlosen Tötens unterwiesen. Ihr Lehrplan umfasste Kommunikation, Sprengstoff, Kleingruppentaktik und Schießtraining. Im SOE-Nahkampfkurs von William Fairbairn, der auch Ausbilder beim OSS war, wurde vor allem der Kampf mit Messern geübt, die er und sein Kollege Eric Sykes selbst entwarfen (rechts). „Das Messer ist eine lautlose und tödliche Waffe", sagte Fairbairn zu den Kursteilnehmern, „die leicht zu verbergen ist und gegen die es – wenn man weiß, wie man es einsetzen muss – eigentlich keine Verteidigung gibt, außer Schusswaffen oder weg rennen, so schnell man kann". Das Wissen, wie man einen Feind mit dem Messer lautlos ausschalten kann, bereitete die Rekruten ideal auf die vor ihnen liegenden Aufgaben vor. „Wir trainierten mit dem berühmten Fairbairn-Messer, und unser Ausbilder war Fairbairn selbst", erinnerte sich Robert Kehoe, der auf einer OSS-Basis in Maryland, dem späteren Camp David, ausgebildet wurde. „Das machte uns ungeheur Mut." Hier sind einige der tödlichen Waffen abgebildet, die von Fairbairn und anderen für den Nahkampf entwickelt wurden. Sie verdeutlichen, dass dies „KRIEG war, nicht Sport. Sie sollten den Gegner so schnell wie möglich töten." ✪

TÖDLICHER DOLCH Das von William Fairbairn und Eric Sykes entworfene Fairbairn-Sykes-Messer hatte eine zweischneidige, handgeschliffene Klinge aus Kohlenstoffstahl mit einer speerförmigen Spitze. Dieses hier hatte einen zweiteiligen Griff, in dem eine Zyanidkapsel verborgen werden konnte.

ANS MESSER LIEFERN SOE-Ausbilder demonstrieren, wie man einen feindlichen Wachposten mit einem Fairbairn-Sykes-Messer unschädlich macht.

DREI IN EINS Diese 1942 von Cogswell & Harrison in London entworfene Mehrzweck-Nahkampfwaffe enthält eine Stachelklinge, einen schweren Kugelknauf und eine einziehbare Drahtgarrotte, die sich im Griff aufwickelte.

RETTUNGSMESSER Dieses kleine, leicht zu verbergende Messer verfügte über einen scharfen Haken, mit dem Springer verwickelte Fallschirmleinen durchtrennen und sich befreien konnten.

GÜRTELMESSER Gürtelmesser konnten unter dem Jackenaufschlag oder anderswo am Körper versteckt werden, wie dieser Dolch (links), der um ein Bein geschnallt wurde, und die kleine, zweischneidige Klinge (ganz links) mit Scheide und Riemen.

VERSTECKTE KLINGEN Diese kurzen, gebogenen Klingen waren an französischen Münzen befestigt und dienten unter anderem dazu, Autoreifen aufzustechen.

MESSER UND HAKEN
Das Messer (links) konnte in einem Schuh versteckt werden. Der Haken (rechts, mit Scheide) diente als Werkzeug oder als Waffe, um einen Feind aufzuschlitzen oder zu erstechen.

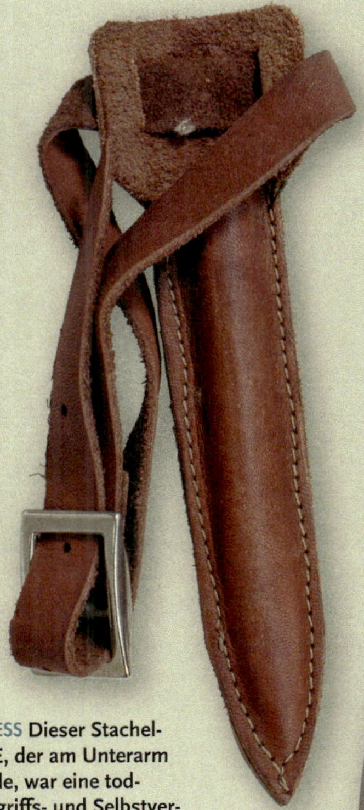

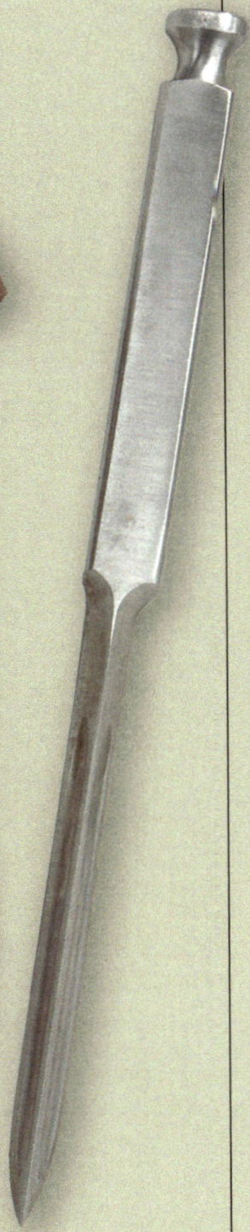

TÖDLICHER SPIESS Dieser Stacheldolch der SOE, der am Unterarm befestigt wurde, war eine todbringende Angriffs- und Selbstverteidigungswaffe. Mit dem Knauf an der Spitze konnte man den Schädel des Gegners einschlagen, oder man benutzte ihn, um die Waffe aus dem Körper eines Opfers herauszuziehen.

PISTOLEN UND GEWEHRE

Die SOE und das OSS versorgten den europäischen Widerstand mit einer ganzen Palette von Schusswaffen. Dazu gehörten Standardwaffen der Alliierten, aber auch schallgedämpfte Spezialwaffen wie die Welrod-Attentatspistole und Kleinkaliberwaffen in Federhaltern oder Pfeifen. Der Favorit der Widerständler war die robuste britische Maschinenpistole Mk II Sten (unten), von der während des Krieges mehr als zwei Millionen Exemplare hergestellt wurden. Spätere Versionen, insbesondere die schwerere Mk V Sten, waren ebenso beliebt. Die nach den deutschen Modellen MP 38 und MP 40 gefertigte Sten verschoss herkömmliche 9-mm-Patronen und bestand aus weniger als 50 Stanzteilen, die nur minimal gefräst und geschweißt werden mussten und rasch zusammengebaut werden konnten – einige Widerstandsgruppen stellten in geheimen Werkstätten sogar eigene Versionen her. Stens klemmten manchmal oder feuerten los, wenn sie fallen gelassen wurden, aber ihre Herstellung erwies sich als so billig und effizient, dass deutsche Waffenhersteller – deren Modelle die Sten inspiriert hatten – sie gegen Ende des Krieges kopierten. Die MP 3008, auch Volkssturm-MPi, war von der Mk II Sten fast nicht zu unterscheiden.

SOE- und OSS-Agenten, die in feindliches Gebiet eingeschleust wurden, trugen im Allgemeinen Handfeuerwaffen, darunter amerikanische Colts oder Importe aus neutralen Ländern wie die spanische Lama-Pistole vom Kaliber .38. Widerstandsgruppen in Osteuropa erhielten meist keine Waffen der Alliierten und waren auf versteckte zivile Waffen, von den Deutschen erbeutete Schusswaffen oder einfache, aber funktionierende Waffen aus eigener Herstellung angewiesen. SOE und OSS waren der Ansicht, dass Schusswaffen für den Widerstand ohne umfangreiche Ausbildung oder besondere Wartung auskommen mussten. Erst später im Krieg, als Widerständler in mehreren Ländern offen gegen die deutschen Besatzer rebellierten, erhielten sie auch Bren-Maschinenpistolen und anderes reguläres Militärmaterial wie Gewehre und Karabiner. Dies hob die Moral der Widerstandskämpfer, die nun das Gefühl hatten, als echte Soldaten anerkannt zu werden. ✪

VERSTÄRKTE FEUERKRAFT
Ein Widerstandsführer in der Region Haute-Loire in Südfrankreich weist seine Maquis-Kollegen in die Bedienung und Wartung einer Mk II Sten ein, die die SOE per Fallschirm geliefert hatte.

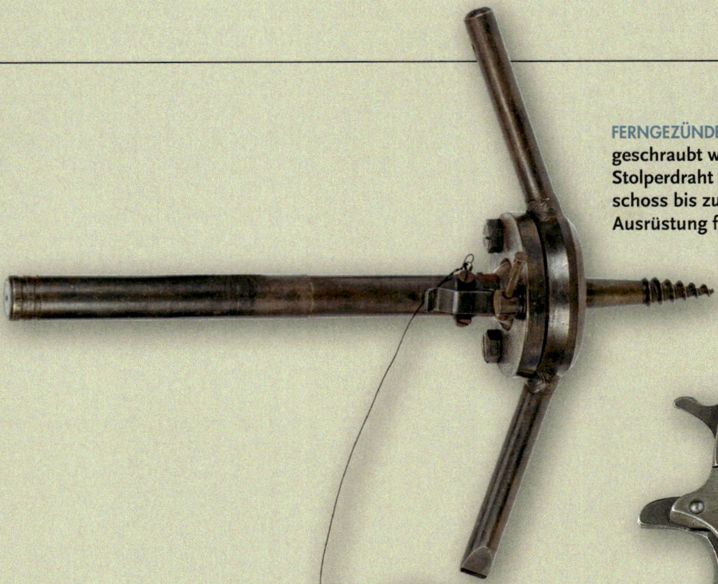

FERNGEZÜNDETER MÖRSER Dieser Mörser, der in einen Baumstamm geschraubt werden konnte, wurde ferngesteuert oder durch einen Stolperdraht ausgelöst und schoss ein panzerbrechendes Geschoss bis zu 150 Meter weit. Eine solche Waffe gehörte auch zur Ausrüstung für das Attentat auf Reinhard Heydrich.

BEISTAND DER SOLDATEN Der Colt Modell 1911A1, eine halbautomatische Pistole vom Kaliber .45, war die Standardwaffe der US-Streitkräfte während des Zweiten Weltkriegs.

FEUERZEUG MIT INNENLEBEN Dieses Feuerzeug konnte in eine Pistole verwandelt werden. Es kam in Innenräumen zum Einsatz. Aus nächster Nähe abgefeuert, konnte seine 4-mm-Patrone durchaus tödlich sein.

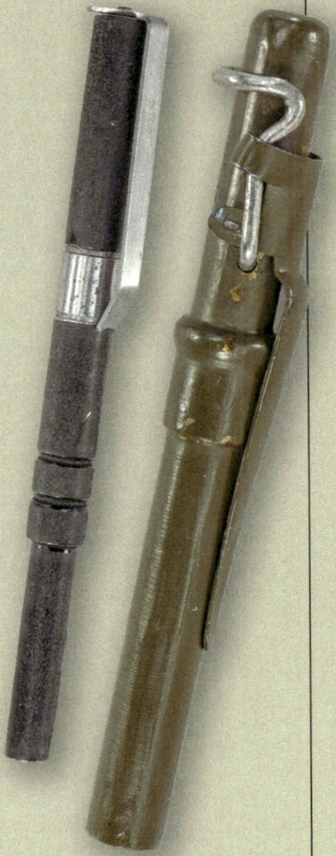

FEDERHALTER UND STINGER 1943 beauftragte das OSS die Rite-Rite Manufacturing Co., die Kugelschreiber und Bleistifte herstellte, mit der Produktion einer als Füllfederhalter getarnten Einzelladerpistole des Kalibers .22 (rechts). Eine andere OSS-Waffe, bekannt als „Stinger" (ganz rechts), ähnelte ebenfalls einem Stift.

IM HOLSTER Schulterholster eines OSS-Agenten mit einem Colt Modell 1908 Pocket Hammerless. Dank des abgedeckten Hahns konnte die Waffe unter der Kleidung hervorgezogen werden, ohne dass sie sich verfing.

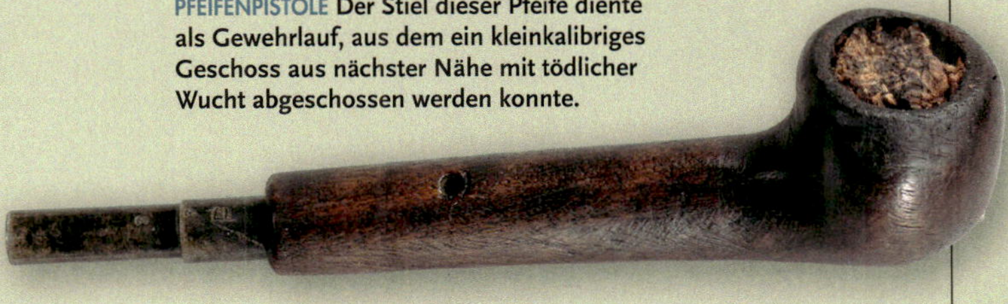

PFEIFENPISTOLE Der Stiel dieser Pfeife diente als Gewehrlauf, aus dem ein kleinkalibriges Geschoss aus nächster Nähe mit tödlicher Wucht abgeschossen werden konnte.

M1A1 Die M1A1 war die Kriegsversion der amerikanischen Thompson-Maschinenpistole. Sie wurde von amerikanischen Rangern, britischen und kanadischen Kampftruppen und Jedburgh-Teams eingesetzt.

M1-KARABINER Die halbautomatische Waffe des Kalibers .30 der US-Armee wurde von vielen OSS- und SOE-Agenten benutzt. Nach dem D-Day stellte man sie den Maquis-Kämpfern in Frankreich zur Verfügung.

GEHEIME AUFNAHMEN Der niederländische Partisan Piet Nagel wickelt zwei britische Lee-Enfield-Gewehre in einen Teppich ein (ganz oben) und trägt sie in Amsterdam über die Straße (oben). Die Bilder stammen von Charles Breijer, der sich bei den deutschen Behörden als Berufsfotograf für eine Arbeiterzeitschrift registrierte. Dies nutzte er als Tarnung, um die Aktivitäten seiner Genossen im holländischen Widerstand auf Film festzuhalten. Breijer hatte seine Rolleiflex in seiner Fahrradtasche versteckt, als er Nagel hier auf der Straße fotografierte.

BREN Die Bren war eine Maschinenpistole aus Großbritannien. Sie hatte einen Gasdrucklader, der das beim Zünden der Patrone entstehende Gas nutzte. Sie feuerte bis zu 540 Schuss pro Minute und hatte eine Kapazität von 30 Schuss pro Magazin.

DE-LISLE-KARABINER Der von William G. de Lisle für die Sterling Armaments Co. entworfene Karabiner war ein Umbau des Lee-Enfield No.1 Mk III. Dank seines hervorragenden Schalldämpfers war er für Kampfkommandos perfekt geeignet.

LEE-ENFIELD Das 1941 eingeführte Lee-Enfield-No. 4 Mk1 war das Standard-Infanteriegewehr Großbritanniens im Zweiten Weltkrieg. Die Munition bestand aus .303-Mark-VII-Patronen.

BISCUITS DE LUXE
BISCUITS DE LUXE
A B C D E F G H I J K L M N O P Q R S T U V W X Y Z

KURZWELLENSENDER

Funktransceiver, die einen Kurzwellensender und -empfänger in einem Gerät vereinen, waren die Hauptverbindung zwischen den Agenten im Feld und ihrem Hauptquartier. Geschulte Funker waren für die SOE- und OSS-Spionage-Netzwerke von essenzieller Bedeutung, und einer gehörte auch zu jedem Jedburgh-Team. Die Funker verschickten Nachrichten im Morsecode über vorher festgelegte Frequenzen. Die Nachrichten mussten kurz, präzise und sorgfältig verschlüsselt sein, unter Verwendung von Codes wie diesem, der auf ein Stück Seide gedruckt war (linke Seite). Ihre Funkgeräte waren leicht und oft in Koffern versteckt, um nicht aufzufallen. Im Lauf des Krieges wurde die Ausrüstung immer leichter, von anfänglich 19 Kilo herunter auf vier Kilo für die Type A Mark III. Manche Partisanengruppen verfügten über Funker, die eigene Transceiver mit sich trugen (unten), die meisten hatten aber nur Empfänger, mit denen sie englische Radiosendungen abhörten, die kodierte Handlungsanweisungen enthielten. Diese Funkempfänger waren auf verschiedene Weise getarnt, zum Beispiel in einer französischen Keksdose (linke Seite oben), um die Deutschen bei Hausdurchsuchungen hinters Licht zu führen. ✪

SIGNALE SENDEN Ein Einsatzkommando in Norwegen mit einem batteriebetriebenen Sender (oben rechts). Dieser in einem ledernen Aktenkoffer verborgene französische Transceiver (rechts) wurde von dem Widerstandskämpfer Ernst Slain benutzt, um vor dem D-Day über die deutschen Truppen in der Normandie zu berichten. Die Funker verfügten über Codes für einzelne Buchstaben und vollständige Meldungen (linke Seite), die beispielsweise eine Gestapo-Razzia ankündigten.

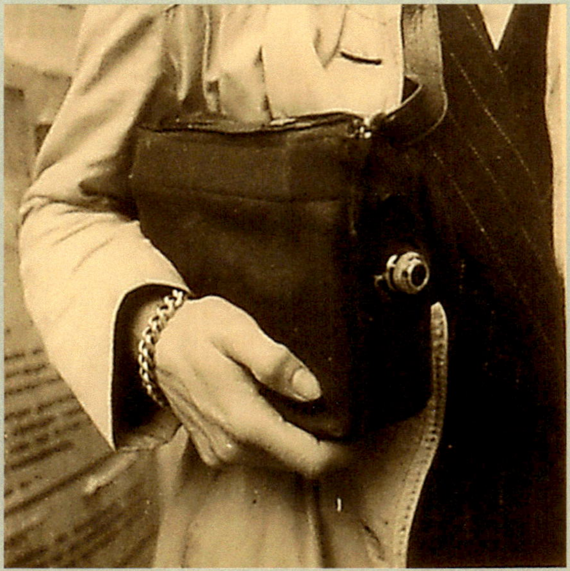

VERBORGENE LINSE
Auf diesen Bildern eines niederländischen Widerstandsfotografen sieht man eine Frau, die eine Rolleiflex in ihrer Handtasche versteckt hat (ganz links). Nur auf der Vergrößerung sieht man das Objektiv (links). Wenn sie ein Foto machen wollte, tat sie so, als würde sie etwas in ihrer Tasche suchen, und drückte den Auslöser.

KAMERAS FÜR SPIONE

Die Fotografie spielte eine wichtige Rolle bei der Subversion, der Überwachung und bei verschiedenen Formen der Spionagetätigkeit. Fotografieren war in den von den Nazis besetzten Gebieten nicht unbedingt verboten, aber das Ablichten sensibler Einrichtungen, wie Truppenkonzentrationen, Dämme, Flugplätze, Eisenbahn- und Hafenanlagen, konnte zu Verhaftungen und schweren Strafen führen.

Versteckte Kameras waren unerlässliche Werkzeuge für Geheimdienstmitarbeiter, die feindliche Waffen, Ausrüstung und militärische Einrichtungen fotografieren wollten, ohne entdeckt zu werden. Mit solchen Kameras lieferten Agenten Fotos von den Befestigungen des Atlantikwalls und die ersten Beweise für deutsche Raketenexperimente. Kameras wurden auch eingesetzt, um Kollaborateure und ihre Aktivitäten auf Film zu bannen und Gräueltaten zu dokumentieren, die die Nazis vor der Welt geheim halten wollten, wie die Übergriffe auf Juden in Osteuropa und die brutalen Aktionen der Besatzungstruppen im gesamten Dritten Reich.

Spione nutzten die Fotografie auch, um Geheimdokumente abzulichten, wobei sie spezielle Kameras oder handelsübliche Modelle mit Nahlinsen und Stativ verwendeten, die die Kameras in Position hielten, während eine Seite nach der anderen fotografiert wurde. Mithilfe kompakter Klappstative hergestellt, mit denen man in Häuser und Büros eindrang, ließen sich dicke Akten oder Berichte schnell und präzise fotografieren. Großformatige Fotos wurden dann für die verdeckte Weitergabe an alliierte Geheimdienstzentren auf Mikrofilm umkopiert. Kameras eigneten sich auch, um Ausweispapiere und Dokumente zu fälschen und um Bilder für Anti-Nazi-Plakate, Flugblätter und Untergrundzeitungen herzustellen.

STREICHHOLZSCHACHTELKAMERA
Mehr als tausend Exemplare dieser Miniaturkamera stellte Eastman Kodak während des Zweiten Weltkriegs für das OSS her. Sie war so klein, dass sie in eine Streichholzschachtel passte.

Zu diesen Zwecken verschafften sich einige Partisanen und Widerstandskämpfer Kameras aus der Vorkriegszeit und versuchten an Chemikalien, Filme und Fotopapier zu kommen, die während des Krieges schwer zu bekommen waren. Andere bastelten Kameras aus gestohlenen Linsen und Ersatzteilen zusammen. Die SOE und das OSS beauftragten Firmen wie Eastman Kodak oder beschäftigten Experten in ihren Geheimlaboren, um Miniaturkameras samt passender Tarnvorrichtung zu entwerfen. Diese Geheimkameras waren nicht einfach nur nette Erfindungen, sondern unverzichtbare Werkzeuge im Krieg der Geheimdienste.

SELBST GEMACHT Ein französischer Résistance-Kämpfer baute diese Kamera aus einem Teleskopobjektiv, einem kleinen Verteilerkasten und großen Schrauben, die den Film transportierten. Nicht gerade filigran, aber brauchbar.

GUT VERSTECKT In dieser Streichholzschachtel war eine winzige Kamera versteckt und mit Streichhölzern bedeckt, sodass sie nicht einmal dann sichtbar war, wenn man die Schachtel öffnete.

MINI-MINOX Die Minox-Miniaturkamera von Walter Zapp, einem in Lettland geborenen Deutschstämmigen, ging 1937 in Produktion. Sie war die Spionagekamera schlechthin, wog weniger als ein Feuerzeug und wurde im Laufe des Krieges von allen möglichen Geheimdiensten verwendet.

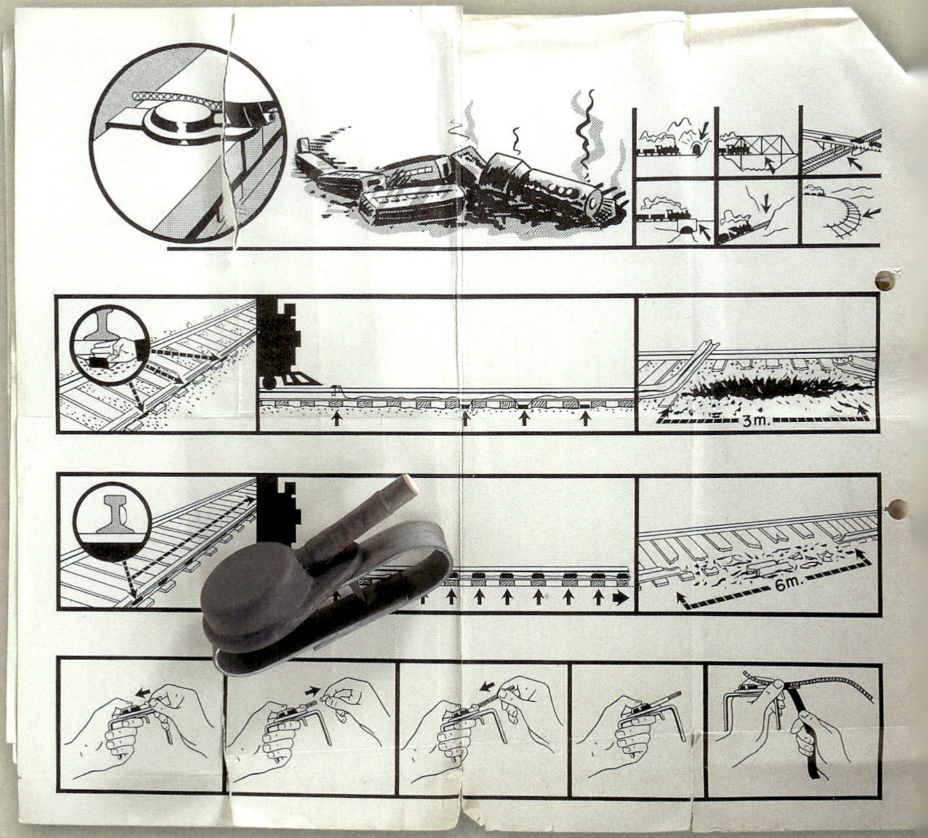

SABOTAGE-ANLEITUNGEN

Der letzte Zweifel an der Wirksamkeit von Sabotageakten wurde im Juni 1941 ausgeräumt, als alliierte Agenten das Kraftwerk Pessac bei Bordeaux in die Luft jagten. Die Explosion unterbrach den Betrieb eines nahe gelegenen U-Boot-Stützpunktes und legte die elektrischen Eisenbahnen in der ganzen Gegend lahm. Sabotageakte wie diese spielten eine wichtige Rolle im verdeckten Krieg. Viele Saboteure wurden von Agenten der SOE oder des OSS im Umgang mit TNT- oder Plastiksprengstoff geschult. Ihre Agenten versorgten Widerstandsgruppen nicht nur mit Fachwissen, sondern auch mit den Sprengkörpern selbst, die in den Werkstätten der Agenturen entwickelt wurden. Dazu zählten beispielsweise Kohlebomben (rechte Seite), die zur Sabotage kohlebetriebener Lokomotiven, Schiffe und Kraftwerke eingesetzt wurden. Die alliierten Organisationen entwickelten auch ausgeklügelte Zeitzünder, die die Bomben dann zur Explosion brachten, wenn sie den größten Schaden anrichteten, und es den Saboteuren ermöglichten, unentdeckt davonzukommen.

Antinazistische Partisanen und Widerstandskämpfer führten aber auch aus eigener Initiative Sabotageakte durch. So sprengte ein Team von Saboteuren der Universität Brüssel belgische Eisenbahnlinien, Kanäle und Kraftwerke, die die deutschen Kriegsanstrengungen empfindlich trafen. Bis Ende 1942 wurden fast 200 000 Angriffe auf Fabriken, Militäranlagen, Eisenbahnen und Brücken verübt. ✪

SCHIENENARBEITER **Ein französischer Saboteur verlegt eine Sprengladung unter einer Schiene (rechts). Oft benutzten sie dabei den oben abgebildeten Zünder mit illustrierter Anleitung, der „Clam“ – „Muschel“ – genannt wurde. Er ähnelte der üblichen Warnvorrichtung, die die Lokführer bei Nebel oder anderen Gefahren langsamer fahren ließ. Überfuhr ein Lokführer eine „Clam“, explodierte die Sprengladung, und der Zug entgleiste.**

VERWÜSTUNG ANRICHTEN Sabotage an Eisenbahnschienen, wie hier in Frankreich im Januar 1942, brachte häufig Züge zum Entgleisen (oben). Eine andere Art der Sabotage bestand darin, als Kohlestücke getarnten Plastiksprengstoff in den Tender der Lokomotive zu schmuggeln, der explodierte, wenn er ins Feuer geschaufelt wurde. Für diese Kohlebomben (rechts) stellte das OSS Bausätze zur Verfügung, die Anweisungen für die Zündung der Bombe und Farben enthielten, mit der die Farbe der Bombe an die Art der verwendeten Kohle angepasst werden konnte.

SPRENGFALLE Die amerikanische M1-Sprengvorrichtung, hier mit auf Spulen gewickeltem Stolperdraht und Befestigungsteilen abgebildet, wurde zum Legen von Sprengfallen verwendet. Die Anleitung zeigt, wie die Vorrichtung mit einem Zünder und einer Sprengladung verbunden wird. Den Stolperdraht befestigte man an einer Mine. Wurden ein bis zwei oder mehr Kilo Druck auf den Draht ausgeübt, löste die Vorrichtung aus und zündete den Sprengstoff.

UHRWERK-GRANATE Diese Splittergranate vom Typ Mk 2 war mit einem Mk-3-Zeitzünder ausgestattet und wurde 1944 für das OSS und die US Navy hergestellt. Man musste die Uhr aufziehen und den Timer stellen, der nach Ablauf der Zeit einen Hammer auslöste und die Granate zur Explosion brachte. Die Waffe wurde in 12- und 24-Stunden-Versionen hergestellt und konnte nachts dort platziert werden, wo sich tagsüber der Feind aufhielt.

SÄUREZÜNDER Die Saboteure, die die oben abgebildete Brücke in Frankreich und andere große Bauwerke zerstörten, kamen mit dem Leben davon, indem sie Sicherheitsmaßnahmen anwandten, die ihnen ausreichend Zeit zur Flucht gaben. Die abgebildeten SOE-Zünder (links), die ihrer Form wegen als „time sticks" bezeichnet wurden, enthielten mit Säure gefüllte Fläschchen, die man in eine Sprengladung drückte und zerquetschte. Die Säure kam mit einem Draht in Kontakt und zersetzte diesen, bis er brach und einen Schlagbolzen auslöste, der wiederum ein Zündhütchen entfachte, welches die Bombe zur Explosion brachte. Die Auslöseverzögerung dieser Zünder reichte von 10 oder 15 Minuten bis zu ein oder zwei Stunden. Sie wurde durch farbige Bändchen auf den Röhrchen angezeigt.

AUSBRUCH UND FLUCHT

Im Dezember 1939 übernahm Major Norman Crockatt die Leitung eines neuen militärischen Geheimdienstes mit der Bezeichnung MI9. Er sollte die Gefangennahme britischer Piloten auf feindlichem Territorium verhindern beziehungsweise ihnen helfen, aus der Haft zu entkommen. Der MI9 verfolgte die Doktrin, dass Kriegsgefangene – insbesondere gut ausgebildete Piloten – fliehen sollten, um erneut in den Krieg zu ziehen oder zumindest den Feind zu zwingen, militärische Ressourcen zur Verfolgung von Ausbrechern einzusetzen. Zu diesem Zweck richteten Crockatt und seine Mitarbeiter geheime Kanäle für die Kommunikation mit Kriegsgefangenen in den besetzten Ländern ein und befragten erfolgreiche Ausbrecher, um nachrichtendienstliche Erkenntnisse zu erhalten. Außerdem versorgte der MI9 Piloten und anderes militärisches Personal mit Karten, Werkzeugen und Anleitungen für die Flucht.

Die wohl spektakulärsten Fluchtversuche des Zweiten Weltkriegs ereigneten sich in Oflag (Offizierslager) IV-C auf Schloss Colditz in der Nähe von Leipzig. Diese auf einem Berg ruhende mittelalterliche Festung war als Sonderlager (oder Hochsicherheitslager) für Offiziere eingerichtet worden, die als „antideutsch" und besonders fluchtgefährdet galten. Die Konzentration so vieler entschlossener Individuen an einem Ort machte dieses als ausbruchssicher geltende Gefängnis zum Schauplatz zahlreicher genialer und kreativer Fluchtversuche. Die Häftlinge – Offiziere aus Großbritannien, Kanada, Frankreich und anderen besetzten Ländern – richteten ein zentrales Fluchtkomitee ein, das über einen geheimen Funkempfänger Kontakt nach Großbritannien hatte und Einheiten unterhielt, die Dokumente fälschten, Militär- und Zivilkleidung herstellten und ausbruchswillige Colditz-Häftlinge mit Lebensmitteln versorgte. Von den etwa 130 Gefangenen, die entkommen konnten, gelangte etwa jeder Vierte zurück in die Heimat. ✪

HOCHSICHERHEITSGEFÄNGNIS Auf Schloss Colditz auf einer Anhöhe über der Zwickauer Mulde hielt man alliierte Offiziere gefangen. Aufgrund seiner exponierten Lage und seiner dicken Mauern galt es als ausbruchsicher.

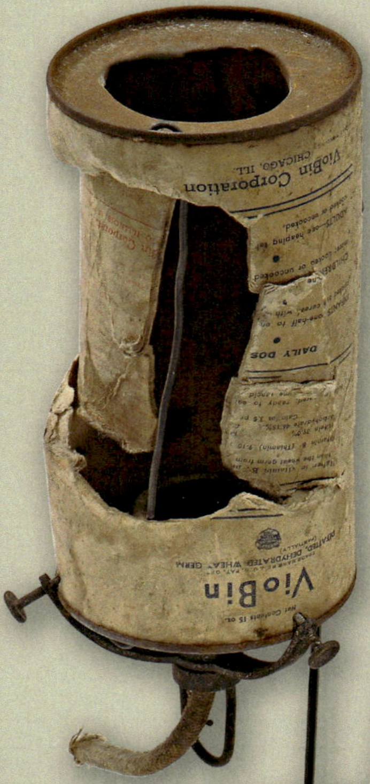

TUNNELBAU 1941 gelangten französische Offiziere durch einen Tunnel (unten) in den Weinkeller von Schloss Colditz, bevor die Wachen ihren Fluchtversuch vereitelten. Das Licht beim Graben des Tunnels spendete eine zur Leuchte umfunktionierte Blechdose (links).

GEWAGTER ABSTIEG Im Mai 1941 stiegen zwei polnische Offiziere an zusammengeknoteten Bettlaken an der 40 Meter hohen Außenmauer hinab (links), wurden aber von einer Wache geschnappt. In Spielkarten versteckte Landkarten halfen Ausbrechern bei der Orientierung.

VON PUPPEN GETÄUSCHT Der holländische Armeeoffizier Leo de Hartog mit Moritz, einer der beiden Max und Moritz genannten Holzpuppen, mit denen sie die Wachen in Colditz beim täglichen Zählappell hinters Licht führten. Mit den Puppen gelang es den Holländern, im Sommer 1941 mehrere Fluchten zu decken.

DER WEG NACH HAUSE **Miniatur-Kompasse auf einer Fluchtkarte aus dem Jahr 1944, versteckt in Knöpfen, Abzeichen oder Pfeifenstielen (ganz links). Magnetisierte Stahlstreifen zeigten nach Norden, wenn sie auf einer Gürtelschnalle (links) oder einem Krähenfuß (oben) platziert wurden.**

KARTEN FÜR ABGESCHOSSENE PILOTEN

Das Wichtigste für Kriegsgefangene auf der Flucht waren gute Landkarten. Ihre Beschaffung beim MI9 oblag Major Clayton Hutton, einem ehemaligen Piloten der Royal Air Force. Seine ersten Karten erwarb Hutton von der ehrwürdigen schottischen Kartenmacherfirma John Bartholomew & Son, die detaillierte Touristenkarten von Deutschland, Holland, Belgien, Frankreich und anderen Ländern herausgab.

Als Material für die Fluchtkarten wählte Hutton Seide, die im Gegensatz zu Papier leicht, strapazierfähig, gut zu verbergen und geräuschlos in der Handhabung ist. Er bezog die Seide zunächst aus Beständen, die für die Herstellung von Fallschirmen nicht gut genug waren. Als die Seidelieferungen aus dem Fernen Osten 1943 versiegten, verwendete er Kunstseide. Karten waren auch in Spielkarten versteckt, die Kriegsgefangene in Hilfspaketen erhielten. Weichte man sie in Wasser ein, konnte die Vorder- von der Rückseite abgetrennt werden, und es kam ein Kartenausschnitt zum Vorschein, der mit anderen zu einer größeren Karte zusammengesetzt werden konnte.

Um eine Karte sinnvoll zu nutzen, brauchte der Ausbrecher einen Kompass. Der MI9 ließ winzige Kompasse anfertigen, die in Manschettenknöpfe, Abzeichen und Uniformknöpfe passten. Sie ließen sich im – nicht gegen den – Uhrzeigersinn herausschrauben. Damit wollte man die Deutschen täuschen.

HERBERGE Abgeschossene Flieger wie diese Amerikaner, die 1944, nachdem sie über dem von den Achsenmächten besetzten Jugoslawien vom Himmel geholt worden waren, übernachten in einem Heuboden. Die jugoslawischen Tschetniks halfen dem OSS, sie im Rahmen der Operation Halyard aus Jugoslawien herauszuschleusen.

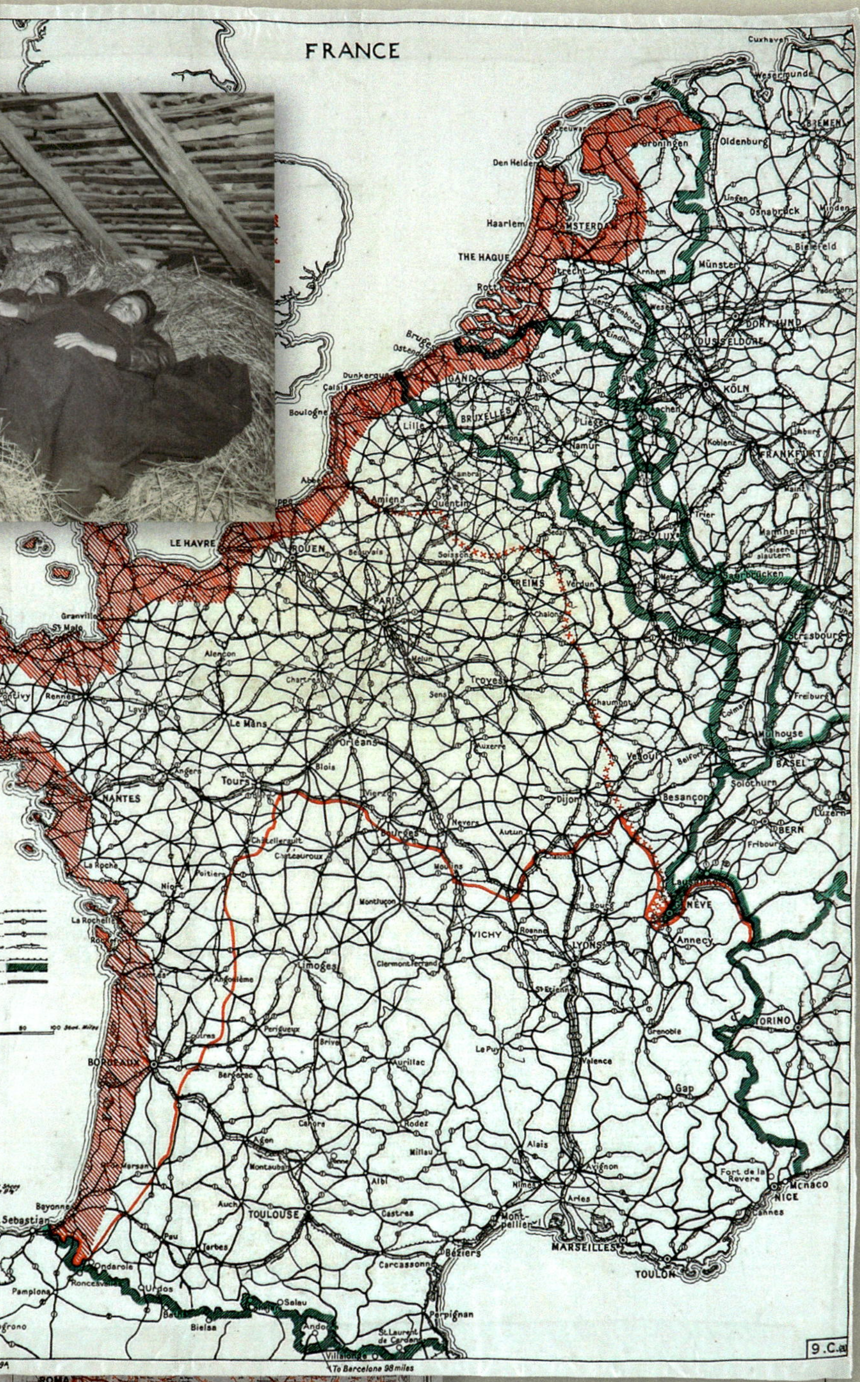

FLUCHTKARTEN Basierend auf einer Bartholomew-Karte zeigt die oben abgebildete Fluchtkarte das besetzte Westeuropa von 1941 mit Ländergrenzen in Grün und stark verteidigten Küstenstrichen als dicke rote Linie. Die Karte von Italien (links) wurde 1942 vom MI9 auf Fallschirmseide gedruckt. Die Royal Air Force begann 1940 mit der Bombardierung Italiens. Viele Piloten wurden im Zuge der alliierten Invasion in Süditalien 1943 dort abgeschossen.

FLUCHTWERKZEUGE

Über die eingeschmuggelten Fluchthilfsmittel des MI9 hinaus fertigten die Häftlinge auf Schloss Colditz viele Dinge, die ihnen beim Ausbruch von Nutzen sein sollten, selbst an. In einer geheimen Schneiderei wurden Zivilkleidung und deutsche Militäruniformen – mit Abzeichen – auf einer Nähmaschine genäht, die die Gefangenen selbst konstruierten. In der Fälscherwerkstatt stellte man – von Hand mit Feder, Pinsel und Tinte – Ausweise, Lebensmittelkarten und Passierscheine her. Landkarten wurden in einem improvisierten Verfahren vervielfältigt, bei dem Franzbranntwein und Gelatine zum Einsatz kam, die man aus der Götterspeise gewann, die in Rot-Kreuz-Paketen ankam.

DIETRICHE FÜR GEFANGENE Dieses Taschenmesser mit Dietrichen wurde eigens für den Schmuggel in Gefängnisse wie Colditz hergestellt, um Schlösser zu öffnen.

FALSCHE FARBEN In dieser Zigarettendose schmuggelte man Farbkapseln, mit denen die Schneider die Militäruniformen der Häftlinge in Zivilkleidung für Flüchtlinge verwandelten.

GEFÄLSCHTES ABZEICHEN Gipsform für ein Wehrmachtsabzeichen. Es wurde auf Uniformen für Ausbrecher angebracht, die sich als deutsche Soldaten ausgaben.

HANDGEMACHTE KARTE Auf dieser von Hand gezeichneten Karte ist die Region um die Schweizer Stadt Schaffhausen nahe der deutschen Grenze zu sehen. Sie wurde bei einem Colditz-Flüchtling gefunden.

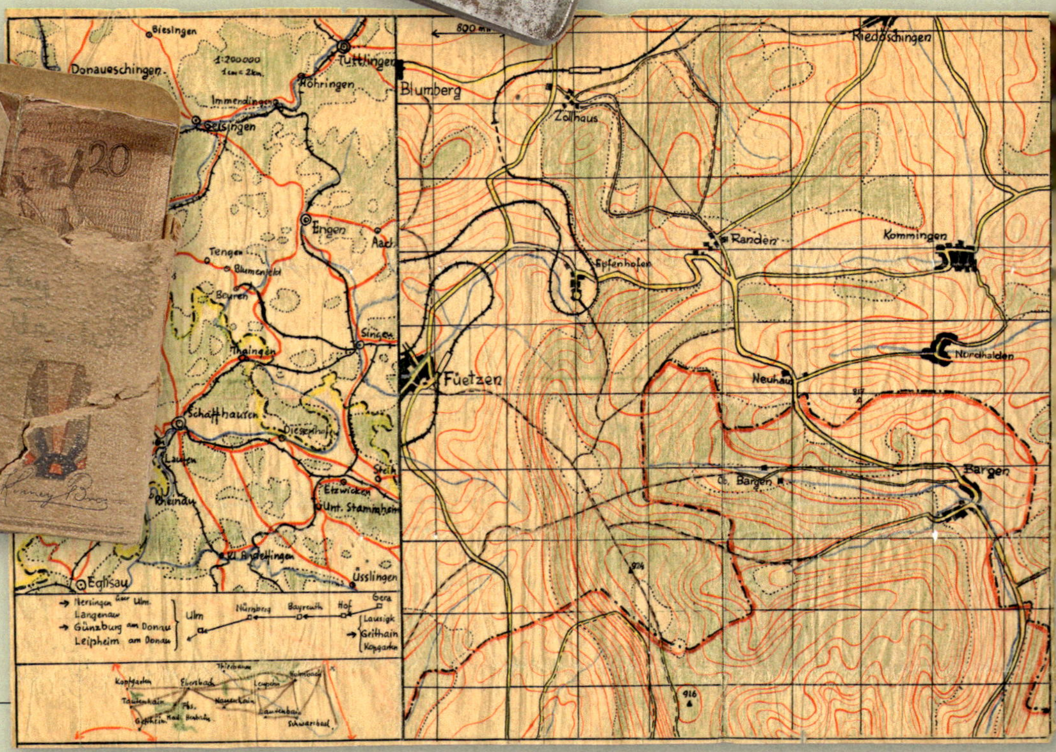

VERSTECKTES BARGELD Colditz-Ausbrecher versteckten deutsches Geld in Zigarettenschachteln (oben). Piloten schmuggelten die Banknoten in Colditz ein und übergaben sie dem Fluchtkomitee.

TÜRÖFFNER Schlüssel oder Dietriche drückten die Gefangenen in Seifenstücke, um sie zu kopieren.

NOTGELD Die Überlebensausrüstung eines alliierten Piloten enthielt diese Ringe und Münzen, darunter britische Sovereigns und französische Napoleons.

MIMIKRY Leutnant André Pérodeau (rechts) verkleidete sich im Dezember 1942, um als Elektriker von Colditz (links) durch das Haupttor zu entwischen. Aber er scheiterte an den Wachen, die dieses Foto machen ließen.

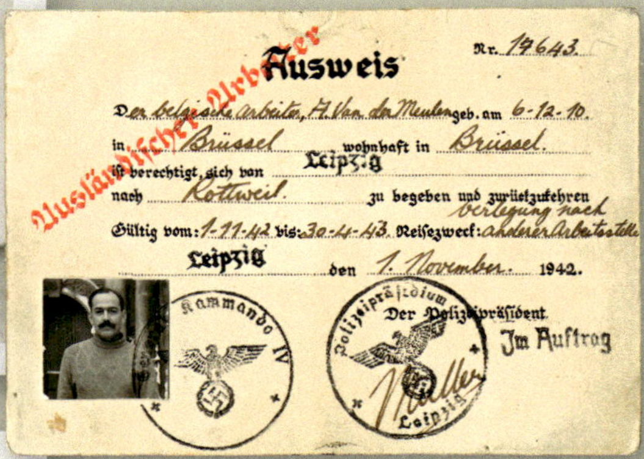

Ausweis Nr. 19643.

Ausländischer Arbeiter

Der belgische Arbeiter, H. Van der Meulen geb. am 6-12-10.
in Brüssel wohnhaft in Brüssel.
ist berechtigt, sich von Leipzig
nach Kottweil zu begeben und zurückzukehren
Gültig vom: 1-11-42 bis: 30-4-43. Reisezweck: Verlegung nach anderer Arbeitsstelle
Leipzig, den 1. November 1942.

Kommando IV

Polizeipräsidium Leipzig

Der Polizeipräsident
Im Auftrag

KUNSTVOLLE FÄLSCHUNG Diese Reisegenehmigung und andere in Colditz gefälschte Ausweise wurden in mühsamer Handarbeit hergestellt. Später verwendete man eine eingeschmuggelte Kamera, was die Arbeit erleichterte.

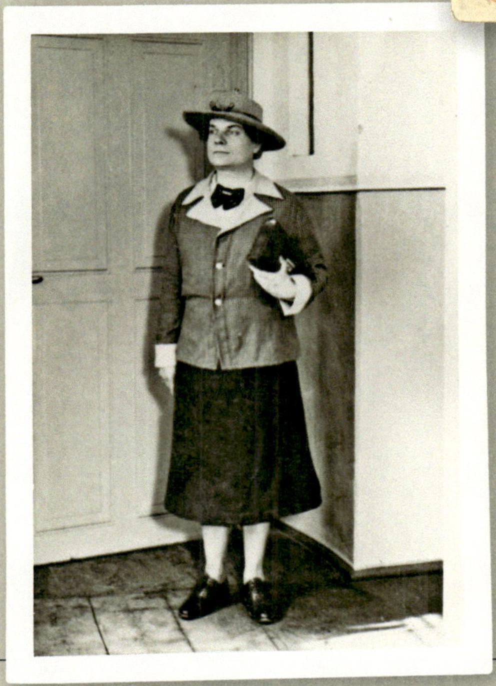

IM FUMMEL GEFANGEN Der französische Leutenant E. Boulé versuchte im Juni 1941 als deutsche Frau verkleidet die Flucht. Dabei ließ er seine Uhr fallen, und der Wachposten, der sie ihm zurückgab, schöpfte Verdacht. Es bleibt dieses „Erinnerungsfoto", das die Deutschen aufnahmen.

GENEHMIGUNGSSTEMPEL Aus der Fälscherwerkstatt in Colditz stammen diese Stempel zur Verwendung auf gefälschten deutschen Dokumenten, die Ausbrecher den Wachen oder der Polizei vorzeigen sollten.

NACHSCHLÜSSEL Einer der vielen findigen Offiziere in Colditz fertigte diesen Schlüssel aus einem Teil eines Bettgestells.

DOPPELTER BODEN Dieser Bleistift barg einen Stahlstift, der als Werkzeug oder Waffe verwendet werden konnte. Er befand sich in einem der Hilfspakete, die die Gefangenen erhielten.

WAGHALSIGE AUSBRÜCHE

Hauptmann Reinhold Eggers, der in Colditz für die Sicherheit zuständig war, gab später zu, dass das Gefängnis nicht annähernd so sicher war, wie es wirkte: „Auf den ersten Blick sah Colditz uneinnehmbar aus … aber es war nicht gebaut worden, um Menschen darin einzusperren. Es zeigte sich, dass ein Ausbruch viel einfacher war als ein Einbruch!“ Eggers und andere, die in Colditz Wache schoben, dokumentierten die Fluchtversuche sorgfältig und stellten die Indizien sogar in einem Raum aus. Ein örtlicher Fotograf lichtete die gescheiterten Ausbrecher in ihren Verkleidungen ab, und Eggers veröffentlichte ihre Fallgeschichten in einer Zeitung für Wachpersonal. Die Dokumentation der Fluchtversuche verhinderte nicht, dass weiterhin welche stattfanden, aber wir verdanken ihr die Fotos auf dieser Doppelseite, die den Mut und die Entschlossenheit dieser unbeugsamen Kriegsgefangenen für die Nachwelt greifbar machen.

THEATRALISCHER ABGANG In der Nacht vom 5. Januar 1942 stiegen vier Häftlinge, darunter der britische Lieutenant Airey Neave (ganz oben links) und der niederländische Leutnant Abraham Pierre Luteyn (oben links), durch ein in den Boden des Häftlingstheaters in Colditz geschnittenes Loch an einem Seil aus karierten Tüchern (rechts) in den oben abgebildeten leeren Raum, der einen Weg nach draußen bot. Sie entledigten sich ihrer Uniformen, unter denen sie Wehrmachtsuniformen und darunter Zivilkleidung trugen. Als deutsche Offiziere verkleidet gingen sie durch den Haupteingang an den Wachen vorbei. Dann reisten sie in Zivilkleidung weiter – zu zweit, um weniger aufzufallen. Ein Pärchen wurde geschnappt, aber Neave und Luteyn, die sich als niederländische Gastarbeiter ausgaben, erreichten die neutrale Schweiz.

KÜHNER HOCHSTAPLER Albert Michael Sinclair (rechts), ein britischer Offizier mit mehreren aktenkundigen Fluchtversuchen, sah aus wie die jüngere Version des Stabsfeldwebels Fritz Rothenberger (ganz rechts), den Gefangene wegen seines imposanten weißen Schnurrbarts „Franz Joseph" nannten. 1943 statteten findige Mithäftlinge Sinclair mit einem ähnlichen Schnurrbart und einer ähnlichen Uniform aus, einschließlich der Mütze unten, und schnitzten realistische Gewehre und Bajonette aus Holz, wie hier gezeigt, für die beiden Männern, die ihn als Wache begleiten sollten. Als der verkleidete Sinclair um Mitternacht am Tor ankam, behauptete er, die Wache ablösen zu wollen. Ein Wachmann bat darum, seinen Ausweis zu sehen, der in Ordnung zu sein schien, aber Sinclair wusste das Passwort nicht. Es kam zu einem Streit, der den echten Rothenberger auf den Plan rief. Sinclair wurde von einer Kugel in der Brust getroffen. Er überlebte, wurde allerdings im Jahr darauf bei seinem nächsten Fluchtversuch getötet.

GANZ SCHÖN ENG Am 8. September 1942 sollten die Häftlinge in Colditz überschüssige Habseligkeiten in diese Holzkisten des Roten Kreuzes (oben) stopfen. Der schmächtige Flight Lieutenant Dominic Bruce (rechts) ließ sich mit einer Feile und einem 15 Meter langen improvisierten Seil in eine der Kisten sperren. Als die Wachen das am Fenster des Lagerraums baumelnde Seil entdeckten, fanden sie eine leere Kiste, auf der stand: „Die Luft in Colditz tut mir nicht mehr gut. Lebt wohl! Ex-Kriegsgefangener Bruce." Eine Woche später saß Bruce wieder in Colditz.

LONDON.
S.UN.II.

KAPITEL 4

DIE ENIGMA

HOCHRISKANT Alliierte Konvois wie dieser waren im Mai 1942 permanenten U-Boot-Angriffen ausgesetzt, bis Kryptoanalytiker den deutschen Enigma-Code knackten, was zur Wende im U-Boot-Krieg führte.

MENSCH GEGEN MASCHINE

KRIEG DER ZAUBERER Der brillante Mathematiker Alan Turing (rechte Seite) leitete die Entschlüsselung der deutschen Enigma (unten), die schwierigste Aufgabe für Codeknacker im Zweiten Weltkrieg.

Zahlreiche Briefe, die während des Krieges an Churchill geschrieben wurden, kamen nie an seinem Privatsekretär vorbei, der die Post durchsah. Dieser Brief jedoch kam aus Bletchley Park, der streng geheimen kryptoanalytischen Abteilung, und erreichte Churchill umgehend. „Vor einigen Wochen statteten Sie uns einen Besuch ab," begann er, „und wir glauben, dass Sie unsere Arbeit für wichtig halten." Der Besuch von Churchill im September 1941 war eine der wenigen Gelegenheiten, bei denen die Codeknacker in Bletchley offiziell Anerkennung für ihre bedeutende Arbeit erfuhren. Für den Kryptoanalytiker Alan Turing, einen 29-jährigen Mathematiker, der während des Krieges ebenso viel zur Verteidigung seines Landes beitrug wie ein britischer Militäroffizier, war das Treffen mit dem Premierminister eine seltene Ehre gewesen. Turing war aber viel zu nervös und schüchtern gewesen, um sich über die unzureichende Unterstützung der Regierung zu beschweren. Erst einen Monat später tat er sich mit seinem Kollegen Gordon Welchman und zwei weiteren Kryptoanalytikern zusammen und schrieb an Churchill. Ihre Bemühungen, die Enigma zu knacken, mit der deutsche Militärnachrichten verschlüsselt wurden, würden „aufgehalten", schrieben sie, „weil wir nicht genügend Personal bekommen". Sie drängten darauf, dass qualifiziertes männliches Personal, das der Einberufung unterlag, vom Militärdienst freigestellt werden sollte, um technische Unterstützung zu leisten. Außerdem sollte Churchill mehr Frauen vom Women's Royal Naval Service nach Bletchley abstellen, um die codeknackenden Maschinen zu bedienen und andere wichtige Aufgaben wahrzunehmen.

NAME: ALAN TURING
BERUF: MATHEMATIKER
AUFTRAG: DIE ENIGMA KNACKEN

CHRONOLOGIE

MÄRZ 1940 Eine elektromechanische „Bombe“ zur Entschlüsselung von Enigma-Nachrichten, die auf einer polnischen Maschine basiert, wird in Bletchley Park in Betrieb genommen.

AUGUST 1940 Die deutsche Luftwaffe bombardiert Ziele in Großbritannien, um eine Invasion vorzubereiten.

SEPTEMBER 1940 Durch den geheimen Oslo-Report eines deutschen Wissenschaftlers alarmiert, beginnen die Briten, den Funkverkehr deutscher Bomber zu stören.

MAI 1941 Ein britisches Prisenkommando kapert ein deutsches U-Boot und erbeutet eine intakte Enigma samt Codebüchern.

FEBRUAR 1942 Die deutsche Marine führt eine verbesserte Enigma ein. Die Bemühungen der Alliierten, deutsche U-Boote aufzuspüren, die Jagd auf alliierte Konvois machen, werden dadurch zurückgeworfen.

NOVEMBER 1942 Die Briten gewinnen die Schlacht von El Alamein. Mitentscheidend sind Enigma-Entschlüsselungen, die General Erwin Rommels Pläne enthüllen, sodass er vom Nachschub abgeschnitten werden kann.

JUNI 1943 Nachdem britische Kryptoanalytiker die verbesserte Marine-Enigma geknackt haben, zieht Admiral Karl Dönitz seine U-Boot-Flotte aus dem Nordatlantik ab.

Turings Unterschrift war die erste von vieren auf diesem Brief an Churchill, der als einer der wenigen Menschen außerhalb von Bletchley Park wusste, wie wichtig Turing für die britischen Kriegsanstrengungen war. Er leitete die Entschlüsselung der hochkomplexen Enigma-Codes, mit denen die deutsche Marine Mitteilungen über die Standorte ihrer U-Boote verschlüsselte. Diese U-Boote hatten es auf die alliierten Konvois im Atlantik abgesehen, die Großbritannien mit Lebensmitteln, Treibstoff und Waffen versorgten. Churchill bemerkte dazu später: „Das Einzige, was mir während des Krieges wirklich Angst gemacht hat, waren diese U-Boote.“ Alles, was Turing davon abhielt, diese Gefahr zu bekämpfen, ließ bei Churchill die Alarmglocken läuten. „HANDELN SIE NOCH HEUTE“, befahl er seinem Stabschef General Hastings Ismay. „Sorgen Sie mit äußerster Priorität dafür, dass sie alles bekommen, was sie brauchen, und bestätigen Sie, dass Sie es getan haben.“

Auf den ersten Blick schien Turing nicht jemand zu sein, von dem das Schicksal der Nation abhing. Mit ungekämmten Haaren und abgewandtem Blick schritt er durch die Flure von Bletchley Park, und er sprach stockend. Einige dachten, er habe eine Sprachbehinderung, weil er oft Mühe hatte, seine Gedanken zu artikulieren, die wohl schneller waren als seine Worte. Sein großer Ehrgeiz bestand darin, eine Maschine zu konstruieren, die Probleme auf die gleiche Weise löste wie der menschliche Verstand, nur effizienter und präziser. In dem visionären Artikel „Über berechenbare Zahlen“, den er 1936 als Stipendiat an der Universität Cambridge verfasste, theoretisierte er über eine „universelle Rechenmaschine“, die im Grunde alles konnte, was ein menschliches Gehirn konnte, also erkennen, welche Funktion auszuführen war und wie sie ausgeführt werden sollte. Seine hypothetische Maschine könnte das erreichen, indem sie einen Lochstreifen liest und zwischen leeren und mit 0 oder 1 markierten Räumen differenzierte. Der Binärcode aus 0 und 1 ließ sich sowohl

BLETCHLEY PARK Während des Krieges war dieses viktorianische Herrenhaus nördlich von London die Zentrale für die Entschlüsselung des deutschen Nachrichtenverkehrs. In behelfsmäßigen Baracken rund um das Haupthaus arbeiteten unzählige Kryptoanalytiker, Übersetzer und Techniker. Sie waren zu strengster Geheimhaltung verpflichtet. Winston Churchill bezeichnete sie als „Gänse, die die goldenen Eier legten – und nie schnatterten“.

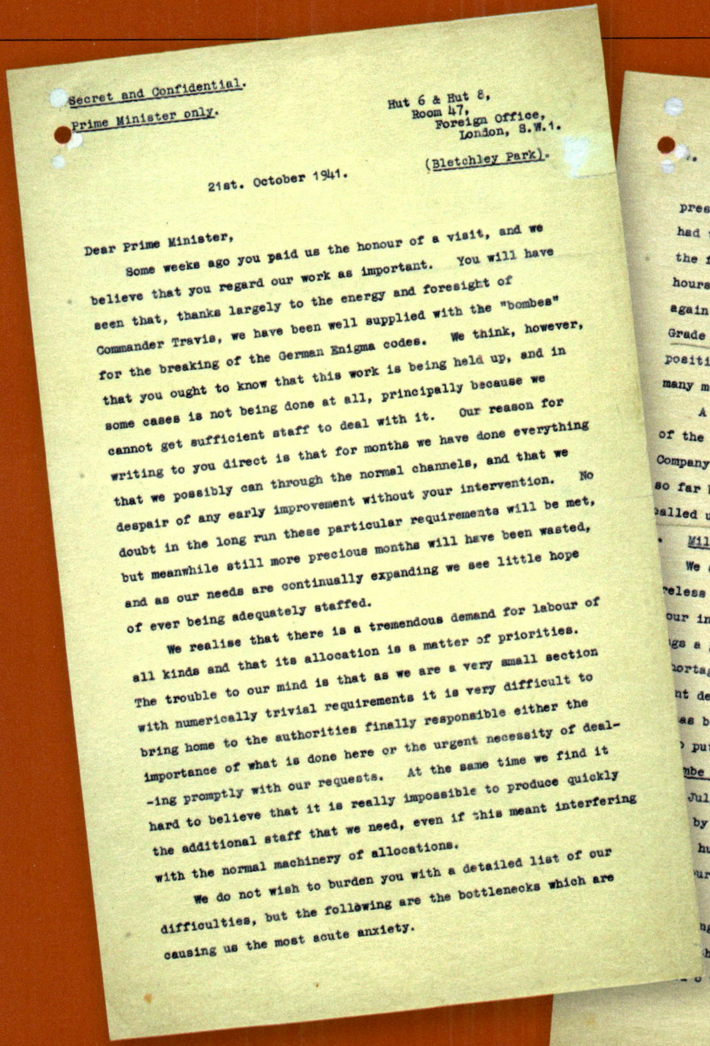

Secret and Confidential.
Prime Minister only.

Hut 6 & Hut 8,
Room 47,
Foreign Office,
London, S.W.1.
(Bletchley Park).

21st. October 1941.

Dear Prime Minister,

Some weeks ago you paid us the honour of a visit, and we believe that you regard our work as important. You will have seen that, thanks largely to the energy and foresight of Commander Travis, we have been well supplied with the "bombes" for the breaking of the German Enigma codes. We think, however, that you ought to know that this work is being held up, and in some cases is not being done at all, principally because we cannot get sufficient staff to deal with it. Our reason for writing to you direct is that for months we have done everything that we possibly can through the normal channels, and that we despair of any early improvement without your intervention. No doubt in the long run these particular requirements will be met, but meanwhile still more precious months will have been wasted, and as our needs are continually expanding we see little hope of ever being adequately staffed.

We realise that there is a tremendous demand for labour of all kinds and that its allocation is a matter of priorities. The trouble to our mind is that as we are a very small section with numerically trivial requirements it is very difficult to bring home to the authorities finally responsible either the importance of what is done here or the urgent necessity of dealing promptly with our requests. At the same time we find it hard to believe that it is really impossible to produce quickly the additional staff that we need, even if this meant interfering with the normal machinery of allocations.

We do not wish to burden you with a detailed list of our difficulties, but the following are the bottlenecks which are causing us the most acute anxiety.

II

1. Breaking of Naval Enigma (Hut 8).

Owing to shortage of staff and the overworking of his present team the Hollerith section here under Mr. Freeborn has had to stop working night shifts. The effect of this is that the finding of the naval keys is being delayed at least twelve hours every day. In order to enable him to start night shifts again Freeborn needs immediately about twenty more untrained Grade III women clerks. To put himself in a really adequate position to deal with any likely demands he will want a good many more.

A further serious danger now threatening us is that some of the skilled male staff, both with the British Tabulating Company at Letchworth and in Freeborn's section here, who have so far been exempt from military service, are now liable to be called up.

. Military and Air Force Enigma (Hut 6).

We are intercepting quite a substantial proportion of ...reless traffic in the Middle East which cannot be picked up ...our intercepting stations here. This contains among other ...gs a good deal of new "Light Blue" intelligence. Owing ...ortage of trained typists, however, and the fatigue of our ...nt decoding staff, we cannot get all this traffic decoded. ...as been the state of affairs since May. Yet all that we ... put matters right is about twenty trained typists.

...mbe testing, Hut 6 and Hut 8.

...July we were promised that the testing of the "stories" ... by the bombes would be taken over by the W.R.N.S. in ... hut and that sufficient W.R.N.S. would be provided ...urpose. It is now late in October and nothing has ...

We do not wish to stress this so strongly as the ...ng points, because it has not actually delayed us in ...he goods. It has, however, meant that staff in ... who are needed for other jobs have had to do the

...elp feeling that with a Service ...e been possible to detail a ... if sufficiently urgent in... ...ight quarters.

...atters, there are a number of ... to us that we have met with ... take too long to set these ...me of the matters involved ... effect, however, has been ... the importance of the work ...ent force upon those outside ...l.

...irely on our own initiative. ...sible for our difficulties, ... to be taken as criticising ...done his utmost to help us ...re to do our job as well as ...olutely vital that our ... promptly attended to. We ... felt that we should be failing in our duty if we did not draw your attention to the facts and to the effects which they are having and must continue to have on our work, unless immediate action is taken.

We are, Sir, Your obedient servants,

A. M. Turing
W. G. Welchman
C H O'D Alexander
P.S. Milner-Barry

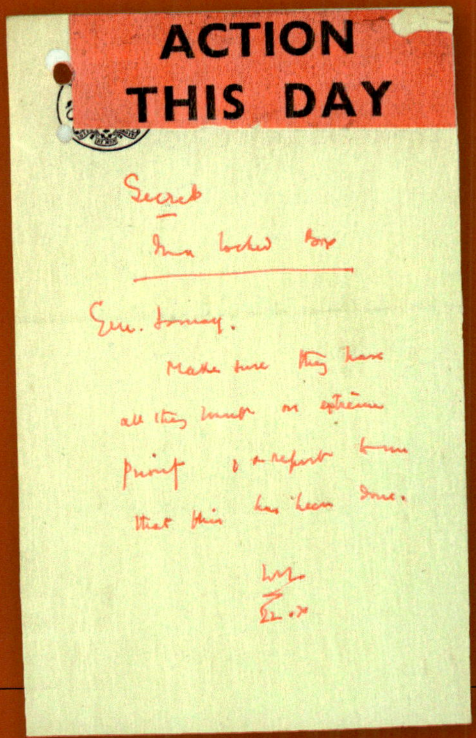

ACTION THIS DAY

Secret
In a locked box

Gen. Ismay.

Make sure they have all they want on extreme priority & report to me that this has been done.

WSC
22.x

AUFRUF ZUM HANDELN Alan Turings Unterschrift steht als erste auf dem Brief (oben), den er und seine Kollegen Gordon Welchman, Hugh Alexander und P. S. Milner-Barry an Churchill richteten, um mehr personelle Unterstützung zu erhalten. Churchill reagierte umgehend mit dem Befehl „ACTION THIS DAY" (links), in dem er anordnete, dass ihnen jede Unterstützung „mit äußerster Priorität" gewährt werden sollte.

> „Das Einzige, was mir während des Krieges wirklich Angst gemacht hat, waren diese U-Boote."
>
> WINSTON CHURCHILL

zur Darstellung beliebiger Zahlen oder Buchstaben – ähnlich wie die Punkte und Striche im Morsealphabet – als auch zur Verarbeitung dieser Zahlen oder Buchstaben verwenden. Turings Artikel legte die theoretische Grundlage für digitale, programmierbare Computer, denn 0 und 1 konnten elektronisch durch einen offenen oder geschlossenen Schalter dargestellt werden, und der Binärcode konnte sowohl für Befehle an einen Computer als auch für die von ihm ausgeführten Rechenschritte verwendet werden.

Turings Artikel hatte eine Bedeutung, die über das aufkommende Gebiet der Informatik hinausging, denn er zeigte, dass es mathematische Probleme gab, die selbst von einer universellen Rechenmaschine, die einwandfrei funktionierte, nicht gelöst werden konnten. Seine Bewusstheit, dass der mathematischen Logik Grenzen gesetzt sind, leistete ihm als Kryptoanalytiker gute Dienste, denn er hatte oft mit Problemen zu kämpfen, die nicht gelöst werden konnten, ohne Methoden anzuwenden, die als unwissenschaftlich galten, zum Beispiel monoton eine mögliche Lösung nach der anderen auszuprobieren. Einer von Turings wichtigsten Beiträgen in Bletchley Park bestand darin, zu zeigen, dass auch intuitive Methoden der Problemlösung an Maschinen übertragen werden konnten, die rund um die Uhr arbeiteten und schneller zu Lösungen kamen als er und seine Zauberkollegen. Die Schlacht Mensch gegen Maschine, die sie führten, wurde also durch die Entwicklung intelligenterer Maschinen gewonnen. Dieser erfinderische Prozess hatte vor mehr als einem Jahrzehnt begonnen, als die Deutschen aus einem frei erhältlichen Gerät eine Maschine entwickelten, die ihre Militärgeheimnisse scheinbar unantastbar machte.

ERSTE ENIGMA **Dieses erste Enigma-Modell, 1923 vom deutschen Elektroingenieur Arthur Scherbius entwickelt, hatte eine Tastatur, die die verschlüsselte Nachricht mit Typenhebeln auf Papier druckte. Statt Papier besaßen spätere Modelle ein Lampenfeld, auf dem die verschlüsselten Buchstaben aufleuchteten, die als Morsezeichen per Funk an einen Empfänger übertragen wurden, der eine identische Enigma mit derselben Einstellung benutzte, um die Nachricht zu entziffern.**

POLNISCHE VORGÄNGER

Anfang der 1930er-Jahre war Geheimdienstmitarbeitern und Kryptoanalytikern in mehreren Ländern, darunter Frankreich, Großbritannien und Polen, bekannt, dass das deutsche Militär eine weiterentwickelte Version der Enigma-Maschine, die 1923 vom deutschen Ingenieur Arthur Scherbius entwickelt und an Banken und andere Unternehmen verkauft wurde, zur Verschlüsselung von Nachrichten einsetzte. Auf dieser Enigma verschlüsselte Nachrichten wurden per Funk im Morsecode übertragen und auf identischen Maschinen, vor denen autorisierte Empfänger saßen, entschlüsselt. Major Gwido Langer, der Chef des polnischen Chiffrierbüros, erkannte schnell, dass die Fragen, die diese Enigma aufwarf, eine Sache für Mathematiker waren, und wandte sich an die Universität Poznan. Drei vielversprechende Studenten – Marian Rejewski, Henryk Zygalski und Jerzy Rozycki – machten sich in einem Büro im Keller des Warschauer Chiffrierbüros, der „Schwarzen Kammer", an die Arbeit. Rejewski erwies sich als ein Genie vom Schlage Turings, wenn es darum ging, diese Maschine und ihren Output mathematisch zu analysieren.

Wie Turing und seine Kollegen in Bletchley Park wurden Rejewski und Co. durch Geheimoperationen unterstützt, die ihnen wertvolle Einblicke in die Enigma lieferten. Der erste dieser Einblicke kam Ende 1931, als sich Capitaine Gustave Bertrand, ein französischer Geheimdienstoffizier, heimlich in Belgien mit Hans-Thilo Schmidt aus dem deutschen Chiffrierbüro in Berlin traf. Schmidt, der über seine Verhältnisse lebte, überbrachte Bertrand streng geheime Dokumente, die dieser fotografierte. Es handelte sich um deutsche Handbücher, in denen erklärt wurde, wie Enigma-Nachrichten verschlüsselt werden. Weder französische Kryptoanalytiker noch ihre britischen Verbündeten fanden diese Dokumente besonders aufschlussreich. Aber Frankreich war auch mit Polen verbündet, und als Bertrand das Material Gwido Langer vorlegte, war der Major begeistert. Sein Ziel war es, Enigma-Nachrichten durch Analyse und Replikation der Maschine selbst zu lösen, so wie es William Friedman später mit dem Analogon der japanischen Purple-Maschine machte. Mit den Handbüchern in Händen hatte Langer eine bessere Vorstellung davon, womit er es zu tun hatte.

Das grundlegende Prinzip der Enigma war auf den ersten Blick einfach. Drückte der Bediener einen Buchstaben auf der Tastatur, leuchtete auf einem Display, das als Lampenfeld bezeichnet wurde und sich über der Tastatur befand, ein anderer Buchstabe auf (siehe die Enigma auf Seite 214). Drückte man beispielsweise auf A, leuchtete D auf, und wenn der Empfänger der Nachricht auf einer identischen Maschine mit der gleichen Einstellung den Buchstaben D drückte, leuchtete A auf. Die Komplexität der Enigma lag in der Vielzahl der möglichen Einstellungen und in der Art und Weise, wie die Maschine mit jedem Tastendruck den Weg der elektrischen Impulse veränderte, sodass zum Beispiel durch das zweimalige Drücken von A nacheinander ein anderer Buchstabe als A oder D aufleuchtete. Üblicherweise wurden drei Walzen (oder Rotoren) vom Bediener oben an der Maschine in einer vorgeschriebenen Reihenfolge eingesetzt, die unterschiedlich verdrahtet waren, um den elektrischen Impuls von einem der 26 Kontakte, die die Buchstaben des Alphabets darstellten, zu einem anderen Kontakt zu leiten. Neben jeder Walze befand sich ein Ring, der ebenfalls in 26 Stellungen mit der Walze verbunden werden konnte, sodass sie sich gemeinsam drehten. Dies ergab 17 576 verschiedene Drei-Buchstaben-Einstellungen für die drei Walzen, die von AAA bis ZZZ reichten. Darüber hinaus hatte die verbesserte Enigma vorne ein Steckerbrett – wie in einer Telefonvermittlung –, das die Anzahl der möglichen Einstellungen enorm erhöhte. Der Weg des elektrischen Impulses von einem Buchstaben auf der Tastatur zu einem anderen auf dem Lampenfeld wurde durch die Art, wie die Kabel „versteckert" waren, und durch die Verkabelung, Reihenfolge und Bewegung der Walzen, die sich unterschiedlich schnell drehten, verändert. Die in der schnellen Position rechts eingesetzte Walze rückte bei jedem Tastendruck eine Kerbe vor und vollzog bei 26 Tastendrücken eine volle Umdrehung.

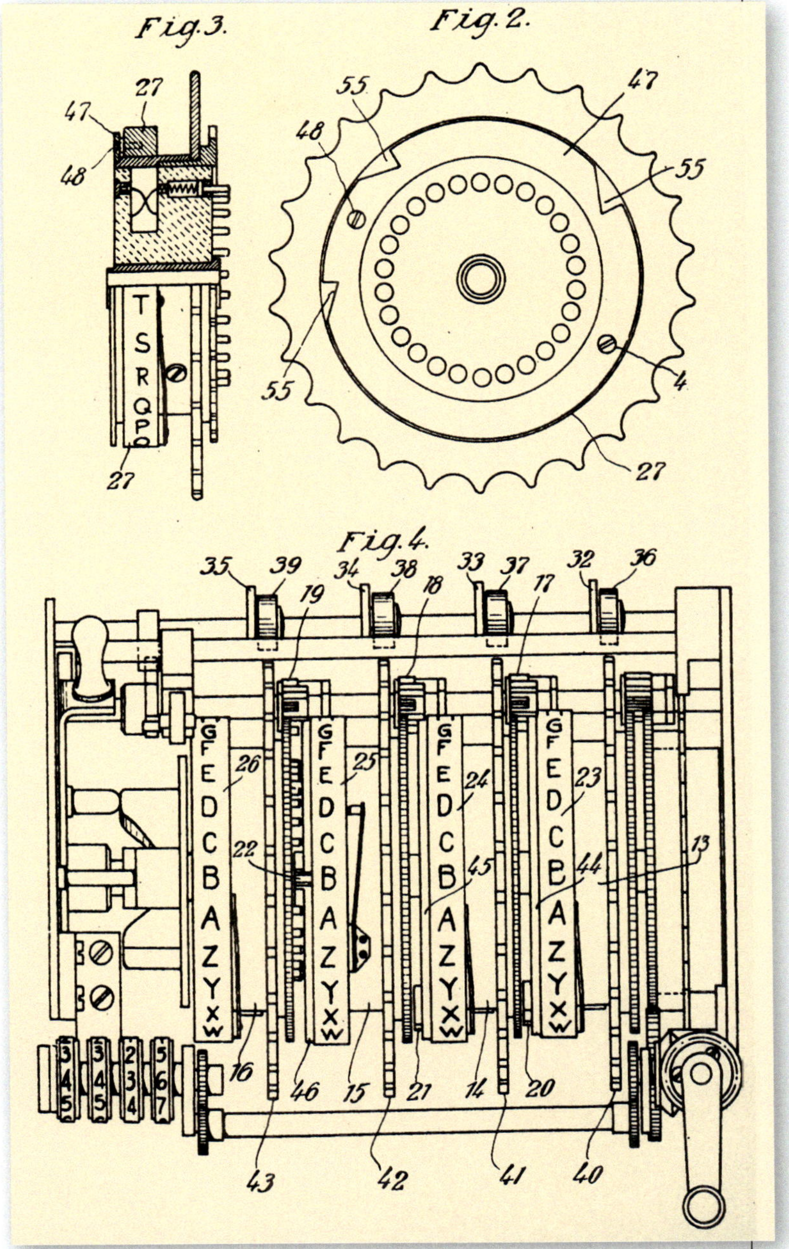

INNENLEBEN Diese Patentzeichnung für eine von Scherbius in den späten 1920er-Jahren entwickelte Enigma zeigt unten drei Walzen und ein viertes Rad (ganz links), das den elektronischen Impuls umkehrte und durch die anderen Walzen zurückschickte. Ein ähnlicher Aufbau wurde von der Abwehr übernommen, aber die meisten deutschen Enigmas, die in den 1930er-Jahren verwendet wurden, hatten drei Walzen und eine feste Umkehrwalze. Die Umkehrwalze machte identisch aufgebaute Enigmas reziprok: Wenn der Sender ein A als D verschlüsselte, dechiffrierte der Empfänger das D als A.

Das löste die mittlere Walze aus, und wenn diese nach Hunderten Tastenanschlägen eine Umdrehung vollendete, war die linke Walze an der Reihe.

Bei aller Komplexität arbeitete die Enigma nach mathematischen Prinzipien, die Rejewski auf Gleichungen reduzierte und mithilfe weiterer Dokumente von Schmidt, die Anweisungen für die Walzenreihenfolge für September und Oktober 1932 sowie die täglichen Steckerbrettverbindungen und die Einstellungen der Ringe und Walzen enthielten, auch löste. Diese Grundeinstellung wurde benutzt, um für jede Nachricht eine einzigartige, aus drei Buchstaben bestehende Walzenstellung einzugeben, die der Bediener zufällig wählte und zu Beginn einer Nachricht zweimal tippte, wodurch sich ein aus sechs Buchstaben bestehender Indikator ergab. Durch die zweimalige Chiffrierung dieser zufälligen Einstellung wurde sichergestellt, dass sich die Walzen von Sender und Empfänger in identischen Positionen befanden. Für Kryptoanalytiker war dies nicht sofort erkennbar, da die ersten drei Buchstaben des chiffrierten Indikators nicht mit den letzten drei Buchstaben übereinstimmten. An dieser Stelle halfen Rejewski die Hinweise von Schmidt, mit denen er die Verdrahtung in der schnellen Walze bestimmte. Darüber hinaus erfuhr er aus den Dokumenten, dass die Bediener die Reihenfolge der Walzen von September auf Oktober

TALENTIERTES TRIO **Der polnische Kryptoanalytiker Marian Rejewski (rechts) und seine Kollegen Jerzy Rozycki (Mitte) und Henryk Zygalski (links) nutzten die mathematische Analyse, um die verbessserte Enigma zu replizieren, die das deutsche Militär in den frühen 1930er-Jahren einsetzte, um verschlüsselte Nachrichten zu entschlüsseln. Als die Deutschen ihre Enigma modifizierten, um sie sicherer zu machen, entwickelte das polnische Team Techniken und Maschinen, um diese frühen „fire walls" zu überwinden.**

änderten und eine andere Walze in den schnellen Schlitz rechts schoben, wodurch er auch die Verdrahtung dieser zweiten Walze ableiten konnte. Die bekannten Faktoren in seinen Gleichungen ermöglichten es ihm dann, den unbekannten Faktor – die Verdrahtung der dritten Walze – zu lösen, und aus den Dokumenten wusste er, wie verschiedene Kabelverbindungen auf dem Steckerbrett den Weg des Stroms von der Tastatur zum Lampenfeld veränderten. „Jetzt musste die Maschine nur noch gebaut werden", erinnerte sich Rejewski. Als Hitler 1933 nach der Macht griff, hatten Rejewski und sein Team die verbesserte Enigma repliziert, und sie lasen die geheimen Botschaften des Deutschen Reichs.

Selbst mit dieser Maschine in Händen war die Entschlüsselung abgefangener Enigma-Botschaften mühsam und langwierig. Schmidt lieferte weiterhin in regelmäßigen Abständen neue Einstellungen – bis 1936, als die Franzosen ihn dafür zu bezahlen begannen, Informationen über Hitlers Pläne zur Wiederbewaffnung Deutschlands zu liefern. Zu dieser Zeit wurden die Enigma-Prozeduren erheblich verschärft. Die Walzenanordnung, die bislang einmal alle paar Monate geändert wurde, veränderte sich nun täglich. Um Schritt halten zu können, suchten Rejewski und seine Kollegen nach Wegen, schnell eine große Zahl von Einstellungen zu durchforsten, um die zu finden, die funktionierten. Nun schlug die Stunde von Henryk Zygalski. Er perforierte große Blätter wie Lochkarten und tabellierte sie manuell, um die Walzenreihenfolge und die Einstellungen für alle Enigma-Nachrichten zu bestimmen, deren Sechs-Buchstaben-Indikatoren denselben Buchstaben zweimal durch zwei andere Buchstaben getrennt enthielten – ein Muster, das täglich in vielen deutschen Botschaften auftrat, die die Polen abfingen. Es wurden Löcher in Blätter gestanzt, um alle möglichen Walzenanordnungen und -einstellungen darzustellen, die jeden der 26 Buchstaben zweimal in sechs Tastenanschlägen in Abständen von drei Buchstaben erzeugen konnten. Legte man die Blätter auf einem Leuchttisch übereinander, zeigten Löcher, durch die Licht schien, eine kleine Anzahl wahrscheinlicher Walzenanordnungen und -einstellungen, die die spezifische Wiederholung erzeugten, die im Indikator für die Nachrichten dieses Tages zu finden war.

Das Erstellen dieser Blätter war langwierig. Aber die Polen waren findig. Sie bauten eine Maschine mit den Walzen aus sechs Enigmas, die alle in der gleichen Reihenfolge angeordnet waren, und ließen sie Tausende von Einstellungen hintereinander durchlaufen, bis sie zu einer kamen, die die gleiche

ENIGMA-AGENT Hans-Thilo Schmidt begann 1931 für Frankreich zu spionieren, indem er geheime Enigma-Dokumente verkaufte, die er aus dem Chiffrierbüro in Berlin entwendete. Später wurde er von der Gestapo aufgespürt. 1943 wurde er hingerichtet oder zum Selbstmord gezwungen.

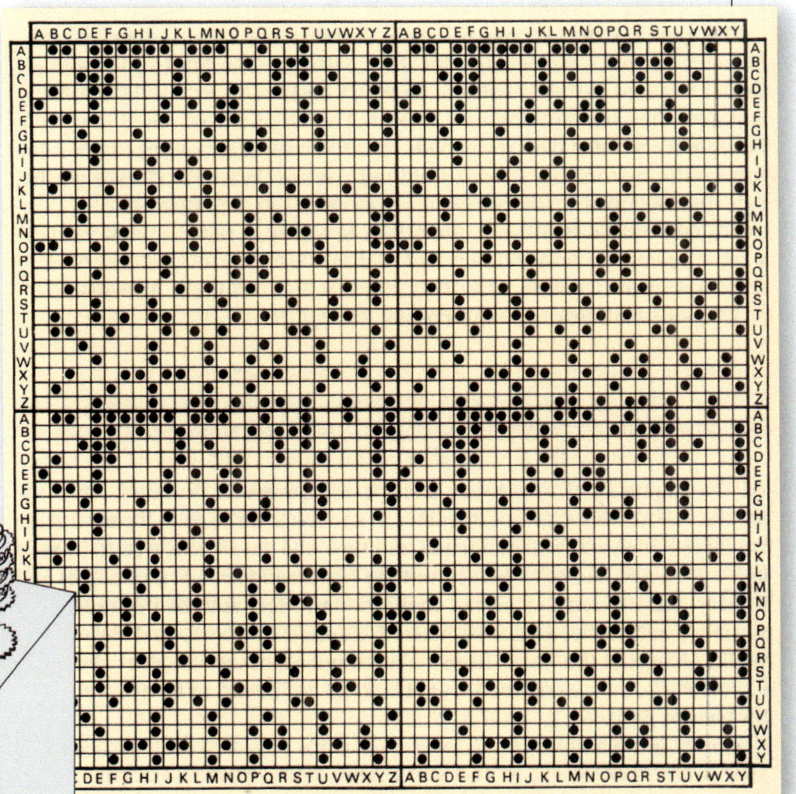

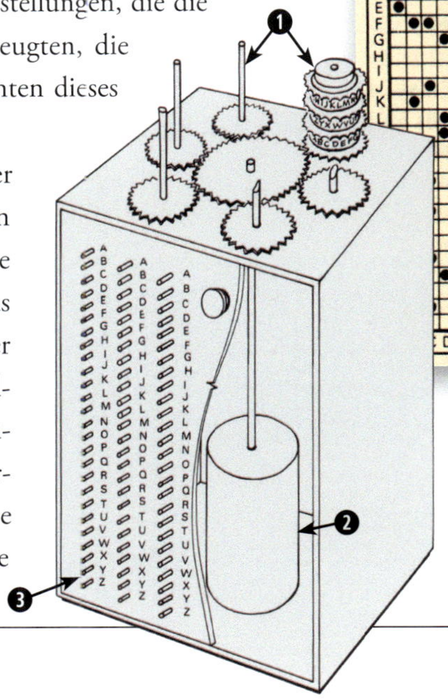

SUCHMASCHINEN Legte man Zygalski-Blätter (oben) übereinander, schien dort, wo Löcher über Löchern zu liegen kamen, Licht durch, und man erhielt wahrscheinliche Einstellungen für die Enigma-Botschaften des Tages. Die Polen bauten auch eine „Bombe" (links), in der sechs Sätze mit je drei Walzen (1) mit einem Motor (2) und Schaltern (3) verbunden waren. Damit suchten sie nach allen möglichen Drei-Buchstaben-Einstellungen, bis sie die Kombination gefunden hatten, mit der sich die Botschaften dieses Tages entschlüsseln ließen.

DIE FRENCH CONNECTION

Im November 1931 tätigte Capitaine Gustave Bertrand (unten) eine lohnende Investition. Als leitender Nachrichtenoffizier und verantwortlich für die Funkentschlüsselung traf er sich heimlich in Belgien mit Rodolphe Lemoine, einem seiner Agenten, und Hans-Thilo Schmidt, dem Mitarbeiter des deutschen Chiffrierdienstes. Der in Deutschland geborene Lemoine fungierte als Dolmetscher zwischen Schmidt und Bertrand, die übereinkamen, Schmidt eine Gebrauchsanweisung für die deutsche Militär-Enigma für 10 000 Reichsmark abzukaufen. Die Gebrauchsanweisung wurde an Ort und Stelle abfotografiert, und Schmidt legte sie anschließend zurück in den Safe im Chiffrierbüro, natürlich ohne seine Vorgesetzten zu verständigen.

Dieser und spätere Ankäufe ermöglichten es den polnischen Kryptoanalytikern, denen Bertrand die Dokumente zuspielte, deutsche Enigma-Botschaften zu dechiffrieren. Die Franzosen erhielten geheime Berichte dieser Entschlüsselungen und schließlich Marian Rejewski und andere polnische Kryptoanalytiker in personam, als Deutschland 1939 in Polen einmarschierte. Unter Bertrands Leitung arbeiteten sie in der Nähe von Paris in einer geheimen Einrichtung namens PC Bruno, die als Schnittstelle zwischen polnischen und britischen Codeknackern diente.

Als sich die Deutschen im Juni 1940 Paris näherten, wurde PC Bruno aufgelöst und unter einem neuem Namen in Vichy-Frankreich wiederbelebt. Ende 1942, als Hitler auch den Süden Frankreichs besetzte, wurde es eng für Betrand. Lemoine wurde verhaftet und zum Reden gezwungen, und Schmidt entzog sich Folter und Hinrichtung, indem er Selbstmord beging. Bertrand wurde 1944 gedrängt, mit den Deutschen zu kooperieren, schaffte es jedoch mithilfe alliierter Agenten mit seiner Frau nach England zu entkommen, wo sie kurz vor dem D-Day sicher ankamen. ✪

Wiederholung in den sechs Buchstaben umfassenden Indikatoren erzeugen konnte. Wenn diese Einstellung die Nachrichten des Tages nicht auflöste, setzten sie die automatische Suche fort, bis sie eine funktionierende gefunden hatten. Um zu vermeiden, dass der Vorgang mit den Walzen in anderen Positionen wiederholt werden musste, ließ das Chiffrierbüro sechs dieser Maschinen herstellen, um alle sechs möglichen Walzenstellungen abzudecken. Oft dauerte es nur ein paar Stunden, um mit diesen neuen Maschinen, die unter dem französischen Begriff „Bombes" bekannt wurden, eine Lösung zu finden. Eine Erklärung für den Namen ist, dass die Maschinen wie Zeitbomben tickten und hörbar klickten, wenn eine mögliche Walzeneinstellung gefunden wurde. Möglich ist auch, dass die Kryptoanalytiker gerade eine Eisbombe – „bombe glacée" – verspeisten, als sie ihre Idee erdachten. Wirklich geklärt wurde der Wortursprung nie.

Die Bombes und die Zygalski-Blätter stießen an ihre Grenzen, als die Enigmas im Dezember 1938 zwei zusätzliche Walzen erhielten. Das brachte die Gesamtzahl auf fünf; jede der Walzen war anders verdrahtet, und täglich sollten drei in die Maschine eingesetzt werden. Damit stieg die Zahl der möglichen Walzenstellungen plötzlich von sechs auf 60. Die polnischen Kryptoanalytiker hatten weder die Zeit noch die Mittel, 60 Bombes zu konstruieren. Sie wussten, dass Hitler Polen im Visier hatte. Die polnischen Behörden hatten die technologischen Fortschritte bei der Enigma-Entschlüsselung lange geheim gehalten. Nun aber, da Frankreich und Großbritannien entschlossen waren, sich Hitler im Falle eines Einmarsches in Polen zu widersetzen, beschlossen sie, ihre Verbündeten in alles einzuweihen. Bei einem Treffen außerhalb Warschaus im Juli 1939 – weniger als zwei Monate, bevor deutsche Truppen Polen überrannten – präsentierte Langer den Franzosen und Briten zwei verbesserte Enigmas. „Wo haben Sie die denn her?", fragte Gustave Bertrand vom Deuxième Bureau, worauf Langer stolz antwortete: „Die haben wir selbst gebaut."

Als Vertreter Großbritanniens nahmen Alastair Denniston, Leiter der Government Code and Cypher School in London, und Dillwyn „Dilly" Knox, ein Kryptoanalytiker, der dort seit Jahren an der Enigma tüftelte, an dem Treffen teil. Ein Bauteil in der Maschine hatte es Knox besonders angetan – die Eintrittswalze, durch die der elektrische Impuls, der beim Drücken einer Taste erzeugt wird, an die übrigen Walzen weitergeleitet wird. Knox war davon ausgegangen, dass die Eintrittswalze wie die anderen Walzen kreuzverdrahtet war und ein Impuls, der in Position A eintrat, zum Beispiel in Position D auf der ersten Walze daneben ankam. Die Lösung, zu der Rejewski gelangte, war so elementar, dass Knox es kaum glauben mochte: Die Verdrahtung in der Eintrittswalze ging direkt von A nach A, von B nach B und so weiter. Rejewskis Erkenntnis war eine Demütigung für Knox, aber er erkannte schnell, dass er jede erdenkliche Unterstützung brauchen würde, als sich die Enigma-Entschlüsselung von Warschau nach Bletchley Park verlagerte. Das etwa 80 Kilometer nordwestlich von London gelegene Bletchley wurde wenige Tage vor Kriegsbeginn zum neuen Zuhause der Government Code and Cypher School, wo Codeknacker, Geheimdienstmitarbeiter, Verkehrsanalytiker und Übersetzer in eilig errichteten Baracken, den sogenannten Huts, ihre Arbeit aufnahmen. Das abgelegene Bletchley Park, ein viktorianisches Anwesen mit weitläufigem Gelände, ermöglichte es, schließlich mehr als 8000 Menschen unter strengster Geheimhaltung zu beschäftigen. In London, das zudem von deutschen Bomben überzogen wurde, wäre dies schier unmöglich gewesen.

Nach dem deutschen Einmarsch in Polen flohen Rejewski, Zygalski und Rozycki zunächst nach Rumänien und dann mithilfe französischer Diplomaten in Bukarest nach Frankreich. Ihre Errungenschaften beflügelten die Kryptoanalytiker in Bletchley, schon bald eine größere Bombe zu entwerfen. Bletchley produzierte auch komplette Sätze Zygalski-Blätter, von denen einer dem polnischen Team in Paris geschickt wurde, wo Enigma-Botschaften für die Franzosen entziffert wurden. Stewart Menzies, der als Chef des MI6 die Operationen in Bletchley beaufsichtigte, schrieb im Januar 1940 einen Brief an Louis Rivet, den Leiter des Deuxième Bureau, und bat darum, die drei Polen „für einen kurzen Besuch" nach England zu schicken, um britischen Codeknackern zu „schnellen Ergebnissen" zu verhelfen. Aber das Trio war für die Franzosen zu wertvoll, um ausgeliehen zu werden, und als deutsche Truppen Paris im Juni 1940 besetzten, musste es die Flucht antreten. Rozycki kam bei einer Schiffshavarie im Mittelmeer ums Leben, Rejewski und Zygalski erreichten Spanien über eine Fluchtlinie und kamen sicher nach England, wo sie halfen, einen Code der SS zu knacken.

CHEFSPION Stewart Menzies, hier mit seiner Frau, übernahm kurz nach Kriegsbeginn die Leitung des MI6, der für die Bespitzelung fremder Länder und ihrer Streitkräfte verantwortlich war. Er betreute die unermüdlichen Bemühungen in Bletchley Park, die deutsche Enigma-Kommunikation zu entschlüsseln, und war auch verantwortlich für die unter dem Tarnnamen Ultra vorgenommenen Enigma-Entschlüsselungen und die daraus gewonnenen ultrageheimen Bewertungen seiner Agenten.

DURCHBRUCH IN BLETCHLEY

Am 4. September 1939, einen Tag nach Großbritanniens Kriegserklärung an Deutschland, meldete sich Alan Turing in Bletchley Park, wo er sich einem Eliteteam von Kryptoanalytikern unter der Leitung von Dilly Knox anschloss. Turing hatte kurz zuvor mit Knox an der Enigma in London gearbeitet und wusste, dass die von den Deutschen vorgenommenen Änderungen die polnische Bombe wirkungslos gemacht hatten. Er begann schon bald mit dem Entwurf einer neuen Bombe, die den Fortschritten der Enigma und einer bevorstehenden Änderung, die er und Knox voraussahen, gewachsen war. Sie gingen ganz richtig davon aus, dass die deutschen Bediener aus Sicherheitsgründen die Drei-Buchstaben-Einstellung zu Beginn jeder Nachricht künftig nicht mehr zweimal verschlüsseln würden. Turing würde also einen neuen Weg finden müssen, um hinter die Einstellungen zu kommen. Und er entwickelte eine Maschine, die die Art und Weise nachahmte, mit der Kryptoanalytiker Buchstaben und Wörter manipulierten.

Ein altehrwürdiges linguistisches Mittel, auf das Codeknacker weiterhin bauten, war die sogenannte Methode des wahrscheinlichen Wortes, die Suche nach Wörtern – einem oder mehreren, im Englischen als „Crib" bezeichnet –, die man in einer verschlüsselten Nachricht zu finden erwartete. Man ordnete also beispielsweise das Crib „Einsatzgruppen" (14 Buchstaben) unter verschiedenen 14-Buchstaben-Sequenzen im verschlüsselten Text an und suchte nach einem Wort, in dem sich kein verschlüsselter Buchstabe mit demselben Buchstaben im Crib deckte. Dies war dann ein möglicher Treffer, wohingegen eine verschlüsselte Sequenz, deren vierter Buchstabe „s" war, wie in unserem Beispiel „Einsatzgruppen", als Treffer ausgeschlossen werden konnte, weil die Enigma nie einen auf der Tastatur gedrückten Buchstaben durch denselben Buchstaben ersetzte. Turing konnte keine Bombe entwerfen, um alle möglichen Cribs einer Nachricht auf allen möglichen Enigma-Einstellungen zu prüfen. Aber wie die polnischen Kryptoanalytiker, die ein Muster innerhalb der Sechs-Buchstaben-Indikatoren entdeckt hatten, fand auch Turing ein Muster an Stellen, an denen sich Crib-Buchstaben mit unterschiedlichen Buchstaben deckten und eine geschlossene Schleife bildeten. Wenn zum Beispiel H zu M passte, M zu D, D zu X und X zu H, hatte er eine geschlossene Schleife, die mit demselben Buchstaben begann und endete. Diese konnte anschließend getestet werden, indem man die Enigma-Walzen miteinander verdrahtete und mit verschiedenen Einstellungen laufen ließ, bis die Maschine eine fand, in der die Schleife vorkam und eine mögliche Lösung für die Nachricht als Ganzes bot.

MEISTER DER CRIBS **Der Mathematiker Gordon Welchman begann in Bletchley Park an einer Verkehrsanalyse zu arbeiten, indem er die Frequenzen, Rufzeichen und andere Merkmale der Enigma-Funksignale untersuchte, um den Sender, den Empfänger und den möglichen Gegenstand der Nachricht zu bestimmen. Auf diese Weise konnte er Wörter oder Wortfolgen – Cribs – identifizieren, die wahrscheinlich innerhalb einer Nachricht vorkamen. Diese wiederum nutzte er für die Suche in einer verbesserten Bombe, die Turing und Welchman entwickelten, um hinter die Enigma-Einstellungen zu kommen.**

Turings Aufgabe wurde noch erschwert durch die vielen möglichen Steckerbrettverbindungen. Die Enigma-Operatoren wurden nun angewiesen, zehn Kabel anzuschließen, was bedeutete, dass die Impulse für 20 der 26 Buchstaben, die die Tastatur umfasste, auf dem Steckerbrett auf verschiedene Art umgeleitet wurden. Die erste Bombe, die er entwarf, enthielt Komponenten von 30 Enigmas mit insgesamt 90 Walzen und gelangte durch „trial and error" zu den richtigen Steckerbrettverbindungen für ein Crib. Aber seine Maschine war temperamentvoll und störrisch und führte in Tests zu vielen Fehlstopps, die keine Lösungen ergaben. Gordon Welchman, ein begnadeter Ingenieur und Mathematiker, verbesserte die Bombe, indem er sich eine Funktion des Steckerbretts zunutze machte, die Turing nicht berücksichtigt hatte. Er schlug vor, die wechselseitigen Verbindungen des Steckerbrettes in die Maschine zu verdrahten, sodass, wenn man ein Crib bei verschiedenen Einstellungen mit einer Verbindung testete, die den elektrischen Impuls beispielsweise von A nach D transponierte, eine Kabelverbindung, die D nach A transponierte, ebenfalls getestet würde. Welchmans Innovation versprach, die Bombe schneller und genauer zu machen und die Zahl der Fehlstopps drastisch zu reduzieren. Der oft als Eigenbrötler beschriebene Turing lernte die Einsichten seiner Kollegen in Bletchley schnell zu schätzen. „Er war von dem Vorschlag bald genauso begeistert wie ich", erinnerte sich Welchman. „Er sah ein, dass die Verbesserung gegenüber der Bombe, die ihm vorschwebte, spektakulär war."

„Er sah ein, dass die Verbesserung gegenüber der Bombe, die ihm vorschwebte, spektakulär war."

WELCHMAN ÜBER TURINGS REAKTION AUF DEN VORSCHLAG, WIE DIE BOMBE VERBESSERT WERDEN KÖNNTE

Die Turing-Welchman-Bombe, die aus dieser Zusammenarbeit resultierte – ausgestattet mit einem Gerät namens Diagonalbrett, das verschiedene Verbindungen auf dem Steckerbrett der Enigma simulierte –, erwies sich als eine der mächtigsten Geheimwaffen der

Alliierten. Mehrere dieser Maschinen wurden hergestellt, und sie erwiesen sich als so schnell und effizient, dass sie nicht mit geschlossenen Schleifen gefüttert werden mussten, die nur bestimmte Cribs erlaubten. Oft kamen sie in vertretbarer Zeit zu einer Lösung, indem sie alle guten Cribs durchspielten, die in einer Nachricht vorkamen. Diese Cribs wurden von Spezialisten erarbeitet, die Tag und Nacht sich wiederholende Wörter und Phrasen aus Nachrichten verschiedener deutscher Dienste und Agenturen herausfischten, von denen jede ihre eigenen Enigma-Prozeduren hatte, die dementsprechend in Bletchley separat behandelt wurden. Welchman wurde Hut 6 zugewiesen, wo Kryptoanalytiker an Enigma-Nachrichten des deutschen Heeres und der Luftwaffe arbeiteten. Lange bevor die Turing-Welchman-Bombe im August 1940 in Dienst gestellt wurde gelang es Hut 6, Nachrichten der Luftwaffe zu entschlüsseln, deren Prozeduren weniger ausgeklügelt waren als jene der deutschen Marine. Die Ausweitung des Seekriegs über ganze Ozeane hinweg machte verschlüsselte Kommunikation unabdingbar, um den Standort von Schiffen oder U-Booten geheim zu halten. Schließlich waren es Alan Turing und seine Mitarbeiter in Hut 8, die die deutsche Marine-Enigma entschlüsselten und die von Churchill gefürchtete U-Boot-Gefahr entschärften.

(weiter auf Seite 216)

MEGABOMBE Auf den Schwarz-Weiß-Fotografien (ganz oben), die 1943 in Bletchley Park entstanden, ist eine spätere Version der Turing-Welchman-Bombe zu sehen. Diese war knapp zwei Meter hoch und hatte mehr als hundert Walzen an der Vorder- und eine umfangreiche Verkabelung an der Rückseite. Die Nahaufnahme einer rekonstruierten Bombe (oben) zeigt, dass ihre Walzen denen der Enigma nachempfunden waren, mit 26 Positionen für die Buchstaben des Alphabets.

ENIGMAS FÜR JEDEN ZWECK

Sichere Kommunikation auf allen Ebenen war für die deutsche Kriegsmaschinerie von entscheidender Bedeutung. Die Deutschen setzten mehrere Arten der Enigma ein, um Nachrichten zu verschlüsseln und zu entziffern. 1933 erwarb die Wehrmacht die exklusiven Herstellungsrechte an einer militärischen Version der in den 1920er-Jahren entwickelten kommerziellen Enigma. Dieses militärische Modell mit der Bezeichnung Enigma I (unten) hatte drei Walzen und wurde in großen Stückzahlen für Heer und Luftwaffe produziert. Eine andere Version, die Enigma G, wurde von der Abwehr für den militärischen Nachrichtendienst verwendet, und die deutsche Marine setzte die Enigma M1 ein, die mit den Maschinen des Heeres kompatibel war.

Im Zweiten Weltkrieg blieb die leicht zu transportierende Enigma I die Hauptstütze der Feldkommandos der Wehrmacht. Die Marine reagierte auf Bedenken, die Alliierten könnten mit der Enigma I verschlüsselte Nachrichten lesen, mit der Indienststellung der vierwalzigen M4 „Triton"-Enigma (Seite 202), mit der ab Februar 1942 der U-Boot-Krieg im Atlantik befehligt wurde. Die M4 verfügte über acht zusätzliche Walzen, die in verschiedenen Reihenfolgen eingefügt werden konnten, wodurch 26-mal mehr Einstellungen möglich waren. Schwerere, komplexere Chiffriermaschinen waren der höchsten deutschen Kriegskommunikation vorbehalten, wie der massive Zehn-Walzen-Geheimfernschreiber T-52 und die Zwölf-Walzen-Maschine „Tunny", die ebenfalls über einen Fernschreiber verfügte und für Hitlers Befehle eingesetzt wurde.

Während des ganzen Krieges waren die meisten deutschen Spitzenmilitärs überzeugt, dass ihre Enigma-Codes unknackbar waren. „Unsere Chiffren wurden überprüft und immer wieder überprüft", sagte Großadmiral Karl Dönitz, der Anfang 1943 zum Oberbefehlshaber der Marine aufstieg. Jedes Mal, wenn die Sicherheit von Enigma-Botschaften infrage stand, wurden sie erneut für „nicht entzifferbar" erklärt. ✪

DIE ENIGMA IN AKTION Auf diesem Bild aus dem Frankreichfeldzug im Mai 1940 steht General Heinz Guderian in seinem Halbkettenfahrzeug, das mit einer dreiwalzigen Enigma I wie der links gezeigten ausgestattet ist, die den Funkverkehr mit Guderians Panzertruppen ver- und entschlüsselte. Zu den Hauptkomponenten der Enigma gehörten das Steckerbrett an der Vorderseite sowie Tastatur, Lampenfeld und die Walzen an der Oberseite.

ZUSÄTZLICHE SICHERHEIT Die Luftwaffe, deren Enigma-Nachrichten zu Beginn des Krieges leicht zu entziffern waren, erhöhte 1944 die Sicherheit durch die Einführung der Enigma-Uhr (ganz links). Sie lieferte 40 verschiedene Verdrahtungskombinationen für das Steckerbrett der Enigma I, die der Bediener durch Drehen des Knopfes in der Mitte ändern konnte. Die deutsche Armee machte ihre Enigma I 1938 sicherer, indem sie den Bedienern zwei zusätzliche Walzen zur Verfügung stellte (links).

GEHEIMFERNSCHREIBER Die T52 mit zehn Walzen beschleunigte die Kommunikation auf höchster Ebene mittels Fernschreibertechnologie. In Klartext getippte Nachrichten wurden automatisch verschlüsselt, per Funk übertragen und von einer identischen Maschine entschlüsselt, die die Nachricht in Klartext ausdruckte.

ZEITERSPARNIS Manche M4-Enigmas, die auf U-Booten verwendet wurden, verfügten über die oben zu sehende Schreibmax-Vorrichtung, die am Lampenfeld befestigt war und den verschlüsselten oder entzifferten Text auf ein schmales Papierband druckte. Dadurch, dass die Bediener nicht mehr mühsam Nachrichten lesen und transkribieren mussten, verkürzte sich die Zeit für den Austausch wichtiger Nachrichten zwischen den U-Boot-Kapitänen und ihren Kommandanten erheblich.

Turing überließ die Leitung von Hut 8 weitgehend Hugh Alexander, einem sympathischen Schachspieler, der bei seinen Kryptoanalytiker-Kollegen und deren Assistenten äußerst beliebt war. Viele Assistenten waren Frauen vom Women's Royal Naval Service (Wrens) oder von der Women's Auxiliary Air Force. Auch sie wurden bei ihrer Ankunft in Bletchley zu strenger Geheimhaltung verpflichtet. „Man sagte uns, wir würden niemals irgendwo anders stationiert, weil unsere Arbeit viel zu geheim sei“, erinnerte sich eine Wren. Einige knüpften Kontakte zu männlichen Kryptoanalytikern, andere zeigten sich von Männern dieses Schlags wenig beeindruckt. „Die meisten waren schmächtige Eierköpfe und immer allein unterwegs“, bemerkte eine andere. Turing war einer dieser Eierköpfe. Er schenkte den Frauen in Bletchley wenig Aufmerksamkeit, mit einer bemerkenswerten Ausnahme. Im Juni 1940 schloss sich die Mathematikerin Joan Clarke den Kryptoanalytikern in Hut 8 an. Sie wurde weitaus schlechter bezahlt als ihre männlichen Kollegen und als Linguistin eingestuft, zeigte aber bald ihre Talente als Codeknackerin, wie auch mehrere andere Frauen in Bletchley. Gegenseitiger Respekt bildete die Grundlage ihrer Freundschaft zu Turing, die auch nach ihrer Verlobung und seinem Ausscheiden Bestand hatte. Nur wenige in Bletchley außer Clarke kannten den Grund dafür. Wie einer seiner Kollegen, Peter Hilton, später schrieb, „wussten wir nicht, dass Turing homosexuell war. Das lag nicht daran, dass Turing aufwendige Schritte unternahm, um dies zu verbergen. Der Gedanke kam uns einfach nie in den Sinn.“ Das Einzige, was in Bletchley zählte, war der Triumph im Krieg, zu dem Turing einen großen Beitrag leistete.

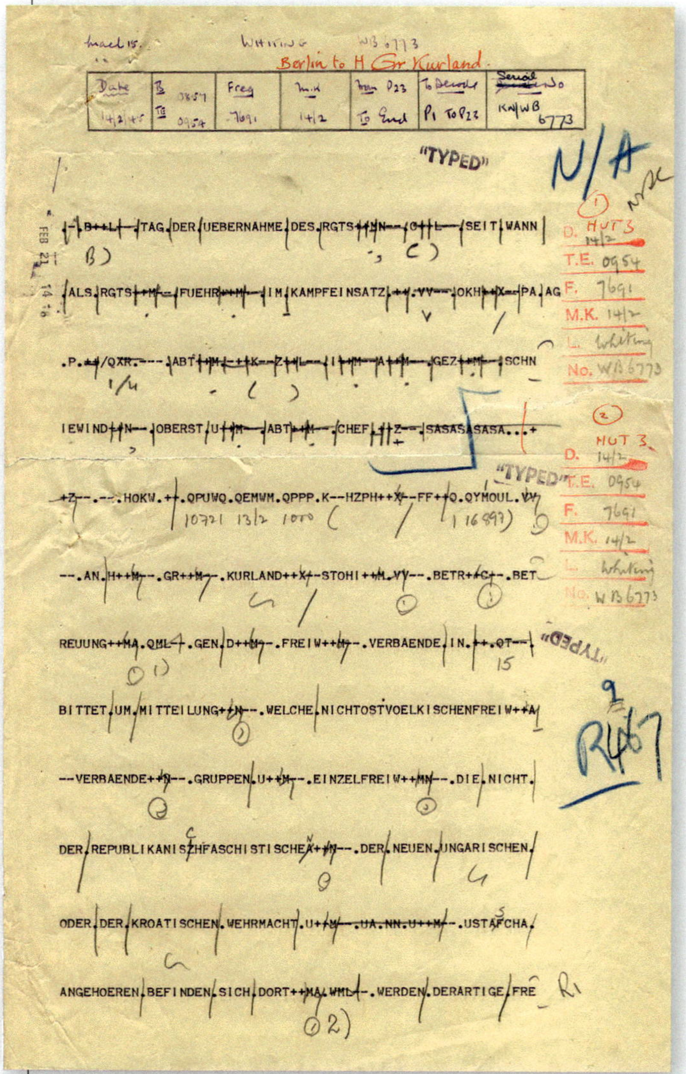

ROHENTSCHLÜSSELUNG Diese Enigma-Botschaft wurde in Hut 6 in Bletchley entziffert und in Hut 3 von Linguisten und Nachrichtenoffizieren übersetzt und interpretiert. Ihre Initialen sind am Rand zu sehen.

Er und sein Team in Hut 8 kämpften jahrelang mit dem kniffligsten aller Enigma-Rätsel, ersonnen von deutschen Marinekommandeuren, die den alliierten Kryptoanalytikern immer einen Schritt voraus sein wollten. Den Deutschen wurde später zu Recht vorgeworfen, zu sehr auf die Enigma vertraut zu haben. Aber die Blitzvorstöße, die sie an Land und zur See durchführten – darunter koordinierte Angriffe von U-Booten in sogenannten Wolfsrudeln –, waren ohne den Einsatz von Chiffriermaschinen nicht denkbar. Der Fehler lag nicht im Einsatz einer Maschine, sondern darin, dass man sich naiv auf eine Maschine mit einer langen Betriebsgeschichte verließ, was den alliierten Kryptoanalytikern half, ihre Codes zu knacken. Dennoch blieb die verbesserte Marine-Enigma auch für die hellsten Köpfe in Bletchley Monate über Monate unbesiegbar, hauptsächlich deshalb, weil die für jede Nachricht neu zu wählende Walzeneinstellung codiert wurde, bevor sie auf der Enigma verschlüsselt wurde. Hut 8 gelang in den ersten Kriegsmonaten so wenige Entschlüsselungen, dass ihre Analytiker nur wenige gute Cribs hatten, mit denen sie ihre Bombe füttern konnten. Was sie dringend brauchten, war eine „Prise“ – eine Marineoperation, bei der ihnen eine Enigma oder wenigstens ihre Bedienungsanleitung in die Hände fiel. Das wäre der Schlüssel, den sie brauchten, um die Maschine zu knacken.

Deutsche Marineoffiziere hatten den Befehl, im Fall einer Enterung ihre Enigma und zugehörige Dokumente, die mit wasserlöslicher Farbe gedruckt waren, über Bord zu werfen. Diese Befehle wurden jedoch nicht immer buchstabengetreu befolgt. Im April 1940 enterten Marinesoldaten des britischen Zerstörers HMS *Griffin* einen deutscher Trawler, der Munition in den Hafen von Narvik brachte. Dabei fielen ihnen Enigma-Dokumente in die Hände, die Hut 8 zu ersten Entschlüsselungserfolgen verhalfen. Aber die Kriegsmarine änderte bald ihre Codes und Einstellungen, was die Entschlüsselungen obsolet machte. Die nächsten Monate brachten „deprimierend wenige Ergebnisse", meinte ein Mitglied aus Turings Team.

Im September 1940 war der britische Marinegeheimdienst so hungrig auf Erfolge, dass er einen verwegenen Plan von Lieutenant Commander Ian Fleming genehmigte. Der Plan sah vor, einen erbeuteten deutschen Bomber im Ärmelkanal neben einem deutschen Trawler oder einem anderen verwundbaren feindlichen Schiff notwassern zu lassen. Die deutschen Seeleute würden die Flugzeugbesatzung – britische Soldaten in deutschen Uniformen – retten und an Bord ihres Schiffes bringen. Dort sollten die Seeleute getötet und über Bord geworfen und die Enigma samt Bedienungsanleitung geklaut werden. Fleming meldete sich freiwillig für den Einsatz, weil er Deutsch sprach und sich mit den „Rettern" verständigen konnte, die anderen sollten den Mund halten. Turing und Peter Twinn, sein Mitarbeiter in Hut 8, setzten große Hoffnungen in die Operation Ruthless, wie Flemings Plan genannt wurde. Aber die Aktion wurde abgebrochen, weil die Aufklärungsflieger der RAF kein geeignetes Zielschiff entdeckten. Frank Birch, der den Marinegeheimdienst in Bletchley in Hut 4 leitete, schrieb: „Turing und Twinn kamen mir vor wie zwei Leichenbestatter, die man um eine schöne Leiche betrogen hatte. Sie waren maßlos enttäuscht."

Herbst und Winter 1940/41 waren eine bittere Zeit für die alliierten Konvois im Nordatlantik, die von deutschen Wolfsrudeln gnadenlos gejagt wurden. Ab März 1941 gelang es Hut 8 jedoch dank einiger Beutestücke, U-Boot-Bewegungen dauerhaft nachzuverfolgen und die Konvois und ihre Eskorte rechtzeitig vor Angriffen zu warnen. Francis Harry Hinsley, ein junger Nachrichtenanalytiker in Hut 4, der später offizieller Historiker der britischen Geheimdienstoperationen des Zweiten Weltkriegs wurde, schlug vor, deutsche Wetterschiffe vor Norwegen und Island ins Visier zu nehmen, die ihre Berichte auf Enigmas verschlüsselten. Bei zwei Angriffen auf diese verwundbaren Schiffe wurden aufschlussreiche Dokumente erbeutet. Im Mai 1941 war es schließlich so weit. Aus dem U-Boot *U-110* wurde eine

(weiter auf Seite 220)

DER **SCHATTENKRIEG**

JOAN CLARKE, CODEKNACKERIN

Sie blieb vor allem wegen ihrer Beziehung zu Alan Turing im kollektiven Gedächtnis, aber Joan Clarke (unten) war auch eine exzellente Codeknackerin. Zwei Drittel des Personals in Bletchley Park waren Frauen, aber sie kamen nur selten über Scheibtischjobs hinaus. Clarke begann als Sekretärin in Hut 8, obwohl sie ihr Mathematikstudium an der Universität Cambridge summa cum laude abgeschlossen hatte. Gordon Welchman, der sie in Cambridge betreut hatte, brachte sie nach Bletchley, wo ihr Anfangsgehalt niedriger war als das der in Uniform dienenden Wrens. Bald begann sie, als Kryptoanalytikerin zu arbeiten, wenn auch inoffiziell, da dies als Männerarbeit galt. Stattdessen wurde sie als Linguistin eingestuft, wofür sie keine Ausbildung hatte. Wenn sie Formulare ausfüllte, schrieb sie „Rang: Linguistin, Sprachen: keine!"

Joan Clarke und Alan Turing hielten ihre kurze Verlobung in Bletchley geheim. Ihr Erfolg in Hut 8 war nicht auf Gefälligkeiten seinerseits zurückzuführen, sondern allein auf ihre Fähigkeiten als Codeknackerin. Sie erlangte große Expertise in einer von Turing erfundenen Technik, die er Banburismus nannte, nach einer Papierfabrik in Banbury, die lange Blätter produzierte, in die er Löcher stanzte. Wie Zygalski-Blätter halfen sie den Kryptoanalytikern, Muster in Enigma-Nachrichten zu erkennen. Mit dieser Methode kamen Clarke und ihre Kollegen schneller zu Lösungen und unterstützten so die Bemühungen der Alliierten im U-Boot-Krieg im Atlantik.

Nachdem sich Turing anderen Aufgaben zuwandte, wurde Joan Clarke 1944 stellvertretende Chefin von Hut 8. Später wurde sie zum MBE (Member of the British Empire) ernannt. Die Ehrung erhielt sie nicht, weil sie Turings Vertraute und frühere Verlobte war, sondern als Mitglied eines elitären Kreises von Codeknackern, die entscheidend zum Sieg im Zweiten Weltkrieg beitrugen.

LAUTLOSE TÖTUNGSMASCHINEN

Die deutschen U-Boote, die Winston Churchill Furcht einflößten, kommunizierten mit ihren Kommandozentralen an Land mittels verschlüsselter Enigma-Botschaften. Dank dieser Geheimsignale konnten sich die U-Boote, die getrennt im Atlantik patrouillierten, zu den berüchtigten Wolfsrudeln zusammenschließen. Entdeckte eines von ihnen einen alliierten Konvoi, sandte es einen kodierten Bericht aus seinem Funkraum (rechts) und beschattete den Konvoi, bis ein Dutzend oder mehr U-Boote in Position gegangen waren, um gemeinsam anzugreifen. Ihre kombinierte Feuerkraft war verheerend. Die U-Boot-Klasse IX – der Stolz von Admiral Dönitz' Unterwasser-Sturmtruppe – hatte vier Torpedorohre am Bug und zwei am Heck. Auf längeren Patrouillenfahrten hatte das Typ IX sechs Reservetorpedos im Inneren und zehn weitere in wasserdichten Außencontainern auf dem Oberdeck dabei. Die Reichweite dieser Tötungsmaschinen betrug über 10 000 Seemeilen. Zudem verfügte das Typ IX über ein leistungsstarkes 105-mm-Deckgeschütz vor dem Kommandoturm und ein 37-mm-Flugabwehrgeschütz, und wenn es von alliierten Zerstörern bedroht wurde, konnte es bis zu 250 Meter tief tauchen.

NERVENZENTRUM Ein Funkoffizier in der Funkerkabine von *U-124* im März 1941. Zu seiner Linken ist eine Enigma zu sehen.

Rasches Abtauchen war für die U-Boote, die all ihrer offensiven Stärken zum Trotz sehr verwundbar waren, von entscheidender Bedeutung. Die Elektromotoren, mit denen sie unter Wasser fuhren, konnten nicht allzu lang arbeiten, ohne von den Dieselmotoren aufgeladen zu werden, die die U-Boote an der Oberfläche antrieben, wo sie Gefahr liefen, vom Radar entdeckt und von Zerstörern ins Visier genommen zu werden. Und die Enigma-Signale, dank derer sie im Rudel jagen konnten, verrieten den Codeknackern in Bletchley schließlich ihren jeweiligen Standort, weshalb Dönitz den U-Boot-Krieg im Nordatlantik aus Kostengründen beendete. ✪

ZIEL VORAUS Ein U-Boot-Kommandeur gibt Befehle, während er ein Ziel durch das Angriffssehrohr verfolgt. Dieses Sehrohr gab die Peilung des Ziels an einen elektromechanischen Computer weiter, der anhand weiterer Daten wie der Geschwindigkeit des Ziels berechnete, wann der Torpedo abgefeuert werden musste.

SCHIFFSKILLER Wartungsarbeiten im vorderen Torpedoraum eines deutschen U-Boots. Der deutsche Standardtorpedo war ein 21-Zoll-G7-Elektrotorpedo, der mit einem 300-Kilogramm-Gefechtskopf bestückt war. Das Foto unten links, aufgenommen durch ein Periskop, zeigt einen Torpedo, der einen alliierten Frachter trifft.

TEMPO MACHEN Kielwasser eines U-Boots in voller Fahrt, aufgenommen Anfang 1944. U-Boote fuhren meist mit Dieselantrieb an der Oberfläche und tauchten, um anzugreifen. Sie konnten bis zu 20 Stunden lang tauchen, dann mussten sie wieder an die Oberfläche, um ihre Batterien aufzuladen.

STÜRMISCHE SEE Ein Besatzungsmitglied hängt im April 1943 bei starkem Seegang an einem Sicherheitsdraht auf dem Deck eines deutschen U-Boots. U-Boote waren bei rauer See sehr instabil und nahmen durch offene Luken Wasser auf. Die Männer verletzten sich leicht, wenn sie im engen Inneren des Boots umhergeworfen wurden. Selbst der erfahrenste Seemann konnte in der fauligen Atmosphäre eines U-Boots seekrank werden.

ABSCHIEDSSCHUSS Zwei Männer geben einem sinkenden Frachter mit dem Deckgeschütz den Rest. Torpedierte Schiffe konnten von den Deckgeschützen der U-Boote versenkt werden, aber im Lauf des Krieges wurden alliierte Konvois besser geschützt.

intakte Enigma geborgen. Das U-Boot war vor Grönland durch Wasserbomben außer Gefecht gesetzt und zum Auftauchen gezwungen worden. Der Kommandant von *U-110* ging davon aus, dass sein U-Boot rasch sinken würde, und gab es hastig auf. Doch es blieb genug Zeit für ein Enterkommando des Zerstörers HMS *Bulldog,* um die an Bord befindliche Enigma zu bergen. Sie wurde zu einer wahren Fundgrube für Turings Mannschaft in Hut 8, und ihre Erforschung leitete die Wende in der Atlantikschlacht ein.

Weitere Verluste in den nächsten Monaten, insbesondere der des U-Boots *U-570,* nährten bei der Führung der Kriegsmarine die Besorgnis, dass die Enigma zum Problem wurde. Eine von Vizeadmiral Erhard Maertens im Oktober 1941 eingeleitete Untersuchung kam zu dem Schluss, dass „unser Geheimcode anscheinend nicht gebrochen wurde". Wie ihre japanischen Kollegen wollten sich die deutschen Kommandeure nicht eingestehen, dass ihr großartiges Verschlüsselungssystem verwundbar sein könnte. Aber ihre Bedenken gingen immerhin so weit, dass sie die Enigma und ihre Verfahren verbesserten.

„Unser Geheimcode wurde anscheinend nicht gebrochen."

VIZEADMIRAL ERHARD MAERTENS IN SEINEM BERICHT ZUR SICHERHEIT DER MARINE-ENIGMA, OKTOBER 1941

Im Februar 1942 wurden die U-Boote mit Enigmas ausgerüstet, die vier statt drei Walzen enthielten – worauf die Bombes in Bletchley keine Antwort hatten. In einem Bericht der britischen Admiralität hieß es bald darauf, dass „man wenig Verlässliches sagen könne, um die Bewegungen der U-Boote abzuschätzen". Erschwerend kam hinzu, dass die Deutschen auch alliierte Codes knackten, darunter jenen, mit dem die transatlantischen Konvois dirigiert wurden. Im Laufe des Jahres versenkten deutsche U-Boote im Atlantik über tausend alliierte und neutrale Schiffe, mehr als in den beiden vorangegangenen Jahren zusammen.

Während Codeknacker in Hut 8 daran arbeiteten, die verbesserte deutsche Marine-Enigma zu knacken, gelangen anderen in Bletchley Park Entschlüsselungen – klassifiziert als „Ultra" für ultrageheim –, mit denen sie die Pläne des Reichs in Europa und Nordafrika enthüllten. Mit diesen Informationen gerüstet konnten die alliierten Kommandeure den vormals als übermächtig geltenden Deutschen dort etwas entgegensetzen.

ENIGMA-RAUBZUG Unter der Leitung von Sub-Lieutenant David Balme (ganz oben) nähert sich ein Enterkommando (rechts) der HMS *Bulldog* dem deutschen *U-110* im Nordatlantik. Aus dem durch Wasserbomben beschädigten und von seiner Besatzung verlassenen U-Boot bergen die Männer eine intakte Enigma.

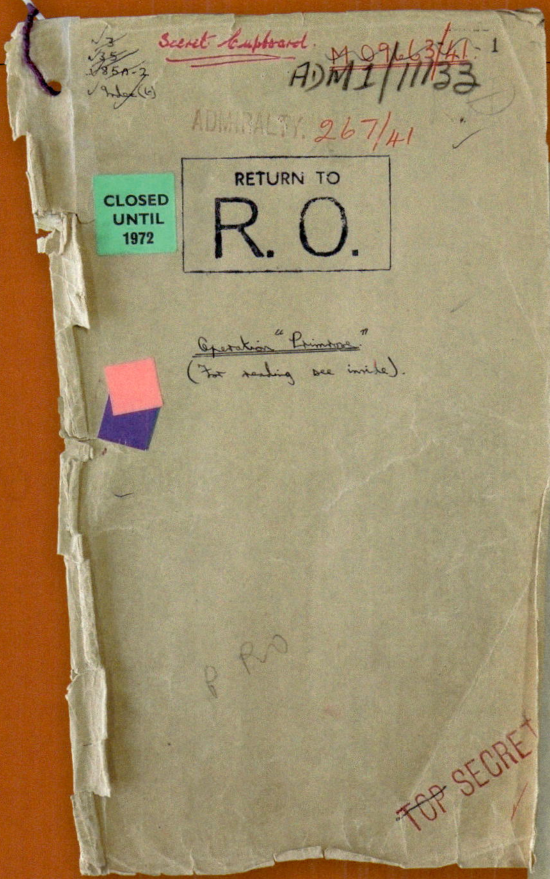

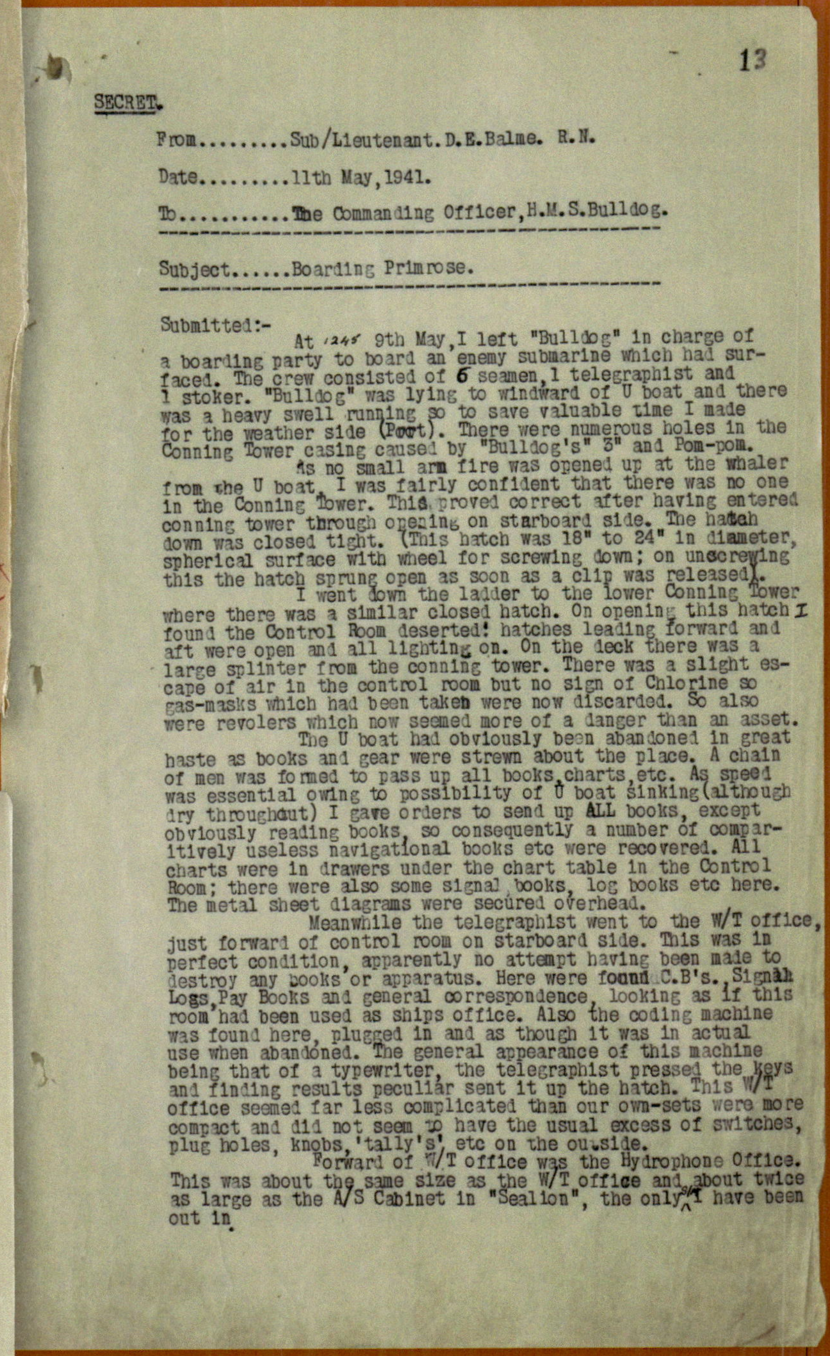

13

SECRET.

From.........Sub/Lieutenant.D.E.Balme. R.N.

Date.........11th May,1941.

To...........The Commanding Officer,H.M.S.Bulldog.

Subject......Boarding Primrose.

Submitted:-

At 1245 9th May,I left "Bulldog" in charge of a boarding party to board an enemy submarine which had surfaced. The crew consisted of 6 seamen,1 telegraphist and 1 stoker. "Bulldog" was lying to windward of U boat and there was a heavy swell running so to save valuable time I made for the weather side (Port). There were numerous holes in the Conning Tower casing caused by "Bulldog's" 3" and Pom-pom.

As no small arm fire was opened up at the whaler from the U boat, I was fairly confident that there was no one in the Conning Tower. This proved correct after having entered conning tower through opening on starboard side. The hatch down was closed tight. (This hatch was 18" to 24" in diameter, spherical surface with wheel for screwing down; on unscrewing this the hatch sprung open as soon as a clip was released).

I went down the ladder to the lower Conning Tower where there was a similar closed hatch. On opening this hatch I found the Control Room deserted: hatches leading forward and aft were open and all lighting on. On the deck there was a large splinter from the conning tower. There was a slight escape of air in the control room but no sign of Chlorine so gas-masks which had been taken were now discarded. So also were revolers which now seemed more of a danger than an asset.

The U boat had obviously been abandoned in great haste as books and gear were strewn about the place. A chain of men was formed to pass up all books,charts,etc. As speed was essential owing to possibility of U boat sinking(although dry throughout) I gave orders to send up ALL books, except obviously reading books, so consequently a number of comparitively useless navigational books etc were recovered. All charts were in drawers under the chart table in the Control Room; there were also some signal books, log books etc here. The metal sheet diagrams were secured overhead.

Meanwhile the telegraphist went to the W/T office, just forward of control room on starboard side. This was in perfect condition, apparently no attempt having been made to destroy any books or apparatus. Here were found C.B's., Signal Logs,Pay Books and general correspondence, looking as if this room had been used as ships office. Also the coding machine was found here, plugged in and as though it was in actual use when abandoned. The general appearance of this machine being that of a typewriter, the telegraphist pressed the keys and finding results peculiar sent it up the hatch. This W/T office seemed far less complicated than our own-sets were more compact and did not seem to have the usual excess of switches, plug holes, knobs, 'tally's' etc on the outside.

Forward of W/T office was the Hydrophone Office. This was about the same size as the W/T office and about twice as large as the A/S Cabinet in "Sealion", the only S/M I have been out in.

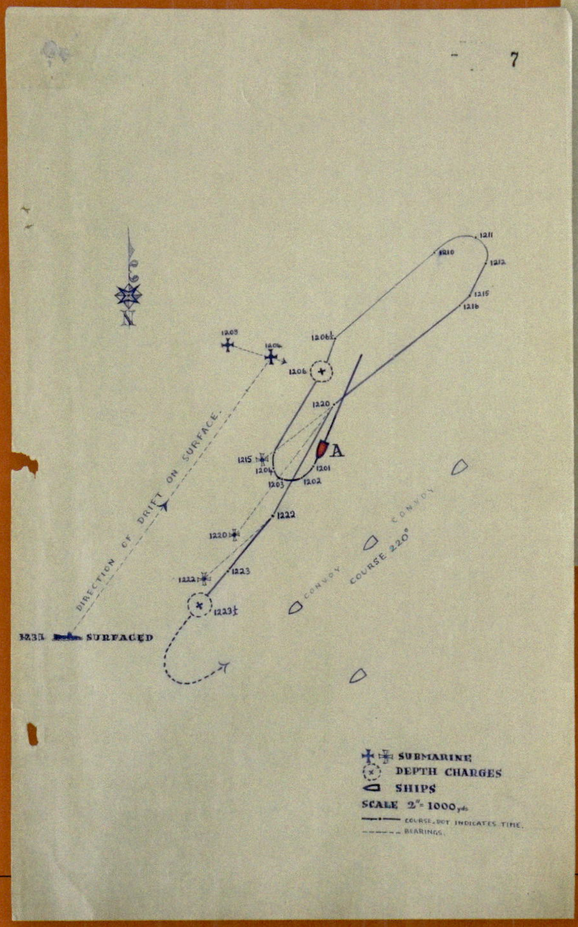

GESCHLOSSENE AKTE David Barmes Bericht über die Enterung von *U-110* war in einer streng geheimen Akte (oben links) enthalten, die von den britischen Behörden, die Informationen über Enigma und Ultra lange zurückhalten wollten, mit „Geschlossen bis 1972" gekennzeichnet worden. Sie enthält auch eine Karte, auf der zu sehen ist, wo das angeschossene U-Boot auftauchte (links). Barmes berichtet darin, wie seine Männer eine Kette bildeten, „um alle Bücher, Karten etc. weiterzureichen". Ein Mitglied des Enterkommandos, der Telegrafist der *Bulldog*, stieß in der Funkerkabine des *U-110* auf die Enigma: „Das Aussehen der Maschine ähnelte einer Schreibmaschine, also drückte der Telegrafist ein paar Tasten, und weil er die Ergebnisse merkwürdig fand, reichte er sie durch die Luke nach oben."

ULTRA IN AKTION

Im August 1942 übernahm Lieutenant General Bernard „Monty" Montgomery das Kommando über die britische Achte Armee in Ägypten und begann, seine Truppen auf die Schlacht gegen die Panzerarmee von Generalfeldmarschall Erwin Rommel bei El Alamein vorzubereiten. Rommel war bekannt als der „Wüstenfuchs", der seine Feinde mit seinen gepanzerten Einheiten ausmanövrierte. Auch Montgomery sollte bald zur Legende werden, weil er Rommels Kampfansage annahm und sich ihm frontal entgegenstellte. Monty wurde in der Presse als eine Art Gedankenleser dargestellt, der abends vor dem Schlafengehen ein Porträt von Rommel studierte und sich fragte: „Was denkt mein Widersacher? Was hat er vor? Wie kann ich ihn überlisten?" In Wahrheit stammte Montys Wissen über Rommel und dessen Pläne aus Geheimdienstberichten – darunter viele von Ultra. Erst das Knacken deutscher Geheimcodes versetzte die Briten in die Lage, deutschen Angriffen lange genug standzuhalten, sodass Montgomery Rommel in El Alamein gegenübertreten konnte.

Ab 1940, als die Deutschen die Schlacht um England begannen, waren Luftwaffenbotschaften, die von Ultra entschlüsselt wurden, von entscheidender Bedeutung. Den Codeknackern in Bletchley Park kamen die laxen Verfahren der Enigma-Operatoren der Luftwaffe zupass, die zum Beispiel Nachbarbuchstaben auf der Tastatur wie WSX und EDC benutzten, um Walzeneinstellungen mit drei Buchstaben zu verschlüsseln. Schon früh wurde durch Ultra enthüllt, dass die Luftwaffe ihre Bomber nachts und bei schlechtem Wetter mithilfe von Leitstrahlen zu ihren Zielen führen wollte. Der erste Hinweis auf diese neue Technologie stammte aus einem Dokument, das ein mysteriöser Informant, der sich als wohlgesonnener deutscher Wissenschaftler entpuppte, kurz nach Kriegsbeginn an die britische Botschaft in Oslo schickte. Dieser Oslo-Report erwähnte mehrere Geheimwaffen, die von Deutschland entwickelt wurden, darunter Lenkraketen und Funk-Leitstrahl-Systeme für Kampfflugzeuge, die nachts oder bei schlechtem Wetter flogen.

Britische Geheimdienstanalytiker standen dem Oslo-Report weitgehend skeptisch gegenüber, ausgenommen Reginald V. Jones vom Luftfahrtministerium. Als er eine Ultra-Entschlüsselung mit Anweisungen für eine Technik erhielt, die die Deutschen „Knickebein" nannten, erkannte Jones, dass sie drauf und dran waren, ihre Bomber mit Leitstrahlen zu dirigieren, und er warnte Churchill, der ein Sofortprogramm zur Entwicklung von Gegenmaßnahmen anordnete. Als die Luftwaffe begann, Knickebein einzusetzen – ein System, bei dem ein Bomber einem Funkstrahl folgte, bis dieser sich mit einem anderen Strahl über dem Ziel kreuzte und einen eindeutigen Funkton erzeugte, der die Bomben auslöste –, verhörte die RAF bereits abgeschossene deutsche Piloten, um ihnen Einzelheiten über die Technik zu entlocken. Die Briten waren bald in der Lage, die

WÜSTENKRIEGER Generalfeldmarschall Erwin Rommel (oben) bringt seine Panzer gegen die britische Achte Armee von Bernard Montgomery (ganz oben) in Stellung. Rommel wurde durch Berichte über britische Truppenstärken unterstützt, die von den Deutschen abgefangen und entziffert wurden. Aber Ultra-Entschlüsselungen von Nachrichten an und von Rommels Hauptquartier gaben Montgomery noch mehr Auftrieb, als sich im Oktober 1942 bei El Alamein eine Schlacht abzeichnete.

Leitstrahlen zu stören, was wiederholt dazu führte, dass die feindlichen Bomber ihre Ziele verfehlten.

Nachdem es der Luftwaffe nicht gelungen war, Großbritannien in die Knie zu zwingen, sahen sich die Deutschen und ihre italienischen Verbündeten im Mittelmeerraum mit einer verbissenen britischen Gegenwehr konfrontiert, die durch Ultra noch stärker wurde. Die italienische Marine verschlüsselte Nachrichten auf einer Enigma ohne Steckerbrett, wogegen Dilly Knox eine manuelle Form der Entschlüsselung mittels Cribs entwickelte. Knox brachte diese Methode 1940 der begabten Mavis Lever bei, die gerade 18 geworden war, als sie zu seinem Team in Bletchley stieß. Nachdem die Bediener der italienischen Marine-Enigma eine neue Walze erhalten hatten, kam Lever hinter deren Verkabelung, indem sie feststellte, dass eine ganze Nachricht, in der kein einziges L vorkam, durch die Verschlüsselung von L von Anfang bis Ende erzeugt wurde. Solche „Füllsprüche" hatten allein den Zweck, den Feind mit sinnloser Kryptoanalyse zu beschäftigen. Dieser mit nur einem einzigen Buchstaben erzeugte Füllspruch setzte jedoch die Schaltkreise der jungen Kryptoanalytikern in Gang.

Mavis Levers bahnbrechende Erkenntnis ermöglichte es Knox' Team Anfang 1941 eine Botschaft von Supermarina (dem Marinehauptquartier in Rom) zu dechiffrieren, in der es hieß: „Heute, 25. März, ist Tag X-3." Die Codeknacker waren bald in der Lage, Admiral Andrew Cunningham, dem Oberbefehlshaber der Mittelmeerflotte, Einzelheiten über einen für den 28. März geplanten Angriff auf einen britischen Truppenkonvoi mit Ziel Kreta zu liefern. Cunningham konnte den Angriff vereiteln und zwei Zerstörer und drei Kreuzer versenken. Später besuchte er Bletchley Park, um Knox, Lever und anderen dafür zu danken, dass sie ihm geholfen hatten, die Schlacht bei Kap Matapan zu gewinnen.

Trotz Cunninghams Sieg im Mittelmeer eroberten die Deutschen im April 1941 Kreta und rückten in Nordafrika vor, wo Rommel die britischen Truppen in Libyen nach Ägypten zurückdrängte. Er wurde dabei von Kryptoanalytikern des deutschen Chiffrierbüros unterstützt, denen es gelang, den diplomatischen Code zu knacken, mit dem amerikanische Botschafter, Konsuln und Militärattachés ihre Nachrichten verschlüsselten. Colonel Bonner Frank Fellers, ein Attaché der US-Botschaft in Kairo, der Washington regelmäßig über britische Militärpläne in Nordafrika unterrichtete, wurde so unwissentlich zu einem Spion für Rommel, der Fellers als seine „gute Quelle" bezeichnete. Washington rühmte die Berichte des Colonels als „Musterbeispiele für

(weiter auf Seite 226)

INTELLIGENCE SERVICE KNOX

In einem Bereich, der von Mathematikern und Maschinen dominiert wurde, war Dilly Knox ein Fremdkörper – ein linguistischer Kryptoanalytiker, der während des Ersten Weltkriegs Codes knackte, indem er seine Fähigkeiten beim Entziffern altgriechischer Texte verfeinerte. Als leitender Kryptograf der Government Code and Cypher School blieb er mit dem technologischen Fortschritt auf dem Laufenden und förderte jüngere mathematische Genies wie Turing und Welchman. Während sie ihre Bombe entwarfen, um die verbesserte Enigma zu knacken, bildete er in Bletchley seine eigene Abteilung namens Intelligence Service Knox (ISK), die sich mit einfacheren, unversteckerten Enigmas wie denen der italienischen Marine beschäftigte. Knox entwickelte eine manuelle Form der Entschlüsselung dieser Nachrichten, die nacheinander alle Möglichkeiten auflistete, in der jede Walze in jeder der 26 Einstellungen einen in die Maschine eingegebenen Buchstaben umsetzen konnte. Das Verfahren war zeitaufwendig, aber Knox verkürzte die Prozeduren durch die Verwendung von Cribs.

Im Gegensatz zu vielen Offizieren in Bletchley, die lieber mit Männern arbeiteten, besetzte Knox (oben skizziert) seine Abteilung mit begabten jungen Frauen wie Mavis Lever (links), einer Linguistin, die italienische Marinepläne entschlüsselte und später eine anerkennende Biografie über Knox schrieb. Seine krönende Leistung war der Bruch der Enigma der Abwehr mit Umkehrwalze. Diese war zur Verbesserung der Maschine eingebaut worden, aber Knox schlussfolgerte, dass die Bediener die Einstellung der Walze am Beginn einer Nachricht zweimal verschlüsselten, was die Entschlüsselung erleichterte. Knox starb 1943, aber dank seiner Erkenntnisse konnte der MI5 viele deutsche Agenten schnappen und im Rahmen des Double-Cross-Programms als Doppelagenten einsetzen.

DAS GEHEIMNIS HINTER DEM OSLO-REPORT

Im November 1939 erhielt Captain Hector Boyes, Marineattaché an der britischen Botschaft in Oslo, einen anonymen Brief. Darin wurden ihm geheime deutsche Forschungsarbeiten angeboten, die BBC solle lediglich zu Beginn ihrer deutschsprachigen Radiosendung den Satz „Hallo, hier ist London" ausstrahlen. Kurz nachdem dieser Satz über den Äther gegangen war, traf ein Paket für Boyes ein, von einer Quelle, die sich als „ein wohlwollender deutscher Wissenschaftler" bezeichnete. Das Paket enthielt eine Vakuumröhre für einen Abstandszünder zur Steigerung der Wirksamkeit des Flugabwehrfeuers und einen Bericht, in dem weitere Waffen und Geräte beschrieben wurden, an denen Deutschland forschte, darunter Leitstrahlen zur Führung von Bombern, Radar zur Erkennung von Flugzeugen, Torpedos, die durch das Magnetfeld eines Schiffes gezündet werden, und Lenkraketen, die an einem Standort namens Peenemünde an der Ostsee getestet wurden.

Die meisten britischen Geheimdienstoffiziere hielten den Oslo-Report für einen Schwindel. Der Physiker Reginald Jones, Wissenschaftsoffizier im Luftfahrtministerium mit Fachkenntnissen über Radar- und Funkwellen, war nicht dieser Meinung. Als der Einsatz von Leitstrahlen 1940 durch Ultra-Entschlüsselungen und die Befragung abgeschossener Luftwaffenpiloten (rechte Seite) bestätigt wurde, fand Jones schnell Wege, die Leitstrahlen zu stören und deutsche Bomber in die Irre zu leiten. Diese schnelle Reaktion war zum Teil dem Oslo-Report zu verdanken, der den Briten auch erleichterte, die 1944 eingesetzte V1-Rakete zu bekämpfen.

Der Absender des Berichts sollte lange ein Rätsel bleiben. Einige dachten, es steckte ein Abwehroffizier dahinter, der sich gegen das Naziregime gestellt und Zugang zu dessen Geheimnissen hatte. Erst 1989 enthüllte Jones, dass es sich tatsächlich um einen Wissenschaftler handelte – Hans Ferdinand Mayer, Direktor eines Forschungslabors der Firma Siemens, der 1943 wegen subversiver Äußerungen verhaftet wurde und die Internierung in einem Konzentrationslager überlebte. Jones erfuhr 1955 die Wahrheit, wartete aber mit der Bekanntgabe bis nach Mayers Tod. Nicht alle im Oslo-Report erwähnten Vorrichtungen wurden von den Deutschen auch eingesetzt – Abstandsszünder entwickelten zum Beispiel nur die Amerikaner mit Erfolg. Aber Jones hielt den Oslo-Report für den „wahrscheinlich besten Bericht einer Einzelperson, den wir während des Krieges erhalten haben". ✪

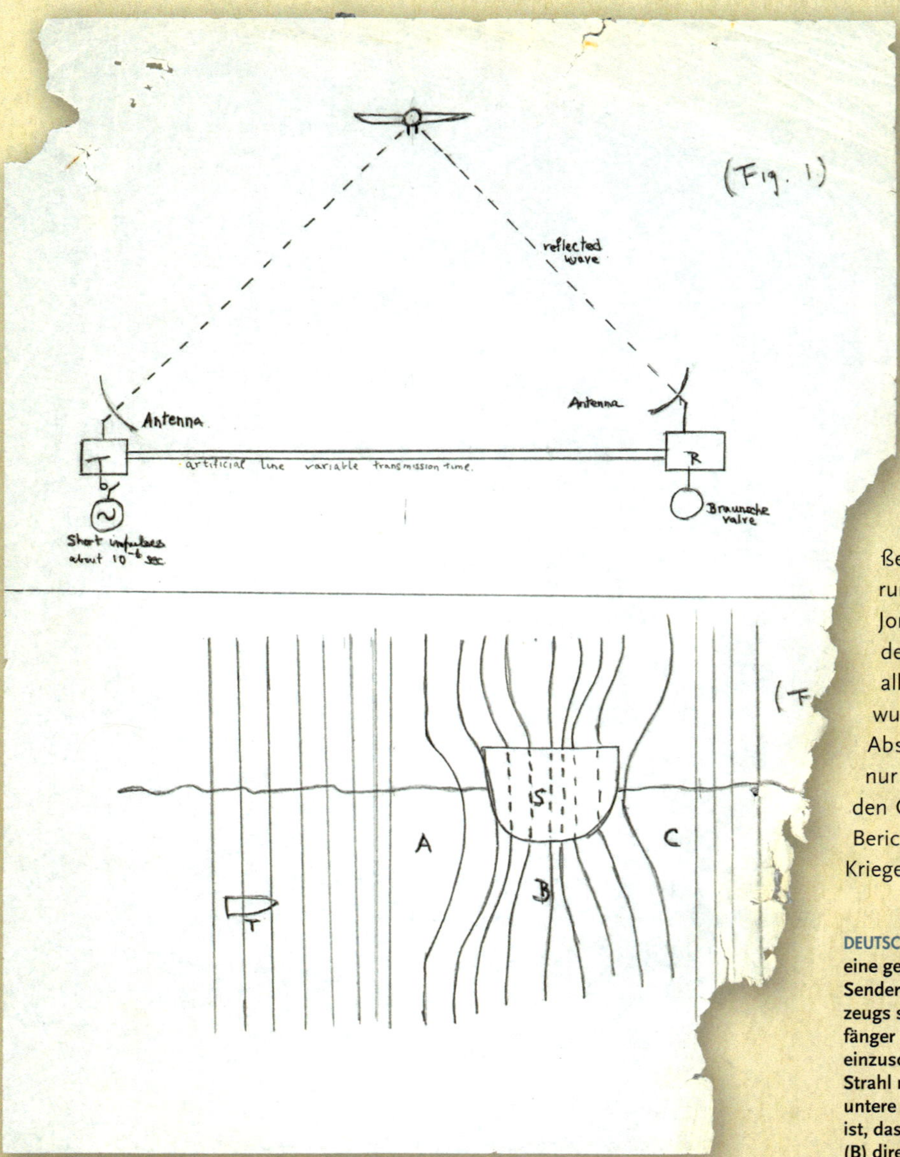

DEUTSCHE PLÄNE Diese Skizze aus dem Oslo-Report, die eine geplante deutsche Radaranlage darstellt, zeigt einen Sender (T), der einen Funkstrahl in Richtung eines Flugzeugs sendet, während er einem nahe gelegenen Empfänger (R) signalisiert, sich für einen kurzen Augenblick einzuschalten – gerade lang genug, um den reflektierten Strahl mit minimaler Beeinträchtigung aufzufangen. Die untere Skizze zeigt einen Torpedo (T), der so ausgerüstet ist, dass er detoniert, wenn er in das starke Magnetfeld (B) direkt unter einem Schiff (S) eintritt.

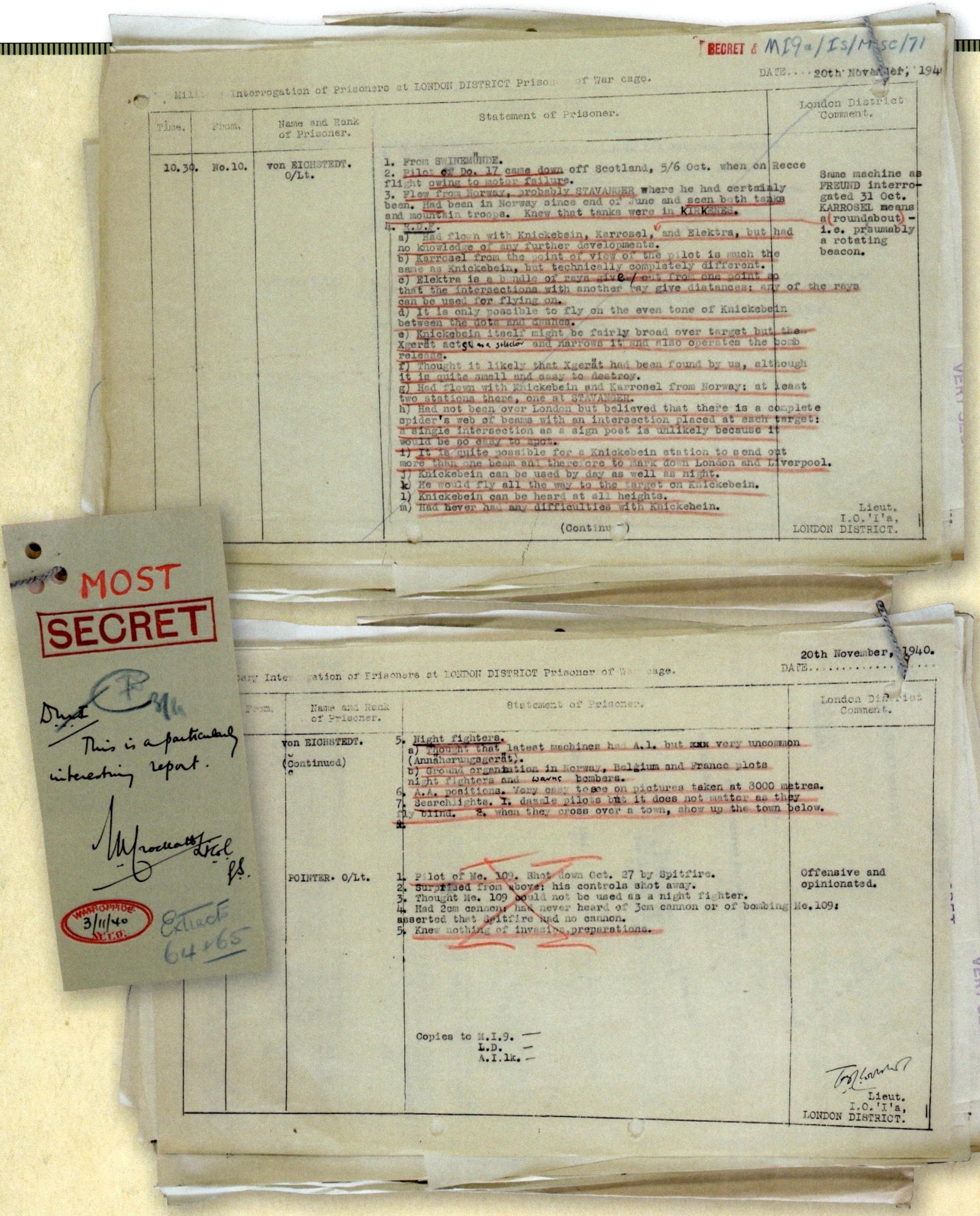

SECRET & MI9a/IS/Misc/71

DATE.... 20th November, 194

...Interrogation of Prisoners at LONDON DISTRICT Prisoner of War cage.

Time.	From.	Name and Rank of Prisoner.	Statement of Prisoner.	London District Comment.
10.30.	No.10.	von EICHSTEDT. O/Lt.	1. From SWINEMÜNDE. 2. Pilot of Do. 17 came down off Scotland, 5/6 Oct. when on Recce flight owing to motor failure. 3. Flew from Norway, probably STAVANGER where he had certainly been. Had been in Norway since end of June and seen both tanks and mountain troops. Knew that tanks were in KIRKENES. 4. N.D.F. a) Had flown with Knickebein, Karrosel, and Elektra, but had no knowledge of any further developments. b) Karrosel from the point of view of the pilot is much the same as Knickebein, but technically completely different. c) Elektra is a bundle of rays given out from one point so that the intersections with another ray give distances: any of the rays can be used for flying on. d) It is only possible to fly on the even tone of Knickebein between the dots and dashes. e) Knickebein itself might be fairly broad over target but the Xgerät acts as a selector and narrows it and also operates the bomb release. f) Thought it likely that Xgerät had been found by us, although it is quite small and easy to destroy. g) Had flown with Knickebein and Karrosel from Norway: at least two stations there, one at STAVANGER. h) Had not been over London but believed that there is a complete spider's web of beams with an intersection placed at each target: a single intersection as a sign post is unlikely because it would be so easy to spot. i) It is quite possible for a Knickebein station to send out more than one beam and therefore to mark down London and Liverpool. j) Knickebein can be used by day as well as night. k) He would fly all the way to the target on Knickebein. l) Knickebein can be heard at all heights. m) Had never had any difficulties with Knickebein. (Continued)	Same machine as FREUND interrogated 31 Oct. KARROSEL means a (roundabout) - i.e. praumably a rotating beacon. Lieut. I.O.'I'a, LONDON DISTRICT.

MOST SECRET

This is a particularly interesting report.

3/11/40

Extract 64 + 65

20th November, 1940.
DATE...............

...Interrogation of Prisoners at LONDON DISTRICT Prisoner of War cage.

From.	Name and Rank of Prisoner.	Statement of Prisoner.	London District Comment.
	von EICHSTEDT. (Continued)	5. Night fighters. a) Thought that latest machines had A.I. but very uncommon (Annäherungsgerät). b) Ground organisation in Norway, Belgium and France plots night fighters and warns bombers. 6. A.A. positions. Very easy to see on pictures taken at 8000 metres. 7. Searchlights. 1. dazzle pilots but it does not matter as they fly blind. 2. when they cross over a town, show up the town below.	
	POINTER. O/Lt.	1. Pilot of Me. 109. Shot down Oct. 27 by Spitfire. 2. Surprised from above: his controls shot away. 3. Thought Me. 109 could not be used as a night fighter. 4. Had 2cm cannon; had never heard of 3cm cannon or of bombing Me.109; asserted that Spitfire had no cannon. 5. Knew nothing of invasion preparations. Copies to M.I.9. L.D. A.I.1k.	Offensive and opinionated. Lieut. I.O.'I'a, LONDON DISTRICT.

ENTHÜLLUNGEN VON GEFANGENEN Als „höchst geheim“ klassifiziert und von einem Offizier als „besonders interessant“ eingestuft wurden diese Informationen, die von einem deutschen Piloten stammen, der Anfang Oktober 1940 mit einem Dornier-17-Bomber im besetzten Norwegen losgeflogen war und vor der schottischen Küste notwassern musste. Der Pilot hatte bereits Einsätze mit dem Knickebein genannten Funkleitsystem geflogen, das seiner Aussage nach „bei Tag als auch bei Nacht“ eingesetzt werden konnte. Er erwähnt auch eine neue Vorrichtung namens X-Gerät, das Funkstrahlen auffängt, die schwieriger zu stören seien als die für Knickebein verwendeten, und das automatisch Bomben auslöst, wenn sich die Strahlen über einem Ziel kreuzen.

Klarheit und Genauigkeit", und Rommel dürfte ebenso beeindruckt gewesen sein. Fellers Nachrichten – abgefangen von einem mit sechs Funktürmen ausgestatteten Abhörposten in Deutschland, der Signale aus Tausenden Kilometern empfangen konnte – wurden binnen weniger Stunden entziffert und an Rommel weitergeleitet. Ein Beamter des Chiffrierbüros rühmte sich, jeden Tag beim Mittagessen „genau zu wissen, wo die alliierten Truppen am Abend zuvor standen".

Im Januar 1942 startete Rommel eine Offensive, um seine Truppen bis nach Kairo führen und die Briten aus Nordafrika zu vertreiben. Durch Berichte von Fellers war er während dieses Feldzuges gut über die Stärke und die Dispositionen des Feindes informiert. Am 23. Januar erfuhr er von seiner „guten Quelle", dass 270 britische Militärflugzeuge aus Nordafrika abgezogen wurden, um die Alliierten im Kampf gegen Japan im Fernen Osten zu unterstützen. Sechs Tage später erhielt Rommel von Fellers ein gründliches Briefing über den Standort und die Stärke der gegnerischen motorisierten und gepanzerten Einheiten, aus dem hervorging, wie viele britische Panzer außer Betrieb und wie viele kampfbereit waren. Diese Berichte gaben dem deutschen Vormarsch einen solchen Auftrieb, dass sogar Hitler davon Kenntnis nahm und bemerkte, er hoffe, dass Rommels amerikanischer Informant in Kairo weiterhin „seine schlecht verschlüsselten Kabel" senden würde. Aber so sollte es nicht kommen. Kryptoanalytiker in Bletchley Park brachen in die Kommunikation zwischen dem Chiffrierbüro in Berlin und Rommel ein und informierten die Amerikaner, dass die Deutschen Fellers' Nachrichten aus Kairo abfingen. Mitte 1942 wurde Fellers nach Washington abberufen, und die Botschaft in Kairo erhielt eine Sigaba-Chiffriermaschine, um ihre Nachrichten abhörsicher zu verschlüsseln.

Etwa zu der Zeit, als Rommel seine gute Quelle verlor, erreichten zwei Spione der Abwehr Ägypten, um die Briten auszuspionieren, angeführt vom ungarischen Entdecker Laszlo Almasy, der für seine Dienste für Deutschland mit dem Eisernen Kreuz ausgezeichnet wurde. Die von ihm eskortierten Agenten, Johannes Eppler und Hans-Gerd Sandstede, machten sich in Kairo auf die Suche nach Ägyptern, die sich den Briten widersetzten, darunter eine Bauchtänzerin namens Hekmat Fahmy. Die ganze Zeit über wurden Eppler und Sandstede von britischen Spionen verfolgt, die erst durch die Entschlüsselung von Abwehrmitteilungen durch Ultra von ihren Plänen erfahren hatten. Die beiden schafften es nicht, brisante Informationen zu übermitteln, sodass ihr Auftrag, die Operation Condor, einen unrühmlichen Abschluss fand.

ROMMELS SPIONE **Die deutschen Agenten Hans-Gerd Sandstede (links) und Johannes Eppler (rechts) vor dem Ford-Lkw, mit dem sie Anfang 1942 eine abenteuerliche Wüstenreise von Libyen nach Ägypten unternahmen. Im Rahmen der Operation Condor sollten sie dort für Rommel Informationen über die britischen Truppen sammeln. Eppler, der als Sohn einer deutschen Mutter und eines ägyptischen Stiefvaters in Ägypten aufgewachsen war, hatte sich während einer früheren Geheimmission auch als Araber verkleidet (ganz oben).**

In der Zwischenzeit lieferte Ultra den Alliierten umfangreiche Informationen über Rommel und seinen Nachschub, der immer spärlicher wurde, als dieser von Libyen, wo er mit Treibstoff und Munition versorgt wurde, nach Ägypten vorrückte. Ab Januar 1942 traf sich ein kleines Team von Agenten täglich im British-Middle-East-Hauptquartier in Kairo, um Berichte über Rommels Nachschub zu analysieren und der Royal Navy und Air Force Informationen zu liefern. Auf diese Weise gelang es den Briten – die kaum Kriegsschiffe und U-Boote im Mittelmeer hatten und deren Luftwaffenstützpunkt auf Malta häufig

DIE OPERATION CONDOR

Wie viele andere fehlgeschlagene Spionageaktionen wurde auch die Operation Condor im Nachhinein als fantastisches Abenteuer verklärt, in diesem Fall in den Memoiren von Johannes Eppler, die er nach dem Krieg unter dem Namen John Eppler veröffentlichte. Nachdem Eppler die Wüste durchquert hatte, tauchte er im Mai 1942 als Hussein Gaafar im britisch besetzten Ägypten unter, während sein Spionagekollge Hans-Gerd Sandstede sich als Amerikaner namens Peter Monkaster ausgab. Unterstützt von der Bauchtänzerin Hekmat Fahmy (rechts) nahmen sie britische Offiziere im Shepheard Hotel (unten) in Kairo ins Visier. Laut Eppler gelang es ihr, einen britischen Stabsoffizier zu verführen und unter Drogen zu setzen und aus dessen Aktenkoffer ein „Most Secret"-Dokument über britische Einsatzpläne zu entwenden, das für Rommel von großem Wert gewesen wäre. Es gelang Eppler und Sandstede jedoch nicht, Funkkontakt herzustellen, und in der folgenden Nacht wurden sie bei einer Razzia auf ihrem Hausboot verhaftet.

Andere Berichte über die Operation Condor wecken Zweifel, ob die beiden Spione jemals viel erreicht hätten. Der spätere ägyptische Präsident Anwar al-Sadat, den sie um Hilfe baten, weil er zu einer Gruppe von Offizieren gehörte, die sich den Briten widersetzten und bereit waren, mit den Deutschen zu kooperieren, betrachtete die beiden als leichtsinnige Amateure. Ihr Hausboot, so schrieb er, war „ein Ort wie aus *Tausendundeine Nacht*, an dem sich alles um Müßiggang und Wollust drehte. In dieser ausschweifenden Atmosphäre vergaßen die jungen Nazis die heikle Mission, mit der sie betraut worden waren." Ihre Gelage blieben bei den Behörden nicht unbemerkt. Lange vor ihrer Verhaftung wurden sie in Kairo von den Briten überwacht, die nicht nur Eppler und Sandstede, sondern auch einige ihrer Komplizen, darunter Sadat und andere mutmaßliche Subversive, in ihre Gewalt brachten.

VERFÜHRERIN Hekmat Fahmy, eine glühende ägyptische Nationalistin und Bauchtänzerin, setzte ihren Charme ein, um aus britischen Offizieren, die sich in Kairos angeagtem Shepheard Hotel (links) herumtrieben, Informationen herauszukitzeln. Nachdem sie wegen ihrer Beteiligung an der Operation Condor verhaftet wurde, enthüllte sie den Vernehmungsbeamten ihre Spionagetechnik mit der Bemerkung, dass ein Engländer, der gerade mit einer Frau geschlafen hat, „nicht aufhören kann zu reden".

„Es war offensichtlich, dass die Briten auf uns vorbereitet waren."

ERWIN ROMMEL NACH SEINER NIEDERLAGE BEI MEDENINE, TUNESIEN

bombardiert wurde – zwischen Januar und August, als Montgomery bei El Alamein das Kommando übernahm, fast hundert Schiffe der Achsenmächte im Mittelmeer zu versenken. Durch Ultra erfuhren sie, was die Schiffe, die Rommels Armee versorgten, geladen hatten, und konnten gezielt Öl- und Waffenlieferungen unterbinden. Ein deutscher Kommandeur machte Spione in italienischen Häfen dafür verantwortlich, aber in Wahrheit saßen die Spione Tausende Kilometer entfernt in Bletchley Park, wo sie in Rommels persönlichen Mitteilungen herumschnüffelten. Diese Ultra-Entschlüsselungen enthüllten, dass Rommels Panzertruppen aus Mangel an Benzin ihre viel gerühmte Mobilität verloren – eine Situation, die sich durch die alliierte Luftwaffe noch zuspitzte, die deutsche Tankfahrzeuge, die von libyschen Häfen zu Rommels Depots in der Nähe von El Alamein unterwegs waren, immer wieder unter Beschuss nahm.

Als Montgomery seine Streitkräfte dort auf die Schlacht einstimmte, war er voller Zuversicht, was auf der detaillierten Kenntnis der Stärken und Schwächen seines Gegners beruhte. Er wusste, dass Rommels Truppen mangels Nachschub geschwächt waren und dass der General selbst kränkelte und Ende September nach Deutschland flog, um sich medizinisch behandeln zu lassen. Rommel eilte bald nach dem Ausbruch der Kämpfe bei El Alamein am 23. Oktober 1942 an die Front zurück. Er hatte jedoch kaum Spielraum und wurde von Monty überlistet, der Kampfspionageeinheiten einsetzte, die den feindlichen Funk abhörten und Verkehrsanalysen und Funkpeiler einsetzten, um den Standort der deutschen Panzereinheiten zu bestimmen und Zielanweisungen zu geben. Es war eine zermürbende Schlacht, aber Monty wusste, dass die Ressourcen seines Gegners begrenzt waren. Am 4. November hatte Rommel genug und zog sich nach Libyen zurück.

Anfang 1943 erhielt Rommel via Tripolis Verstärkung. Doch die anhaltenden Angriffe auf seinen Nachschub aus Italien, den Ultra ausspionierte, verhalfen ihm nicht zu der Stärke, die er gebraucht hätte, um sich Montgomery, der ihm auf den Fersen war, und den alliierten Truppen unter Eisenhower, die kurz nach der Schlacht bei El Alamein in Marokko und Algerien gelandet waren, entgegenzustellen. Rommel startete seinen letzten Angriff am 6. März 1943 in Medenine in Tunesien. Monty war im Voraus von Ultra über diesen Vorstoß informiert worden, und er zerschlug Rommel mit Panzern und Artillerie.

Wie Rommel nachher schrieb, „war es offensichtlich, dass die Briten auf uns vorbereitet waren". Er reiste drei Tage nach dieser Niederlage nach Deutschland ab, körperlich krank und krank im Herzen. Sein Nachfolger, General Hans-Jürgen von Arnim, geriet zusammen mit fast 250 000 deutschen und italienischen Soldaten in Gefangenschaft, als die Alliierten im Mai Tunis einnahmen und die Kontrolle über Nordafrika übernahmen. Sie würden bald in Sizilien einmarschieren und die Insel als Brückenkopf nach Italien nutzen. Und sie sollten den Deutschen nicht nur militärisch überlegen sein, sondern auch in puncto Rechenleistung, mit der sie die Codes und Chiffren der Achsenmächte knackten.

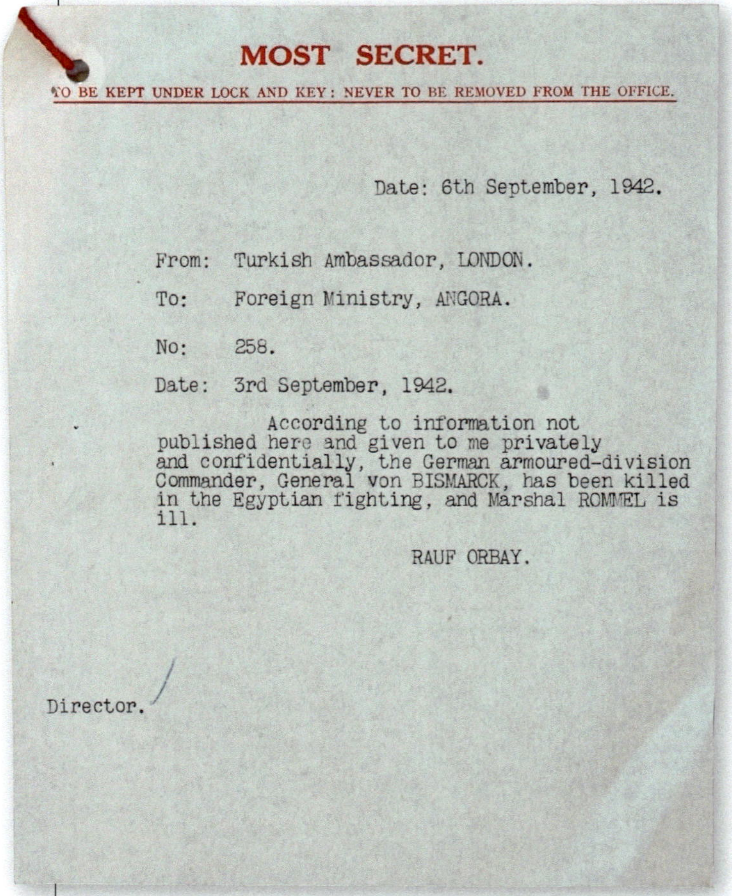

MOST SECRET.

TO BE KEPT UNDER LOCK AND KEY: NEVER TO BE REMOVED FROM THE OFFICE.

Date: 6th September, 1942.

From: Turkish Ambassador, LONDON.

To: Foreign Ministry, ANGORA.

No: 258.

Date: 3rd September, 1942.

According to information not published here and given to me privately and confidentially, the German armoured-division Commander, General von BISMARCK, has been killed in the Egyptian fighting, and Marshal ROMMEL is ill.

RAUF ORBAY.

Director.

DIPLOMATISCHE ENTHÜLLUNG Diese von den Briten abgefangene und entzifferte Nachricht des türkischen Botschafters in London an das Außenministerium im türkischen Ankara (Angora) berichtet über den Tod von General Georg von Bismarck, der am 31. August 1942 in Ägypten im Kampf gefallen war – und über die Krankheit, die Rommel später zwang, vor der Schlacht von El Alamein im Oktober zur Behandlung nach Deutschland zurückzukehren. Eine ungenannte Quelle spielte diese Informationen dem türkischen Botschafter zu. Dessen neutraler Status hielt die Briten nicht davon ab, ihn auszuspionieren.

EXPONIERTE ZIELE Ultra-Entschlüsselungen von Enigma-Nachrichten vom Oktober 1942 geben die Abfahrtszeiten für die Konvois der Achsenmächte exakt an und enthüllen weiter unten, dass als Folge von Angriffen auf Schiffe, die Rommels Streitkräfte in Nordafrika versorgen, „die Treibstoffsituation der Panzerarmee bedenklich und die Munitionssituation angespannt ist". Von Ultra darüber informiert, dass Rommels Vorräte schwinden, ließ sich Montgomery bei El Alamein auf eine lange Schlacht ein, in der ihm viele deutsche Panzer in die Hände fielen (unten).

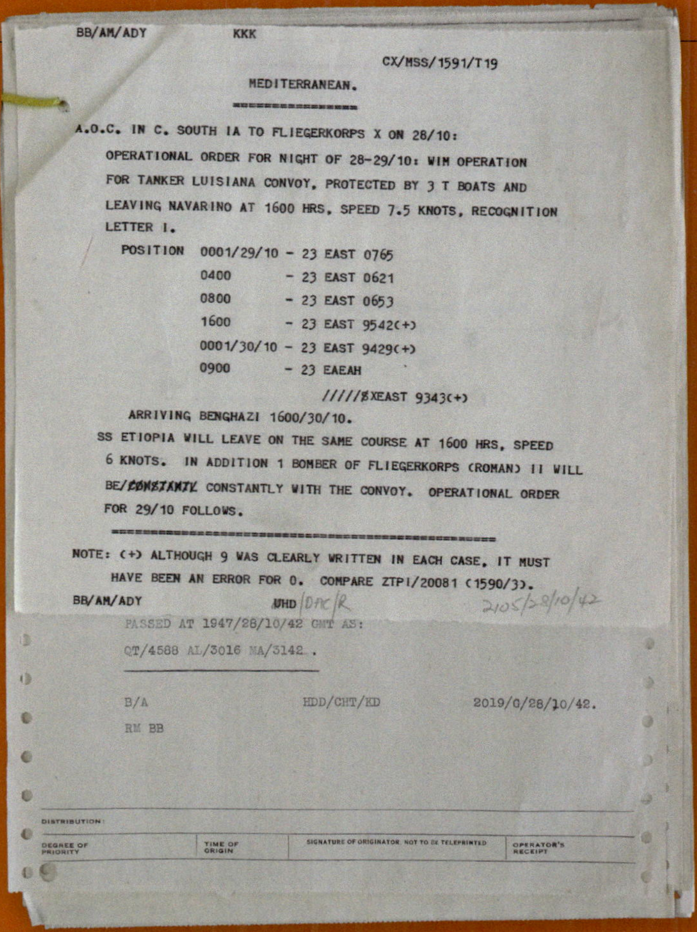
BB/AM/ADY KKK

CX/MSS/1591/T19

MEDITERRANEAN.

A.O.C. IN C. SOUTH IA TO FLIEGERKORPS X ON 28/10:

OPERATIONAL ORDER FOR NIGHT OF 28-29/10: WIM OPERATION FOR TANKER LUISIANA CONVOY, PROTECTED BY 3 T BOATS AND LEAVING NAVARINO AT 1600 HRS, SPEED 7.5 KNOTS, RECOGNITION LETTER I.

POSITION 0001/29/10 - 23 EAST 0765
0400 - 23 EAST 0621
0800 - 23 EAST 0653
1600 - 23 EAST 9542(+)
0001/30/10 - 23 EAST 9429(+)
0900 - 23 EAEAH
/////$XEAST 9343(+)

ARRIVING BENGHAZI 1600/30/10.

SS ETIOPIA WILL LEAVE ON THE SAME COURSE AT 1600 HRS, SPEED 6 KNOTS. IN ADDITION 1 BOMBER OF FLIEGERKORPS (ROMAN) II WILL BE/~~CONSTANTL~~ CONSTANTLY WITH THE CONVOY. OPERATIONAL ORDER FOR 29/10 FOLLOWS.

NOTE: (+) ALTHOUGH 9 WAS CLEARLY WRITTEN IN EACH CASE, IT MUST HAVE BEEN AN ERROR FOR 0. COMPARE ZTPI/20081 (1590/3).

BB/AM/ADY WHD/DFC/R 2105/28/10/42

PASSED AT 1947/28/10/42 GMT AS:

QT/4588 AL/3016 MA/3142 .

B/A HDD/CHT/KD 2019/G/28/10/42.

RM BB

DISTRIBUTION:

DEGREE OF PRIORITY | TIME OF ORIGIN | SIGNATURE OF ORIGINATOR. NOT TO BE TELEPRINTED | OPERATOR'S RECEIPT

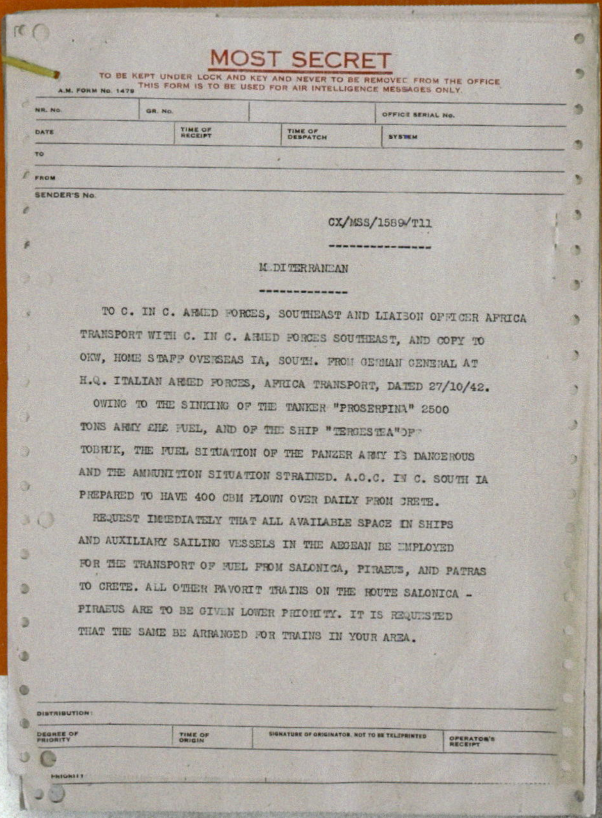
MOST SECRET

TO BE KEPT UNDER LOCK AND KEY AND NEVER TO BE REMOVED FROM THE OFFICE
THIS FORM IS TO BE USED FOR AIR INTELLIGENCE MESSAGES ONLY.

A.M. FORM No. 1479

NR. No. | GR. No. | OFFICE SERIAL No.

DATE | TIME OF RECEIPT | TIME OF DESPATCH | SYSTEM

TO

FROM

SENDER'S No.

CX/MSS/1589/T11

MEDITERRANEAN

TO C. IN C. ARMED FORCES, SOUTHEAST AND LIAISON OFFICER AFRICA TRANSPORT WITH C. IN C. ARMED FORCES SOUTHEAST, AND COPY TO OKW, HOME STAFF OVERSEAS IA, SOUTH. FROM GERMAN GENERAL AT H.Q. ITALIAN ARMED FORCES, AFRICA TRANSPORT, DATED 27/10/42.

OWING TO THE SINKING OF THE TANKER "PROSERPINA" 2500 TONS ARMY ZHE FUEL, AND OF THE SHIP "TERGESTEA" OFF TOBRUK, THE FUEL SITUATION OF THE PANZER ARMY IS DANGEROUS AND THE AMMUNITION SITUATION STRAINED. A.O.C. IN C. SOUTH IA PREPARED TO HAVE 400 CBM FLOWN OVER DAILY FROM CRETE.

REQUEST IMMEDIATELY THAT ALL AVAILABLE SPACE IN SHIPS AND AUXILIARY SAILING VESSELS IN THE AEGEAN BE EMPLOYED FOR THE TRANSPORT OF FUEL FROM SALONICA, PIRAEUS, AND PATRAS TO CRETE. ALL OTHER FAVORIT TRAINS ON THE ROUTE SALONICA - PIRAEUS ARE TO BE GIVEN LOWER PRIORITY. IT IS REQUESTED THAT THE SAME BE ARRANGED FOR TRAINS IN YOUR AREA.

DISTRIBUTION:

DEGREE OF PRIORITY | TIME OF ORIGIN | SIGNATURE OF ORIGINATOR. NOT TO BE TELEPRINTED | OPERATOR'S RECEIPT

SIEG AUF SEE

Am 30. Oktober 1942, während die Kämpfe bei El Alamein tobten, ereignete sich im Meer vor dem ägyptischen Port Said ein Zwischenfall von großer Tragweite für die Atlantikschlacht. Ein RAF-Aufklärungsflugzeug entdeckte das deutsche U-Boot *U-559*, das alliierten Konvois auflauerte. Britische Kriegsschiffe attackierten das U-Boot mit Wasserbomben und zwangen es schwer beschädigt an die Oberfläche. Ein Enterkommando des Zerstörers HMS *Petard* drang in das volllaufende U-Boot ein und erbeutete Enigma-Dokumente. Als *U-559* sank, riss es zwei Männer des Kommandos, Lieutenant Anthony Fasson und den Vollmatrosen Colin Grazier, mit sich in die Tiefe. Unter den erbeuteten Dokumenten befanden sich Codetabellen für den Wetterbericht der deutschen Marine. Die Codierung dieser Berichte, bevor sie auf Enigmas verschlüsselt wurden, war eine unerlässliche Vorsichtsmaßnahme, weil sie sich oft wiederholten und den Kryptoanalytikern gute Cribs zur Hand gaben, um hinter die Einstellungen der komplexen vierwalzigen Enigmas der deutschen U-Boote zu kommen.

IM KAMPF VERLOREN **Lieutenant Anthony Fasson (rechts) und der Vollmatrose Colin Grazier (links) vom Zerstörer HMS *Petard* wurden am 30. Oktober 1942 vom deutschen U-Boot *U-559* in die Tiefe gerissen. Unter den Dingen, die sie mithilfe des jungen Kantinenassistenten Tommy Brown – der knapp mit dem Leben davonkam – bergen konnten, befand sich ein Handbuch wie das unten abgebildete, mit dem Wetterberichte codiert wurden. Dieses Handbuch bot den Kryptoanalytikern in Bletchley Park entscheidende Hinweise für den Bruch der Marine-Enigma.**

Der Fund in *U-559* war für die Codeknacker in Bletchley Park ein Geschenk des Himmels. Anfang Dezember prophezeite der Leiter von Hut 10, der zusammen mit den Marine-Enigma-Experten in Hut 8 an der Dekodierung der Wetterberichte arbeitete, dass sie in Kürze wieder in der Lage sein würden, „die U-Boote durch die Wetternachrichten abzuhören". Dank Ultra konnte Bletchley am Ende des Jahres tatsächlich die deutschen U-Boote im Atlantik lokalisieren. Der Funkverkehr wurde in vielen Fällen so schnell entschlüsselt, dass alliierte Kriegsschiffe oder Bomber die U-Boote ins Visier nehmen konnten. Ein neuer Hochfrequenz-Funkpeiler mit der Bezeichnung HF/DF oder „Huff Duff" leistete dabei ebenfalls wichtige Dienste.

Das Ziel der alliierten Kryptoanalytiker war es, eine neue Bombe zu entwerfen, die die Nachrichten der vierwalzigen U-Boot-Enigma innerhalb weniger Stunden, wenn nicht gar Minuten, entschlüsseln konnte. Bletchley begann mit der Arbeit an dieser Maschine, erklärte sich aber bereit, mit der Codeknackereinheit der US-Marine, OP-20-G, zusammenzuarbeiten, die über mehr Ressourcen verfügte und die neue Bombe schneller und in mehr Exemplaren herstellen konnte. Alan Turing wurde Ende 1942 nach Washington entsandt und half den Offizieren der OP-20-G bei der Überarbeitung ihres ursprünglichen Plans, der den Bau von 336 Bombes vorsah, eine für jede der 336 möglichen Walzenreihenfolgen der U-Boot-Enigma. Turing erläuterte, wie er und Welchman die Walzen mehrerer Enigmas in einer Maschine zusammenpackten, um die Prozeduren

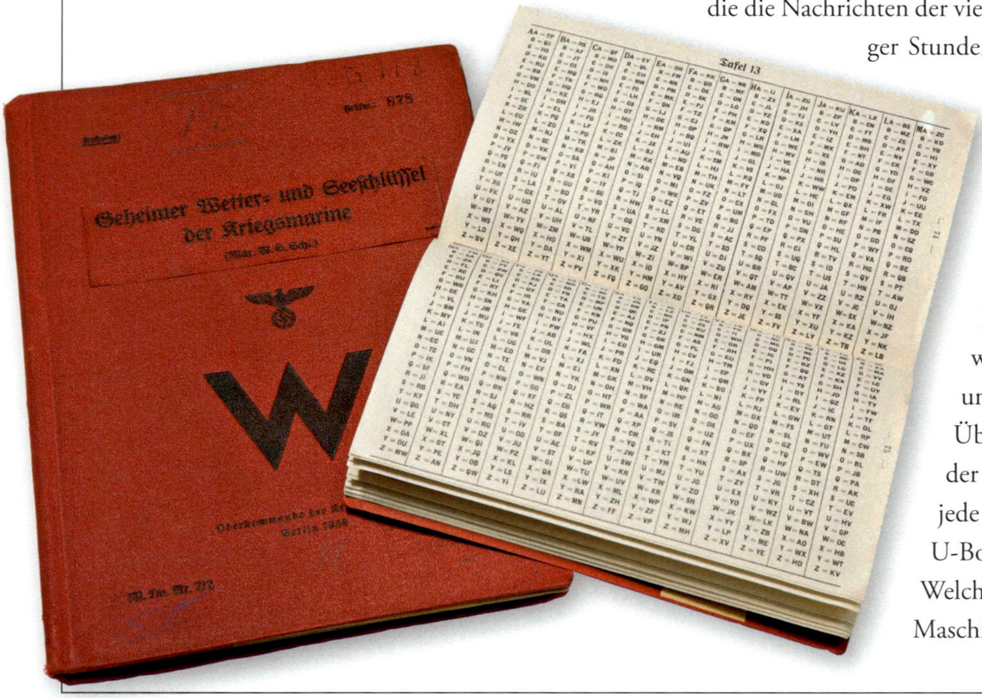

zu beschleunigen, und die OP-20-G änderte ihre Pläne entsprechend. Im Juni 1943 ging die erste dieser amerikanischen Bombes in Betrieb. Kurz zuvor hatte Admiral Karl Dönitz seine U-Boot-Flotte aus dem Nordatlantik abgezogen, nachdem er allein im Mai 34 U-Boote verloren hatte. Später nahm Dönitz seine Angriffe auf Konvois sporadisch wieder auf, aber die neuen Bombes trugen dazu bei, dass deutsche U-Boote nie wieder eine ernste Bedrohung für die alliierten Versorgungslinien darstellten. Dönitz gab später zu: „Wir hatten die Atlantikschlacht verloren." Millionen amerikanische Soldaten konnten diesen Ozean fortan relativ sicher überqueren, um jene Kräfte zu unterstützen, die in Italien landen sollten oder die alles entscheidende alliierte Invasion in Frankreich vorbereiteten.

Die Enigma war nicht die einzige Chiffriermaschine der Deutschen. 1941 führten sie die Lorenz SZ40 für die Kommunikation auf höchster Ebene ein, zu der auch der Oberbefehlshaber der Wehrmacht, Adolf Hitler, zählte. Die von den Briten als „Tunny" bezeichnete Maschine verfügte über zwölf Walzen, die Text im Binärcode (0 und 1) verschlüsselten und mithilfe der Fernschreibtechnologie per Funk an einen Empfänger übertrugen, der über eine baugleiche Lorenz verfügte, die die Nachricht entschlüsselte

SUPER-BOMBE **Die unter Mithilfe von Alan Turing entwickelte amerikanische Bombe (ganz oben) beschleunigte die Entschlüsselung von Enigma-Botschaften der deutschen Marine erheblich. Als sie Mitte 1943 in Dienst gestellt wurde, war die Jagd auf deutsche U-Boote mittels Wasserbomben bereits so effektiv, dass die U-Boot-Angriffe zurückgingen. Dieses Bild zeigt den Abwurf einer Wasserbombe vom Deck des US-Küstenwache-Kutters *Spencer* im April 1943.**

JOHN CAIRNCROSS: DER MAULWURF VON BLETCHLEY

Der fließend Deutsch sprechende Linguist John Cairncross kam 1942 nach Bletchley Park, um als Übersetzer in Hut 3 zu arbeiten. Es gab wenig Grund, ihn als Sicherheitsrisiko zu betrachten. Wie andere in Bletchley hatte ihn seine Abneigung gegen den Faschismus in den 1930er-Jahren als Student ans entgegengesetzte Ende des politischen Spektrums gedrängt, der Kommunistischen Partei war er aber nicht beigetreten. Hätte er dies getan, wäre er 1937 vermutlich nicht als sowjetischer Maulwurf rekrutiert worden. Der ideale Maulwurf hatte keine formellen kommunistischen Bindungen und glänzende Zukunftsaussichten, so wie Cairncross, der nach seinem Abschluss in Cambridge dem Auswärtigen Dienst beitrat. Leute wie er wurden früher oder später mit Staatsgeheimnissen betraut und zu aktiven Spionen.

Cairncross gab vor 1942 einige Informationen an die Sowjets weiter, aber seine Spionage begann eigentlich erst in Hut 3, wo entschlüsselte deutsche Militärnachrichten (mit Ausnahme der Marinekommunikation) übersetzt, bewertet und über Ultra verteilt wurden. „Es war kein Problem, die deutschen Entschlüsselungen zu erhalten, sie wurden nach der Bearbeitung einfach auf dem Boden liegen gelassen", schrieb Cairncross, der auch Kopien seiner übersetzten Entschlüsselungen entwendete: „Ich versteckte die Dokumente in meiner Hose und nahm sie mit nach draußen. Kontrollen gab es keine."

> **„Ich habe mich nie als Verräter Großbritanniens betrachtet, sondern als Patriot im Kampf gegen den Nazismus."**
>
> JOHN CAIRNCROSS

DECKNAME: LISZT
SPION FÜR: SOWJETUNION
SPION GEGEN: UK, DEUTSCHLAND

Cairncross erntete später die Lorbeeren dafür, den Sowjets geholfen zu haben, 1943 die Schlacht bei Kursk zu gewinnen. Aber die Russen erhielten auch Geheiminformationen über die britische Botschaft in Moskau, und sie hatten mit Rudolf Rößler in der Schweiz einen weiteren Agenten, der ihnen half, sich bei Kursk durchzusetzen. Cairncross wurde nie der Spionage angeklagt und erhielt für seine Verdienste den Rotbannerorden der UdSSR. Spät in seinem Leben wurde er beschuldigt, der „fünfte Mann" eines Spionagerings gewesen zu sein, dem der berüchtigte Kim Philby und drei weitere Sowjetspione angehörten, die in den 1930er-Jahren in Cambridge studiert hatten. In seinen Memoiren *The Enigma Spy* verteidigte er seine Spionage in Bletchley. „Ich habe mich nie als Verräter Großbritanniens betrachtet", erklärte er, „sondern als Patriot im Kampf gegen den Nazismus." ✪

KURSK In der Schlacht bei Kursk (links) stieß die Wehrmacht auf massiven Widerstand in Form von Panzern, Artillerie, Minenfeldern und Panzersperren. Die sowjetischen Kommandeure waren durch Enthüllungen von Cairncross (im Bild oben in seinen späteren Jahren) und anderen Geheimdienstquellen gut über die Pläne des Feindes informiert. Die Deutschen zogen sich Mitte Juli 1943 zurück. Es war ihre letzte Großoffensive auf sowjetischem Boden.

und auf einem Fernschreiber ausgab. Turing und zwei weitere brillante Köpfe in Bletchley, John Hiltman und William Tutte, kamen schließlich hinter ihr Geheimnis. Um Tuttes komplizierte Formel zur Berechnung der Walzenreihenfolge anzuwenden, hätte ein Mensch mehr als ein Leben lang gebraucht. Um dies zu beschleunigen, setzte ein weiterer Zauberer in Bletchley, Tommy Flowers, Turings Theorie einer universellen Rechenmaschine in die Praxis um und entwarf eine Maschine, die Vakuumröhren als elektrische Schalter einsetzte. Sie benutzte binäre Logik – Schalter, die sich öffneten und schlossen –, um die Binärziffern der Lorenz zu verarbeiten und die Kombination zu finden, die den Tresor öffnete. Colossus, wie die Maschine genannt wurde, enthielt 1500 Röhren, wog eine Tonne und versetzte die Wissenschaftler in Bletchley in Entzücken, als sie Anfang 1944 begann, Zahlen zu knacken.

Zu diesem Zeitpunkt blickte Turing nach vorn in eine Ära, in der die von ihm für militärische Zwecke entwickelten Computer die Gesellschaft als Ganzes verändern würden. Er war einer der wenigen Menschen, die sowohl auf den Krieg als auch auf die Welt, die aus ihm hervorging, großen Einfluss ausübte. Die Rolle, die er bei der Einleitung der digitalen Revolution spielte, wurde gewürdigt, lange bevor die Details seines Beitrags zum Sieg über Deutschland bekannt wurden. Als er sich 1954 das Leben nahm, wusste man über den geheimen Krieg, den er führte, kaum mehr, als dass seine „Arbeit so geheim" war, wie es in einem Nachruf hieß, „dass er sie nicht einmal seiner Mutter verraten durfte".

„Wir hatten die Atlantikschlacht verloren."

ADMIRAL KARL DÖNITZ, NACHDEM ER SEINE U-BOOT-FLOTTE AUS DEM NORDATLANTIK IM JUNI 1943 ABGEZOGEN HATTE

KOLOSS Der bahnbrechende elektronische Digitalcomputer Colossus, der hier von Wrens vom Women's Royal Navy Service bedient wird, wurde 1944 in Bletchley Park in Betrieb genommen. Er wurde gegen die deutsche Lorenz SZ40, eine Chiffriermaschine mit zwölf Walzen, eingesetzt. Colossus hatte keinen Speicher und musste für jede Aufgabe manuell programmiert werden. Aber ansonsten, so ihr Erfinder Tommy Flowers später, „verkörperte er alle Grundfunktionen eines modernen Computers".

DER LANGE ARM DES DEUTSCHEN REICHS

Ende 1941 befanden sich Deutschland und die USA inoffiziell im Nordatlantik im Krieg. Im Oktober versenkte ein U-Boot die USS *Reuben James*, die Handelsschiffe eskortierte. Um den Kriegseintritt der USA auf der Seite Großbritanniens zu verhindern, versuchte Hitler, Japan gegen die USA in den Konflikt zu ziehen. Außenminister Joachim von Ribbentrop begann heimlich Verhandlungen über einen Pakt, der alle drei Achsenmächte zu Feindseligkeiten verpflichten würde, wenn eine von ihnen Krieg gegen Amerika führte, und der es gleichzeitig verbot, separat einen Frieden zu schließen. Hocherfreut, als er vom Angriff auf Pearl Harbor erfuhr, besiegelte Hitler das Abkommen, indem er den USA am 11. Dezember den Krieg erklärte. Mit seinen Armeen, die an mehreren Fronten im Einsatz waren, und einer winzigen Überwasserflotte konnte er nicht in Amerika einmarschieren. Deshalb schlug Vizeadmiral Karl Dönitz vor, die Atlantikschlacht mit einzelnen U-Boot-Vorstößen bis an die amerikanische Küste zu tragen.

Die amerikanische Küstenverteidigung war schwach und unorganisiert. Unter der Bezeichnung Unternehmen Paukenschlag beabsichtigte Dönitz, Handelsschiffe in amerikanischen Küstengewässern anzugreifen, indem er zwölf Langstrecken-U-Boote der Klasse IX zu einer transatlantischen Mission entsandte. Aufgrund drängender Verpflichtungen anderswo war er schließlich gezwungen, diese Angriffstruppe auf fünf U-Boote zu reduzieren. Sie verließen Ende Dezember 1941 den U-Boot-Stützpunkt Lorient in Frankreich, vollgestopft mit Treibstoff, Lebensmitteln und Torpedos. Dönitz ließ weitere Operationen folgen, die von Maine bis zum Golf von Mexiko und der Karibik verheerende Schäden anrichteten.

Derweil versuchte auch die Abwehr, auf amerikanischem Boden für Chaos zu sorgen. Im Rahmen der Operation Pastorius wurden Saboteure von U-Booten abgesetzt, die Fabriken, Kraftwerke, Brücken und andere Ziele angreifen sollten, um unter den Amerikanern „Unzufriedenheit zu wecken und den Kampfwiderstand zu verringern". Die Agenten wurden aufgrund ihrer Vertrautheit mit amerikanischen Sitten und ihrer Fähigkeit, „amerikanisches" Englisch zu sprechen, ausgewählt. Während die U-Boote an der Küste für Zerstörung sorgten, trugen diese Saboteure den Terror weiter ins Land hinein.

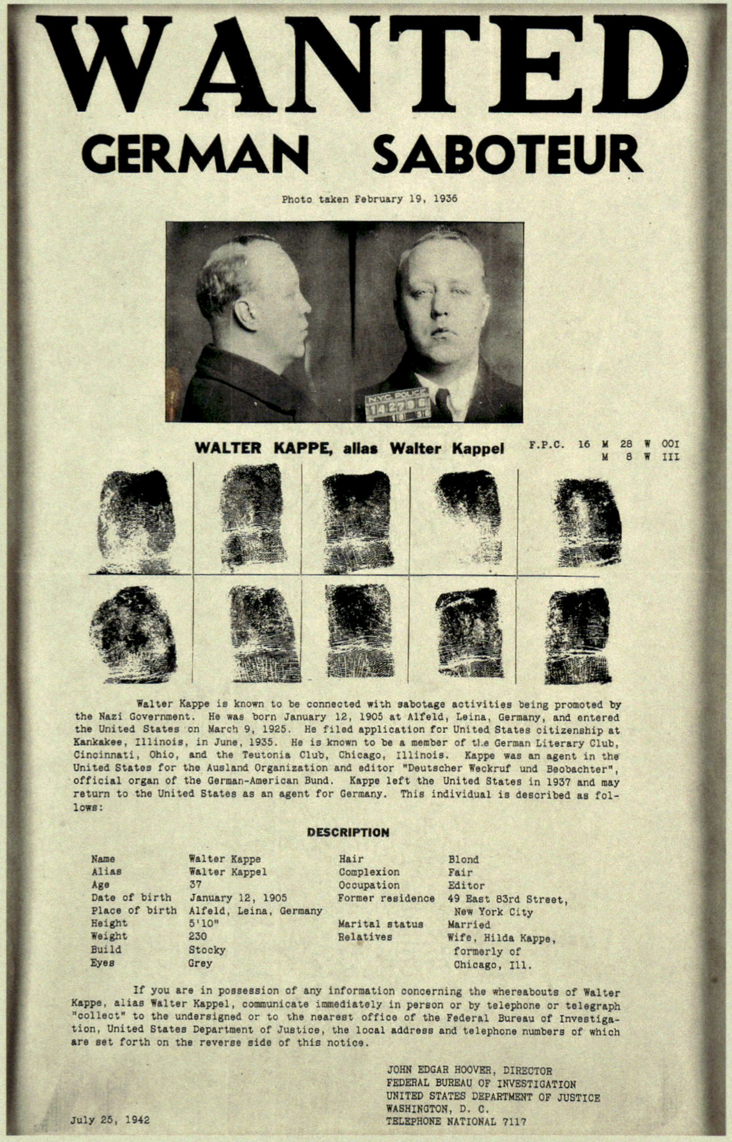

WANTED

GERMAN SABOTEUR

Photo taken February 19, 1936

WALTER KAPPE, alias Walter Kappel

F.P.C. 16 M 28 W OOI
M 8 W III

Walter Kappe is known to be connected with sabotage activities being promoted by the Nazi Government. He was born January 12, 1905 at Alfeld, Leina, Germany, and entered the United States on March 9, 1925. He filed application for United States citizenship at Kankakee, Illinois, in June, 1935. He is known to be a member of the German Literary Club, Cincinnati, Ohio, and the Teutonia Club, Chicago, Illinois. Kappe was an agent in the United States for the Ausland Organization and editor "Deutscher Weckruf und Beobachter", official organ of the German-American Bund. Kappe left the United States in 1937 and may return to the United States as an agent for Germany. This individual is described as follows:

DESCRIPTION

Name	Walter Kappe	Hair	Blond
Alias	Walter Kappel	Complexion	Fair
Age	37	Occupation	Editor
Date of birth	January 12, 1905	Former residence	49 East 83rd Street, New York City
Place of birth	Alfeld, Leina, Germany		
Height	5'10"	Marital status	Married
Weight	230	Relatives	Wife, Hilda Kappe, formerly of Chicago, Ill.
Build	Stocky		
Eyes	Grey		

If you are in possession of any information concerning the whereabouts of Walter Kappe, alias Walter Kappel, communicate immediately in person or by telephone or telegraph "collect" to the undersigned or to the nearest office of the Federal Bureau of Investigation, United States Department of Justice, the local address and telephone numbers of which are set forth on the reverse side of this notice.

July 25, 1942

JOHN EDGAR HOOVER, DIRECTOR
FEDERAL BUREAU OF INVESTIGATION
UNITED STATES DEPARTMENT OF JUSTICE
WASHINGTON, D. C.
TELEPHONE NATIONAL 7117

RÄDELSFÜHRER Im Juli 1942 fandete das FBI mit diesem Plakat nach Walter Kappe, der vor dem Krieg in den USA gelebt hatte. Er war nach Deutschland zurückgekehrt, um Agenten für die Operation Pastorius zu rekrutieren. Das FBI erwartete, dass Kappe sich diesen Agenten in Amerika anschließen würde, aber er gab den Plan auf, als diese verhaftet wurden.

LANGE PATROUILLE Zwei deutsche U-Boote sind im Rahmen des Unternehmens Paukenschlag zur US-Küste unterwegs. Mit ihren leistungsstarken Dieselmotoren konnten die U-Boote an der Oberfläche eine höhere Geschwindigkeit erreichen. Sie tauchten in der Regel nur, um nicht entdeckt zu werden.

HERR DER U-BOOTE Vizeadmiral Karl Dönitz befehligte die deutsche U-Boot-Flotte und das Unternehmen Paukenschlag sowie spätere Angriffe an der amerikanischen Küste.

GESTRANDET Ein Torpedo, den das U-Boot *U-67* auf den Öltanker S.S. *Rafaela* abfeuerte, liegt im Februar 1942 am Strand der niederländischen Insel Curaçao.

TIMER Eine U-Boot-Stoppuhr zur Messung der Laufzeit von Torpedos liegt auf einer Quadrantenkarte der deutschen Marine, die die Karibik und den Golf von Mexiko zeigt. Die U-Boot-Kommandeure wussten recht genau, wie lange ein Torpedo brauchte, um sein Ziel zu erreichen. Wurde die Laufzeit überschritten, war der Torpedo danebengegangen, und sie feuerten erneut oder ergriffen die Flucht.

HEADQUARTERS FIRST CORPS AREA

SPECIAL REGULATIONS

GOVERNING THE CONTROL

of

SEACOAST LIGHTING

on the

CONNECTICUT SHORE, WEST OF THE SAYBROOK BREAKWATER

JUNE 1, 1942

1. The purpose and intent of these Special Regulations are as stated in Section I of the Regulations Governing the Control of Seacoast Lighting dated May 16, 1942, the provisions of which Section I apply hereto.

2. These Special Regulations apply from one-half hour after sunset to one-half hour before sunrise, to the following:

a. All amusement resorts and parks and places of similar nature within three miles of the north shore of Long Island Sound.

b. (1) The city of New Haven.

(2) All of the area southwest of New Haven lying between the Wilbur Cross and Merritt Parkways and the shore of Long Island Sound, as far as the New York state line.

c. The locations and communities specified in subparagraphs a. and b. above will be governed by the following rules:

(1) Extinguish all advertising and display signs and lights.

(2) Reduce all display lighting in shop and store windows to the maximum extent consistent with protection from burglary.

(3) Shield or extinguish all outside lights, excluding street and vehicle lights, and diminish all skylights which throw direct light to skyward.

(4) Shield all street lights from skyward or reduce the wattage of unshielded street lights or extinguish unshielded street lights not absolutely necessary for public safety.

(5) Regulate automotive traffic so as to reduce the speed of vehicles and require the minimum lighting compatible with public safety.

3. These Special Regulations apply to all plants, installations and establishments, whether or not engaged in war production. The authorized agencies of the state of Connecticut will not concern themselves with plants, installations or establishments owned by the Federal Government and operated by Federal officials. Decisions regarding compliance with these Special Regulations in the case of all other plants, installations and establishments will be made by the authorized agencies of the state of Connecticut, who will exact compliance of war production plants to the maximum extent compatible with the continuance of full production and anti-sabotage protection.

4. Plants, installations and establishments owned by the Federal Government and operated by Federal officials will be given appropriate orders in conformity with these Special Regulations by the respective departments of the Federal Government. These orders will be enforced by the respective departments.

5. Penalties for violation of these Special Regulations are covered in paragraph 4, Public Proclamation No. 1.

Sherman Miles

SHERMAN MILES,
Major General, United States Army,
Commanding the First Corps Area.

JAGDSAISON IN AMERIKA

Nach einer zweiwöchigen Atlantiküberquerung setzte das Führungsboot des Unternehmens Paukenschlag, *U-123*, am 11. Januar 1942 den ersten Schlag und versenkte das Handelsschiff USS *Cyclops* vor Nova Scotia. In den folgenden Wochen versenkten die U-Boote zwischen Maine und North Carolina durchschnittlich ein Schiff pro Tag. Tagsüber lauerten sie unter Wasser und tauchten nachts auf, um unbegleitete Schiffe anzugreifen. Es gab U-Boote, die in einer Nacht drei Schiffe versenkten, während andere leer ausgingen.

Das Unternehmen Paukenschlag wurde im Februar abgeschlossen, nachdem 25 Schiffe versenkt worden waren. Aber zu diesem Zeitpunkt näherte sich bereits eine zweite U-Boot-Sturmtruppe der amerikanischen Atlantikküste, und eine dritte war zu den Ölhäfen in der Karibik und im Golf von Mexiko unterwegs. Zu den deutschen Booten gesellten sich fünf italienische U-Boote der Calvi-Klasse mit großer Reichweite, die zwischen der Floridastraße und der Küste Südamerikas patrouillieren sollten. Da alle verfügbaren Boote der Klasse IX im Einsatz waren, unterstützte Dönitz sie mit U-Booten der Klasse VII, die in jedem freien Winkel mit Proviant und Munition bepackt wurden. Auf See wurden sie von Versorgungs-U-Booten der Klasse XIV, genannt Milchkühe, aufgetankt, wodurch sich ihre Zeit auf Patrouille um vier Wochen verlängerte.

BLACKOUT BULBS War Verdunklung in den Küstenstädten angeordnet, erzeugten diese Spezialglühbirnen einen dumpfen, gebündelten Lichtstrahl.

Die zurückkehrenden U-Boot-Offiziere bezeichneten das Unternehmen Paukenschlag als „Amerikanische Jagdzeit“ oder „Zweite Happy Time“, in Anlehnung an die erste derartige „Happy Time“ im Nordatlantik zu Beginn des Krieges. Bis Juli 1942 wurden die Abwehrmaßnahmen gegen deutsche U-Boote jedoch erheblich verschärft, und die verheerende U-Boot-Offensive in den amerikanischen und karibischen Gewässern neigte sich dem Ende zu (Seiten 242/243). Während des Unternehmens Paukenschlag wurden fast 400 Schiffe mit mehr als zwei Millionen Tonnen Gesamttonnage versenkt. Etwa 5000 Menschen verloren ihr Leben. Dabei gingen nur sieben U-Boote verloren.

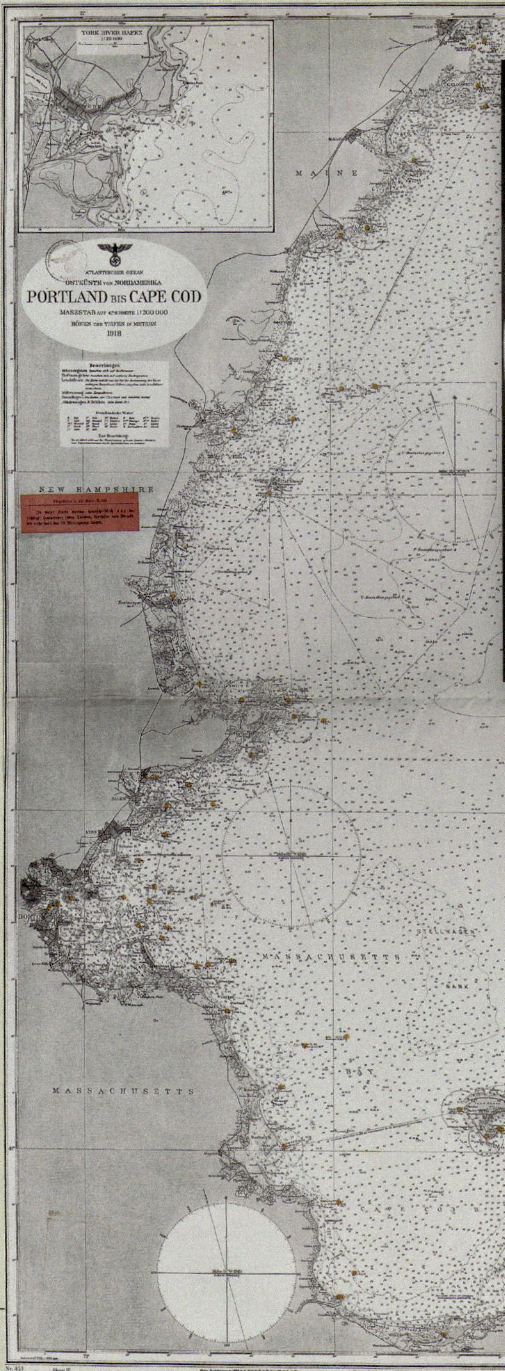

OPFER Drei Tanker (Bildreihe oben), die 1942 in amerikanischen Gewässern torpediert wurden: die *Dixie Arrow* (links) und die *Byron D. Benson* (Mitte), die vor Cape Hatteras versenkt wurden, sowie die *Pennsylvania Sun* (rechts), die 100 Seemeilen vor Key West im Golf von Mexiko beschädigt, aber geborgen und wieder in Dienst gestellt wurde. Das Foto links, das auf einer deutschen Seekarte der oberen Küste Neuenglands liegt, wurde durch ein Angriffsperiskop eines U-Boots aufgenommen und zeigt einen Torpedo, der ein Handelsschiff trifft.

RETTUNGSMISSION Ein Flugboot der US-Küstenwache vom Typ Douglas Dolphin rettet Überlebende von einem Handelsschiff, das vor der Ostküste von einem U-Boot torpediert wurde. Die Dolphins dienten auch als Patrouillenflugzeuge und suchten entlang der Küste nach deutschen U-Booten.

NS-SABOTEURE IN AMERIKA

Am 13. Juni 1942, kurz nach Mitternacht, sprangen vier Männer aus in dem Beiboot des deutschen U-Boots *U-202* auf einen Strand in der Nähe von Amagansett, Long Island. Sie führten Sprengstoff, Zünder und Brandsätze für größere Sabotageoperationen mit sich. Vier Tage später landete ein weiteres vierköpfiges Team mit ähnlicher Ausrüstung am Strand von Ponte Vedra bei Jacksonville, Florida. Die Agenten waren Akteure der Operation Pastorius, die Abwehrchef Wilhelm Canaris lanciert hatte. Er sollte Amerika auf Geheiß Hitlers einen Schlag versetzen, nachdem 1941 in den USA 33 deutsche Spione verhaftet worden waren. Zu den strategischen Zielen der Operation gehörten Wasserkraftwerke und Aluminiumfabriken, Schleusen am Ohio River, die New Yorker Hell Gate Bridge und Bahnhöfe in Pennsylvania und New Jersey. Organisiert wurde der Plan von Leutnant Walter Kappe von der Abwehr, der einige Jahre in Amerika gelebt hatte und Agenten mit ähnlicher Erfahrung auswählte, die als Deutschamerikaner durchgehen konnten. Sie wurden in einer Sabotageschule bei Berlin ausgebildet und erhielten „Hintergrundgeschichten", die sie nach ihrer Ankunft in den USA verwenden konnten.

Jedes Team führte vier wasserdichte Kisten mit, die Dynamit, Kohlebomben, Zündschnüre, Zeitzünder, Sprengzünder, Brandsätze und Fläschchen mit Schwefelsäure enthielten und zur späteren Bergung in Strandnähe vergraben wurden. Zur Finanzierung ihrer Operation waren sie mit mehr als 175 000 Dollar Bargeld ausgestattet. Am 4. Juli wollten sie sich in Cincinnati treffen und dort eine koordinierte Sabotagekampagne beginnen. Doch ihr riskantes Unterfangen ging von Anfang an schief. Die vier Agenten, die auf Long Island gelandet waren, wurden von John Cullen, einem unbewaffneten Patrouillenbeamten der Küstenwache beim Vergraben ihrer Aurüstung entdeckt. Georg Dasch, einer der Agenten, behauptete, er und seine Kameraden seien gestrandete Fischer. Dann bedrohte er den jungen Beamten, gab ihm Bestechungsgeld und sagte ihm, er solle den Vorfall vergessen. Cullen nahm das Geld und zog ab, meldete den Vorfall jedoch umgehend seinen Vorgesetzten. Als diese das Sprengstoffversteck entdeckten, waren die Saboteure bereits mit dem Zug in New York angekommen.

ZIEL NR. 1 **Die Verhaftung deutscher Saboteure 1942 verlieh diesem Plakat, mit dem Freiwillige für die Zivilverteidigung in New York gesucht wurden, zusätzliche Dringlichkeit.**

Dasch, der später behauptete, er habe nie die Absicht gehabt, die Operation durchzuführen, kam bald mit seinem Kollegen Ernst Burger überein, sich den US-Behörden zu stellen. Er reiste nach Washington, D.C., kontaktierte das FBI und gab nicht nur zu, dass er und Burger beteiligt waren, sondern verriet auch die anderen Agenten. Dank Daschs Informationen fand das FBI auch den Sprengstoff in Florida und verhaftete bis zum Monatsende alle acht Mitglieder der beiden Pastorius-Teams.

Die Saboteure wurden vor ein von Präsident Roosevelt eingesetztes Militärtribunal gestellt, für schuldig befunden und zum Tode verurteilt. Die Urteile von Dasch und Burger wandelte Roosevelt in Gefängnisstrafen um, und nach dem Krieg schob man sie nach Deutschland ab. Die sechs anderen Agenten wurden am 8. August 1942 hingerichtet. Ihre fehlgeschlagene Operation, die die Moral der Amerikaner schwächen sollte, diente vielmehr als Warnung, dass Nazideutschland eine Bedrohung für amerikanisches Territorium darstellte. Wie Roosevelt bemerkte, führten die Saboteure „einen Kampf innerhalb unseres Landes". Das gab den Amerikanern einen zusätzlichen Anreiz, Krieg gegen ihr Land zu führen.

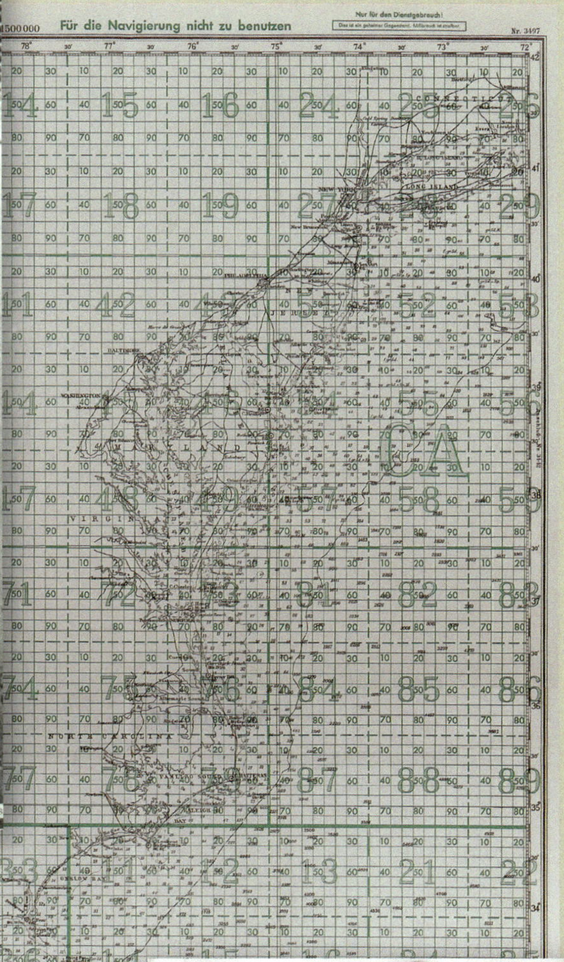

SPIONJÄGER FBI-Agenten graben den Sprengstoff aus (rechts), den deutsche Saboteure Mitte Juni 1942 am Strand von Ponte Vedra in Florida versteckt haben. Im Juli befanden sich alle an der Operation Pastorius beteiligten Agenten in Gewahrsam, einer von ihnen verbarg sein Gesicht vor einem Fotografen, als er in einen Gerichtssaal geführt wurde (ganz oben). Die U-Boote, die die Sabotageteams nach Amerika brachten, navigierten mittels Quadrantenkarten wie die hier gezeigte (oben).

UNTERSUCHUNG Die Begegnung des Patrouillenbeamten John Cullen (oben Mitte) mit den deutschen Saboteuren auf Long Island löste eine groß angelegte Fahndung aus. Der Inhalt der von den Saboteuren vergrabenen Kisten – Sprengstoff, Zünder, Zeitverzögerungsvorrichtungen und Säurefläschchen – wurde vom FBI fotografiert (rechts) und in dessen Kriminallabor analysiert (oben links).

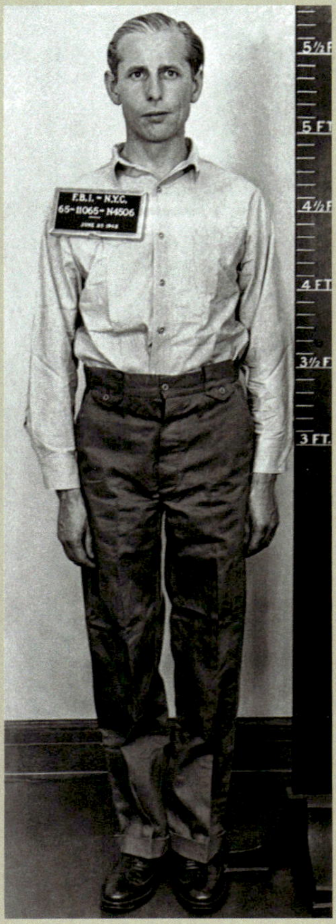

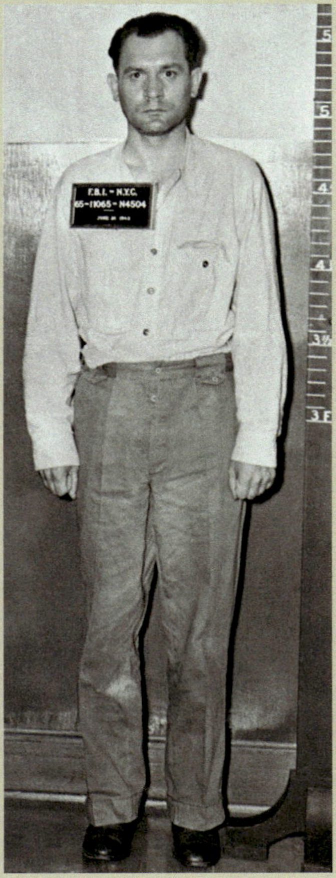

TRIBUNAL Die Angehörigen des Militärtribunals (oben): General Major Myron Cramer, Generalstaatsanwalt und stellvertretender Ankläger (1), Generalstaatsanwalt Francis Biddle, Chefankläger (2), FBI-Direktor J. Edgar Hoover (3) und Colonel Carl Ristine, Verteidiger von Georg Dasch (4). Ein offenes Fahrzeug mit bewaffnetem Personal eskortiert den dunklen Lieferwagen mit den Saboteuren, die vom Justizministerium zurück ins Gefängnis gebracht werden (links).

WACHSAM SEIN Dieses von Weimer Pursell für Consolidated Edison entworfene Kriegsplakat ermahnt die Mitarbeiter des Energieunternehmens, nach potenziellen Saboteuren Ausschau zu halten.

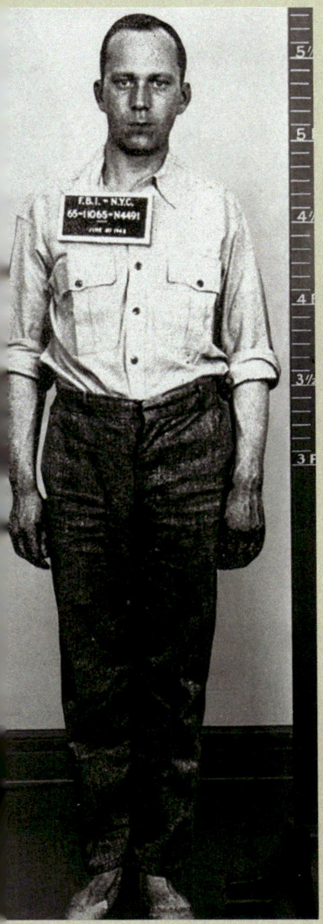

IN HAFT Auf den Verbrecherfotos des FBI sind von links nach rechts die Saboteure Ernst Burger, Georg Dasch, Werner Thiel, Edward Kerling, Richard Quirin, Heinrich Heinck, Herbert Haupt und Hermann Neubauer zu sehen. Da sie ohne Uniform eingereist waren, um feindselige Handlungen zu begehen, ließ Präsident Roosevelt sie vor ein Militärgericht stellen, als ungesetzliche Kämpfer und unter Androhung der Todesstrafe.

U-BOOT-JÄGER

Zunächst konnte man gegen die U-Boote an Amerikas Küste wenig ausrichten. Mit ihren Zerstörern im Pazifik und Nordatlantik war die US-Marine Anfang 1942 kaum in der Lage, die in den Küstengewässern lauernden deutschen U-Boote zu bekämpfen. Im Frühjahr lieh man sich Anti-U-Boot-Trawler und Korvetten der Royal Navy aus, um die Ostküste gemeinsam mit Patrouillenbooten der US-Küstenwache und der Navy zu verteidigen, von denen einige mit fortschrittlichen Sonar- und Radargeräten und verbesserten Waffen ausgerüstet waren. Luftunterstützung zur Ortung der U-Boote wurde von einem Patrouillengeschwader der First Army Air Force geleistet, das im März der Navy unterstellt wurde, sowie von Piloten der Civil Air Patrol (oben) und einem Geschwader der Royal Air Force, das im Juli eintraf und den Hafen von New York beschützte. All dies sowie die Verdunklung von Städten und Ortschaften an der Atlantikküste führte dazu, dass die Verluste an Schiffen vor der amerikanischen Ostküste spürbar zurückgingen.

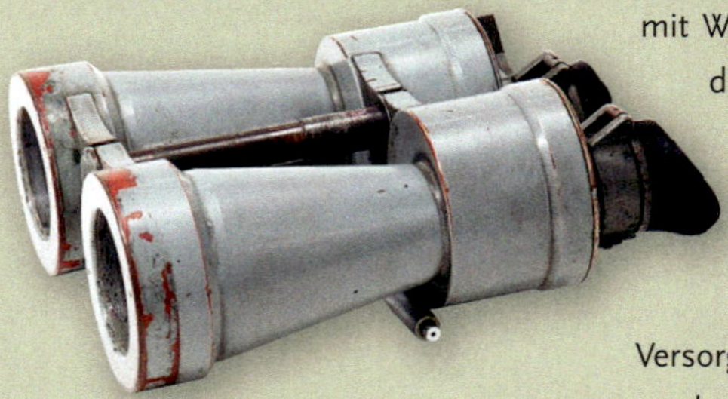

FELDSTECHER **Dieses Fernglas wurde von Zeiss und Emil Busch eigens für den Einsatz auf U-Booten hergestellt. Die Kapitäne suchten damit nach Handelsschiffen, während ihre U-Boote von Piloten der Civil Air Patrol beobachtet wurden, die hier neben ihrem Patrouillenflugzeug, einer Stinson L-5 Sentinel, fotografiert wurden (ganz oben).**

Die Konvois wurden nun durch Flugzeuge geschützt, die von küstennahen Flugplätzen starteten. Darunter befanden sich Langstreckenbomber und -aufklärer der Luftwaffe des Heeres und auch Blimps der Marine, die sich gut zur Luftüberwachung eigneten. Wenn ein U-Boot entdeckt wurde, griffen es Geleitschiffe mit Wasserbomben an. Bis August 1942 waren die U-Boot-Angriffe in amerikanischen Gewässern um 80 Prozent zurückgegangen. Dönitz kam zu dem Schluss, dass die Kampagne trotz aller Schäden, die der Küstenschifffahrt zugefügt wurden, die Versorgungslinien nach Großbritannien und Russland nicht entscheidend unterbrochen hatte. Er zog seine U-Boote von der amerikanischen Küste ab und intensivierte seine Angriffe auf Konvois im Nordatlantik. Aber auch damit schaffte er es nicht, die lebenswichtigen transatlantischen Versorgungslinien der Alliierten zu unterbrechen, die durch entscheidende Fortschritte bei der Entschlüsselung von Codes und in der Kriegsführung gegen U-Boote gut geschützt waren. ✪

ABGESCHOSSEN UND GERETTET Rauch verhüllt den Bug eines Patrouillenboots der US-Küstenwache (links), als es eine Wasserbombe aus seinem vorderen K-Geschütz abfeuert. Das 1942 eingeführte K-Geschütz konnte bis zu zehn Wasserbomben hintereinander abfeuern. Aus einem getroffenen U-Boot entkommen konnte man mit einem sogenannten Tauchretter (oben Mitte) – einer Rettungsweste mit Kreislaufatemgerät, welches das Kohlendioxid aus der Ausatemluft herausfiltert und frischen Sauerstoff zuführt. Ein Überlebender des gesunkenen *U-175* (oben links) trägt einen aufgeblasenen Tauchretter, während er an einem Lastennetz an Bord des Küstenwache-Kutters *William J. Duane* klettert. Ein weiterer Überlebender von *U-175* (oben rechts) wird an Deck von zwei Männern gestützt.

NASSES GRAB Das Wrack von *U-166* (Klasse IX) auf dem Grund des Golfs von Mexiko, etwa 70 Kilometer südlich der Mississippimündung. Es wurde 1942 als vermisst gemeldet, und sein Schicksal war unbekannt, bis ein Vermessungsschiff das Wrack 2001 entdeckte. Das große Foto zeigt einen Teil des zerfressenen Vorderdecks. Auf den kleinen Bildern sind die 37-mm-Flugabwehrkanone (rechts) und der Kommandoturm (rechte Seite, unten) zu sehen. Im Juli 1942 versenkte *U-166* den Frachter *Robert E. Lee*. Kurz darauf wurde es von der Eskorte der *Lee*, dem Marine-Patrouillenboot *PC-566*, mit Wasserbomben beschossen. Marinearchäologen bestätigten später, dass der Rumpf von *U-166* tatsächlich durch Wasserbomben zerstört worden war.

KAPITEL 5

ENDSPIEL IN EUROPA

INVASION Am 8. Juni 1944, zwei Tage nach dem D-Day, trifft Verstärkung und Nachschub in der Normandie ein. Ausgeklügelte Täuschungsmanöver hatten die deutschen Streitkräfte abgelenkt und der alliierten Invasion in Frankreich zum Erfolg verholfen.

EIN NETZ AUS LÜGEN UND TÄUSCHUNGEN

Offiziell ging Lieutenant Commander George Earle im Januar 1943 nach Istanbul, um seinen Dienst als Marineattaché an der amerikanischen Botschaft anzutreten. Inoffiziell war er Franklin D. Roosevelts Agent in der Türkei, einem neutralen Land, in dem es von Spionen der Alliierten und der Achsenmächte nur so wimmelte. „Ich unterstand direkt dem Präsidenten", schrieb er, „und berichtete an ihn allein." Jeder Schritt von Earle wurde von der deutschen Abwehr beobachtet, deren Offiziere von seinen engen Verbindungen zu Roosevelt ebenso wussten wie von seiner tiefen Verachtung für die Nazis. Kurz bevor er 1941 als Botschafter in Bulgarien zurücktrat, hatte sich Earle in einem Nachtclub sogar mit Deutschen geprügelt. „Eine Woche, nachdem ich ins Park Hotel eingecheckt hatte, klopfte es morgens leise an die Tür meiner Suite", erinnerte sich Earle. „In das Zimmer trat ein kleiner, weißhaariger Mann in den Fünfzigern. Er hatte helle, neugierige Augen und trug einen schweren Mantel. Er schloss die Tür hinter sich und drehte den Schlüssel um." Nachdem er sich vergewissert hatte, dass die Fenster geschlossen und verriegelt waren, verbeugte sich der mysteriöse Besucher höflich und stellte sich als „Admiral Wilhelm Canaris, Chef der Abwehr" vor.

KÖDER Britische Soldaten mit der Attrappe eines Sherman-Panzers. Diese aufblasbare „Gummiköder" wurden Anfang 1944 an der Straße von Dover aufgestellt, um deutschen Aufklärern den Eindruck zu vermitteln, dass die alliierten Streitkräfte dort starten und in der Nähe von Calais landen würden. Dieses Täuschungsmanöver flankierte man mit Fehlinformationen, die von Doppelagenten unter britischer Kontrolle an deutsche Offiziere der Abwehr unter Führung von Admiral Wilhelm Canaris (rechte Seite) geschickt wurden ... bis dessen geheime Opposition gegen Hitler schließlich ans Licht kam.

NAME: ADMIRAL WILHELM CANARIS
BERUF: DEUTSCHER SPIONAGEMEISTER
AUFTRAG: DIREKTE MILITÄRSPIONAGE

CHRONOLOGIE

JANUAR 1943 Die Rote Armee gewinnt die Schlacht von Stalingrad.

APRIL–MAI 1943 Die britische Täuschungskampagne Operation Mincemeat lenkt Hitlers Aufmerksamkeit von Sizilien als wahrscheinliches alliiertes Invasionsziel ab.

JULI 1943 Die Alliierten besetzen Sizilien und diffarmieren Mussolini, der die Macht über Italien verliert.

NOVEMBER–DEZEMBER 1943 Roosevelt, Churchill und Stalin treffen sich in Teheran und genehmigen die Operation Overlord (den alliierten Plan zur Invasion der Normandie) und die Operation Bodyguard (einen Täuschungsplan, um die deutsche Aufmerksamkeit von der Normandie abzulenken).

JUNI 1944 Alliierte Truppen landen in der Normandie. Hitler hatte viele Soldaten in der Nähe von Calais stationiert, in der Annahme, dass die Hauptinvasion dort stattfände.

JULI 1944 Eine von Oberst Claus von Stauffenberg in Hitlers Hauptquartier in Ostpreußen platzierte Bombe explodiert, tötet Hitler aber nicht.

APRIL–MAI 1945 Hitler begeht Selbstmord, Deutschland ist besiegt.

Canaris wirkte nicht wie jemand, der in das mörderische Geschäft der Kriegsspionage verwickelt ist. Er war „ein seltsamer kleiner Mann, der Flöte spielte und Hunde liebte", bemerkte Earle. „Er reiste mit mehreren Dackeln und reservierte Hotelzimmer mit zwei Einzelbetten, eines für sie und eines für ihn." Aber dieser unscheinbare Mann spielte ein gefährliches Spiel gegen seinen Führer, was ihm eine Anklage wegen Verrats einbrachte. Ohne Hitlers Wissen oder Zustimmung begab sich Canaris nach Istanbul, um auszuloten, ob Earle Roosevelt davon überzeugen konnte, sein jüngstes Beharren auf bedingungsloser Kapitulation aufzugeben und Bedingungen anzubieten, die es Deutschland ermöglichten, eine völlige Niederlage zu vermeiden. Die Wehrmacht war dabei, die entscheidende Schlacht von Stalingrad zu verlieren, und Canaris und andere geheime Gegner Hitlers hofften auf einen separaten Frieden mit den Amerikanern und Briten, bevor die Rote Armee verlorenen Boden zurückgewann und Rache an Deutschland übte. Die Verschwörer hofften, Hitler in eine Falle zu locken, bevor er ihre Nation in den Untergang trieb.

Was Canaris bei seinem Gespräch mit Earle unerwähnt ließ, war, dass Hitler entmachtet werden musste, denn die Alliierten würden sich niemals mit dem Diktator arrangieren. Gerissen und umsichtig achtete Canaris darauf, keine expliziten Drohungen gegen Hitler auszusprechen. Solche Angelegenheiten überließ er anderen Verschwörern wie Kurt Freiherr von Lersner, der nicht lange nach Canaris in Istanbul mit Earle zusammentraf. Lersner schlug einen Plan vor, wonach deutsche Offiziere, die sich gegen das Regime auflehnten, Hitler, Himmler und andere Top-Nazis an die Amerikaner und Briten ausliefern sollten. Diese sollten ungehindert nach Deutschland einreisen können, vorausgesetzt, sie würden helfen, die Besetzung deutschen Territoriums durch die Russen zu verhindern. Als Earle nach dem Schicksal dieser Naziführer fragte, antwortete Lersner: „Hängen Sie sie auf, wenn Sie wollen. Das interessiert uns nicht (…) Wir werden Ihnen die gesamte deutsche Kriegsmaschinerie zur Verfügung stellen, um die Russen fernzuhalten."

Earle, ein Antikommunist, der Stalin als ebenso gefährlich wie Hitler betrachtete, gab diesen Vorschlag an Roosevelt weiter und meinte, er sei es wert, weiterverfolgt zu werden. „Die Nazis würden zerschlagen werden", schrieb er später. „Die Russen, die im Grunde nicht besser waren, würden kontrolliert. Es wäre das Ende des Leidens und des Blutvergießens." Aber Roosevelt hatte gute Gründe, einen separaten Frieden abzulehnen. Er würde die Sowjets, die die Hauptlast des Krieges gegen Deutschland trugen und sich zu einer gewaltigen Militärmacht entwickelten, gegen Amerikaner und Briten aufbringen. Selbst Churchill betrachtete den sowjetischen Diktator und seine Armee als unverzichtbare Verbündete, die man nicht provozieren konnte, ohne eine Katastrophe zu riskieren.

London und Washington bezweifelten auch, dass Hitlers deutsche Feinde die Fähigkeit besaßen, ihn zu stürzen, und dass man sich darauf verlassen konnte, dass sie eine Niederlage eingestehen und die Entwaffnung anerkennen würden, wenn es ihnen doch irgendwie gelänge. Canaris und andere Offiziere, die sich nun heimlich gegen Hitler stellten, hatten ihn aktiv dabei unterstützt, Deutschland wieder zu bewaffnen, Österreich zu annektieren und in den spanischen Bürgerkrieg einzugreifen. Erst

IN DER FALLE Der erbitterte Kampf um Stalingrad steht diesem deutschen Maschinengewehrschützen ins Gesicht geschrieben. Hitler weigerte sich, seine dem Untergang geweihten Soldaten aus Stalingrad abzuziehen.

als Hitlers Aggression Gefahr lief, das Reich in einen katastrophalen Konflikt zu stürzen und Deutschland verwüstet zu hinterlassen, begannen sie, sich gegen ihn zu verschwören. Canaris verachtete die Rassenpolitik des Regimes und die Beteiligung der Wehrmacht an Massakern an der Zivilbevölkerung. Aber sein grundsätzlicher Einwand gegen Hitler war, dass er Deutschland in die Vernichtung führe. Canaris und andere Verschwörer hofften, durch die Suche nach einem separaten Frieden ihre Nation so zu erhalten, wie sie vor Hitlers Machtübernahme gewesen war. Roosevelt und Churchill lehnten dies ab, weil sie befürchteten, dass der deutsche Militarismus wie nach dem Ersten Weltkrieg wieder aufleben könnte, wenn das Reich nicht gründlich besiegt, besetzt und neu aufgebaut würde.

Einige von Hitlers Gegnern in Deutschland waren entschlossen, ihn auszuschalten – auch ohne die Zusicherung der Alliierten, dass ihrem Land Vergeltung erspart bleiben würde. Für Generalmajor Henning von Tresckow, der am Russlandfeldzug teilnahm, war die Tötung Hitlers ein moralischer Imperativ, weil er seinen Kommandeuren befahl, einen Vernichtungskrieg in der Sowjetunion zu führen. „Wenn wir diese Befehle ausführen", sagte Tresckow zu einem Offizierskollegen vor dem Überfall, „verliert Deutschland endgültig seine Ehre. Die Auswirkun-

GEFANGEN **Von den Sowjettruppen inmitten der Trümmer von Stalingrad besiegt (unten), gerieten die Deutschen zu Tausenden in Gefangenschaft (ganz unten). Das Debakel von Stalingrad wurde als „der Anfang vom Ende" angesehen, hieß es in einem vertraulichen SS-Bericht. Diejenigen, die sich gegen Hitler verschworen, verstärkten ihre Bemühungen, ihn auszuschalten, bevor er Deutschland zugrunde richtete.**

EIN VERSCHWÖRER MIT GEWISSEN

Dietrich Bonhoeffer, hier auf einen Foto von 1939, war einer der ungewöhnlichsten Verschwörer des Krieges – ein frommer lutherischer Theologe, Pfarrer und Pazifist, der glaubte, die heilige Pflicht zu haben, zum Sturz Hitlers beizutragen. Als Hitler an die Macht kam, protestierte Bonhoeffer dagegen, dass Lutheraner jüdischer Abstammung vom Dienst als Pfarrer ausgeschlossen wurden. Juden seien „die Brüder der Christen", sagte er, kurz bevor die Nazis, die er als „gottlose Menschen" bezeichnete, am 9. November 1938 jüdische Häuser, Geschäfte und Synagogen niederbrannten. Kurz darauf ging er nach Amerika, fühlte sich aber verpflichtet, nach Deutschland zurückzukehren, als sich der Krieg näherte.

1940 schloss sich Bonhoeffer seinem Schwager Hans von Dohnanyi und dessen Anti-Nazi-Zelle innerhalb der Abwehr an. 1942 traf er sich heimlich in Schweden mit dem anglikanischen Bischof George Bell und übergab ihm eine Liste prominenter Deutscher, die hofften, den Führer zu eliminieren und sich mit den Alliierten zu arrangieren. Bell übergab die Liste hochrangigen britischen Funktionären, die jedoch weder Bonhoeffer noch seinen Verbündeten Unterstützung anboten. Er und Dohnanyi nutzten ihren Einfluss und ihre Kontakte innerhalb der Abwehr auch dazu, Juden zur Flucht in die Schweiz zu verhelfen. Dies veranlasste die Gestapo, die beiden Männer wegen des Verdachts der Verschwörung gegen Hitler zu verhaften. Sie hielten dicht, und erst Anfang 1945 bekam die Gestapo eindeutige Beweise für die Verschwörung innerhalb der Abwehr in die Hände. Bonhoeffer schritt in dem Wissen an den Galgen, dass er seinem Glauben treu geblieben war, indem er sich den Nazis widersetzte. Er war „mutig und gefasst", erinnerte sich ein bei der Hinrichtung anwesender Arzt. „Ich habe selten einen Mann sterben sehen, der dem Willen Gottes so ergeben war."

gen werden jahrhundertelang zu spüren sein, und nicht nur Hitler wird die Schuld tragen. Alle werden schuldig sein, Sie und ich, Ihre Frau und meine Frau, Ihre Kinder und meine Kinder." Tresckow glaubte, ein Attentat auf Hitler würde dazu beitragen, die Schuld, die er und andere Deutsche auf sich geladen hatten, zu sühnen. Am 13. März 1943, nachdem Hitler das Hauptquartier des Heeresgruppenzentrums im besetzten Russland besucht hatte, platzierten Tresckow und ein Offizierskollege eine Bombe in seinem Flugzeug. Die Bombe explodierte nicht, und die Verschwörung blieb unentdeckt. Aber Tresckow setzte die Verschwörung gegen Hitler mit anderen regimekritischen Offizieren fort.

Unter jenen, die Tresckow Beihilfe leisteten, war auch Generalmajor Hans Oster, der Stabschef von Canaris. Oster führte eine schattenhafte Gruppe von Anti-Nazis innerhalb der Abwehr an. Obwohl Canaris eine direkte Beteiligung an den Versuchen, Hitler zu töten, vermied, wusste er, was Oster vorhatte, und war einverstanden, den Führer zu stürzen, um die widerstrebenden Amerikaner und Briten in Friedensgespräche hineinzuziehen. Im April 1943 jedoch war Canaris' Kontaktaufnahme zu Roosevelt durch Earle in Istanbul im Sande verlaufen, und seine Hoffnungen auf einen separaten Frieden schwanden. Währenddessen nahmen Gestapo-Agenten Oster ins Visier. Sie führten eine Razzia im Hauptquartier der Abwehr durch und fanden Beweise dafür, dass Osters Gruppe über den Vatikan und einen prominenten deutschen Geistlichen, Dietrich Bonhoeffer, ungenehmigte Friedensangebote an die Briten gemacht hatte. Bonhoeffer und sein Schwager, der Abwehroffizier Hans von Dohnanyi, wurden im April inhaftiert und wiederholt gefoltert. Sie bestritten, Hitlers Sturz geplant zu haben, aber Oster wurde für den Lauf der Ermittlungen unter Hausarrest gestellt.

Canaris blieb in Freiheit, weil die Gestapo noch keine Beweise für seine Schuld hatte. Und sie wurde von keinem Geringeren als Heinrich Himmler angewiesen, keine Anklage gegen ihn zu erheben. „Bitte lassen Sie Canaris in Ruhe!", befahl der SS-Chef. Es war ein rätselhafter Befehl eines Mannes, der Canaris seit Langem diskreditierte und darauf hoffte, die Abwehr und alle anderen deutschen Geheimdienste der SS einzuverleiben. Himmler könnte seine schützende Hand über Canaris gehalten haben, um dessen Verbindungen zu den Briten und Amerikanern zu nutzen, wenn die Sowjets, wie befürchtet, in Deutschland einmarschierten. Oder sein Kalkül bestand darin, Canaris die Verantwortung zu überlassen, bis Hitler jegliches Vertrauen in den Admiral verlor und sich von ihm lossagte. Als Oster unter Verdacht geriet, wurde zeitgleich Canaris' Autorität durch allerlei nachrichtendienstliche Pannen getrübt, zum Beispiel die Verhaftung zahlreicher Spione und Saboteure der Abwehr in den Vereinigten Staaten und ihr Versäumnis, die alliierte Invasion in Marokko und Algerien im November 1942 vorauszusehen. „Wieder einmal", beklagte Generalstabschef Alfred Jodl, „hat uns Canaris' Unbesonnenheit und Inkonsequenz in die Bredouille gebracht." Canaris' Ruf als Spionagemeister sollte im Juli 1943 noch mehr Schaden nehmen, als die Alliierten von Nordafrika nach Sizilien übersetzten und die Ära Mussolini in Italien beendeten. Bis kurz vor der Landung hatten sich Abwehr und Wehrmacht über den Ort der Invasion an der Nase herumführen lassen. Aber das größte aller Täuschungsmanöver stand noch bevor: D-Day, die Invasion in der Normandie, der Anfang vom Ende von Hitlers Tausendjährigem Reich.

DIE KUNST DER TÄUSCHUNG

Die Invasion Siziliens unter dem Codenamen Operation Husky war die größte amphibische Operation, die je von einer bewaffneten Streitmacht geplant wurde. Sie sollte nur noch von der Landung der Alliierten in der Normandie ein Jahr später übertroffen werden. Eine riesige Invasionsflotte versammelte sich an der Küste Tunesiens, knapp 250 Kilometer von Sizilien entfernt. Die meisten Soldaten der Achsenmächte, die Sizilien verteidigten, waren natürlich Italiener, viele schlecht ausgerüstet und durch Mussolinis militärische Fiaskos auf dem Balkan und in Nordafrika demoralisiert. Aber sie wurden von zwei deutschen Divisionen unterstützt, die für die Invasoren ein Problem darstellten. „Wenn vor dem Angriff substanzielle deutsche Bodentruppen in der Region stationiert werden sollten, stehen die Erfolgsaussichten praktisch auf null, und der Plan sollte aufgegeben werden", warnten General Eisenhower, Oberster Alliierter Befehlshaber, und der britische General Harold Alexander, der den Einsatz auf Sizilien operativ leiten sollte.

Die schwierige Aufgabe, die Aufmerksamkeit des Feindes vom nahen Sizilien auf andere mögliche Ziele im Mittelmeer zu lenken, wurde dem britischen Colonel Dudley Clarke übertragen, einem Meister der Täuschung, der einen skandalösen Vorfall überstanden hatte, der die Karriere eines weniger versierten Offiziers wohl beendet hätte. Ende 1941 war Clarke von der spanischen Polizei in Madrid als Frau verkleidet verhaftet worden. Polizeifotos, auf denen er in Frauenkleidern zu sehen ist, sorgten bei seinen Vorgesetzten, darunter Churchill persönlich, für einiges Stirnrunzeln. Seine Verhaftung hätte zur Katastrophe werden können, wenn die spanische Polizei, die mit der Abwehr und der Gestapo kooperierte, ihn den Deutschen zum Verhör übergeben hätte. Dann hätten sie mit ziemlicher Sicherheit herausgefunden, dass viele britische Einheiten, von deren Existenz die deutschen Kommandeure überzeugt waren, lediglich Clarkes blühender Fantasie entsprangen. Clarke war Initiator der Täuschung, fiktive Brigaden, Divisionen und Armeen zu erfinden und sie dem Feind mit falschen Berichten von Doppelagenten, gefälschten Funksprüchen sowie Panzer-, Lastwagen- und Flugzeugattrappen für echt zu verkaufen. Kim Philby, einer von mehreren britischen Agenten, die während und nach dem Zweiten Weltkrieg für die Sowjets spionierten, kabelte nach Clarkes Entlassung nach Moskau, dass er „drei Schein-

VERKLEIDUNGSKÜNSTLER **Colonel Dudley Clarke (ganz oben) war ein Meister der Täuschung. 1941 wurde er in Madrid bei einer verdeckten Mission in Frauenkleidern (oben) verhaftet. Womöglich, schrieb Guy Liddell vom MI5, sah er sich selbst als „Super-Geheimagent".**

DIE GEHEIME WELT DER FESTUNG GIBRALTAR

Als strategisch bedeutsame Bastion an der Südspitze Spaniens stand Gibraltar während des Krieges häufig im Zentrum von Konflikten, Intrigen und Täuschungsmanövern. Der hoch aufragende Felsen von Gibraltar war mit großen Kanonen bestückt und barg mehr als 50 Kilometer Tunnel, die 15 000 Soldaten vor Bomben und Luftangriffen schützen konnten. Aber Gibraltar war auch ein lebenswichtiges Nachrichtenzentrum in einer von den Achsenmächten dominierten Region, bis der spanische Diktator Franco sich von Hitler distanzierte und Französisch-Nordafrika Ende 1942 an die Alliierten fiel. Vor dem Überfall auf die Sowjetunion plante Hitler, Gibraltar zu besetzen. Aber Franco wollte davon nichts wissen. Admiral Canaris, der Franco geholfen hatte, den spanischen Bürgerkrieg zu gewinnen, ließ ihn wissen, dass Hitler nicht länger beabsichtigte, Großbritannien einzunehmen, das sich als übermachtiger Gegner Spaniens erweisen würde, wenn Franco Hitler nachgab und die Wehrmacht in Russland steckenblieb. Möglicherweise handelte Canaris auch einfach als Freund Francos – oder als Gegner von Hitlers Aggression –, der hoffte, Deutschland die Möglichkeit offenhalten zu können, sich mit Großbritannien zu arrangieren.

Churchill hatte unterdessen eine Versicherung für Gibraltar abgeschlossen und heimlich zehn Millionen Dollar in einer Schweizer Bank deponiert. Francos Militärkommandeure sollten diese Summe erhalten, falls Hitler Gibraltar angriff, und sich gegen ihn stellen. Aber verlassen konnten sich die Briten darauf nicht. Deshalb genehmigte Admiral John Godfrey, Direktor des Marinegeheimdienstes, die Operation Tracer. Sechs Freiwillige sollten sich tief im Felsen von Gibraltar einschließen lassen, falls die Bastion an die Deutschen fiel. Durch Schlitze würden sie das Meer überwachen und per Funk über feindliche Schiffe berichten, aber es gäbe keinen Weg in die Höhle oder aus ihr heraus; sie würden von gelagerten Vorräten leben und mit einem Fahrrad Strom erzeugen. Die Höhle, die als „Stay Behind Cave" bekannt ist, wurde zwar gegraben, aber nie besetzt, da die Alliierten die Kontrolle über Gibraltar behielten. Die Verteidiger Gibraltars waren nach wie vor Angriffen der Achsenmächte sowie Sabotageakten durch Spanier ausgesetzt, die den Felsen für sich reklamierten. Der britische Agent David Scherr neutralisierte 1943 diese spanische Bedrohung, indem er mehrere Spione, die mit Franco uneins waren, in Doppelagenten verwandelte, die die Saboteure ausspionierten, sodass Scherr ihre Pläne durchkreuzen konnte. ✪

BRITISCHER FELSEN Der Felsen von Gibraltar (links) ragt über dem britischen und alliierten Flugplatz auf, der während des Krieges oft angegriffen wurde, ebenso wie der dortige Marinestützpunkt. Die Verteidiger konnten sich in Tunneln tief im Inneren des Felsens (oben) halten, aber einem längeren deutschen Angriff über Spanien hätte die Bastion mit ziemlicher Sicherheit nicht standgehalten.

infanteriedivisionen, eine fiktive Panzerbrigade und mehrere erfundene Flugzeugstaffeln" unter seinem Kommando habe. „Seine Position ist daher aus nachrichtendienstlicher Sicht von großer Bedeutung."

Warum Clarke eine so auffällige Verkleidung wählte, dass die spanische Polizei ihn wegen Unsittlichkeit verhaftete, ist unklar. Die britischen Behörden kamen zu dem Schluss, dass „er seine leichtsinnige und unüberlegte Handlung wahrscheinlich mit Zweck unternommen hat, um eine Rolle zu proben (...) wir gehen vernünftigerweise davon aus, dass diese Eskapade und ihre Folgen ihm einen ausreichenden Schock versetzt haben, damit er in Zukunft umsichtiger handelt." Clarke revanchierte sich für die Großzügigkeit seiner Vorgesetzten, indem er seine Täuschungsagentur in Nordafrika, die A Force, weiterhin mit geschickter Hand leitete. Im Frühjahr 1943 entwarf er Pläne, um den bevorstehenden Sizilienfeldzug zu verschleiern, indem er Vorbereitungen für zwei Angriffe auf andere Ziele im Mittelmeer simulierte. Der eine war angeblich gegen das von den Deutschen besetzte Kreta und Griechenland gerichtet und sollte von einer in Ägypten stationierten fiktiven britischen Zwölften Armee ausgeführt werden. Der andere zielte auf Sardinien, das weiter von Tunesien entfernt war als Sizilien, aber immer noch nah genug lag, um ein mögliches Ziel für die Invasionsflotte darzustellen.

Clarkes subtile Täuschungsstrategie bestand darin, den Feind mit zahlreichen falschen Hinweisen zu füttern, die einzeln eher unbedeutend erschienen, aber den Geheimdienstlern der Achsenmächte in der Summe vorgaukelten, ein komplexes Rätsel zu lösen. Ihm war bewusst, dass gute Spione Verdacht schöpften, wenn man ihnen allzu eindeutige Beweise anbot, ebenso lehnte er übertrieben ehrgeizige Finten ab. Deshalb zögerte Clarke zunächst, als er gebeten wurde, eines der kühnsten und einfallsreichsten Täuschungsmanöver aller Zeiten zu leiten, die Operation Mincemeat.

Die Idee für Mincemeat (Hackfleisch) wurde bei einem Unfall Ende September 1942 geboren, als ein Catalina-Flugboot der RAF in einem Sturm vor der Südküste Spaniens abstürzte. Alle sieben Besatzungsmitglieder und drei Passagiere kamen ums Leben, ihre Leichen wurden von den spanischen Behörden geborgen. Bei einem der toten Passagiere handelte es sich um einen Stabsoffizier der Royal Navy, der Pläne für die Operation Torch bei sich trug (die Invasion Französisch-Nordafrikas sechs Wochen später), ein weiterer war ein Offizier von Charles de Gaulle, in dessen Aktenkoffer man Dokumente fand, die Agenten des Freien Frankreichs enttarnen würden. Die sterblichen Überreste des Marineoffiziers wurden bald den Briten übergeben, die feststellten, dass der entscheidende Brief nicht aus seinem Mantel entfernt und geöffnet worden war – eine Schlussfolgerung, die durch Ultra-Entschlüsselungen in Bletchley Park bestätigt wurde. Ultra enthüllte aber auch, dass die Spanier die Dokumente des französischen Offiziers an die Abwehr weitergegeben hatten. Als RAF Flight Lieutenant Charles Cholmondeley davon erfuhr, kam ihm eine als britischer Kurier verkleidete Leiche mit offiziellen Dokumenten in den Sinn, die die Aufmerksamkeit von Sizilien weglenken sollte. Wurde diese Leiche in Spanien an Land gespült, würden die Papiere, die sie bei sich hatte, mit Sicherheit bei den Deutschen landen.

Cholmondeley kannte sich mit Täuschungen aus. Er gehörte John Mastermans Twenty Committee an, das über das Double-Cross-Programm des MI5 wachte und bestimmte, welche Details von Doppelagenten an die Deutschen weitergegeben wurden, um ihren

DESIGNER **Von Flight Lieutenant Charles Cholmondeley von der RAF stammte die Idee, einer Leiche gefälschte Dokumente unterzuschieben, um die Deutschen zu täuschen.**

ENTWICKLER **Lieutenant Commander Ewen Montagu vom Nachrichtendienst der Navy arbeitete Mincemeat mit Cholmondeley aus und holte sich für die riskante Operation Zustimmung von hoher Ebene.**

> **„Es ist falsch, bei einer Täuschung zu hoch zu pokern."**
>
> COLONEL DUDLEY CLARKES ERSTE REAKTION AUF OPERATION MINCEMEAT

„Er soll ein paar Sardinen nach London mitbringen. Die gibt es hier nur auf Bezugsschein."

EWEN MONTAGUS HINWEIS AUF SARDINIEN ALS MÖGLICHES ZIEL DER ALLIIERTEN INVASION

irreführenden Berichten Glaubwürdigkeit zu verleihen. Als Cholmondeley dem Komitee seine Idee vorstellte, wurde sie von Lieutenant Commander Ewen Montagu vom Marinegeheimdienst enthusiastisch aufgegriffen. Gemeinsam versuchten sie, zunächst Colonel John Bevan – der alle strategischen Täuschungsoperationen der Briten beaufsichtigte – und dann Dudley Clarke von ihrem Plan zu überzeugen. Dieser sah vor, einen Brief von einem prominenten britischen Kommandeur unter die Dokumente des toten Kuriers zu schmuggeln, der die Deutschen von Sizilien ablenken sollte. Clarke war dieses Vorgehen zu gewagt. „Es ist falsch, bei einer Täuschung zu hoch zu pokern", meinte er nur. Aber Montagu und Bevan ließen nicht locker und überzeugten ihn schließlich. Um von einem so offensichtlichen Ziel wie Sizilien abzulenken, schloss er, brauchte es einen kühnen Plan, der auf die „innersten Kreise der deutschen Kriegsmaschinerie" und auf Hitlers Ängste abzielte, beispielsweise mit einem alliierten Angriff auf dem Balkan zu drohen, wo die Deutschen bereits von Partisanen angegriffen wurden.

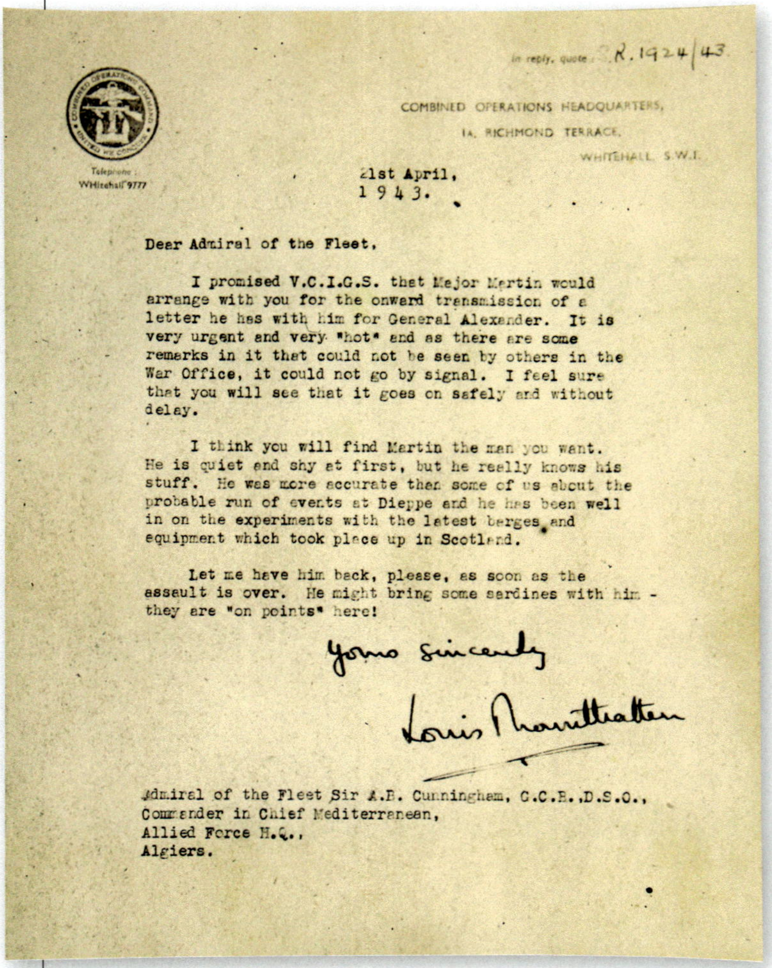

In reply, quote R.1924/43.

COMBINED OPERATIONS HEADQUARTERS,
1A, RICHMOND TERRACE,
WHITEHALL, S.W.1.

Telephone: WHitehall 9777

21st April,
1943.

Dear Admiral of the Fleet,

I promised V.C.I.G.S. that Major Martin would arrange with you for the onward transmission of a letter he has with him for General Alexander. It is very urgent and very "hot" and as there are some remarks in it that could not be seen by others in the War Office, it could not go by signal. I feel sure that you will see that it goes on safely and without delay.

I think you will find Martin the man you want. He is quiet and shy at first, but he really knows his stuff. He was more accurate than some of us about the probable run of events at Dieppe and he has been well in on the experiments with the latest barges and equipment which took place up in Scotland.

Let me have him back, please, as soon as the assault is over. He might bring some sardines with him - they are "on points" here!

Yours sincerely

Louis Mountbatten

Admiral of the Fleet Sir A.B. Cunningham, G.C.B.,D.S.O.,
Commander in Chief Mediterranean,
Allied Force H.Q.,
Algiers.

DER BLUFF EINES TOTEN Auf offiziellem Briefpapier in Mountbattens Hauptquartier getippt, identifizierte dieser Brief die Leiche, die bei der Operation Mincemeat eingesetzt wurde, als Major William Martin. Sie trug Dokumente bei sich, die den Deutschen nahelegen sollten, dass die Alliierten nicht auf Sizilien, sondern anderswo landen würden.

Montagu und Bevan entwarfen also einen Brief von Lieutenant General Archibald Nye, Vizechef des Generalstabs in London, an General Alexander in Tunesien. Nye selbst gab dem Brief den letzten Schliff. „Wir haben unlängst Informationen erhalten, dass die Deutschen ihre Verteidigung in Griechenland und Kreta verstärkt haben", hieß es in seinem Brief. Nye fügte hinzu, dass der Generalstab beschlossen habe, zusätzliche Truppen für den bevorstehenden alliierten Angriff auf Griechenland und Kreta einzusetzen – eine Lüge, die die Wehrmacht im östlichen Mittelmeer binden sollte, während die Operation Husky auf Sizilien lief. In dem Brief wurde auch behauptet, dass die Alliierten ein „schweres Bombardement" auf Sizilien starten würden, um von einem Angriff auf ein anderes Ziel im westlichen Mittelmeer abzulenken. „Wir haben eine sehr gute Chance, ihn [den Feind] glauben zu machen, dass wir auf Sizilien zusteuern", schrieb Nye an Alexander, „es ist ein offensichtliches Ziel, das muss ihn nervös machen."

Nyes Brief erwähnte nicht das Ziel, das angeblich anstelle von Sizilien angegriffen werden sollte, aber Montagu flocht einen eindeutigen Hinweis in einem von ihm verfassten Begleitschreiben von Lord Louis Mountbatten, Chef der Combined Operations, an Admiral Andrew Cunningham, den Marinekommandeur von Husky, ein. In diesem Begleitschreiben wurde der tote Kurier als Major William Martin von den Royal Marines vorgestellt und Cunningham gebeten, dafür zu sorgen, „dass der Brief, den er bei sich hat, an General Alexander weitergeleitet wird". Mountbattens Schreiben endete mit der Bitte, Martin möge „ein paar Sardinen nach London mitbringen. Die gibt es hier nur auf Bezugsschein." Dies war als Hinweis auf Sardinien als Angriffsziel gedacht. Aber würden die Deutschen das verstehen?

In der Zwischenzeit hatte ein Gerichtsmediziner eine Leiche beschafft, die als Major Martin dienen sollte. Es handelte sich um die Leiche von Glyndwr Michael, einem 34-jährigen Waliser, der schwere Zeiten durchgemacht und den Kontakt zu seinen Angehörigen verloren hatte. Er hatte Selbstmord begangen, indem er Rattengift schluckte. Ein hinzugezogener Pathologe kam zu dem Schluss, dass, falls die Spanier eine Autopsie an der Wasserleiche durchführen sollten, sehr wahrscheinlich Ertrinken als Todesursache herauskommen würde. Michaels Leiche wurde eingefroren, damit sie nicht verweste, während Cholmondeley einen Personalausweis, eine Uniform und persönliche Gegenstände für Major Martin beschaffte. Darunter befanden sich auch Liebesbriefe einer Verlobten namens Pam. Victoire „Paddy" Ridsdale – die Assistentin von Montagus Kollegen Ian Fleming und möglicherweise Vorbild für Miss Moneypenny – behauptete später die Verfasserin dieser ergreifenden Briefe gewesen zu sein. Einer endete mit: „Bill, Liebling, lass es mich wissen, sobald du dich eingelebt hast & noch ein paar Pläne machen kannst & lass dich nicht wieder ins Blaue schicken – jetzt, wo wir uns gefunden haben, ich könnte es nicht ertragen."

Pams Briefe und andere persönliche Gegenstände wurden in den Mantel des falschen Majors gesteckt. Die entscheidenden Täuschungsbriefe schloss man in eine Aktentasche, die an seinen Körper gekettet war. Dies sollte einerseits verhindern, dass sie verloren ging, und würde andererseits dazu beitragen, die Aufmerksamkeit der spanischen Polizei zu wecken. Der Unfall im Jahr 1942, der Mincemeat inspirierte, hatte gezeigt, dass Dokumente an der Leiche selbst nicht unbedingt untersucht wurden – dazu musste man immerhin eine halbverweste Leiche anfassen –, während der Inhalt eines Aktenkoffers sehr wahrscheinlich deutschen Agenten vorgelegt werden würde. Die endgültige Genehmigung für die Operation kam Mitte April von Premierminister Churchill – der Bedenken, dass der Feind den Plan durchschauen könnte, mit einem Achselzucken abtat – und von General Eisenhower. Cholmondeley und Montagu halfen beim Ankleiden der Leiche, deren gefrorene Füße mit einem Heizlüfter aufgetaut werden mussten, damit sie in die Stiefel des Majors passten. Der Leichnam wurde dann in Trockeneis verpackt und an Bord des U-Bootes HMS *Seraph* in Sichtweite des spanischen Hafens Huelva verschifft. Dort zog man ihm eine aufgeblasene Schwimmweste über, um ihn

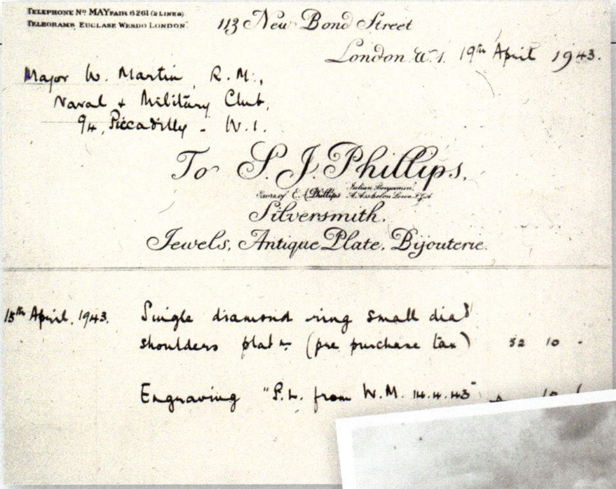

PERSÖNLICHE SACHEN Um Major Martin glaubwürdiger zu machen, steckte das Mincemeat-Team ihm eine Rechnung für einen Verlobungsring (links) für seine Verlobte Pam (unten) sowie zwei Kartenabrisse für eine Show am 22. April zu. Kurz danach starb er angeblich bei einem Flugzeugabsturz in Spanien.

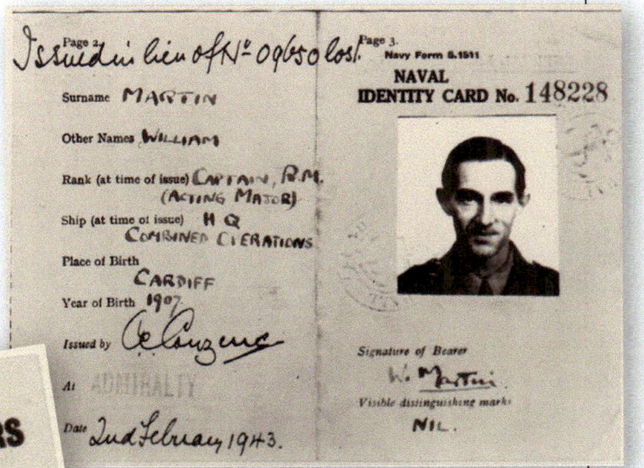

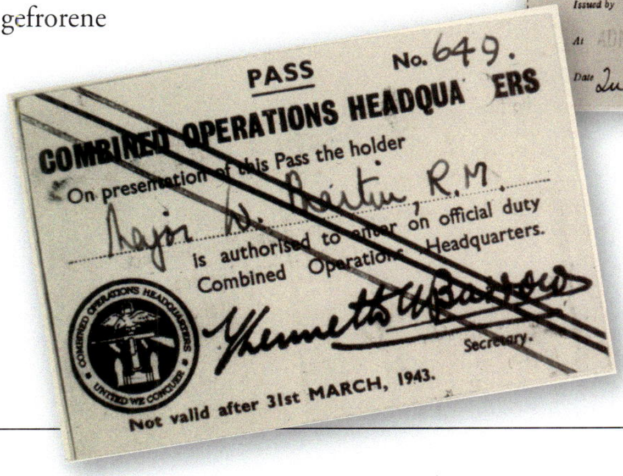

IDENTITÄTSNACHWEIS Der Marineausweis von Major Martin trägt das Foto eines Geheimdienstoffiziers, der Glyndwr Michael, dessen Leichnam für die Täuschung verwendet wurde, stark ähnelte. Außerdem trug Martin einen abgelaufenen Ausweis für Mountbattens Hauptquartier bei sich.

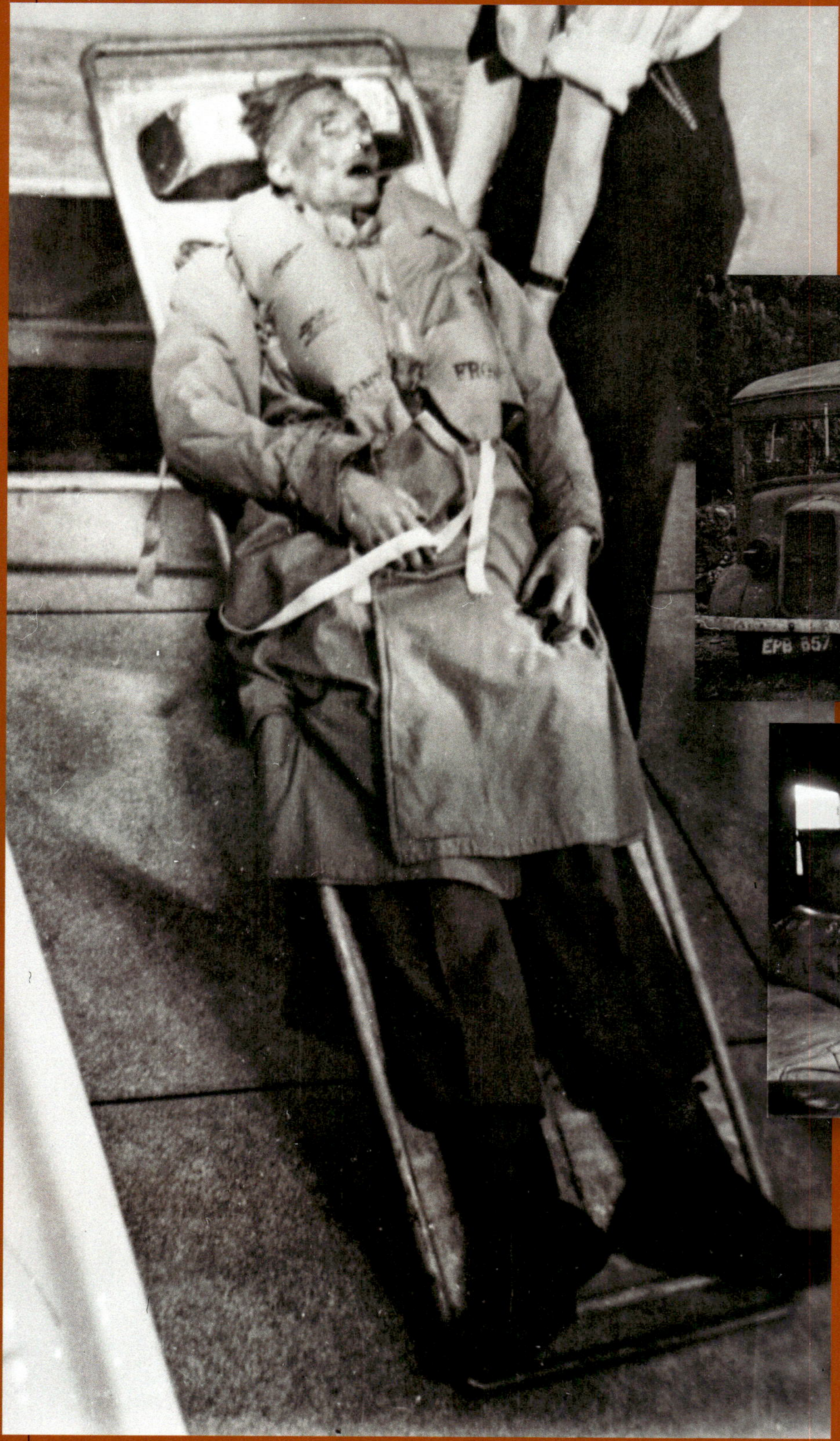

TOTENGRÄBER Der Leichnam von Glyndwr Michael, gekleidet in Major Martins Uniform und mit einer Schwimmweste ausgestattet (links), wurde auf Trockeneis in eine Tonne (oben) gepackt und mit einem Lieferwagen (ganz oben) von Cholmondeley (links im Bild) und Montagu (rechts im Bild) von London zu einem Marinestützpunkt in Schottland gefahren. Ein U-Boot transportierte die Tonne dann an die spanische Küste und ließ die Leiche an Land treiben. Die spanische Marine nahm den verstorbenen Major in Empfang und gab Kopien der Dokumente aus dem Aktenkoffer, der an sein Handgelenk gekettet war, an die Deutschen weiter.

über Wasser zu halten und vorzutäuschen, dass Martin mit dem Flugzeug abgestürzt und ertrunken war. Als die Leiche kurz vor Tagesanbruch des 30. April ins Meer geworfen wurde, verlas der Kommandant des U-Bootes einen passenden Psalm: „Ich will mich hüten, dass ich nicht sündige mit meiner Zunge; ich will meinem Mund einen Zaum anlegen, solange ich den Frevler vor mir sehen muss."

Die Leiche wurde noch am selben Tag von einem Fischer gesichtet und von der spanischen Marine in Gewahrsam genommen, was die Planer zu vermeiden gehofft hatten, da spanische Marineoffiziere eher mit den Briten sympathisierten und ihren Fund möglicherweise nicht an die Deutschen weitergeben würden. Fast kam es so weit. Ein Marineoffizier bot dem britischen Vizekonsul Francis Haselden in Huelva die Aktentasche des verstorbenen Majors höflich an, kurz nachdem sie an der Leiche gefunden worden war. Haselden, der in Mincemeat eingeweiht war, dankte dem Spanier für sein freundliches Angebot, riet ihm aber, die Aktentasche zu behalten und sich bei seinem Vorgesetzten zu erkundigen, was mit ihr geschehen sollte. Das funktionierte. Der Inhalt des Aktenkoffers landete bei Franco, dieser ließ Kopien anfertigen, die er der Abwehr übergab, und anschließend wurden die Dokumente den Briten zurückgegeben. Am 14. Mai fing Ultra eine Nachricht an die deutschen Kommandeure im Mittelmeer ab, die Informationen über einen bevorstehenden alliierten Angriff auf Griechenland enthielt. Diese stammten, so wurde versichert, „aus einer Quelle, die als absolut zuverlässig angesehen werden kann". Churchill, der sich gerade mit Roosevelt in Washington besprach, erhielt ein Telegramm, das ihm gefiel: „Mincemeat wurde von den richtigen Leuten geschluckt, und so wie es aussieht, handeln sie danach."

Ein führender Nazi, der nicht geneigt war, Mincemeat im Ganzen zu schlucken, war Propagandaminister Joseph Goebbels, ein Mann, der sich mit Lügen bestens auskannte. Er fragte Admiral Canaris, ob der „sehr aufschlussreiche" Brief von Nye an Alexander „eine Täuschung sein könnte". Canaris verbürgte sich für seine Authentizität, und auch Hitler schluckte den Köder. Im Protokoll eines Treffens mit Mussolini Mitte Mai hieß es, dass „der Führer nicht mit dem Duce übereinstimmt, dass der wahrscheinlichste Invasionsort Sizilien ist". Hitler schloss aus den bei Major Martin gefundenen Dokumenten, „dass die geplanten Angriffe hauptsächlich gegen Sardinien und den Peloponnes" gerichtet sein werden. In diesem Sinne befahl er, die Erste Panzerdivision von Frankreich nach Griechenland zu verlegen. Hätte er diese Panzer nach Sizilien geschickt, wäre es um eine erfolgreiche Invasion schlecht bestellt gewesen.

Ende Juni waren die Beweise, die auf eine Invasion Siziliens hindeuteten, erdrückend, doch Hitler blieb keine Zeit für eine Truppenverlagerung. Dem Angriff am 10. Juli konnten die Italiener nicht lange

DER SCHATTENKRIEG

DER MENSCHLICHE TORPEDO

Anfang Januar 1943, sechs Monate vor der Invasion auf Sizilien, unternahmen britische Taucher auf Unterwassertorpedos, den sogenannten Chariots (Streitwagen), einen verdeckten Angriff auf den Hafen von Palermo. Die Chariots (unten) wurden als Reaktion auf eine von der italienischen Marine entwickelte Geheimwaffe namens Maiale entwickelt, was „Schwein" bedeutet, ein passender Name für einen menschlichen Torpedo, der schwer zu bändigen war. Ab 1941 griffen italienische Zwei-Mann-Teams damit britische Schiffe in Gibraltar, Alexandria und anderen Mittelmeerhäfen an. Sie näherten sich nachts an der Oberfläche und tauchten ab, wenn sie sich ihrem Ziel näherten. Dann „klebten" sie eine magnetische Mine mit Zeitzünder an den Rumpf des Schiffes und machten sich wieder aus dem Staub. Der britische Chariot war ähnlich konstruiert und hatte Ballasttanks, die zum Tauchen geflutet wurden. Fünf Zwei-Mann-Teams nahmen an dem Überfall in Palermo teil, bei dem ein italienischer Kreuzer versenkt und ein Truppentransporter schwer beschädigt wurde. Ein Taucher kam ums Leben, als sein Chariot kenterte, sieben weitere wurden gefangen genommen. Trotz der Risiken, die mit menschlichen Torpedos verbunden sind, wurden weitere entwickelt und von den Deutschen und Japanern eingesetzt. Deren Kaiten-Torpedo war eine Selbstmordwaffe, die explodierte, wenn der Taucher sie in den Rumpf eines Schiffes trieb. ✪

WASSER-STREITWAGEN Das Zwei-Mann-Fahrzeug, das von einem U-Boot aus gestartet wurde, verfügte über eine abnehmbare Haftmine, um Schiffe in die Luft zu jagen.

standhalten, daran änderten auch die beiden deutschen Divisionen wenig. Soldaten, die nicht getötet oder gefangen genommen wurden, zogen sich bald aufs italienische Festland zurück. Mussolini wurde daraufhin gestürzt, und sein Nachfolger nahm geheime Friedensgespräche mit den Alliierten auf. Der viel gepriesene Stahlpakt zwischen Nazideutschland und dem faschistischen Italien war mithilfe von Major Martin, einem Mann, den es nie gegeben hatte, zerschlagen worden.

„Alle Männer, die in Europa (…) bei sogenannten Kommandoangriffen gegen deutsche Truppen operieren, werden bis auf den letzten Mann vernichtet."

BEFEHL HITLERS, DER EINIGEN OSS-MÄNNERN, DIE UNIFORM TRUGEN, DAS LEBEN KOSTETE

DAS OSS IM KRIEG

Mit dabei in Sizilien war auch der 60-jährige William Donovan, der Chef des OSS, nun im Rang eines Brigadegenerals. Als ein Captain ihn mit einem Jeep ins Landesinnere fuhr, stießen sie auf eine italienische Patrouille. Donovan griff nach einer Maschinenpistole und eröffnete das Feuer. „Er schoss die Italiener eigenhändig ab", erinnerte sich der Captain. „Er freute sich wie ein Schneekönig." Die Freude ließ jedoch bald nach, denn Donovan war die Erlaubnis verweigert worden, vor der Invasion OSS-Agenten nach Sizilien einzuschleusen. Das erste OSS-Team in Sizilien – bestehend aus Amerikanern mit sizilianischen Wurzeln unter der Leitung von Major Biagio Max Corvo – traf erst drei Tage nach Beginn der Invasion ein, zu spät, um noch viel mehr zu tun, als italienische Kriegsgefangene zu befragen.

Als Amerikaner und Briten im September den Vorstoß auf das italienische Festland vorbereiteten, wurde Donovan erneut daran gehindert, Agenten vorauszuschicken. Doch Corvo und andere OSS-Offiziere waren bald tief in Geheimoperationen auf italienischem Boden verwickelt, auch auf Sardinien, wo deutsche Truppen den italienischen zahlenmäßig weit überlegen waren. Die meisten dieser Italiener verloren jegliche Kampfmotivation, als sich Mussolinis Nachfolger, Feldmarschall Pietro Badoglio, am 8. September, einen Tag vor der alliierten Landung in Salerno, ergab. Einige italienische Soldaten waren jedoch aktive Faschisten und wollten nicht aufgeben. Donovan bat den 52-jährigen Lieutenant Colonel Serge Obolensky, einen russischen Aristokraten, der vor der Oktoberrevolution in die USA emigriert war, mit dem Fallschirm über Sardinien abzuspringen und den dortigen italienischen Kommandeur zu überreden, sich gegen die Deutschen zu wenden. „Herr General, ich spreche kein Italienisch", wand Obolensky ein. „Ich weiß, dass Sie es können", antwortete Donovan, der ein Händchen dafür hatte, Untergebene für schwierige Aufgaben zu motivieren.

In der Nacht vom 13. September landete Obolensky als Leiter einer vierköpfigen Kommandoeinheit auf Sardinien. Bei ihm befanden sich Lieutenant Michael Formichelli, ein Amerikaner italienischer Abstammung als Dolmetscher, und zwei Funker, die sich versteckt hielten, während Obolensky und Formichelli 20 Kilometer zu Fuß nach Cagliari, der Hauptstadt Sardiniens, zurücklegten und bei Generalleutnant Antonio Basso, dem Kommandanten der Insel, vorsprachen. „Ich sagte Basso", so Obolensky, „dass das alliierte Hauptquartier von ihm erwartete, dass er die Deutschen mit größtmöglicher Härte verfolgte und vernichtete. Ich bot ihm sogar Spezialeinheiten an,

INVASION AUF SIZILIEN Kurz nachdem die ersten alliierten Truppen am 10. Juli 1943 an Land gegangen sind, bilden britische Soldaten eine Kette, um Vorräte zu entladen. Die Invasion Siziliens markierte den Beginn der militärischen Operationen des OSS in Europa.

die wir ihm zu diesem Zweck schicken könnten." Basso antwortete, er werde alles in seiner Macht Stehende tun, „um die Deutschen aus Sardinien herauszudrängen", aber er wollte nicht, dass alliierte Kommandos entsandt würden, sonst gäbe es womöglich ein Blutbad. Obolensky konnte Basso nicht dazu bewegen, Krieg gegen seine ehemaligen Verbündeten zu führen, aber er setzte den General so weit unter Druck, dass er die Deutschen von der Insel trieb und Sardinien an die Alliierten übergab.

OSS-Teams halfen zudem der Résistance bei der Befreiung von Korsika, und sie nutzten diese Insel als Basis für Einsätze auf dem italienischen Festland, das Hitler nach der Kapitulation Badoglios von der Wehrmacht besetzen ließ. Alle OSS-Agenten, die in von Deutschland besetzte Gebiete eindrangen, riskierten, als Spione behandelt und hingerichtet zu werden, selbst wenn sie Uniform trugen. Im Oktober 1942 hatte Hitler verkündet, dass von nun an „alle Männer, die in Europa oder Afrika bei sogenannten Kommandoangriffen gegen deutsche Truppen operieren, bis auf den letzten Mann vernichtet werden. Dies soll unabhängig davon geschehen, ob es sich um Soldaten in Uniform oder um Saboteure mit oder ohne Waffen handelt, ob sie kämpfen oder versuchen zu fliehen." Er rechtfertigte diesen Befehl mit der Behauptung, die alliierten Kommandos verhielten sich „besonders

ALLIIERTE EINDRINGLINGE **Auf diesem Bild, aufgenommen im alliierten Hauptquartier in Caserta nördlich von Neapel, sind einige jener Männer zu sehen, die hinter den deutschen Linien in Norditalien operieren sollten, darunter Lieutenant Richard Kelly von der OSS Maritime Unit, die über das Meer in das Gebiet der Achsenmächte eindrang. Des Weiteren OSS-Offiziere, die der Achten Armee in Italien angehörten, sowie Mitglieder der britischen General Service Intelligence (GSI) und Popski's Private Army (PPA), einer britischen Spezialeinheit, die in Nordafrika von Wladimir Peniakoff alias Popski geleitet wurde. Ganz rechts steht ein übergelaufener italienischer Offizier.**

BEFREIER DES „DUCE" Der gebürtige Österreicher Otto Skorzeny (rechts) erwarb sich als Student in Wien einen auffälligen Schmiss auf der linken Wange. Später trat er der Waffen-SS bei und verdiente sich im Russlandfeldzug ein Eisernes Kreuz. Im September 1943 wurde er von Hitler nach Italien geschickt, um den im Gran Sasso internierten Mussolini herauszuholen. Dieser ist hier zu sehen, wie er das Flugzeug bestieg, das ihn und Skorzeny nach Deutschland brachte (unten). Skorzeny führte weitere verdeckte Missionen für den Führer durch, während Mussolini als Marionette Hitlers nach Norditalien zurückkehrte. Im April 1945 wurde er von italienischen Partisanen ergriffen und hingerichtet.

brutal und hinterhältig" und töteten „unbewaffnete Gefangene, von denen sie glauben, dass sie ihnen zur Last fallen könnten".

Tatsächlich war die Zahl der Gefangenen, die von alliierten Kommandos getötet wurden, verschwindend gering im Vergleich zu den Tausenden alliierten Gefangenen, die von den Soldaten der Achsenmächte getötet wurden oder in Gefangenenlagern an Vernachlässigung starben. Trotz seiner erklärten Geringschätzung für feindliche Kommandos beneidete Hitler sie um ihre Kühnheit, und er beauftragte den ebenso rücksichtslosen wie geltungssüchtigen Hauptmann Otto Skorzeny von der Waffen-SS mit verschiedenen Geheimoperationen. Mussolini war unter Arrest gestellt und in einem abgelegenen Hotel in Mittelitalien eingesperrt worden. Am 12. September inszenierten Skorzenys Spezialkräfte in der Nähe des Hotels eine Bruchlandung mit Lastenseglern, um die Bewacher des geschassten Diktators abzulenken. „Der Führer hat mich geschickt, um Sie zu befreien!", verkündete Skorzeny dem erschrockenen Mussolini. Dieser antwortete: „Ich wusste, mein Freund Adolf würde mich nicht im Stich lassen." Eingequetscht in ein kleines Flugzeug flogen Mussolini und Skorzeny – der für diese Heldentat zum Major befördert wurde – nach Berlin, wo Hitler seinen alten Verbündeten umarmte und ihn postwendend als faschistische Galionsfigur zurück ins deutsch besetzte Norditalien schickte.

Während die Alliierten unter heftigem Widerstand der Deutschen langsam und verlustreich in Richtung Rom vorrückten, sicherte sich Donovan die Erlaubnis, OSS-Agenten als Spione und Saboteure vor den Truppen einzusetzen. Ende März 1944 landete eine OSS-Operationsgruppe, bestehend aus 15 Italoamerikanern unter der Leitung von Lieutenant Vincent Russo, in Schlauchbooten an Italiens nordwestlicher Küste. Sie hatten rund 700 Kilogramm Sprengstoff dabei, mit dem sie einen Eisenbahntunnel zerstören wollten, durch den Nachschub und Verstärkung zu den Wehrmachtseinheiten in und um Rom trans-

„Ich wusste, mein Freund Adolf würde mich nicht im Stich lassen."

MUSSOLINI BEI SEINER BEFREIUNG DURCH SKORZENY

EXEKUTION General Anton Dostler wird am 1. Dezember 1945 an einen Pfahl gefesselt und kurz darauf von einem Erschießungskommando hingerichtet. Er wurde von einem amerikanischen Militärgericht zum Tode verurteilt, weil er 15 OSS-Kriegsgefangene hinrichten ließ, die im März 1944 in Uniform hinter den deutschen Linien gefangen genommen worden waren. Das Tribunal wies Dostlers Einwand zurück, dass er nur Befehle von Vorgesetzten befolgt habe, einschließlich Hitlers Anweisung, dass jeder, der während der Durchführung von Kommandoangriffen in oder ohne Uniform gefangen genommen wurde, sterben sollte.

portiert wurden. Russos Männer versteckten sich in einer Scheune, wurden aber von örtlichen Faschisten entdeckt, die deutsche Soldaten herbeiriefen. Nach einem Feuergefecht, bei dem Russo und mehrere andere verwundet wurden, ergaben sich die OSS-Männer. Am 26. März wurden alle auf Drängen von General Anton Dostler hingerichtet, der Einwände von Untergebenen, die gegen die Tötung der Gefangenen waren, zurückwies. Dostlers Verteidigung, er habe nur Befehle von Hitler und Feldmarschall Albert Kesselring, dem obersten deutschen Befehlshaber in Italien, befolgt, bewahrte ihn später nicht davor, von einem alliierten Militärgericht als Kriegsverbrecher verurteilt und hingerichtet zu werden.

Anderen italoamerikanischen OSS-Einheiten gelang es, feindliche Versorgungslinien zu kappen und Partisanen im Kampf gegen die Deutschen zu unterstützen, die sich nach der Aufgabe Roms Anfang Juni 1944 in Richtung Alpen zurückzogen. Ein Team unter der Leitung von Lieutenant Formichelli unterwies Partisanen in Parma in Sabotage und Guerillataktiken. Binnen fünf Monaten zerstörten die von ihm unterstützten Guerillas zwei Munitionszüge und 13 Brücken und töteten oder verwundeten fast 3000 deutsche Soldaten. Auch Mussolini fiel italienischen Partisanen in die Hände, die ihn erschossen und seine Leiche anschließend kopfüber am Dach einer Tankstelle in Mailand aufhängten.

Das OSS infiltrierte mehrere weitere von Deutschland besetzte Länder, darunter Griechenland und Jugoslawien, aber am aktivsten waren seine Agenten in Frankreich. Henry

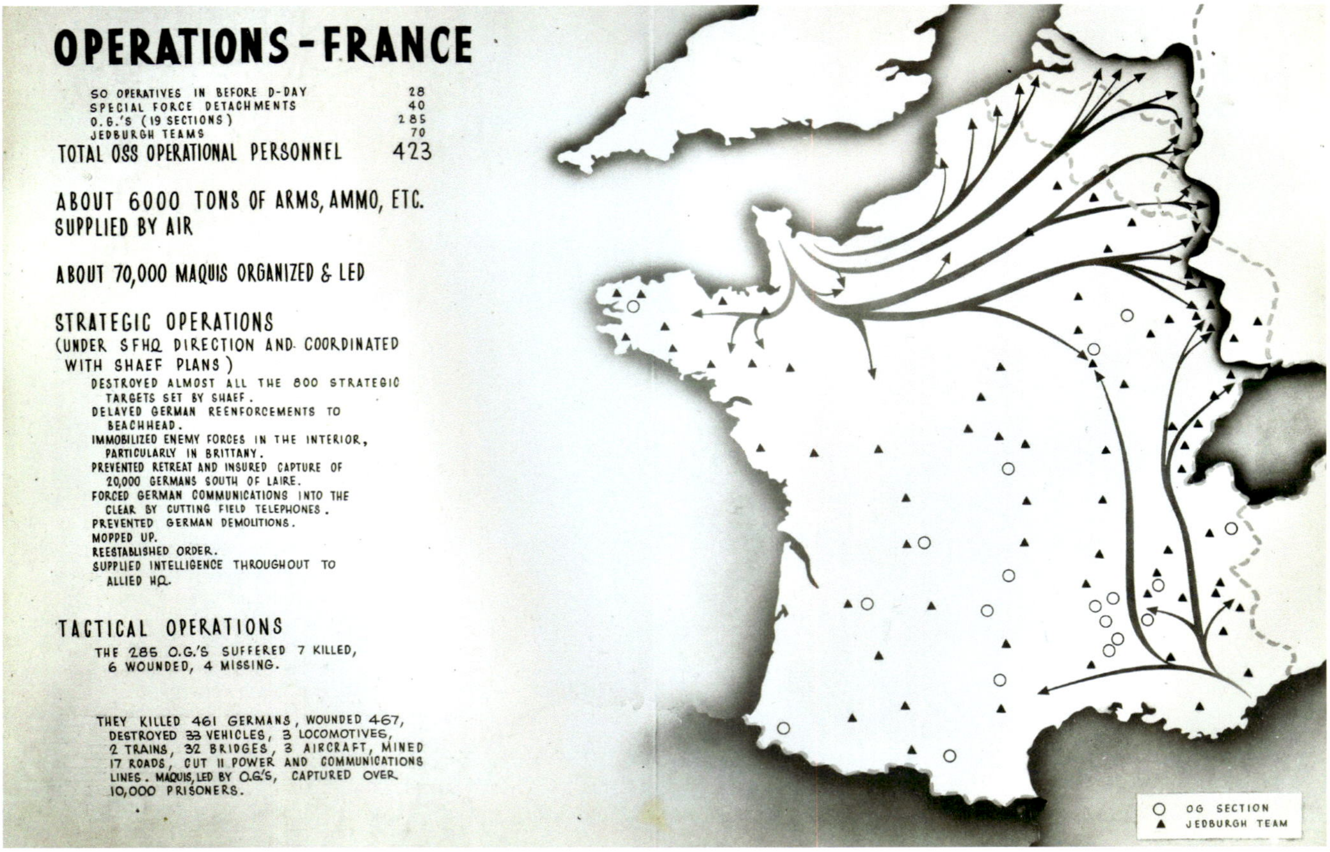

WEGE DER BEFREIUNG Eine Karte mit den Beiträgen des OSS zur Befreiung Frankreichs. Zu sehen sind die vor und nach dem D-Day gestarteten Operationen und die alliierten Landungen in Südfrankreich. Viele OSS-Operationen wurden gemeinsam mit dem Maquis durchgeführt. Sein Einsatz wird auf einem Plakat (ganz oben) gewürdigt, das an die „Flamme des französischen Widerstandes" erinnert, von der Charles de Gaulle sagte, sie dürfe niemals erlöschen.

Hyde, ein 28-jähriger amerikanischer Rechtsanwalt, der in Paris geboren wurde und dem OSS in Algier beitrat, rekrutierte französische Exilanten in Nordafrika und schickte sie in ihre Heimat zurück, um die Deutschen auszuspionieren. Hyde, der nicht über Flugzeuge verfügte, startete seine Operation mit dem Codenamen Penny Farthing, indem er zwei seiner französischen Rekruten, Jacques de Roquefort und Mario Marret, von der SOE nach Frankreich fliegen ließ, wo sie im Juli 1943 in der Nähe von Lyon mit dem Fallschirm landeten. Diese Luftbrücke markierte den Beginn einer fruchtbaren Zusammenarbeit zwischen dem OSS und der SOE in Frankreich, die dort seit 1940 eigene Agenten unterhielt, aber viele von ihnen bei Razzien verloren hatte.

Roquefort und Marret wurden in Lyon von einer bunten Truppe aus Widerständlern unterstützt, die vom katholischen Priester bis hin zu Prostituierten im örtlichen Bordell reichte. Bis 1944 hatte Hyde mehr als ein Dutzend Zwei-Mann-Teams in Südfrankreich installiert, die codierte Berichte über deutsche Truppenstärken und -bewegungen per Funk übermittelten. Dies diente der Vorbereitung der zweite Phase der Invasion Frankreichs, die einen amphibischen Angriff an der Mittelmeerküste vorsah, der auf die große Invasion in der Normandie folgen sollte. Andernorts rüsteten OSS-Agenten französische Widerstandsgruppen für Angriffe aus, die dem D-Day vorausgehen, respektive zeitlich parallel erfolgen sollten. Donovans Agentur erhielt nun auch Unterstützung von der 801st Bombardment Group der US Army Air Force, deren Piloten als „Carpetbaggers" bekannt waren. Sie flogen B-24, die eigentlich für Tiefflugeinsätze gegen U-Boote ausgelegt waren und so umgebaut wurden, dass sie Waffen und Agenten ins besetzte Frankreich fliegen konnten. Für solche Einsätze wurde der Kugelturm am Bauch der B-24 durch eine Luke ersetzt, die als „Joe-Loch" bekannt war, wegen der „Joes", die sich durch sie mit dem Fallschirm in die Tiefe stürzten.

Das OSS hatte sowohl Joes als auch Janes – weibliche Agenten, die verdeckt arbeiteten. Keine von ihnen war mutiger als Virginia Hall, die 1906 in Maryland geboren wurde und in Europa zur Schule ging, wo sie Französisch und andere Sprachen lernte. Da sie nicht warten wollte, bis die USA in den Krieg eintraten, sprach sie im Mai 1941 bei der SOE in London vor und überzeugte Maurice Buckmaster, den Leiter der französischen Abteilung der Agentur, sie für verdeckte Operationen in Frankreich auszubilden. Da er noch nicht befugt war, Frauen dorthin zu schicken, arbeitete sie zunächst „freiberuflich" und reiste unter ihrem eigenen Namen als Auslandskorrespondentin der *New York Post*. Bald knüpfte sie Kontakte zu Anti-Nazis in der Umgebung von Lyon, unterstützte Widerstandsnetze und half Flüchtlingen, aus Frankreich herauszukommen. Ende 1942 wurde sie selbst zum Ziel der Gestapo und floh, bevor die Deutschen Südfrankreich besetzten, zu Fuß über die Pyrenäen nach Spanien, was für eine Frau, die vor dem Krieg einen Jagdunfall erlitten hatte und seitdem ein Holzbein trug, keine einfache Aufgabe gewesen sein dürfte.

Hall blieb bei der SOE, die sie, weil man sie in Frankreich als gefährdet betrachtete, nun in Spanien einsetzte. Anfang 1944 wechselte sie zum OSS und bot an, ihre Arbeit mit französischen Partisanen vor der Invasion wieder aufzunehmen. Als sie im März 1944 mit dem Boot an der bretonischen Küste landete, schienen ihre Chancen nicht allzu gut zu stehen. „Die Frau, die hinkt, ist eine der gefährlichsten alliierten Agentinnen in Frank-

(weiter auf Seite 268)

PORTRÄT EINER AGENTIN Diese Zeichnung der 37-jährigen OSS-Agentin Virginia Hall, Deckname Diane Heckler, wurde von ihrem Agentenkollegen Peter Harratt, Deckname Aramis, angefertigt, der mit ihr im März 1944 Frankreich per Boot erreichte. Es zeigt sie, kurz bevor sie ihr Haar grau färbte und in die Rolle einer ältlichen französischen Bäuerin schlüpfte. Auf diese Weise gelang es ihr, die Gestapo zu täuschen und bei der Bewaffnung des Maquis zu helfen.

„Die Frau, die hinkt, ist eine der gefährlichsten alliierten Agentinnen in Frankreich"

EIN GESTAPO-OFFIZIER ÜBER DIE OSS-AGENTIN VIRGINIA HALL

DIE RETTUNG VON PILOTEN IN JUGOSLAWIEN

Die Operationen der Alliierten im deutsch besetzten Jugoslawien wurden durch die heftige Rivalität zwischen zwei Widerstandsgruppen erschwert – den Kommunisten unter Führung des Kroaten Josip Broz, besser bekannt als Tito, und den Tschetniks unter Führung des serbischen Monarchisten Draža Mihailovic. Churchill kam zu dem Schluss, dass Titos Streitkräfte bei der Bekämpfung der Deutschen weitaus wirksamer waren, und brachte Roosevelt dazu, zuzustimmen, dass die Alliierten ihn unterstützten. Donovan wollte jedoch weiterhin mit beiden Gruppen zusammenarbeiteten, denn in beiden Lagern warteten abgeschossene Piloten auf Rettung. Viele von ihnen waren Amerikaner, die von Italien aus Einsätze gegen rumänische Ölraffinerien flogen, die für die deutschen Kriegsanstrengungen lebenswichtig waren, und dort Treffer einsteckten, die sie zwangen, auf dem Rückflug über Jugoslawien abzuspringen. „Scheiß auf die Briten", sagte Donovan angeblich zu Roosevelt, „lasst uns unsere Jungs rausholen." FDR beeinflusste die Briten, sich an der Operation Halyard zu beteiligen, bei der Piloten evakuiert werden sollten, die bei den Tschetniks gestrandet waren – unter der Bedingung, dass die Amerikaner diese Gruppe nicht unterstützten.

UNTERSTÜTZUNG **Der Pilot der ersten C-47, die im August 1944 in Pranjani landete, gibt einem anderen Piloten Anweisungen für eine sichere Landung.**

Am 2. August 1944 landete Lieutenant George Musulin, ein Amerikaner mit serbischen Wurzeln, der den Kontakt zwischen dem OSS und den Tschetniks hergestellt hatte, mit Sergeant Mike Rajacich und dem Funker Arthur Jibilian in Jugoslawien, um die Operation Halyard zu leiten. Sie wurden zum Hauptquartier der Tschetniks in Pranjani geleitet, wo über 250 Piloten Schutz gefunden hatten. „Jetzt wussten wir, dass Bewegung in die Sache kam", erinnerte sich ein amerikanischer Pilot. Nur eine Woche später wurden die Piloten nach Italien ausgeflogen. Musulin konnte nicht anders, als den Tschetniks, die von Titos vorrückenden Truppen bedroht wurden, Hilfe anzubieten, und wurde deshalb abberufen. OSS-Leutnant Nick Lalich führte die Operation weiter. Bis Dezember, als Halyard zu Ende ging, waren etwa 500 Luftwaffenangehörige sicher aus dem Einflussgebiet der Tschetniks evakuiert worden. Damit stieg die Gesamtzahl der während des Krieges in Jugoslawien geretteten Menschen auf fast 2000. Donovans Entscheidung, mit zwei Fraktionen zusammenzuarbeiten, die nicht miteinander arbeiten konnten, hatte sich als richtig erwiesen. ✪

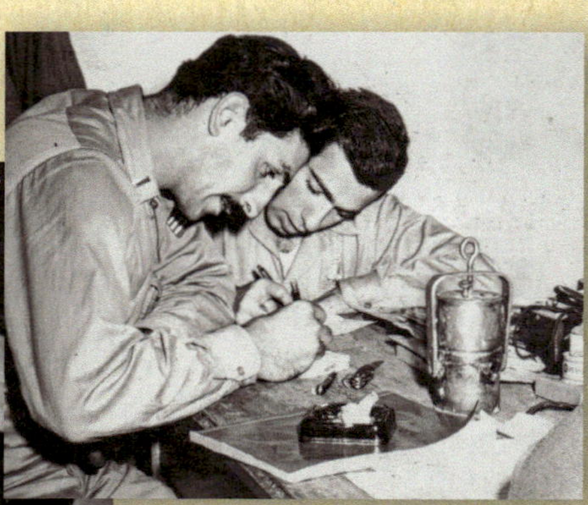

GERETTET **Lieutenant Nick Lalich (oben, links im Bild) verfasst eine Nachricht, die von Funker Arthur Jibilian (rechts im Bild) im Rahmen der Operation Halyard gesendet wird. Gerettet wurden unter anderem die drei Flieger in der Mitte auf dem Foto links, die von Tschetniks in dunklen Uniformen flankiert werden. Jibilian erinnerte sich, dass einige Piloten aus Dankbarkeit ihre Schuhe den Serben überließen, die sie beherbergt hatten.**

MEDIZINISCHE HILFE Captain J. H. Mitrani (zweiter von rechts), ein Chirurg der Luftwaffe der 15. Armee, behandelt in Pranjani einen verwundeten Tschetnik. Das Verbot, die Tschetniks zu unterstützen, hinderte Mitrani nicht daran, Kranke und Verletzte zu verarzten.

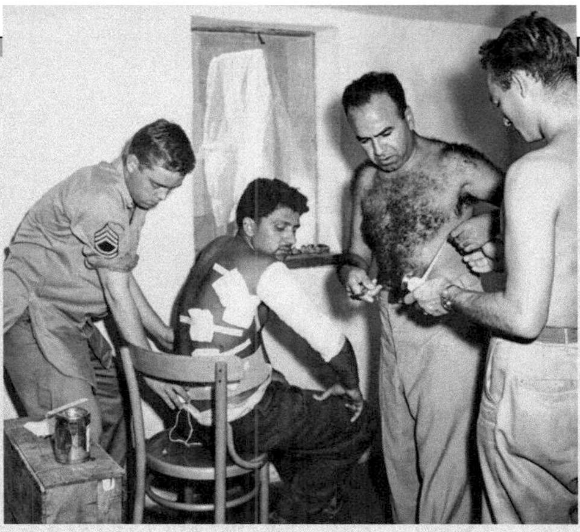

VERSORGUNG Die Vorräte für die Akteure der Operation Halyard und die von ihnen geretteten Piloten wurden auf Ochsenkarren herangeschafft.

LUFTBRÜCKE Die C-47, mit denen die Piloten aus Jugoslawien ausgeflogen wurden, stammten von der 15. Armee, die auch Kampfflugzeuge als Eskorte zur Verfügung stellte.

RICHTUNG HEIMAT Mit Schwimmwesten ausgerüstet, flogen die Piloten in einer C-47 über die Adria zu einer amerikanischen Basis in Italien.

SCHLAFLOSE NACHT Die OSS-Männer schliefen dicht beieinander auf Heu auf dem Boden und wurden oft von Flöhen gepeinigt. „Innerhalb von fünf Minuten waren alle auf den Beinen, und schlugen wild um sich“, bemerkte einer von ihnen.

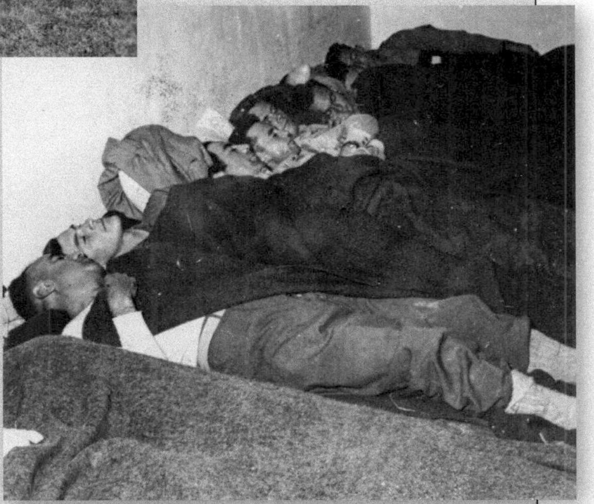

KÖNIGLICHER SALUT General Draža Mihailovic (vorn) salutiert mit seinen Tschetniks anlässlich des Geburtstags des jugoslawischen Exilkönigs am 6. September 1944. Mihailovic wurde später von Titos Truppen gefangen genommen und 1946 hingerichtet.

reich“, erklärte ein Gestapo-Offizier. „Wir müssen sie finden und vernichten.“ Aber Hall täuschte ihre Verfolger, indem sie ihr Haar grau färbte und sich als humpelnde alte Bäuerin ausgab. Sie arbeitete mit den schwer zu fassenden französischen Guerillas zusammen, die als Maquis bekannt sind, und koordinierte über Funk Abwurfzonen für die Waffen, die sie benötigten. Wie andere OSS-Agenten in Frankreich hielt Hall das Feuer des Widerstands am Leuchten – auch nach dem D-Day, der von den Deutschen lange erwartet worden war, der sie aber dank der ausgeklügeltsten und effektivsten militärischen Geheimhaltungs-, Täuschungs- und Irreführungskampagne der Neuzeit kalt erwischte.

„Im Krieg ist die Wahrheit so kostbar, dass sie immer von einer Leibwache von Lügen umgeben sein sollte.“
WINSTON CHURCHILL

OVERLORD UND BODYGUARD

Der alliierte Plan zur Invasion der Normandie, Codename Operation Overlord, wurde auf höchster Ebene gebilligt, als Roosevelt, Churchill und Stalin Ende 1943 in der iranischen Hauptstadt Teheran zu vertraulichen Gesprächen zusammenkamen. Stalin hatte lange auf einen angloamerikanischen Angriff auf Frankreich gedrängt, um den Druck auf die Rote Armee zu verringern, die langsam und unter großen Verlusten in Osteuropa vorrückte. Churchill, der eine Katastrophe befürchtete, falls der Feind den Ort der Invasion vorhersah und seine Truppen in der Normandie konzentrierte, betonte die Notwendigkeit, die Deutschen zu täuschen und ihre Aufmerksamkeit auf andere mögliche Landeplätze zu lenken. „Im Krieg“, bemerkte er, „ist die Wahrheit so kostbar, dass sie immer von einer Leibwache von Lügen umgeben sein sollte.“ Stalin, der seinen sowjetischen Landsleuten selten die Wahrheit sagte, brauchte nicht zum Lügen aufgefordert werden. „Wie nennen das militärische Rafinesse“, sagte er dem Premierminister.

DIE GROSSEN DREI Stalin, Roosevelt und Churchill bildeten auf der Konferenz von Teheran, die Ende November 1943 in der iranischen Hauptstadt zusammentrat, eine geschlossene Front. Über die Pläne für eine angloamerikanische Invasion in Frankreich und eine Kampagne zur Täuschung der Deutschen hinsichtlich des Ortes der Landung wurden sich die Großen Drei einig. Aber es kam zu Meinungsverschiedenheiten über das Schicksal Polens und anderer Länder, die von sowjetischen Truppen auf dem Weg nach Berlin besetzt werden sollten.

Die ausgeklügelten Täuschungsmanöver des D-Day, die folgen sollten, wurden größtenteils von britischen Offizieren inszeniert, die ihre Fähigkeiten schon früher im Krieg unter Beweis gestellt hatten, indem sie die Kommandeure der Achsenmächte mit Falschmeldungen, Finten und Hinweisen auf Truppen, die gar nicht existierten, irreleiteten. Mit einem Augenzwinkern an Churchill wurde die gesamte Täuschungskampagne mit dem Codenamen Bodyguard versehen. Im Zentrum von Bodyguard stand ein Plan namens Fortitude South, der Hitler in seiner Annahme bestärken sollte, dass die alliierten Truppen den kürzesten Weg nach Deutschland nehmen würden: über die Straße von Dover nach Calais, wo sich der nahe gelegene Hafen von Antwerpen für Nachschublieferungen anbot. Die alliierten Kommandeure entschieden sich gegen diese Option, denn sie hätte einen Angriff auf den stärksten Sektor des Atlantikwalls bedeutet, die fast 2700 Kilometer lange deutsche Verteidigungslinie. Bodyguard sah sogar vor, die Invasion in der Normandie, nachdem sie erfolgt war, nur als Vorspiel zu einer noch größeren Invasion in Calais darzustellen. Damit wollte man verhindern, dass die deutschen Truppen, die Calais verteidigten, in die Normandie verlegt wurden. Dies war die größte der vielen Lügen, die von den Strategen der Operation Bodyguard verbreitet wurden, um die wahre Natur von Overlord zu verschleiern.

Ihr ehrgeiziger Täuschungsplan könnte ruinös nach hinten losgehen, wenn der Feind ihn durchschaute und das wahre Ziel erkannte. Aber alliierte Offiziere waren in der Lage, dieses Risiko einzuschätzen, weil sie die Codes der Achsenmächte geknackt hatten und so die Gedanken des Feindes lasen. Als amerikanische Kryptoanalytiker 1940 Japans Chiffriermaschine Purple knackten und damit begannen, die Diplomatennachrichten dieser Nation zu entschlüsseln, erwarben sie entscheidende Informationen über die Achse als Ganzes. Als besonders hilfreich erwies sich dabei Generalleutnant Hiroshi Oshima, der von Anfang 1941 bis Kriegsende als japanischer Botschafter in Deutschland diente. Oshima wurde zu einem Vertrauten Hitlers und spionierte unwissentlich sein Regime aus, indem er detaillierte Berichte von Berlin nach Tokio schickte, die auf Purple verschlüsselt, per Funk übermittelt, abgefangen, entziffert und an die alliierten Führer verteilt wurden, die Oshima als „unsere wichtigste Informationsgrundlage für Hitlers Absichten in Europa" bezeichneten. Im Oktober 1943 bereiste Oshima den Atlantikwall und berichtete Tokio ausführlich über die tiefgründigen deutschen Verteidigungsanlagen in Calais und die weniger imposanten Befestigungen in der Normandie. Das ermutigte Churchill, Overlord zu unterstützen, und bestätigte, dass Hitler eine alliierte Invasion in Calais erwartete – eine Einschätzung, die von den Alliierten durch Täuschungsmanöver weiter untermauert wurde.

Nicht minder wichtig für die Invasionsvorbereitungen in der Normandie waren die Ultra-Entschlüsselungen aus Bletchley Park, vor allem die abgefangenen Berichte der Abwehr, aus denen hervorging, welche Doppelagenten des MI5 in Berlin am meisten geschätzt wurden und dementsprechend für Täuschungsmanöver eingesetzt werden konnten. Zwei, die dabei eine große Rolle spielten, waren Juan Pujol aus Spanien (Deckname Garbo) und Dusko Popov aus Jugoslawien (Deckname Tricycle). Popov hatte das Vertrauen der Abwehr wiedergewonnen, nachdem er 1942 aus Amerika nach Großbritannien zurückgekehrt war und seinen deutschen Kontaktmann erneut mit „hinreißenden" Berichten versorgte, in denen er echte Geheiminformationen, die vom Twenty Committee autorisiert waren, mit gepflegtem Unsinn vermischte. Pujol hatte unterdessen seinen Ruf in Berlin verbessert, indem er die Abwehr vor der alliierten

(weiter auf Seite 272)

DEN WALL DURCHBRECHEN Der Atlantikwall war an der Straße von Dover, die die kürzeste Verbindung von der englischen Küste zur deutschen Grenze bot, am stärksten ausgebaut. Die Planer der Operation Overlord wählten aber den längeren Invasionsweg über die weniger stark befestigte Normandie und verließen sich auf die Täuschungsmanöver der Operation Bodyguard, um die Wehrmacht anderswo festzunageln, die sich auf eine mögliche Invasion von Norwegen bis zum Mittelmeer vorbereitete.

DER ATLANTIKWALL

Als Japans Botschafter in Deutschland, Generalleutnant Hiroshi Oshima, Ende 1943 den Atlantikwall besichtigte (unten), ahnte er nicht, dass er unwissentlich für die Alliierten spionierte. Seine detaillierten Berichte an Tokio über die deutschen Vorbereitungen wurden von amerikanischen Kryptoanalytikern abgefangen und entziffert und an die Planer der Operation Overlord weitergeleitet. In seinem ersten Bericht über den Atlantikwall im November (rechts) schrieb Oshima, dass die Deutschen planten, jeden Invasionsversuch „so nahe wie möglich an der Wasserkante" niederzuschlagen. Er fügte hinzu, dass die alliierte Invasion nicht „überall entlang der Linie aufgehalten werden könnte; aber selbst wenn es einigen Männern gelänge, an Land zu gehen, wäre es für sie nicht leicht, dem mächtigen Gegenangriff der deutschen Reserven standzuhalten, die sich blitzschnell sammeln können".

Oshimas Einschätzung untermauerte die Einschätzung der Planer von Operation Bodyguard – die Täuschungskampagne zum Schutz von Overlord –, dass der Sieg nicht nur davon abhing, den Feind hinsichtlich des Ortes der Invasion in die Irre zu führen, sondern auch davon, alle verfügbaren deutschen Reserven daran zu hindern, nach der Invasion dorthin zu eilen. In späteren Berichten bestätigte Oshima, dass das Gebiet um Calais stärker befestigt war als die Normandie und von mächtigen Reserveeinheiten verteidigt wurde – und dass Hitler gedachte, diese Truppen an Ort und Stelle zu belassen, um eine erwartete große Invasion in Calais abzuwehren, die nach einer Scheininvasion in der Normandie erfolgen könnte. Die Rechnung der Bodyguard-Planer schien also aufzugehen. Dank dieser durch Code-Bruch gewonnenen Informationen ging die alliierte Täuschungsstrategie so perfekt auf, dass die deutsche Reaktion nach der Invasion in der Normandie bei Weitem nicht so rasch und kraftvoll erfolgte, wie Oshima vorhergesagt hatte. Es gelang ihnen nicht, die alliierte Flut aufzuhalten. ✪

INFORMANT In Militäruniform inspizierte Oshima einen Beobachtungsposten am Atlantikwall. Rechts sind Transkripte der ersten beiden Seiten des Berichts über seinen Besuch am Atlantikwall zu sehen, der am 10. November 1943 nach Tokio übermittelt wurde, entschlüsselt von Magic.

SECRET

From: Berlin (OSHIMA)
To: Tokyo
10 November 1943

#1349 (6-part message complete)

Reference my #1347a.

My impressions and views on this inspection tour are as follows:

1.) All the German fortifications on the French coast are very close to the shore and it is quite clear that the Germans plan to smash any enemy attempt to land as close to the water edge as possible. Nevertheless, on the other hand, the forts centering around Naval bases are defending the frontal coasts by using excellent and effective posts and even within the scope of the smallest forts they are invested with the freedom of action which will permit them to hold out independently for a very long time. They are prepared with large Reserve Units which can be moved to the central theatre. From the Heeresgruppe (army groups) above to the regiments below, who are directly in charge of defending the coasts, it is the same. Were the enemy successful in a partial landing, lateral shell fire from the neighboring defense posts and the appearance of mobile forces would annihilate them. This may be called Germany's conception of defense in the West. Furthermore, in order to avoid futile losses in the fortifications in men and materiel by the shelling and bombing of the enemy and to attain the maximum effect from a minimum number of soldiers performing defense

Japanese #101709

[redacted] Page #1

[redacted]

SECRET

work, even individual machine gun nests are, without stint, strengthened with ferro-concrete. However, at the same time they have the facility of advancing directly to a counter-attack whenever the enemy should try an invasion. This is the same idea that was evident at the West Wall but in these fortifications the quality is ever so much better.

2.) The whole coast fortified by the Germans is very vast and now particularly when we cannot but realize the high quality of the aerial forces (sic), should the enemy gather together a powerful fleet and regardless of sacrifices, attempt to land, naturally it cannot necessarily be expected that they could be stopped everywhere along the line; but even if some men did succeed in getting ashore, it would not be easy for them to smash the counter-attack of the powerful German Reserves, who can rally with lightning speed. If you want my opinion, I say that we may well calculate that even though the American and British forces, for a short time, establish a bridge-head, under the present circumstances, it would be utterly impossible for them to form any new second front in France. I will tell you why I think so; in spite of the fact that the areas which I have just inspected are areas regarded as --G-- the way they are so efficiently prepared deepens this feeling in me. Moreover, they are actively expanding the engineering work. When we realize what a good job has been done, together with what they are still going to do, we can see what a hard time the enemy would have.

3.) What pleased me most on this tour was the morale and military spirit of the soldiers.

Japanese #101709

[redacted] Page #2

[redacted]

BOLLWERK Auf dieser nachkolorierten Aufnahme sieht man einen deutschen Wachposten neben einem furchterregenden 380-mm-Artilleriegeschütz von Krupp, das aus einer Betonbatterie herausragt. Derart massive Anlagen wurden in und um Calais errichtet, in der Normandie war der Atlantikwall nicht so stark befestigt.

HINDERNISSE Feldmarschall Erwin Rommel (vordere Reihe, dritter von links) und andere deutsche Spitzenoffiziere inspizieren im April 1944 einen Strandabschnitt bei Calais, an dem Hemmbalken gegen Landungsboote und Amphibienpanzer in den Sand gerammt wurden. Rommel übernahm Ende 1943 die Küstenverteidigung entlang des Atlantikwalls in Frankreich und Belgien und kümmerte sich immer wieder persönlich um die Sicherung der Strände.

Invasion in Französisch-Nordafrika warnte, und zwar in einem Brief, dessen Versand von den britischen Behörden absichtlich in die Länge gezogen wurde, sodass er erst kurz nach der Invasion bei den Deutschen eintraf. Pujol beschwerte sich daraufhin bei der Abwehr, dass sie ihm kein Funkgerät zur Verfügung gestellt hatten, mit dem er diese Warnung sofort hätte senden können. Der MI5 rüstete Pujol bald darauf mit einem Sender aus. Der Abwehr gegenüber behauptete er, er habe ihn von einem seiner vielen – fiktiven – Unteragenten erhalten. In den fünf Monaten vor dem D-Day versorgte Pujol seinen Falloffizier in Madrid, Major Karl-Erich Kühlenthal, mit mehr als 500 gefakten Funknachrichten, der diese nach Berlin weiterleitete. Parallel schickte Pujol weiterhin mit unsichtbarer Tinte verfasste Briefe an seine Vorgesetzten bei der Abwehr, in denen er sich als engagierter Agent darstellte, der seine geliebte Heimat verlassen habe und in Großbritannien die Hinrichtung riskierte, um Hitler bei der Zerschlagung des Kommunismus zu helfen.

Pujol, Popov und andere Doppelagenten spielten eine wichtige Rolle bei Fortitude South – dem Kernstück der Bemühungen, Calais als das Hauptinvasionsziel darzustellen – und trugen auch zu Täuschungsmanövern am Rande bei, die darauf abzielten, bei den Deutschen Furcht vor Angriffen in anderen Ländern zu schüren und ihre Soldaten dort zu binden. Die vermeintliche Bedrohung für Norwegen, wo zwölf deutsche Divisionen stationiert waren, trug den Codenamen Fortitude North und bestand aus einer fiktiven britischen Vierten Armee in Schottland, die über die Nordsee angreifen würde. Mehrere Dutzend Funker arbeiteten unablässig daran, den Funkverkehr einer ganzen Armee für deutsche Horchposten zu imitieren. Dummy-Kampfflugzeuge aus Sperrholz und Segeltuch tauchten über Nacht auf Scheinflugplätzen auf, die die Aufklärer der Luftwaffe, die am nächsten Morgen aufstiegen, für echt halten würden. Um der Illusion Substanz zu verleihen, gaben sich Ende April echte britische Kriegsschiffe und Frachter im Firth of Forth an der schottischen Ostküste als Invasionsflotte aus. Pujol berichtete Kühlenthal, einer seiner Unteragenten habe Truppen in Schottland beim Training für einen amphibischen Angriff beobachtet. Unterdessen drängten britische Diplomaten das neutrale Schweden, alliierte Aufklärungsflüge über seinem Territorium zuzulassen, und deuteten in Stockholm unter vorgehaltener Hand an, dass eine Invasion in Norwegen unmittelbar bevorstehe. Die Diplomaten wussten, dass diese Information postwendend nach Berlin durchgesteckt würde. Der Plan ging auf: Ende Mai entsandte Hitler weitere Truppen nach Norwegen.

BOMBENANGRIFF Am 5. Juni 1944 bombardiert eine amerikanische B-17 die deutsche Küstenverteidigung in der Nähe von Boulogne südwestlich von Calais an der Straße von Dover. Solche Bombenangriffe verstärkten sich, als der D-Day näher rückte, um den Eindruck zu verstärken, dass die alliierten Invasionskräfte ihren großen Vorstoß hier unternehmen würden.

Täuschungen wurden auch im Mittelmeerraum inszeniert, wo Dudley Clarke seine Doppelagenten einsetzte, um die deutsche Spionageabwehr vor einem bevorstehenden britischen Angriff auf Griechenland zu warnen, der nie stattfand. Als weniger wirksam erwies sich der Trick von M. E. Clifton James, einem britischen Schauspieler, der General Bernard Montgomery, dem Kommandierenden der Invasionstruppen in der Normandie, täuschend ähnlich sah. Nach akribischen Proben, in denen er lernte, Montys Gang und Gestik nachzuahmen, wurde James Ende Mai nach Gibraltar und Nordafrika geschickt, um den berühmten General zu verkörpern und den Eindruck zu erwecken, dass dieser

SCHATTENKRIEG Die beiden Fotos links aus einem vertraulichen britischen Bericht über visuelle Verschleierung und Täuschung machen deutlich, dass die dreidimensionale Attrappe der Spitfire einen überzeugenderen Schatten wirft als ein flaches Modell desselben Flugzeugs. Da solche Details von deutschen Aufklärungspiloten und Fotoanalysten bemerkt werden konnten, machten sich britische Täuschungskünstler die Mühe, vollständig geformte Flugzeugattrappen herzustellen.

FALSCHER BOMBER Auf den Fotos rechts ist die Attrappe eines leichten Bombers vom Typ Boston – die RAF-Version der Douglas A-20 Havoc – zu sehen, im Bau (unten) und in fertigem Zustand (oben). Durch die Lackierung wirkte die hohle Holzhülle des Dummys täuschend echt und kampftauglich.

MONTYS DOUBLE **Der Schauspieler M. E. Clifton James (ganz oben) spielte die Rolle als General Bernard Montgomery (oben) in Varietéshows, bis er aufgefordert wurde, sich offiziell für ihn auszugeben. Als berühmter alliierter Kommandeur reiste James im Mai 1944 nach Gibraltar und Nordafrika, um deutschen Beobachtern vorzugaukeln, Monty sei mit Vorbereitungen für eine Offensive im Mittelmeer befasst, statt mit der Invasion in Frankreich.**

dort und nicht in Frankreich etwas Bedeutsames plante. Während er als der enthaltsame Montgomery „auf Tournee" war, war es James verboten, zu rauchen oder zu trinken, aber er hatte heimlich einen Flachmann dabei und betrank sich auf einem Nachtflug so, dass seine Helfer kaum in der Lage waren, ihn für den nächsten Auftritt auszunüchtern. Seine Darbietungen täuschten ein paar Schaulustige, aber den wichtigen Teil des Publikums – deutsche Geheimdienstler, die im Grunde nicht daran zweifelten, dass der nächste große alliierte Schlag irgendwo am Atlantikwall fallen würde – konnte James nicht überzeugen. Sie vertrauten eher den Berichten ihrer Agenten in England, darunter der hoch angesehene Juan Pujol, die besagten, dass die gewaltige First US Army Group (FUSAG) bald in Calais landen würde, und zwar unter einem Kommandeur, dessen Ruf in Deutschland dem von Montgomery in nichts nachstand: General Major George S. Patton.

Tatsächlich spielte Patton eine Rolle, die weitaus hinterhältiger war als die von James. Als Verfechter eisenharter Panzeroffensiven schien Patton für eine führende Rolle bei der Invasion Frankreichs prädestiniert zu sein, bis Eisenhower ihn zurückpfiff, weil er zwei traumatisierte amerikanische Soldaten beschuldigte, sich ihrer Pflicht zu entziehen und sie ohrfeigte. Dieser Vorfall trug wenig dazu bei, Pattons Ansehen bei den deutschen Generälen zu schmälern, die ihn als einen ihrer härtesten Feinde betrachteten. Sie waren deshalb nicht überrascht von Berichten, dass er das Vertrauen von Ike wiedergewonnen hatte und ihm das Kommando über die FUSAG übertragen wurde. Was sie nicht wussten, war, dass Pattons Kommando rein fiktiv und die ganze FUSAG ein Schwindel war, zu dem Pattons imposante Präsenz und sein theatralisches Flair perfekt zu passen schienen. Zeitungsberichte über seine öffentlichen Auftritte am angeblichen FUSAG-Sammelpunkt auf der britischen Seite der Straße von Dover verstärkten die Einschätzung der Deutschen, dass die „Armeegruppe Patton", wie sie sie nannten, eine unmittelbare Bedrohung für Calais darstellte.

Der FUSAG-Bluff war eine Großproduktion mit Spezialeffekten in Form von Hunderten Panzer-, Flugzeug- und Landungsbootattrappen, die von professionellen Kulissenbauern angefertigt wurden. Die Attrappen würden wohl der deutschen Luftaufklärung, nicht aber einer genauen Inspektion standhalten. Deshalb richteten die Briten eine Zehn-Meilen-Sperrzone vor ihrer Küste ein, um sowohl die Attrappen an der Straße von Dover als auch die massive Konzentration echter Truppen bei Southampton, das der Normandie gegenüberliegt, vor allzu neugierigen Blicken abzuschirmen.

Die größte Herausforderung für die Planer von Fortitude South bestand darin, die Scheinbedrohung durch die FUSAG auch über den D-Day hinaus aufrechtzuerhalten, um eine schnelle Verlegung deutscher Streitkräfte von Calais in die Normandie zu verhindern. Diese Aufgabe wurde den versiertesten Doppelagenten des MI5 übertragen, die die alliierte Truppenstärke in Großbritannien maßlos aufblähten. Die Abwehr in Berlin musste aus Berichten von Dusko Popov und anderen Spionen schließen, dass es in Großbritannien über 90 alliierte Divisionen gab – fast doppelt so viele wie tatsächlich und mehr als genug, um eine zweite Invasion über die Meerenge zu starten, nachdem Montys Truppen in der Normandie gelandet waren.

Eine Entwicklung, die John Masterman, Leiter des Twenty Committee, beunruhigte, war die Absetzung von Admiral Canaris als Abwehrchef im Februar 1944, als Hitler die Schaffung eines „vereinigten deutschen Geheimdienstes" unter dem Kommando von

Reichsführer SS Himmler anordnete. Hitler betrachtete Canaris noch nicht als Verräter, aber er entließ den Admiral und stellte ihn aus dem gleichen Grund unter Hausarrest, aus dem der MI5 hoffte, dass er im Amt blieb: die Inkompetenz, Bestechlichkeit und Illoyalität einiger seiner Agenten. Masterman befürchtete, dass mit der Abwehr unter SS-Kontrolle „neue Besen vieles wegfegen, was wir erhalten wollten". Dazu gehörte das enge Verhältnis zwischen Popov und seinem Kontrolleur in Portugal, Major Ludovico von Karsthoff, der regelmäßig Gelder abzweigte, die zur Unterstützung Popovs und seines angeblichen Spionagerings gedacht waren. Karsthoff wurde bald nach der Übernahme der Abwehr durch die SS gefeuert. Ein weiterer in finanzielle Unregelmäßigkeiten verwickelter Offizier, Johann Jebsen, der Popov ursprünglich angeworben hatte, wurde Ende April in Madrid verhaftet und der Gestapo in Berlin übergeben.

Jebsens Verhaftung stellte eine unmittelbare Bedrohung für die Operationen Double Cross und Bodyguard dar, weil auch er vom MI5 umgedreht worden war und wusste, dass Popovs Berichte über die FUSAG nur dazu gedacht waren, Hitler und seine Armeechefs hinters Licht zu führen. Er wusste auch, dass Juan Pujol ein Doppelagent des MI5 war. Mit Jebsen in Gestapo-Händen, schrieb Colonel Roger Hesketh, der für den FUSAG-Schwindel verantwortlich war, könnten die Deutschen dahinterkommen, dass einige, wenn nicht alle ihre Spione in England unter alliierter Kontrolle standen „und zu dem Schluss kommen, dass die Botschaften, die sie erhielten, das Gegenteil der Wahrheit waren". Die Deutschen würden nur eins und eins zusammenzählen müssen, um zu erkennen, dass die Normandie das eigentliche Ziel der Invasion war. Masterman erkannte dieses Risiko, aber er und das Twenty Committee beschlossen, den Kurs beizubehalten, in der Hoffnung, dass sich der Fall gegen Jebsen in Berlin auf seine „persönlichen finanziellen Vergehen" beschränken würde. Die Gestapo-Agenten mögen ihn verdächtigt haben, ein Doppelagent zu sein, und versucht haben, die Wahrheit aus ihm herauszuprügeln, aber wenn dem so war, sind sie gescheitert. Jebsen landete in einem Konzentrationslager und starb wahrscheinlich dort. Da der MI5 nichts über sein Schicksal wusste, beschloss er, seine engste Verbindung innerhalb der Abwehr, Popov, zu kappen, aber Pujol und andere Doppelagenten blieben im Geschäft.

Eine weitere Krise, mit der sich die Täuschungsplaner in London befassen mussten, betraf die in Russland geborene Journalistin Nathalie „Lily" Sergueiew. Sie war in Paris von Major Emil Kliemann als Abwehrspionin rekrutiert worden und hatte angeboten, in England, wo sie Verwandte hatte, für ihn zu spionieren. 1943 reiste sie über Spanien nach London, nahm aber in Madrid Kontakt zu einem britischen Agenten auf und wurde unter dem Decknamen Treasure Doppelagentin des MI5. Sergueiew, die von Masterman als „außerordentlich temperamentvoll und nervig" beschrieben wurde, litt an einer Nierenkrankheit ... und am Herzen – wegen des Verlusts ihres Hundes, der auf Geheiß der Briten in Spanien unter Quarantäne gestellt wurde und starb. Dennoch erwies sie sich für den MI5 als recht wertvoll. Sie arbeitete kräftig an der FUSAG-Illusion mit, indem sie Kliemann

(weiter auf Seite 278)

PATTONS GEISTERARMEE **George Patton inspiziert hier einige echte Soldaten seiner weitgehend fiktiven First US Army Group (FUSAG). Die Beteiligung an dieser Täuschung, mit der die deutschen Truppen bei Calais in Stellung gehalten werden sollten, während die Invasion in der Normandie stattfand, war für Patton ein Kinderspiel.**

„Sobald [die Alliierten] Brückenköpfe in der Normandie und der Bretagne eingerichtet haben, werden sie mit einer umfassenden zweiten Front über die Straße von Dover vorrücken."

HITLER GEGENÜBER DEM JAPANISCHEN BOTSCHAFTER HIROSHI OSHIMA ÜBER DIE ALLIIERTEN INVASIONSPLÄNE

KARTEN DER INVASION

Keine Militäroperation im Zweiten Weltkrieg war mehr von präziser Aufklärung und strikter Geheimhaltung abhängig als Overlord, die alliierte Invasion in der Normandie. Der Oberbefehlshaber der Alliierten, Dwight Eisenhower, erhielt eine düstere Vorschau auf das, was passieren könnte, wenn der Feind von den Invasionsplänen erfuhr, als er Ende April 1944 eine Trainingsübung mit fast 30 000 Soldaten an der englischen Küste durchführen ließ. Durch den starken Funkverkehr der an der Übung teilnehmenden Einheiten alarmiert, rückten nachts deutsche Torpedoboote aus und beschossen die Panzer-Landungsschiffe. 749 Männer kamen ums Leben. Den Überlebenden wurde verboten, über die Katastrophe zu sprechen.

Die Kartierung der Landeplätze für Overlord war riskant, aber für den Erfolg der komplexen Operation unerlässlich. Vorläufige Informationen für die Kartografen kamen von französischen Zwangsarbeitern, die zum Bau des Atlantikwalls herangezogen worden waren. Taucher näherten sich nachts der normannischen Küste, um die Standorte von Hindernissen, Bunkern und Batterien ausfindig zu machen. Die Luftaufklärung erfolgte offen entlang der Küste der Normandie, ohne die Invasionspläne zu verraten, da ähnliche Flüge auch bei Calais und anderen möglichen Landeplätzen durchgeführt wurden. Piloten stürzten sich hinab, um Nahaufnahmen wie die unten stehende zu machen. Sie riskierten dabei alles, um die Kartografen bei der Erstellung von detaillierten Karten zu unterstützen, die am D-Day viele Leben retten würden. ✪

LUFTAUFKLÄRUNG Arbeiter suchen das Weite, als sich ein alliierter Aufklärer im Tiefflug nähert, um die deutschen Strandverbauungen zu fotografieren. Die Luftaufklärung war existenziell für die Erstellung von Karten wie die rechts abgebildete, die wie alle anderen Karten der Invasion den Stempel „Top Secret – Bigot" trägt. Sie gehörte Ensign Joseph Vaghi, der am D-Day im Sektor Easy Red an Omaha Beach landete.

St. Laurent-sur-Mer
GRID SECTION
les Moulins
SPOT ELEV. 54 METERS
RESERVOIR
EXIT D-3
LOW LOW WATER MARK
DEPTH OF WATER OVER SANDBARS BELOW LOW LEVEL UNCERTAIN
L A S E I N E
EASY RED
EASY GREEN
DOG RED
EBB CURRENT
VALLEY OF RIVER RUQUET
CONSTRUCTION ACTIVITY
LES MOULINS
RUINS 684897
RUINS OF HOUSE 676900
HOUSE 676901
RUINS 671903
HOUSE 667906
This sheet joins OMAHA BEACH—WEST (Vierville-sur-Mer) at this edge—NO OVERLAP
OMAHA BEACH-EAST (Colleville-sur-Mer)
SCALE 1:7920 (8"=1 mile; 1"=220 yds.)
NOTE to COXSWAIN or NAVIGATOR
PREPARED BY COMMANDER TASK FORCE 122, APRIL 21, 1944
1755
These scales can be used to accurately measure seconds of latitude or longitude using latitude and longitude squares on the map.
TOP SECRET - BIGOT
UNTIL DEPARTURE FOR COMBAT OPERATIONS—
THEN THIS SHEET BECOMES RESTRICTED
USED THIS CHART DURING STAY ON THE BEACH

GALERIE DER DOPPELAGENTEN

Die hier vorgestellten Doppelagenten – die dem MI5 dienten und vorgaben, für Deutschland zu spionieren – stammten aus fünf verschiedenen Ländern und hatten sehr unterschiedliche Temperamente, vom superselbstbewussten Dusko Popov bis zur launischen Diva Lily Sergueiew. Was sie gemeinsam hatten, war ihr Talent für Doppelzüngigkeit und die Fähigkeit, sich als jemand auszugeben, der sie nicht waren – als treue Diener des Dritten Reichs, die ihr Leben für Deutschland aufs Spiel setzten. ✪

DECKNAME: TRICYCLE
SPION FÜR: GROSSBRITANNIEN
SPION GEGEN: DEUTSCHLAND

DUSKO POPOV **Machte sich bei den Deutschen verdächtig, weil er während seines Amerikaaufenthalts 1941/42 – als er eigentlich für die Alliierten arbeitete – keine nützlichen Informationen beibrachte. Popov entlastete sich selbst, indem er seinen Chefs die Schuld gab: „Sie schicken mich dorthin ohne Kontakte, mit ein paar armseligen Dollars, und erwarten von mir in kürzester Zeit Ergebnisse?“ Sein deutscher Falloffizier, der von seinem Topagenten an der Nase herumgeführt wurde, pflichtete ihm bei, dass alles „Berlins Schuld“ sei.**

DECKNAME: GARBO
SPION FÜR: GROSSBRITANNIEN
SPION GEGEN: DEUTSCHLAND

JUAN PUJOL **Der Spanier erfand immer wieder neue fiktive Unteragenten, die ihn mit Informationen versorgten, die er an die Deutschen weitergab, um sie in die Irre zu leiten. Zu diesen Unteragenten zählten zum Beispiel eine verdeckte Gruppe pronazistischer walisischer Nationalisten – die „Brüder der arischen Weltordnung“ – und ein Sekretär im Kriegsministerium, den er als „erfreulich indiskret“ bezeichnete. Dieser versorgte ihn angeblich mit vertraulichen Einzelheiten über alliierte Pläne, als der D-Day näher rückte.**

wissen ließ, sie habe einen Liebhaber in dieser Truppe, die an der Straße von Dover an Stärke gewann. Im Mai schockierte sie jedoch ihre Kontaktoffizierin Mary Sherer mit dem Geständnis, dass sie mit Kliemann vereinbart hatte, einen geheimen Code in ihre Nachrichten einzufügen, falls sie gezwungen wurde, ihm Falschinformationen zu senden – und sie würde von diesem Signal nun Gebrauch machen, weil die Briten am Tod ihres Hundes schuld seien. Tar Robertson vom MI5 befürchtete, sie könnte Kliemann bereits gewarnt haben oder es trotz ihres Geständnisses gegenüber Sherer noch tun. Er ließ Nachrichten von ihr von anderen verfassen und von einem vertrauenswürdigen Funker verschicken. Sergueiew verriet schließlich Sherer den Code, die ihre Nachrichten überprüfte und bestätigte, dass sie ihn nicht eingesetzt hatte.

Ein weiterer Agent, dessen Loyalität gegenüber den Briten zunächst infrage stand, leistete für den MI5 bei der D-Day-Vorbereitung gute Arbeit. Roman Garby-Czerniawski war ein Offizier der polnischen Luftwaffe, der 1939 nach Frankreich flüchtete und dort ein Spionagenetz namens Interallié aufbaute. Er wurde 1941 von Sergeant Hugo Bleicher gefangen genommen, einem gerissenen Offizier der Abwehr, der seine Flucht aus dem Gefängnis inszenierte und ihn als Spion nach England schickte. Garby-Czerniawski wandte sich aber sofort an die polnische Exilregierung und sagte, er wolle für die Briten arbeiten. Nach einem ausführlichen Verhör kamen Tar Robertson und seine Mitarbeiter zu dem Schluss, dass seine Liebe zu Polen so groß war, dass man ihm vertrauen konnte. Unter dem Decknamen Brutus als Doppelagent angeworben, erwies er sich als sehr wertvoll für die Täuschungsmanöver von Fortitude, weil Bleicher strikt an ihm festhielt. Mitte Mai 1944 berichtete er über Funk, er sei als Verbindungsoffizier ins FUSAG-Hauptquartier versetzt worden. Er verschaffte der SS-kontrollierten Abwehr den detaillierten Schlachtplan der Armeegruppe Patton. Seine deutschen Offiziere hoben hervor, dass seine „hervorragenden Berichte sehr zur Klärung des Feindbildes beigetragen haben“.

Tatsächlich war dieses Bild durch falsche Hinweise gründlich durcheinandergebracht worden. Hitler rechnete nach wie vor mit Ablenkungsangriffen in der Normandie, bevor Pattons sagenumwobene Armeegruppe zum großen Schlag ausholte. Ende Mai traf der Führer mit Botschafter Oshima zusammen, der ihr Gespräch in einem Bericht an Tokio zusammenfasste. Dieser wurde abgefangen und entschlüsselt und lieferte den Alliierten den Beweis, dass das wahre Ziel von Overlord durch die raffinierten Lügen der Operation Bodyguard erfolgreich verschleiert worden war. Hitler teilte Oshima mit, er erwarte „Ablenkungsangriffe“ an mehreren Orten, darunter Norwegen, die Normandie und die Bretagne. Diese falsche Annahme wurde von einer weiteren

Doppelagentin des MI5, Elvira Chaudoir, der verführerischen Tochter eines peruanischen Diplomaten, genährt. Sie verriet der Abwehr „Geheimnisse", die sie von hochrangigen Männern in London erhalten habe. Sobald die Alliierten „Brückenköpfe in der Normandie und der Bretagne" eingerichtet hätten, versicherte Hitler Oshima, „werden sie mit einer umfassenden zweiten Front über die Straße von Dover vorrücken".

AUFS KREUZ GELEGT UND BESIEGT

Die Invasion in der Normandie, die wegen schlechten Wetters auf den 6. Juni verschoben wurde, war so massiv, dass sie nicht so leicht als Finte dargestellt werden konnte. Doch dem MI5 gelang es, diese Illusion dank eines herausragenden Plans des Doppelagenten Juan Pujol aufrechtzuerhalten, den er mit seinem Betreuer Tommy Harris und anderen Mitarbeitern des MI5 ausheckte. Um sicherzustellen, dass die Deutschen nach dem D-Day nicht den Glauben an Pujol verloren, weil er sie vorher von der Normandie abgelenkt hatte, erhielt der MI5 von Eisenhower die Erlaubnis, Pujols deutschen Kontrolleur in Madrid, wenige Stunden bevor die ersten Truppen an Land gingen, per Funk vor der Invasion zu warnen. Diese Warnung würde nach Berlin weitergeleitet werden und dort genau dann eintreffen, wenn die Invasion in Gang kam. Wie sich herausstellte, kam Pujols Bericht erst im Lauf des Vormittags durch, weil der Abwehrfunker in Madrid seine Nachtschicht geschwänzt hatte. Pujol machte seinen Kontrolleur Kühlenthal dafür verantwortlich: „Das lässt mich an Ihrer Ernsthaftigkeit und Ihrem Verantwortungsgefühl zweifeln (...) Wären meine Ideale und mein Glaube nicht vorhanden, würde ich diese Arbeit aufgeben." Aus Angst, seinen Topagenten zu verlieren, sagte Kühlenthal ihm, dass er von der Abwehr sehr geschätzt werde, und bat ihn, „in den höchsten und entscheidenden Stunden des Kampfes um die Zukunft Europas bei uns zu bleiben".

In einem am 9. Juni übermittelten Bericht bezeichnete Pujol die Vorgänge in der Normandie – wo bereits fast 200 000 alliierte Soldaten gelandet waren – als „Ablenkungsmanöver, das darauf abzielt, feindliche Reserven abzuziehen, um dann an einem anderen Ort einen entscheidenden Angriff durchzuführen". Mit einem Hinweis auf die überhöhten Schätzungen der Truppenstärke in Großbritannien, die andere Doppelagenten nach Berlin übermittelt hatten, rechnete Pujol vor, dass den Alliierten „etwa fünfzig Divisionen blieben, mit denen sie einen zweiten Schlag versuchen konnten". Die meisten seien in Südostengland stationiert und hätten reich-

SPIONE

DECKNAME: ARTIST
SPION FÜR: GROSSBRITANNIEN
SPION GEGEN: DEUTSCHLAND

JOHANN JEBSEN Arbeitete für die Abwehr in Lissabon. Aus Angst, wegen Unterschlagung verhaftet zu werden, erfand Jebsen eine Geschichte, um nach England zu fliehen. Er behauptete, sein Vater habe einmal das Leben des Bankiers Lord Rothschild gerettet, der Jebsen „zu Dank verpflichtet" sei und nun die Fäden ziehe, um ihn nach Großbritannien zu holen, wo er dann für Deutschland spionieren könne. Dieser Plan ging nicht auf, und er geriet in die Hände der Gestapo.

DECKNAME: TREASURE
SPION FÜR: GROSSBRITANNIEN
SPION GEGEN: DEUTSCHLAND

NATHALIE „LILY" SERGUEIEW In Russland geboren und in Paris aufgewachsen, verstand sich Sergueiew oft besser mit ihrem Abwehroffizier Emil Kliemann als mit ihren britischen Kontrolleuren. „Er hat mich immer gut behandelt", sagte sie, „und ich fühle mich schlecht, wenn ich ihn anlügen muss." Dennoch gab sie ihm weiterhin falsche Hinweise. „Seit drei Jahren spiele ich eine Rolle", notierte sie in ihr Tagebuch. „Wenn ich den Krieg überlebe, werde ich mich wieder anpassen können? Kann ich wieder *normal* sein?"

DECKNAME: BRUTUS
SPION FÜR: GROSSBRITANNIEN
SPION GEGEN: DEUTSCHLAND

ROMAN GARBY-CZERNIAWSKI Der polnische Patriot führte die Deutschen nach dem D-Day weiter in die Irre, indem er behauptete, dass Pattons fiktive FUSAG bald eine Großinvasion auf Calais starten würde. Garby-Czerniawski entschuldigte sich dafür, dass er Berlin nicht vor der Landung in der Normandie gewarnt hatte, und erklärte, er sei völlig in seine Aufgaben im Hauptquartier der FUSAG eingebunden, das sich im „Alarmzustand" befände. Pattons Armeegruppe sei „jeden Augenblick" zum Angriff bereit.

OPERATION JEDBURGH Sergeant A. E. Holdham (Mitte) mit einem Jedburgh-Teamkollegen im befreiten Paris. Die Operation Jedburgh war ein von SOE, OSS und der französischen Exilregierung gemeinsam ins Leben gerufenes Programm zur Unterstützung des französischen Widerstands. Jedburgh-Teams hatten jeweils einen Funker und ein oder mehrere französische Mitglieder.

ANDENKEN Schlagringe gehörten zur Nahkampfausrüstung der Jedburgh-Teams. Manche britische Jedburghs trugen stolz das Flügel-Emblem „Special Forces“ (ganz links) an der Kleidung.

NÄCHTLICHER ABSPRUNG Mit Fallschirmen und Schwimmwesten ausgerüstet besteigt ein Jedburgh-Team auf dem Flugplatz in Harrington, England, eine B-24 (im Hintergrund), die sie noch in dieser Nacht nach Frankreich bringt. Im Juni und Juli 1944 flogen „Carpetbaggers“ der 801st Bombardment Group der US Army Air Force 1300 solcher Einsätze in modifizierten B-24, die mit „Joe-Löchern“ ausgestattet waren, durch die die Fallschirmspringer ausstiegen.

lich Luftunterstützung, wenn sie, womit zu rechnen sei, die Straße von Dover überquerten und den kürzesten Weg zu ihrem „Endziel" Berlin einschlugen. Die Berichte seiner Unteragenten ließen keinen anderen Schluss zu, als dass die Landungen in der Normandie eine von den Alliierten gestellte Falle waren, „um uns dazu zu bringen, alle unsere Reserven in einer überstürzten strategischen Disposition zu verlegen, was wir später bereuen würden".

Der Kern von Pujols Botschaft erreichte Hitler noch am selben Abend, zusammen mit einer Notiz von Oberst Friedrich Krummacher, dem Verbindungsmann zwischen dem SS-kontrollierten Nachrichtendienst und dem deutschen Oberkommando. Darin hieß es, dass der Bericht „die von uns bereits geäußerte Meinung unterstreicht, dass ein weiterer Angriff an einem anderen Ort (Belgien?) zu erwarten ist". In seiner Überzeugung bestärkt, dass die Alliierten immer noch planten, bei Calais nahe der belgischen Grenze zu landen, ließ Hitler seine 15. Armee dort sechs Wochen lang stehen, während die alliierten Truppen in der Normandie vorrückten. Eisenhowers Geheimdienstchef Major General Kenneth Strong schrieb später, dass die Invasion in großer Gefahr gewesen wäre, wenn die Deutschen „ihre Divisionen in den frühen Tagen, als schlechtes Wetter den Aufbau und die Luftunterstützung behinderte, von Calais in die Normandie verlegt hätten".

„Das ist ein Ablenkungsmanöver, das darauf abzielt, feindliche Reserven abzuziehen, um dann an einem anderen Ort einen entscheidenden Angriff durchzuführen."

JUAN PUJOL IN SEINEM BERICHT AN DIE ABWEHR NACH DEM D-DAY

Einige deutsche Divisionen wurden umgehend aus anderen Teilen Frankreichs in die Normandie verlegt, aber sie wurden von Ultra abgehört, durch Luftangriffe aufgehalten und von französischen Partisanen beschossen, die am Abend des 5. Juni durch eine banale Zeile aus einem französischen Gedicht auf BBC Radio erfuhren, dass die Invasion begonnen hatte. Die einzigen Deutschen, die die Sendung hörten und die Bedeutung der Gedichtzeile kannten, befanden sich bei der 15. Armee, und ihr Alarm erreichte die deutschen Streitkräfte in der Normandie nicht.

Aus Furcht vor mörderischen Repressalien durch die Deutschen hatte Eisenhower widerwillig Pläne gebilligt, den Aufstand in Frankreich durch Bewaffnung und Ausbildung von Partisanen zu unterstützen. Ab dem 5. Juni führten die SOE und das OSS gemeinsam die Operation Jedburgh durch, die aus kleinen Kommandoeinheiten bestand, die per Fallschirm hinter den deutschen Linien absprangen, zunächst in Frankreich und später im Zuge der Ausweitung der alliierten Offensive auch in Belgien und den Niederlanden. Zu den Jedburgh-Teams in Frankreich gehörten Mitglieder von de Gaulles Forces françaises libres, die dort in Zusammenarbeit mit dem Maquis und anderen Widerstandsgruppen verdeckte Operationen leiteten.

Für Partisanenangriffe auf deutsche Soldaten zahlte die Zivilbevölkerung einen hohen Preis, vor allem jene Franzosen, die der 2. SS-Panzerdivision („Das Reich") im Wege standen, die von Südfrankreich in die Normandie verlegt wurde. Eine Frau in der Stadt Tulle kehrte am 9. Juni vom Einkaufen zurück und fand ihren Mann und Sohn am Balkon ihres Hauses hängen. „Meine beiden waren nur zwei von hundert Männern, die kaltblütig von der SS getötet wurden", sagte sie aus. „Die Kinder und Ehefrauen wurden gezwungen zuzusehen, wie sie an Laternenpfählen und Balkonen ihrer Häuser aufgehängt wurden." Am 10. Juni drangen die SS-Truppen von „Das Reich" in das Dorf Oradour-sur-Glane ein und schlachteten praktisch die gesamte Bevölkerung ab, darunter mehr als 400 Frauen und Kinder. Das war ein schrecklicher Preis, aber die Angriffe der Partisanen und die Bombenangriffe der Alliierten – die ebenfalls zivile Opfer

DÜPPEL Eine britische Arbeiterin stellt sogenannte Düppel aus Aluminium her, die zur Ablenkung des feindlichen Radars verwendet wurden. Am D-Day warfen die Alliierten riesige Düppel-Bündel über der Straße von Dover ab, um Radarreflexe zu simulieren, die von einer Invasionsflotte erzeugt werden, die sich Calais nähert.

forderten – verzögerten den Vormarsch der SS-Division und anderer deutscher Einheiten in die Normandie und trugen so zur Befreiung Frankreichs bei.

Die Täuschungsmanöver des D-Day mussten eigentlich in sich zusammenfallen, als die Invasion der FUSAG ausblieb und ihr angeblicher Kommandeur Patton mit seiner Dritten Armee die Invasion in der Normandie unterstützte. Juan Pujol bewahrte sich jedoch das Vertrauen der Abwehr, indem er behauptete, die Alliierten würden FUSAG-Truppen in die Normandie verlegen, um dort den heldenhaften deutschen Widerstand zu überwinden. Diese Verlegung habe Patton dazu veranlasst, derart heftig bei Eisenhower zu protestieren, dass dieser ihn in die Schranken wies und General Montgomery unterstellte. Weit davon entfernt, der Irreführung der Abwehr verdächtigt zu werden, wurde Pujol im Juli von seinem Kontrolleur darüber informiert, dass „der Führer Ihnen für Ihre außerordentlichen Verdienste das Eiserne Kreuz verliehen hat". Pujol antwortete bescheiden, dass „dieser Preis nicht nur mir, sondern auch den Kameraden gebührt, die durch ihren Rat und ihre Anweisungen meine Arbeit hier ermöglicht haben". Dies war ein offensichtlicher Hinweis auf seine fiktiven Unteragenten in Großbritannien, aber es war auch eine verschleierte Hommage an seine realen Kameraden beim MI5, die seinen Fall und andere so geschickt gehandhabt hatten, dass einige Deutsche erst lange nach ihrer Niederlage merkten, dass sie aufs Kreuz gelegt worden waren.

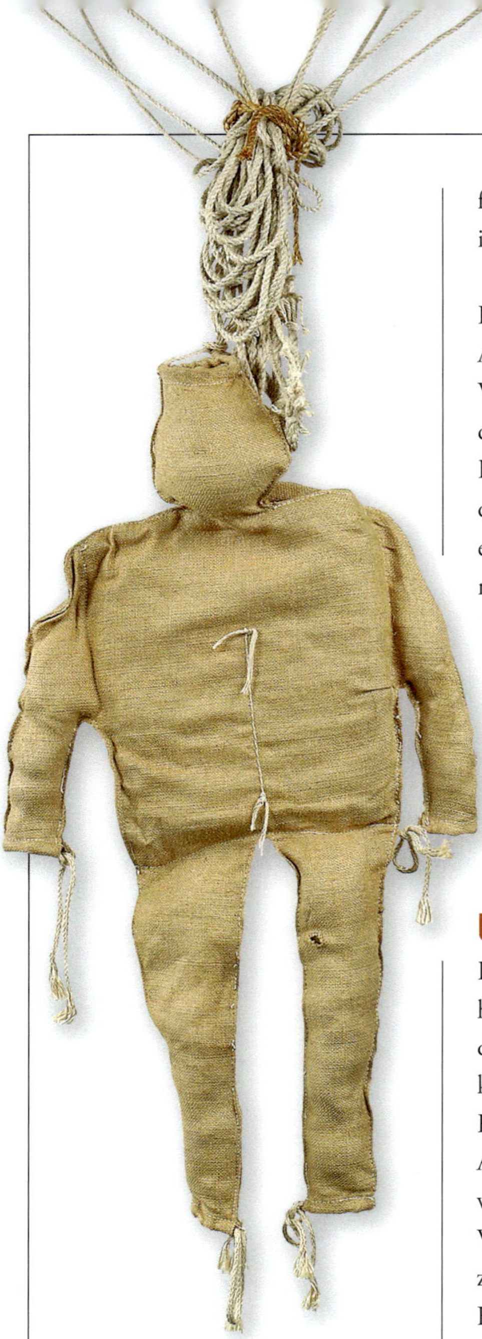

D-DAY-DUMMY Hunderte dieser „Ruperts" genannten Attrappen wurden noch vor dem Morgengrauen des D-Day mit Fallschirmen in Gegenden abgeworfen, die weit von den eigentlichen Landezonen der echten alliierten Fallschirmjäger entfernt lagen, um die deutschen Verteidiger abzulenken und zu verwirren. Eine Art Feuerwerk, das ausgelöst wurde, wenn sie auf dem Boden aufschlugen, trug zu der Illusion bei, dass es sich bei den „Ruperts" um echte Feinde handelte.

UNTERNEHMEN WALKÜRE

Die erfolgreiche Invasion der Alliierten war nicht nur für hitlertreue deutsche Offiziere ein herber Schlag, sondern auch für den 36-jährigen Oberst Claus von Stauffenberg, Stabschef des deutschen Ersatzheeres. Wie andere, die sich gegen den Führer verschworen hatten, klammerte auch er sich an die schwache Hoffnung, dass die USA und Großbritannien im Falle eines Attentats auf Hitler einen separaten Frieden mit Deutschland schließen würden. Aber der Einmarsch in Frankreich machte deutlich, dass die Amerikaner und Briten nicht weniger entschlossen waren, Deutschland zu besiegen und zu besetzen, als ihre sowjetischen Verbündeten, die sich von Osten her näherten. Sollte es den Verschwörern gelingen, Hitler zu töten und sein Regime zu beenden, müssten sie wählen zwischen der Verlängerung eines Krieges, der mit einer vernichtenden Niederlage enden würde, oder der bedingungslosen Kapitulation, durch die das Land in Besatzungszonen zerstückelt würde.

Eine Kapitulation könnte Hunderttausenden Deutschen das Leben retten, aber sie widerstrebte Stauffenberg, ein Aristokrat, dessen Vorfahren die Deutschen seit langer Zeit in die Schlacht geführt hatten. Er war ein stolzer Nationalist, der die Bemühungen des Führers, ein Großdeutsches Reich zu errichten, unterstützt und ohne Skrupel unter ihm gedient hatte. Erst nach dem verheerenden Einmarsch in Russland und den dort verübten Gräueltaten kam er zu dem Schluss, dass Hitler beseitigt werden musste, weil er Schande über die Wehrmacht brachte. Stauffenberg war froh, von Russland nach Nordafrika versetzt zu werden, aber sein Wagen wurde im April 1943 in Tunesien beschossen, und er verlor ein Auge, seinen rechten Unterarm und zwei Finger der linken Hand. Seiner Absicht, Hitler nach dem Leben zu trachten, tat dies keinen Abbruch. Nach dem D-Day wusste er, dass ein Sturz des Regimes Deutschland nicht vor einer Niederlage bewahren würde, aber er wurde von einem Mitverschwörer, General Tresckow, der ein Jahr zuvor versucht hatte,

Hitler zu töten, beruhigt. „Das Attentat muss versucht werden, koste es, was es wolle“, forderte Tresckow. „Wir müssen der Welt und den künftigen Generationen beweisen, dass die Männer der deutschen Widerstandsbewegung den entscheidenden Schritt gewagt und ihr Leben aufs Spiel gesetzt haben.“

Stauffenbergs prominente Stellung beim Ersatzheer in Berlin stellte ihn in den Mittelpunkt einer Verschwörung, die darauf abzielte, einen bestehenden Plan namens Unternehmen Walküre, den Hitler gebilligt hatte, umzufunktionieren. Walküre sah ursprünglich vor, mit Militärkräften, die nicht im Krieg standen – zum Beispiel den Reservisten unter dem Kommando von Stauffenbergs Vorgesetztem General Friedrich Fromm –, gegen Unruhen in Deutschland vorzugehen. Im Besonderen dachte man dabei an mögliche Aufstände ausländischer Zwangsarbeiter, die unter erbärmlichen Bedingungen schufteten. Unterstützt und ermutigt von General Friedrich Olbricht änderte Stauffenberg den Plan heimlich: Nach dem Attentat auf Hitler sollten mithilfe der Walküre-Truppen die SS und andere hitlertreue Gruppierungen in Schach gehalten werden. Eine Schlüsselrolle fiel dabei dem unentschlossenen Fromm zu, der Walküre in Bewegung setzen musste. Fromm machte keine festen Zusagen, war aber eingeweiht und deutete an, die Verschwörer zu unterstützen, sobald Hitler beseitigt sei. Diese hofften, eine neue Regierung bilden zu können – die von prominenten Persönlichkeiten wie General Ludwig Beck, Feldmarschall Erwin von Witzleben und Carl Friedrich Goerdeler, der schon vor dem Krieg die Briten um Unterstützung gegen Hitler ersucht hatte und seine Verbindungen zu den Alliierten ausspielen wollte –, um Deutschland in der Niederlage eine allzu harte Behandlung zu ersparen.

„Das Attentat muss versucht werden, koste es, was es wolle.“

GENERAL HENNING VON TRESCKOW GEGENÜBER OBERST CLAUS VON STAUFFENBERG

ANFANG VOM ENDE **Auf diesem berühmten D-Day-Bild des Kriegsfotografen Robert Capa liegt ein amerikanischer Soldat an Omaha Beach unter Beschuss. Trotz schwerer Verluste am 6. Juni errichteten die Alliierten hier einen Brückenkopf und rückten später weiter vor. Rommel schrieb Hitler am 14. Juli, dass „der ungleiche Kampf sich dem Ende zuneigt“, und bot den Offizieren, die hofften, Deutschland durch die Beseitigung Hitlers vor dem Ruin zu bewahren, stillschweigende Zustimmung an.**

Nach dem D-Day wurde Stauffenberg wiederholt von Hitler vorgeladen, um über die Einsatzbereitschaft des Ersatzheeres zu berichten. Ursprünglich plante er ein Himmelfahrtskommando, bei dem er sich zusammen mit Hitler in die Luft sprengen würde, aber seine Mitverschwörer brachten ihn davon ab. Plan B sah vor, eine in einem Aktenkoffer versteckte Zeitbombe bei einer Besprechung neben Hitler zu platzieren und sich kurz vor der Detonation zu entschuldigen. Himmler und Göring sollten dabei nach Möglichkeit auch getötet werden, aber ein solcher Anlass ergab sich nicht. Als er am 20. Juli zu einem Treffen mit Hitler und anderen Offizieren in die Wolfsschanze in Ostpreußen, eines der vielen Führerhauptquartiere, zitiert wurde, wusste Stauffenberg, dass die Zeit gekommen war. Zu einem seiner Bundesgenossen sagte er: „Wir haben den Rubikon überschritten."

VERPASSTE CHANCE **Stauffenberg (links) steht stramm, während Hitler am 15. Juli 1944 einen anderen Offizier in der Wolfsschanze begrüßt. Stauffenberg konnte das Attentat bei dieser Gelegenheit nicht durchführen, beschloss aber, bei seinem nächsten Termin im Führerhauptquartier alles zu riskieren.**

Stauffenberg und sein Adjutant, Leutnant Werner von Haeften, flogen am Morgen von Berlin zur Wolfsschanze, mit zwei Bomben, die Stauffenberg in seiner Aktentasche in die Besprechung um 12.30 Uhr mitnehmen wollte. Es war ein heißer Tag, und er bat um einen Raum, in dem er mit Haeftens Hilfe sein durchgeschwitztes Hemd wechseln konnte. Das gab Stauffenberg die Gelegenheit, die erste der beiden Bomben scharf zu machen, indem er mit einer Zange ein Fläschchen mit Säure zerbrach, die sich in den Zünderdraht fressen und die Sprengung auslösen würde. Er hatte das Verfahren geübt, schaffte es aber nur, eine Bombe zu präparieren. Die Säurezünder arbeiteten ungenau, und er konnte nicht sicher sein, ob die Bombe in 10 oder 15 Minuten explodieren oder doppelt so lange brauchen würde. Unter den Anwesenden befand sich auch General Walter Warlimont, der sich später über Stauffenbergs Gelassenheit äußerte: „Ein Auge hinter einer schwarzen Klappe, ein verstümmelter Arm in einem leeren Uniformärmel, aufrecht stehend, den Blick direkt auf Hitler gewandt." Gegen 12.35 Uhr nahm Stauffenberg drei Stühle rechts von Hitler Platz, mit der Aktentasche zu seinen Füßen.

Auf die Frage, ob er von Stauffenberg hören wolle, antwortete Hitler, sein Bericht könne bis später warten. Stauffenberg schlich sich daraufhin hinaus und erklärte, dass er sich telefonisch mit einem Kollegen in Berlin beraten müsse. In seiner Abwesenheit stieß der rechts von ihm sitzende Offizier, Oberst Heinz Brandt, versehentlich Stauffenbergs Aktentasche um, hob sie auf und stellte sie hinter eines der massiven Beine des Tisches, weiter von Hitler entfernt. Um 12.42 Uhr detonierte die Bombe mit solcher Wucht, dass einige in der Wolfsschanze dachten, es wäre ein Luftangriff. Stauffenberg und Haeften hatten das Gebäude verlassen und waren auf dem Weg zu ihrem Auto, als sich die Explosion ereignete. In der Annahme, Hitler sei tot, verließen sie inmitten der Verwirrung das Gelände und flogen zurück nach Berlin. Doch Hitler wankte bald nach der Explosion aus den Trümmern, mit versengtem Haar und gerissenen Trommelfellen, aber ansonsten unversehrt. Brandt, zwei weitere Offiziere und ein Stenograf, der ganz in der Nähe des Koffers saß, kamen ums Leben. Aber es hätte beide Bomben gebraucht, um den weiter entfernt sitzenden Hitler zu töten.

Die Nachricht, dass Hitler das Attentat überlebt hatte, erreichte bald General Fromm in Berlin, der sich weigerte, das Unternehmen Walküre zu aktivieren. Als Stauffenberg am Nachmittag zurückkehrte, sperrte er Fromm und andere Verschwörer ein, bestand darauf, dass Hitler tot sei, und befahl Offizieren, gegen das NS-Regime vorzugehen. In Paris wurden an diesem Abend mehr als tausend Gestapo-Agenten und SS-Männer zusammengetrieben und unter bewaffnete Bewachung gestellt. Doch um 22 Uhr war der Putsch gescheitert. Hitlertreue Truppen stürmten das Hauptquartier des Ersatzheeres und befreiten Fromm, der noch versuchte, seine Kenntnisse über das Komplott, für das er später hingerichtet wurde, zu verbergen. Generalstabschef Beck durfte sich erschießen, Stauffenberg, Haeften, Olbricht und einige andere starben kurz nach Mitternacht vor einem Erschießungskommando.

Ihr Schicksal war dem anderer Verschwörer vorzuziehen, die später verhaftet, verurteilt und so an Fleischerhaken aufgehängt wurden, dass sie langsam und qualvoll erstickten. Hitler sah sich ihre Hinrichtung genüsslich auf Film an. Letztendlich gerieten mehrere tausend Deutsche unter Verdacht und bezahlten mit ihrem Leben, unter ihnen prominente Persönlichkeiten wie Feldmarschall Erwin Rommel, der nie an dem Plan zur Ermordung Hitlers beteiligt war, ihn aber auch nicht warnte, als er von Verschwörern aufgefordert wurde, sich ihnen anzuschließen. Rommel nahm sich das Leben, um der Hinrichtugn zu entgehen, ebenso Tresckow, der sich von ganzem Herzen der Tötung des Diktators verschrieben hatte. Mit seinen letzten Worten sprach Tresckow für viele, die im Zusammenhang mit Unternehmen Walküre ihr Leben verloren: „Ich bin heute wie eh und je davon überzeugt, dass wir das Richtige getan haben. Ich glaube, dass Hitler der Erzfeind ist, nicht nur Deutschlands, sondern der ganzen Welt.“

„Wir haben den Rubikon überschritten.“

OBERST CLAUS VON STAUFFENBERG, NACHDEM ER ZU EINEM TREFFEN MIT HITLER IN DER WOLFSSCHANZE AM 20. JULI 1944 EINBERUFEN WURDE

HITLERS LETZTER ATEMZUG

Das Scheitern des Walküre-Komplotts hinterließ Deutschland in den Händen eines Diktators, der seine Nation eher in Schutt und Asche legte, als seinen Feinden nachzugeben. Hitler hatte geschworen, niemals zu kapitulieren, egal wie verzweifelt die Lage Deutschlands auch sein mochte. „Wir mögen zerstört werden“, erklärte er, „aber wenn, dann werden wir eine Welt mit uns reißen – eine Welt in Flammen.“ Ende 1944 lagen große Teile Berlins und anderer deutscher Städte in Trümmern. Alliierte Armeen näherten sich sowohl aus dem Westen als auch von Osten, wo der Einmarsch der Russen, die Hitlers schrecklichen Angriff auf ihre Heimat rächen wollten, eine nicht minder schreckliche Bedrohung für die deutsche Bevölkerung darstellte. Die Rote Armee war im Juli in das von den Nazis besetzte Polen eingedrungen und bis kurz vor Warschau vorgerückt, wo Widerstandskämpfer der polnischen Heimatarmee versuchten, ihre Hauptstadt zu befreien, bevor sie an die Russen fiel und von SS-Truppen verwüstet wurde. Kämpfer, die den Aufstand überlebten, wurden später vom NKWD verhaftet, der gefürchteten sowjetischen Sicherheitstruppe, die den Platz der SS dort einnahm, wo die Rote Armee die Wehrmacht vertrieb. Zu den Opfern des NKWD gehörten nicht nur politische Gefangene, sondern auch Zivilisten in mit Deutschland verbündeten Nationen wie Ungarn, die von russischen Truppen misshandelt, beraubt oder vergewaltigt wurden. Es waren die düsteren Vorboten eines Schicksals, das Millionen von Menschen erwartete, als die Rote Armee in Deutschland einmarschierte.

TRÜMMERHAUFEN Hitlers Konferenzraum wurde durch Stauffenbergs Bombe, die unter dem zusammengebrochenen Tisch in der Mitte explodierte, völlig zerstört. Die Detonation war so laut, dass Stauffenberg, der den Raum kurz vor der Explosion am 20. Juli verließ, glaubte, Hitler sei tot. Nach seiner Rückkehr nach Berlin erfuhr er, dass der Führer noch lebte. Das Komplott war gescheitert.

SICHERES ESSEN **Ob er stilvoll speiste oder ungezwungen mit deutschen Offizieren (links) – Hitler ließ sein Essen immer vorher kosten, um sicherzugehen, dass er nicht vergiftet wurde. Eine seiner vielen Vorkosterinnen war Maria Wölk (oben), die Mitte 20 war, als sie zwangsweise in Hitlers Dienste trat. Erst 70 Jahre später konnte sie von ihren Erlebnissen berichten.**

DAS HARTE SCHICKSAL VON HITLERS LETZTER VORKOSTERIN

Maria Wölk, die junge Frau eines deutschen Soldaten, der in Russland kämpfte, glaubte vor den Schrecken des Krieges Zuflucht gefunden zu haben, als sie ihr ausgebombtes Elternhaus in Berlin verließ und zu ihrer Schwiegermutter nach Ostpreußen zog. Doch das Führerhauptquartier Wolfsschanze war nur wenige Kilometer entfernt. Eines Tages im Jahr 1942 kamen SS-Männer an die Tür und zwangen sie, sich einer Gruppe von 15 jungen Frauen anzuschließen, die Hitler während seines Aufenthalts als Vorkosterinnen dienen sollten. Wie verhasste Monarchen früher, die in ständiger Angst vor Vergiftungen lebten, ließ er alle Speisen eine Stunde vor dem Verzehr kosten.

Da es keine Freiwilligen für diese Aufgabe gab, zwang die SS Frauen wie Wölk, als Versuchskaninchen für Hitler zu dienen. Sie saßen gemeinsam um einen Tisch und verkosteten in einem morbiden Ritual, das täglich wiederholt wurde, verschiedene Speisen. „Fleisch gab es nie, weil Hitler Vegetarier war", erinnerte sich Wölk. „Das Essen war gut, sehr gut. Aber wir konnten es nicht genießen."

Wölk war in der Wolfsschanze, als die von Stauffenberg gelegte Bombe detonierte. Sie hörte jemanden schreien, dass Hitler tot sei. Aber er überlebte, und ihre Lage wurde immer schlimmer. In der Wolfsschanze wurden die Sicherheitsvorkehrungen verschärft, und sie und andere, die zu Hause gewohnt hatten, wurden „wie Tiere im Käfig" in der Wolfsschanze eingesperrt. Eines Nachts kletterte ein SS-Mann auf eine Leiter, kroch durch ihr Fenster und vergewaltigte sie.

Als sich Ende 1944 die Rote Armee Ostpreußen näherte, wurde die Wolfsschanze evakuiert. Die anderen Vorkosterinnen wurden dort zurückgelassen, aber ein Offizier hatte Mitleid mit Wölk und fand für sie einen Platz in einem der letzten Züge nach Berlin. Später erfuhr sie, dass diese anderen Frauen von den Sowjets erschossen worden waren. Als die Russen Berlin erreichten, wurde Wölk wiederholt vergewaltigt. „Es war die Hölle auf Erden. Der Alptraum verschwindet nie", sagte sie über diese Übergriffe, deretwegen sie keine Kinder gebären konnte. Doch im Gegensatz zu vielen deutschen Frauen, die durch den Krieg verwitwet wurden, wurde sie 1946 wieder mit ihrem Mann vereint, den sie für tot gehalten hatte. Er war kaum wiederzuerkennen, da er in einem Kriegsgefangenenlager fast verhungert war, aber er erholte sich in ihrer Obhut. Wölk versuchte, ihre Tortur zu vergessen, aber sie verfolgte sie in ihren Träumen. Erst an ihrem 95. Geburtstag, fast 70 Jahre nach Kriegsende, sprach Hitlers letzte überlebende Vorkosterin öffentlich über ihre schrecklichen Kriegserlebnisse. „Ich habe Hitler nie gesehen", bemerkte sie, „aber ich musste jeden Tag mein Leben für ihn riskieren."

Deutsche Offiziere erkannten, dass die Sowjets im Osten die weitaus gefährlicheren Invasoren sein würden. Viele, die sich gegen Hitler verschworen hatten, hofften, sich mit den Westmächten arrangieren zu können. Falls die militärische Niederlage unumgänglich war, würden sie sich auch mit der Besetzung Deutschlands arrangieren, aber die Russen mussten so lange wie möglich aufgehalten werden. An beiden Fronten kam jedoch eine Kapitulation nicht infrage, solange Hitler an der Macht blieb. Die Offiziere, die die Säuberungswelle nach dem Attentat im Juli überlebten, konnten ihn nicht daran hindern, eine Strategie zu verfolgen, die viele für aussichtslos, wenn nicht sogar selbstmörderisch hielten. Hitler beabsichtigte, die letzten verfügbaren Kräfte – halb fertige Geheimwaffen inklusive – in einem verzweifelten Versuch zu mobilisieren, um die Westalliierten zurückzuschlagen, bevor die Sowjets im Osten durchbrachen. Er stellte sich einen weiteren deutschen Blitzkrieg vor, ähnlich wie 1940, als er nach Dünkirchen vorgestoßen war, nur dass das Ziel diesmal Antwerpen sein würde, die wichtigste Nachschubbasis der Alliierten in Westeuropa. Doch die Wehrmacht war zu solchen Blitzschlägen nicht mehr fähig. Ohne ausreichend Treibstoff und mit schlecht ausgebildeten Reservisten konnten seine Truppen im Dezember 1944 zunächst schnell Bodengewinne erzielen, sie wurden aber in der Ardennenoffensive völlig aufgerieben. Am Ende verlor Hitler fast 100 000 Soldaten und 600 Panzer. Praktisch zur selben Zeit starteten die Sowjets eine neue Offensive und rollten auf

VERLORENER AUFSTAND Partisanen der polnischen Heimatarmee kämpfen gegen die deutschen Truppen während des Warschauer Aufstands von 1944 (links), der im August von der SS mit fürchterlichen Vergeltungsmaßnahmen niedergeschlagen wurde. Viele Aufständische wurden von Exekutionskommandos hingerichtet (unten), andere, die sich nicht an den Kämpfen beteiligten, kamen in Mietskasernen um, die in Brand gesteckt wurden. Die SS wartete draußen mit Maschinengewehren und erschoss jeden, der fliehen wollte. „Am Vordereingang türmten sich die Leichen derer, die versucht hatten, den Flammen zu entkommen“, erinnerte sich ein Überlebender. „Niemand kam lebend heraus, es sei denn durch ein Wunder.“

VERGELTUNGSWAFFEN Eine Supermarine Spitfire der Royal Air Force überholt im August 1944 eine V1 und versucht, den Luftstrom über den Flügeln der Lenkrakete zu unterbrechen, um sie fehlzuleiten (rechts). Gegen die ballistische V2-Rakete, hier auf ihrer Abschussrampe zu sehen (unten), die viel schneller war als jedes Flugzeug, hatten die Alliierten keine Verteidigungsmöglichkeit.

VATER DER RAKETE Wernher von Braun mit deutschen Offizieren bei einem Raketentest (rechts). Obwohl von Braun sowohl der NSDAP als auch der SS beitrat, um sich bei Hitler einzuschmeicheln und sein tödliches Raketenprojekt voranzutreiben, wurde er von den Amerikanern, denen er sich bei Kriegsende ergab, mit Samthandschuhen angefasst und ging später als prominenter Raketenwissenschaftler in die USA.

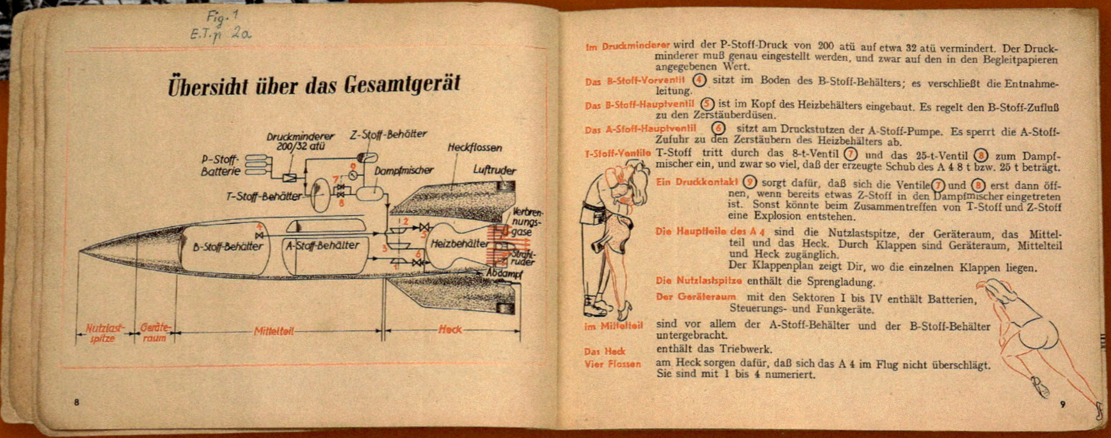
Fig. 1
E.T.p 2a

Übersicht über das Gesamtgerät

8

Im Druckminderer wird der P-Stoff-Druck von 200 atü auf etwa 32 atü vermindert. Der Druckminderer muß genau eingestellt werden, und zwar auf den in den Begleitpapieren angegebenen Wert.

Das B-Stoff-Vorventil (4) sitzt im Boden des B-Stoff-Behälters; es verschließt die Entnahmeleitung.

Das B-Stoff-Hauptventil (5) ist im Kopf des Heizbehälters eingebaut. Es regelt den B-Stoff-Zufluß zu den Zerstäuberdüsen.

Das A-Stoff-Hauptventil (6) sitzt am Druckstutzen der A-Stoff-Pumpe. Es sperrt die A-Stoff-Zufuhr zu den Zerstäubern des Heizbehälters ab.

T-Stoff-Ventile T-Stoff tritt durch das 8-t-Ventil (7) und das 25-t-Ventil (8) zum Dampfmischer ein, und zwar so viel, daß der erzeugte Schub des A 4 8 t bzw. 25 t beträgt.

Ein Druckkontakt (9) sorgt dafür, daß sich die Ventile (7) und (8) erst dann öffnen, wenn bereits etwas Z-Stoff in den Dampfmischer eingetreten ist. Sonst könnte beim Zusammentreffen von T-Stoff und Z-Stoff eine Explosion entstehen.

Die Hauptteile des A 4 sind die Nutzlastspitze, der Geräteraum, das Mittelteil und das Heck. Durch Klappen sind Geräteraum, Mittelteil und Heck zugänglich.
Der Klappenplan zeigt Dir, wo die einzelnen Klappen liegen.

Die Nutzlastspitze enthält die Sprengladung.

Der Geräteraum mit den Sektoren I bis IV enthält Batterien, Steuerungs- und Funkgeräte.

im Mittelteil sind vor allem der A-Stoff-Behälter und der B-Stoff-Behälter untergebracht.

Das Heck enthält das Triebwerk.

Vier Flossen am Heck sorgen dafür, daß sich das A 4 im Flug nicht überschlägt. Sie sind mit 1 bis 4 numeriert.

9

BEBILDERTE ANLEITUNG Um diesem todernsten deutschen Büchlein über die V2 zu etwas Heiterkeit zu verhelfen, skizzierte der Künstler des Handbuchs einen deutschen Soldaten und seine Liebste auf die rechte Seite.

Deutschland zu. General Heinz Guderian, der Stabschef der Wehrmacht, forderte Hitler auf, den Kampf im Westen zu beenden und alle verbleibenden Kräfte gegen die Russen einzusetzen. Doch Hitler wollte davon nichts hören und ließ Guderian krankschreiben.

Hitlers Traum, die Niederlage mit Geheimwaffen abzuwenden, erwies sich als ebenso aussichtslos wie seine Offensive im Westen. Seit Beginn des Krieges wurden viel Mühe und Aufwand in die Entwicklung von zwei sogenannten Vergeltungswaffen gesteckt – ein Marschflugkörper mit der Bezeichnung V1 und eine ballistische Rakete namens V2. Beide waren erst im letzten Kriegsjahr einsatzbereit, als das Schicksal Deutschlands so gut wie besiegelt war. Die ersten zehn V1 wurden eine Woche nach dem D-Day auf London abgefeuert. Die neue Waffe war furchterregend, hatte aber nur etwa 250 Kilometer Reichweite und eine Höchstgeschwindigkeit von 575 Stundenkilometern, was sie zu einer leichten Beute für Kampfflugzeuge und Flugabwehrbatterien machte. Als die ersten V1 auf London fielen, waren die alliierten Geheimdienstchefs, darunter Reginald Jones vom britischen Luftfahrtministerium, zudem längst von ihren Spionen über die Fähigkeiten dieser Rakete informiert worden. Jones arbeitete mit dem Twenty Committee und den Doppelagenten des MI5 zusammen, um vor den Deutschen die Tatsache zu verbergen, dass viele V1 ihr Ziel, das Zentrum Londons, verfehlten. Insgesamt wurden mehr als 20 000 V1 abgeschossen, zunächst auf London, später auch auf Antwerpen und andere Städte, die von den alliierten Streitkräften befreit worden waren. Über 50 000 Menschen wurden bei diesen Angriffen getötet oder verwundet – ein schrecklicher Blutzoll, aber wenig im Vergleich zu dem, den alliierte Bomber Deutschland kosteten, wo mehr als eine Million Menschen ihr Leben ließen.

Die ersten V2 wurden im September 1944 auf London abgeschossen. Da sie mit mehr als 3000 Kilometern pro Stunde aus der Stratosphäre herabstürzten, gab es gegen sie keine Verteidigung. Doch die explosive Nutzlast und die Reichweite der V2 waren nicht viel größer als die der V1. Sie konnte strategische Ziele in Russland oder in den von Russland besetzten Gebieten nicht erreichen und wurde ausschließlich gegen England und das von den Alliierten besetzte Belgien und Frankreich eingesetzt. Entworfen von Wernher von Braun, einem begabten und rückhaltlos ehrgeizigen Raketenwissenschaftler, der der NSDAP beitrat, um seine Karriere voranzubringen, wurde die V2 unter enormen Kosten hergestellt. Etwa 20 000 KZ-Häftlinge, die unter erbärmlichen Bedingungen in einer unterirdischen Fabrik arbeiteten und Krankheit, Hunger und Misshandlungen erleiden mussten, starben bei ihrer Produktion. Die Zahl dieser Todesopfer überstieg bei Weitem die Zahl der Toten oder Verwundeten durch die Angriffe der V2, die etwa 12 500 Todesopfer forderten und nur vernachlässigbare Auswirkungen auf den Krieg hatten.

Als sich 1945 die totale Niederlage abzeichnete, blieb Hitler und seinen letzten Getreuen nur noch, diejenigen zu eliminieren, die sie zuvor als Staatsfeinde gebrandmarkt hatten. Im Gegensatz zu Hitler, der sich das Leben nehmen wollte, statt als Kriegsverbrecher vor

(weiter auf Seite 292)

„Wir mögen zerstört werden, aber wenn, dann werden wir eine Welt mit uns reißen – eine Welt in Flammen."

HITLERS VERSPRECHEN, NIEMALS ZU KAPITULIEREN

ZERSTÖRUNG Eine V2-Rakete traf im März 1945 mit verheerender Wirkung einen Markt in London, wobei über hundert Menschen getötet und viele weitere verletzt wurden. Solche „Vergeltungsangriffe" änderten nichts an der Tatsache, dass Nazideutschland zum Untergang verurteilt war.

DER ALPTRAUM UNTERIRDISCHER SKLAVENARBEIT

Die V1 und V2 waren hoch entwickelte Waffen, aber sie wurden unter menschenverachtenden Bedingungen von Zehntausenden Sklavenarbeitern hergestellt. Nach einem schweren alliierten Bombenangriff auf den deutschen Raketenkomplex in Peenemünde Ende 1943 wurde die Produktion in ein Bergwerk im Harz verlagert. Dort errichteten die Nazis die Rüstungsfabrik Mittelbau und das Konzentrationslager Dora für die dort eingesperrten Arbeiter. Ihrem SS-Aufseher Hans Kammler war es gleichgültig, ob sie lebten oder starben, da sie jederzeit ersetzt werden konnten. „Achten Sie nicht auf die menschlichen Kosten", wies er seine Untergebenen an. „Die Arbeit muss vorangehen, und zwar so schnell wie möglich." Die Quartiere für die Arbeiter waren kalt, dunkel und unhygienisch. Die Toiletten bestanden aus Brettern über Ölfässern, in die die Wachen die Arbeiter manchmal hineinschoben. Ein Gefangener beschrieb, dass viele Männer seiner Schicht nach 15 Stunden Arbeit so erschöpft waren, dass sie auf dem Boden ihres höhlenartigen Schlafsaals zusammenbrachen, ohne ihre Betten zu erreichen: „Bald liegen über tausend verzweifelte Männer an der Grenze ihrer Existenz und von Durst geplagt da und hoffen auf Schlaf, der nie kommt; denn die Rufe der Wachen, der Lärm der Maschinen, die Explosionen und das Läuten der Glocke erreichen sie auch dort."

Die Opferzahlen in Mittelbau-Dora waren erschreckend. Die Arbeiter erlagen in Scharen der Ruhr oder starben an Unterernährung und Misshandlungen. Am Ende des Krieges waren von den 60 000 Männern, die in Mittelbau-Dora zur Arbeit gezwungen wurden, 20 000 gestorben – weit mehr als bei allen Angriffen mit V2-Raketen zusammengenommen. ✪

ZWANGSARBEIT Häftlinge bei der Arbeit an Raketenkomponenten in Mittelbau-Dora, das tief in einem Berghang lag (ganz oben), wo alte Minen in eine riesige unterirdische Fabrik und ein Konzentrationslager umgewandelt wurden. Die Grabungen hierfür wurden von den ersten Häftlingen unter großen Risiken durchgeführt, die Ende 1943 dort ankamen. Alle Arbeiter lebten in elenden Höhlen, bis Mitte 1944 Unterkünfte vor dem Eingang fertiggestellt wurden.

ÜBERLEBENDER Ein Häftling sitzt inmitten vieler Leichen toter Arbeiter in Mittelbau-Dora, als alliierte Truppen im April 1945 dort eintreffen. Die meisten gesunden Häftlinge waren von ihren deutschen Peinigern weggebracht worden. Zurück blieben jene, die zu krank oder erschöpft waren, um sich zu bewegen.

TODESLAGER Alliierte Soldaten fanden diesen abgemagerten Überlebenden (links) in einem Lager in Nordhausen, wo Häftlinge, die zu schwach waren, um im nahe gelegenen Mittelbau-Dora weiterzuarbeiten, in Scharen verhungerten und in ein Massengrab geworfen wurden (rechts).

KOSTSPIELIGE PRODUKTION Im Durchschnitt starben etwa zwei Arbeiter für jede deutsche Rakete, die im Untergrund produziert wurde, darunter mehrere tausend V1 (oben) und 6000 V2.

Gericht zu enden, hoffte Heinrich Himmler vergeblich, der Strafverfolgung zu entgehen, indem er Beweise für die von der SS begangenen Verbrechen vernichtete. Er schloss die Gaskammern und ließ Auschwitz und andere Konzentrationslager, die den vorrückenden sowjetischen Truppen in Polen im Weg lagen, ausradieren. Die Häftlinge verschonte er nicht. Sie waren die lebenden Beweise für die Gräueltaten der Nazis und wurden auf Zwangsmärsche in andere Lager geschickt. Viele kamen unterwegs um. Virulenter Antisemitismus beherrschte das NS-Regime von seinen Anfängen bis zu seiner Vernichtung, wie es in Hitlers „politischem Testament" zum Ausdruck kommt: „(…) der eigentlich Schuldige an diesem mörderischen Ringen ist: Das Judentum!"

Wenige Wochen bevor Hitler am 30. April 1945 Selbstmord beging, wurden Admiral Wilhelm Canaris, General Hans Oster und andere, die der Verschwörung gegen ihren Führer beschuldigt wurden, kurzerhand zum Tode verurteilt. Canaris' kürzlich gefundenes Tagebuch überzeugte Hitler davon, dass Oster und andere innerhalb des Geheimdienstes Verschwörungen gegen ihn angezettelt hatten, die vom zuständigen Admiral unterstützt worden waren. Nachdem er zunächst eine Beteiligung bestritten hatte, wurde Canaris mit der Aussage Osters konfrontiert, er habe die Verschwörer abgeschirmt und unterstützt, und er gab dies zu. Bevor er am 9. April gehängt wurde, weil er sich dem Führer widersetzte, der das Reich in den Ruin trieb, diktierte Canaris einem Mitgefangenen sein Epitaph in verschlüsselter Form: „Meine Zeit ist abgelaufen. War kein Verräter. Tat meine Pflicht als Deutscher."

BESIEGT **Hitler beging am 30. April 1945 in seinem Berliner Bunker (unten) Selbstmord, anstatt sich von den sowjetischen Truppen gefangen nehmen zu lassen, die zwei Tage später ihre Fahne über der deutschen Hauptstadt hissten (ganz unten).**

PARIS EDITION

EXTRA **THE STARS AND STRIPES** EXTRA

Daily Newspaper of U.S. Armed Forces in the European Theater of Operations

Vol. 1—No. 279 1 Fr. 1 Fr. Wednesday, May 2, 1945

German Radio Reports:

HITLER DEAD

The German radio announced last night that Adolf Hitler had died yesterday afternoon, and that Adm. Doenitz, former commander-in-chief of the German Navy, had succeeded him as ruler of the Reich.

Doenitz, speaking later over the German radio, Reuter said, declared that "Hitler has fallen at his command post."

"My first task," Doenitz said, "is to save the German people from destruction by Bolshevism. If only for this task, the struggle will continue."

The announcement preceding the proclamation by Doenitz said: "It is reported from the Fuehrer's headquarters that our Fuehrer, Adolf Hitler, has fallen this afternoon at his command post in the Reich Chancellery, fighting to the last breath against Bolshevism and for his country. On April 30, the Fuehrer appointed Grand Adm. Doenitz as his successor. The new Fuehrer will speak to the German people."

The talk by Doenitz then followed, Reuter said. Doenitz said: "German men and women, soldiers of the German Wehrmacht, our Fuehrer, Adolf Hitler, has fallen. German people are in deepest mourning and veneration."

"Adolf Hitler recognized beforehand the terrible danger of Bolshevism," Doenitz said, "and devoted his life to fighting it. At the end of this, his battle, and of his unswerving straight path of life, stands his death as a hero in the capital of the Reich.

"All his life meant service to the German people. His battle against the Bolshevik flood benefited not only Europe but the whole world. The Fuehrer has

(Continued on Page 8)

Churchill Hints Peace Is at Hand

Winston Churchill indicated in a brief address to Commons yesterday that peace in Europe might come before Saturday.

Although he declined to give any statement on the reported surrender negotiations, the Prime Minister acknowledged that an important announcement was possible before the House adjourned Friday night. The admission was regarded as confirmation that the negotiations are well under way.

In Stockholm, meanwhile, Count Folke Bernadotte, head of the Swedish Red Cross, gave virtual denial at a press conference that he was acting as go-between in peace negotiations between the Allies and the German government.

"I have not seen Himmler during my last visit to Germany and Denmark, and I have not forwarded any message from Himmler or

(Continued on Page 8)

Pope Prepares Speech

ROME, May 1 (UP).—Reliable Vatican quarters said today that the Papal apartment has been prepared for an imminent worldwide broadcast by the Pope. The subject of the address is expected to be in connection with the end of the European war.

SIEG Die Schlagzeile in der *Stars and Stripes*, der Zeitung der amerikanischen Streitkräfte, ist kurz und unmissverständlich. In dem kleinen Artikel darunter wird angedeutet, dass in Europa Frieden in Sicht sei. Großadmiral Karl Dönitz, der nach dem Selbstmord Hitlers als deutscher Oberbefehlshaber diente, musste sich am 7. Mai den Alliierten bedingungslos ergeben.

SCHWARZE PROPAGANDA: DER GEHEIME KRIEG DER WORTE

Als Deutschland im März 1945 vor der Niederlage stand, drängte Propagandaminister Joseph Goebbels Hitler, sich erneut im Radio an die Nation zu wenden, wie er es im Januar getan hatte, als er den Deutschen verkündete, dass „die Krise, so schwerwiegend sie im Augenblick auch sein mag, trotz allem durch unseren unveränderlichen Willen gemeistert werden wird". Doch Hitler wusste es besser. Er und Goebbels waren nicht mehr Herren des Äthers. Das Radio, einst das Medium, mit dem sie Anhänger begeisterten und Feinde einschüchterten, wurde mittlerweile von den Alliierten erfolgreich dazu benutzt, demoralisierende Gerüchte in Sendungen zu verbreiten, die ihren Ursprung scheinbar im Reich hatten. Diese „schwarze Propaganda", schrieb ein NS-Offizieller, erschöpfe „den Kampfgeist der Armee und die Ausdauer des Volkes".

Tatsächlich behandelten die Alliierten das untergehende NS-Regime mit einer schädlichen Dosis ihrer eigenen Medizin. 1939 hatte Goebbels Reichspropagandaministerium zusammen mit dem Außenministerium eine Abteilung namens Büro Concordia eingerichtet, die schwarze Propaganda produzierte, die scheinbar von Frankreich, Großbritannien und anderen feindlichen Nationen ausging. Radio Berlin, der offizielle Propagandasender des Reichs, strahlte sein Programm ebenfalls in diesen Ländern aus, verheimlichte aber nicht, woher es stammte. William Joyce, ein britischer Faschist, der 1939 nach Deutschland überlief, begann seine Sendungen für Radio Berlin mit den Worten „Germany calling". Den britischen Hörern, von denen viele sich über seine Hetzreden mehr amüsierten als ärgerten, als Lord Haw-Haw bekannt, verlor Joyce im Frühjahr 1940 an Popularität, als aus dem „Scheinkrieg" mit Deutschland ein echter Kampf wurde.

Joyce strahlte weiterhin weiße Propaganda aus, deren Ursprünge transparent waren, während er für Büro Concordia, das fünf englischsprachige Sender betrieb, schwarze Propaganda schrieb. Diese Sendungen waren nicht besonders feinsinnig, und nur wenige Zuhörer ließen sich von ihnen beeinflussen. Aber für alle, die 1940 von Deutschland bombardiert wurden, war es beunruhigend zu hören, dass Ansager, die vorgaben, auf ihrer Seite zu stehen, die britischen Kriegsanstrengungen verunglimpften. „Wartet nicht, bis der Hunger euch lähmt", tönte es vom schwarzen Sender Workers' Challenge. „Schafft jetzt Frieden. Schmiedet das Eisen, solange es heiß ist, denn ein Arbeiterstaat ist es wert, dass man für ihn kämpft."

AUFWIEGLER Joseph Goebbels gab die ersten Schüsse im schwarzen Propagandakrieg ab, aber die Alliierten erwiesen sich langfristig als erfolgreicher.

Die Briten schlugen in diesem Krieg der Worte zurück, indem sie einen begabten Journalisten engagierten, Sefton Delmer, der in Deutschland als Sohn australischer Eltern groß geworden war. Als deutschsprachiger Sprecher der BBC pfefferte Delmer seine weiße Propaganda mit scharfen Worten gegen die Nazis, auf die ein heißer Empfang warte, wenn sie in England einfielen. Er nährte ein Gerücht, das besagte, dass die Briten das Meer vor ihrer Küste mit einer leicht entzündlichen Substanz bedecken würden, die jeden Eindringling verbrennen würde. „Ich brenne ... du brennst ... er brennt", rezitierte Delmer in einer Sendung, die sich an deutsche Soldaten richtete. 1941 wechselte Delmer als führender Kopf des deutschsprachigen Senders GS1 (Gustav Siegfried Eins) zu schwarzen Sendungen, in denen eine schattenhafte Figur namens „der Chef" gegen perverse Nazis wetterte. Diese reißerischen Sendungen machten GS1 zu einem der erfolgreichsten schwarzen Propagandasender, bis er 1943 inmitten eines simulierten Feuergefechts der Gestapo, das „den Chef" zum Schweigen brachte, eingestellt wurde. Delmer leitete auch die schwarze Propaganda für die Printmedien der Political Warfare Executive, eine Agentur, die Worte und Bilder als Waffen benutzte, um den Feind zu demoralisieren, und das OSS zu ähnlichen Maßnahmen inspirierte.

TROTZIGE WORTE Sefton Delmer debütierte im Juli 1940 als deutschsprachiger Sprecher der BBC, indem er Hitlers Friedensangebot ablehnte, was einem Ultimatum gleichkam. „Wir schleudern es direkt auf Sie zurück", sagte er, „direkt in Ihre übel riechende Fresse." Später gab Delmer diese Warnung (rechts) als Englischunterricht für Deutsche heraus, die in Großbritannien einmarschieren könnten.

VOLKSEMPFÄNGER Anlässlich Goebbels' Geburtstag am 29. Oktober 1938 werden kostenlos Radios verteilt. Der preisgünstige Volksempfänger hatte begrenzten Empfang, und jedem Gerät lag ein Zettel bei: „Das Abhören ausländischer Sender ist ein Verbrechen gegen die nationale Sicherheit unseres Volkes. Es wird auf Befehl des Führers mit schweren Zuchthausstrafen geahndet."

Take French laxative it will keep you on the run

Late Blighters Final

Evening Standard

Black-out To-night — Black-out To-morrow

No. 35,941 LONDON, SATURDAY, 17. FEBRUARY 1940 ONE PENNY

Smoke TURKISH TOBACCO who cares for the British Empire Tobacco any longer

The Massacre of the R.A.F.

Secret session of Parliament demanded

Premier perturbed – one out of ten planes only return. Another Cabinet reshuffle in sight

Despite the Hush-Hush tactics on the part of our defence chiefs the true facts of the air war situation are gradually leaking out. At the Air Ministry a secret report has been prepared which contains the true balance of the war in the air.

Our airforce has not only lost a perturbing number of its most up-to-date bombers and fighters, but a far higher percentage of its crack flyers than has been admitted. The policy of publishing a weekly casualty list containing between two or three score names of the dead and missing will be overhauled completely. It has misled even people of high rank into a far too optimistic attitude *as regards Britains true position.*

Everybody of course is aware of the fact that the German claim of having shot down 36 out of a total of 44 British bombers in that famous air battle over the Bight of Heligoland is perfectly

People ask what has happened to pilot officer so and so, and nobody knows anything at all. He is missing, that is all. *The whole matter is to be the principal* question for the next secret session of the *House of Commons.*

M. P.s who were at first inclined to disbelieve these hair raising stories have meanwhile come round to regard the present state of affairs as highly disquieting.

In Whitehall there reigns an atmosphere of gloom. Mr. Kingsley Wood, who *is conducting a sort of personal investigation,* feels that he has been misled by certain subordinate quarters. The Prime Minister is said to be rather uneasy.

Apart from the losses of the R. A. F. in action, the numbers of machines and *men "destroyed" in accidents has been very* high. Whereas the normal losses in training were expected not to exceed a certain

His last Trip to the Front

„Ich mache Sie jetzt mit einem Verb vertraut, das sich als nützlich erweisen sollte. Sprechen Sie mir bitte nach:
„*Ich brenne* ... I burn"
„*Du brennst* ... you burn"
„*Er brennt* ... he burns"
„*Wir brennen* ... we burn"
„*Ihr brennt* ... you are burning"
„*Sie brennen* ... they burn"
„*Der SS-Sturmführer brennt auch ganz schön* ... The SS Captain is also burning quite nicely."

SEFTON DELMER, ANFANG 1941

GERMANY CALLING Zur deutschen Propaganda zählten die Sendungen von Lord Haw-Haw (oben eine Persiflage) und ein gefälschter *Evening Standard* (links) vom 17. Februar 1940, in dem über schwere Verluste der Royal Air Force berichtet wird, die kaum begonnen hatte zu kämpfen.

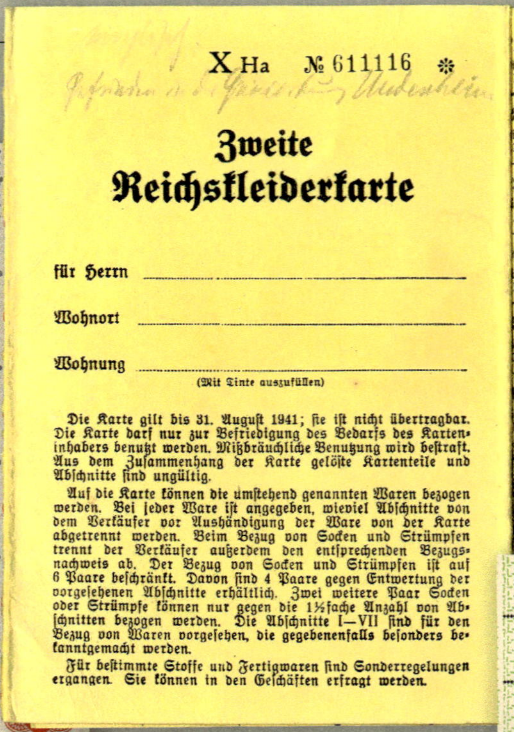

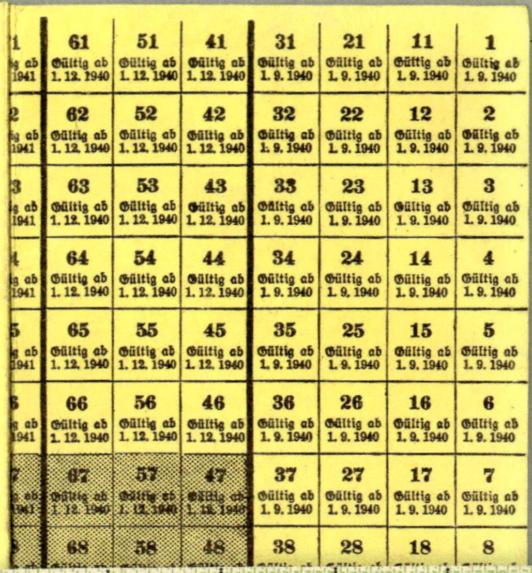

BEZUGSMARKEN Brotmarken, Kleidermarken und als Führergeschenk ausgewiesene Lebensmittelmarken wurden von der PWE gefälscht, um die Versorgung der zunehmend unter Hunger leidenden deutschen Bevölkerung zu stören.

BRITISCHE MEISTER DER SCHWARZEN KUNST

Ein Großteil der schwarzen Propaganda der Briten wurde von der Political Warfare Executive (PWE) unter der fachkundigen Leitung von Sefton Delmer und Ellic Howe vor allem auf Papier produziert. Howe besaß ein enzyklopädisches Wissen über Druckgeschichte und Drucktechniken, und Delmer wurde auf ihn aufmerksam, als er sich 1941 bei der Direktion des militärischen Nachrichtendienstes um eine Stelle bewarb, die seinem Fachwissen entsprach. „In Kriegszeiten", schrieb er, „ist die mit kalligrafischer Fälschung verbündete Druckerpresse eine mächtige Waffe. Papier kann Personen oder Orte erreichen, die für unsere Panzerdivisionen und Agenten außer Reichweite liegen."

Howe arbeitete bald mit Delmer an ebenso dunklen und hinterhältigen wie genialen Grafikprojekten, darunter ein demoralisierendes Flugblatt, das deutsche Hausfrauen in zerbombten Gebieten ermahnte, von Leichen verseuchtes Wasser abzukochen (rechte Seite). Im Gegensatz zur SOE, die manchmal Fälscher aus dem Gefängnis holte, gab es in Howes PWE-Druckeinheit keine Ex-Sträflinge. „Mein Personal war völlig respektabel", bemerkte er. Da seinen Grafikern kriminelle Erfahrung fehlte, mussten sie erst etwas üben, um gute Fälschungen herzustellen. Eine gefälschte Briefmarke, auf der Heinrich Himmler als Möchtegern-Führer dargestellt wird (Seite 298), wurde zunächst kritisiert, weil er den SS-Chef aussehen ließ, als hätte er eine Hautkrankheit. „Ich gehe davon aus, dass diese Makel in ihrer endgültigen Form von den Briefmarken entfernt werden", schrieb der Kritiker, was in der Tat dazu führte, dass, wie ein Agent der SOE es nannte, „hübsche Fälschungen" entstanden, die ihren Weg nach Nazideutschland sowie in die persönliche Briefmarkensammlung von Präsident Roosevelt fanden.

Die PWE verbreitete ihre Produkte auf unterschiedlichen Wegen. Einige wurden per Post verschickt oder von Agenten an Widerstandsgruppen im besetzten Europa geliefert. Die Verteilung innerhalb Deutschlands erfolgte meist durch Fallschirmabwürfe aus Flugzeugen oder mittels Ballons, die, vom Westwind getrieben, Bündel mit subversivem Material nach Deutschland beförderten. Deutsche Propagandisten versuchten zurückzuschlagen, und die Amerikaner versuchten mitzuhalten, aber niemand konnte qualitativ oder quantitativ mit dem grafischen Output von Howe, Delmer und anderen britischen Meistern der schwarzen Kunst mithalten.

VERTEILUNG Mitglieder der Abteilung M füllen Ballons mit Wasserstoff, um im Auftrag der PWE Propagandamaterial nach Deutschland zu bringen. Die Ballons verfügten über automatische Ventile, die sie auf konstanter Höhe hielten, und Zünder, die je nach Windgeschwindigkeit so eingestellt waren, dass das Material im Zielgebiet landete.

100.000 Mark Belohnung!

Nächtlicher Frauenmord!

Jede Nacht werden 56 Frauen ermordet.

Der Mörder heißt Fritz Sauckel, Gauleiter und Reichsstatthalter von Thüringen, Generalbevollmächtigter für den Arbeitseinsatz.

Sauckel mordet, indem er deutsche Frauen und Mädchen zur Nachtarbeit zwingt und sie so schindet, daß sie vor Erschöpfung Betriebsunfällen zum Opfer fallen.

Im Monat Juli 1943 gab es laut Reichsunfallstatistik 236.700 Betriebsunfälle von Arbeiterinnen, davon 187.360 zwischen 6 Uhr abends und 6 Uhr morgens. Von diesen 187.360 bei Nachtarbeit verunglückten Frauen verloren 1736 ihr Leben. Das heißt 56 Frauen in jeder Nacht.

Jede Nacht werden 56 Frauen von Sauckel ermordet.

Der Frauenmörder Sauckel muß unschädlich gemacht werden!

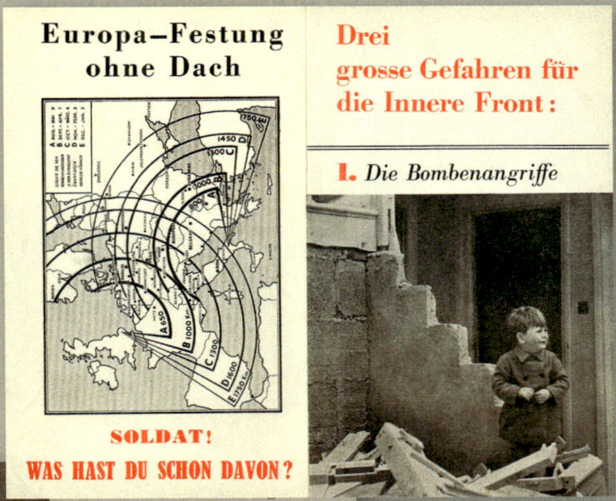

Europa–Festung ohne Dach

SOLDAT!

WAS HAST DU SCHON DAVON?

Drei grosse Gefahren für die Innere Front:

1. Die Bombenangriffe

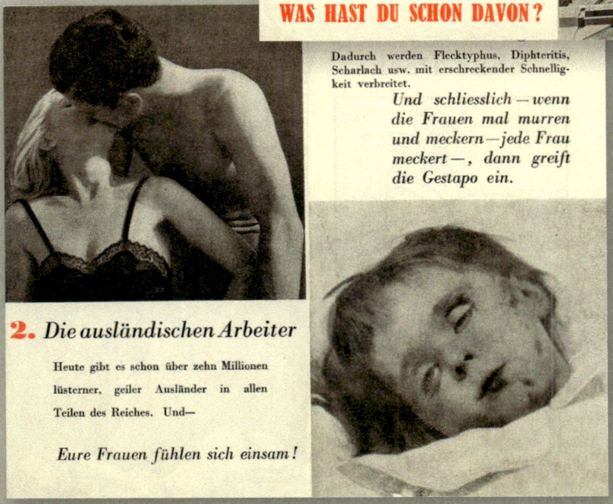

2. Die ausländischen Arbeiter

Heute gibt es schon über zehn Millionen lüsterner, geiler Ausländer in allen Teilen des Reiches. Und—

Eure Frauen fühlen sich einsam!

Dadurch werden Flecktyphus, Diphteritis, Scharlach usw. mit erschreckender Schnelligkeit verbreitet.

Und schliesslich — wenn die Frauen mal murren und meckern — jede Frau meckert —, dann greift die Gestapo ein.

ANGST SCHÜREN Dieses PWE-Flugblatt für deutsche Soldaten in Belgien zeigt drei Gefahren, die ihren Angehörigen zu Hause drohen: alliierte Bombenangriffe (oben), ausländische Arbeiter, die sich mit ihren einsamen Ehefrauen vergnügen (ganz links), und kranke Kinder, die in Lager auf dem Land evakuiert werden, die als Brutstätten von Krankheiten dargestellt werden (links).

HAUSFRAUEN!

Kocht nach Luftangriffen das Trinkwasser ab!

Immer wieder wird in deutschen Städten die Erfahrung gemacht, daß auf die feigen Luftangriffe des Feindes Seuchen wie Ruhr und Typhus folgen.

Diese Seuchen werden durch die Verunreinigung von Trinkwasser verursacht als Folge der Beschädigung des Trinkwasser-und Abwässernetzes durch Luftangriffe. Verschiedentlich kam es sogar vor, wie z. B. in Karlsruhe, daß Leichen in die Wassersammelbecken geschwemmt wurden und das Wasser verpesteten. Erst bei der Leerung der Sammelbecken wurden die Leichen (siehe Abbildung) gefunden, sodaß das Übel abgestellt werden konnte.

Um den Gefahren vorzubeugen, die sich aus der Wasserverseuchung ergeben, muß Trinkwasser nach einem Luftangriff grundsätzlich vor dem Genuß abgekocht werden.

Hauptamt für Volkswohlfahrt Berlin

HAUSFRAUEN! ACHTET DARAUF!

Nach Luftangriffen mindestens 60 Stunden kein Genuss von unabgekochtem Trinkwasser!

Hauptamt für Volkswohlfahrt, Berlin, Maibach-Ufer 48-51

Druck: Paul Schmidt, Berlin N. 54, Zehdenicker Str. 5

50 FÜNFZIG 50

REICHSPFENNIG

RPf RPf

BEHELFSZAHLUNGSMITTEL FÜR DIE DEUTSCHE WEHRMACHT

DEUTSCHE WEHRMACHT

DIESER SCHEIN IST KEIN ÖFFENTLICHES ZAHLUNGSMITTEL, SONDERN NUR FÜR DEN GELDVERKEHR INNERHALB DER DEUTSCHEN WEHRMACHT BESTIMMT

KLOPAPIER Diese von Ellic Howe produzierte und über Deutschland abgeworfene Banknote sah dem Geld, das an deutsche Soldaten ausgegeben wurde, täuschend ähnlich, trug aber auf der Rückseite beleidigende Botschaften, zum Beispiel: „Ich bin Hitlers Arschwischer."

SCHWARZE BULLETINS Howe verwendete moderne Schriften der Art, wie sie auch von den NS-Behörden für diesen Aushang (oben) verwendet worden wäre, der davor warnt, dass Bombenopfer das Trinkwasser verunreinigten, sowie die traditionelle deutsche Frakturschrift für ein Fahndungsplakat (ganz oben), das eine hohe Belohnung für den NS-Beamten Fritz Sauckel auslobt, der ungezählte Zwangsarbeiter in den Tod schickte.

HEIL HIMMLER Der Reichsführer SS auf gefälschten Briefmarken als möglicher Nachfolger Hitlers (links) und mit vorgehaltener Pistole als Spendensammler für die Winterhilfe (ganz oben). Eine weitere gefälschte Briefmarke (oben) zeigt einen entsetzlich verstümmelten Soldaten.

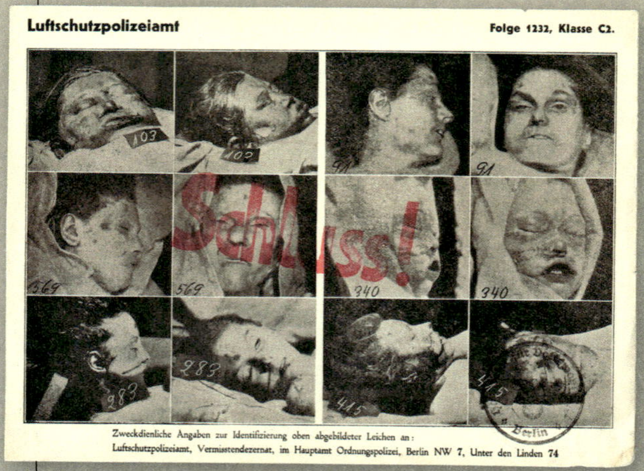

OPFER Auf diesem Schwarze-Propaganda-Plakat sucht die Berliner Luftschutzpolizei nach der Identität der abgebildeten Luftangriffsopfer. Viele solcher PWE-Fälschungen wurden mit „Schluss!" bestempelt, dem vermeintlichen Slogan einer deutschen Widerstandsbewegung.

PROPHEZEIUNGEN Diese deutsche Miniausgabe vermeintlicher Nostradamus-Prophezeiungen über den Untergang des Reichs war eine Reaktion auf ähnliche deutsche Propaganda, die den Alliierten eine Niederlage vorhersagte.

BOMBENANGRIFF Amerikanische Piloten packen Propagandamaterial in große Bombenhülsen (rechts), die von einem schweren Bomber (ganz rechts) über Deutschland abgeworfen wurden. Diese Propagandabomben sprangen in einer Höhe von etwa 2000 Metern auf und verteilten ihren Inhalt großflächig.

FALSCHER INHALT Dieses Zigarettenpapier-Briefchen enthielt Anweisungen für zehn unterschiedliche Möglichkeiten, den Militärdienst zu umgehen, und konnte heimlich in die Manteltasche eines Soldaten gesteckt werden.

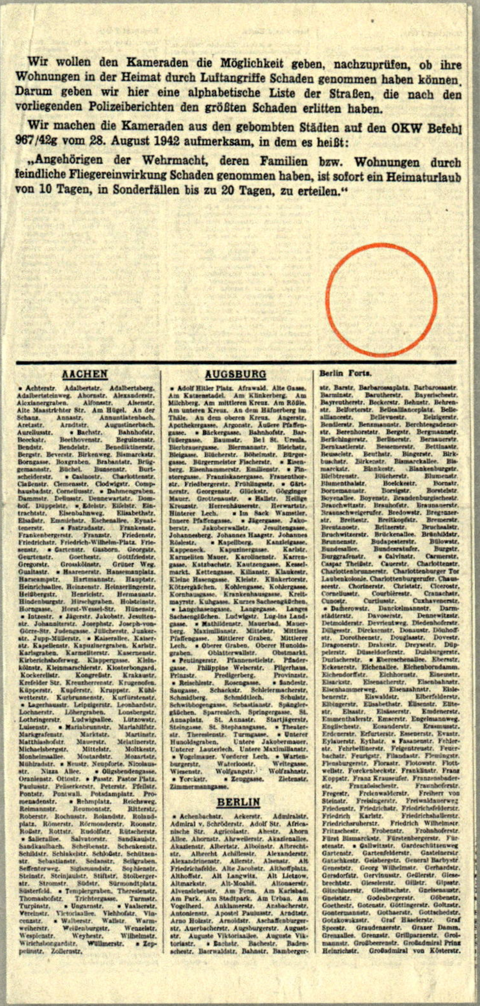

Wir wollen den Kameraden die Möglichkeit geben, nachzuprüfen, ob ihre Wohnungen in der Heimat durch Luftangriffe Schaden genommen haben können. Darum geben wir hier eine alphabetische Liste der Straßen, die nach den vorliegenden Polizeiberichten den größten Schaden erlitten haben.

Wir machen die Kameraden aus den gebombten Städten auf den OKW Befehl 967/42g vom 28. August 1942 aufmerksam, in dem es heißt:

„Angehörigen der Wehrmacht, deren Familien bzw. Wohnungen durch feindliche Fliegereinwirkung Schaden genommen haben, ist sofort ein Heimaturlaub von 10 Tagen, in Sonderfällen bis zu 20 Tagen, zu erteilen."

AACHEN

AUGSBURG

Berlin Forts.

BERLIN

SCHADENSBERICHT Basierend auf Aufklärungsflügen der Royal Air Force, listet dieses PWE-Flugblatt Straßen in deutschen Städten auf, die schwere Bombenschäden erlitten haben. Der rote Kreis ist das Zeichen einer fiktiven deutschen Widerstandsgruppe gleichen Namens. Solche Berichte alarmierten die deutschen Soldaten, von denen einige desertierten oder um Erlaubnis baten, sich um ihre Familien zu kümmern.

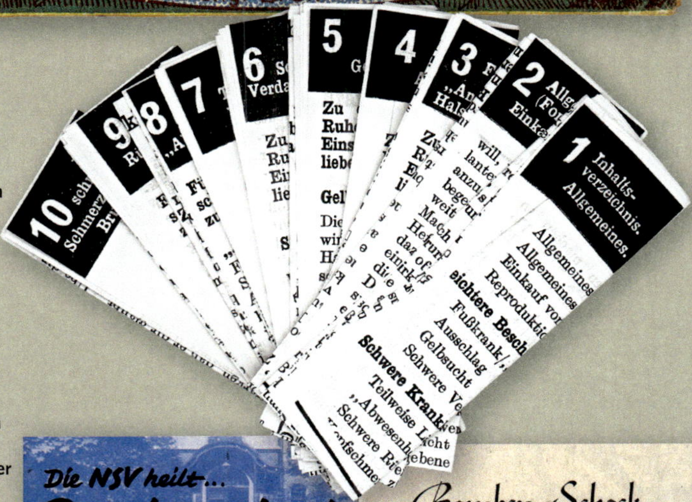

Die NSV heilt...
Bombenschock
von
Oberbereichsleiter
Dr. Otto Walter

Bomben-Schock

Die Kriegskrankheit der Heimatsfront und ihre erfolgreiche Bekämpfung in den Erholungsheimen der

von

Oberbereichsleiter Dr. Otto Walter

Berlin S.O.36., Maibach-Ufer 48-51.

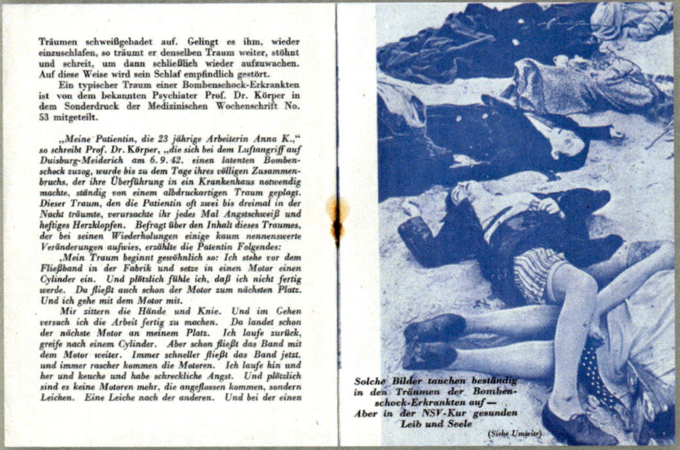

Träumen schweißgebadet auf. Gelingt es ihm, wieder einzuschlafen, so träumt er denselben Traum weiter, stöhnt und schreit, um dann schließlich wieder aufzuwachen. Auf diese Weise wird sein Schlaf empfindlich gestört.

Ein typischer Traum einer Bombenschock-Erkrankten ist von dem bekannten Psychiater Prof. Dr. Körper in dem Sonderdruck der Medizinischen Wochenschrift No. 53 mitgeteilt.

„Meine Patientin, die 23 jährige Arbeiterin Anna K.," so schreibt Prof. Dr. Körper, „die sich bei dem Luftangriff auf Duisburg-Meiderich am 6. 9. 42. einen latenten Bombenschock zuzog, wurde bis zu dem Tage ihres völligen Zusammenbruchs, der ihre Überführung in ein Krankenhaus notwendig machte, ständig von einem albdruckartigen Traum geplagt. Dieser Traum, den die Patientin oft zwei bis dreimal in der Nacht träumte, verursachte ihr jedes Mal Angstschweiß und heftiges Herzklopfen. Befragt über den Inhalt dieses Traumes, der bei seinen Wiederholungen einige kaum nennenswerte Veränderungen aufwies, erzählte die Patentin Folgendes:

‚Mein Traum beginnt gewöhnlich so: Ich stehe vor dem Fließband in der Fabrik und setze in einen Motor einen Cylinder ein. Und plötzlich fühle ich, daß ich nicht fertig werde. Da fließt auch schon der Motor zum nächsten Platz. Und ich gehe mit dem Motor mit.

Mir zittern die Hände und Knie. Und im Gehen versuch ich die Arbeit fertig zu machen. Da landet schon der nächste Motor an meinem Platz. Ich laufe zurück, greife nach einem Cylinder. Aber schon fließt das Band mit dem Motor weiter. Immer schneller fließt das Band jetzt, und immer rascher kommen die Motoren. Ich laufe hin und her und keuche und habe schreckliche Angst. Und plötzlich sind es keine Motoren mehr, die angeflossen kommen, sondern Leichen. Eine Leiche nach der anderen. Und bei der einen

Solche Bilder tauchen beständig in den Träumen der Bombenschock-Erkrankten auf — Aber in der NSV-Kur gesunden Leib und Seele

(Siehe Umseite)

NACHBEBEN Diese gefälschte Broschüre der Nationalsozialistischen Volkswohlfahrt warnte vor dem „Bombenschock", einer Nervenkrankheit, die Überlebende von Luftangriffen befalle. Betroffene sollten in Erholungsheimen isoliert werden.

BOMBEN LOS Propagandabomben, die an große Knallkörper erinnern, auf dem Weg nach Deutschland. Ihre Zünder waren so eingestellt, dass sie in einer Höhe von 2000 Metern eine kleine Explosion auslösten, die den Behälter aufbrach, ohne den Inhalt zu beschädigen.

OSS-OPERATIONEN IN EUROPA

Moral Operations (MO), die Schwarze-Propaganda-Abteilung des OSS, folgte in vielem dem Beispiel der PWE. Der Radiosender Soldatensender West zum Beispiel, der sich als deutscher Kanal für deutsche Truppen ausgab, aber von England aus sendete, war ein Gemeinschaftsprojekt von OSS und PWE. Der Sender verpackte „Dreck" – Propaganda, die die Soldaten gegen Hitler aufwiegeln sollte – in einer „Hülle", populäre deutsche Musik, wie Selmer es ausdrückte. Der Dreck bestand daraus, dass er viele hochrangige Deutsche mit dem Attentat vom Juli 1944 in Verbindung brachte, von denen einige gar nicht daran beteiligt waren.

Ab 1944 entwarfen MO-Agenten in Italien geniale Schwarze-Propaganda-Formate, allen voran die gefakte Anti-NS-Zeitung *Das Neue Deutschland* (rechts). Das Redaktionsteam unter der Leitung der ehemaligen Reporter Richard Lee und Eugene Warner erhielt dabei Hilfe von deutschen Kriegsgefangenen in Italien, die von den Nazis die Nase voll hatten und gerne Texte für die Zeitung schrieben. Für den Humor war der Künstler Saul Steinberg zuständig, dessen Karikaturen für den *New Yorker* ihn später berühmt machten. Es dauerte mehrere Wochen, bis das Team die deutschen Umlaute – allen voran das „ü" in Führer – in den Griff bekam, aber die erste Ausgabe konnte Ende Juni 1944 mit einer Auflage von 75 000 Exemplaren erscheinen. Die Zeitung wurde zunächst an Soldaten in den besetzten Gebieten verteilt, spätere Ausgaben gelangten auch nach Deutschland, wo sie mit gefälschten Hitler-Briefmarken im Rahmen der Operation Cornflakes in das deutsche Postsystem eingeschleust wurden.

Bei der MO-Aktion Operation Sauerkraut wurden antinazistische Deutsche aus Kriegsgefangenenlagern geholt und in Wehrmachtsuniformen hinter den feindlichen Linien platziert, wo sie mit Gerüchten und Flugblättern zur Desertion anstachelten. Der fiktive Verein einsamer Kriegerfrauen forderte die Soldaten auf, nach Hause zurückzukehren und ihre Frauen in die Arme zu schließen, bevor Fremdarbeiter ihnen zuvorkämen. Dieser Verein wurde von der in der Tschechoslowakei aufgewachsenen OSS-Offizierin Barbara Lauwers (rechte Seite, oben) ins Leben gerufen, die auch Radiosendungen und Flugblätter produzierte, die Hunderte von tschechischen und slowakischen Soldaten, die unter deutschem Kommando in Italien dienten, dazu veranlassten, zu den Alliierten überzulaufen.

Das Neue Deutschland

„Die Zukunft gehört jenen, die sich auf sie vorbereiten!"

50 Rpfg.

Erscheint halbmonatlich — Süddeutsche Ausgabe — 15. September 1944

DIE DRACHENSAAT

HITLER WILL KEINEN FRIEDEN

Die Waffenstillstandsbedingungen, die Hitler ausgeschlagen hat

DAS LETZTE ATTENTAT

Erfolg gesichert!

Gerüchte um Göring

DEUTSCHER HERBST 1944

Dr. KARL GOERDELER

HITLER IM VISIER *Das Neue Deutschland*, die Propagandazeitung des OSS, verkündet in ihrer Septemberausgabe 1944, dass Hitler keinen Frieden schließen will, und zeigt den Führer, der zahlreiche Attentate überlebt hatte, wie er sich – als „letzten Ausweg" – eine Pistole an den Kopf hält. Die Zeitung gelangte sowohl in die Hände deutscher Soldaten (links), aber auch in die von Zivilisten.

EINSAME HERZEN Barbara Lauwers (links) war die Verfasserin dieses Briefs vom Verein einsamer Kriegerfrauen (rechts). „Wir warten auf euch", heißt es darin, und sie verspricht allen Männern, die das Emblem des Vereins (links unten auf dem Blatt) ausschneiden und vorzeigen, dass die „Sehnsucht einsamer Nächte in Erfüllung gehen wird".

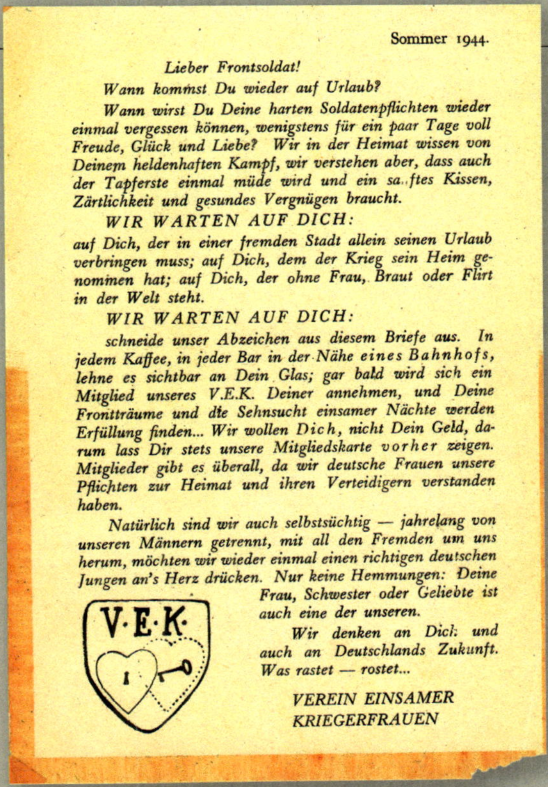

Sommer 1944.

Lieber Frontsoldat!

Wann kommst Du wieder auf Urlaub?

Wann wirst Du Deine harten Soldatenpflichten wieder einmal vergessen können, wenigstens für ein paar Tage voll Freude, Glück und Liebe? Wir in der Heimat wissen von Deinem heldenhaften Kampf, wir verstehen aber, dass auch der Tapferste einmal müde wird und ein sa..ftes Kissen, Zärtlichkeit und gesundes Vergnügen braucht.

WIR WARTEN AUF DICH:

auf Dich, der in einer fremden Stadt allein seinen Urlaub verbringen muss; auf Dich, dem der Krieg sein Heim genommen hat; auf Dich, der ohne Frau, Braut oder Flirt in der Welt steht.

WIR WARTEN AUF DICH:

schneide unser Abzeichen aus diesem Briefe aus. In jedem Kaffee, in jeder Bar in der Nähe eines Bahnhofs, lehne es sichtbar an Dein Glas; gar bald wird sich ein Mitglied unseres V.E.K. Deiner annehmen, und Deine Frontträume und die Sehnsucht einsamer Nächte werden Erfüllung finden... Wir wollen Dich, nicht Dein Geld, darum lass Dir stets unsere Mitgliedskarte vorher zeigen. Mitglieder gibt es überall, da wir deutsche Frauen unsere Pflichten zur Heimat und ihren Verteidigern verstanden haben.

Natürlich sind wir auch selbstsüchtig — jahrelang von unseren Männern getrennt, mit all den Fremden um uns herum, möchten wir wieder einmal einen richtigen deutschen Jungen an's Herz drücken. Nur keine Hemmungen: Deine Frau, Schwester oder Geliebte ist auch eine der unseren.

V·E·K·

Wir denken an Dich und auch an Deutschlands Zukunft. Was rastet — rostet...

VEREIN EINSAMER KRIEGERFRAUEN

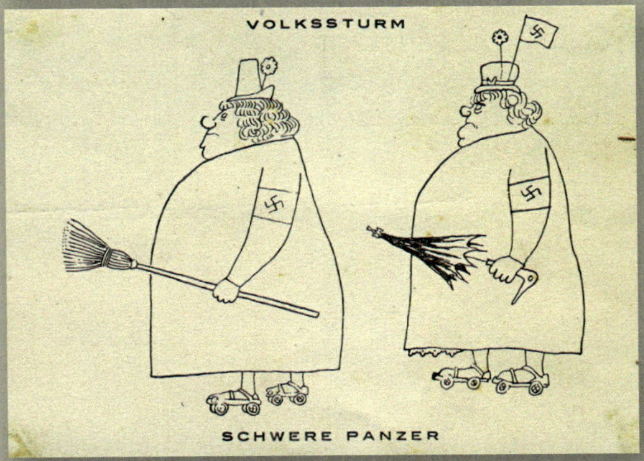

SCHWERE PANZER Diese von Saul Steinberg illustrierte Postkarte, die im Rahmen der Operation Sauerkraut an deutsche Soldaten verteilt wurde, nimmt den Volkssturm aufs Korn – notdürftig ausgebildete und schlecht ausgerüstete Milizionäre, die Hitler Ende 1944 in den Krieg schickte. 175 000 kehrten nicht zurück.

BILDER DES TODES Viele Bilder, die dazu gedacht waren, die Deutschen zu demoralisieren und Wehrmachtssoldaten zur Desertion zu ermutigen, schworen das Schreckgespenst des Todes herauf.

DIE SCHLINGE ZIEHT SICH ZU

Düstere Zeiten für Deutschland verheißt diese Schwarze-Propaganda-Zeitung der Alliierten vom September 1944 (rechts). Hitler versuchte, die Katastrophe mit einem verzweifelten Gegenangriff in Belgien abzuwenden, aber seine Truppen wurden in der Ardennenschlacht am Jahresende zurückgeschlagen. Anfang 1945 verstärkten die Alliierten ihre Angriffe und überzogen das Land mit einer Welle der Zerstörung, die die Vorhersagen der schwarzen Propaganda bei Weitem übertraf. Der „Bombenschock", von dem in der PWE-Broschüre (Seite 299) die Rede war, war harmlos, verglichen mit der verheerenden Wirkung der Brandbomben, die im Februar auf Dresden niedergingen und einen Feuersturm entfachten, dem 35 000 Menschen zum Opfer fielen. Warnungen, dass deutsche Frauen in fremde Hände geraten könnten, wurden auf brutale Weise Wirklichkeit, als rachsüchtige Russen plündernd und vergewaltigend auf Berlin vorstießen.

Ein von den alliierten Propagandisten verfolgtes Szenario, das sich nie verwirklichte, war ein deutscher Aufstand gegen die Nazis. Nach dem Attentat vom 20. Juli wurden Tausende Feinde des Regimes hingerichtet, sodass nur wenige potenzielle Anführer für einen Aufstand übrig blieben. Das hinderte die SOE und die PWE jedoch nicht daran, im Rahmen der Operation Periwig (Perücke) die Existenz einer deutschen Untergrundbewegung vorzutäuschen. Howes Abteilung druckte über 2000 Postkarten, die das Zeichen einer Gruppe namens Rotes Pferd trugen (rechte Seite) und die NS-Führer aufforderten, sich zu erhängen, wenn sie keinen qualvollen Tod erleiden wollten.

Für eine ganze Reihe NS-Größen, darunter der Führer selbst und sein ernannter Nachfolger Goebbels, der sich, seine Frau und seine sechs Kinder vergiftete, war Selbstmord tatsächlich der letzte Ausweg. Einst Meister der großen Lügen, hatten Hitler und Goebbels am Ende keine Antwort auf die alliierte Propaganda parat, die voller Verzerrungen war, aber auf einer grundlegenden Wahrheit basierte – dass die Nazis Deutschland in den Untergang trieben.

Nr. 145, Freitag, 8. September 1944

NACHRICHTEN FÜR DIE TRUPPE

USA-Truppen strömen zur Saar

Nancy und Teile von Metz von Deutschen zurückerobert

Die französische Festung Nancy ist wieder in deutscher Hand. Auch Teile von Metz haben die deutschen Truppen zurückerobert. Die Stadtteile von Metz auf dem Westufer der Mosel sind aber weiter in der Hand der Amerikaner.

Um den amerikanischen Brückenkopf über die Mosel bei Pont à Mousson wird erbittert gekämpft.

Deutsche Aufklärer melden, dass die Amerikaner grosse Verstärkungen an Panzern, Artillerie und motorisierter Infanterie heranführen, die offenbar für für einen Grossangriff auf breiter Front gegen den Westwall and die Saar bereitgestellt werden.

Eine neue Ausdehnung nach Süden hat diese alliierte Angriffsfront jetzt dadurch erfahren, dass die alliierte Südarmee den Anschluss an die Nordarmee hergestellt hat und auf die sogenannte burgundische Pforte marschiert, die Ebene zwischen Vogesen und Jura im Raum von Belfort.

Der Schwerpunkt der Kämpfe im Westen lag aber gestern noch in Belgien im Gebiet der Kanalküste.

Schwere Kämpfe in Calais

Die abgeschnittenen deutschen Verbände zwischen der Scheldemündung und Calais werden immer weiter gegen das Meer abgedrängt. Mehrere Versuche den britischen Einschliessungsring zu durchstossen, sind gescheitert. Auch das Feuer der Fernkampfbatterien, die jetzt landeinwärts schiessen, hat den englischen Vormarsch nicht aufgehalten.

In den Aussenbezirken von Calais toben schwere Kämpfe.

Im flandrischen Abschnitt der Küste müssen die deutschen Truppen jetzt immer weiter auf Ostende und Zeebrügge zurückfallen, nachdem die Alliierten den Lys-Fluss auf breiter Front überschritten haben.

Manche deutsche Soldaten versuchen noch, in kleinen Booten an der Scheldemündung nach den holländischen Inseln Walcheren und Beveland überzusetzen und sich dann durch den noch dünnen englischen Sicherungsgürtel zwischen Antwerpen und Dordrecht in Holland nach Osten durchzuschlagen.

Abgeschrieben

Alliierte Jagdbomber patrouillieren aber schon über der schmalen Landzunge, die zum holländischen Festland führt.

Beim Stabe des Ob-West wird jetzt nicht mehr damit gerechnet, dass mehr als eine kleine Kampfgruppe von den Resten der an der Kanalküste zurückgebliebenen Reste von 8 Divisionen das Reichsgebiet erreichen wird.

Auch die Reste der südwestlich Mons eingeschlossenen Kampfgruppe gelten jetzt als verloren und sind abgeschrieben.

Von den Besatzungen in Le Havre und Brest, die weiter

Sowjet-Vorstoss gegen Ostpreussens Südgrenze

Im Mittelabschnitt der Ostfront setzen die Sowjets ihre Angriffe am Narew-Abschnitt fort und kommen der Südgrenze Ostpreussens immer näher.

Unter dem Feuerschutz massierter Artillerie und zahlreicher Sturzbomber setzten Sowjettruppen an drei Stellen über den Narew und errichteten Brückenköpfe auf dem Westufer des Flusses, von denen aus Sowjetpanzer weiter auf die Südgrenze Ostpreussens vorstossen.

Besonders heftig sind die Kämpfe an der Strasse Ostrolenka-Ortelsburg.

Fernaufklärer melden, dass die Sowjets hinter dem Narew und an der Ostgrenze Ostpreussens grosse Ansammlungen von Panzern und motorisierter Artillerie bereitgestellt haben. Die grosse Doppeloffensive von Süden und Osten gegen Ostpreussen kann jeden Augenblick losbrechen.

Im Süden verschmilzt die Ostfront jetzt immer mehr mit der

(Fortsetzung Seite 4)

BULGARIEN BRICHT MIT DEM REICH

Bulgarien hat die Beziehungen zum Reich abgebrochen.

Frühere Meldungen über eine Kriegserklärung Bulgariens an das Reich werden in der Wilhelmstrasse nicht bestätigt. Die weitere Entwicklung, so erklärt man jedoch in der Wilhelmstrasse, ist nicht vorauszusehen, da die bulgarische Regierung sich allen Weisungen Sowjet-Russlands und der Anglo-Amerikaner widerspruchslos fügen dürfte.

Rimini soll gehalten werden

Die heftigen Kämpfe im Vorfeld von Rimini gehen weiter.

Einheiten der 29. Panzer-Grenadier-Division sind zur Verstärkung der deutschen Truppen auf Befehl von Generalfeldmarschall Kesselring an der Adria-Küste eingesetzt worden, um das Eck-Bollwerk Rimini bis aufs äusserste zu verteidigen.

Der Fall von Rimini würde bedeuten, dass die Alliierten fast unbehindert in Richtung auf … und das nord… …dustriegebiet vor…

…einwärts und bis …n Küste werden … Truppen weiter … die Berge zurück-

…chnitt der Italien- …rte Voraustruppen …ato eingedrungen.

Gesandter v. Blücher verlässt Helsinki

Die deutsche Gesandtschaft in Helsinki verlässt voraussichtlich heute unter Führung des Gesandten von Blücher die finnische Hauptstadt. Die Diplomaten reisen aber nicht direkt nach Deutschland zurück, sondern fahren zunächst nach Stockholm.

Die ersten 127 deutschen Zivilisten aus Helsinki sind gestern bereits in Stockholm eingetroffen. Viele ersuchen um eine Aufenthaltsgenehmigung, um das Ende des Krieges im neutralen Schweden abzuwarten.

Rund 800 weitere deutsche Zivilisten aus Finnland werden in den nächsten Tagen in Schweden erwartet.

Die Vorbereitungen für die Evakuierung der Wehrmachtdienstellen in Helsinki gehen weiter. Den ganzen Tag über wurden wichtige Dokumente und Karteien in Wehrmacht-LKWs nach dem Hafen von Helsinki gebracht und auf einem Schiff verladen, das heute mit Hunderten von Wehrmachtangehörigen an Bord die gefährliche Überfahrt nach dem Reich antritt.

In Berlin ist ein D-Zugwagen für den finnischen Gesandten Kivimäkki und das finnische Gesandtschaftspersonal reserviert worden, die heute abreisen.

Gleichzeitig mit den finnischen Diplomaten verlassen auch alle finnischen Journalisten die Reichshauptstadt.

Finnische Unterhändler in Moskau

Die finnische Friedensdelegation unter Führung von Ministerpräsident Hackzell ist in Moskau eingetroffen. Die Waffenstillstandsverhandlungen dürften unverzüglich beginnen.

Eine der Bedingungen, die Finnland bereits angenommen hat, ist die Räumung von ganz Finnland durch die Wehrmacht vor dem 15. September.

Alle deutschen Truppen, die Finnland vor diesem Termin nicht verlassen haben, werden von der finnischen Wehrmacht entwaffnet, wenn nötig mit Unterstützung der roten Armee.

Zum Beginn der russisch-finnischen Waffenstillstandsverhandlungen hat der finnische Oberbefehlshaber und Staatspräsident, Feldmarschall Mannerheim, einen Tagesbefehl ausgegeben, in dem es heisst:

„Ich bin überzeugt, dass die Unabhängigkeit und Zukunft Finnlands nur gewährleistet werden kann durch aufrichtige und freudschaftliche Beziehungen mit unseren Nachbarvölkern. Ich hoffe, dass unser schwer geprüftes Volk jetzt die Segnungen des Friedens geniessen wird, und dass die Wunden bald heilen werden, die uns der Krieg geschlagen hat."

T.145

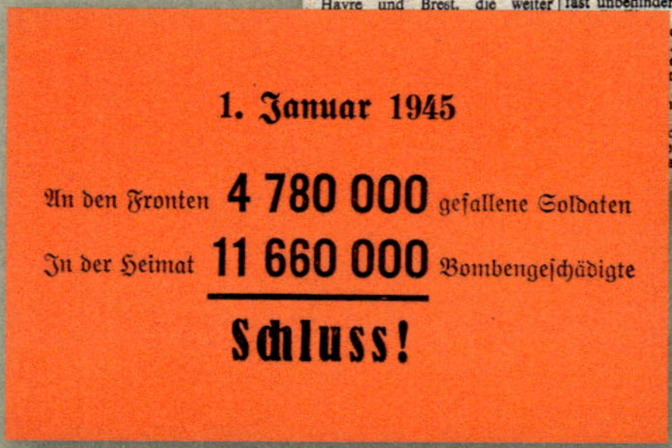

1. Januar 1945

An den Fronten **4 780 000** gefallene Soldaten

In der Heimat **11 660 000** Bombengeschädigte

Schluss!

ALTERNATIVE FAKTEN Schwarze-Propaganda-Publikationen wie die *Nachrichten für die Truppe*, die von PWE und OSS gemeinsam produziert wurde, richteten sich an Deutsche, die der NS-Berichterstattung misstrauten. Auch der PWE-Klebezettel (links) versuchte, Zweifel zu sähen, indem er die Zahl der gefallenen Soldaten den alarmierend hohen Opferzahlen unter der Zivilbevölkerung gegenüberstellte.

UNVERHÄLTNISMÄSSIG HOHE VERLUSTE Ein PWE-Klebezettel vom 1. Januar 1945 versucht, einen Keil zwischen die Bevölkerung und die für den Krieg verantwortliche NSDAP zu treiben. Er prangert an, dass die prozentualen Verluste unter den deutschen Soldaten 15-mal höher sind als unter Parteifunktionären.

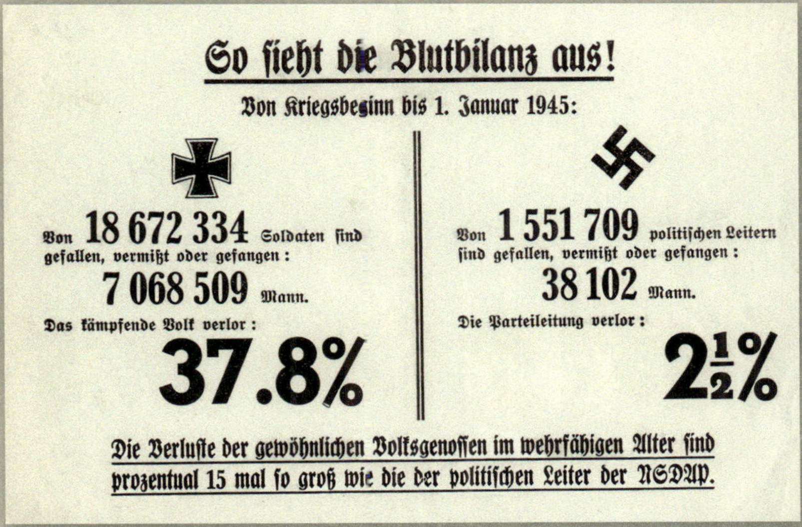

So sieht die Blutbilanz aus!

Von Kriegsbeginn bis 1. Januar 1945:

Von 18 672 334 Soldaten sind gefallen, vermißt oder gefangen:	Von 1 551 709 politischen Leitern sind gefallen, vermißt oder gefangen:
7 068 509 Mann.	38 102 Mann.
Das kämpfende Volk verlor:	Die Parteileitung verlor:
37.8%	2½%

Die Verluste der gewöhnlichen Volksgenossen im wehrfähigen Alter sind prozentual 15 mal so groß wie die der politischen Leiter der NSDAP.

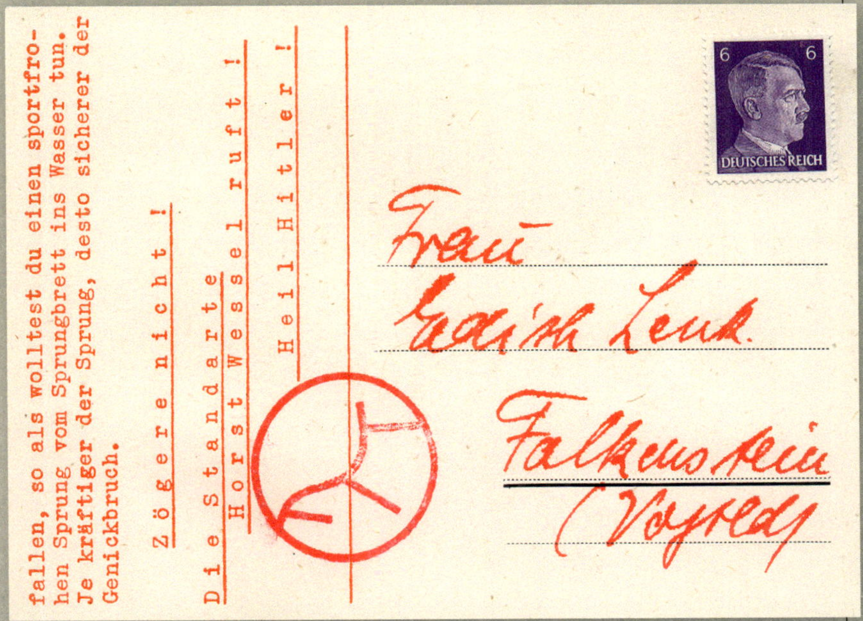

TODESDROHUNG Diese Postkarte mit dem Rotes-Pferd-Stempel ist eine von vielen, die für die Operation Periwig gedruckt wurden und die Empfänger instruierten, wie sie sich aufhängen sollten, um „sich unnötige Schmerzen zu ersparen". Die meisten dieser Karten wurden wahrscheinlich von deutschen Postbeamten abgefangen, bevor sie ihren Bestimmungsort erreichten, aber die Operation sollte die Polizeibehörden alarmieren und sie dazu bringen, ihre Kräfte zu vergeuden und eine Phantom-Widerstandsgruppe zu verfolgen.

Achtung, Pferd!

Ein primitives Tierbild aus ein paar einfachen Strichen, das aussieht wie ein Pferd, sieht man jetzt in der Reichshauptstadt und zahlreichen anderen Städten des Reichs mit Kreide oder Rötel auf zahlreichen Häuserwänden in Treppenhäusern, Luftschutzbunkern und auf Wohnungstüren aufgezeichnet.

Auch eine Anzahl von Parteibeamten hat Drohbriefe mit dem Pferdezeichen anstelle einer Unterschrift erhalten.

BEDROHLICHE GRAFFITI In diesem kurzen Artikel, der im Februar 1945 in den *Nachrichten für die Truppe* erschien, heißt es, dass mysteriöse Zeichnungen eines Pferdes an Häuserwänden in Berlin und anderen deutschen Städten sowie auf Drohbriefen an NS-Beamte erschienen seien. Die für die Zeichnungen verantwortlichen Personen wurden als Gruppe Rotes Pferd bezeichnet.

48

KAPITEL 6

STUNDE NULL IM PAZIFIK

UMKÄMPFTE INSELN US-Marines landen im August 1944 mit einem Kettenfahrzeug auf der Marianeninsel Tinian. Ein Jahr später starten von hier zwei B-29 mit den ultimativen Geheimwaffen des Krieges in Richtung Japan – Atombomben.

DAS GRÖSSTE GEHEIMNIS DES KRIEGES

Als der Physiker J. Robert Oppenheimer im April 1943 in New Mexico eintraf, um die Leitung eines neuen Regierungslabors in Los Alamos zu übernehmen, wurde er zur zentralen Figur eines Projekts, das den Krieg binnen kurzer Zeit verändern, wenn nicht gar beenden könnte. Das Manhattan-Projekt war das größte geheime Waffenprogramm aller Zeiten, und kaum ein Mensch war ab diesem Zeitpunkt von größerer Bedeutung für die nationale Sicherheit Amerikas als der 39-jährige Physiker. Aber er hatte noch keine Sicherheitsfreigabe und wurde vom FBI und vom G-2, dem Geheimdienst der US-Armee, verdächtigt, mit einem Spionagering in Verbindung zu stehen, der nicht von Deutschland oder Japan, sondern von Amerikas sowjetischen Verbündeten betrieben wurde. Ein G-2-Offizier in Los Alamos beschuldigte Oppenheimer schriftlich, „eine Schlüsselrolle bei den Versuchen der Sowjetunion gespielt zu haben, durch Spionage streng geheime Informationen zu erlangen, die für die Sicherheit der Vereinigten Staaten von entscheidender Bedeutung sind".

BETRETEN VERBOTEN Das Schild am Tor zu Los Alamos gibt keinen Hinweis auf die Art des Projekts, das in dieser streng bewachten Anlage in New Mexico durchgeführt wurde, wo einige der weltbesten Wissenschaftler 1943 mit der Konstruktion einer Atombombe begannen. Der Physiker J. Robert Oppenheimer (rechte Seite), der Direktor des Projekts, wurde eingehend untersucht, bevor man ihm die Sicherheitsfreigabe erteilte.

Die Anklage gegen Oppenheimer beruhte auf der Tatsache, dass mehrere ihm nahestehende Personen, darunter sein jüngerer Bruder Frank und seine Frau Kitty, ehemalige oder aktive Mitglieder der Kommunistischen

NAME: J. ROBERT OPPENHEIMER
BERUF: PHYSIKER
AUFTRAG: ATOMARE ENERGIE ENTFESSELN

CHRONOLOGIE

JANUAR 1942 Präsident Roosevelt genehmigt das streng geheime Manhattan-Projekt zur Produktion von Atombomben.

APRIL 1942 William Donovan aktiviert das Detachment 101, das im Auftrag des OSS in Südasien verdeckte Operationen gegen Japan durchführt.

APRIL 1943 In Los Alamos, New Mexico, beginnt die wissenschaftliche Arbeit an Atomwaffen.

MÄRZ–APRIL 1944 Admiral Mineichi Koga, Yamamotos Nachfolger als Kommandeur der Kombinierten Flotte Japans, stirbt bei einem Flugzeugabsturz vor der philippinischen Insel Cebu. Sein geheimer Plan Z zur Abwehr der US-Pazifikflotte fällt in amerikanische Hände.

JULI–AUGUST 1944 Die US-Streitkräfte nehmen Saipan und Tinian im westlichen Pazifik ein. Damit gerät Japan in die Reichweite strategischer Bomber, die auf dort errichteten Flugplätzen stationiert werden.

JULI 1945 Eine in Los Alamos entwickelte Atombombe wird auf dem Trinity-Gelände in New Mexico erfolgreich getestet.

AUGUST 1945 Japan kapituliert bedingungslos, nachdem Atombomben Hiroshima und Nagasaki verwüstet haben.

AUGUST 1949 Die Sowjetunion testet erfolgreich eine mithilfe von Atomspionage entwickelte Atombombe und verschärft damit den Kalten Krieg.

„Der unglaubliche Erfolg von Los Alamos ist allein Oppenheimers Brillanz, Enthusiasmus und Charisma zu verdanken.“

EDWARD TELLER, PHYSIKER IN LOS ALAMOS

Partei waren. Oppenheimer leugnete, jemals dieser Partei beigetreten zu sein. Als er in den späten 1930er-Jahren an der University of California lehrte, hatte er jedoch Belange unterstützt, die ihn mehrfach in Kontakt zu Kommunisten oder kommunistischen Sympathisanten brachten, darunter Mitglieder der Abraham Lincoln Brigade, die in Spanien gegen Franco kämpften. Oppenheimer teilte mit diesen Kämpfern den Hass auf den Faschismus in all seinen Formen. „In mir schwelte die Wut über die Behandlung der Juden in Deutschland“, bemerkte er, und er half jüdischen Verwandten und jüdischen Wissenschaftlern dort, vor dem NS-Regime zu fliehen und sich in den Vereinigten Staaten niederzulassen.

1940 traf Oppenheimer auf einer Benefizveranstaltung in Berkeley einen Kommunisten namens Steve Nelson, einen Veteranen der Abraham Lincoln Brigade. Sie stellten fest, dass sie mehr als die gemeinsame Abneigung gegenüber Franco und Hitler verband, denn Nelson entpuppte sich als enger Freund und Genosse von Kitty Oppenheimers Ex-Mann Joe Dallett, der im Kampf in Spanien starb. Nelson war nicht nur Vorsitzender des örtlichen KP-Verbands, sondern auch ein sowjetischer Geheimagent, der an Peter Iwanow im sowjetischen Konsulat in San Francisco berichtete. Das FBI verdächtigte Nelson der Spionage und zapfte sein Telefon an. Es wollte so an Beweise kommen, die ihn mit Oppenheimer und dessen Mitarbeitern im Radiation Laboratory in Berkeley in Verbindung brachten, wo Forschungen zum Manhattan-Projekt durchgeführt wurden. In einem vom FBI abgehörten Telefongespräch, das etwa zu der Zeit geführt wurde, als Oppenheimer zum Leiter in Los Alamos bestimmt wurde, bezeichnete Nelson ihn als einstmals „roten“ Wissenschaftler, der jetzt aber „zu nervös“ war, um Kommunisten zu helfen, weil er für die Regierung arbeitete und „seiner Vergangenheit entkommen“ wollte.

Aussagen wie diese nährten die Zweifel an Oppenheimer beim FBI, dessen Agenten ihren Verdacht an Lieutenant Boris Pash, den Chef der G-2-Gegenspionage an der Westküste, weitergaben. Pash, ein in San Francisco geborener Amerikaner mit russischen Wurzeln, war ein glühender Antikommunist und heiß darauf, sowjetische Agenten aufzuspüren. Er verhörte Oppenheimer mehrfach und drängte ihn, Einzelheiten über einen Vorfall preiszugeben, der sich Anfang 1943 in seinem Haus in Berkeley ereignete. Bei dieser Gelegenheit teilte ein Professorenkollege Oppenheimer mit, dass ein britischer Chemiker namens George Eltenton bereit war, „technische Informationen an sowjetische Wissenschaftler“ weiterzugeben. Bevor der Professor auch ihn bitten könnte, Nukleargeheimnisse zu verraten, brach Oppenheimer das Gespräch ab. Als er von Pash dazu befragt wurde, weigerte sich Oppenheimer, mit dem Namen dieses Professors herauszurücken. Pash wertete seine Weigerung und seine ausweichenden Antworten auf andere Fragen als Beweis dafür, dass man ihm nicht trauen könne. Er empfahl, ihm keine Sicherheitsfreigabe zu erteilen und ihn als Direktor in Los Alamos abzusetzen.

Schließlich sprang ein vorgesetzter Offizier Oppenheimer bei – Brigade General Leslie Groves, der militärische Leiter des Manhattan-Projekts. Groves traute alleine Oppenheimer die theoretische und technische Expertise zu, eine Atombombe zu bauen, wozu auch gehörte, die Arbeiten anderer brillanter Wissenschaftler zu koordiniern, deren riesige Egos leicht zerschlagen werden konnten. Einer dieser temperamentvollen Wissenschaftler, Edward Teller, erklärte, warum Oppenheimer für die historische Aufgabe in einzigartiger Weise qualifiziert war: „Während der gesamten Kriegsjahre wusste Oppie im Detail, was in jedem Teil des Labors vor sich ging. Er war unglaublich schnell und scharfsinnig bei der Analyse menschlicher und technischer Probleme (…) Er wusste zu organisieren, zu schmeicheln, zu belustigen, Gefühle zu besänftigen – wie man kraftvoll führt, ohne so zu wirken (…) Der unglaubliche Erfolg von Los Alamos ist allein Oppenheimers Brillanz, Enthusiasmus und Charisma zu verdanken."

General Groves erkannte die seltenen Qualitäten Oppenheimers, die ihn für das Manhattan-Projekt prädestinierten, und vertraute auf das Urteil seines Sicherheitsoffiziers in Los Alamos, Captain John Lansdale. Dieser kam zu dem Schluss, dass Oppenheimer kein Kommunist war und nie einer gewesen war. Ein Kommunist verhielte sich loyal gegenüber der Sowjetunion, nicht gegenüber den Vereinigten Staaten. Tatsächlich liebte Oppenheimer Amerika und seine Freiheiten, was ihn zögern ließ, Namen von Freunden und Bekannten preiszugeben, die politische Ansichten vertraten, die einige für unamerikanisch hielten. Schließlich identifizierte er den Professor, der mit ihm in Berkeley über den Austausch „technischer Informationen" mit den Sowjets gesprochen hatte, als den französischen Gelehrten und bekennenden Kommunisten Haakon Chevalier. Aber er tat dies nur auf Drängen von Groves, nachdem der General Pash überstimmt und angeordnet hatte, dass Oppenheimer eine Sicherheitsfreigabe erhalten sollte.

ATOMSPALTUNG

Oppenheimer konnte sich also an die Arbeit machen – Atomenergie freizusetzen, etwas, was erst durch die Entdeckung eines Kernteilchens möglich wurde, von dessen Existenz er, als er in den 1920er-Jahren Physik studierte, noch gar nichts wusste. Damals ging man davon aus, dass das Atom aus einem Kern mit positiv geladenen Protonen besteht, um den kleinere, negativ geladene Elektronen kreisen. Ernest Rutherford, auf dem dieses Modell beruhte, spekulierte schon damals, dass es ein zusätzliches Teilchen geben könnte, das dem Kern Masse hinzufügte. Es blieb seinem Assistenten am Cavendish-Laboratorium der Universität Oxford, James Chadwick, überlassen, die Existenz dieses Neutrons zu bestätigen, das in etwa die gleiche Masse besitzt wie das Proton. Chadwicks Entdeckung im Jahr 1932 erwähnte auch die Möglichkeit, Atome durch Beschuss mit Neutronen zu spalten, die keine Ladung haben und von den Protonen im Kern nicht abgestoßen würden. Der in Ungarn geborene Physiker Leó Szilárd gehörte zu den Ersten, die erkannten, dass dies zu einer mächtigen neuen Waffe führen könnte. „Wenn wir ein Ele-

SICHERHEIT IN LOS ALAMOS

Los Alamos existierte eigentlich nicht. Es erschien auf keiner Landkarte, und wer dort lebte, hatte außer einem Postfach keine Adresse. Ein äußerer Zaun umgab die Anlage, und ein innerer Zaun trennte das Wohnviertel von den Büros und Labors, in denen die Bomben entwickelt wurden. Alle, die dieses innere Heiligtum betraten, trugen Ausweise mit Foto und waren farblich gekennzeichnet, um ihre Berechtigung anzuzeigen. Mit weißem Abzeichen hatte man Zugang zu Geheiminformationen, aber Leslie Groves und Robert Oppenheimer – links, auf ihren Ausweisen – waren sich uneins, wie weitreichend dieser Zugang sein sollte. Groves wollte alles so abschotten, dass nur wenige Auserwählte alles wussten und wie Oppenheimer, dessen Telefon abgehört wurde, streng überwacht werden konnten. Oppenheimer bestand jedoch darauf, dass die Kommunikation zwischen Spitzenwissenschaftlern unerlässlich sei, und gewann schließlich den Streit.

Die Sicherheitsmaßnahmen in Los Alamos waren streng, aber nicht idiotensicher. Wären alle, die jemals mit Kommunisten in Verbindung standen, ausgeschlossen worden, hätten Oppenheimer und andere brillante Physiker gehen müssen. Infolgedessen wurden einige wenige Wissenschaftler, die ein echtes Sicherheitsrisiko darstellten, zugelassen, wie Theodore Hall, ein 19-jähriges Wunderkind, der kurz nachdem er 1944 ein weißes Abzeichen erhalten hatte, Geheimnisse an die Sowjets verriet. Manche sensiblen Informationen wurden auch öffentlich, allen voran in einer Kolumne einer Zeitung in Cleveland vom März 1944, in der Los Alamos als „mysteriöse Stadt" bezeichnet wurde, in der unter Oppenheimer, dem „zweiten Einstein", geheime Waffenforschung betrieben werde. Groves war außer sich und wollte den Journalisten im Pazifik in den Krieg schicken, bis er herausfand, dass der Autor 60 Jahre alt war. ✪

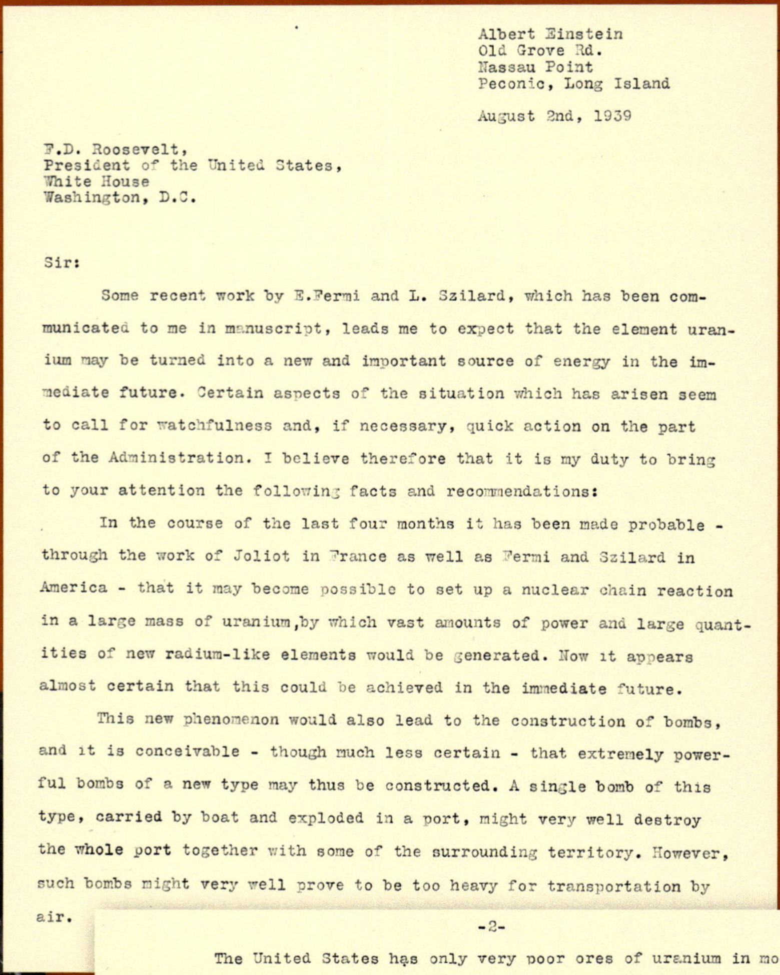

Albert Einstein
Old Grove Rd.
Nassau Point
Peconic, Long Island

August 2nd, 1939

F.D. Roosevelt,
President of the United States,
White House
Washington, D.C.

Sir:

Some recent work by E.Fermi and L. Szilard, which has been communicated to me in manuscript, leads me to expect that the element uranium may be turned into a new and important source of energy in the immediate future. Certain aspects of the situation which has arisen seem to call for watchfulness and, if necessary, quick action on the part of the Administration. I believe therefore that it is my duty to bring to your attention the following facts and recommendations:

In the course of the last four months it has been made probable - through the work of Joliot in France as well as Fermi and Szilard in America - that it may become possible to set up a nuclear chain reaction in a large mass of uranium,by which vast amounts of power and large quantities of new radium-like elements would be generated. Now it appears almost certain that this could be achieved in the immediate future.

This new phenomenon would also lead to the construction of bombs, and it is conceivable - though much less certain - that extremely powerful bombs of a new type may thus be constructed. A single bomb of this type, carried by boat and exploded in a port, might very well destroy the whole port together with some of the surrounding territory. However, such bombs might very well prove to be too heavy for transportation by air.

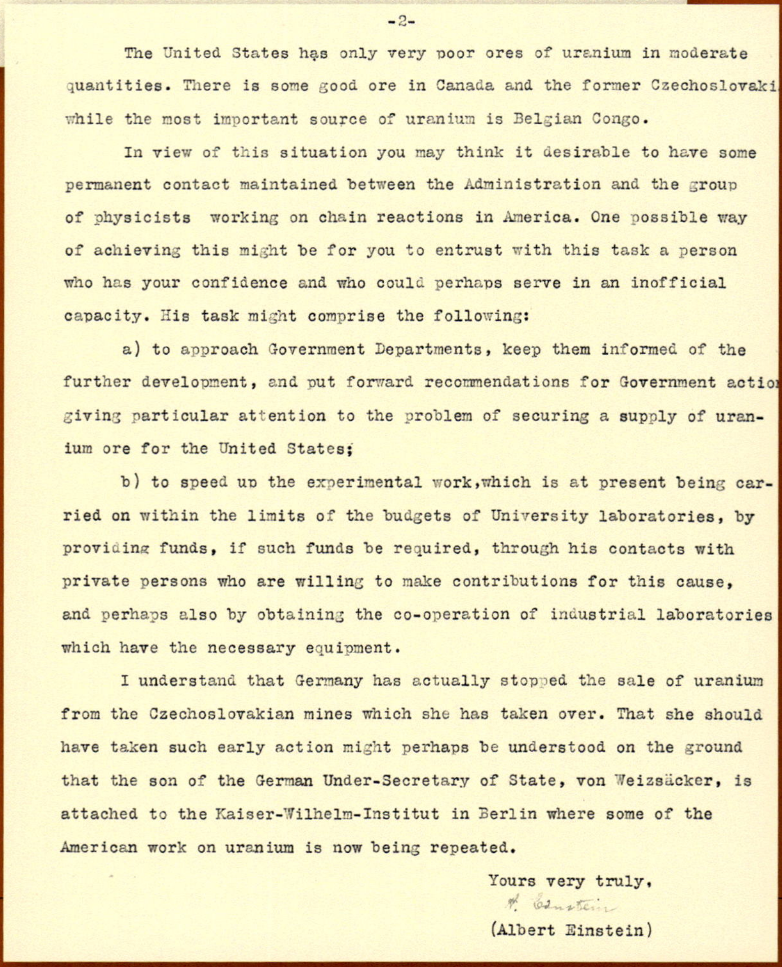

-2-

The United States has only very poor ores of uranium in moderate quantities. There is some good ore in Canada and the former Czechoslovaki while the most important source of uranium is Belgian Congo.

In view of this situation you may think it desirable to have some permanent contact maintained between the Administration and the group of physicists working on chain reactions in America. One possible way of achieving this might be for you to entrust with this task a person who has your confidence and who could perhaps serve in an inofficial capacity. His task might comprise the following:

a) to approach Government Departments, keep them informed of the further development, and put forward recommendations for Government actio giving particular attention to the problem of securing a supply of uranium ore for the United States;

b) to speed up the experimental work,which is at present being carried on within the limits of the budgets of University laboratories, by providing funds, if such funds be required, through his contacts with private persons who are willing to make contributions for this cause, and perhaps also by obtaining the co-operation of industrial laboratories which have the necessary equipment.

I understand that Germany has actually stopped the sale of uranium from the Czechoslovakian mines which she has taken over. That she should have taken such early action might perhaps be understood on the ground that the son of the German Under-Secretary of State, von Weizsäcker, is attached to the Kaiser-Wilhelm-Institut in Berlin where some of the American work on uranium is now being repeated.

Yours very truly,
A. Einstein
(Albert Einstein)

NUKLEARE WARNUNG Der Physiker Leó Szilárd (oben) suchte und fand die Unterstützung seines berühmten Kollegen Albert Einstein (ganz oben) bei der Abfassung dieses Briefes (rechts), den er im August 1939 an Roosevelt richtete. Der von Einstein unterzeichnete Brief warnte den Präsidenten, dass es bald möglich sein könnte, eine Atombombe mit Uran als Brennstoff herzustellen. Er drängte den Präsidenten, Schritte einzuleiten, um die Kernforschung in den USA zu fördern und möglichst viel hochwertiges Uran zu erhalten, wie es Deutschland kürzlich durch die Besetzung der Tschechoslowakei gelungen war. Obwohl es in dem Brief heißt, dass sich Atombomben „als zu schwer für den Lufttransport erweisen könnten", waren die 1944 eingeführten B-29-Superfortress-Bomber sehr wohl in der Lage, die in Los Alamos produzierten Atomwaffen nach Japan zu fliegen.

ment fänden, das durch Neutronen gespalten wird und *zwei* Neutronen aussendet und *eines* absorbiert", erkannte Szilárd, wäre das Ergebnis eine nukleare Kettenreaktion, die riesige Energiemengen mit erschütternder Wirkung freisetzen würde. Bevor Hitler an die Macht kam, hatte Szilárd in Deutschland bei Albert Einstein studiert, dessen berühmte Gleichung $E=mc^2$ (Energie ist gleich Masse mal Lichtgeschwindigkeit zum Quadrat) theoretisch nachwies, dass eine einzige Bombe, die einer Kernspaltung (der Spaltung von Atomen) unterzogen wird, genug Energie freisetzen könnte, um ein riesiges Gebiet zu verwüsten.

Der italienische Physiker Enrico Fermi verfolgte Chadwicks Entdeckung weiter, indem er verschiedene Elemente mit Neutronen beschoss. Als er Uran mit Neutronen bombardierte, beobachtete er eine „sehr intensive Wirkung", die weit über die Radioaktivität hinausging, die Uran natürlicherweise aussendet. Er und sein Team an der Universität von Rom standen 1938 an der Spitze der Kernphysik, als Mussolini sich Hitler annäherte und ein Manifest herausgab, in dem es hieß, dass „Juden nicht zur italienischen Rasse gehören". Fermi, dessen Frau Jüdin war, verließ Italien noch im selben Jahr, um in Stockholm den Nobelpreis für Physik entgegenzunehmen, und erhielt mit seiner Familie Asyl in den USA, wo er seine Forschungen fortsetzte. Er war einer von mehreren Elitephysikern, darunter Einstein, Szilárd und Teller, die in Amerika Zuflucht fanden.

Dennoch gab es in Nazideutschland weiterhin brillante Wissenschaftler, darunter Otto Hahn und Fritz Straßmann, die Anfang 1939 verkündeten, ihnen sei eine erfolgreiche Kernspaltung gelungen. Zwei ehemalige Kollegen, die vor Hitler geflohen waren, Lise Meitner und ihr Neffe Otto Frisch, analysierten ihre Ergebnisse und bestätigten den Durchbruch. (Frisch arbeitete später am Manhattan-Projekt mit, aber Meitner lehnte die Teilnahme mit der Begründung ab, dass sie „nichts mit einer Bombe zu tun haben würde"). Die Nachricht, dass in Deutschland die Kernspaltung gelungen war, alarmierte Szilárd, der mit Fermi an der Columbia University in Manhattan Uranexperimente durchführte und Schlimmstes befürchtete, falls Hitler die Atombombe erhielt. Gemeinsam mit Einstein schrieb er einen Brief an Präsident Roosevelt, in dem sie ihre Sorgen schilderten. In dem Brief, der Roosevelt von Alexander Sachs, einem prominenten Wirtschaftswissenschaftler, überbracht wurde, hieß es, dass es bald „möglich sein könnte, in einer großen Masse Uran eine nukleare Kettenreaktion auszulösen", die zum Bau einer Bombe führen könnte, die stark genug sei, um eine Großstadt zu zerstören. Deutschland habe vor Kurzem die Kontrolle über die Uranminen in der Tschechoslowakei übernommen, warnte Einstein und drängte auf Maßnahmen der Regierung, um die Versorgung der USA mit Uranerz sicherzustellen und die amerikanische Atomforschung zu unterstützen. Sachs lieferte bei der Übergabe ausführliche Erklärungen, um den Brief zu untermauern, aber Roosevelt brauchte nicht überzeugt zu werden. „Alex", sagte er, „ich verstehe schon, Sie wollen, dass uns die Nazis nicht in die Luft jagen."

BRILLANTE KÖPFE **Drei Top-Physiker des Manhattan-Projekts. Edward Teller (ganz oben), abgebildet auf seinem ungarischen Pass, arbeitete mit Oppenheimer zusammen und konzipierte die Wasserstoffbombe. Enrico Fermi (Mitte) erzeugte die erste kontrollierte nukleare Kettenreaktion. Ernest Lawrence (unten) erfand das Zyklotron und nutzte es zur Urananreicherung.**

Aus dem zaghaften Versuch der Regierung, die Kernforschung zu fördern, wurde nach dem Kriegseintritt der USA der kompromisslose Versuch, die erste Atombombe herzu-

DAS LEBEN IN TENNESSEES GEHEIMER STADT

Eine der ersten Amtshandlungen von Leslie R. Groves als Chef des Manhattan-Projekts war 1942 der Erwerb von knapp 60 000 Hektar dünn besiedeltem Land am Clinch River im Osten Tennessees. Wer innerhalb dieses neuen Regierungsreservats lebte, wurde umgesiedelt. Es entstand eine riesige Fabrikanlage, die Clinton Engineer Works, in der Uran in Zentrifugen verarbeitet wurde, um das spaltbare Isotop U-235 zu extrahieren. 13 000 Arbeiter und ihre Familien sollten in einer Stadt namens Oak Ridge untergebracht werden. Bis 1945 war Oak Ridge die siebtgrößte Stadt Tennessees mit 75 000 Einwohnern und streng geheimen Einrichtungen, die fast 15 Prozent der gesamten in den USA erzeugten Elektrizität verbrauchten.

VERKABELT Mitarbeiter in sicherheitsrelevanten Bereichen wurden in Oak Ridge Lügendetektortests unterzogen.

Nur wenige Menschen in Oak Ridge wussten, was dort während des Krieges produziert wurde. Ein Besucher fragte einen Jungen in der Stadt: „Weißt du, was hier hergestellt wird?" „Melasse", antwortete er. Auszubildenden wurde lediglich gesagt, sie seien an der Kriegsarbeit beteiligt. Andere, die aufgrund ihrer Tätigkeit eine gewisse Ahnung haben könnten, worum es bei dem Projekt ging, wurden scharf beobachtet. Eine Sekretärin, deren Chef eine Anlage zur Urananreicherung leitete, musste sich wiederholt Lügendetektortests unterziehen. Keiner von ihnen war aufschlussreicher als die einfache Frage ihres Chefs, ob sie wisse, woran sie arbeiteten. „Ich glaube, wir bauen eine Bombe", antwortete sie, „aber ich weiß nicht, welche Art von Bombe." Er entfernte sich, ohne ein Wort zu sagen.

Ed Westcott war der einzige Fotograf, der während des Krieges in Oak Ridge fotografieren durfte. Seine hier gezeigten Aufnahmen verdeutlichen, dass es sich um eine gewöhnliche Gemeinde handelte, in der höchst ungewöhnliche Dinge vor sich gingen. Es dauerte fast zwei Jahre, um genügend U-235 für die erste Atombombe zu produzieren, die auf Hiroshima abgeworfen wurde. Erst dann wurde vielen in Oak Ridge klar, dass ihre geheime Arbeit eine Waffe hervorgebracht hatte, die den Krieg beenden und die Welt verändern würde.

SEINER ARBEIT NACHGEHEN Ebenso wie die Mechaniker (rechts), die nur wussten, dass sie komplizierte Maschinen am Laufen hielten, bedienten die Frauen unten die riesigen Calutrons (ganz rechts), ohne zu wissen, dass diese Teilchenbeschleuniger Brennstoff für eine Atombombe produzierten.

JEDE MINUTE ZÄHLT Plakatwände wie diese (unten), die Anfang 1944 in Oak Ridge aufgestellt wurde, erschienen an vielen Orten, um die Amerikaner zu mehr Kriegsanstrengungen zu ermutigen. Aber nirgendwo spielte Zeit eine größere Rolle als beim Manhattan-Projekt, das den Krieg verkürzen sollte.

SCHWEISSERIN In Oak Ridge arbeiteten während des Krieges mehr Frauen als Männer.

ARBEITERSIEDLUNG Die Arbeiter und ihre Familien lebten in Tausenden solcher Fertighäuser.

ABLENKUNG DURCH COMICS Dank des Bevölkerungsbooms in Oak Ridge macht dieser Junge mit seinen Comics gute Geschäfte.

stellen. Das von Roosevelt im Januar 1942 genehmigte Manhattan-Projekt wurde vom US Army Corps of Engineers und einem seiner fähigsten Offiziere geleitet – dem unnachgiebigen General Groves, den sein Adjutant Kenneth Nichols folgendermaßen beschrieb: „[Er war] der größte Mistkerl, dem ich je in meinem Leben begegnet bin, aber auch einer der fähigsten Menschen. Er hatte absolutes Vertrauen in seine Entscheidungen und war rücksichtslos in der Art und Weise, wie er an ein Problem heranging, um es zu lösen." Als Groves die Leitung des Projekts übernahm, hatten die Wissenschaftler bereits festgestellt, dass nur eine kleine Komponente des Urans – das Isotop U-235 – hoch spaltbar war und eine explosive Kettenreaktion auslösen konnte. Man testete mehrere Methoden, um U-235 von der Hauptkomponente des Urans, U-238, zu trennen. Die Trenntechnik, in die Groves am meisten investierte, wurde von Ernest Lawrence, dem Direktor des Radiation Laboratory in Berkeley und Konstrukteur des Zyklotrons, entwickelt, wobei er Elektromagnete zur Beschleunigung und Anregung von Kernteilchen einsetzte. Lawrence entwickelte einen weiteren Beschleuniger, das sogenannte Calutron, in dem Elektromagnete das schwerere U-238 auf eine höhere Geschwindigkeit trieben und dabei kleine Mengen des leichteren U-235 zurückließen, die gesammelt werden sollten. Hunderte von Calutrons wurden in Oak Ridge, Tennessee, gebaut, einem ausgedehnten Gelände und Teil des Manhattan-Projekts, wo die Geheimhaltung so streng war, dass nur wenige der 13 000 Menschen, die während des Krieges dort arbeiteten, wussten, dass sie Treibstoff für Atomwaffen produzierten.

„Der italienische Seefahrer ist in der Neuen Welt gelandet."

ARTHUR COMPTON, DIREKTOR DES INSTITUTS FÜR METALLURGIE DER UNIVERSITY OF CHICAGO, ÜBER FERMIS KONTROLLIERTE NUKLEARE KETTENREAKTION

Inzwischen waren auch Fermi und seine Mitarbeiter dem Manhattan-Projekt beigetreten. Sie entwickelten am Metallurgischen Institut der University of Chicago einen kleinen Versuchsreaktor, mit dem ihnen Ende 1942 die erste kontrollierte nukleare Kettenreaktion gelang. „Der italienische Seefahrer ist in der Neuen Welt gelandet", verkündete stolz der Direktor des Instituts, Arthur Compton. Mithilfe der kontrollierten Kettenreaktion würde sich eines Tages Nuklearenergie für friedliche Zwecke nutzen lassen, aber sie könnte auch dazu verwendet werden, Uran in Plutonium umzuwandeln, ein neues Element von Menschenhand, dessen Isotop Pu-239 sich noch leichter spalten ließ als U-235. Aber bei der Herstellung dieses Isotops würde enorme Hitze entstehen, die den Reaktor zum Schmelzen bringen und tödliche Radioaktivät freisetzen könnte. Groves setzte daher auf einen abgelegenen Standort in Hanford, Washington, wo der nahe gelegene Columbia River Wasser zur

Kühlung sowie elektrische Energie liefern würde, um die Kettenraktion zu steuern. Den Bewohnern von Hanford und White Bluffs, einer kleinen Stadt in der Nähe, gab man 30 Tage Zeit, um das Gebiet zu evakuieren. Es wurde ihnen nur mitgeteilt, dass ihr Land für nicht näher genannte Kriegsarbeiten benötigt wurde.

In Los Alamos, wo Oppenheimer mehr Wissenschaftler um sich scharte, als die Welt es je gesehen hatte, ging die Konstruktion von zwei Bomben weiter, von denen eine mit Uran-235 und die andere mit Plutonium-239 betrieben wurde. Oppenheimer und seine Kollegen standen vor großen technischen Aufgaben und befürchteten, dass ihnen deutsche Wissenschaftler zuvorkommen könnten. Eine entsprechende Warnung kam von dem Physiker Niels Bohr, der 1943 aus dem deutsch besetzten Dänemark nach England floh, als die Gestapo dort begann, Juden zusammenzutreiben. Bohr informierte die Briten, dass sein ehemaliger Schüler Werner Heisenberg, verantwortlich für das deutsche Atomwaffenprogramm, an einem Kernreaktor arbeitete, der schweres Wasser als Moderator verwenden würde – eine Substanz, die Neutronen abbremst, sodass sie vom Gravitationsfeld des schweren Urankerns eingefangen werden und eine Kettenreaktion auslösen können. Als die Deutschen Norwegen besetzten, fiel ihnen in der Stadt Vemork die erste Anlage in die Hände, in der schweres Wasser in großem Maßstab produziert wurde. Im Februar 1943 entsandten die Briten sechs norwegische Flüchtlinge zu einem gewagten Sabotageangriff, der die Anlage für mehrere Monate lahmlegte. Ein Jahr später, nachdem die Produktion in Vemork wieder aufgenommen worden war, versenkte ein anderes Kommandoteam eine Fähre, die Fässer mit schwerem Wasser geladen hatte, die für Deutschland bestimmt waren.

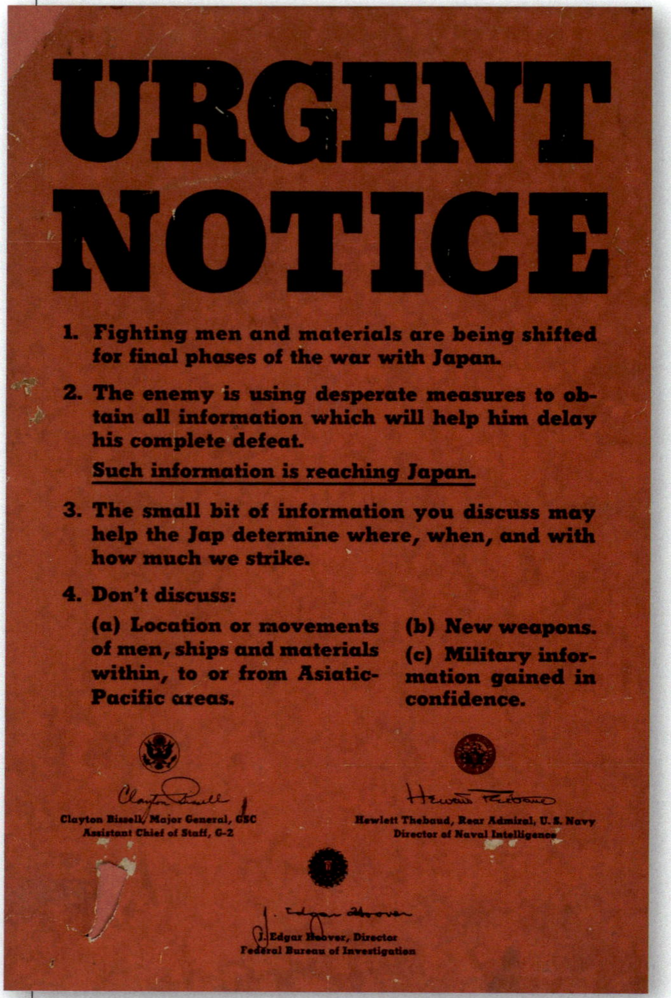

DICHTHALTEN Ein Plakat mit Unterschriften des FBI-Direktors J. Edgar Hoover sowie der Chefs des Nachrichtendiensts der US Army und des Marine-Nachrichtendiensts warnt 1945 ziviles und Militärpersonal davor, über neue Waffen oder andere sensible militärische Informationen zu sprechen. Der Krieg gegen Japan trete nun in seine „finalen Phasen".

Diese Sabotage erschwerte die deutschen Atombombenpläne zusätzlich. 1944 war Deutschland verheerenden Bombenangriffen ausgesetzt und verfügte nicht über genügend Spitzenwissenschaftler, Facharbeiter und industrielle Ressourcen für ein Waffenprogramm wie das Manhattan-Projekt, das auf seinem Höhepunkt über 130 000 Menschen beschäftigte und mehr als zwei Milliarden Dollar verschlang. Das Projekt war so komplex und langwierig, dass der Krieg in Europa womöglich vorüber sein würde, bevor die USA ihre Atombombe hatten. Japan hingegen war ein Inselstaat, der auf konventionellem Weg schwer zu besiegen war, und im Pazifikkrieg waren die Würfel noch nicht gefallen. Amerikaner und Nichtamerikaner, die ihre Arbeit am Manhattan-Projekt damit begründet hatten, dass die Bombe Hitler zur Strecke bringen würde, kamen in moralische Nöte. Manche bezweifelten, dass der Abwurf dieser Bomben auf Japan gerechtfertigt sei, und befürchteten, dies könnte einen ominösen Präzedenzfall schaffen, da sich bereits ein Kampf um die globale Vorherrschaft zwischen den USA und der UdSSR abzeichnete. Würden die Atomwaffen, die in Los Alamos entwickelt wurden, den aktuellen Krieg beenden und künftige Kriege verhindern? Oder waren sie eine Geißel, die im nächsten großen Konflikt zum Ende der Zivilisation führen würden? Diese Frage sollte Oppenheimer lange umtreiben, und er wurde von Gewissensbissen geplagt, die während des Zweiten Weltkriegs auf Eis lagen, aber im Kalten Krieg, der folgen sollte, umso virulenter wieder auftauchten.

VERDECKTE OPERATIONEN IN ASIEN

Während die Wissenschaftler in Los Alamos mit Hightech-Einsatz eine revolutionär neue Ära der Kriegsführung einleiteten, führten die alliierten Truppen einen vergleichsweise primitiven Krieg gegen Japan, der in vielem eher dem alten Gesetz des Dschungels glich. Durchbrüche bei den Geheimdiensten hatten im Pazifikkrieg große Bedeutung erlangt, in dem Kryptoanalytiker japanische Codes knackten, die Amerikaner bei Midway siegten und Admiral Yamamoto zur Strecke brachten. Aber die japanischen Soldaten von Pazifikinseln und aus Ländern in Asien zu vertreiben war oft eine Frage von roher Gewalt. Verdeckte Operationen gehörten auch dazu, aber diejenigen, die sie durchführten, mussten darauf gefasst sein, ihre Stiefel in Schlamm und ihre Hände in Blut zu tauchen. Nirgendwo war der Kampf brutaler als in Burma, das 1942 von den Japanern besetzt und eisern verteidigt wurde, eingekeilt zwischen Britisch-Indien und China, wo der amerikanische Lieutenant General Joseph „Vinegar Joe" Stilwell die chinesisch-nationalistischen Truppen unter Chiang Kai-shek in ihrem Kampf gegen die Japaner unterstützte. Im Mittelpunkt des Kampfes stand Myitkyina im Norden Burmas, wo sich ein strategischer Flugplatz und ein Eisenbahndepot unter japanischer Kontrolle befanden. Die alliierten Versuche, das Gebiet zurückzuerobern und die Nachschublinie vom Golf von Bengalen nach China über die berühmte Burmastraße wiederherzustellen, führten zu den erbittertsten Kämpfen des Krieges in Asien.

> **„Alles, was ich hören möchte, ist das Donnern des Dschungels."**
>
> JOSEPH STILWELL ZU CARL EIFLER, DEM KOMMANDEUR VON DETACHMENT 101 IN BURMA

Nordburma war so abgelegen und sein Dschungel so dicht, dass moderne Waffen – Kampfflugzeuge, Panzer, Artillerie – kaum zum Einsatz kamen. Fußsoldaten, die dort festsaßen, sahen sich zahlreichen Gefahren ausgesetzt. Abgesehen davon, vom Feind erschossen, erstochen oder mit dem Bajonett aufgespießt zu werden, machten ihnen Blutegel, Tiger, Giftschlangen und Schwärme von Moskitos, die Malaria und andere Plagen verbreiteten, das Leben schwer. Durchzogen von schmalen Pfaden, war der burmesische Dschungel ein idealer Ort für Sprengfallen, Hinterhalte und andere Formen des Guerillakriegs. William Donovan sah dort eine Gelegenheit, seine OSS-Agenten in den Krieg einzuschleusen, und übergab den Auftrag an Captain Carl Eifler, dessen Truppe sich Detachment 101 nannte. Eifler, ein 120 Kilo schwerer Bär von einem Mann, hatte unter Stilwell gedient und ihn von verdeckten Operation hinter den feindlichen Linien überzeugt. „Alles, was ich hören möchte, ist das Donnern des Dschungels", gab ihm Stilwell mit auf den Weg.

Eifler errichtete ein Lager im indischen Nazira mit etwa zwei Dutzend OSS-Agenten, die von den US-Streitkräften für dieses Himmelfahrtskommando angeworben wurden. „Von den Männern wurde erwartet, dass sie sich einfach freiwillig melden", erinnerte er

UNERSCHROCKEN Carl Eifler war ein echter Haudegen, aber als Kommandeur des Detachment 101 nahm er alle an die Leine, die „mit dem Kopf durch die Wand" wollten. Nach einem Unfall während einer verdeckten Mission in Burma, der ihn auf einem Ohr taub werden ließ, ersetzte Donovan ihn als Kommandeur Ende 1943 durch Colonel William Peers.

KONTAKTAUFNAHME **OSS-Lieutenant Vincent Curl (oben) rekrutierte Hunderte Angehörige vom Volk der Kachin und setzte sie unter Waffen, um im nördlichen Burma (Karte oben) gegen die Japaner zu kämpfen. Mit deren Unterstützung half Detachment 101 den Alliierten 1944 bei der Einnahme Myitkyinas und bei der Sicherung der Burma- und der Ledo-Straße, über die Nachschub nach China gelangte.**

sich. „Man sagte ihnen, dass sie wahrscheinlich ihr eigenes Todesurteil unterzeichnen würden." Eifler griff auch auf burmesische Flüchtlinge zurück, die mit den Briten und ihren amerikanischen Verbündeten sympathisierten. Aber seine eifrigsten Rekruten waren Angehörige vom Volk der Kachin im nördlichen Burma, die sich den japanischen Besatzern ebenso entgegenstellten wie den Kriegern der Shan, uralte Rivalen der Kachin, die sich mit den Japanern verbündet hatten. 1943 entsandte Eifler Captain Vincent Curl, um einen Stützpunkt bei den Kachin in der Nähe von Myitkyina zu errichten. Er sollte Informationen über die japanischen Streitkräfte sammeln, die von ihnen benutzten Straßen und Brücken sabotieren und bei der Rettung abgeschossener alliierter Piloten helfen. „Vince Curl konnte Schlangen beschwören", erinnerte sich ein Offizierskollege. „Ich habe nie erlebt, dass er in ein Kachin-Dorf ging, ohne sofort eine Schar Kinder anzulocken, die sich alle um ihn drängten, redeten und lachten (…) Vince Curl war Amerikas Geheimwaffe in Burma."

Curl erfuhr bald von einem Kachin-Führer namens Zhing Htaw Naw, der von einer weit entfernten Bergfestung aus Anschläge auf die Japaner verübte. Curl machte sich auf den Weg zu ihm und erfuhr am Ende seiner langen, zermürbenden Reise, dass Zhing schwer krank war und nicht gestört werden durfte. „Ich kann ihn heilen", erklärte Curl, ohne zu wissen, woran Zhing litt oder ob die Medizin, die er dabeihatte, seinen Tod verhindern würde. Mit Erleichterung stellte er fest, dass er an Malaria erkrankt war, die Curl mit Chinin behandelte. Als Zhings Fieber nachließ, erklärte er sich bereit, mit dem OSS, das in den nächsten Monaten an die tausend Kachin mit Waffen versorgte, gemeinsame Sache gegen die Japaner zu machen. Ihre traditionellen Waffen waren Speere und Blasrohre, aber sie gingen geschickt mit Schusswaffen um, vor allem mit den alten Vorderlader-Schrotflinten, die sie mit „Schrauben und Muttern von Fahrzeugwracks" luden.

Der Kampf zwischen Japanern und Kachin war heftig. „Die meisten Kachin lebten auf unzugänglichen Bergkämmen", schrieb Richard Dunlop, ein Veteran des Detachment 101, „aber im Tal gab es mehrere Dörfer, die sehr exponiert lagen." Laut Dunlop rieten die rivalisierenden Shan den Offizieren der Kempeitai – der gefürchteten japanischen Polizeieinheit, die für die Sicherheit in den besetzten Gebieten verantwortlich war –, dass „sich die Kachin in den Bergen ergeben würden, wenn sie die Dörfer im Flachland verwüsteten. Feuer, Vergewaltigungen und verstümmelte Kinder würden die Kachin in die Knie zwingen." Aber es kam anders. Die brutalen Übergriffe, die von regulären japanischen Truppen auf Befehl der Kempeitai durchgeführt wurden, erzürnten die Kachin derart, dass sie japanische Soldaten, die ihnen in die Hände fielen, folterten und töteten. Die OSS-Männer konnten wenig tun, um diese Gemetzel zu verhindern. „Die Gewaltbereitschaft gegenüber japanischen Soldaten war bei unseren Guerillateams verständlicherweise hoch", erinnerte sich Richard Morse, der unter Eiflers Nachfolger Colonel William Peers diente. „Einmal erreichte uns die Nachricht, dass ein Kachin einem Japaner Dynamit umgebunden und ihn in die Luft gesprengt hatte."

DAS OSS IN AKTION Diese und die Fotos auf der nächsten Seite bieten intime Blicke auf das Alltagsleben von Detachment 101 und seinen Kachin-Rekruten, die in Burma mit Amerikanern und Briten gegen die Japaner operieren. Man sieht einen Kameramann, umringt von neugierigen Dorfbewohnern, Elefanten mit Vorräten, einen Mann mit einem Affen als Haustier, eine gemischte Truppe von OSS- und Kachin-Kommandos auf Patrouille, einen Soldaten, der ein Kind verarztet, und Jäger, die einen erlegten Tiger ins Lager schleppen.

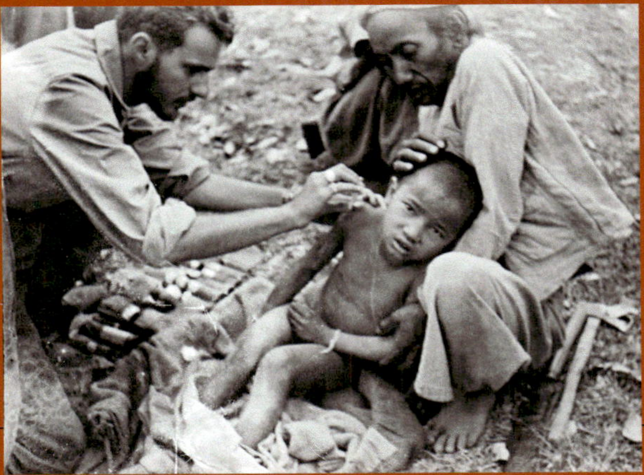

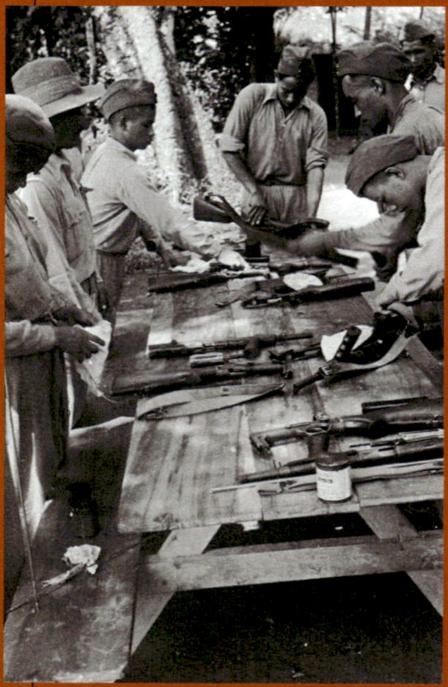

DSCHUNGELKRIEG Diese Bilder von Kampfeinsätzen des Detachment 101 und seiner Kachin-Verbündeten zeigen einen Maschinengewehrschützen in einem Flugzeug, eine alliierte Patrouille, die durch den Dschungel marschiert, Kachin, die Waffen inspizieren, japanische Soldaten bei einem Flugzeugwrack, einen Kachin-Krieger, der neben einem gefallenen Feind kniet, und einen gefangenen Japaner.

Als Peers von dem Vorfall erfuhr, ließ er den Schuldigen vor ein Kriegsgericht stellen und schickte eine Nachricht an alle Feldeinheiten, in der er auf die Gesetze für die Behandlung von Kriegsgefangenen verwies und deutlich machte, dass jeder, der dagegen verstieß, sofort bestraft würde. Peers genoss in dieser Hinsicht einen so guten Ruf, dass er Jahre später zum Leiter der Untersuchungskommission des My-Lai-Massakers in Vietnam gewählt wurde.

Insgesamt kämpften etwa 10 000 Kachin in Burma gegen die Japaner. Zusammen mit dem Detachment 101 befreiten sie rund 25 000 Quadratkilometer burmesischen Territoriums und schufen so die Voraussetzung, dass Stilwells Truppen im August 1944 in Burma einmarschieren und Myitkyina einnehmen konnten. In der Zwischenzeit tat ein Zweig des OSS, Moral Operations (MO), in Neu-Delhi, Indien, sein Bestes, um die japanischen Truppen in Burma und ihre Familien in der Heimat zu täuschen und zu demoralisieren. Dabei kam Elizabeth „Betty" McIntosh zum Einsatz, eine 29-jährige Journalistin, die auf Hawaii geboren wurde, dort Japanisch studierte und 1943 vom OSS rekrutiert wurde, um schwarze Propaganda in Asien zu verbreiten – Informationen, die angeblich aus japanischen Quellen stammten, die aber nur erfunden wurden, um den Feind zu verwirren. Mit ihren MO-Kollegen in Neu-Delhi, darunter auch Amerikaner japanischer Herkunft, manipulierte sie Postkarten japanischer Soldaten, die den Alliierten in die Hände gefallen waren. Das Fälscherteam entfernte die Texte auf den Postkarten spurlos und ersetzte sie durch düstere Sätze über Finsternis und Untergang, was der offiziellen japanischen Durchhaltepropaganda zu 100 Prozent widersprach. McIntosh bat daraufhin Colonel Peers, die Postkarten von den Kachin in die japanische Feldpost schmuggeln zu lassen. „Mission erfüllt", teilte Peers ihr einige Tage später mit. „Jeden Grund zu der Annahme, dass das Material sein Ziel erreichen wird."

Nach dem Rücktritt des japanischen Premierministers General Hideki Tojo im Juli 1944 dachte McIntosh über neue Finten nach. Sie machte sich darüber Gedanken, ob sich japanische Offiziere in Burma womöglich fragen könnten, ob das neue Regime in Tokio weiterhin darauf bestehe, dass Soldaten bis zum Tode kämpften. „In Tojos Amtszeit," bemerkte sie, „wurden japanische Soldaten indoktriniert, dass eine Kapitulation unehrenhaft sei. Wurde ein japanischer Soldat, der sich dem Feind ergeben hatte, geschnappt, wurde er erschossen oder aus Japan verbannt. McIntosh und ihr Team fälschten einen Befehl aus Tokio an das japanische Hauptquartier in Rangoon, Burma. Darin hieß es, dass sich Soldaten, die keine Munition mehr hatten oder „im Kampf hoffnungslos in der Unterzahl waren", ergeben durften, um „die japanische Männlichkeit" für die Nachkriegszeit zu erhalten. Wieder einmal leistete das Detachment 101 Hilfe, indem es einen Kachin-Krieger beauftragte, einen feindlichen Kurier zu töten und das gefälschte Dokument in seinen Beutel zu stecken. Außerdem wurde der gefälschte Befehl vervielfältigt und tausendfach über japanisch besetztem Gebiet aus Flugzeugen abgeworfen. Die Wirkung dieser schwarzen Propaganda war schwer messbar, aber Offiziere des Detachment 101 berichteten McIntosh

(weiter auf Seite 322)

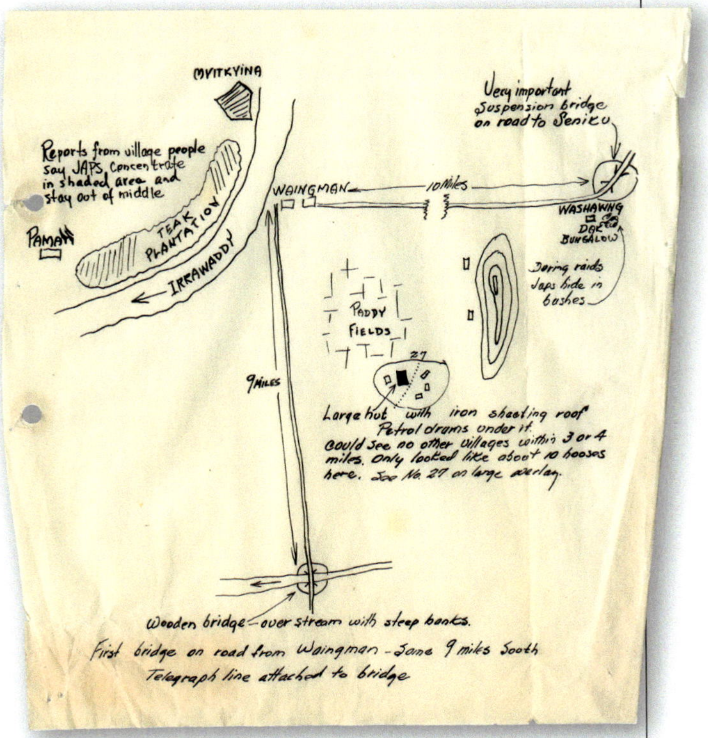

OSS-KARTE **Diese handgezeichnete Karte eines umkämpften Gebiets südlich von Myitkyina beruht auf der Beobachtung japanischer Truppen durch das Detachment 101. Eine Notiz oben rechts in der Nähe einer „sehr wichtigen Hängebrücke" besagt, dass „sich Japsen bei Razzien im Gebüsch verstecken". Mit Karten wie dieser wurden viele Operationen in Burma geplant, Kopien wurden dem OSS-Hauptquartier vorgelegt.**

DIE GEHEIME WELT DER BETTY MCINTOSH

Als die japanische Marine am Morgen des 7. Dezember 1941 Pearl Harbor angriff, war Elizabeth „Betty" McIntosh eine etablierte 26-jährige Journalistin auf Hawaii. Sie hatte Japanisch studiert und wollte in Japan leben und arbeiten – ein Traum, der sich im Rauch der verwüsteten amerikanischen Flotte verflüchtigte. Sie arbeitete zunächst als Korrespondentin im Pazifikkrieg, wurde aber bald nach Washington, D.C., versetzt, wo sie eine „Heimatfront"-Kolumne schrieb und Interviews mit Eleanor Roosevelt führte. McIntosh hoffte immer noch, Auslandskorrespondentin zu werden, aber ihre Gelegenheit, im Ausland zu arbeiten, kam überraschenderweise vom OSS, das sie 1943 für die neue gegründete Abteilung Moral Operations (MO) anwarb. Als Reporterin war sie mit Themen wie Wahrheit und Transparenz vertraut, aber ihre neue Aufgabe verlangte von ihr, den Feind durch schwarze Propaganda zu täuschen, ihn zu demoralisieren und zu verwirren. In ihrem Fall bedeutete das die Produktion von gefakten Briefen, Flugblättern und Radiosendungen, die angeblich aus Japan stammten, aber vom OSS verfasst wurden.

Betty McIntosh wurde zunächst nach Neu-Delhi versetzt, wo sie eine MO-Filiale aufbauen sollte – keine kleine Aufgabe, wenn man bedenkt, dass sie ohne Druckmaschine, Druckfarbe und ohne Papier anfangen musste. Sie löste diese Probleme, indem sie sich mit ihren britischen Kollegen gut stellte und mit ihnen Zigaretten gegen Material tauschte. Bald kursierten von MO Delhi geschürte Gerüchte, dass die Russen kurz davor seien, die japanisch besetzte Mandschurei anzugreifen. Außerdem berichtete sie per Radio über die trostlosen Bedingungen auf den japanischen Heimatinseln und verfolgte eine Vielzahl anderer Strategien, die darauf abzielten, die zunehmend isolierten, ausgehungerten und verängstigten japanischen Soldaten zu demoralisieren. Als ihr im Frühjahr 1945 der Befehl erteilt wurde, „über den Buckel" (gemeint war der Himalaja) nach Kunming in China zu fliegen, war sie mit der Leitung der MO-Operationen für die gesamte Region China-Burma-Indien befasst. Den Rest des Krieges verbrachte sie in Kunming, um ihrem Handwerk nachzugehen, und schlussendlich spielte sie eine Rolle bei der OSS-Operation Mercy Missions, bei der alliierte Kriegsgefangene aus japanischen Gefangenenlagern befreit wurden, als der Krieg seinem Ende zuging. ✪

MO-TEAM Betty McIntosh am Ende des Krieges mit zwei ihrer Kollegen vor der OSS-Druckerei in Kunming, China, die kurz nach der Zerstörung von Hiroshima und Nagasaki von einer Überschwemmung heimgesucht wurde.

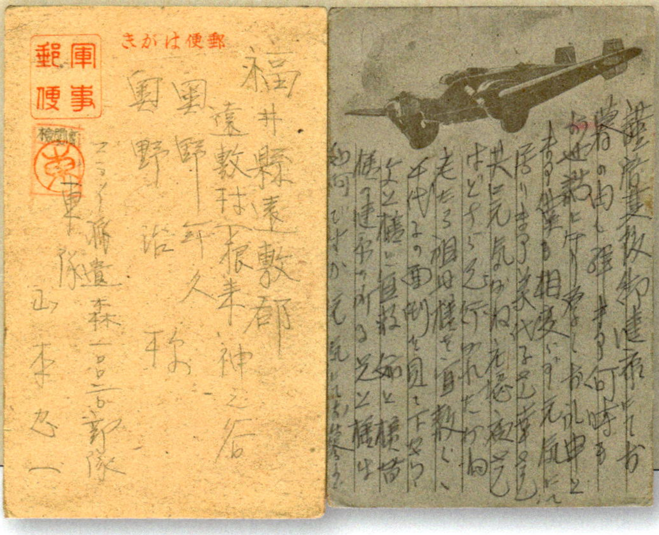

FALSCHE NOTIZEN McIntoshs Team verteilte gefälschte Urkunden an indigene Führer, die mit den Japanern kollaborierten (links), und bespritzte sie mit Blut, um sie zu warnen, dass auch ihr Blut vergossen würde. Die Postkarte unten war eine von vielen, auf denen das Team den Text japanischer Soldaten durch Nachrichten aus Burma ersetzte, die eine demoralisierte Armee beschrieben.

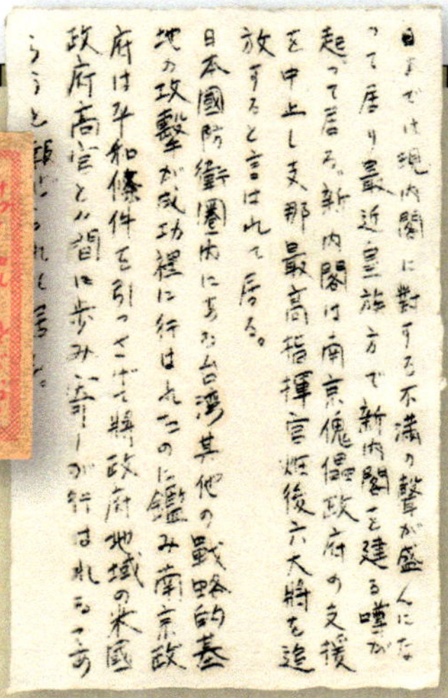
日までは現内閣に對する不満の聲が盛んになって居り最近皇族方で新内閣を建る噂が起って居る。新内閣は南京傀儡政府の支援を中止し支那最高指揮官畑俊六大將を追放すると言はれて居る。
日本國防衛圏内にある台湾其他の戦略的基地の攻撃が成功裡に行はれたのに鑑み南京政府は平和條件を引っさげて將政府地域の米國政府高官との間に歩み寄りが行はれるであらうと報ぜられ

STREICHHOLZ-NACHRICHTEN Die Notiz rechts, die in einer gefälschten japanischen Streichholzschachtel (oben) versteckt wurde, warnte die Menschen auf Formosa, dass Japan die Insel nicht gegen amerikanische Angriffe verteidigen könne.

SUBVERSIVER CARTOON Dieser Comic sollte die Behauptungen der Japaner widerlegen, sie würden die Asiaten aus der kolonialen Unterdrückung befreien. Allen, die unter japanischer Herrschaft leben müssten, drohe eine noch dunklere Zukunft – Sklaverei.

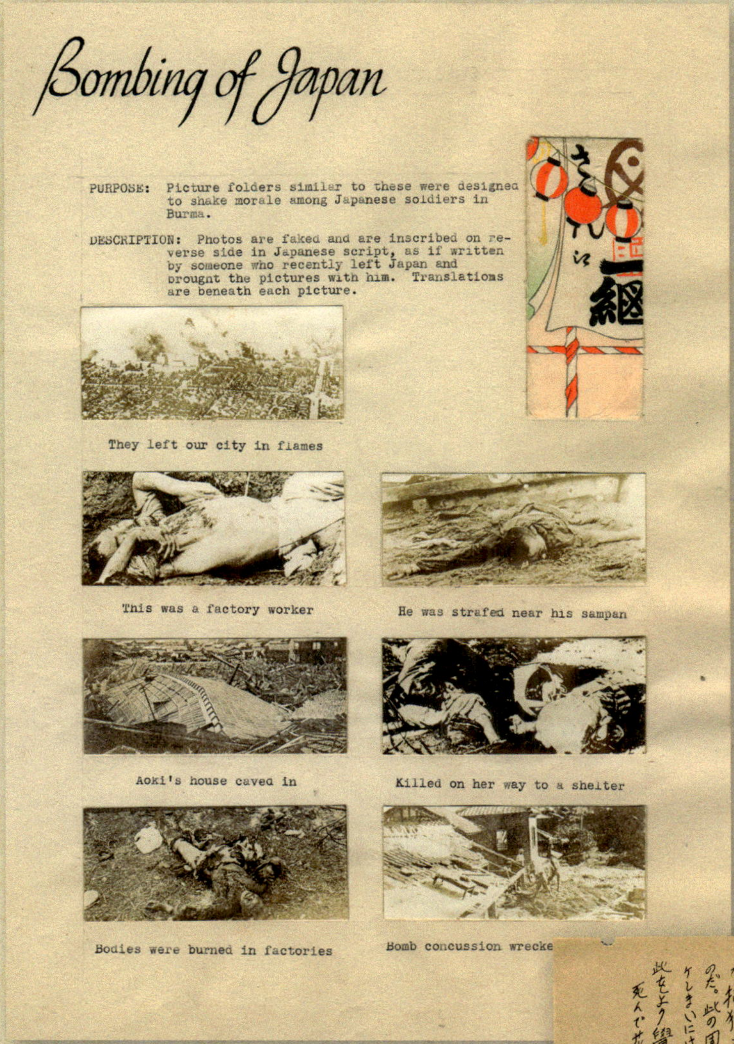
Bombing of Japan

PURPOSE: Picture folders similar to these were designed to shake morale among Japanese soldiers in Burma.

DESCRIPTION: Photos are faked and are inscribed on reverse side in Japanese script, as if written by someone who recently left Japan and brought the pictures with him. Translations are beneath each picture.

They left our city in flames

This was a factory worker

He was strafed near his sampan

Aoki's house caved in

Killed on her way to a shelter

Bodies were burned in factories

Bomb concussion wrecke

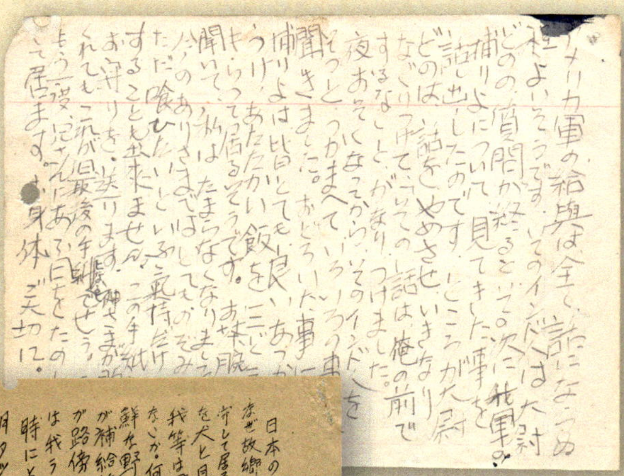

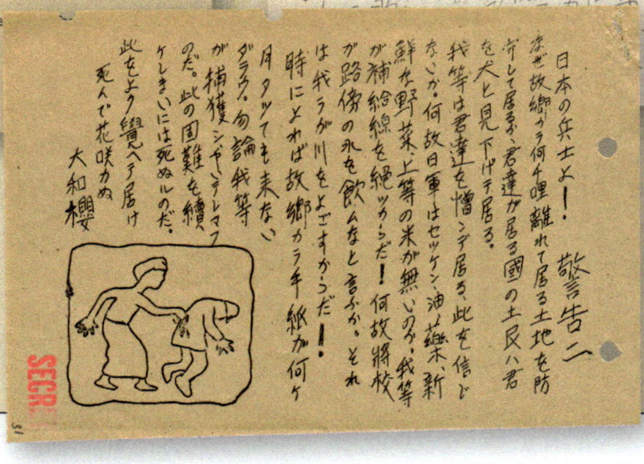
警告二
日本の兵士よ！
なぜ故郷から何千哩離れて居る土地を防守して居るか。君達が居る國の土民ハ君を犬と見下げて居る。
我等は君達を憎んで居る。此を信じないか。何故日軍はセッケン、油、薬、新鮮な野菜、上等の米が無いのか。我等が補給線を絶ったからだ！何故將校が路傍の水を飲むなと言ふか。それは我等が川をよごすからだ！
時によれば故郷から手紙が何ヶ月たっても来ないダラウ。勿論我等が捕獲シテシマフのだ。此の困難を續けしまいには死ぬのだ。
此をよく覺へて居け
死んで花咲かぬ
大和櫻
SECR

BOMBENSCHADEN Die in Englisch beschrifteten Fotos oben waren gefälscht. Auf der Rückseite standen japanische Texte über die Verwüstungen im von Bomben zerstörten Japan. Der Zweck bestand darin, japanische Soldaten davon zu überzeugen, dass ihre Regierung sie über die schreckliche Situation ihrer Familien zu Hause belog.

VERSPRECHEN UND DROHUNGEN Auf dem Flugblatt oben wird hungernden japanischen Soldaten Essen versprochen, wenn sie sich ergeben. Der Text links warnt vor blutrünstigen burmesischen Guerillas, die Leichen im Dschungel verrotten lassen.

DER ALPTRAUM DER „TROSTFRAUEN"

Während des Krieges unterhielten die japanischen Militärbehörden in den besetzten Gebieten Hunderte sogenannte Troststationen, in denen Frauen und Mädchen zur Prostitution gezwungen wurden. Der Kommandant, der die ersten dieser Stationen in China einrichtete, sagte, er habe dies getan, um japanische Soldaten daran zu hindern, chinesische Frauen zu vergewaltigen. Aber viele Trostfrauen wurden entführt und vergewaltigt, bevor sie in den Bordellen landeten. Troststationen sollten die Verbreitung von Geschlechtskrankheiten verhindern, aber die Frauen wurden oft von Soldaten infiziert oder geschwängert. Eine Frau erinnerte sich, dass sie in ihrer Station „20 bis 30 Soldaten pro Tag befriedigen musste" und am Ende „halb tot" war.

Zehntausende Frauen aus Korea und anderen besetzten Ländern wurden in diesen Bordellen wie Leibeigene gehalten, die Gesamtzahl dürfte 100 000 überschritten haben. Erst lange nach Kriegsende begannen die Frauen öffentlich über ihr Martyrium zu sprechen. Eine von ihnen fragte: „Warum konnte ich nicht ein normales Leben wie andere Menschen führen? Ich würde am liebsten alle, die mir meine Unschuld genommen und mich zu dem gemacht haben, was ich bin, Stück für Stück auseinanderreißen." ✪

GERETTET Eine schwangere Frau mit drei anderen Koreanerinnen und dem chinesischen Soldaten, mit dessen Hilfe sie 1944 aus einer japanischen Troststation in China geflohen sind.

später, dass sie „glauben, dass die Fälschung einen direkten Einfluss auf den Widerstandswillen der japanischen Soldaten hatte, besonders gegen Ende des Burma-Feldzugs".

Später wurde sie mit anderen OSS-Frauen nach China geschickt, darunter Julia McWilliams, die später ihren OSS-Kollegen Paul Child heiratete, und die berühmte Köchin Julia Child. McIntoshs letzter Kriegseinsatz 1945 bestand darin, Radiosendungen für die MO zu produzieren. Sie und ihre Mitarbeiter schickten düstere Prophezeiungen Richtung Japan, die sie einem chinesischen Visionär namens der Eremit zuschrieben. Eine dieser Prophezeiungen erwies sich zufällig als sehr präzise. Sie wurde 1945 ausgestrahlt, als sich das Manhattan-Projekt seinem explosiven Ende näherte, und besagte, dass sich „irgendwann in der ersten Augustwoche in einer japanischen Stadt eine Katastrophe ungeheuren Ausmaßes ereignen wird".

Die Japaner produzierten ebenfalls Propaganda-Radiosendungen, darunter eine namens „Zero Hour", die sich an alliierte Soldaten richtete und populäre Musik sowie verführerische Appelle in englischer Sprache von Frauen enthielt, die zwar sympathisch klangen, aber Texte verlasen, die die Soldaten demoralisieren sollten. Diese Sprecherinnen klangen in den Ohren amerikanischer Soldaten alle gleich, sodass sie sie kollektiv als „Tokyo Rose" bezeichneten. Eine von ihnen – Iva Toguri, eine japanische Amerikanerin, die Verwandte in Japan besuchte und dort festsaß, als der Krieg ausbrach – wurde später in den USA wegen Hochverrats verurteilt, erhielt aber schließlich eine Begnadigung durch den Präsidenten. Sie und andere wurden gezwungen, Propaganda zu verbreiten, in einigen Fällen durch die Kempeitai, die befugt war, Spione, aufsässige Kriegsgefangene oder verdächtige Ausländer in Japan und den besetzten Gebieten zu ergreifen, zu foltern und hinzurichten. Die Kempeitai zwang auch Frauen aus Korea, Taiwan und anderen besetzten asiatischen Ländern, als Prostituierte in Bordellen, den sogenannten Troststationen, zu leben. Dadurch sollte verhindert werden, dass japanische Soldaten in nicht genehmigten Bordellen militärische Geheimnisse an Prostituierte verrieten, die Spioninnen sein könnten. Kempeitai-Agenten besuchten die Stationen regelmäßig, um sicherzustellen, dass die Trostfrauen nicht an Spionage beteiligt waren.

Obwohl die Kempeitai Kriegsgefangenenlager streng überwachte, knüpften alliierte Häftlinge Verbindungen zur Außenwelt. Captain Lionel Matthews vom Australian Army Signal Corps und andere, die im berüchtigten Lager Sandakan auf Borneo eingesperrt waren, mussten auf einer Militärstraße und einem Militärflugplatz Zwangsarbeit verrichten. Das war ein Verstoß gegen das Völkerrecht, half ihnen aber, heimlich Kontakt zu Zivilisten außerhalb des Lagers aufzunehmen, die sie mit Medikamenten, Funkausrüstung und Kleinwaffen versorgten. Mit örtlichen Widerstandskämpfern hofften sie, einen Aufstand zu inszenieren, aber die Kempeitai ergriff einen ihrer Kollaborateure und zwang ihn zum Reden, was zur Verhaftung von Matthews und mehreren Mitgliedern seines Netzwerks führte. Unter Folter weigerte er sich, die Namen anderer an der Operation beteiligter Gefangener oder Zivilisten preiszugeben, und wurde im März 1944 durch ein Erschießungskommando hingerichtet – ein seltenes Zugeständnis der Kempeitai an die Militärkonvention, die ihre Opfer oft mit Schwertern enthauptete. Danach verschlechterten sich die Bedingungen in Sandakan. Als sich die Alliierten Ende 1944 Borneo näherten, wurden etwa 2000 abgemagerte Kriegsgefangene auf einem Todesmarsch ins Innere der Insel geführt. Viele brachen zusammen und starben oder wurden von den Wachen getötet. Nur sechs Australier, die fliehen konnten, überlebten die Tortur.

PLAN Z

Der Widerstand gegen ausländische Besatzer hatte auf den Philippinen Tradition, zunächst gegen spanische Kolonisatoren, später gegen die Amerikaner, die das Inselreich 1898 eroberten. Als im Dezember 1941 die Japaner kamen, war den Filipinos von den USA bereits die Unabhängigkeit innerhalb von fünf Jahren versprochen worden, und sie waren eher geneigt, den Amerikanern zu vertrauen als den Japanern, die sich als Befreier ausgaben, sich aber wie Kolonialherren verhielten und ihren Willen mit Waffengewalt durchsetzten. Während sich die meisten amerikanischen und philippinischen Soldaten mit General MacArthur auf die Bataan-Halbinsel zurückzogen und sich schließlich den Japanern ergaben, flohen einige in entlegene Gebiete auf Luzon, Mindanao, Leyte oder kleinere philippinische Inseln in den Widerstand. Angriffe auf japanische Truppen und Einrichtungen führten zu gnadenlosen Vergeltungsmaßnahmen. MacArthur, der nach Australien geflohen war, setzte sich über Funk mit Offizieren in Verbindung, die auf den Inseln ausharrten, und befahl ihnen, Informationen über die Stärke und die Bewegungen des japanischen Militärs zu sammeln, bis er auf die Philippinen zurückkehren würde. Im Frühjahr 1944, als MacArthur sich wie versprochen auf seine Rückkehr vorbereitete, lancierte der philippinisch-amerikanische Widerstand den dramatischsten Geheimdienstcoup im Pazifikraum seit dem Abschuss von Admiral Yamamotos Flugzeug ein Jahr zuvor: Sie kamen an den Schlachtplan seines Nachfolgers, Admiral Mineichi Koga, des Kommandanten von Japans Kombinierter Flotte.

Im März 1944 wurde Kogas angeschlagene Flotte von der vorrückenden US-Pazifikflotte hart bedrängt. Die japanischen Streitkräfte im Pazifik hielten eine Verteidigungslinie, die sich von Palau, etwa 800 Kilometer östlich der Philippinen, über die Marianen nach Norden bis zu den kleinen Vulkaninseln südlich von Japan erstreckte, zu denen auch Iwojima zählt. Koga war bereit, alles auf eine Karte zu setzen und in einer Schlacht das zu retten, was vom japanischen Reich noch übrig war. In einem Geheimbefehl formulierte er am 8. März auf seinem Flaggschiff *Musashi*, das in Palau vor Anker lag, seinen Schlachtplan, bekannt als Plan Z. Plan Z war kein Schlachtplan im engeren Sinne, denn es ging zunächst darum, auf den nächsten großen Vorstoß der US-Pazifikflotte zu reagieren, der an verschiedenen Punkten entlang seiner Verteidigungslinie erfolgen könnte. Sobald dieser Vorstoß erfolgte, so schlug er vor, sollten amerikanische Flugzeugträger in die Reichweite landgestützter japanischer Kampfflugzeuge gelockt und attackiert werden. Im Anschluss sollten sich diese

LETZTE HOFFNUNG Admiral Mineichi Koga, der nach Yamamotos Tod im April 1943 Oberbefehlshaber der Kombinierten Flotte Japans wurde, steckte hinter Plan Z. Dieser sah vor, die US-Pazifikflotte in eine exponierte Position zu locken und sie in einer entscheidenden Schlacht zu besiegen. Die japanischen Kommandeure klammerten sich bis zuletzt an diese Hoffnung, obwohl die Amerikaner ihre Seemacht im Pazifik enorm ausgebaut hatten.

„Welcher Mensch kann sagen, dass es für unsere Flotte keine Chance gibt, das Blatt des Krieges in einer entscheidenden Schlacht zu wenden?“

VIZEADMIRAL TAKEO KURITA, OKTOBER 1944

Flugzeuge mit Trägern und anderen Kriegsschiffen der Kombinierten Flotte zu einem Großangriff zusammenschließen, die Pazifikflotte zurückschlagen und so Japans „letzte Verteidigungslinie" sichern.

Ende März flogen Bomber von einem amerikanischen Träger aus Angriffe auf Palau. Es war nicht die Großoffensive, die Koga erwartet hatte, aber der schwere Luftangriff beschädigte sein Superschlachtschiff *Musashi*, versenkte mehr als ein Dutzend weiterer Schiffe und zerstörte 150 Flugzeuge. Am 31. März brachen er und seine Mitarbeiter nach Davao auf den Philippinen auf, das sicherer schien und ihnen als neue Basis dienen sollte. Wie Yamamoto bei seinem tödlich endenden Flug im Vorjahr ordnete Koga an, dass seine Spitzenoffiziere – unter ihnen sein Stabschef, Konteradmiral Shigeru Fukudome – separat flogen, um das Risiko zu verringern, dass bei einem Absturz alle verloren gingen. Diesmal war es nicht feindliches Feuer, sondern feindliche Elemente, die den Kommandeur der Kombinierten Flotte zu Fall brachten. Das Flugzeug von Koga verschwand spurlos in einem schweren Tropensturm. Fukudomes Maschine umflog den Sturm, aber als der Treibstoff zur Neige ging, stürzte sie nahe der philippinischen Insel Cebu nachts ins Meer. Fukudome und zehn andere wurden von Fischern gerettet und zu seinem Entsetzen den Guerillas übergeben – bitter für jeden japanischen Soldaten, aber für einen hochrangigen Offizier eine schwere Demütigung. Fukudome ging davon aus, dass die ihm anvertrauten Geheimdokumente – darunter der Plan Z und ein Befehl, dem die Positionen japanischer Kriegsschiffe und Marineflugzeuge entnommen werden konnten – mit dem Flugzeug untergegangen waren. Doch sie wurden unversehrt an Land gespült und von einem Widerstandskämpfer geborgen.

Die Guerillas brachten ihre Gefangenen in ein abgelegenes Lager auf Cebu, das von Lieutenant Colonel James Cushing befehligt wurde, einem amerikanischen Bergbauingenieur, der sich bei der Armee gemeldet hatte, als die Japaner auf den Philippinen einmarschierten. Cushings Frau war Filipina, und er hatte enge Beziehungen zu örtlichen Beamten und Dorfbewohnern, von denen sich viele mit ihm verbündeten. Nachdem ein Arzt des Stützpunktes Fukudome wegen der bei dem Absturz erlittenen Wunden behandelt hatte, befragte Cushing den Admiral, der Englisch sprach. Fukudome konnte die Tatsache nicht verbergen, dass er ein hoher Offizier war, aber er gab einen falschen Namen und Rang an, um Cushing loszuwerden. Die Japaner suchten derweil verzweifelt nach Überlebenden des Flugzeugabsturzes und nach den geheimen Dokumenten, die Cushing inzwischen übergeben worden waren. Offiziere der Kempeitai verhafteten und verhörten

GEFANGEN Konteradmiral Shigeru Fukudome, hier mit seiner Familie, überlebte den Sturm, in dem Admiral Koga starb, als sein Flugzeug in der Nacht des 31. März 1944 verloren ging. Fukudome wurde von proamerikanischen Filipinos gefangen genommen, nachdem sein Flugboot, ähnlich dem oben rechts, vor Cebu notgelandet war. Der geheime Plan Z wurde in einer Kiste in der Nähe der Absturzstelle (siehe Karte oben) an Land gespült und amerikanischen Geheimdienstbeamten übergeben.

Verdächtige auf Cebu, von denen viele hingerichtet wurden, und japanische Soldaten nahmen Geiseln und fackelten die Häuser von Filipinos ab, die sich weigerten zu kooperieren. Um weitere Repressalien gegen die Bevölkerung zu vermeiden, übergab Cushing die Gefangenen dem feindlichen Kommandeur auf Cebu. „Japanische Gefangene zu heiß, um sie festzuhalten", teilte er MacArthurs Hauptquartier in Australien knapp über Funk mit. „Habe die Bedingung gestellt, dass Zivilisten nicht mehr angefasst werden dürfen, im Austausch für die Gefangenen." Die Dokumente – von deren Existenz nur er und seine Untergebenen wussten – gab Cushing an Lieutenant Colonel Edwin Andrew weiter, einen ranghöheren Offizier auf der Insel Negros, der dort weniger unter dem Druck der Japaner stand.

Am 11. Mai tauchte das U-Boot USS *Crevalle* vor Negros auf und nahm 40 amerikanische Flüchtlinge auf, um sie nach Australien zu bringen, sowie ein kleines Paket für MacArthur. Als dessen Geheimdienstmitarbeiter das Paket öffneten, verschlug es ihnen die Sprache. Zum Vorschein kam ein roter, mit einem großen Z beschrifteter Umschlag, und in diesem befand sich „Geheimbefehl Nr. 73 für die Kombinierte Flotte". Der verstorbene Flottenkommandant Admiral Koga ordnete darin an, „die Kontrolle über wichtige Gebiete aufrechtzuerhalten", indem „die geballte maximale Stärke aller unserer Streitkräfte zur Begegnung und Vernichtung des Feindes" einzusetzen sei. Als Kopien dieses Befehls Edwin Layton, den Geheimdienstchef von Admiral Nimitz in Honolulu erreichten, alarmierte er sofort seinen Chef. Trotz schwerer Verluste in Midway und anderswo im Pazifik in den letzten zwei Jahren hielt die Kaiserliche Japanische Marine also an der Doktrin einer Entscheidungsschlacht fest. Layton hatte keinen Zweifel mehr, dass die Japaner unter Kogas Nachfolger, Admiral Soemu Toyoda, auf „unseren nächsten Angriff auf ihr Inselverteidigungssystem" mit „allem, was sie gegen uns haben", reagieren würden.

Nimitz gab diese Informationen an Vizeadmiral Raymond Spruance weiter, dessen mächtige Fünfte US-Flotte sich den Marianen näherte, um einen massiven amphibischen Angriff auf Saipan am 14. Juni zu unterstützen. In Erwartung einer massiven Gegenoffensive entsandte Spruance Flugzeugträger unter dem Kommando von Konteradmiral Marc Mitscher westlich der Marianen, um den Angriff vor japanischen Trägern abzusichern, die sich von den Philippinen näherten. Er warnte Mitscher davor, sich zu einer überstürzten Verfolgung des Feindes hinreißen zu lassen, was ihn in die Reichweite jener landgestützten japanischen Kampfflugzeuge bringen könnte, die in Plan Z erwähnt werden. Im Vertrauen auf seine Piloten, die nun besser ausgebildet und ausgerüstet waren als ihre japanischen Pendants, legte sich Mitscher mächtig ins Zeug und setzte sich gegen die von Toyoda entsandte Task Force durch, deren Flotte

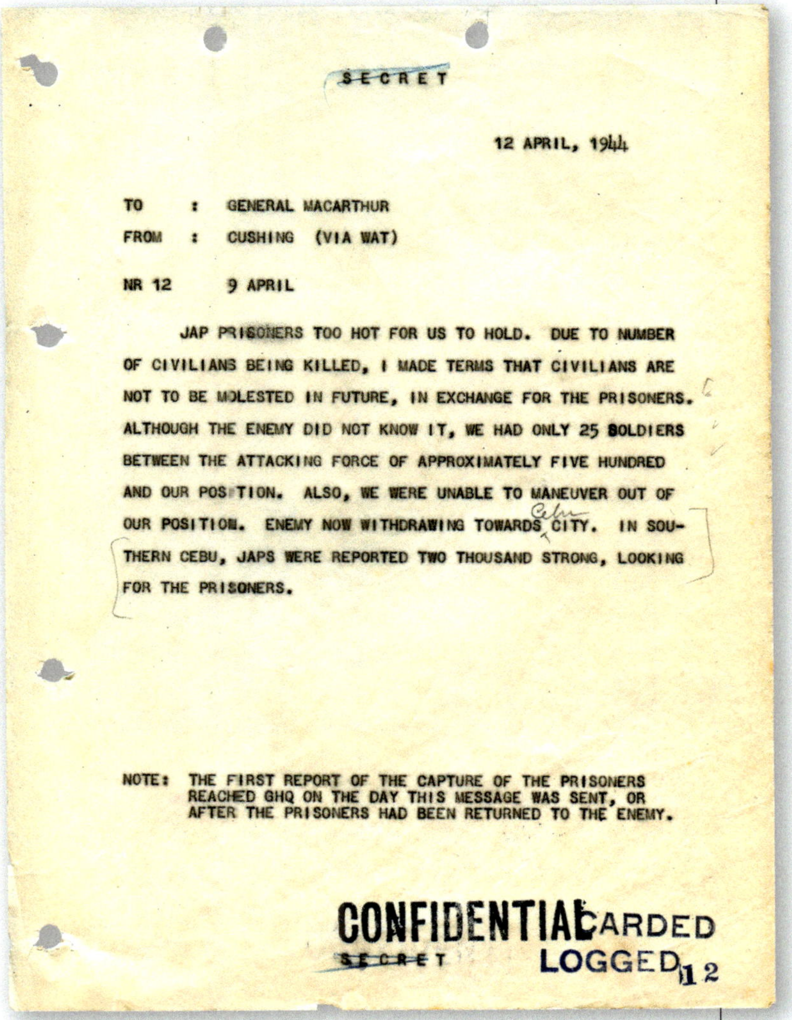
SECRET

12 APRIL, 1944

TO : GENERAL MACARTHUR
FROM : CUSHING (VIA WAT)

NR 12 9 APRIL

JAP PRISONERS TOO HOT FOR US TO HOLD. DUE TO NUMBER OF CIVILIANS BEING KILLED, I MADE TERMS THAT CIVILIANS ARE NOT TO BE MOLESTED IN FUTURE, IN EXCHANGE FOR THE PRISONERS. ALTHOUGH THE ENEMY DID NOT KNOW IT, WE HAD ONLY 25 SOLDIERS BETWEEN THE ATTACKING FORCE OF APPROXIMATELY FIVE HUNDRED AND OUR POSITION. ALSO, WE WERE UNABLE TO MANEUVER OUT OF OUR POSITION. ENEMY NOW WITHDRAWING TOWARDS Cebu CITY. IN SOUTHERN CEBU, JAPS WERE REPORTED TWO THOUSAND STRONG, LOOKING FOR THE PRISONERS.

NOTE: THE FIRST REPORT OF THE CAPTURE OF THE PRISONERS REACHED GHQ ON THE DAY THIS MESSAGE WAS SENT, OR AFTER THE PRISONERS HAD BEEN RETURNED TO THE ENEMY.

CONFIDENTIAL ARDED
SECRET LOGGED 12

ZU HEISS ZUM ANFASSEN Lieutenant Colonel James Cushing, der sich mit philippinischen Guerillas auf Cebu versteckt hielt, übernahm das Kommando über Admiral Fukudome und andere Gefangene. Unter dem Druck japanischer Vergeltungsmaßnahmen gegen die Zivilbevölkerung ließ er sie frei, was er in diesem Funkspruch General MacArthur mitteilt. Die Geheimdienstoffiziere in MacArthurs Hauptquartier bedauerten, Fukudome nicht verhören zu können, waren aber umso erfreuter, als Cushing ihnen Plan Z zukommen ließ.

„Wäre es nicht eine Schande, wenn die Flotte intakt bliebe, aber unsere Nation zugrunde geht?“

VIZEADMIRAL TAKEO KURITA VOR DER SCHLACHT AM GOLF VON LEYTE

zu weit verstreut lag, um, wie Toyoda gehofft hatte, vor den Marianen zusammengezogen zu werden. Die Schlacht in der Philippinensee war ein weiterer herber Rückschlag für die Kombinierte Flotte, die drei Flugzeugträger und fast 300 Flugzeuge verlor. Die Amerikaner feierten ihren Sieg als „Großes Marianen-Truthahnschießen“. Spruance wurde dafür kritisiert, nicht alles getan zu haben, um dem Feind noch mehr Schaden zuzufügen. Aber der Geheimdienst hatte ihm zur Vorsicht geraten, und seine vorrangige Aufgabe hatte darin bestanden, die Invasion von Saipan abzuschirmen. Diese war erfolgreich verlaufen, und die Insel bot der US-Luftwaffe einen Stützpunkt, von dem aus sie Japan bombardieren konnte.

Nach diesem Debakel wurde die japanische Entscheidungsschlacht-Doktrin von Admiral Toyoda und seinen Kommandeuren auf den letzten verzweifelten Versuch reduziert, ihre Ehre zu wahren, indem sie die Flotte, falls nötig, im Einsatz opferten. Wie Vizeadmiral Takeo Kurita bestätigte, waren sie von einem „Selbstmordgeist“ besessen, nicht unähnlich dem der Kamikazepiloten, die sich mit ihren Flugzeugen auf feindliche Schiffe stürzten. Im Oktober 1944 wurde Kurita die Aufgabe übertragen, die philippinische Insel Leyte anzusteuern, wo MacArthurs Truppen kurz vor der Landung standen, und die Dritte und Siebte Flotte der USA anzugreifen, die die Invasion abschirmten. Kurita wusste, dass die stark dezimierte Kombinierte Flotte einer solchen Opposition nicht gewachsen war, glaubte aber, dass seine Männer bis zum bitteren Ende kämpfen mussten. „Wäre es nicht eine Schande, wenn die Flotte intakt bliebe, aber unsere Nation zugrunde geht?“, fragte er seine Offiziere. Damit sie nicht die Hoffnung verloren, schwor er seine Kämpfer ein: „Welcher Mensch kann sagen, dass es für unsere Flotte keine Chance gibt, das Blatt des Krieges in einer entscheidenden Schlacht zu wenden?“

Die Schlacht am Golf von Leyte war hart umkämpft, und als sie endete, war von der Kombinierten Flotte kaum mehr etwas übrig. Toyoda konnte nicht verhindern, dass seine Feinde die Philippinen zurückeroberten und sich Japans Heimatinseln näherten. Sonderoperationen unterstützten die alliierten Vorstöße, zum Beispiel waghalsige Aktionen von OSS-Tauchern, die Korallenriffe vor von Japan besetzten Inseln sprengten, um den Weg für Landungsboote frei zu machen. Eroberte japanische Karten halfen bei der Kartierung feindlichen Territoriums, und manche Einheiten kommunizierten auf Navajo, das für die Japaner nicht zu entziffern war. Dennoch erlitten die amerikanischen Truppen schwere Verluste, als sie im Februar 1945 das stark befestigte Iwojima stürmten und zwei Monate später Okinawa einnahmen. Diesen kostspieligen Siegen nach zu urteilen, schätzte man, dass bis zu einer Million Amerikaner getötet oder verwundet werden könnten, wenn ein Einmarsch in Japan unumgänglich wäre. Nicht einmal die Bombenangriffe auf Tokio und andere japanische Städte, bei denen Hunderttausende ums Leben kamen, veranlassten Kaiser Hirohito, die Notwendigkeit einer Kapitulation zu akzeptieren. US-Marines und Soldaten, die frühere Blutbäder im Pazifik überlebt hatten, beteten, dass der Sieg ohne eine Invasion erreicht werden könne, ohne zu wissen, dass in New Mexico eine Geheimwaffe von unvorstellbarer Macht vor der Erprobung stand.

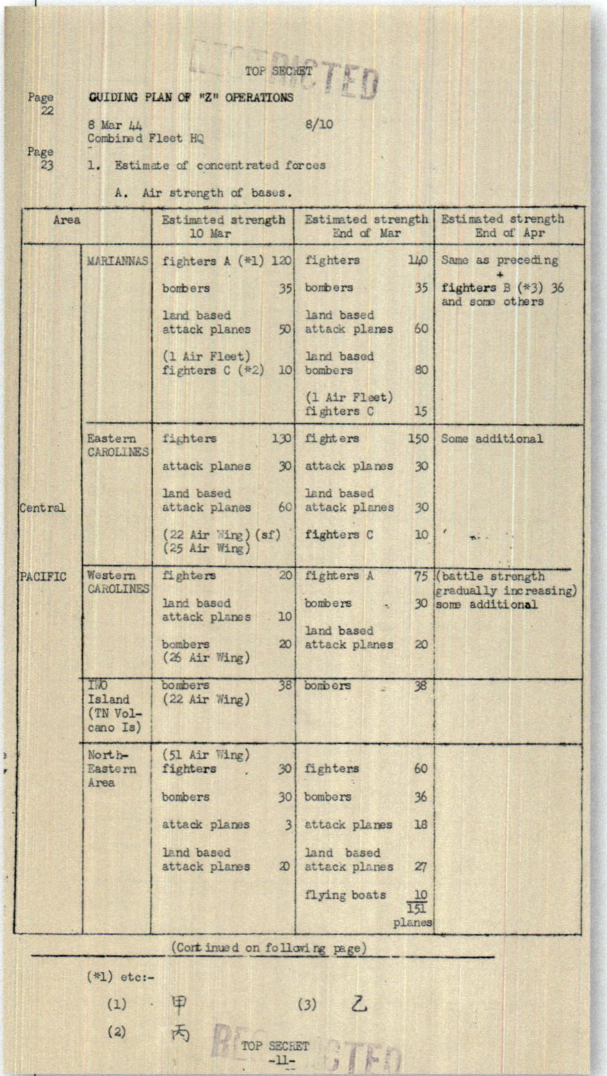

RESTRICTED

TOP SECRET

Page 22 — GUIDING PLAN OF "Z" OPERATIONS

8 Mar 44 — 8/10

Combined Fleet HQ

Page 23 — 1. Estimate of concentrated forces

A. Air strength of bases.

Area		Estimated strength 10 Mar	Estimated strength End of Mar	Estimated strength End of Apr
Central PACIFIC	MARIANNAS	fighters A (*1) 120 bombers 35 land based attack planes 50 (1 Air Fleet) fighters C (*2) 10	fighters 140 bombers 35 land based attack planes 60 land based bombers 80 (1 Air Fleet) fighters C 15	Same as preceding + fighters B (*3) 36 and some others
	Eastern CAROLINES	fighters 130 attack planes 30 land based attack planes 60 (22 Air Wing) (sf) (25 Air Wing)	fighters 150 attack planes 30 land based attack planes 30 fighters C 10	Some additional
	Western CAROLINES	fighters 20 land based attack planes 10 bombers 20 (26 Air Wing)	fighters A 75 bombers 30 land based attack planes 20	(battle strength gradually increasing) some additional
	IWO Island (TN Volcano Is)	bombers 38 (22 Air Wing)	bombers 38	
	North-Eastern Area	(51 Air Wing) fighters 30 bombers 30 attack planes 3 land based attack planes 20	fighters 60 bombers 36 attack planes 18 land based attack planes 27 flying boats 10 151 planes	

(Continued on following page)

(*1) etc:-

(1) 甲　(3) 乙

(2) 丙

RESTRICTED

TOP SECRET

-11-

STÄRKE IN DER LUFT Plan Z verschaffte den amerikanischen Kommandeuren nicht nur Einblicke in das strategische Denken der Japaner, sondern auch Informationen über die Stärke der japanischen Luftwaffe an verschiedenen Stützpunkten.

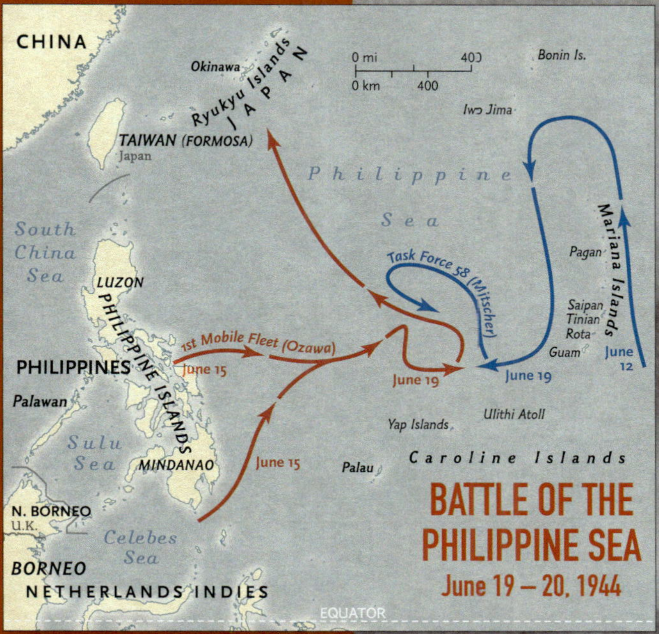

ABGESCHOSSEN Ein getroffenes Jagdflugzeug stürzt während der Schlacht in der Philippinensee (Karte oben) im Juni 1944 ab. Konteradmiral Marc Mitscher (oben), Kommandeur der Task Force 58, schirmte die amerikanischen Truppen bei der Invasion von Saipan ab, auf Drängen von Vizeadmiral Raymond Spruance, der von Plan Z wusste. Am 19. Juni trafen Mitschers Träger-Jagdflugzeuge auf Kampfflugzeuge der Ersten Mobilen Flotte Japans, von denen 300 beim „Großen Marianen-Truthahnschießen“ abgeschossen wurden.

NATIVE AMERICAN CODE TALKERS

In der Hitze der Schlachten des Zweiten Weltkriegs wurden Funksprüche oft unverschlüsselt übermittelt und waren leichte Beute für den Feind. Dies führte zum Einsatz von Fernmeldern, die wenig bekannte Sprachen beherrschten. Das US Army and Marine Corps rekrutierte Hunderte von amerikanischen Navajo, Hopi, Comanche und Choctaw, die sogenannten Code Talkers. Sie kommunizierten manchmal in ihrer Stammessprache, aber aus Sicherheitsgründen entwickelten auch sie Codes, um wirklich jeden Feind, der ihre Sprache kennen könnte, zu elimieren – immerhin hatten deutsche und japanische Wissenschaftler vor dem Krieg die Sprachen der amerikanischen Ureinwohner studiert. Am D-Day landeten Code Talkers der Comanche in der Normandie, um den Soldaten eine sichere Funkkommunikation zu ermöglichen.

Mehr als 350 Navajo Code Talkers dienten bei den Marines im Pazifik und benutzten ein von ihnen entwickeltes System, das Codewörter für jeden Buchstaben des Alphabets enthielt. „C“ wurde zum Beispiel als Navajo-Wort für Katze und „D“ als ihr Wort für Hund kodiert. Darüber hinaus hatten sie Codewörter für gängige militärische Begriffe wie „Panzer“, den sie als Navajo-Wort für Schildkröte kodierten. Sie beherrschten diesen Code leicht und kommunizierten schnell, da ihre reiche mündliche Überlieferung ihnen eine besondere Zungenfertigkeit und ein scharfes Gedächtnis verlieh. „Für uns ist alles Erinnerung“, bemerkte der Navajo Code Talker Carl Gorman. „Unsere Lieder, unsere Gebete, unsere Geschichten, sie werden alle vom Großvater an den Vater an die Kinder weitergegeben.“ Auf hart umkämpften Pazifikinseln wie Saipan und Iwojima, wo ihre Dienste unerlässlich waren, kam ihnen zudem ihr Tapferkeitsverständnis zugute, um gelassen zu bleiben. Ohne sie, so ihr Nachrichtenoffizier, „hätten die Marines Iwojima niemals eingenommen“. ✪

AUSZEICHNUNG Code Talkers erhielten diese Medaille für ihren Kampfeinsatz in Übersee.

FERNMELDER Ein Navajo Code Talker mit einem Funkgerät (ähnlich dem rechts abgebildeten) auf dem Rücken kommuniziert mit einem anderen Mitglied seiner Einheit, während der Fernmelder an seiner Seite die Nachricht transkribiert.

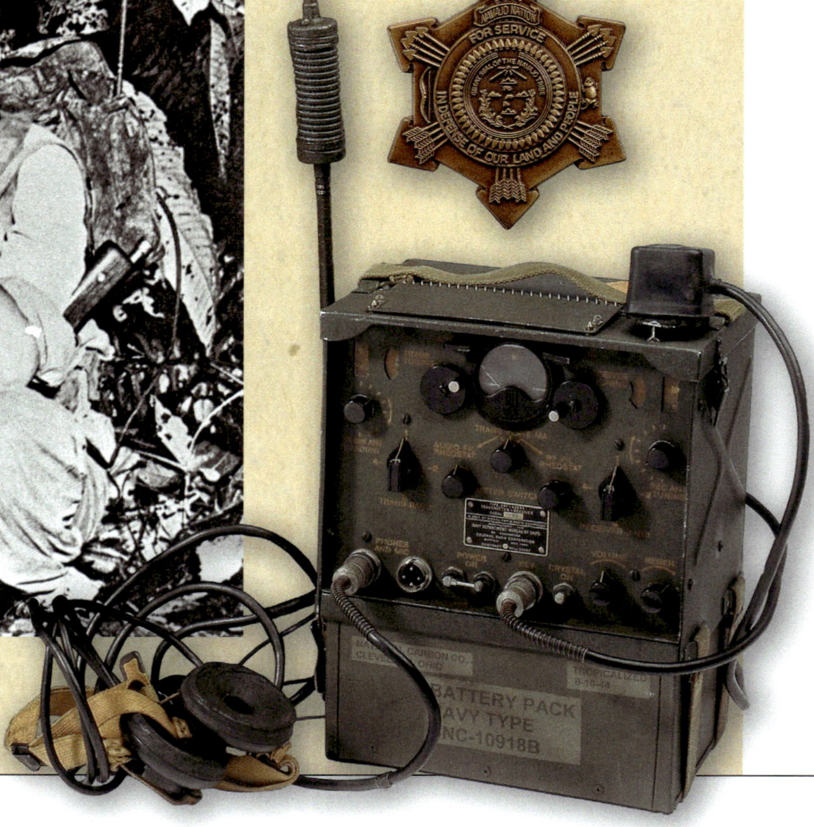

DIE NUKLEARE DÄMMERUNG

Als Deutschland im Mai 1945 kapitulierte, hatten Wissenschaftler unter Oppenheimers Leitung in Los Alamos genügend Brennstoff aus den Anlagen in Oak Ridge und Hanford erhalten, um zwei Atombomben herzustellen, von denen eine Uran-235 und die andere Plutonium-239 enthielt. „Little Boy", die Uranbombe, wurde nach dem Kanonenprinzip gezündet, man schoss eine Ladung U-235 auf eine größere Menge dieses Isotops und erzeugte so eine explosive, überkritische Masse. Bei der Plutoniumbombe funktionierte das nicht, weil das Isotop Pu-239 so schnell spontan gespalten wird, dass die Kettenreaktion erfolgt, bevor die überkritische Masse erreicht ist, was lediglich zu einem Zischen der Bombe geführt hätte. Die Wissenschaftler lösten das Problem, indem sie „Fat Man" herstellten, eine runde Bombe mit Pu-239 im Kern, umgeben von Sprengstoff, der so manipuliert war, dass er implodierte und den Brennstoff sofort auf eine überkritische Masse komprimierte. Diese Implosionstechnik sollte durch die Detonation der Bombe auf dem Testgelände Trinity Site im Süden New Mexicos erprobt werden.

Da ein sofortiges Ende des Krieges nicht in Sicht war, debattierten Wissenschaftler und Beamte unter vier Augen, ob und wo Atombomben gegen Japan eingesetzt werden sollten. Die Arbeit in Los Alamos war so anspruchsvoll und intensiv gewesen, dass nur wenige viel Zeit darauf verwendet hatten, über die Folgen ihres Handelns nachzudenken. Einer der

(weiter auf Seite 332)

„Was wissen sie über die japanische Psychologie? Wie können sie beurteilen, wie der Krieg beendet werden kann?"

J. ROBERT OPPENHEIMER ÜBER WISSENSCHAFTLER, DIE SICH GEGEN DEN EINSATZ VON NUKLEARWAFFEN AUF JAPAN AUSSPRACHEN

IWOJIMA US-Marines kauern am Strand von Iwojima. Der amerikanische Angriff auf die Pazifikinsel dauerte noch einen Monat, nachdem die Marines am 23. Februar 1945 die US-Flagge auf dem Vulkan Suribachi im Hintergrund gehisst hatten. Immens hohe Verluste hier und anderswo verstärkten das militärische Argument für den Einsatz von Atombomben.

OPERATION DOWNFALL: DER GEHEIME PLAN ZUR INVASION JAPANS

Als Anfang 1945 Pläne für die Operation Downfall, die Invasion Japans, ausgearbeitet wurden, wussten viele der Beteiligten nichts von der anderen Operation von noch größerer Tragweite – dem Manhattan-Projekt. Einige Spitzenkommandeure wussten, dass amerikanische Wissenschaftler an einer Bombe arbeiteten, aber noch wusste niemand, ob sie funktionieren oder wann sie fertig sein würde. Die Annahme, die der Operation Downfall zugrunde lag, war, dass eine Invasion der einzig sichere Weg sei, Japan zu besiegen. Einige Kommandeure plädierten dafür, die Invasion zu verschieben und abzuwarten, ob Japan durch fortgesetzte Bombenangriffe wie jene auf Tokio Anfang März 1945 zur Unterwerfung gezwungen werden könnte. Doch die Generalstabschefs beschlossen im Mai, die Pläne für die Operation Downfall voranzutreiben, die zwei massive amphibische Angriffe vorsah. Der erste – Operation Olympic, geplant für Ende 1945 – sollte von Okinawa ausgehen, das von den Amerikanern im Juni eingenommen wurde, und hatte Kyushu zum Ziel, die südlichste der japanischen Heimatinseln (siehe Karte rechte Seite). Kyushu wiederum sollte als Basis für die Operation Coronet dienen, eine Invasion auf Japans Hauptinsel Honshu im Frühjahr 1946.

Diese beiden Invasionen hätten sogar die Operation Overlord an Umfang übertroffen. 14 Divisionen sollten mit der ersten Welle auf Kyushu landen und anschließend 25 Divisionen Honshu stürmen. Japan bereitete sich auf die Invasion mit extremen Maßnahmen vor, zu denen unter anderem der Einsatz fast aller verbliebenen japanischen Militärflugzeuge – insgesamt mehr als 10 000 – sowie Kamikazeangriffe auf amerikanische Truppentransporter gehörten. Für Kaiser Hirohito und seinen Generalstab wurde ein bombensicheres unterirdisches Hauptquartier vorbereitet, und die Zivilbevölkerung teilte man in Heimatverteidigungskräfte ein, die aus allen Männern zwischen 15 und 60 Jahren und allen Frauen zwischen 17 und 40 Jahren bestanden. Die Opferschätzungen für die Operation Downfall schwankten stark, aber einige Hochrechnungen gingen von mehr als einer Million getöteten oder verwundeten Amerikanern aus, wobei die japanischen Opfer auf mehrere Millionen geschätzt wurden, wenn Zivilisten in den Kampf eingriffen.

STREBEN NACH KAPITULATION **Auf diesem Propagandaflugblatt, das 1945 über Japan abgeworfen werden sollte, steht eine Botschaft von Truman auf Japanisch, in der es heißt, dass die bedingungslose Kapitulation nicht die „Auslöschung des japanischen Volkes oder Knechtschaft“ bedeute.**

Die endgültige Entscheidung über die Operation Downfall lag bei Amerikas neuem Präsidenten Harry Truman. Am 18. Juni traf Truman im Weißen Haus mit den Generalstabschefs zusammen, um die Operation zu erörtern. Die meisten befürworteten die Invasion, aber Admiral William Leahy von der Navy wandte ein, dass es sich nicht lohne, massive Verluste zu riskieren, um die bedingungslose Kapitulation Japans zu erreichen, eine Forderung, die „nur dazu führen würde (...) unsere Verluste zu vergrößern“. Truman war nicht bereit, die Forderung nach der bedingungslosen Kapitulation aufzugeben, aber er neigte dazu, dem zuzustimmen, als der stellvertretende Kriegsminister John McCloy sagte, dass „wir unsere Köpfe untersuchen lassen sollten, wenn wir keine andere Methode zur Beendigung dieses Krieges finden als einen weiteren konventionellen Angriff und eine weitere Invasion“. McCoy schlug eine Botschaft vor, in der der japanischen Führung im Falle einer Kapitulation gewisse Sicherheiten zugestanden würden, die sie aber auch unter Druck setzen würde, wenn sie sich weigerte. Das Druckmittel war natürlich die Atombombe. Truman stimmte zu, in diese Erklärung die Zusage aufzunehmen, dass im Falle einer Kapitulation Japans die amerikanischen Besatzungstruppen das Land verlassen würden, sobald dort eine „friedlich gesinnte und verantwortungsbewusste Regierung“ eingesetzt würde. Aber er lehnte eine Formulierung ab, die es Kaiser Hirohito, den viele Amerikaner für den Krieg verantwortlich machten, erlaubt hätte, als Oberhaupt einer „konstitutionellen Monarchie“ an der Macht zu bleiben.

Die Potsdamer Erklärung, die von den alliierten Führern am 26. Juli verabschiedet wurde, schloss mit einer unmissverständlichen Warnung, in der die neuen Bomben der Amerikaner nicht erwähnt wurden: „Wir fordern die japanische Regierung auf, jetzt die bedingungslose Kapitulation aller japanischen Streitkräfte auszurufen (...). Die Alternative für Japan ist die sofortige und völlige Zerstörung.“ Als Japan sich weigerte, sich zu ergeben, fühlte Truman, dass er keine andere Wahl hatte, als den Einsatz von Atombomben zu genehmigen, was den Krieg beenden könnte, ohne auf die Operation Downfall zurückzugreifen – eine Invasion, die für die amerikanischen Truppen entsetzlich und für Japan unheilvoll wäre.

SELBSTMORDKOMMANDO Kamikazepiloten meldeten sich freiwillig, um ihre Flugzeuge in feindliche Kriegsschiffe zu lenken. Die Kamikaze, die Stirnbänder mit der aufgehenden Sonne (unten) trugen, verursachten fast 10 000 alliierte Opfer und hätten noch viel mehr Menschen in den Tod gerissen, wenn Japan besetzt worden wäre.

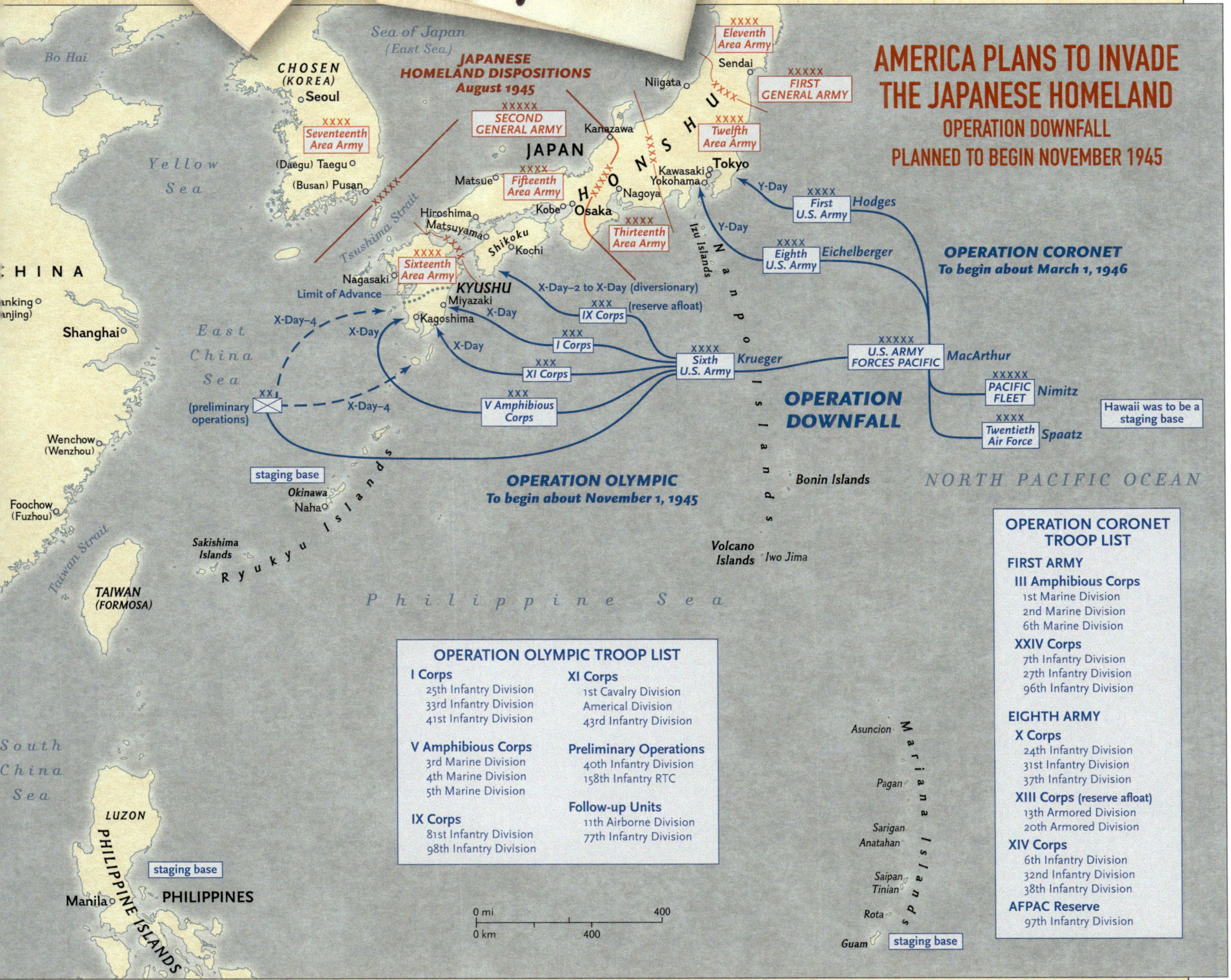

INVASIONSPLAN Auf dieser Karte sind die beiden Phasen der Operation Downfall zu sehen. Die erste war auf Kyushu und die zweite auf Honshu, Tokio und andere japanische Großstädte gerichtet. Mehrere Millionen US-Marines, Matrosen, Soldaten und Piloten sollten unter General Douglas MacArthur und Admiral Chester Nimitz daran teilnehmen.

FAT MAN UND LITTLE BOY **Hier sind die beiden fertig montierten Atombomben zu sehen, die im August 1945 auf Japan abgeworfen wurden: „Little Boy" (unten), angetrieben mit in Oak Ridge, Tennessee, hergestelltem Uran-235, und „Fat Man" (ganz unten), in der in Hanford, Washington, hergestelltes Plutonium-239 zum Einsatz kam. Die Implosionsmethode zur Zündung einer Plutoniumbombe wurde am 16. Juli in New Mexico getestet, bevor „Fat Man" in Tinian zusammengebaut wurde, wo dieses Foto aufgenommen wurde, das die Bombe auf einem Wagen zeigt.**

ersten Wissenschaftler, der sich darüber äußerte, was die Entfesselung der Kernenergie für die Welt bedeuten könnte, war Niels Bohr. Er beteiligte sich nicht am Manhattan-Projekt, besuchte aber Los Alamos und teilte mit Oppenheimer und anderen die Ansicht, dass die neuen Waffen ein Fluch oder ein Segen für die Menschheit sein könnten, je nachdem, ob die Großmächte erkannten, dass ein Atomkrieg nicht zu gewinnen sei. Bohr hielt die Geheimniskrämerei um das Manhattan-Projekt für sinnlos und kontraproduktiv, was die Sowjets betraf. „Es war völlig absurd zu glauben, dass die Russen das nicht auch hinbekommen können", sagte er später. Unter Wissenschaftlern, fügte er hinzu, „gab es nie ein Geheimnis über die Kernenergie".

Bohr traf 1944 mit Churchill zusammen und drängte darauf, dass die Amerikaner und Briten, die wesentlich zum Erfolg des Manhattan-Projekts beitrugen, ihre sowjetischen Verbündeten über Atombomben informieren und mit ihnen zusammenarbeiten sollten, um ein Wettrüsten zu vermeiden. Churchill hatte jedoch ganz und gar nicht die Absicht, nukleare Geheimnisse mit Stalin zu teilen; allein der Vorschlag grenzte für ihn an Hochverrat. „Bohr sollte eingesperrt werden", bemerkte Churchill hinterher, „oder zumindest erkennen, dass er sich nah am Rande tödlicher Verbrechen bewegt." Bohr traf sich später mit Roosevelt, der zwar mehr Verständnis zeigte, aber das Manhattan-Projekt ebenfalls unter Verschluss halten wollte, bis die neuen Waffen einsatzbereit waren. Die

Geheimhaltung war so strikt, dass selbst Vizepräsident Harry S. Truman nichts von der Atombombe wusste, als er nach Roosevelts plötzlichem Tod am 12. April 1945 den Eid als Oberbefehlshaber ablegte. Truman, der im Ersten Weltkrieg in Frankreich gedient hatte, betrachtete die neue Waffe ähnlich wie General Groves und andere Offiziere, die in das Manhattan-Projekt eingeweiht waren, als einen großen militärischen Vorteil, der den Sowjets und anderen potenziellen Nachkriegsrivalen so lange wie möglich vorenthalten werden sollte. Und die Bombe sollte dazu benutzt werden, Japan zur Kapitulation zu zwingen, um das Leben amerikanischer Soldaten zu retten.

Nicht alle Verantwortlichen in Washington waren sich so sicher wie Truman, dass der Abwurf der Bombe militärisch notwendig war. Kriegsminister Henry Stimson war entsetzt über die Bombardierung Tokios und anderer Städte. Er befürchtete, dass der Einsatz der neuen Waffe Amerikas Ruf schädigen und es den USA erschweren könnte, den Frieden nach Kriegsende zu erhalten. Doch alles, was Stimson erreichte, war, dass eine japanische Stadt von der Liste potenzieller Ziele für die nukleare Vernichtung gestrichen wurde – Kyoto, das historische und kulturelle Zentrum der Nation. Deshalb rückte eine andere Stadt an die Spitze der Liste: Hiroshima. Wie der streng geheime Zielausschuss, dem Stimson und Oppenheimer angehörten, feststellte, war Hiroshima „so groß, dass ein großer Teil der Stadt erheblich beschädigt werden könnte. Es gibt Hügel ringsum, die wahrscheinlich einen Fokussierungseffekt erzeugen, der den Explosionsschaden beträchtlich erhöhen könnte."

Einige, die an der Entwicklung der Bomben beteiligt waren, wollten nicht, dass sie auf irgendein japanisches Ziel abgeworfen werden. Leó Szilárd brachte unter den am Manhattan-Projekt beteiligten Wissenschaftlern eine Petition in Umlauf, in der er sie aufforderte, „ihre moralische Ablehnung des Einsatzes dieser Bomben in der gegenwärtigen Phase des Krieges" zu erklären. „Die Tatsache, dass die Menschen in den Vereinigten Staaten sich der uns bevorstehenden Entscheidung nicht bewusst sind, erhöht unsere Verantwortung in dieser Angelegenheit." Szilárd drängte darauf, die Bombe vor internationalem Publikum zu testen, um ihre Zerstörungskraft zu demonstrieren und den Japanern die Chance zu geben, zu kapitulieren. Oppenheimer unterstützte diesen Appell nicht. Er bezweifelte, dass dies die Japaner zum Einlenken bewegen würde, und war der Ansicht, dass die in den Krieg verwickelten Offiziere besser qualifiziert seien, über den Einsatz der Waffen zu entscheiden als die Wissenschaftler. „Was wissen sie über die japanische Psychologie?", fragte er. „Wie können sie beurteilen, wie der Krieg beendet werden kann?" Oppenheimer sprach sich dafür aus, die Russen darüber zu informieren, dass die Bombe gegen Japan eingesetzt werden würde, aber er wusste, dass dies ein Wettrüsten nicht verhindern würde, was die entschlossenen sowjetischen Bemühungen, nukleare Geheimnisse zu stehlen, bewiesen.

Truman bereitete sich auf das Treffen mit Stalin und Churchill in Potsdam vor, als sich Wissenschaftler aus Los Alamos am 16. Juli vor Sonnenaufgang am White Sands Proving Ground versammelten, um den Trinity-Test der Plutoniumbombe aus der Ferne zu beobachten. „Plötzlich gab es einen enormen Lichtblitz", schrieb der Physiker Isidor I. Rabi, „das hellste Licht, das ich je gesehen habe (...). Es explodierte, es stürzte, es bohrte sich durch einen hindurch." Die erste Reaktion von Oppenheimer und anderen war Erstaunen über das Erreichte, in einigen Fällen gefolgt von böser Vorahnung. „Einige Leute behaupten, sich damals Fragen über die Zukunft der Menschheit gestellt zu haben", erinnerte sich Norris

„Plötzlich gab es einen enormen Lichtblitz, das hellste Licht, das ich je gesehen habe (...). Es explodierte, es stürzte, es bohrte sich durch einen hindurch."

DER PHYSIKER ISIDOR I. RABI ÜBER DEN TRINITY-TEST DER PLUTONIUMBOMBE AM 16. JULI 1945

UNHEILVOLLE ALLIANZ **Churchill, Truman und Stalin reichen sich auf der Potsdamer Konferenz im Juli 1945 fotogen die Hand. Als die Konferenz begann, erfuhr Truman von dem erfolgreichen Trinity-Atomtest, der diese ungeheure Explosion (unten) auslöste. Dann informierte er Stalin über die neue Waffe, aber das nukleare Kräftemessen zwischen den USA und der UdSSR war bereits im Gange und sollte sich in den kommenden Jahren noch verschärfen.**

Bradbury, der später Direktor von Los Alamos wurde. „Ich tat es nicht. Wir waren im Krieg, und das verdammte Ding funktionierte." Truman erfuhr von dem erfolgreichen Test in einem verschlüsselten Telegramm: „Heute Morgen in Betrieb genommen. Diagnose nicht abgeschlossen, Ergebnisse zufriedenstellend, übertreffen bereits die Erwartungen (...) Dr. Groves zufrieden." Truman setzte daraufhin Stalin ins Bild: „Ich erwähnte Stalin gegenüber beiläufig, dass wir eine neue Waffe von enormer Zerstörungskraft haben. Er zeigte kein besonderes Interesse. Er sagte nur, er sei froh, das zu hören, und hoffe, wir würden ‚guten Gebrauch davon gegen die Japaner machen'." Tatsächlich wusste Stalin bereits über das Manhattan-Projekt Bescheid und hatte selbst ein Atomwaffenprogramm am Laufen, das durch Geheimnisverrat in Los Alamos unterstützt wurde, der erst nach dem Ende des Krieges bekannt wurde.

Die Weichen für das erschütternde Ende des Krieges wurden am 26. Juli gestellt, als in der Potsdamer Erklärung Japan zur bedingungslosen Kapitulation aufgefordert wurde. Andernfalls erfolge die „sofortige und völlige Zerstörung". Premierminister Kantaro Suzuki wies die Erklärung zurück, wenn Kaiser Hirohito nicht oberster Führer des Landes bleiben durfte – was Truman abgelehnt hatte. Zwei verheerende Atomexplosionen zwangen Hirohito schließlich zur Kapitulation – die erste verwüstete am 6. August Hiroshima, die zweite drei Tage später Nagasaki. Mehr als 150 000 Menschen kamen ums Leben, Zehntausende weitere wurden verstrahlt und starben an den Spätfolgen. Die Wissenschaftler hatten mit

diesen schrecklichen Folgen nicht gerechnet, und Groves und andere taten erste Berichte über Strahlenkrankheiten unter Überlebenden als japanische Propaganda ab. Nun aber, da der Krieg vorbei war, wurden die amerikanischen Regierungsbehörden von Leuten unter Druck gesetzt, die der Wahrheit auf den Grund gehen wollten, darunter der Journalist John Hersey, der die schrecklichen Folgen des Atomkriegs für die Menschen in Hiroshima dokumentierte. Herseys aufsehenerregene Reportage im *New Yorker* führte die Zusicherungen von General Groves ad absurdum, der vor einem Senatsausschuss aussagte, Ärzte hätten ihm versichert, es sei „eine sehr angenehme Art zu sterben".

TRINITY-DUO **Robert Oppenheimer und Leslie Groves inmitten der Trümmer nach dem Bombentest im Trinity-Testgelände. „Der Krieg ist vorbei", erklärte ein Offizier, der die Explosion dort beobachtete, worauf General Groves antwortete: „Ja, nachdem wir zwei Bomben auf Japan abgeworfen haben."**

DER GEHEIME KRIEG GEHT WEITER

Die Bombardierung von Hiroshima und Nagasaki im August 1945 brachte den teuersten Krieg, der je geführt wurde, zu einem ernüchternden Ende. Die Menschen feierten in den Straßen, aber der Jubel war nur von kurzer Dauer. Der Kommentator Edward R. Murrow bemerkte: „Selten, wenn überhaupt, hat ein Krieg mit einem solchen Gefühl der Unsicherheit und Angst geendet, mit der Erkenntnis, dass die Zukunft ungewiss und das Überleben nicht gesichert ist." Nirgendwo war die Sorge um die Zukunft größer als in Los Alamos, wo die Wissenschaftler wussten, dass bald Atomwaffen von weit größerer Stärke entwickelt werden würden. Edward Teller arbeitete eifrig an der sogenannten Superbombe – einer thermonuklearen Waffe, die die bei der Kernspaltung entstehende intensive Hitze nutzte, um eine Kernfusion zu erzeugen, bei der Wasserstoffatome zu Helium verschmolzen und riesige Energiemengen freisetzten. Solche H-Bomben hatten das Potenzial, Explosionen mit einer Intensität von bis zu 100 Millionen Tonnen TNT auszulösen. Die Bombe, die Hiroshima auslöschte, hatte 12 500 Tonnen.

Sogar Physiker wie Ernest Lawrence, die den Einsatz von Atombomben unterstützt hatten, befürworteten nun internationale Bemühungen zur Kontrolle der Verbreitung von Atomwaffen. „Ich habe keinen Zweifel daran", schrieb Lawrence, „dass der beste Informationskanal über das, was in Russland vor sich geht, durch die Förderung des freien Austauschs von Wissenschaft und Wissenschaftlern entwickelt würde." Oppenheimer reiste nach Washington, um Truman aufzufordern, die Nation zu schützen, und zwar nicht durch ein nukleares Wettrüsten, sondern durch Vereinbarungen mit Russland und anderen potenziellen Atommächten, um Vernichtungskriege zu verhindern. Doch die Russen waren nicht mehr Amerikas Verbündete, und nur wenige in der Regierung vertrauten Stalin, der freie Wahlen in Osteuropa versprochen hatte, Polen und andere Länder jedoch in sowjetische Satelliten verwandelte, die nach Moskaus Pfeife tanzten. Der Bericht eines Attachés der US-Botschaft in Moskau im Dezember 1945 bestätigte, was viele in Washington bereits vermuteten, dass nämlich „die UdSSR alles versucht, um die Atombombe zu bekommen". Dies veranlasste die amerikanische Regierung nicht dazu, Verhandlungen mit der Sowjetunion einzuleiten, sondern bestärkte sie in der Überzeugung, den Russen immer einen Schritt

(weiter auf Seite 338)

„Heute Morgen in Betrieb genommen. Diagnose nicht abgeschlossen, Ergebnisse zufriedenstellend, übertreffen bereits die Erwartungen (...) Dr. Groves zufrieden."

VERSCHLÜSSELTES TELEGRAMM AN TRUMAN IN POTSDAM ÜBDER DEN ERFOLGREICHEN ATOMBOMBENTEST

ZIEL HIROSHIMA

Im Mai 1945 absolvierte eine Eliteeinheit bestehend aus B-29-Piloten, Flugzeugcrews, Bodenpersonal und Waffenspezialisten Trainingseinheiten auf einem geheimen Luftwaffenstützpunkt in Utah. Anschließend flogen sie nach Tinian, das ausgewählt wurde, weil die dortige Landebahn den Start von B-29 mit extraschweren Lasten erlaubte. Nur der Kommandant der Einheit, Colonel Paul Tibbets, und Major Charles Sweeney wussten, dass ihre Mission darin bestand, Atombomben auf Japan abzuwerfen. Sie zogen in ein fensterloses, klimatisiertes Gebäude hinter einem Zaun, vor dem Bewaffnete patrouillierten. „Wir hatten nagelneue Flugzeuge und erhielten die beste Behandlung", erinnert sich einer von ihnen. Anderen Piloten gegenüber sagte er: „Es schien nicht so, als würden wir hier etwas tun, um den Krieg zu beenden."

Am 6. August 1945 um 2.45 Uhr hob Tibbets in der nach seiner Mutter benannten B-29 *Enola Gay* mit der 4000 Kilogramm schweren „Little Boy" ab. Die Besatzung war kurz zuvor darüber informiert worden, dass sie die zerstörerischste aller jemals gebauten Waffen an Bord hatte, die erst nach dem Start scharf gemacht wurde, um eine Katastrophe zu vermeiden, falls die *Enola Gay* auf Tinian abstürzen sollte. Einige Stunden später teilte ein Wetterflugzeug Tibbets mit, dass der Himmel über Hiroshima, ihrem Hauptziel, klar sei. Die Bombe wurde um 8.15 Uhr Hiroshima-Zeit in einer Höhe von 9500 Metern ausgelöst und explodierte 49 Sekunden später etwa 600 Meter über der Stadt. Tibbets tauchte sofort ab, um der Druckwelle zu entkommen. Als er auf die Stadt zurückblickte, sah er nur eine monströse Wolke, „kochend heiß, wie ein Pilz aus dem Boden schießend, schrecklich und unglaublich hoch". Falls noch Zweifel an ihrer Tat bestanden, zerstreute Tibbets sie. „Kameraden", sagte er, „ihr habt gerade die erste Atombombe abgeworfen."

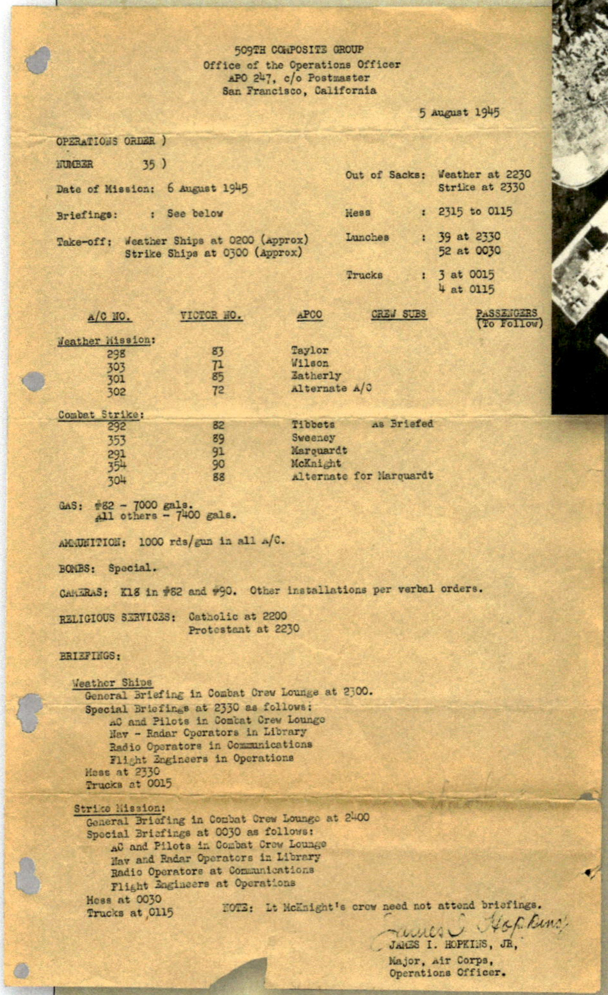

509TH COMPOSITE GROUP
Office of the Operations Officer
APO 247, c/o Postmaster
San Francisco, California

5 August 1945

OPERATIONS ORDER)
NUMBER 35)

Date of Mission: 6 August 1945

Briefings: : See below

Take-off: Weather Ships at 0200 (Approx)
Strike Ships at 0300 (Approx)

Out of Sacks: Weather at 2230
Strike at 2330

Mess : 2315 to 0115

Lunches : 39 at 2330
52 at 0030

Trucks : 3 at 0015
4 at 0115

A/C NO.	VICTOR NO.	APCO	CREW SUBS	PASSENGERS (To Follow)
Weather Mission:				
298	83	Taylor		
303	71	Wilson		
301	85	Eatherly		
302	72	Alternate A/C		
Combat Strike:				
292	82	Tibbets	As Briefed	
353	89	Sweeney		
291	91	Marquardt		
354	90	McKnight		
304	88	Alternate for Marquardt		

GAS: #82 – 7000 gals.
All others – 7400 gals.

AMMUNITION: 1000 rds/gun in all A/C.

BOMBS: Special.

CAMERAS: K18 in #82 and #90. Other installations per verbal orders.

RELIGIOUS SERVICES: Catholic at 2200
Protestant at 2230

BRIEFINGS:

Weather Ships
General Briefing in Combat Crew Lounge at 2300.
Special Briefings at 2330 as follows:
AC and Pilots in Combat Crew Lounge
Nav – Radar Operators in Library
Radio Operators in Communications
Flight Engineers in Operations
Mess at 2330
Trucks at 0015

Strike Mission:
General Briefing in Combat Crew Lounge at 2400
Special Briefings at 0030 as follows:
AC and Pilots in Combat Crew Lounge
Nav and Radar Operators in Library
Radio Operators at Communications
Flight Engineers at Operations
Mess at 0030
Trucks at 0115

NOTE: Lt McKnight's crew need not attend briefings.

James I. Hopkins
JAMES I. HOPKINS, JR,
Major, Air Corps,
Operations Officer.

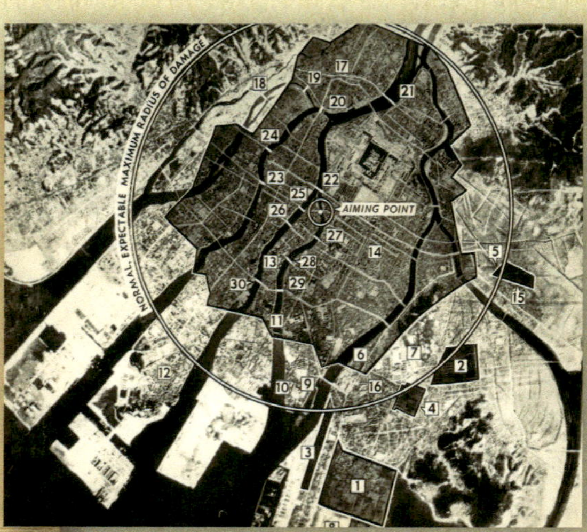

COUNTDOWN Colonel Paul Tibbets (Mitte) mit seiner Besatzung vor der *Enola Gay*, der B-29, mit der er am 6. August nach Hiroshima flog. Der geheime Ablaufplan ganz links nennt Zeiten für Briefings und Gottesdienste am Abend des 5. August, die Namen der Piloten der Wetterflugzeuge und der anderen B-29, die die *Enola Gay* begleiteten, um das Ereignis aufzuzeichnen und wissenschaftliche Tests durchzuführen. Die Luftaufnahme links zeigt den Zielpunkt der Bombe in Hiroshima.

STUNDE NULL Die Uhr links wurde durch die Atomexplosion um 8.16 Uhr angehalten, die fast alle Gebäude im Zentrum Hiroshimas (unten) dem Erdboden gleichmachte und einen gewaltigen Atompilz (ganz links) erzeugte. Viele, die die Explosion überlebten, erlitten Verbrennungen wie die Frau unten oder starben später an der Strahlenkrankheit.

„Die UdSSR versucht alles, um die Atombombe zu bekommen.“

BERICHT EINES ATTACHÉS DER US-BOTSCHAFT IN MOSKAU VOM DEZEMBER 1945

voraus zu sein und strenge nukleare Geheimhaltung zu wahren. Oppenheimers persönlicher Appell an Truman, Atomwaffen unter internationale Kontrolle zu stellen, ging ins Leere. „Herr Präsident“, sagte er, „ich habe das Gefühl, dass Blut an meinen Händen klebt.“ Truman antwortete, das Blut „ist an meinen Händen (…) lassen Sie das meine Sorge sein“.

Die Bestrebungen Oppenheimers und anderer Wissenschaftler, das Schweigen über die Atomwaffen zu brechen und Verhandlungen anzuregen, waren erfolglos, weil der geheime Krieg nicht mit der Niederlage Deutschlands und Japans endete, sondern sich mit der Verlagerung globaler Allianzen immer tiefer verfestigte. Dieser verdeckte Krieg war nicht nur zwischen den Alliierten und den Achsenmächten geführt worden, sondern auch zwischen Anglo-Amerikanern und Sowjets, die nur in Opposition zu Hitler vereint waren und einander zutiefst misstrauten. Dieser Kampf, der nun Kalter Krieg genannt wurde, hatte lange vor dem Ende des Zweiten Weltkriegs begonnen, als die Sowjets versuchten, durch Spionage an Staatsgeheimnisse in den USA und Großbritannien zu gelangen. Kaum etwas trug mehr zur Eskalation des Kalten Krieges und der antikommunistischen Erschütterung in Amerika bei, die als „Red Scare“ bekannt wurde, als die Enthüllung, dass sowjetische Agenten in das Manhattan-Projekt eingedrungen und an Geheiminformationen gelangt waren, die den Russen halfen, eine Atombombe zu bauen. 1946 hatten Kryptoanalytiker des Signals Intelligence Service im Rahmen des Venona-Projekts von dieser Nuklearspionage erfahren, indem sie den Code knackten, mit dem sowjetische Agenten in den USA ihre Telegramme an Moskau verschlüsselten. Dieses bereits 1942 initiierte Gegenspionageprojekt enthüllte die Existenz von mehr als 300 Amerikanern, die an die Sowjets berichteten. Viele befanden sich in sensiblen Regierungspositionen, und mehrere hatten Zugang zu Los Alamos, als dort die ersten Atomwaffen entwickelt wurden.

Einer der Spione in Los Alamos – der Physiker Theodore Hall, der schon als 19-Jähriger an Atombomben arbeitete – wurde nie angeklagt, weil die Regierung ihn nicht strafrechtlich verfolgen konnte, ohne streng geheime Venona-Entschlüsselungen als Beweismittel vorzulegen. In einem anderen Spionagefall teilte das FBI die Venona-Informationen jedoch vertraulich mit den Briten, die daraufhin im Februar 1950 den Physiker Klaus Fuchs verhafteten. Fuchs war der Kommunistischen Partei in Deutschland beigetreten, bevor er vor dem NS-Regime nach England floh, wo er in der Kernforschung tätig war und später dem Manhattan-Projekt in Los Alamos zugeteilt wurde. Niemand lieferte den Sowjets bedeutendere Enthüllungen über Atomwaffen als er. Doch das härteste Urteil traf nicht Fuchs, der nur neun Jahre im Gefängnis verbrachte, ebenso wenig seinen Kurier in Amerika, Harry Gold, oder David Greenglass, einen Ingenieur in Los Alamos, dessen Spionage von Gold aufgedeckt wurde, sondern zwei Sowjetagenten in New York, die zum Tode verurteilt und hingerichtet wurden, nachdem Greenglass gegen sie ausgesagt hatte – seine Schwester Ethel Rosenberg und ihren Ehemann Julius Rosenberg. Ihre Verurteilung war lange umstritten,

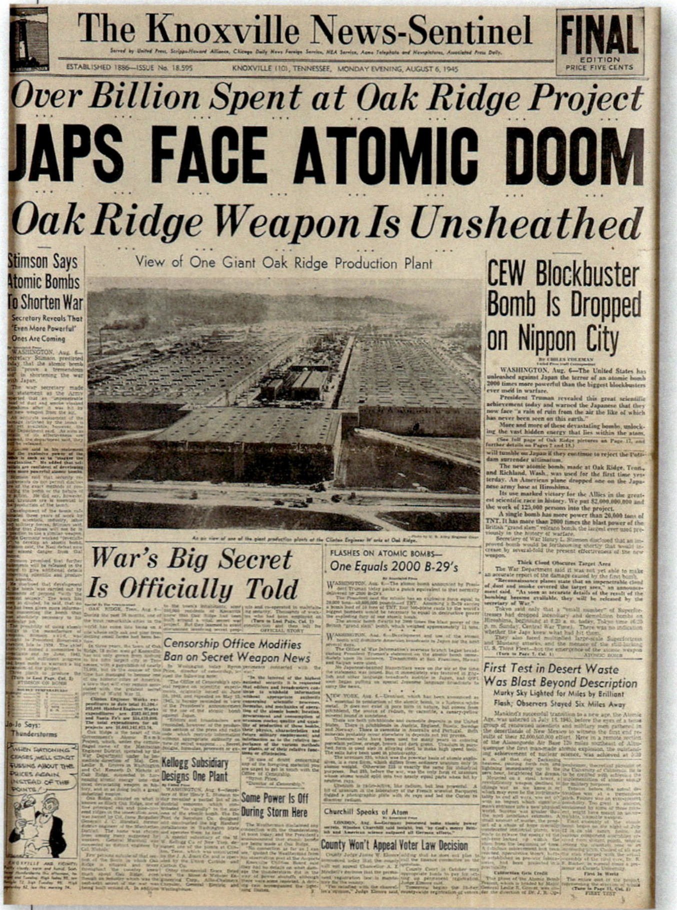
The Knoxville News-Sentinel

FINAL EDITION PRICE FIVE CENTS

ESTABLISHED 1886—ISSUE No. 18,595 KNOXVILLE (10), TENNESSEE, MONDAY EVENING, AUGUST 6, 1945

Over Billion Spent at Oak Ridge Project

JAPS FACE ATOMIC DOOM

Oak Ridge Weapon Is Unsheathed

Stimson Says Atomic Bombs To Shorten War

View of One Giant Oak Ridge Production Plant

CEW Blockbuster Bomb Is Dropped on Nippon City

War's Big Secret Is Officially Told

FLASHES ON ATOMIC BOMBS—

One Equals 2000 B-29's

Censorship Office Modifies Ban on Secret Weapon News

First Test in Desert Waste Was Blast Beyond Description

Murky Sky Lighted for Miles by Brilliant Flash; Observers Stayed Six Miles Away

Kellogg Subsidiary Designs One Plant

Some Power Is Off During Storm Here

Churchill Speaks of Atom

County Won't Appeal Voter Law Decision

ENTHÜLLUNG **Der Schleier der Geheimhaltung, der das Manhattan-Projekt jahrelang umhüllte, wurde noch am Tag des Atombombenabwurfs auf Hiroshima gelüftet. Diese Zeitung aus Knoxville vom 6. August stellt Verbindungen mit Oak Ridge und den Clinton Engineer Works (CEW) her, wo der Treibstoff der Bombe hergestellt wurde. Die Schlagzeile unter dem Bild verkündet, dass „Das große Geheimnis des Krieges nun gelüftet“ sei.**

aber dem Gericht vorgelegte Beweise – sowie Venona-Protokolle, die erst Jahrzehnte später freigegeben wurden – belegten, dass Julius Rosenberg sich der Weitergabe von Geheimnissen an die Sowjets schuldig gemacht hatte. Viele Amerikaner betrachteten den Prozess und die Hinrichtung der Rosenbergs als Beweis dafür, dass der Red Scare gut begründet war. Doch einige empfanden das Verfahren auch als „Hexenjagd", getrieben von der Notwendigkeit, jemandem die Schuld an der Verbreitung von Atomwaffen anzuhängen.

Der Kalte Krieg war eine Verlängerung des Zweiten Weltkriegs nicht nur im Bereich Spionage, sondern auch bei verdeckten Operationen, die nun von der CIA, 1947 als Nachfolgerin des OSS gegründet, und ihrem sowjetischen Pendant, dem KGB, der dem NKWD folgte, durchgeführt wurden. Prominente OSS-Veteranen wie Allen Dulles und William Casey dienten während des Kalten Krieges als Direktoren der CIA. Sie blieben dem Weg von OSS-Chef William Donovan treu, indem sie die Sammlung und Analyse nachrichtendienstlicher Erkenntnisse mit aggressiven Kampagnen zur Demoralisierung, Störung und Untergrabung des Feindes kombinierten. Als Feind definiert wurde jede ausländische Partei oder Regierung, die den Kommunismus befürwortete oder die Sowjetunion oder die Volksrepublik China unterstützte, die 1949 gegründet wurde, nachdem Mao Tsetungs Armee die Nationalisten unter Chiang Kai-shek besiegt hatte. Im selben Jahr unterstützte die CIA die Bestrebungen des britischen MI6, die kommunistische Regierung in Albanien zu stürzen. Die Operation wurde jedoch von Kim Philby vereitelt, der Spionageabwehrchef des MI6 wurde, während er heimlich dem KGB diente. Philby und drei weitere findige Sowjetspione an der Universität Cambridge – Donald Maclean, Guy Burgess und Anthony Blunt – verrieten zahlreiche angloamerikanische Geheimnisse und Informationen über verdeckte Operationen an Moskau, was für die beteiligten Agenten bisweilen tödlich endete.

Als der Zweite Weltkrieg in den Kalten Krieg überging, nahmen die USA die Dienste zahlreicher deutscher Wissenschaftler und Spione in Anspruch, von denen einige glühende Nazis und Kriegsverbrecher waren, aber von der Strafverfolgung verschont blieben. Die Anordnung von Truman, mit der er das Projekt Paperclip – der Codename für die Rekrutierung deutscher Wissenschaftler – genehmigte, schloss jeden aus dem Programm aus, der „Mitglied der NSDAP und mehr als nur ein nomineller Teilnehmer an ihren Aktivitäten oder ein akti-

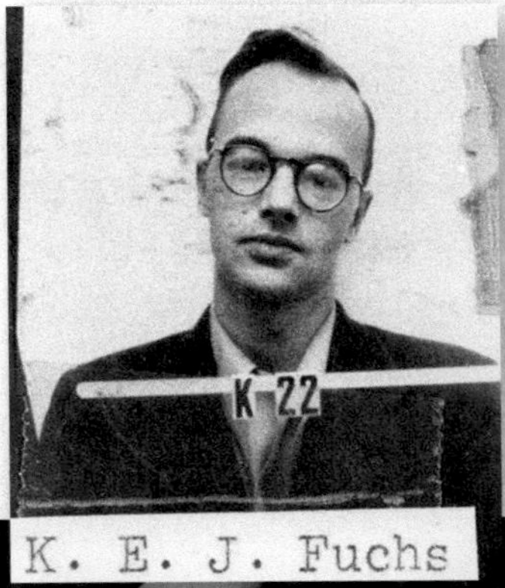

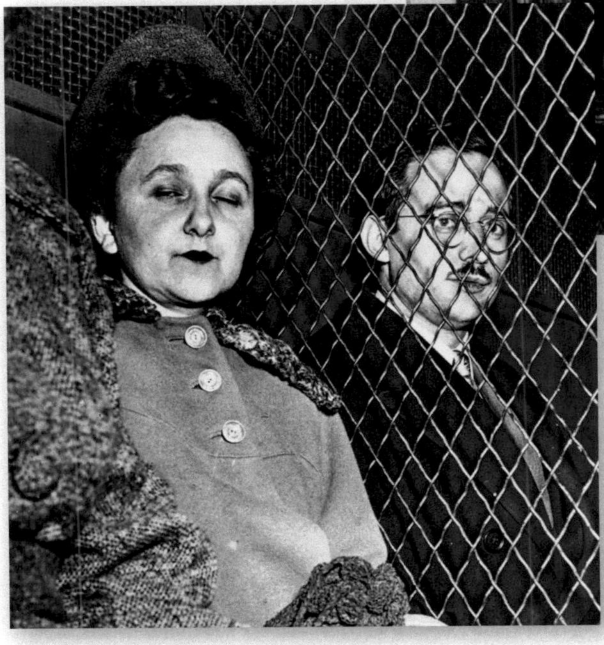

NUKLEARSPIONE **Der Physiker Klaus Fuchs (ganz oben, auf seinem Los-Alamos-Ausweis), ein ehemaliges deutsches KPD-Mitglied, der britischer Staatsbürger wurde, wurde Anfang 1950 verhaftet, weil er Nukleargeheimnisse an die Sowjets verraten hatte. Dies führte im Juni 1950 zur Verhaftung von David Greenglass (oben) unter dem Vorwurf, als Mechaniker in Los Alamos für die Sowjets spioniert zu haben. Greenglass wiederum belastete dann seine Schwester Ethel Rosenberg und ihren Ehemann Julius Rosenberg (links), die 1953 verurteilt und hingerichtet wurden.**

MAULWÜRFE IM BRITISCHEN GEHEIMDIENST

Kim Philby wurde 1949 als Chef des britischen Geheimdienstes nach Washington entsandt und verschaffte sich dort Zugang zu den bestgehüteten Geheimnissen Amerikas. Die Entsendung war nicht nur für Philby ein großer Coup, sondern auch für den KGB, für den er heimlich arbeitete. Philby und mehrere andere sowjetische Maulwürfe waren seit ihren gemeinsamen Tagen an der Universität Cambridge befreundet. Zur Gruppe gehörten Anthony Blunt, ein Abwehroffizier des MI5, und zwei Mitglieder des Foreign Office mit Zugang zu Staatsgeheimnissen – Donald Maclean und Guy Burgess, der in einer Kellerwohnung in Philbys Haus wohnte. Ihre miteinander verflochtenen Pläne begannen sich aufzulösen, als Philby Venona-Entschlüsselungen erhielt, die Maclean unter einem Decknamen als sowjetischen Agenten bezichtigten, der amerikanische Nukleargeheimnisse verriet. Philby schickte Burgess, um Maclean zu warnen, der 1951 mit Burgess nach Moskau überlief. Philby geriet daraufhin wegen seiner Verbindungen zu den Überläufern unter Verdacht und trat aus dem MI6 aus. 1963 floh auch er nach Moskau. Blunt gestand ein Jahr später, nachdem ihm Immunität zugesichert worden war. Keiner dieser Cambridge-Spione wurde jemals strafrechtlich verfolgt. Sie blieben privilegierte Mitglieder der britischen herrschenden Klasse, auch wenn sie deren Kodex verletzten. ✪

DECKNAME: HICKS
SPION FÜR: SOWJETUNION
SPION GEGEN: GROSSBRITANNIEN, USA

DER DRITTE MANN Kim Philby stellt sich 1955 in London der Presse, nachdem seine Verbindungen zu den Überläufern Guy Burgess und Donald Maclean durchgesickert sind. Dies führte zu der Anklage, er sei der dritte Mann im Spionagering. In jenem Jahr wurde er entlastet, doch die Enthüllungen eines sowjetischen Überläufers zwangen ihn später, in Moskau Zuflucht zu suchen. Philby und Burges – der oben nach seiner Flucht in die Sowjetunion 1951 am Strand des Schwarzen Meeres zu sehen ist – waren in ihrem Privatleben maßlos. Beide waren starke Trinker und hatten zahlreiche Affären, Philby mit Frauen, Burgess mit Männern.

DECKNAME: STANLEY
SPION FÜR: SOWJETUNION
SPION GEGEN: GROSSBRITANNIEN, USA

DECKNAME: JOHNSON
SPION FÜR: SOWJETUNION
SPION GEGEN: GROSSBRITANNIEN, USA

GELEHRTER UND SPION **Anthony Blunt wurde ein hochangesehener Kunsthistoriker und wurde erst 1979 entlarvt, als die Premierministerin Margaret Thatcher ihn als vierten Mann des Spionagerings identifizierte.**

DECKNAME: HOMER
SPION FÜR: SOWJETUNION
SPION GEGEN: GROSSBRITANNIEN, USA

SCHWACHSTELLE **Donald Maclean war der Erste, der verdächtigt wurde, als herauskam, dass Agent Homer (sein KGB-Deckname) Geheimnisse verriet, zu denen Maclean als Diplomat in Washington Zugang hatte.**

ver Unterstützer des NS-Militarismus" gewesen war. Bei strikter Durchsetzung hätte dies viele ausgeschlossen, die schließlich für die USA arbeiteten, allen voran Wernher von Braun, der NSDAP- und SS-Mitglied gewesen war. Sein Raketenprogramm wäre ohne die Zwangsarbeit Tausender KZ-Häftlinge nicht möglich gewesen. Der Direktor des Projekts Paperclip argumentierte, es habe keinen Sinn, „ein totes Nazipferd zu schlagen", indem man Deutsche wie von Braun ausschließt, die enorme strategische Fähigkeiten besäßen. Ein besonders eklatanter Fall war Arthur Rudolph, der die Raketenproduktion im KZ Mittelbau-Dora beaufsichtigte und in einem Verhör am Ende des Krieges als „100 % Nazi, gefährlicher Typ, Sicherheitsrisiko (…) *Internierung empfohlen*" eingestuft wurde. Er wurde dennoch im Projekt Paperclip berücksichtigt, weil angeblich „nichts in seinen Aufzeichnungen darauf hindeutete, dass er ein Kriegsverbrecher, ein glühender Nazi oder anderweitig anstößig war". Von Braun, Rudolph und andere deutsche Wissenschaftler spielten eine wichtige Rolle im „Wettlauf im Weltraum" gegen die Sowjetunion – die ebenfalls ehemalige NS-Wissenschaftler beschäftigte. Sie entwarfen die Raketen, die bemannte Raumfahrzeuge oder Spionagesatelliten in die Umlaufbahn beförderten, und entwickelten die mit Atomsprengköpfen bewaffneten Interkontinentalraketen.

„Selten, wenn überhaupt, hat ein Krieg mit einem solchen Gefühl der Unsicherheit und Angst geendet, mit der Erkenntnis, dass die Zukunft ungewiss und das Überleben nicht gesichert ist."

DER KOMMENTATOR EDWARD R. MURROW

Andere ehemalige Nazis arbeiteten für die CIA oder das Counter Intelligence Corps (CIC) der US Army. 1947 nahm das CIC die Dienste des ehemaligen Gestapo-Offiziers Klaus Barbie in Anspruch, des berüchtigten „Schlächters von Lyon", der für den Tod des französischen Résistance-Führers Jean Moulin und vieler anderer verantwortlich war. Barbie lieferte dem CIC Informationen über Gestapo-Informanten und kommunistische Zellen in Frankreich. Im Gegenzug wurde er vor der Strafverfolgung geschützt und erhielt eine sichere Passage nach Südamerika – bis die Franzosen sich an seine Fersen hefteten. (Erst in den 1980er-Jahren wurde er in Frankreich vor Gericht gestellt, wo er 1991 im Gefängnis starb). Obwohl die CIA keine direkte Verbindung zu Barbie hatte, traten viele ehemalige SS-Offiziere der von der CIA finanzierten Organisation Gehlen bei, die von Reinhard Gehlen, einem deutschen Geheimdienstchef im Zweiten Weltkrieg, geleitet wurde. Gehlen stellte Allen Dulles nach Kriegsende seinen enormen Wissensschatz über sowjetische Militär- und Sicherheitsoperationen zur Verfügung. Seine Spione duellierten sich im geteilten Nachkriegsdeutsch-

„Ohne Debatte und Kritik kann Weisheit nicht gedeihen und Wahrheit nicht bestimmt werden."

J. ROBERT OPPENHEIMER DARÜBER, WARUM ENTSCHEIDUNGEN ÜBER NEUE MASSENVERNICHTUNGSWAFFEN NICHT AUF DER GRUNDLAGE VON GEHEIM GEHALTENEN FAKTEN GETROFFEN WERDEN SOLLTEN

land mit sowjetischen Agenten, in deren Reihen sich ebenfalls Ex-Nazis befanden. Einige von ihnen infiltrierten die Organisation Gehlen, aus der später der Bundesnachrichtendienst hervorging.

Während manche frühere Feinde als Verbündete angeworben wurden, gerieten andere, die im Zweiten Weltkrieg als Helden geehrt worden waren, während des Kalten Krieges unter dunkle Wolken des Misstrauens. Nachdem er als Direktor in Los Alamos zurückgetreten war, übernahm Oppenheimer den Vorsitz eines Beratungskomitees der Atomic Energy Commission (AEC). Dieses Komitee empfahl 1949, die Entwicklung der Wasserstoffbombe einzustellen, die als „Waffe zum Völkermord" bezeichnet wurde. Zu einer Zeit, als die Enthüllungen über den Völkermord der Nazis noch frisch und zutiefst verstörend waren, konnte es ein Waffenprogramm, das die USA zu einer strategischen „Politik der Vernichtung der Zivilbevölkerung" verpflichten würde, nicht gutheißen.

Die Empfehlung des Komitees alarmierte Edward Teller und andere, die die Entwicklung der H-Bombe unterstützten, darunter Lewis Strauss, ein einflussreiches Mitglied der AEC, der später deren Vorsitzender wurde. Strauss drängte den Präsidenten, nicht auf „eine Waffe zu verzichten, von der man erwarten kann, dass der Feind sie besitzt". Anfang 1950 enthüllte Truman die Existenz von Tellers zuvor geheimem Projekt und gab ihm grünes Licht. Er wies die AEC an, die Arbeit „an allen Formen von Atomwaffen, einschließlich der sogenannten Wasserstoff- oder Superbombe" fortzusetzen. Oppenheimer war bestürzt und trat 1952 unter wachsendem Druck von Strauss und Teller als Vorsitzender des Komitees zurück.

SEITENWECHSEL Wernher von Braun, mit Gipsverband nach einem Autounfall, stellt sich am 2. Mai 1945 mit anderen Raketenwissenschaftlern den amerikanischen Besatzungstruppen. Die Direktoren von Projekt Paperclip sollten keine deutschen Wissenschaftler, die aktive Nazis oder Militaristen gewesen waren, für die Arbeit in den USA rekrutieren, aber bei von Braun und anderen machten sie eine Ausnahme.

Als Strauss 1953 die Leitung der AEC übernahm, beschloss er, Oppenheimer, der immer noch als Berater der Kommission fungierte, von jeglicher Beteiligung am Atomprogramm auszuschließen. Strauss hätte das Auslaufen von Oppenheimers Sicherheitsfreigabe im Juni 1954 abwarten können, doch stattdessen hob er die Freigabe auf und stellte ihn unter Beobachtung. Damit schuf der die Voraussetzungen für eine Anhörung, in der geklärt werden sollte, ob der „Vater der Atombombe" ein Sicherheitsrisiko darstellte. Diese Anhörung brachte wenig mehr ans Licht, was Oppenheimer 1943 und 1947, als er seine Sicherheitsfreigabe jeweils verlängert hatte, nicht schon gesagt hatte. Aber die Zeiten waren andere, und einige seiner ehemals glühenden Verehrer bezweifelten nun, dass man ihm trauen konnte, nationale Geheimnisse zu bewahren. Teller sagte aus, dass er „annahm", Oppenheimer sei den USA gegenüber loyal, er würde sich aber sicherer fühlen, wenn „die lebenswichtigen Interessen dieses Landes" nicht mehr in seinen Händen liegen würden. Im Mai 1954 wurde er durch das Votum von zwei der drei Beamten, die bei der Anhörung den Vorsitz führten, zu einem Sicherheitsrisiko erklärt. Der dritte war anderer Meinung und wies darauf hin, dass sich alle über Oppenheimers Loyalität einig seien und dass es „wohl kaum das Verfahren sei, das in einem freien Land angewandt werden sollte", ihm nun die Freigabe für das, wofür er zuvor eine Freigabe erhalten hatte, zu verweigern.

ZURÜCK IN DER GUNST Wernher von Braun (Mitte), Amerikas wichtigste Figur im „Weltraumrennen" gegen die UdSSR, führt 1962 Präsident John F. Kennedy (links) und Vizepräsident Lyndon B. Johnson (rechts) durch das Marshall Space Flight Center in Huntsville, Alabama, wo er die im Hintergrund zu sehende Saturn-1-Trägerrakete entwickelte. Von Brauns Beitrag zum amerikanischen Raumfahrtprogramm, wofür er 1975 die höchste wissenschaftliche Auszeichnung der USA erhielt, wurde von seiner Rolle als Konstrukteur der V2 für Hitler überschattet.

Anders als der folgenschwere Krieg gegen Deutschland und Japan, der Amerika wie nie zuvor geeint hatte, spaltete der Kalte Krieg die Nation und förderte erbitterte Auseinandersetzungen. Oppenheimer wusste so gut wie jeder andere, dass Geheimhaltung oft notwendig war, um die nationale Sicherheit zu schützen. Aber er warnte vor einem endlosen geheimen Krieg, in dem hinter verschlossenen Türen über die Zukunft der Nation und das Wohlergehen der Welt entschieden wurde. Es bestehe „große Gefahr", bemerkte er, wenn Entscheidungen wie die Entwicklung neuer Massenvernichtungswaffen „auf der Grundlage von geheim gehaltenen Fakten" getroffen würden. Das liege nicht daran, dass es den Menschen, die die Entscheidungen treffen müssen, an Weisheit mangele; es liege daran, dass „ohne Debatte und Kritik Weisheit nicht gedeihen und Wahrheit nicht bestimmt werden kann". Oppenheimers Anhörung löste beträchtliche Debatten und Kritik aus, aber er erhielt nie wieder eine verantwortliche Position in der Regierung. Als der Zweite Weltkrieg endete, konnten sich nur wenige Menschen vorstellen, dass Wernher von Braun, dessen Raketen auf London und Antwerpen niedergegangen waren, später für seine Verdienste um die amerikanische Wissenschaft geehrt wurde. Oder dass Robert Oppenheimer, der so viel für den Sieg über Japan getan hatte, eines Tages seinem Land nicht mehr dienen durfte.

ABKÜRZUNGEN:

Getty Images (GI), Library of Congress Prints and Photographs Division (LOC), US National Archives and Records Administration (NARA)

Umschlag vorn, Roger-Viollet/GI; Umschlag hinten, unten (l–r) Erich Lessing/Art Resource; The National Archives of the UK, Image Library; Kenneth W. Rendell, Museum of World War II, Boston. Oben (l–r), Kenneth W. Rendell, Museum of World War II, Boston; CIA Museum; akg-images; US National Archives.; Buchrücken, Photobank gallery/Shutterstock; Klappe hinten (o), Lisa Kagan; Klappe hinten (u), Dee Cohn.

1, Kenneth W. Rendell, Museum of World War II, Boston; 2, Erich Lessing/Art Resource, NY; 4/5, akg-images/picture-alliance; 6, John Florea/The LIFE Picture Collection/GI; 8–15, Kenneth W. Rendell, Museum of World War II, Boston; 16/17, AP Photo/File; 18, Wikimedia Commons/gemeinfrei; 19, AP Photo; 20 (l), Agnes Smedley Photographs, University Archives, Arizona State University Libraries; 20 (M), Uliana Bazar; 20 (r), Süddeutsche Zeitung Photo/Alamy Stock Photo; 21, Cartoon aus Mucha, Warschau, 8. September1939/ gemeinfrei; 22, akg-images/ullstein bild; 23 (beide), Kenneth W. Rendell, Museum of World War II, Boston; 24, Bundesarchiv, Bild 102-14393/Foto: Georg Pahl; 25 (beide), ullstein bild/ GI; 26–27 (alle), Institut für Nationales Gedenken, Warschau; 28 (o), Gamma-Keystone/GI; 28 (l), Uliana Bazar; 28 (Ml), Laski Collection/GI; 28 (Mr), Hanns Hubmann/ullstein bild via GI; 28 (r), Bundesarchiv; 29, Laski Collection/GI; 30, Bettmann/GI; 31 (o), Sidney Beadell/The Times/News Syndication; 31 (ul), Kenneth W. Rendell, Museum of World War II, Boston; 31 (ur), Kenneth W. Rendell, Museum of World War II, Boston; 32, ullstein bild/ GI; 33 (ol), Süddeutsche Zeitung Photo/Alamy Stock Photo; 33 (or), Berlin, Sammlung Archiv für Kunst und Geschichte/akg-images; 33 (u), SZ Photo/Scherl/The Image Works; 34, NARA; 35 (alle), The National Archives of the UK; 36 (o), The National Archives of the UK; 36 (M), Imperial War Museum; 36 (ul), The National Archives of the UK; 36 (uM), The National Archives of the UK; 36 (ur), The National Archives of the UK; 37 (o), The National Archives of the UK; 37 (Ml), Imperial War Museum; 37 (Mr), Erich Lessing/Art Resource, NY; 37 (ul), Imperial War Museum; 37 (ur), Erich Lessing/Art Resource, NY; 38, The National Archives of the UK; 39 (o), Mary Evans/Higginbotham Collection/The Image Works; 39 (M), gemeinfrei, Reproduktion m. freundl. Gen. Madoc Roberts; 39 (u), Imperial War Museum; 40 (o), aus Spy, Counterspy (Grosset & Dunlap, 1974); 40 (u), Walter Stoneman/ National Portrait Gallery, London; 41 (beide), The National Archives of the UK; 42 (u), Roger-Viollet/The Image Works; 42 (ol), m. freundl. Gen. Gerry Czerniawski; 42 (oM), aus Colonel Henri's Story (William Kimber & Company, 1954); 42 (or), The National Archives of the UK; 43, Bettmann/GI; 44 (o), aus Englandspiel (Van Holkema & Warendorf, 1978); 44 (M), m. freundl. Gen. Adri Wines/www.englandspiel.eu; 44 (u), NIOD, Institute for War, Holocaust and Genocide Studies; 46 (beide), AP Photo; 47, Kenneth W. Rendell, Museum of World War II, Boston; 48 (l), Fox Photos/Hulton Archive/GI; 48 (r), Franklin D. Roosevelt Presidential Library and Museum; 49, Kenneth W. Rendell, Museum of World War II, Boston; 50 (o), Erich Lessing/Art Resource, NY; 50 (u), The National Archives of the UK; 51, The National Archives of the UK; 52–53 (alle), UC San Diego Library; 54, Bettmann/ GI; 55, LOC; 56–58 (alle), Kenneth W. Rendell, Museum of World War II, Boston; 59, AP Photo; 60 (l), Polo Museale Veneziano; 60 (r), Wikimedia Commons unter https://commons.wikimedia.org/wiki/File: _!_1941.jpg. Lizenz unter https://creativecommons.org/licenses/by-sa/4.0/legalcode; 61, bpk, Berlin/Art Resource, NY; 62 (ol), Swim Ink 2, LLC/Corbis; 62 (or), Kenneth W. Rendell, Museum of World War II, Boston; 62 (ul), Kenneth W. Rendell, Museum of World War II, Boston; 62 (ur), Kenneth W. Rendell, Museum of World War II, Boston; 63, Kenneth W. Rendell, Museum of World War II, Boston; 64 (ol), NARA; 64 (or), Kenneth W. Rendell, Museum of World War II, Boston; 64 (ul), Kenneth W. Rendell, Museum of World War II, Boston; 64 (ur), Kenneth W. Rendell, Museum of World War II, Boston; 65–67 (alle), Kenneth W. Rendell, Museum of World War II, Boston; 68/69, Naval History and Heritage Command; 70, Kenneth W. Rendell, Museum of World War II; 71, Universal History Archive/GI; 72, Gamma-Keystone/GI; 73, aus Reports of General MacArthur, Bd. II, Teil 1 (Department of the Army, 1966), S. 69; 74, ©TopFoto/The Image Works; 75, Bettmann/Corbis; 76 (o), Fotosearch/GI; 76 (u), Rebecca Hale/National Geographic Staff (Foto), National Cryptologic Museum (Gegenstand); 77 (o), Fotosearch/GI; 77 (u), Rebecca Hale/National Geographic Staff (Foto), National Cryptologic Museum (Gegenstand); 78, aus At Dawn We Slept: The Untold Story of Pearl Harbor, von Gordon W. Prange, (Penguin Books Inc., 1981), m. freundl. Gen. Donald M. Goldstein; 79 (l), NARA; 79 (M), National Archives at Kansas City; 79 (r), NARA; 80 (beide), Naval History and Heritage Command; 81 (o), Naval History and Heritage Command; 81 (u), aus Reports of General MacArthur, Bd. II, Teil 1 (Department of the Army, 1966), S. 69; 82, Naval History and Heritage Command; 83 (o), NARA; 83 (M), Naval History and Heritage Command; 83 (u), Kenneth W. Rendell, Museum of World War II, Boston; 84 (o), Bettmann/Corbis; 84 (M), Naval History and Heritage Command; 84 (u), Naval History and Heritage Command; 85 (ol), Naval History and Heritage Command; 85 (or), Naval History and Heritage Command; 85 (u), Naval History and Heritage Command; 86, Kenneth W. Rendell, Museum of World War II, Boston; 87, The Mainichi Newspapers/AFLO; 89 (o), Naval History and Heritage Command; 89 (M), National Cryptologic Museum; 89 (u), National Cryptologic Museum; 90 (beide), aus dem Haus von William Harten, Jr., und Jeane L. Harten, Valerie Harten Briggs, persönliche Vertreterin; 91 (u), Naval History and Heritage Command; 92 (ol), The LIFE Picture Collection/GI; 92 (or), Kenneth W. Rendell, Museum of World War II, Boston; 92 (u), Bettmann/GI; 93 (o), Naval History and Heritage Command; 93 (M), NARA; 93 (u), Universal History Archive/GI; 94 (o), Kenneth W. Rendell, Museum of World War II, Boston; 94 (M), m. freundl. Gen. The Oakland Tribune, copyright © 2016. Alle Rechte vorbehalten; 94 (u), Planet News Archive/SSPL/GI; 95 (o), Kenneth W. Rendell, Museum of World War II, Boston; 95 (u), LOC; 96, Naval History and Heritage Command; 97, NARA; 98 (beide), Naval History and Heritage Command; 99, ©TopFoto/The Image Works; 101 (o), Australian War Memorial Museum; 101 (u), Naval History and Heritage Command; 102–105, Australian War Memorial Museum; 106, Nationaal Museum van Wereldculturen. Coll. no. TM-10013732; 107 (o), LOC; 107 (u), Time Life Pictures/Mansell/The LIFE Picture Collection/GI; 108, Naval History and Heritage Command; 109 (o), Australian War Memorial Museum; 109 (u), Naval History and Heritage Command; 111 (o), NARA; 111 (M), NARA; 111 (u), ullstein bild via GI; 112–113, Kenneth W. Rendell, Museum of World War II, Boston; 114 (o), CIA Museum; 114 (ul), CIA Museum; 114 (uM), m. freundl. Gen. Sammlung von H. Keith Melton am International Spy Museum; 114 (ur), CIA Museum (Foto), m. freundl. Gen. Lorna Catling (Reisepass); 115, CIA Museum; 116, NARA; 117 (o), National Archives/Interim Archives/GI; 117 (ul), CIA Museum; 117 (ur), CIA Museum; 118 (o), NARA; 118 (M), NARA; 118 (ul), CIA Museum; 118 (ur), Princeton University Library; 119 (o), NARA; 119 (u), CIA Museum; 120 (o), CIA Museum; 120 (ul), CIA Museum; 120 (uM), CIA Museum; 120 (ur), Kenneth W. Rendell, Museum of World War II, Boston; 121 (ol), CIA Museum; 121 (or), CIA Museum; 121 (M), Kenneth W. Rendell, Museum of World War II, Boston; 121 (ul), CIA Museum; 121 (ur), NARA; 122 (l), Fred Ramage/GI; 122 (r), SMG Herb Friedman/Psywarrior.com; 123, NARA; 124 (o), NARA; 124 (u), Keystone/ Hulton Archive/GI; 125, m. freundl. Gen. Sammlung Familie Colby; 126/127, Roger-Viollet/ GI; 128, Kenneth W. Rendell, Museum of World War II, Boston; 129, Imperial War Museum; 130, Imperial War Museum; 131 (o), Imperial War Museum; 131 (u), Haywood Magee/GI; 132 (l), The National Archives of the UK; 132 (or), Imperial War Museum; 132 (Mr), The National Archives of the UK; 132 (ur), Australian War Memorial Museum; 133 (alle), Imperial War Museum; 134, Kenneth W. Rendell, Museum of World War II, Boston; 135 (o), Kenneth W. Rendell, Museum of World War II, Boston; 135 (u), RDA/Tallandier/GI; 136 (o), Imperial War Museum; 136 (u), Imperial War Museum; 138–139 (alle), Erich Lessing/ Art Resource, NY; 140–143, Kenneth W. Rendell, Museum of World War II, Boston; 144, United States Holocaust Memorial Museum, m. freundl. Gen. Sharon Paquette; 145, United States Holocaust Memorial Museum, m. freundl. Gen. Leopold Page Photographic Collection; 146, Militärmuseum Prag; 147 (alle), The National Archives of the UK; 148 (o), Imperial War Museum; 148 (u), CTK Photobank/Multimedia; 149 (o), Imagno/Votava/The Image Works; 149 (u), akg-images/The Image Works; 150–151 (alle), Gedenkstätte Deutscher Widerstand; 153 (alle), Kenneth W. Rendell, Museum of World War II, Boston; 154 (l), George (Jürgen) Wittenstein/akg-images; 154 (or und ur), Kenneth W. Rendell, Museum of World War II, Boston; 155, Keystone/GI; 156, Bundesarchiv; 157, RIA-Novosti/The Image Works; 158, LOC; 159, Kenneth W. Rendell, Museum of World War II, Boston; 160, AP Images; 161 (o), Uliana Bazar; 161 (u), Keystone-France/GI; 162, NARA; 163 (alle), NARA; 164, Roger-Viollet/GI; 165, LAPI/Roger-Viollet/GI; 166 (o), United States Holocaust Memorial Museum, m. freundl. Gen. Jan Karski; 166 (u), Ministerium für Auswärtige Angelegenheiten der Republik Polen; 167, NARA; 168, Roger-Viollet/GI; 169, Kenneth W. Rendell, Museum of World War II, Boston; 170, Gabriel Hackett/GI; 171, AP Photo/MBR/AFP; 172/173, Robert Doisneau/Gamma-Rapho/GI; 173, Kenneth W. Rendell, Museum of World War II, Boston; 174–175 (alle), Kenneth W. Rendell, Museum of World War II, Boston; 176 (l), akg-images; 176 (r), Kenneth W. Rendell, Museum of World War II, Boston; 177 (ol), Uliana Bazar; 177 (or), Imperial War Museum; 177 (M), Kenneth W. Rendell, Museum of World War II, Boston; 177 (u), Kenneth W. Rendell, Museum of World War II, Boston; 178 (l), Popperfoto/GI; 178 (M), Kenneth W. Rendell, Museum of World War II, Boston; 178 (r), Kenneth W. Rendell, Museum of World War II, Boston; 179 (alle), Kenneth W. Rendell, Museum of World War II, Boston; 180, Mondadori Portfolio/GI; 181–184 (alle), Kenneth W. Rendell, Museum of World War II, Boston; 185 (o), ullstein bild/akg-images; 185 (u), Kenneth W. Rendell, Museum of World War II, Boston; 186–187 (alle), Kenneth W. Rendell, Museum of World War II, Boston; 188 (o), Kenneth W. Rendell, Museum of World War II,

Boston; 188 (u), Apic/GI; 189 (o), LAPI/Roger-Viollet/GI; 189 (u), Kenneth W. Rendell, Museum of World War II, Boston; 190 (alle), Kenneth W. Rendell, Museum of World War II, Boston; 191 (o), Three Lions/GI; 191 (u), Kenneth W. Rendell, Museum of World War II, Boston; 192 (l), Durham County Record Office; 192 (r), Kenneth W. Rendell, Museum of World War II, Boston; 193 (l), Durham County Record Office; 193 (or), Kenneth W. Rendell, Museum of World War II, Boston; 193 (ur), Durham County Record Office; 194, Kenneth W. Rendell, Museum of World War II, Boston; 195 (ol), m. freundl. Gen. Capt. Nick Lalich/The LIFE Picture Collection/GI; 195 (or), Kenneth W. Rendell, Museum of World War II, Boston; 195 (u), Kenneth W. Rendell, Museum of World War II, Boston; 196 (alle), Kenneth W. Rendell, Museum of World War II, Boston; 197 (ol), Kenneth W. Rendell, Museum of World War II, Boston; 197 (Ml), Durham County Record Office; 197 (ul), Durham County Record Office; 197 (M), Kenneth W. Rendell, Museum of World War II, Boston; 197 (uMl), Kenneth W. Rendell, Museum of World War II, Boston; 197 (uMr), Kenneth W. Rendell, Museum of World War II, Boston; 197 (ur), Kenneth W. Rendell, Museum of World War II, Boston; 197 (or), Kenneth W. Rendell, Museum of World War II, Boston; 198 (ol), Durham County Record Office; 198 (ul), Durham County Record Office; 198 (M), Durham County Record Office; 198 (r), Kenneth W. Rendell, Museum of World War II, Boston; 199 (o), Kenneth W. Rendell, Museum of World War II, Boston; 199 (ul), Durham County Record Office; 199 (ur), Wikimedia Commons, PD-1996; 200/201, Hulton-Deutsch Collection/Corbis; 202, Kenneth W. Rendell, Museum of World War II, Boston; 203, National Portrait Gallery, London; 204, Ace Stock Limited/Alamy Stock Photo; 205–206 (alle), The National Archives of the UK; 207, Wikimedia Commons/gemeinfrei (PD-US-patent-no notice); 208, PAP/Archives/Reproduction; 209 (o), Bundesarchiv; 209 (ubeide), aus The Enigma War (Charles Scribner's Sons, 1980), S. 40; 210, aus Enigma: How the Poles Broke the Nazi Code (Hippocrene Books, 2004), S. 78; 211, Evening Standard/GI; 212, m. freundl. Gen. Rosamond Welchman; 213 (o), Bletchley Park Trust/GI; 213 (M), Bletchley Park Trust/GI; 213 (u), Brian Harris/Alamy Stock Photo; 214 (l), Interfoto/Friedrich/akg-images; 214 (r), Fotosearch/GI; 215 (alle), Kenneth W. Rendell, Museum of World War II, Boston; 216, National Museum of the US Air Force; 217, m. freundl. Gen. Bletchley Park Research/Kerry Howard, siehe www.bletchleyparkresearch.co.uk/research-notes/women-codebreakers/; 218 (o), Bundesarchiv; 218 (u), ullstein bild/GI; 219 (ol), akg-images; 219 (or), Keystone-France/GI; 219 (M), ullstein bild/GI; 219 (ul), ullstein bild/GI; 219 (ur), ullstein bild/GI; 220 (beide), Peter Hore; 221 (alle), The National Archives of the UK; 222 (o), NARA; 222 (u), MPI/GI; 223 (o), Gilbert Spencer/© 2016 Artists Rights Society (ARS), New York/DACS, London; 223 (u), m. freundl. Gen. Bletchley Park Trust und Familie Lever; 224–225 (alle), The National Archives of the UK; 226 (o), aus Operation Condor: Rommel's Spy (Macdonald and Jane's, 1974), S.126; 226 (u), aus Operation Condor: Rommel's Spy (Macdonald and Jane's, 1974), S.128; 227 (o), George Rodger/Magnum Photos; 227 (u), Bob Landry/The LIFE Picture Collection/GI; 228, The National Archives of the UK; 229 (ol), The National Archives of the UK; 229 (or), The National Archives of the UK; 229 (u), Fotosearch/GI; 230 (ol), Trinity Mirror Publishing Ltd.; 230 (or), David Pike; 230 (u), Rebecca Hale/National Geographic Staff (Foto), National Cryptologic Museum (Gegenstand); 231 (o), Rebecca Hale/National Geographic Staff/Original m. freundl. Gen. National Cryptologic Museum; 231 (u), NARA; 232 (o), Pascal Parrot/Sygma/Corbis; 232 (u), Sovfoto/UIG/GI; 233, Bletchley Park Trust/GI; 234, Kenneth W. Rendell, Museum of World War II, Boston; 235 (ol), Kenneth W. Rendell, Museum of World War II, Boston; 235 (or), ullstein bild/GI; 235 (Mr), AP Images; 235 (u), Kenneth W. Rendell, Museum of World War II, Boston; 235 (ur), Kenneth W. Rendell, Museum of World War II, Boston; 236 (beide), Kenneth W. Rendell, Museum of World War II, Boston; 237 (ol), NARA/gemeinfrei; 237 (oM), US Navy/Museum of Science and Industry, Chicago/GI; 237 (or), NARA/gemeinfrei; 237 (M), ullstein bild/GI; 237 (ul), Kenneth W. Rendell, Museum of World War II, Boston; 237 (ur), Popperfoto/GI; 238, Kenneth W. Rendell, Museum of World War II, Boston; 239 (o), akg-images; 239 (M), Kenneth W. Rendell, Museum of World War II, Boston; 239 (u), NARA/Pubic Domain; 240 (ol), akg-images; 240 (oM), Bettmann/GI; 240 (or), akg-images; 240 (u 1), MPI/GI; 240 (u 2 und 4), Bettmann/Corbis; 240 (u 3 und 5), Bettmann/Corbis; 241 (ol), NARA/gemeinfrei; 240 (or), Kenneth W. Rendell, Museum of World War II, Boston; 240 (M), akg-images; 241 (u 1), MPI/GI; 241 (u 2), LOC; 241 (u 3), LOC; 242 (o), Office of Civilian Defense/gemeinfrei (PD-USGov); 242 (u), Kenneth W. Rendell, Museum of World War II, Boston; 243 (ol), Bob Gates/United States Coast Guard/gemeinfrei; 243 (oM), Kenneth W. Rendell, Museum of World War II, Boston; 243 (or), Bob Gates/United States Coast Guard/gemeinfrei; 243 (u), Corbis; 244–245 (alle), Ocean Exploration Trust Inc./National Geographic; 246/247, Popperfoto/GI; 248, Roger-Viollet/GI; 249, Tita Binz/ullstein bild/GI; 250, Keystone/GI; 251 (o), Hulton Archive/GI; 251 (u), Sovfoto/UIG/GI; 252, Bundesarchiv; 253 (beide), The National Archives of the UK; 254 (o), LorenFFile/GI; 254 (u), Imperial War Museum; 255 (beide), gemeinfrei; 256–257 (alle), The National Archives of the UK; 258 (l), Mary Evans/National Archives, London/The Image Works; 258 (or), Haus von Ewen Montagu; 258 (ur), The National Archives of the UK; 259, Corbis; 260, Popperfoto/GI; 261, Friends of PPA; 262 (o), Kenneth W. Rendell, Museum of World War II, Boston; 262 (u), Mondadori Portfolio/GI; 263, von Mads Madsen, erhältlich bei Colorized-History.com; 264 (o), Kenneth W. Rendell, Museum of World War II, Boston; 264 (u), NARA; 265–267 (alle), NARA; 268, LOC; 270 (ul), Keystone/Hulton Archive/GI; 270 (o), NARA; 270 (ur), NARA; 271 (o), Hermann Harz/PhotoQuest/GI; 271 (u), Bundesarchiv; 272, Imperial War Museum; 273 (beide), NARA; 274 (o), Express/Hulton Archive/GI; 274 (u), George Rodger/Time & Life Pictures/GI; 275, PhotoQuest/GI; 276, AP Images; 276/277, Joseph P. Vaghi, Jr.; 278 (o), Imperial War Museum; 278 (u), The National Archives of the UK; 279 (o), The National Archives of the UK; 279 (M), The National Archives of the UK; 279 (u), m. freundl. Gen. Gerry Czerniawski; 280 (ol), Imperial War Museum; 280 (or), Imperial War Museum; 280 (M), Imperial War Museum; 280 (u), NARA; 281, Imperial War Museum; 282, Kenneth W. Rendell, Museum of World War II, Boston; 283, Robert Capa/International Center of Photography/Magnum Photos; 284, Bundesarchiv; 285, akg-images; 286 (l), Berliner Verlag/Archiv/dpa/Corbis; 286 (r), AP Images/Markus Schreiber; 287 (o), Sovfoto/UIG/GI; 287 (u), ullstein bild/GI; 288 (o), IWM/GI; 288 (l), Fox Photos/GI; 288 (r), dpa/Corbis; 288 (u), Kenneth W. Rendell, Museum of World War II, Boston; 289, Topical Press Agency/GI; 290 (o), Stiftung Gedenkstätten Buchenwald und Mittelbau-Dora; 290 (u), Walter Frentz/ullstein bild; 291 (o), Galerie Bilderwelt/GI; 291 (l), Galerie Bilderwelt/GI; 291 (ul), Stiftung Gedenkstätten Buchenwald und Mittelbau-Dora; 291 (ur), Hulton Archive/GI; 292 (o), William Vandivert/The LIFE Picture Collection/GI; 292 (u), Foto von Evgeni Khaldei, LOC; 293, Kenneth W. Rendell, Museum of World War II, Boston; 294, Bundesarchiv; 295 (o), Kurt Hutton/Picture Post/Hulton Archive/GI; 295 (Ml), Bundesarchiv; 295 (Mr), Popperfoto/GI; 295 (u), The National Archives of the UK; 296 (alle), Kenneth W. Rendell, Museum of World War II, Boston; 297 (ol), Imperial War Museum; 297 (or), Kenneth W. Rendell, Museum of World War II, Boston; 297 (M), Kenneth W. Rendell, Museum of World War II, Boston; 297 (ul), Kenneth W. Rendell, Museum of World War II, Boston; 297 (uM), Imperial War Museum; 297 (ur), Imperial War Museum; 298 (ol), Imperial War Museum; 298 (or), Imperial War Museum; 298 (Ml), Kenneth W. Rendell, Museum of World War II, Boston; 298 (Mr), Kenneth W. Rendell, Museum of World War II, Boston; 298 (ul), Imperial War Museum; 298 (ur), Imperial War Museum; 299 (o), Imperial War Museum; 299 (Ml), Kenneth W. Rendell, Museum of World War II, Boston; 299 (Mr), Imperial War Museum; 299 (ul), Imperial War Museum; 299 (ur), Imperial War Museum; 300 (o), SMG Herb Friedman/Psywarrior.com; 300 (u), NARA; 301 (ol), The OSS Society; 301 (or), SMG Herb Friedman/Psywarrior.com; 301 (Ml), Imperial War Museum; 301 (Mr), SMG Herb Friedman/Psywarrior.com; 301 (u), Imperial War Museum; 302 (o), Imperial War Museum; 302 (u), Kenneth W. Rendell, Museum of World War II, Boston; 303 (o), Imperial War Museum; 303 (l), Imperial War Museum; 303 (r), Imperial War Museum; 304/305, Time Life Pictures/US Coast Guard/The LIFE Picture Collection/GI; 306, Corbis; 307, Alfred Eisenstaedt/Pix Inc./Time & Life Pictures/GI; 309 (o), Corbis; 309 (u), US Department of Energy/gemeinfrei; 310 (ol), Popperfoto/GI; 310 (ul), AP Photo/Henry Griffin; 310 (UP RT/LO RT), m. freundl. Gen. Franklin D. Roosevelt Presidential Library and Museum, Hyde Park, New York; 311 (o), Corbis; 311 (M), University of Chicago, m. freundl. Gen. AIP Emilio Segre Visual Archives; 311 (u), Lawrence Berkeley National Laboratory; 312 (o), Galerie Bilderwelt/GI; 312 (Ml/Mr), Ed Westcott/US Department of Energy/gemeinfrei; 312 (ul/ur), Galerie Bilderwelt/GI; 313 (alle), Ed Westcott/US Department of Energy/gemeinfrei; 314, Kenneth W. Rendell, Museum of World War II, Boston; 315, aus Behind Japanese Lines (Rand McNally & Co., 1979), ggü. S.123; 316, US Army Military History Institute/gemeinfrei; 317–321 (alle), NARA; 322, Pictures From History/The Image Works; 323, Corbis; 324 (l), Corbis; 324 (r), NARA; 325–326, NARA; 327 (l), Corbis; 327 (r), Kingendai/AFLO/Nippon News/Corbis; 328 (ul), Bettmann/Corbis; 328 (ur), Kenneth W. Rendell, Museum of World War II, Boston; 328 (o), Kenneth W. Rendell, Museum of World War II, Boston; 329, Louis R. Lowery/US Marine Corps/Time & Life Pictures/GI; 330, Kenneth W. Rendell, Museum of World War II, Boston; 331 (ol), Kenneth W. Rendell, Museum of World War II, Boston; 331 (or), Gamma-Keystone/GI; 332 (o), Popperfoto/Getty Image; 332 (u), Universal History Archive/UIG/GI; 334 (o), Gamma-Keystone/GI; 334 (u), Universal History Archive/UIG/GI; 335, Rolls Press/Popperfoto/GI; 336 (l), Kenneth W. Rendell, Museum of World War II, Boston; 336 (o), Kenneth W. Rendell, Museum of World War II, Boston; 336 (ur), AFP/GI; 337 (ol), Universal History Archive/GI; 337 (oM), Brian Brake/Science Source; 337 (or), Galerie Bilderwelt/GI; 337 (u), Bettmann/Corbis; 338, Kenneth W. Rendell, Museum of World War II, Boston; 339 (o), Corbis; 339 (M), Gamma-Keystone/GI; 339 (u), Keystone/GI; 340 (o), Popperfoto/GI; 340 (u), Keystone/Hulton Archive/GI; 341 (o), Express/GI; 341 (u), Keystone/GI; 342, US Army/The LIFE Picture Collection/GI; 343, Bob Gomel/The LIFE Images Collection/GI.

WEITERFÜHRENDE LITERATUR

Budiansky, Stephen. *Battle of Wits: The Complete Story of Codebreaking in World War II.* New York: Touchstone, 2002

Center for the Study of Intelligence. *Official OSS Exhibition Catalogue.* Washington, D.C.: Central Intelligence Agency. www.cia.gov/library/publications/intelligence-history/oss-catalogue/index.html

Coon, Carleton S. *A North Africa Story: The Anthropologist as OSS Agent, 1941–1943.* Ipswich, Mass.: Gambit, 1980

Crowdy, Terry. *Deceiving Hitler: Double Cross and Deception in World War II.* Oxford, UK: Osprey Publishing, 2008

Davis, Donald A. *Lightning Strike: The Secret Mission to Kill Admiral Yamamoto and Avenge Pearl Harbor.* New York: St. Martin's Press, 2005

Helm, Sarah. *A Life in Secrets: Vera Atkins and the Missing Agents of WWII.* New York: Nan A. Talese, 2005

Herken, Gregg. *Brotherhood of the Bomb: The Tangled Lives and Loyalties of Robert Oppenheimer, Ernest Lawrence, and Edward Teller.* New York: Henry Holt, 2002

Hodges, Andrew. *Alan Turing: The Enigma.* Princeton: Princeton University Press, 2014

Jones, Nigel. *Countdown to Valkyrie: The July Plot to Assassinate Hitler.* London: Frontline Books, 2008

Layton, Rear Admiral Edwin T., with Captain Roger Pineau and John Costello. *"And I Was There": Pearl Harbor and Midway – Breaking the Secrets.* Annapolis, Md.: Naval Institute Press, 1985

Macintyre, Ben. *Double Cross: The True Story of the D-Day Spies.* New York: Broadway Books, 2012

MacDonald, C. A. *The Killing of SS Obergruppenführer Reinhard Heydrich, 27 May 1942.* New York: Free Press, 1989

McIntosh, Elizabeth P. *Sisterhood of Spies: The Women of the OSS.* Annapolis, Md.: Naval Institute Press, 1998

Nelson, Anne. *Red Orchestra: The Story of the Berlin Underground and the Circle of Friends Who Resisted Hitler.* New York: Random House, 2009

Persico, Joseph. *Roosevelt's Secret War: FDR and World War II Espionage.* New York: Random House, 2002

Rendell, Kenneth W. *Politics, War, and Personality: Fifty Iconic World War II Documents That Changed the World.* Atlanta: Whitman Publishing, 2013

ders. *World War II: Saving the Reality: A Collector's Vault.* Atlanta: Whitman Publishing, 2009

Rhodes, Richard. *The Making of the Atomic Bomb.* New York: Simon and Schuster, 1986

Richards, Lee. *The Black Art: British Clandestine Psychological Warfare Against the Third Reich.* Peacehaven, UK, www.psywar.org, 2010

Russell, Francis. *The Secret War.* Alexandria, Va.: Time-Life Books, 1981

Smyth, Denis. *Deathly Deception: The Real Story of Operation Mincemeat.* New York: Oxford University Press, 2010

Snyder, Timothy. *Bloodlands: Europe Between Hitler and Stalin.* New York: Basic Books, 2010

Time-Life Books, eds. *World War II: War in the Shadows.* Alexandria, Va.: Time-Life Books, 2000

Waller, Douglas. *Wild Bill Donovan: The Spymaster Who Created the OSS and Modern American Espionage.* New York: Free Press, 2012

Whymant, Robert. *Stalin's Spy: Richard Sorge and the Tokyo Espionage Ring.* New York: I. B. Tauris, 1996

DANKSAGUNG

Die Erstellung eines Buches wie *Geheimakte 2. Weltkrieg* erfordert eine Vision und ein Team aus talentierten Menschen, die viel Leidenschaft und Perfektionismus mitbringen. Glücklicherweise verstand Lisa Thomas, Vizepräsidentin und Redaktionsdirektorin von National Geographic, die Kraft des Konzepts von Anfang an und setzte sich über fünf Jahre lang dafür ein. Zu meinem kreativen Kernteam gehörte der Autor Stephen Hyslop, dessen brillante Recherchen und Texte dieses Buch einzigartig machen, der Militärhistoriker und Schriftsteller Harris Andrews, die Art-Direktorin Carol Farrar Norton, eine wahre Künstlerin im Schaffen zeitloser Bildbände, und die Illustrationsforscherin Uliana Bazar, die die herkulische Aufgabe bewerkstelligte, hochauflösende Daten der über 700 Bilder aufzuspüren, die in diesem Buch zu sehen sind.

Ich danke auch unserem Beratergremium: Kenneth W. Rendell, Gründer und ehemaliger geschäftsführender Direktor des Museum of World War II in Boston, einem großartigen Menschen, der für uns seine Sammlung öffnete und es so ermöglichte, über 240 geheime Waffen, Dokumente und Gegenstände zu zeigen, Lee Richards, einem der führenden Experten für psychologische Kriegsführung und schwarze Propaganda, und Ann Todd, Expertin für verdeckte Aktivitäten im Pazifik. Darüber hinaus half uns Toni Hiley, Direktor des CIA Museum, Rene Stein vom National Cryptologic Museum, der uns zu seltenem Codeknack-Material führte, und Tim Nenninger und Richard Peuser von den National Archives.

Bei National Geographic Books war Susan Straight, die redaktionelle Projektleiterin, enorm hilfreich bei der Führung des Projekts von Anfang bis Ende. Susan Blair, die Direktorin für Fotografie, leistete zusammen mit Meredith Wilcox und Patrick Bagley wertvolle Unterstützung bei allen fotografischen Dingen, und Gregory Ugiansky war für die Kartenrecherche und -herstellung verantwortlich.

Abschließend möchte ich meiner Familie danken, Sharyn, Josh, Lisa, Lewis und Julius, die mich während dieser unglaublichen Reise unterstützt und ermutigt haben.

Neil Kagan,
Herausgeber

Halbfett gesetzte Seitenzahlen verweisen auf Abbildungen.

Verantwortlich: Susanne Caesar
Übersetzung aus dem Englischen: Walter Ludwig
Redaktion: bookwise, München
Korrektorat: Constanze Lüdicke
Satz: bookwise, München
Umschlagadaption: Alexander Knoll
Herstellung: Bettina Schippel
Printed by Printer Trento S.r.l., Italy

Unser komplettes Programm finden Sie unter

www.nationalgeographic-buch.de

Die Deutsche Nationalbibliothek verzeichnet diese Publikation in der Deutschen Nationalbibliografie; detaillierte bibliografische Daten sind im Internet über http://dnb.d¬nb.de abrufbar.

Titel der englischen Originalausgabe: *The secret history of world war II. Spies, codebreakers & Covert Operations*

Deutsche Ausgabe veröffentlicht von: NG Buchverlag GmbH, Infanteriestraße 11a, 80797 München Lizenznehmer von: National Geographic Partners, LLC

This edition is published by NG Buchverlag GmbH through licensing agreement with National Geographic Partners, LLC.

ISBN 978-3-86690-745-4

NATIONAL GEOGRAPHIC SOCIETY INCORPORATED A.D. 1888